Gruber/Mitterlechner/Wax

D&O-Versicherung
mit internationalen Bezügen

D&O-Versicherung

mit internationalen Bezügen

von

Dr. Michael Gruber
Universitätsprofessor in Salzburg

Dr. Hermann Mitterlechner, MBA
Geschäftsführer der Dr. Ihlas GmbH in Köln

Dr. Thomas Wax, MBA
Rechtsanwalt in München

unter Mitarbeit von

Dr. Agata Strzelbicka

Verlag C.H. Beck München 2012

www.beck.de

ISBN 978 3 406 60949 7

Wilhelmstraße 9, 80801 München

Druck: Nomos Verlagsgesellschaft,
In den Lissen 12, 76547 Sinzheim

Satz: Textservice Zink, 74869 Schwarzach

Gedruckt auf säurefreiem, alterungsbeständigem Papier
(hergestellt aus chlorfrei gebleichtem Zellstoff)

Vorwort

Die aus den USA stammende D&O-Versicherung ist in Deutschland seit den 1980er Jahren bekannt, aber erst seit rund 15 Jahren etabliert, nachdem große deutsche Industrieversicherer die Sparte zeichneten. Ihre Bedeutung wuchs über die Jahre mit einer zunehmenden Zahl von Managerhaftungsfällen auch in Deutschland. Manche für eine Haftpflichtversicherung ungewohnte Elemente, etwa die Umschreibung des Versicherungsfalles mit Hilfe des Anspruchserhebungsprinzips oder die Versicherung von Ansprüchen im Innenverhältnis (Versicherungsnehmer gegen versicherte Personen), haben zu einer intensiven literarischen Diskussion über die D&O-Versicherung geführt. Gerichtsentscheidungen hierzu sind noch immer selten; erst in den letzten Jahren finden sich erst- und instanzgerichtliche Urteile.

Zwar gibt es bereits Übersichtsdarstellungen zur D&O-Versicherung – sie orientieren sich jedoch zumeist an den Musterbedingungen des GDV. Diese als Referenzbedingungen gestalteten AVB-AVG bilden aber den praktisch üblichen Standard der Branche gerade nicht ab. Vielmehr herrscht eine bunte Vielfalt von mehr als zwei Dutzend D&O-AVB vor. Die systematische Darstellung in diesem Buch orientiert sich daher an den in der Praxis gebräuchlichen D&O-AVB. Diese gleichen noch heute dem Versuch, Klauseln aus US-amerikanischen oder UK-Policen durch schlichte Übersetzung in die Systematik einer deutschen Vermögensschadenhaftpflichtversicherung einzupassen. Im Übrigen erweist sich auch die Ermittlung marktüblicher Standards durchaus als schwierig; so werden jedenfalls für Großrisiken häufig eigens konzipierte Bedingungen (sog. *manuscript wordings*) verwendet.

Die Neuerungen des VVG 2008 gerade im Bereich der Haftpflichtversicherung, etwa der Wegfall des Abtretungsverbots, sind auch für die D&O-Versicherung von großer Bedeutung. Seit 2009 sieht § 93 Abs. 2 Satz 3 AktG für eine vom Unternehmen gestellte D&O-Versicherung die zwingende Vereinbarung eines Selbstbehalts für Vorstandsmitglieder vor. Die Auswirkungen dieser Regelungen auf die Praxis sind eingehend zu hinterfragen.

Im vorliegenden Grundriss werden erstmals auch Aspekte bei der Aufstellung internationaler D&O-Versicherungsprogramme näher analysiert. Auch haben wir uns entschlossen, die häufig gemeinsam mit einer D&O-Versicherung angebotene Spezial-Strafrechtsschutzversicherung in einem Überblick darzustellen.

Vorwort

Die Fertigstellung eines Buches ist Anlass sich bei jenen zu bedanken, die daran mitgewirkt haben. Dazu zählen vor allem die Mitarbeiter(innen) des Lehrstuhls für Unternehmensrecht an der Universität Salzburg. Insbesondere sind wir Frau *Dr. Agata Strzelbicka* verbunden, die in ihrer Zeit als Assistentin Teilentwürfe dieses Buches maßgeblich mitgestaltet hat. Auch sprechen wir den wissenschaftlichen Mitarbeitern der Dr. Ihlas GmbH in Köln Dank für das Korrekturlesen aus. Dem Verlag C.H. Beck sind wir für die Publikation, Herrn *Gerhard Peter* für das professionelle Lektorat zu Dank verpflichtet.

Salzburg/Köln/München, im Oktober 2011

Prof. Dr. Michael Gruber
Dr. Hermann Mitterlechner
Dr. Thomas Wax

Inhaltsübersicht

Inhaltsverzeichnis IX
Abkürzungsverzeichnis XXI
Allgemeines Literaturverzeichnis XXIX

§ 1. Einleitung 1
I. Ausgangslage und Zielsetzung dieses Buches 1
II. Begriff der D&O-Versicherung 5
III. Haftungsrisiken von Organmitgliedern 7
IV. D&O-Versicherung als Baustein eines Risikomanagementkonzepts im Unternehmen 13
V. Historischer Überblick 13

§ 2. Rechtsnatur und Rechtsgrundlagen 17
I. Vermögensschaden-Haftpflichtversicherung 17
II. D&O-Versicherung als Versicherung für fremde Rechnung 19
III. Streitfragen 23

§ 3. Versicherungsnehmer und versicherte Personen 29
I. Versicherungsnehmer 29
II. Tochtergesellschaften 32
III. Versicherte Personen 33

§ 4. Sachlicher Gegenstand der Versicherung 37
I. Gegenstand der Versicherung 37
II. Vermögensschaden 45

§ 5. Gesellschafts- und steuerrechtliche Problemstellungen 55
I. Gesellschaftsrechtliche Fragen 56
II. Steuerrechtliche Fragen 79

§ 6. Umfang des Versicherungsschutzes 91
I. Sachlicher Umfang 92
II. Räumlicher Geltungsbereich 125
III. Zeitlicher Umfang 127

§ 7. Risikoausschlüsse 155
I. Grundlagen 156

II. Objektive Ausschlusstatbestände 157
III. Subjektive Ausschlusstatbestände 169
IV. Innenverhältnisausschluss 187

§ 8. Beendigung des Versicherungsvertrages 227
I. Einvernehmliche Vertragsauflösung 227
II. Rücktrittsrecht 227
III. Widerrufsrecht des Versicherungsnehmers 231
IV. Anfechtungsrecht 232
V. Kündigung 233
VI. Sonstige Beendigungsgründe 236
VII. Run-off-Deckungen 244

§ 9. Besondere Verhaltensobliegenheiten 247
I. Vorvertragliche Anzeigeobliegenheit 247
II. Gefahrerhöhung 255
III. Weitere Obliegenheiten 262
IV. Wissenszurechnung 276

§ 10. Verfügungen über den Versicherungsanspruch 297
I. Folgen des Wegfalls des Abtretungsverbots für das Innenverhältnis der D&O-Versicherung 297
II. Inhalt des nach § 108 Abs. 2 VVG abtretbaren Freistellungsanspruchs 301
III. Rechtsstellung des Versicherungsnehmers als Zessionar des Freistellungsanspruchs 302
IV. Auswirkungen des Wegfalls des Anerkenntnisverbots 312
V. Vergrößerung des Manipulationsrisikos? 313
VI. Vertragliche Einräumung eines Direktanspruchs 315

§ 11. D&O-Versicherung und Strafrechtsschutzversicherung 321
I. Deckung der Strafverteidigungskosten durch die D&O-Versicherung 321
II. Spezial-Strafrechtsschutzversicherung 324

§ 12. Internationale Aspekte 341
I. Einleitung 342
II. Die länderübergreifende D&O-Versicherung 345
III. Internationale D&O-Versicherungsprogramme 379

Sachregister 437

Inhaltsverzeichnis

Abkürzungsverzeichnis ... XXI
Allgemeines Literaturverzeichnis ... XXIX

§ 1. Einleitung ... 1
I. Ausgangslage und Zielsetzung dieses Buches ... 1
II. Begriff der D&O-Versicherung ... 5
III. Haftungsrisiken von Organmitgliedern ... 7
1. Außenhaftung ... 7
2. Innenhaftung ... 9
IV. D&O-Versicherung als Baustein eines Risikomanagementkonzepts im Unternehmen ... 13
V. Historischer Überblick ... 13

§ 2. Rechtsnatur und Rechtsgrundlagen ... 17
I. Vermögensschaden-Haftpflichtversicherung ... 17
1. Grundlagen ... 17
2. Besonderheit: Deckung auch der Innenhaftung ... 19
II. D&O-Versicherung als Versicherung für fremde Rechnung 19
1. D&O-Einzelpolice ... 20
2. D&O-Firmenpolice ... 21
III. Streitfragen ... 23
1. Innenverhältnisdeckung: Eigenschaden- der Haftpflichtversicherung? ... 23
2. Direktanspruch des Versicherungsnehmers gegen den Versicherer in Fällen der Innenhaftung? ... 25
a) Direktanspruch und Trennungsprinzip ... 26
b) Direktanspruch und Verfügungsbefugnis des Versicherungsnehmers ... 27

§ 3. Versicherungsnehmer und versicherte Personen ... 29
I. Versicherungsnehmer ... 29
1. AG ... 29
2. GmbH ... 30
3. KGaA ... 31
4. Genossenschaft ... 31

5. Verein ... 31
6. Stiftung ... 32
II. Tochtergesellschaften ... 32
III. Versicherte Personen ... 33
1. Organmitglieder ... 33
2. Stellvertreter ... 34
3. Fehlerhaft bestellte Organmitglieder ... 34
4. Besondere Vertreter der AG/GmbH ... 35
5. Leitende Angestellte ... 35
6. Liquidatoren ... 36
7. Insolvenzverwalter ... 36
8. Outside Directors ... 36

§ 4. Sachlicher Gegenstand der Versicherung ... 37

I. Gegenstand der Versicherung ... 37
1. Managerschutz (Side A) ... 37
a) Allgemeines ... 37
b) Verstoß gegen gesetzliche Haftpflichtbestimmungen 38
c) Fehlverhalten ... 40
d) Vertragliche Haftung ... 40
2. Firmenenthaftung (Side B) ... 41
3. Deckung der Gesellschaft selbst (Side C) ... 44
4. Verhältnis der verschiedenen Versicherungsgegenstände zueinander ... 44
II. Vermögensschaden ... 45
1. Grundlagen ... 45
2. Erweiterter Vermögensschadenbegriff ... 52

§ 5. Gesellschafts- und steuerrechtliche Problemstellungen . 55

I. Gesellschaftsrechtliche Fragen ... 56
1. Zulässigkeit der D&O-Versicherung ... 56
a) Aktienrecht ... 56
b) GmbH-Recht ... 58
2. Zuständigkeit für den Abschluss einer D&O-Versicherung ... 59
a) AG ... 59
b) GmbH ... 71
3. Pflicht zum Abschluss einer D&O-Versicherung? ... 73
a) Pflicht der Gesellschaft? ... 73
b) Pflicht der Organmitglieder? ... 74

c) Verschaffungsklauseln ... 75
d) Auskunftsanspruch des Organmitglieds zum Versicherungsschutz? ... 76
II. Steuerrechtliche Fragen ... 79
1. Stellungnahme des BMF vom 24.1.2002 ... 79
2. Allgemeine steuerrechtliche Grundlagen ... 80
a) Absicherung privater Risiken ... 81
b) Eigener Anspruch gegen den Versicherer ... 82
c) Überwiegendes eigenbetriebliches Interesse ... 85
3. Praktikabilitätserwägungen ... 89
4. Zusammenfassung ... 89

§ 6. Umfang des Versicherungsschutzes ... 91
I. Sachlicher Umfang ... 92
1. Erscheinungsformen des Deckungsanspruchs der versicherten Person ... 92
2. Freistellung von berechtigten Schadensersatzansprüchen ... 94
3. Abwehr unberechtigter Ansprüche ... 94
a) Leistungen des D&O-Versicherers innerhalb der Abwehrfunktion ... 94
b) Umfang der gedeckten Abwehrkosten ... 95
c) Prozessführungsbefugnis ... 96
d) Auswahl des Rechtsanwalts ... 97
e) Führung von Aktivprozessen ... 99
4. Einschränkungen ... 100
a) Versicherungssumme ... 100
b) Eigenschadenklausel ... 102
c) Selbstbehalt ... 106
d) Serienschadenklausel ... 124
II. Räumlicher Geltungsbereich ... 125
III. Zeitlicher Umfang ... 127
1. Versicherungsfall (Anspruchserhebungsprinzip) ... 127
a) Grundlagen ... 127
b) Rechtliche Wirksamkeit des Anspruchserhebungsprinzips ... 130
c) Anspruchserhebung ... 135
d) Gerichtsklausel ... 138
e) Erweiterte Definitionen des Versicherungsfalles ... 138
2. Rückwärtsversicherung ... 139
a) Grundlagen ... 139
b) Einschränkungen ... 140

3. Nachhaftung ... 144
a) Grundlagen ... 144
b) Mögliche Gestaltungen der Nachmeldefrist ... 146
c) Umfang des Versicherungsschutzes im Rahmen der Nachmeldefrist ... 146
d) Dauer der Nachmeldefrist ... 147
e) Allgemeine und persönliche Nachmeldefrist ... 147
f) Ausschlüsse der Nachmeldefrist ... 148
4. Umstandsmeldung ... 148
a) Begriff und Rechtsnatur ... 148
b) Umstände, die den Eintritt des Versicherungsfalles als wahrscheinlich erscheinen lassen ... 151
c) Ewigkeitshaftung? ... 152
d) Notwendiger Inhalt ... 152
e) Vorbeugende Rechtskosten ... 152

§ 7. Risikoausschlüsse ... 155
I. Grundlagen ... 156
II. Objektive Ausschlusstatbestände ... 157
1. Vertragsstrafen ... 157
2. Ausländisches Recht ... 158
3. Produkt-, Arbeits- und Dienstleistungshaftung ... 158
4. Umwelthaftung ... 159
5. Unzureichender Versicherungsschutz ... 160
6. Versicherte Tätigkeit ... 161
7. Konzernausschluss ... 162
8. Rückzahlungsansprüche ... 162
9. Spekulationsgeschäfte ... 163
10. Insich-Prozesse ... 163
11. Verletzung von Immaterialgüterrechten ... 164
12. Zuwendungen ... 165
13. Einbußen bei Darlehen und Krediten ... 166
14. Asbest ... 166
15. EPLI ... 167
16. Anhängige Rechtssachen ... 168
III. Subjektive Ausschlusstatbestände ... 169
1. Ausschluss wissentlicher bzw. vorsätzlicher Pflichtverletzungen ... 169
a) Ausgangslage und Problemstellung ... 169
b) Vergleich der Ausschlussformulierungen „vorsätzliche Pflichtverletzung", „wissentliche Pflichtverletzung" und „vorsätzliche Schadensverursachung" ... 170

c) Vorsorgliche Rechtsschutzdeckung 180
2. Bekannte Schadensumstände 186
IV. Innenverhältnisausschluss 187
1. Gefahr „freundlicher“ Inanspruchnahme im Innenverhältnis 187
2. Möglichkeiten zur Begrenzung der Innenverhältnisdeckung 192
a) Ausschluss „unternehmerischer Fehlentscheidungen“ 192
b) Modifizierte Innenverhältnisdeckung 194
c) Modifizierte Innenverhältnisdeckung mit Wiedereinschlüssen (carve backs) 209
d) Gerichtsklausel 214
e) Öffentlichkeitsklausel 218
f) Trennungsklausel 219
g) Ausschluss der Ansprüche des Mehrheitsgesellschafters 224

§ 8. Beendigung des Versicherungsvertrages 227
I. Einvernehmliche Vertragsauflösung 227
II. Rücktrittsrecht 227
1. Wegen Verletzung der vorvertraglichen Anzeigeobliegenheit 228
2. Wegen Nichtzahlung der Erstprämie 230
3. Teilrücktritt 231
III. Widerrufsrecht des Versicherungsnehmers 231
IV. Anfechtungsrecht 232
1. Anfechtung durch den Versicherer 232
2. Anfechtung durch den Versicherungsnehmer 233
V. Kündigung 233
1. Ordentliche Kündigung 233
2. Außerordentliche Kündigung 234
VI. Sonstige Beendigungsgründe 236
1. Insolvenz 236
a) Insolvenz des Versicherers 236
b) Insolvenz des Versicherungsnehmers 236
2. Kontrollwechsel 238
a) Grundlagen 238
b) Kontrollwechsel beim Versicherungsnehmer 239
c) Kontrollerwerb durch den Versicherungsnehmer ... 243
d) Kontrollverlust des Versicherungsnehmers 244

VII. Run-off-Deckungen ... 244
1. Begriff ... 244
2. Arten ... 245
a) Run-off-Deckung im Sinne einer „klassischen“ Nachmeldefrist ... 245
b) Run-off-Deckung in Gestalt einer separaten Police ... 246

§ 9. Besondere Verhaltensobliegenheiten ... 247
I. Vorvertragliche Anzeigeobliegenheit ... 247
1. Gegenstand ... 248
2. Erfüllungszeitpunkt ... 249
3. Adressat ... 249
4. Rechtsfolgen einer Verletzung der vorvertraglichen Anzeigeobliegenheit ... 249
a) Rücktritt ... 250
b) Kündigung ... 250
c) Vertragsanpassung ... 251
5. Ausübung der Gestaltungsrechte des Versicherers ... 253
a) Belehrungspflicht des Versicherers ... 253
b) Ausschluss bei anfänglicher Kenntnis des Versicherers ... 253
c) Ausübungsfrist und Schriftform ... 253
d) Begründungserfordernis ... 254
e) Erlöschen durch Zeitablauf ... 254
6. Beweislastverteilung ... 254
II. Gefahrerhöhung ... 255
1. Begriff der Gefahrerhöhung und seine Änderung im Zuge der VVG-Reform ... 255
2. Gefahrerhöhende anzeigepflichtige Umstände ... 255
3. Arten ... 256
a) Gesetzliche Regelung ... 256
b) Regelung in den AVB-AVG ... 257
4. Rechtsfolgen einer Verletzung der Obliegenheiten ... 258
a) Gefahrerhöhungsverbot ... 258
b) Rechtsfolgen einer Verletzung der Anzeigeobliegenheit ... 261
III. Weitere Obliegenheiten ... 262
1. Obliegenheiten vor Eintritt des Versicherungsfalles ... 262
2. Obliegenheiten nach Eintritt des Versicherungsfalles ... 262
a) Anzeigeobliegenheit ... 262
b) Rettungsobliegenheit ... 263

3. Mitwirkungsobliegenheiten des Versicherungsnehmers im Schadensfall und unternehmensinterne Informationspflichten bei Verlust oder Einschränkung der D&O-Deckung ... 264
a) Vereitelung des Deckungsanspruchs der versicherten Person durch Verhalten des Versicherungsnehmers ... 265
b) Informationspflichten des Versicherungsnehmers über Existenz und Umfang des Versicherungsschutzes ... 271
4. Rechtsfolgen einer Verletzung weiterer Obliegenheiten 274
a) Kündigungsrecht des Versicherers wegen Verletzung einer vertraglichen Obliegenheit vor Eintritt des Versicherungsfalles ... 274
b) Leistungsfreiheit des Versicherers bzw. Leistungskürzung wegen Verletzung einer vertraglichen Obliegenheit ... 275
c) Beweislastverteilung ... 275

IV. Wissenszurechnung ... 276
1. Grundlagen ... 276
2. Einschränkung der Anwendbarkeit des § 47 VVG aufgrund der Besonderheiten der D&O-Versicherung .. 277
3. Einschränkung der Anwendbarkeit des § 47 VVG durch andere Wissenszurechnungsnormen ... 279
a) Wissenszurechnung des Organwalters, Repräsentanten, Wissenserklärungs- und Wissensvertreters .. 279
b) Grundsätze der Wissenszurechnung innerhalb von Unternehmen ... 281
c) Verhältnis von § 47 VVG zu anderen Wissenszurechnungsregeln ... 282
4. Lösungsansätze für eine Begrenzung der Folgen des § 47 VVG im Rahmen einer D&O-Versicherung .. 283
a) ComRoad-Entscheidung des OLG Düsseldorf als Ausgangspunkt ... 283
b) Möglichkeit eines Teilrücktritts bzw. einer Teilanfechtung ... 285
5. Vertragliche Lösungen zur Einschränkung des § 47 Abs. 1 VVG bzw. der Wirkungen von Rücktritt und Anfechtung ... 288
a) Zurechnungsklausel (severability clause) ... 288
b) Repräsentantenklausel ... 289

c) Verzicht auf das Rücktritts- und Anfechtungsrecht ... 291
d) Regelung eines Teilrücktritts bzw. einer Teilanfechtung ... 294
e) Konzept des „Schattenvertrages“ ... 295

§ 10. Verfügungen über den Versicherungsanspruch ... 297
I. Folgen des Wegfalls des Abtretungsverbots für das Innenverhältnis der D&O-Versicherung ... 297
1. Grundsätzliche Anwendbarkeit des § 108 Abs. 2 VVG auf die Innenverhältnisdeckung der D&O-Versicherung 297
2. Generelle Unzulässigkeit der Vereinbarung eines Abtretungsverbots gemäß § 108 Abs. 2 VVG ... 298
a) Ausnahme vom Grundsatz der Unwirksamkeit von Abtretungsverboten bei Großrisiken gemäß § 210 VVG ... 298
b) Zulässigkeit der Vereinbarung von Abtretungsverboten durch Individualvereinbarungen ... 300
II. Inhalt des nach § 108 Abs. 2 VVG abtretbaren Freistellungsanspruchs ... 301
III. Rechtsstellung des Versicherungsnehmers als Zessionar des Freistellungsanspruchs ... 302
1. Direkter Zahlungsanspruch des Versicherungsnehmers nach Abtretung des Freistellungsanspruchs ... 302
2. Mögliche Einwendungen des Versicherers gegen einen direkten Zahlungsanspruch des Versicherungsnehmers . 305
a) Mögliche Verweisung des Zessionars des Freistellungsanspruchs auf eine Feststellungs- statt Leistungsklage – Bedeutung des Trennungsprinzips ... 305
b) Rechtslage bei Abtretung des Freistellungsanspruchs nach Beginn der Rechtsschutzgewährung durch den Versicherer ... 308
IV. Auswirkungen des Wegfalls des Anerkenntnisverbots ... 312
V. Vergrößerung des Manipulationsrisikos? ... 313
VI. Vertragliche Einräumung eines Direktanspruchs ... 315

§ 11. D&O-Versicherung und Strafrechtsschutzversicherung 321
I. Deckung der Strafverteidigungskosten durch die D&O-Versicherung ... 321

1. Voraussetzungen der Übernahme der Verteidigungskosten vom Haftpflichtversicherer 322
2. Kein Anspruch des Versicherten bzw. des Versicherungsnehmers auf die Kostenübernahme durch den Versicherer 323
3. Umfang der übernommenen Kosten 323
4. Überschreiten der Deckungssumme 324

II. Spezial-Strafrechtsschutzversicherung 324
1. Einführung 324
2. Rechtsnatur und Rechtsgrundlagen 325
a) Rechtsnatur 325
b) Rechtsgrundlagen 325
3. Aufgaben 326
a) Hauptleistung und Sorgeleistungen des Rechtsschutzversicherers 327
b) Deckung der erforderlichen Kosten 328
4. Versichertes Wagnis 328
a) Versicherungsnehmer und versicherte Personen 328
b) Zusammenhang mit der betrieblichen Tätigkeit 330
c) Form des gewährten Versicherungsschutzes 330
5. Leistungsarten 331
6. Umfang des Versicherungsschutzes 331
a) Sachlicher Umfang 331
b) Räumlicher Umfang 332
c) Zeitlicher Umfang 332
7. Deckungseinschränkungen 333
a) Ohne Rechtspflicht übernommene Kosten 333
b) Einverständliche Erledigung 333
c) Selbstbeteiligung 334
d) Kosten der Zwangsvollstreckungsmaßnahmen 334
e) Antrittsgelder 334
f) Kosten, zu deren Übernahme Dritte verpflichtet sind 335
8. Risikoausschlüsse 335
a) Vorsätzlich begangene Straftaten 335
b) Verbrechen 335
c) Verkehrsstraftaten 336
d) Kartellverfahren 336
e) Steuerstraftaten aufgrund einer Selbstanzeige 336
9. Obliegenheiten des Versicherungsnehmers bzw. des Versicherten 336

a) Meldeobliegenheit ... 336
b) Obliegenheiten im Versicherungsfall ... 337

§ 12. Internationale Aspekte ... 341
I. Einleitung ... 342
1. Zielsetzung ... 342
2. Einfluss ausländischer Policenformate ... 344
II. Die länderübergreifende D&O-Versicherung ... 345
1. Ausgangslage ... 345
2. Lösungsansätze zur Erfassung lokalen Haftungsrechts bei weltweitem Geltungsbereich der Police ... 347
a) Globalisierungsklauseln ... 347
b) Integration ausländischer Formulierungen in die deutsche Police ... 348
c) Split wording ... 350
d) Vom Einsatz mehrerer Policen zum internationalen Versicherungsprogramm ... 352
3. Weltweite Police als Anknüpfungspunkt ausländischer aufsichtsrechtlicher Regelungsinteressen ... 355
a) Begründung des Vertragsstatuts der Police ... 356
b) Einzelstaatliches ausländisches Aufsichtsrecht ... 357
c) Ausländische Eingriffsnormen ... 361
d) Abstellen auf den faktischen Erfüllungsort ... 365
4. Rechtsfolgen der Verletzung ausländischer Zulassungsvorschriften ... 366
a) Verbot der Vertragserfüllung? ... 366
b) Sittenwidrigkeit der Erfüllung nach § 138 BGB ... 367
c) Leistungsbefreiung ... 370
d) Deckungsablehnung wegen matters not insurable under law? ... 371
e) AVB-Modifikation zur Vermeidung von Teilnichtigkeit? ... 371
f) Unmöglichkeit der Vertragserfüllung nach § 275 BGB ... 373
g) Schadensersatzanspruch wegen Nichterfüllung des Versicherungsvertrages ... 374
5. Konflikt zwischen dem Versicherungsvertragsrecht des Vertragsstatuts mit demjenigen des Staates der Risikobelegenheit ... 375
6. Konsequenzen der Konstruktion der D&O-Versicherung als Vertrag für fremde Rechnung ... 377
a) Grundlagen ... 377

b) Erfüllungspflicht des Versicherers 378
c) Verschaffungspflicht des Versicherungsnehmers als Treuhänder des Versicherungsanspruchs der einer versicherten Person zustehenden Rechte 378
III. Internationale D&O-Versicherungsprogramme 379
1. Allgemeines 379
2. Einrichtung eines internationalen D&O-Versicherungsprogramms 380
a) Einkaufsphilosophie 380
b) Risikobelegenheit 382
c) Entscheidungskriterien für die Einrichtung lokaler Policen 382
d) Rechtliche Eigenständigkeit lokaler Policen 384
e) Bestimmung lokaler Versicherungssummen 385
f) DIC-/DIL-Konzepte 385
g) Praktische Erfahrungen 386
h) Verhältnis von Masterpolice zu lokaler Police 389
i) Entschädigungshöchstgrenze 389
j) Ergebnis 392
3. Konzept der Deckung des „finanziellen Interesses“ als Alternative zur herkömmlichen DIC-/DIL-Deckung? .. 393
a) Entwicklung und Zielsetzung 393
b) Versicherungsgegenstand, versichertes Interesse und Regelungstechnik 395
c) Räumlicher Anwendungsbereich 398
d) Prämienzahlungspflicht des Versicherungsnehmers . 398
e) Begriff des „relevanten Vermögensschadens“ 399
f) Funktion lokaler Policen 407
g) Kooperationspflichten im Schadensfall und subjektives Risiko 407
h) Zusammenfassung und Bewertung 412
4. Versicherungsteuerliche Fragen 413
5. Charakteristika von D&O-Policen in den Ländern des common law 416
a) Definition des „Versicherungsfalles“ 416
b) Deckung der Gesellschaft selbst (Side C) 418
c) Indemnification 418
d) Side A only-Policen 419
e) Gewichtung der Versicherungsgegenstände Side A, Side B und Side C untereinander 421
f) Duty to defend 422

g) Allocation: „best efforts“ vs. „relative legal exposure“ language 422
h) Häufige Klauseln 422
i) Ausschlüsse bzw. Abgrenzungen mit Wiedereinschlüssen (carve backs) 426

Sachregister 437

Abkürzungsverzeichnis

a. A.	andere(r) Ansicht
a. a. O.	am angegebenen Ort
a. E.	am Ende
a. F.	alte Fassung
a. K.	außer Kraft
abgedr.	abgedruckt
ABl.	Amtsblatt
abl.	ablehnend
Abs.	Absatz
ABStU	Bedingungen zum Straf-Rechtsschutz für Unternehmen
AcP	Archiv für die civilistische Praxis
AG	Aktiengesellschaft; Amtsgericht; Die Aktiengesellschaft (Zeitschrift)
AGB	Allgemeine Geschäftsbedingungen
AGG	Allgemeines Gleichbehandlungsgesetz v. 14.8. 2006 (BGBl. I S. 1897)
AHB	Allgemeine Versicherungsbedingungen für die Haftpflichtversicherung
AIG	American International Group
AktG	Aktiengesetz v. 6.9. 1965 (BGBl. I S. 1089)
allg. M.	allgemeine Meinung
Alt.	Alternative
Anh.	Anhang
Anm.	Anmerkung
AO	Abgabenordnung i.d.F. der Bek. v. 1.10. 2002 (BGBl. I S. 3866, ber. S. 61)
ARAG	Allgemeine Rechtsschutz-Versicherungs-AG
ARB	Allgemeine Bedingungen für die Rechtsschutzversicherung
Art.	Artikel
Aufl.	Auflage
AVB	Allgemeine Versicherungsbedingungen
AVB-AVG	Allgemeine Versicherungsbedingungen für Aufsichtsräte, Vorstände und Geschäftsführer
AVB-RA	Allgemeine Versicherungsbedingungen für die Vermögensschadenhaftpflichtversicherung von Rechtsanwälten
AVB-Vermögen	Allgemeine Versicherungsbedingungen zur Haftpflichtversicherung von Vermögensschäden
AVB-WB	Allgemeine Versicherungsbedingungen für die Vermögensschadenhaftpflichtversicherung von Rechtsan-

	wälten und von Angehörigen der wirtschaftsprüfenden sowie wirtschafts- und steuerberatenden Berufe
AVBDO	Allgemeine Versicherungsbedingungen zur Vermögensschaden-Haftpflichtversicherung für Organe juristischer Personen
AVB OLA	Allgemeine Bedingungen zur Vermögensschadenhaftpflicht-Versicherung für Organe und leitende Angestellte
AVBU	Allgemeine Vermögensschadenhaftpflicht-Bedingungen für Unternehmensleiter
Az.	Aktenzeichen
BaFin	Bundesanstalt für Finanzdienstleistungsaufsicht (bis 2002: BAV)
BAV	Bundesaufsichtsamt für das Versicherungswesen (seit 2002: BaFin)
BB	Der Betriebs-Berater
Bd./Bde.	Band/Bände
Begr.	Begründung
Beil.	Beilage
Bek.	Bekanntmachung
ber.	berichtigt
BFH	Bundesfinanzhof
BGB	Bürgerliches Gesetzbuch i.d.F. der Bek. v. 14.1. 2003 (BGBl. I S. 66)
BGBl.	Bundesgesetzblatt
BGH	Bundesgerichtshof
BGHZ	Entscheidungen des Bundesgerichtshofs in Zivilsachen (Amtliche Sammlung)
BMF	Bundesministerium der Finanzen
BörsG	Börsengesetz v. 16.7. 2007 (BGBl. I S. 1330)
BRIC	Brasilien, Russland, Indien, China
BStBl.	Bundessteuerblatt
BT-Drucks.	Drucksache des Deutschen Bundestages
BVerwG	Bundesverwaltungsgericht
bzgl.	bezüglich
bzw.	beziehungsweise
c.i.c.	culpa in contrahendo
CCZ	Corporate Compliance Zeitschrift
D&O	directors & officers
d.	der/des
d.h.	das heißt
DAX	Deutscher Aktienindex
DB	Der Betrieb
DCGK	Deutscher Corporate Governance Kodex
DDR	Deutsche Demokratische Republik
ders.	derselbe
DIC	difference in condition

dies.	dieselbe(n)
diff.	differenzierend
DIL	difference in limits
DStR	Deutsches Steuerrecht
DVS	Deutscher Versicherungs-Schutzverband e. V.
E&O	errors & omissions
e. V.	eingetragener Verein
ebd.	ebenda
ed.	edition
EGAktG	Einführungsgesetz zum Aktiengesetz v. 6.9. 1965 (BGBl. I S. 1185)
EGBGB	Einführungsgesetz zum Bürgerlichen Gesetzbuche i.d.F. der Bek. v. 21.9. 1994 (BGBl. I S. 2494, ber. 1997 I S. 1061)
EGVVG	Einführungsgesetz zum Versicherungsvertragsgesetz v. 30.5. 1908 (RGBl. I S. 305)
ehem.	ehemals
EPL(I)	employment practices liability (insurance)
ERISA	Employee Retirement Income Security Act of 1974
ERP	extended reporting period
EStG	Einkommensteuergesetz i.d.F. der Bek. v. 8.10. 2009 (BGBl. I S. 3366, ber. 2009 I S. 3862)
et. al.	et alii/et aliae/et alia
etc.	et cetera
EU	Europäische Union
EuGH	Europäischer Gerichtshof
EuGVVO	Verordnung (EG) Nr. 44/2001 des Rates vom 22. Dezember 2000 über die gerichtliche Zuständigkeit und die Anerkennung und Vollstreckung von Entscheidungen in Zivil- und Handelssachen (ABl. 2001 L 12 S. 1, ber. ABl. L 307 S. 28 und ABl. 2010 L 328 S. 36)
EuZW	Europäische Zeitschrift für Wirtschaftsrecht
EWiR	Entscheidungen zum Wirtschaftsrecht
EWR	Europäischer Wirtschaftsraum
f.	folgende
ff.	fortfolgende
Fin.-Min.	Finanzministerium
FinC	financial interest cover
Fn.	Fußnote
FOS	freedom of services
FS	Festschrift
FTD	Financial Times Deutschland
G	Gesetz
GDV	Gesamtverband der Deutschen Versicherungswirtschaft e. V.

Abkürzungsverzeichnis

GenG	Gesetz betreffend die Erwerbs- und Wirtschaftsgenossenschaften (Genossenschaftsgesetz) i.d.F. der Bek. v. 16.10. 2006 (BGBl. I S. 2230)
ggf.	gegebenenfalls
GmbH	Gesellschaft mit beschränkter Haftung
GmbHG	Gesetz betreffend die Gesellschaften mit beschränkter Haftung i.d.F. der Bek. v. 20.5. 1898 (RGBl. S. 846)
GmbHR	GmbH-Rundschau
h.A.	herrschende Ansicht
h.M.	herrschende Meinung
Halbs.	Halbsatz
HAVE/REAS	Haftung und Versicherung/Responsabilité et Assurances
HGB	Handelsgesetzbuch v. 10.5. 1897 (RGBl. S. 219)
Hrsg.	Herausgeber
hrsgg.	herausgegeben
i.d.F.	in der Fassung
i.d.R.	in der Regel
i.E.	im Ergebnis
i.H.v.	in Höhe von
i.R.d.	im Rahmen der/des
i.S.	im Sinne
i.S.d.	im Sinne der/des
i.S.v.	im Sinne von
i.V.m.	in Verbindung mit
IHR	Internationales Handelsrecht
InsO	Insolvenzordnung v. 5.10. 1994 (BGBl. I S. 2866)
IPO	initial public offering
IPR	Internationales Privatrecht
IPrax	Praxis des Internationalen Privat- und Verfahrensrechts
ISRS	Industrie-Strafrechtsschutzversicherung
IVP	Internationale Versicherungsprogramme
Kap.	Kapitel
Kfz	Kraftfahrzeug
KG	Kommanditgesellschaft
KGaA	Kommanditgesellschaft auf Aktien
KStG	Körperschaftsteuergesetz i.d.F. der Bek. v. 15.10. 2002 (BGBl. I S. 4144)
KVO	Kraftverkehrsordnung für den Güterfernverkehr mit Kraftfahrzeugen (a.K.)
KWG	Gesetz über das Kreditwesen (Kreditwesengesetz) i.d.F. der Bek. v. 9.9. 1998 (BGBl. I S. 2276)
LG	Landgericht
li.	links
Lit.	Literatur
lit.	litera

LSF .... Loi de Sécurité Financière
LStDV .... Lohnsteuer-Durchführungsverordnung i.d.F. der Bek. v. 10.10. 1989 (BGBl. I S. 1848)

m.w.N. .... mit weiteren Nachweisen
Mio. .... Million
MitbestG .... Gesetz über die Mitbestimmung der Arbeitnehmer (Mitbestimmungsgesetz) v. 4.5. 1976 (BGBl. I S. 1153)
Mrd. .... Milliarde

n.F. .... neue Fassung
N.Y. .... New York
Nachw. .... Nachweis
NJOZ .... Neue Juristische Online Zeitschrift
NJW .... Neue Juristische Wochenschrift
No. .... number
Nr(n). .... Nummer(n)
NVersZ .... Neue Zeitschrift für Versicherung und Recht
NZG .... Neue Zeitschrift für Gesellschaftsrecht
NZI .... Neue Zeitschrift für das Recht der Insolvenz und Sanierung

o.g. .... oben genannt
ODL .... outside directorship liability
OECD .... Organisation for Economic Co-operation and Development
OLG .... Oberlandesgericht
OLGR .... OLG Report (Zivilrechtsprechung der Oberlandesgerichte)
österr. .... österreichisch
OWiG .... Gesetz über Ordnungswidrigkeiten i.d.F. der Bek. v. 19.2. 1987 (BGBl. I S. 602)

pdf .... portable document format
PflVG .... Gesetz über die Pflichtversicherung für Kraftfahrzeughalter (Pflichtversicherungsgesetz) i.d.F. der Bek. v. 5.4. 1965 (BGBl. I S. 213)
PHi .... Produkt- und Umwelthaftpflicht international
Pkt. .... Punkt
POSI .... public offering of securities insurance
PPL .... prior and pending litigation
pVV .... positive Vertragsverletzung

r+s .... Recht und Schaden
Rdschr. .... Rundschreiben
re. .... rechts
RegE .... Regierungsentwurf
RGBl. .... Reichsgesetzblatt
RGZ .... Entscheidungen des Reichsgerichts in Zivilsachen (Amtliche Sammlung)

RL	Richtlinie
Rn.	Randnummer
Rom I-VO	Verordnung (EG) Nr. 593/2008 des Europäischen Parlaments und des Rates vom 17.6. 2008 über das auf vertragliche Schuldverhältnisse anzuwendende Recht (ABl. L 177 S. 6)
Rspr.	Rechtsprechung
RVG	Gesetz über die Vergütung der Rechtsanwältinnen und Rechtsanwälte (Rechtsanwaltsvergütungsgesetz) v. 5.4. 2004 (BGBl. I S. 718, 788)
S.	Seite
SB	Selbstbehalt
SE	societé européenne
SEC	U.S. Securities and Exchange Commission
sog.	so genannt
Sp.	Spalte
SPO	secondary public offering
SSR	Spezial-Strafrechtsschutz für Unternehmen
st. Rspr.	ständige Rechtsprechung
StGB	Strafgesetzbuch i.d.F. der Bek. v. 13.11. 1998 (BGBl. I S. 3322)
StPO	Strafprozeßordnung i.d.F. der Bek. v. 7.4. 1987 (BGBl. I S. 1074, ber. S. 1319)
str.	strittig
u.a.	unter anderem
U.S.C.	United States Code
UK	United Kingdom
UmweltHG	Umwelthaftungsgesetz v. 10.12. 1990 (BGBl. I S. 2634)
Urt.	Urteil
USA	United States of America
USchadG	Gesetz über die Vermeidung und Sanierung von Umweltschäden (Umweltschadengesetz) v. 10.5. 2007 (BGBl. I S. 666)
USRB	Spezial-Rechtsschutzbedingungen für Unternehmensleiter
usw.	und so weiter
UWG	Gesetz gegen den unlauteren Wettbewerb i.d.F. der Bek. v. 3.3. 2010 (BGBl. I S. 254)
v.	vom; von
v.a.	vor allem
VAG	Gesetz über die Beaufsichtigung der Versicherungsunternehmen (Versicherungsaufsichtsgesetz) i.d.F. der Bek. v. 17.12. 1992 (BGBl. 1993 I S. 2)
VbVG	Verbandsverantwortlichkeitsgesetz (österr. BGBl. I 151/2005)
Verf.	Verfasser
VersR	Versicherungsrecht

vgl.	vergleiche
VN	Versicherungsnehmer
VO	Verordnung
Vol.	volume
VorstAG	Gesetz zur Angemessenheit der Vorstandsvergütung v. 31.7. 2009 (BGBl. I S. 2509)
VP	Die Versicherungs-Praxis
VRB	Vermögensschaden-Rechtsschutz-Bedingungen
vs.	versus
VVG	Gesetz über den Versicherungsvertrag (Versicherungsvertragsgesetz) v. 23.11. 2007 (BGBl. I S. 2631)
VVG-E	Neufassung des VVG i.d.F. des Entwurfs eines Gesetzes zur Reform des Versicherungsvertragsrechts v. 20.12. 2006 (BT-Drucks. 16/3945)
VW	Versicherungswirtschaft
wbl	Wirtschaftsrechtliche Blätter
WGG	Wegfall der Geschäftsgrundlage
WM	Wertpapiermitteilungen
WpHG	Gesetz über den Wertpapierhandel (Wertpapierhandelsgesetz) i.d.F. der Bek. v. 9.9. 1998 (BGBl. I S. 2708)
WRP	Wettbewerb in Recht und Praxis
z.B.	zum Beispiel
z.T.	zum Teil
ZfS	Zeitschrift für Schadensrecht
ZfV	Zeitschrift für Versicherungswesen
ZHR	Zeitschrift für das gesamte Handels- und Wirtschaftsrecht
Ziff.	Ziffer
ZIP	Zeitschrift für Wirtschaftsrecht
zit.	zitiert
ZPO	Zivilprozessordnung i.d.F. der Bek. v. 5.12. 2005 (BGBl. I S. 3202, ber. 2006 I S. 431 und 2007 I S. 1781)
zust.	zustimmend
zutr.	zutreffend
ZVersWiss	Zeitschrift für die gesamte Versicherungswissenschaft

Allgemeines Literaturverzeichnis

Altmeppen .... Die Haftung des Managers im Konzern, 1998

AnwHdb-AktR/*Bearbeiter* ..... Münchener Anwalts-Handbuch Aktienrecht, hrsgg. von *Schüppen/Schaub*, 2005

B/H/*Bearbeiter* ... *Baumbach/Hueck*, GmbHG, Kommentar, 19. Aufl. 2010

B/L/A/H/*Bearbeiter* *Baumbach/Lauterbach/Albers/Hartmann* (Hrsg.), ZPO, Kommentar, 70. Aufl. 2011

B/M/*Bearbeiter* ... *Bruck/Möller* (Hrsg.), Großkommentar zum Versicherungsvertragsgesetz, Bd. 1, 9. Aufl. 2008; Bd. 2, 8. Aufl. 1980

B/M/J/*Bearbeiter* . *Bruck/Möller/Johannsen* (Hrsg.), Großkommentar zum Versicherungsvertragsgesetz, Bd. IV, 8. Aufl. 1970

Bamberger/Roth/*Bearbeiter* ..... Kommentar zum BGB, 2. Aufl. 2007

Barzen/Brachmann/Braun .... D&O-Versicherung für Kapitalgesellschaften. Haftungsrisiken der Geschäftsleitung und ihre Deckung, 2003

Baums .... Bericht der Regierungskommission Corporate Governance, 2001

BK/*Bearbeiter* .... Berliner Kommentar zum VVG, hrsgg. von *Honsell*, 1999

Bungert .... Gesellschaftsrecht in den USA, 3. Aufl. 2003

Bunte .... Lexikon des Rechts – Versicherungsrecht, 1998

Burnham .... Introduction to the law and legal system of the United States, 2. Aufl. 1999

Buschbell/Hering/*Bearbeiter* ..... Handbuch Rechtsschutzversicherung, 3. Aufl. 2007

Damken .... Corporate Governance in mittelständischen Kapitalgesellschaften, 2007

Deutsch .... Das neue Versicherungsvertragsrecht, 6. Aufl. 2008

Dreher .... Die Versicherung als Rechtsprodukt, 1991

Drescher .... Die Haftung des GmbH-Geschäftsführers, 6. Aufl. 2009

Ehrenzweig ...... Deutsches (österreichisches) Versicherungsvertragsrecht, 1952

Eidam .... Industrie-Straf-Rechtsschutzversicherung, 1994

Emmerich/Habersack Aktien- und GmbH-Konzernrecht, 6. Aufl. 2010

Erman/*Bearbeiter* . Handkommentar BGB, 12. Aufl. 2008

Fahr/Kaulbach/Bähr Versicherungsaufsichtsgesetz: VAG, Kommentar, 4. Aufl. 2007

Ferck .... Der Selbstbehalt in der D&O-Versicherung für Organmitglieder von Aktiengesellschaften, 2006

Fischer .... Strafgesetzbuch: StGB, Kommentar, 58. Aufl. 2011

Fleischer/*Bearbeiter* Handbuch des Vorstandsrechts, 2006

Foerste .... Insolvenzrecht, 4. Aufl. 2008
Frisch .... Haftungserleichterung für GmbH-Geschäftsführer nach dem Vorbild des Arbeitsrechts, 1998
Geldsetzer .... Einvernehmliche Änderung und Aufhebung von Verträgen, 1993
Gräfe/Brügge/*Bearbeiter* .... Vermögensschaden-Haftpflichtversicherung, 2006
Großkomm-AktG/*Bearbeiter* .... Großkommentar AktG, hrsgg. von *Hopt/Wiedemann*, 4. Aufl. 2006
H/E/K/*Bearbeiter* . *Halm/Engelbrecht/Krahe* (Hrsg.), Handbuch des Fachanwalts Versicherungsrecht, 3. Aufl. 2008
H/F/J/*Bearbeiter* .. *Henn/Frodermann/Jannott* (Hrsg.), Handbuch des Aktienrechts, 8. Aufl. 2009
Haas .... Geschäftsführerhaftung und Gläubigerschutz, 1997
Habetha .... Direktorenhaftung und gesellschaftsfinanzierte Haftpflichtversicherung. Ein deutsch-englischer Rechtsvergleich vor dem Hintergrund des Binnenmarktes für Versicherungsleistungen, 1995
Happ/*Bearbeiter* .. Aktienrecht, 3. Aufl. 2007
Harbauer/*Bearbeiter* Rechtsschutzversicherung: ARB, Kommentar, 8. Aufl. 2010
Heidel/*Bearbeiter* . Aktienrecht und Kapitalmarktrecht, 2. Aufl. 2007
Hommelhoff ..... Die Konzernleitungspflicht, 1982
Hub .... Internationale Zuständigkeit in Versicherungssachen nach der VO 44/91/EG (EuGVVO), 2005
Hüffer .... Aktiengesetz: AktG, 9. Aufl. 2010
Ihlas, D&O ...... D&O. Directors & Officers Liability, 2. Aufl. 2009
Ihlas, Organhaftung Organhaftung und Haftpflichtversicherung, 1997
jurisPK-BGB/*Bearbeiter* .... juris Praxis-Kommentar BGB, hrsgg. von *Herberger/Martinek/Rüßmann/Weth*, 4. Aufl. 2009
Kirchhof/*Bearbeiter* Einkommensteuergesetz: EStG, KompaktKommentar, 8. Aufl. 2008
Kodex-Komm/*Bearbeiter* .... Kommentar zum Deutschen Corporate Governance Kodex, hrsgg. von *Ringleb/Kremer/Lutter/v. Werder*, 4. Aufl. 2010
Köhler/Bornkamm/*Bearbeiter* .... Gesetz gegen den unlauteren Wettbewerb: UWG, 29. Aufl. 2011
KölnKomm-AktG/*Bearbeiter* .... Kölner Kommentar zum AktG, hrsgg. von *Zöllner/Noack*, Bd. 1/2, 3. Aufl. 2009; Bd. 2, 2. Aufl. 1996; Bd. 2/1, 3. Aufl. 2010
Kramer .... Juristische Methodenlehre, 3. Aufl. 2010
Krieger/Schneider/*Bearbeiter* .... Handbuch Managerhaftung, 2. Aufl. 2010
Küpper-Dirks .... Managerhaftung und D&O-Versicherung, 2002

L/H/*Bearbeiter* ... *Lutter/Hommelhoff* (Hrsg.), GmbH-Gesetz, 17. Aufl. 2009
L/P/*Bearbeiter* .... *Looschelders/Pohlmann* (Hrsg.), VVG-Kommentar, 2010
Larenz .... Lehrbuch des Schuldrechts, Erster Band, Allgemeiner Teil, 14. Aufl. 1987
Leverenz .... Vertragsschluss nach der VVG-Reform, 2008
Littbarski .... Haftpflichtversicherung: AHB, Kommentar, 2001
LK/*Bearbeiter* .... Leipziger Kommentar zum StGB, hrsgg. von *Laufhütte/Rissing-van Saan/Tiedemann*, Bde. 1–13, 12. Aufl. 2006 ff.
Lutter/Krieger .... Rechte und Pflichten des Aufsichtsrats, 5. Aufl. 2008
Lüttmann .... Kontrollwechsel in Kapitalgesellschaften, 1992
Marlow/Spuhl .... Das neue VVG kompakt, 4. Aufl. 2010
Martin .... Sachversicherungsrecht, 3. Aufl. 1992
Medicus .... Allgemeiner Teil des BGB, 9. Aufl. 2006
Meixner/Steinbeck . Das neue Versicherungsvertragsrecht, 2008
Michalski/*Bearbeiter* Kommentar zum GmbHG, 2. Aufl. 2010
Möhrle .... Gesellschaftsrechtliche Probleme der D&O-Versicherung, 2007
MünchHdbGesR .. Münchener Handbuch des Gesellschaftsrechts, 6 Bde., 3. Aufl. 2007 ff.
MünchKomm-AktG Münchener Kommentar zum AktG, Bd. 2, 3. Aufl. 2008; Bd. 3, 2. Aufl. 2004; Bd. 5, 3. Aufl. 2010
MünchKomm-BGB Münchener Kommentar zum BGB, Bd. 1, 5. Aufl. 2006; Bd. 2, 5. Aufl. 2007; Bd. 5, 5. Aufl. 2009
MünchKomm-HGB Münchener Kommentar zum HGB, Bd. 4, 2. Aufl. 2008
MünchKomm-InsO Münchener Kommentar zur InsO, Bd. 1, 2. Aufl. 2007
MünchKomm-StGB Münchener Kommentar zum StGB, Bd. 3, 2003
MünchKomm-VVG Münchener Kommentar zum VVG, hrsgg. von *Langheid/Wandt*, Bd. 1, 2010; Bd. 3, 2009; Bd. 2, 2011
MünchKomm-ZPO Münchener Kommentar zur ZPO, Bd. 1, 3. Aufl. 2008
Niederleithinger .. Das neue VVG, 2007
Nießen .... Die Rechtswirkungen der Versicherung für fremde Rechnung unter besonderer Berücksichtigung des Innenverhältnisses zwischen Versichertem und Versicherungsnehmer, 2004
Olbrich .... Die D&O-Versicherung [in Deutschland; 1. Aufl. 2003], 2. Aufl. 2007
Oppenländer/*Trölitzsch*/*Bearbeiter* Praxishandbuch der GmbH-Geschäftsführung, 2004
P/M/*Bearbeiter* ... *Prölss/Martin*, Versicherungsvertragsgesetz, Kommentar, 28. Aufl. 2010
Palandt/*Bearbeiter* Kommentar zum BGB, 70. Aufl. 2011
Pammler .... Die gesellschaftsfinanzierte D&O Versicherung im Spannungsfeld des Aktienrechts, 2006
Plück/Lattwein ... Haftungsrisiken für Manager, 2. Aufl. 2004
Prölss .... Versicherungsaufsichtsgesetz, 12. Aufl. 2005
R/A/*Bearbeiter* ... *Roth/Altmeppen*, Kommentar zum GmbHG, 6. Aufl. 2009
R/H/Sch/*Bearbeiter* *Rüffer/Halbach/Schimikowski* (Hrsg.), Versicherungsvertragsgesetz, Handkommentar, 2008

Allgemeines Literaturverzeichnis

R/L/*Bearbeiter* ... *Römer/Langheid*, VVG, 2. Aufl. 2003

R/Sch-L/*Bearbeiter* *Rowedder/Schmidt-Leithoff* (Hrsg.), GmbHG, 4. Aufl. 2002

Rauscher .... Internationales Privatrecht, 3. Aufl. 2009

Sch/B/*Bearbeiter* . *Schwintowski/Brömmelmeyer*, Praxiskommentar zum VVG, 2. Aufl. 2010

Sch/L/*Bearbeiter* . *Schmidt/Lutter* (Hrsg.), Aktiengesetz Kommentar, 2 Bde., 2. Aufl. 2010

Schaub .... Arbeitsrechts-Handbuch, 10. Aufl. 2007

Schauer .... Das österreichische Versicherungsvertragsrecht, 3. Aufl. 1995

Scheifele .... Die Vermögensschaden-Haftpflichtversicherung für Manager in den Vereinigten Staaten von Amerika, 1993

Schilling .... D&O-Versicherung und Managerhaftung, 2. Aufl. 2007

Schimikowski .... Versicherungsvertragsrecht, 4. Aufl. 2009

Schimikowski/Höra Das neue Versicherungsvertragsgesetz, 2008

Schmidt/*Bearbeiter* Einkommensteuergesetz: EStG, 30. Aufl. 2011

Schmitt .... Organhaftung und D&O-Versicherung, 2007

Scholz/*Bearbeiter* . GmbH-Gesetz, 3 Bde., 10. Aufl. 2006 ff.

Schramm .... Das Anspruchserhebungsprinzip, 2010

Smerdon .... Director's Liability and Indemnification – A Global Guide, 2007

Späte .... Haftpflichtversicherung, Kommentar, 1993

Spindler/Stilz/*Bearbeiter* .... Kommentar zum AktG, 2. Aufl. 2010

Staudinger, Managerhaftung .... *Staudinger* in Karlsruher Forum 2009: Managerhaftung, hrsgg. von *E. Lorenz*, VersR-Schriftenreihe Nr. 43, 2009, 41

Staudinger/*Bearbeiter* Kommentar zum BGB, Buch 1 und 2, Neubearbeitung 2009

Stoffels .... AGB-Recht, 2. Aufl., 2009

Terbille/*Bearbeiter* Münchener Anwalts-Handbuch Versicherungsrecht, 2. Aufl. 2008

Thomas/Putzo/*Bearbeiter* .... Zivilprozessordnung: ZPO, 32. Aufl. 2011

Thümmel .... Persönliche Haftung von Managern und Aufsichtsräten, 4. Aufl. 2008

U/B/H/*Bearbeiter* . *Ulmer/Brandner/Hensen* (Hrsg.), AGB-Recht, 11. Aufl. 2011

U/H/W/*Bearbeiter* *Ulmer/Habersack/Winter* (Hrsg.), GmbHG, 2008

van Bühren/*Bearbeiter* .... Handbuch Versicherungsrecht, 4. Aufl. 2009

van Bühren/Plote/*Bearbeiter* .... Rechtsschutzversicherung: ARB, Kommentar, 2. Aufl. 2008

VersR-Hdb/*Bearbeiter* .... Versicherungsrechts-Handbuch, hrsgg. von *Beckmann/Matusche-Beckmann*, 2. Aufl. 2009

W/L/P/*Bearbeiter* . *Wolf/Lindacher/Pfeiffer* (Hrsg.), AGB-Recht, 5. Aufl. 2009

Wallis .... Rechtliche Probleme des Selbstbehalts in der Haftpflichtversicherung, 1972

Wandt .... Versicherungsrecht, 5. Aufl. 2010

Werber .... Die Gefahrerhöhung im deutschen, schweizerischen, französischen, italienischen, schwedischen und englischen Versicherungsvertragsrecht, 1967

Wollny .... Die Directors' and Officers' Liability Insurance in den Vereinigten Staaten von Amerika (D&O-Versicherung), 1993

Wördemann ...... International zwingende Normen im internationalen Privatrecht des europäischen Versicherungsvertrages, 1997

Youngman .... Director's and officers' liability insurance, 2nd ed. (1999)

Z/F/S/Sch/*Bearbeiter* *Zugehör/Fischer/Sieg/Schlee*, Handbuch der Anwaltshaftung, 2. Aufl. 2006

Siehe im Übrigen die den jeweiligen Paragraphen vorangestellten Literaturhinweise.

§ 1. Einleitung

Literatur: *Dreher*, Die Rechtsnatur der D&O-Versicherung, DB 2005, 1669; *Mannsdorfer*, Die sonstigen, übrigen oder allgemeinen Bestimmungen in der D&O-Versicherung, HAVE/REAS 2010, 222; *v. Westphalen*, D&O-Versicherung und Direktanspruch der Gesellschaft gegenüber der Versicherung?, DB 2005, 431.

I. Ausgangslage und Zielsetzung dieses Buches

1 Die D&O-Versicherung wird in Deutschland seit nunmehr drei Jahrzehnten angeboten. Sie findet angesichts einer häufigeren Durchsetzung der Haftung von Managern zunehmende Verbreitung. Dabei kann dahingestellt bleiben, ob die gestiegene Verbreitung der Versicherung die Zunahme der Organhaftungsfälle gefördert hat *(„insurance breeds claims")*[1] oder umgekehrt die zunehmenden Haftungsfälle der Verbreitung der Versicherung Vorschub geleistet haben.

2 Das Interesse an der D&O-Versicherungssparte ist mittlerweile stark angewachsen, wenngleich ihr Gesamtprämienaufkommen von derzeit geschätzten 500 Mio. € vergleichsweise unbedeutend ist. Ein weiteres Wachstum scheint vorprogrammiert zu sein.[2] Die durch spektakuläre Haftungsfälle wie bei der Volkswagen AG, der Deutschen Telekom AG, der ehemaligen DaimlerChrysler AG und zuletzt der Siemens AG gestiegene öffentliche Wahrnehmung brachte die D&O-Versicherung auf die Titelseiten großer Tageszeitungen und ins Fernsehen.[3] Die daraus resultierende kritische öffentliche Haltung gegenüber den Leistungen der Manager – gefördert durch Börsenabstürze und später durch die Finanz- und Wirtschaftskrise – vertrug sich nicht mit der „Rundum-sorglos-Versorgung" der Manager in Form einer Haftpflichtversicherung, die das ohnehin subjektiv als gering angesehene Risiko einer persönlichen Haftung vollends abzuschirmen schien.[4] Um dieser öffentlichen Kritik Rechnung zu tragen, etablierte der Gesetzgeber daher kurz vor der Bundestagswahl 2009 ein

---

[1] Zum statistischen Zusammenhang zwischen Deckung und Haftung in der D&O-Versicherung vgl. *Ihlas*, D&O, S. 620 ff.

[2] Terbille/*Sieg* § 17 Rn. 16.

[3] Zur Medienberichterstattung über Organhaftung und D&O-Versicherung vgl. statt aller *Ihlas*, D&O, S. 623–641.

[4] In Wirklichkeit enthält die Versicherung zahlreiche Restriktionen und verfügt nur über eine begrenzte Deckungssumme.

Gesetz,[5] um die Vorstandsmitglieder aller Aktiengesellschaften zumindest für einen Teil der finanziellen Folgen ihrer Pflichtverletzungen in Form eines verpflichtenden Selbstbehalts einstehen zu lassen.[6] Die vereinbarten Selbstbehalte lagen vor diesem Eingriff des Gesetzgebers im Jahre 2008 in der Gruppe der börsennotierten Aktiengesellschaften mit Bilanzsummen kleiner als 1 Mrd. € bei durchschnittlich lediglich 3.500 €, bei Bilanzsummen über 1 Mrd. € bei durchschnittlich 28.333 €.[7] Dies war die Reaktion der Versicherungseinkäufer auf die Empfehlung des Deutschen Corporate Governance Codex (DCGK) zur Vereinbarung eines „angemessenen" Selbstbehalts für börsennotierte Aktiengesellschaften bei der D&O-Versicherung ihrer Vorstände und Aufsichtsräte. Trotz langsam zunehmender Befolgung des DCGK war die Zahl der „Abweichler" zuletzt immer noch hoch.[8] Dem wird mit der nunmehrigen gesetzlichen Verpflichtung ein Riegel vorgeschoben.

3 Trotz der erheblichen Anzahl von Veröffentlichungen und Beiträgen zur D&O-Versicherung fehlt bislang eine umfassende rechtssystematische Aufarbeitung. Dies hat einerseits mit dem teilweise erfolglosen Versuch zu tun, zahlreiche Regelungen aus US-amerikanischen oder UK-Policen durch schlichte Übersetzung in die Systematik einer deutschen Vermögensschadenhaftpflichtversicherung einzupassen. Diesen „Geburtsfehler" können die D&O-AVB bis heute nicht verbergen, blickt doch der Leser auf lange Listen von in deutschen Policen unüblichen Definitionen, beispielsweise auf die Erweiterung der Versicherungsfalldefinition um Ermittlungsverfahren nach ausländischem Recht.[9] Eine originär „deutsche" Produktentwicklung unter Berücksichtigung der spezifischen hiesigen haftungs-, gesellschafts- und versicherungsrechtlichen Fragestellungen fand nicht statt, möglicherweise auch in Ermangelung eines speziellen gesetzlichen Leitbilds,[10] welches als Orientierungshilfe hätte dienen können. Dieses Praktikerhandbuch versucht, die aufgezeigte Lücke zu schließen.

4 Zwar ermöglicht einerseits die Einordnung der D&O-Versicherung als Haftpflichtversicherung bzw. Versicherung für fremde Rechnung eine Erschließung der wesentlichen Rechtsgrundlagen im VVG. Andererseits rei-

---

[5] Gesetz zur Angemessenheit der Vorstandsvergütung (VorstAG) v. 31.7. 2009 (BGBl. I S. 2509).

[6] Siehe den durch das VorstAG geänderten § 93 Abs. 2 Satz 3 AktG. Näheres zu diesem gesetzlichen Selbstbehalt und dessen Versicherbarkeit siehe § 6 Rn. 40 ff.

[7] *Ihlas*, D&O, S. 426, Abb. 42.

[8] Die Befolgungsquote lag 2008 bei 77,8 % und damit auf Platz 2 in der Gruppe der fünf neuralgischen Empfehlungen, die von den DAX-Unternehmen nicht befolgt wurden (*Ihlas*, D&O, S. 425).

[9] Z.B. UK Extradition Act 2007; weiterführend dazu § 12 Rn. 221.

[10] Vgl. auch Terbille/*Sieg* § 17 Rn. 2.

chen diese nicht aus, um befriedigende Antworten auf D&O-spezifische Fragestellungen, etwa zur Wissenszurechnung oder zur Anfechtung bzw. zum Vertragsrücktritt zu geben. Dazu tritt bei der Innenverhältnisdeckung der VN in atypischer Weise als Anspruchsteller gegenüber den Versicherten auf.

Zudem fehlt bislang einschlägige BGH-Rspr.; lediglich erste instanzgerichtliche Urteile zur D&O-Versicherung wurden veröffentlicht.[11] 5

Es fehlt nicht nur an einer gesetzlichen Typisierung, sondern auch an einem einheitlichen Bedingungsstandard. Unter den etwa 25 – auch konzeptionell teils sehr unterschiedlichen D&O-AVB auf dem deutschen Markt[12] bieten die vom Gesamtverband der Deutschen Versicherungswirtschaft (GDV) 1997 erstmals veröffentlichten und seitdem – wenngleich unregelmäßig – aktualisierten D&O-Musterbedingungen (mittlerweile existieren sechs Versionen aus den Jahren 1997, 2005, 2007, 2008, 2010 und 2011) zumindest eine gewisse Orientierungshilfe. Trotzdem fehlt ein Marktstandard, dafür sind die GDV-Bedingungen deckungsumfänglich zu restriktiv konzipiert. Sie eignen sich jedoch zur Verdeutlichung des Grundkonzepts einer D&O-Versicherung und deren wesentlichen Regelungsinhalte.[13] Eine Vereinheitlichung der Bedingungen findet sich noch am ehesten bei kleinen und mittelständischen Unternehmen (sog. KMU-Segment) als Ausdruck einer allmählichen Segmentierung der Sparte. Im Übrigen erweist sich die Ermittlung marktüblicher Standards jedoch als äußerst schwierig, auch weil i.d.R. für Großrisiken eigens konzipierte Bedingungen (sog. *manuscript wordings*) verwendet werden. Angesichts dieser Ausgangslage hat es sich das vorliegende Buch zum Ziel gesetzt, die bestehenden Fragestellungen im Zusammenhang mit der D&O-Versicherung systematisch unter Verzicht auf eine Abhandlung der Haftungsgrundlagen zu erörtern. 6

Das Buch wendet sich in erster Linie an Risikomanager international tätiger Unternehmen, aber auch an Versicherungsmakler, Versicherer, Rechtsanwälte, Versicherungsberater sowie an Vorstände, Geschäftsführer und Aufsichtsräte von Unternehmen. Dabei konzentrieren sich die Verfasser auf die aus ihrer Sicht wesentlichen aktuellen Fragestellungen, ohne den Anspruch auf eine umfassende Behandlung aller denkbaren Problemkreise zu erheben. 7

---

[11] Vgl. Terbille/*Sieg* § 17 Rn. 6 m.w.N.

[12] Derzeit werden in Deutschland und Österreich ca. 25 D&O-AVB unterschiedlicher Versicherer angeboten, die trotz eines mittlerweile allgemein relativ weiten Bedingungsumfangs im Detail oft wesentliche Unterschiede aufweisen (Quelle: FTD, Beil. v. 30.5. 2007, „Mit Netz und doppeltem Boden"). *Ihlas*, D&O, S. 629, geht sogar von 40 D&O-Versicherern aus.

[13] So auch Krieger/Schneider/*Sieg* § 15.

8 Konzeptionelle Schwächen der als Vertrag zugunsten Dritter bzw. Versicherung für fremde Rechnung konzipierten D&O-Versicherung werden vornehmlich dann sichtbar, wenn die Gesellschaft ihre zivilrechtlichen Ersatzansprüche gegen den Manager mit dergestalt schweren Vorwürfen untermauert, dass sie die Anwendbarkeit der Vorsatzklausel als zentralen Ausschluss der Haftpflichtversicherung oder im ungünstigsten Fall sogar den Rücktritt des Versicherers vom Vertrag indizieren. Die zur Abdeckung der finanziellen Folgen von fahrlässigem Verhalten konzipierte D&O-Versicherung wird in solchen Fällen i.d.R. versagen. Daraus folgt das Problem der Immunisierung des individuellen Schutzes des gutgläubigen Managers gegen maliziöse Verhaltensweisen seiner Mitversicherten oder gar des VN. Damit wird auch deutlich, dass die Manager als Begünstigte aus dem D&O-Versicherungsvertrag sowohl untereinander aber auch mit der VN eine rechtliche Schicksalsgemeinschaft bilden. Im deutschen Rechtskreis drängt sich die Einheitlichkeit des D&O-Versicherungsvertrages als Vertrag zugunsten Dritter auf, so dass die Möglichkeit einer Teilanfechtung fragwürdig ist.

9 Neben den national relevanten Gesichtspunkten werden erstmals auch in einem Grundriss die wesentlichen internationalen Aspekte einer D&O-Versicherung angeschnitten. Bislang wurde bzw. wird die D&O-Versicherung als einheitliche Versicherung angesehen und mithin eine einzige Police ausgestellt. Eine ganze Reihe von Ländern hat jedoch Rechtsvorschriften hinsichtlich lokaler Versicherungspflichten erlassen. Intensivierte Aktivitäten nationaler Aufsichtsbehörden sowie das verstärkte Bemühen internationaler Großkonzerne um das Thema „Compliance“ sowie um die steuerliche Optimierung internationaler Versicherungsprogramme haben in letzter Zeit zu teils hektischen Aktivitäten von Risikomanagern im Hinblick auf die Installation von Lokalprogrammen geführt. Hier sollen die wesentlichen Grundzüge einer vorschriftsmäßigen Vorgangsweise aufgezeigt werden, bei deren Nichteinhaltung teils drakonische Strafen durch ausländische Aufsichtsbehörden drohen.

10 Im internationalen D&O-Sprachgebrauch ist es üblich, von *„Side A, B und C“*-Deckungen zu sprechen.[14] Die jeweilige Ausgestaltung, Funktion und Relevanz dieser Deckungsbausteine hängt von lokalen Gegebenheiten ab, die einen bedeutenden Einfluss auf das Käuferverhalten zeitigen. So haben sich insbesondere in den Zeiten knapper Summenkapazitäten und hoher Versicherungsprämien unterschiedliche Verhaltensmuster herausgebildet. Überwiegend wird die D&O-Versicherung wieder auf ihren ursprünglichen Sinn und Zweck zurückgeführt, nämlich den unmittelbaren Schutz des privaten Vermögens der Manager, dessen Kern in einer Phase

[14] *Mannsdorfer* HAVE/REAS 2010, 222, 224 f.

ausgeprägt liberaler Zeichnungspolitik der D&O-Versicherer zunehmend durch Fremdelemente in der Deckung aufgeweicht worden war. Insbesondere die Deckung der Gesellschaft selbst, bei gleichzeitig fehlender Risikotragungspartnerschaft zwischen dem Versicherer und den beklagten Gesellschaften, hat nicht nur zu unerwünschten Deckungslücken auf der Ebene des Managements geführt, sondern auch zu versicherungstechnischen Verlusten.

Die Höhe der gewählten Deckungssummen schwankt naturgemäß stark. **11** Sie reicht von einigen hunderttausend bis zu einigen hundert Mio. €. Größere D&O-Programme werden häufig international platziert. Es stellen sich spezielle Anforderungen beim Einkauf solcher Kapazitäten, insbesondere unter Verwendung von englischsprachigen Exzedentenbedingungswerken. Darüber hinaus ergeben sich Abstimmungsfragen sowie Fragen der Vergleichbarkeit ausgewählter Deckungselemente einer D&O-Versicherung. So bauen etwa angloamerikanische Deckungskonzepte auf dem jeweiligen Landesrecht unter Verwendung definierter Rechtsbegriffe auf, die sich ob ihrer unterschiedlichen rechtlichen Implikationen nicht unreflektiert in deutschsprachige Bedingungswerke übertragen lassen. Hier gilt es, eine unerwünschte Interpretationsvielfalt anwendbarer Bestimmungen zu vermeiden, die insbesondere für die Einkäufer von mehrsprachigen Versicherungsprogrammen zu divergierenden Auslegungsergebnissen führen kann. Der Gang zu Gericht zur Abklärung derartiger Differenzen kann sich dabei als zeitraubende Angelegenheit erweisen. Dies betrifft nicht nur unterschiedliche Begriffsinhalte des Vertrags selbst, sondern auch die verschiedenen Regeln beim Vertragsabschluss.

II. Begriff der D&O-Versicherung

Die D&O-Versicherung ist nach deutschem Recht eine **Vermögensschaden-Haftpflichtversicherung** für Organmitglieder juristischer Personen, wobei leitende Angestellte überwiegend mitversichert sind.[15] Der Begriff D&O-Versicherung stammt aus den USA und ist eine Abkürzung für ***Directors and Officers Liability Insurance.*** Dieser Begriff hat sich **12**

[15] Ziff. I.2 AIG Business Guard D&O 2009 MM: „*Versicherungsschutz besteht auch für gegenwärtige, ehemalige oder zukünftige leitende Angestellte der VN […].*“; § 2.1 ACE ProElite DOMESTIC 2006: „*Versicherte Personen sind alle gegenwärtigen, ehemaligen oder zukünftigen bestellten oder faktischen leitende Angestellte gemäß § 5 Abs. 3 des Betriebsverfassungsgesetzes.*“; Ziff. 1.3 Chubb AVB OLA 2008 PrimeLine Classic: „*Versicherte Personen sind alle natürlichen Personen, die (ii) leitende Angestellte […] waren, sind oder vor Ende der Vertragslaufzeit sein werden, in Ausübung dieser Tätigkeit.*“

auch im deutschsprachigen Raum mittlerweile fest etabliert. Die rechtlichen Grundlagen ergeben sich insbesondere aus dem VVG, der Versicherungspolice, den Allgemeinen Versicherungsbedingungen (AVB) sowie eventuell vereinbarten Besonderen Bedingungen.

13 Die gesetzlich nicht gesondert geregelte D&O-Versicherung[16] fällt in die Kategorie der **freiwilligen** Haftpflichtversicherungen[17] gemäß §§ 100 ff. VVG, aber nicht in die der Pflichtversicherungen.[18] Soweit vereinzelt diskutiert wurde, die D&O-Versicherung insbesondere für börsennotierte Unternehmen zu einer gesetzlichen Pflichtversicherung fortzuentwickeln, wurde dieser Gedanke ganz offensichtlich nicht weiterverfolgt.[19]

14 Versicherungssystematisch handelt es sich um eine **Versicherung für fremde Rechnung** gemäß §§ 43 ff. VVG[20] bzw. um einen Vertrag zu Gunsten Dritter i.S.v. §§ 328 ff. BGB.[21] Der D&O-Versicherungsvertrag wird vom Unternehmen für seine als versicherte Personen bezeichneten Organmitglieder (und leitenden Angestellten) abgeschlossen. Vertragspartner des Versicherers und Prämienschuldner ist das Unternehmen als VN.[22] Versichert werden pauschal alle ehemaligen, gegenwärtigen und zukünftigen Organmitglieder (und leitenden Angestellten) der VN und ihrer Tochterunternehmen (Näheres siehe § 3 Rn. 1 ff.).

15 Die Versicherung umfasst sowohl Ansprüche Dritter gegen die Organmitglieder (sog. **Außenhaftung**) als auch – für die Haftpflichtversicherung untypisch (vgl. § 7 Nr. 2 AHB) – solche der VN oder eines mitversicherten (Tochter-)Unternehmens gegen die versicherten Personen (sog. **Innenhaftung**).[23] Die Deckung der Innenhaftung kann ggf. Einschränkungen unterliegen, was etwa die Versicherung persönlicher Eigenschäden[24] oder solche Ansprüche betrifft, die auf Weisung, Empfehlung oder Veranlassung von versicherten Unternehmen oder versicherten Personen

---

[16] Abgesehen von dem durch das VorstAG eingeführten § 93 Abs. 2 Satz 3 AktG, in dem ein Selbstbehalt vorgeschrieben wird (siehe § 5 Rn. 1).

[17] Es besteht eine Nähe sowohl zur Allgemeinen Haftpflicht-, als auch zur Berufshaftpflicht- bzw. Vermögensschadenhaftpflichtversicherung.

[18] Vgl. nur *v. Westphalen* DB 2005, 431, 432.

[19] In den Gesetzesmaterialien zum VorstAG (BT-Drucks. 16/13433 S. 17) wird klargestellt, dass es keine Verpflichtung zum Abschluss einer D&O-Versicherung gibt (siehe § 5 Rn. 1, 36 ff.).

[20] Vgl. etwa VersR-Hdb/*Beckmann* § 28 Rn. 48; *Dreher* DB 2005, 1669, 1670 m.w.N. (dort Fn. 16); so auch bestätigt vom OLG München VersR 2005, 540, 541.

[21] Vgl. statt aller BK/*Hübsch* § 74 Rn. 5 m.w.N.

[22] Vgl. R/L/*Römer* §§ 75, 76 Rn. 3.

[23] Näheres hierzu in § 1 Rn. 17 ff.

[24] Persönlicher Eigenschaden entspricht dem Anteil der Beteiligung der in Anspruch genommenen versicherten Person am versicherten Unternehmen.

betrieben werden (siehe hierzu ausführlich § 7 Rn. 110 ff.). Soweit das Unternehmen das betroffene Organmitglied von der Haftung freistellt bzw. enthaftet, ist auch dieser Anspruch versichert (sog. Firmenenthaftungserstattung oder *company reimbursement clause*). Daher haben sowohl das Unternehmen als auch die versicherten Organmitglieder ein wirtschaftliches Interesse am Abschluss der Versicherung. Inwieweit diese Umstände die Annahme einer freiwilligen Haftpflichtfremdversicherung in Frage stellen bzw. die einer Eigen- bzw. Eigenschadenversicherung nahe legen könnten, wird aufgrund der sich daran möglicherweise anknüpfenden Rechtsfolgen (z.B. Bestehen eines Direktanspruchs) in § 2 Rn. 17 ff. näher erläutert.

Ersetzt werden gerichtliche und außergerichtliche **Abwehrkosten** sowie der **Ausgleich für** begründete **Schadensersatzansprüche**. Die Mitversicherung von Strafverteidigungskosten im Zusammenhang mit einem dem Schadensersatzverlangen vorgelagerten Straf- oder Ordnungswidrigkeitsverfahren ist die Regel.[25] Die Abdeckung von Ansprüchen Dritter gegen das Unternehmen (sog. *entity coverage*) stellt in Deutschland die Ausnahme dar. **16**

III. Haftungsrisiken von Organmitgliedern

Bei den Haftungsrisiken von Organmitgliedern ist entsprechend dem Deckungsumfang der D&O-Versicherung zwischen Außen- und Innenhaftungsfällen zu unterscheiden. Dabei überwiegen in Deutschland die Fälle der Innenhaftung bei weitem.[26] **17**

1. Außenhaftung

Als gesetzlicher Vertreter haftet das Organmitglied Dritten gegenüber nach deutschem Recht nur in Ausnahmefällen. Die Außenhaftung wird v.a. in der wirtschaftlichen Krise des Unternehmens virulent. Der geschädigte Dritte wird sich nur dann an das Organmitglied statt an das Unternehmen wenden, wenn Ansprüche gegen das Unternehmen etwa wegen dessen Zahlungsunfähigkeit oder infolge Verjährung der Ansprüche nicht mehr realisiert werden können.[27] So ist die Insolvenz des Unternehmens der praktisch häufigste Fall der Außenhaftung, wobei der Insolvenzver- **18**

---

[25] Siehe § 11 Rn. 1 ff.

[26] Terbille/*Sieg* § 17 Rn. 14; Schätzungen zufolge betreffen 90% der gemeldeten Ansprüche die Innenhaftung (FTD v. 19.7. 2004; zit. nach *Schmitt* S. 61 [dort Fn. 201]).

[27] Terbille/*Sieg* § 17 Rn. 14.

walter sowie Gläubiger des Unternehmens (insbesondere bei Insolvenzverschleppung, § 823 Abs. 2 BGB i.V.m. § 64 Abs. 1 GmbHG bzw. § 92 Abs. 2 AktG), die Finanzverwaltung (z.B. §§ 34, 69 AO) und Sozialversicherungsträger (§ 823 Abs. 2 BGB i.V.m. § 266a StGB) als potenzielle Anspruchsteller auftreten.[28]

19 Eine unmittelbare Haftung des Geschäftsleiters aus § 823 Abs. 1 BGB kann sich im Übrigen bei Verletzung seiner Garantenstellung aus Organisationsherrschaft und den sich daraus ergebenden Schutzpflichten Dritten gegenüber ergeben (sog. Baustoff-Entscheidung).[29] Im Fall *Kirch/Breuer* (Deutsche Bank) hat der BGH – aufgrund von die Kreditwürdigkeit gefährdenden Einlassungen in einem Interview – die Außenhaftung des Vorstands einer Aktiengesellschaft gegenüber einem Bankkunden auf einen Eingriff in das Recht am eingerichteten und ausgeübten Gewerbebetrieb gemäß § 823 Abs. 1 BGB gestützt.[30]

20 Häufiger aber kommen deliktische Haftungstatbestände gemäß § 823 Abs. 2 BGB i.V.m. einem Schutzgesetz in Betracht. Dabei ist insbesondere an spezialgesetzliche Normen aus dem Wettbewerbs-, Kartell-, Umwelt-, Produkthaftungs-, Immaterialgüter-, Bilanz-, Steuer- und Kapitalmarktrecht sowie an Vermögensstraftatbestände (z.B. §§ 263, 264a, 266, 266a StGB) zu denken. Eine direkte Haftung aus § 280 Abs. 1 i.V.m. § 311 Abs. 2 und 3 BGB (c.i.c.) gegenüber einem Vertragspartner kommt dann zum Tragen, wenn der Vorstand/Geschäftsführer ein eigenes Interesse am Zustandekommen des Vertrages hat bzw. bei seinem Geschäftspartner ein besonderes persönliches Vertrauen in Anspruch nimmt.[31]

21 Gegenüber Aktionären ist eine unmittelbare persönliche Haftung von Vorstandsmitgliedern nur in Ausnahmefällen möglich. Von gesetzlichen Spezialtatbeständen abgesehen kommt dabei wiederum insbesondere § 823 Abs. 2 BGB i.V.m. Schutzgesetzen in Betracht, so etwa im Falle von Aktienkursverlusten § 399 AktG (falsche Angaben), § 400 AktG (unrichtige Darstellung) oder § 266 StGB (Untreue). U.U. kann sich etwa bei bewusst unrichtigen Ad-hoc-Mitteilungen[32] ein solcher Anspruch auch auf § 826 BGB (sittenwidrige vorsätzliche Schädigung) stützen lassen. Der erforderliche Nachweis einer vorsätzlichen Pflichtverletzung bzw. der Kausalität der fehlerhaften Ad-hoc-Mitteilung für die Anlageentscheidung erweist sich dabei allerdings häufig als schwierig. Nach nunmehriger Rspr. des BGH kann sich im Falle unrichtiger oder unvollständiger Angaben bei

[28] Vgl. *Ihlas*, D&O, S. 250 m.w.N.
[29] BGHZ 109, 297 ff.
[30] BGHZ 166, 84 ff.
[31] Sog. Sachwalterhaftung, vgl. Palandt/*Grüneberg* § 311 Rn. 63 m.w.N.
[32] Vgl. etwa die Fälle „ComRoad", „EM.TV" oder „Infomatec".

einer öffentlichen Kapitalplatzierung eine unmittelbare Haftung des Vorstandsmitglieds als Prospektverantwortlichen nach den Grundsätzen der Sachwalterhaftung wegen Inanspruchnahme persönlichen Vertrauens bei den Anlegern ergeben.[33]

Relevanter ist die Außenhaftung zweifellos nach ausländischem, insbesondere US-amerikanischem Recht. I.d.R. werden hier die Organmitglieder zusammen mit der Gesellschaft als Mitbeklagte in Anspruch genommen. Die Möglichkeit von Sammelklagen (sog. *class actions*) sowie Einzelaktionärsklagen (sog. *derivative actions*) erhöht das Risiko einer Inanspruchnahme zusätzlich. 22

In Deutschland haben sowohl gesetzgeberische Initiativen als auch die Rspr. v.a. in den vergangenen 20 Jahren zu einer nicht zu unterschätzenden Erhöhung der Haftungsrisiken von Organmitgliedern beigetragen. Dazu zählen insbesondere das Finanzmarktförderungsgesetz (1990), das Zweite Finanzmarktförderungsgesetz (1994), das Wertpapierhandelsgesetz (1994), das Dritte Finanzmarktförderungsgesetz (1998), das Gesetz zur Kontrolle und Transparenz im Unternehmen (1998), die Insolvenzordnung (1999), das Vierte Finanzmarktförderungsgesetz (2002), der Deutsche Corporate Governance Kodex (2001), der Empfehlungen enthält, das Wertpapiererwerbs- und Übernahmegesetz (2002), das Transparenz- und Publizitätsgesetz (2002), das Anlegerschutzverbesserungsgesetz (2004), das Kapitalanleger-Musterverfahrensgesetz (2005), das Gesetz zur Unternehmensintegrität und Modernisierung des Anfechtungsrechts (2005), das Vorstandsvergütungs-Offenlegungsgesetz (2005), das Gesetz zur Modernisierung des GmbH-Rechts und zur Bekämpfung von Missbräuchen (2008) sowie das Gesetz zur Angemessenheit der Vorstandsvergütung (2009). 23

Die Internationalisierung der Kapitalmärkte und Globalisierung der Wirtschaft führt auch zu einer Angleichung nationaler Haftungsstandards auf das Niveau angloamerikanischer Haftungssysteme. Dieser Trend wird in Deutschland weitere gesetzgeberische Initiativen u.a. zur Verbesserung der Aktionärsrechte, des Anlegerschutzes sowie der Kontrolle, Transparenz und Publizität im Unternehmen zeitigen und damit das Organhaftungsrisiko weiter erhöhen. 24

2. Innenhaftung

Die Innenhaftung ergibt sich für die Vorstände der AG aus § 93 Abs. 2 AktG und für die Aufsichtsräte aus § 116 i.V.m. § 93 Abs. 2 AktG. Für die Geschäftsführer einer GmbH beruht die Innenhaftung auf § 43 Abs. 2 GmbHG, für die Aufsichtsräte einer GmbH auf § 52 Abs. 1 GmbHG 25

[33] BGHZ 177, 25 ff.

i. V. m. §§ 116, 93 Abs. 2 AktG. Wurde per Satzung ein Beirat eingerichtet, so haftet dieser analog §§ 93 Abs. 2, 116 AktG i. V. m. § 52 Abs. 1 GmbHG. Für die Vorstände und Aufsichtsräte der Genossenschaften sind als Haftungsnormen die §§ 34, 41 GenG einschlägig.

26 Nach § 93 Abs. 2 AktG, § 43 Abs. 2 GmbHG und § 34 Abs. 3 GenG haften Vorstandsmitglieder bzw. Geschäftsführer, die ihre Pflichten verletzen, der Gesellschaft für den entstandenen Schaden gemeinsam als Gesamtschuldner. Verhaltensmaßstab ist die Sorgfalt eines ordentlichen und gewissenhaften Geschäftsleiters gemäß § 93 Abs. 1 Satz 1 AktG bzw. § 43 Abs. 1 GmbHG. Zudem hat die vom BGH in st. Rspr.[34] angewandte sog. *Business Judgement Rule*, wonach dem Organmitglied ein nicht gerichtlich nachprüfbarer unternehmerischer Ermessensspielraum *(„safe harbor“)* zufällt, mit Inkrafttreten des Gesetzes zur Unternehmensintegrität und Modernisierung des Anfechtungsrechts im Jahre 2005 in Gestalt des § 93 Abs. 1 Satz 2 AktG Eingang ins Aktiengesetz gefunden.[35] Für den Richter ergeben sich durch diese generalklauselartigen Haftungsnormen weite Bewertungsspielräume. Damit ist die Binnenhaftung von Organmitgliedern in Deutschland weitgehend Richterrecht. Es kommt gemäß § 93 Abs. 2 Satz 2 AktG für die AG bzw. analog zu § 93 Abs. 2 Satz 2 AktG für die GmbH[36] zu einer Umkehr der Beweislast zu Lasten des Geschäftsleiters. Der Geschäftsleiter kann sich dabei weder durch eine Aufteilung der Geschäftsführung auf mehrere Personen (Ressortaufteilung) noch durch eine Delegation von Aufgaben und Pflichten auf Mitarbeiter entlasten.

27 Zu den wesentlichen Pflichten eines Vorstands oder Geschäftsführers zählen die Einhaltung der gesellschaftsinternen Kompetenzregelungen ebenso wie die Einhaltung der allgemeinen gesetzlichen Regelungen, insbesondere der steuer-, arbeits-, kartell-, gewerbe- und umweltschutzrechtlichen Vorschriften. Hier trifft die Pflicht zur umsichtigen Unternehmensleitung nach anerkannten betriebswirtschaftlichen Grundsätzen und i. R. d. Unternehmensgegenstandes sowie sonstiger gesetzlicher Vorgaben auf Bestimmungen in der Satzung. Dazu kommen die Pflicht zur Kooperation mit anderen Gesellschaftsorganen, Treuepflichten, insbesondere Verschwiegenheits- und Loyalitätspflichten, Überwachungspflichten, die Pflicht zu kollegialer Zusammenarbeit und zu loyalem Verhalten, die Einhaltung des Wettbewerbsverbots, etc. Hervorzuheben sind im Übrigen die Pflichten zur Liquiditätssicherung und Kapitalerhaltung sowie beim Geschäftsführer der GmbH die Pflicht, die Weisungen der Gesellschafter auszuführen.

---

[34] MünchKomm-AktG/*Spindler* § 93 Rn. 5 m. w. N.
[35] Vgl. dazu *Hüffer* § 93 Rn. 4a ff.
[36] B/H/*Zöllner/Noack* § 43 Rn. 36.

Zur Durchsetzung der Binnenhaftung gegenüber dem – auch bereits ausgeschiedenen – Vorstand ist bei der AG nach § 112 AktG grundsätzlich der Aufsichtsrat berufen, während die Verfolgung von Schadensersatzansprüchen gegen den Aufsichtsrat der Vertretungskompetenz des Vorstands gemäß § 78 Abs. 1 AktG unterliegt. Sollte die Anspruchsverfolgung auf diesem Weg unterbleiben, kann gemäß § 147 Abs. 1 AktG die Hauptversammlung diese mit einfacher Stimmenmehrheit beschließen. Freilich wurde ein solcher Mehrheitsbeschluss in der Praxis fast nie erreicht. **28**

Ein tauglicheres Korrektiv für ein Untätigbleiben des Vorstands bzw. Aufsichtsrats stellt das Klagezulassungsverfahren nach § 148 Abs. 1 AktG dar. Danach können Aktionäre mit einem Anteil von wenigstens 1% am Grundkapital bzw. bei Erreichung eines Anteilswerts von 100.000 € beantragen, die in § 147 Abs. 1 Satz 1 AktG normierten Ersatzansprüche im eigenen Namen gerichtlich geltend zu machen. Eine Einzelklagebefugnis nach US-amerikanischem Vorbild (sog. *derivative action*) ist damit allerdings nicht verbunden. Außerdem ermöglicht § 147 Abs. 2 Satz 2 AktG bei Nichterreichung einer Hauptversammlungsmehrheit die Bestellung eines besonderen Vertreters zur Geltendmachung der Ersatzansprüche, wenn Aktionäre, deren Anteile zusammen (oder alleine) 10% des Grundkapitals oder den anteiligen Betrag von 1 Mio. € erreichen, dies verlangen. Allerdings wurden auch diese Schwellenwerte in der Praxis offenbar kaum erreicht.[37] **29**

Für die GmbH ist die aus dem Personengesellschaftsrecht bekannte „actio pro socio" als eine gegenüber § 46 Nr. 8 GmbHG subsidiäre Klagebefugnis eines jeden Gesellschafters i.S. einer Mitgliedschaftsklage anerkannt. Damit kann der Gesellschafter Sozialansprüche der Gesellschaft zumindest gegen Organmitglieder, die zugleich Gesellschafter sind,[38] geltend machen.[39] Ansonsten liegt die Geltendmachung eines Ersatzanspruchs gegen einen Geschäftsführer gemäß § 46 Nr. 8 GmbHG grundsätzlich in den Händen der Gesellschafterversammlung, es sei denn, diese Kompetenz wurde per Satzungsbestimmung entweder einem fakultativ eingerichteten Beirat oder Aufsichtsrat[40] bzw. einem obligatorischen Aufsichtsrat bei der mitbestimmten GmbH (§ 52 GmbHG i.V.m. § 112 AktG i.V.m. § 25 MitbestG) übertragen. **30**

---

[37] In der Rechtspraxis hat sich das Institut des Besonderen Vertreters daher bisher kaum ausgewirkt (Ausnahme: HypoVereinsbank/Bank Austria, LG München I ZIP 2007, 1809 ff.).

[38] L/H/*Lutter/Hommelhoff* § 13 Rn. 51.

[39] Scholz/*Schmidt* § 46 Rn. 161 ff. und § 13 Rn. 53, wonach die „actio pro socio" im Gegensatz zur AG nicht gesetzlich geregelt, aber nach dem Vorbild der Personengesellschaften von der h.M. als Rechtsinstitut anerkannt ist.

[40] B/H/*Zöllner/Noack* § 46 Rn. 94.

31 Die *ARAG/Garmenbeck-Entscheidung* des BGH aus dem Jahre 1997[41] zur Präzisierung der Innenhaftung des Vorstands gegenüber der Gesellschaft wurde im Jahre 2005 durch das Gesetz zur Unternehmensintegrität und Modernisierung des Anfechtungsrechts kodifiziert. Zum einen ist dem Vorstand bei der Leitung der Geschäfte des Gesellschaftsunternehmens ein weiter, für unternehmerisches Handeln denknotwendiger Handlungsspielraum zuzubilligen.[42] Zum anderen ist der Aufsichtsrat verpflichtet, Schadensersatzansprüche gegen Vorstandsmitglieder zu verfolgen, wovon er ausnahmsweise nur dann absehen darf, wenn gewichtige Gründe des Unternehmenswohls dagegen sprechen und diese Umstände die Gründe, die für eine Rechtsverfolgung sprechen, überwiegen oder ihnen zumindest annähernd gleichwertig sind.[43] Kommt der Aufsichtsrat seiner Pflicht zur Anspruchsverfolgung in diesem Sinne nicht nach, droht ihm selbst die Inanspruchnahme.

32 Eine Sonderstellung nimmt die gesellschaftsrechtliche Mischform der GmbH & Co. KG ein: Hier ist der Geschäftsführer Angestellter und Organ der Komplementär-GmbH. Der Schaden entsteht aber regelmäßig bei der KG als dem eigentlichen Unternehmensträger. Um die Folgen des Auseinanderfallens von Einflussnahmemöglichkeit und Betroffensein zu begrenzen, hat der BGH bereits mehrmals einen Direktanspruch der KG gegen den Geschäftsführer der Komplementär-GmbH aus § 43 Abs. 2 GmbHG bejaht, wenn die wesentliche Aufgabe der GmbH darin besteht, die Geschäfte der KG zu führen.[44] Damit ist auch ein Direktanspruch der KG gegen den Geschäftsführer der Komplementär-GmbH in die Systematik der Innenhaftung einzuordnen.

33 Bei den Personengesellschaften existieren keine § 93 AktG und § 43 GmbHG vergleichbaren gesetzlichen Regelungen. Die Haftung für fehlerhafte Geschäftsführung fußt hier auf dem gesellschaftsrechtlichen Treueverhältnis.[45] Daher werden auch für Personengesellschaften D&O-Versicherungsverträge angeboten.

---

[41] BGHZ 135, 244 ff.

[42] BGHZ 135, 244, 253; ähnlich dann auch § 93 Abs. 1 Satz 2 AktG (sog. *Business Judgement Rule*).

[43] BGHZ 135, 244, 253.

[44] Zuletzt BGH GmbHR 2002, 588, 589.

[45] Vgl. dazu auch *Thümmel* Rn. 58 ff.

IV. D&O-Versicherung als Baustein eines Risikomanagementkonzepts im Unternehmen

Kernfrage jedes Managers ist, wie er jegliches persönliches Einstehenmüssen für seine Handlungen vermeiden kann. Die D&O-Versicherung dient als Absicherungskonzept für Unternehmensleiter. Sie ist somit Teil des Risikomanagements. 34

Wer in Deutschland von Risikomanagement spricht, kommt um das Gesetz zur Kontrolle und Transparenz im Unternehmen nicht herum. Vorstände von Aktiengesellschaften sind demnach verpflichtet, ein System zu schaffen, das bestandsgefährdende Risiken frühzeitig erkennt. Dieser gesetzliche Mindestansatz wird ergänzt um die Notwendigkeit auch alle anderen Risikoparameter im Auge zu behalten. Ebenso dient die Maxime des ***shareholder value*** häufig zur Begründung von Handlungspflichten. 35

Die Freistellung bzw. Enthaftung des Managers v.a. Dritten gegenüber leistet einen nicht unerheblichen Beitrag zur Vermeidung des persönlichen Haftungsrisikos. D&O-Policen enthalten mittlerweile fast ausnahmslos einen sog. Versicherungsgegenstand 2, in dem die Firmenenthaftungserstattung geregelt wird.[46] Demnach erhält das freistellende versicherte Unternehmen die Aufwendungen erstattet, wenn es sich bei Drittansprüchen schützend vor den Manager stellt. 36

Compliance ist das jüngste Schlagwort der Unternehmenswelt. Gesetzeskonformes Verhalten wird zunehmend von allen ***stakeholdern*** vorausgesetzt, ja sogar eingefordert. Die risikominimierende Wirkung gesetzmäßigen Verhaltens steht dabei außer Frage. 37

Die D&O-Versicherung stellt sich in diesem Sinne folglich als „vierte Säule" des persönlichen Risikomanagements des Unternehmensleiters dar. Selbst dem gewissenhaft Handelnden können Fehler unterlaufen. Die D&O-Versicherung ist so gleichsam das letzte Netz vor dem finanziellen Absturz. Da ein D&O-Versicherungsvertrag spätestens im Schadensfall Gegenstand einer Vorstands- bzw. Geschäftsführervorlage ist, ist jeder damit Befasste gehalten, sie im bestmöglichen Zustand zu besorgen aber auch zu behalten. Aufgrund der Dynamik der Entwicklungen im D&O-Versicherungsmarkt sowie in Gesetzgebung und Rspr erscheint dies zwingend erforderlich. 38

V. Historischer Überblick

Die D&O-Versicherung wurde in Deutschland und Österreich Anfang der achtziger Jahre von dem amerikanischen Spezialversicherer Chubb Insurance erstmals auf Basis eines deutschsprachigen Bedingungs- 39

---

[46] Siehe § 2 Rn. 10 ff. und § 4 Rn 12 ff.

werks[47] gezeichnet, das noch vom deutschen Bundesaufsichtsamt für das Versicherungswesen (BAV) genehmigt werden musste. Kurze Zeit später lancierte die American International Group (AIG; heute: Chartis) ein gleichartiges Konzept. Viele Jahre teilten sich die beiden Versicherer den Markt. Die in ihrem Wert teils heftig umstrittenen Policen – so bestand etwa das Bundesaufsichtsamt für das Versicherungswesen (BAV) auf der expliziten Nichtversicherung des unternehmerischen Risikos – wurden lediglich an einen handverlesenen Kundenkreis mit einem spezifischen Risikoprofil, etwa Unternehmen mit Präsenz in *common law*-Ländern, verkauft. Der Ausschluss des unternehmerischen Risikos erwies sich als Bremse bei vielen potenziellen Einkäufern.

40 Erst die Aufhebung der Genehmigungspflicht von AVB in Deutschland im Jahre 1993 ebnete den Weg für frei gestaltete und verkaufsfreundlichere Bedingungen. Wiederum die Chubb Insurance hat im Jahre 1993 ein völlig neues Konzept auf den Markt gebracht.[48] Durch die weitgehende Übernahme der US-amerikanischen Systematik der Deckung im Innenverhältnis wurde das Thema der Absicherung des unternehmerischen Risikos durch die Diskussion um Sinn und Werthaltigkeit der Deckung im Innenverhältnis der versicherten Gesellschaften abgelöst. Erst der Markteintritt der im Industriegeschäft führenden und bislang auf Rechtsschutzkonzepte setzenden deutschen Versicherer Allianz und Gerling Mitte der 1990er Jahre steigerte auch die öffentliche Aufmerksamkeit für die D&O-Versicherungssparte. Die *ARAG/Garmenbeck*-Entscheidung des BGH[49] und das Einsetzen der diversen gesetzgeberischen Initiativen (siehe § 1 Rn. 23, 31) trug zur dynamischen Entwicklung dieser Versicherungssparte ebenfalls maßgeblich bei.

41 Ihren ursprünglichen Siegeszug startete die D&O-Versicherung in den USA, wo im Zuge des Börsenkrachs im Jahre 1929 spezielle Anlegerschutzgesetze eingeführt wurden (*Securities Act* von 1933 sowie *Securities Exchange Act* von 1934). Zudem wurde eine Behörde eingerichtet (die *Securities Exchange Commission*), welche die Einhaltung der gesetzlich festgeschriebenen Standards bei Börsengängen und bezüglich der laufenden Berichtspflichten überwachte. Die Zahl von Anlegerklagen stieg daraufhin exponentiell an. Die Versicherungswirtschaft reagierte mit der Einführung spezieller Deckungskonzepte zur Absicherung des persönlichen Haftungsrisikos der ***directors*** und ***officers*** solcher Unternehmen (kurz *„D&O Insurance"*). Ab den 1960er Jahren gehörte eine derartige Managerhaftpflichtversicherung dann auch zur Standardabsicherung US-ameri-

---

[47] AVBU 86.
[48] AVB OLA 93.
[49] BGHZ 135, 244 ff.

kanischer Unternehmen. Die weltweite Verbreitung führte über die *common law*-Länder mit einem traditionell höheren Managerhaftungsrisiko schließlich bis nach Kontinentaleuropa.

Heute ist die D&O-Versicherung etabliert, wobei die Verbreitung in Abhängigkeit vom spezifischen Risikoprofil der zu versichernden Gesellschaft noch stark variiert. Am höchsten ist die Marktdurchdringung bei international tätigen Konzernen, insbesondere bei börsennotierten Gesellschaften sowie solchen mit Tochtergesellschaften in den USA. Praktisch sämtliche im DAX-30-Segment vertretene Unternehmen dürften mittlerweile eine D&O-Versicherung unterhalten. Diese Feststellung gilt im Wesentlichen auch für alle sonstigen börsennotierten Unternehmen. Privatunternehmen versichern ihre Manager zwar noch in deutlich geringerem Umfang, jedoch zeigen sich auch hier zunehmende Verbreitungstendenzen, zumal das Aufbrechen starrer familiärer Strukturen durch Erbfolge und Nachfolgeregelungen zu einer höheren Zahl von Vertragsabschlüssen geführt hat. Insbesondere Fremdgeschäftsführer sehen sich vermehrt einer renditeorientierten Erbengeneration gegenüber, die das bislang vorherrschende System des vertrauensvollen Wechselspiels mit den Firmengründern, die sich die wesentlichen Unternehmensentscheidungen vorbehielten, ablösten. Somit werden Fremdgeschäftsführer zunehmend in ihrer Rolle als treuhändische Verwalter anvertrauten Vermögens in die Pflicht und in die Haftung genommen. Da die Mobilität des internationalen Managements und Kapitals nunmehr auch mittelständisch geprägte Unternehmen erreicht, gestaltet sich auch in diesem Segment die Verpflichtung von hoch qualifizierten Managern ohne das Vorhalten einer D&O-Versicherung immer schwieriger. 42

§ 2. Rechtsnatur und Rechtsgrundlagen

Literatur: *Dreher*, Der Abschluss von D&O-Versicherungen und die aktienrechtliche Zuständigkeitsordnung, ZHR 165 (2001), 293; *ders.*, Die Rechtsnatur der D&O-Versicherung, DB 2005, 1669; *Henssler*, D&O-Versicherung in Deutschland, in Henze/Hoffmann-Becking (Hrsg.), RWS-Forum 20, Gesellschaftsrecht 2001, 131; *Ihlas/Stute*, D&O-Versicherung für das Innenverhältnis dargestellt an Ziffer 1.3 der AVB AVG des unverbindlichen GDV-Modells, Beilage zu PHi 4/2003, 7; *Kiethe*, Persönliche Haftung von Organen der AG und der GmbH – Risikovermeidung durch D&O-Versicherung?, BB 2003, 537; *Koch*, Die Rechtsstellung der Gesellschaft und des Organmitglieds in der D&O-Versicherung (Teil I), GmbHR 2004, 18; (Teil II), GmbHR 2004, 160; (Teil III), GmbHR 2004, 288; *Lange*, Die Prozessführungsbefugnis der Versicherungsnehmerin einer D&O-Versicherung, VersR 2007, 893; *ders.*, Praxisfragen der D&O-Versicherung (Teil I), DStR 2002, 1626; (Teil II), DStR 2002, 1675; *Langheid/Grote*, Deckungsfragen der D&O-Versicherung, VersR 2005, 1165; *Säcker*, Streitfragen zur D&O-Versicherung, VersR 2005, 10; *Schneider/Ihlas*, Die Vermögensschaden-Haftpflichtversicherung des Geschäftsführers einer GmbH, DB 1994, 1123; *Thomas*, Unternehmensinterne Informationspflichten bei Verlust der D&O-Deckung, VersR 2010, 281; *v. Westphalen*, D&O-Versicherung und Direktanspruch der Gesellschaft gegenüber der Versicherung?, DB 2005, 431.

I. Vermögensschaden-Haftpflichtversicherung

1. Grundlagen

Die D&O-Versicherung ist eine **Vermögensschaden-Haftpflichtversicherung für Organmitglieder juristischer Personen**, wobei leitende Angestellte überwiegend mitversichert sind. Die Bezeichnung stammt aus dem anglo-amerikanischen Haftungs- und Versicherungsrecht. Von dort sind wie gezeigt auch die ersten Produkte nach Deutschland „importiert“ worden (siehe § 1 Rn. 12 ff., 39 ff.). D&O steht abgekürzt für *„Directors and Officers“ (Liability)*.[1] Die Begriffe *„directors“* und *„officers“* lassen sich für den Rechtsgebrauch im Deutschen mit der üblichen Übersetzungsunschärfe bei juristischen Fachbegriffen am ehesten mit „Organmitglieder“ übersetzen[2]. 1

[1] Dazu weiterführend die Arbeit von *Wollny*.

[2] Terbille/*Sieg* § 17 Rn. 1.

2 Die D&O-Versicherung ist in Deutschland gesetzlich nicht geregelt,[3] aber zulässig.[4] Rechtsgrundlagen sind die Bestimmungen des VVG, dort insbesondere die Vorschriften über die Haftpflichtversicherung in §§ 100 ff. VVG sowie über die Versicherung für fremde Rechnung in §§ 43 ff. VVG.[5] Mangels gesetzlicher Typisierung ist die eigentliche Grundlage der D&O-Versicherung v.a. der konkrete Versicherungsvertrag. Dieser Vertrag setzt sich, wie auch sonst, aus der Police, Besonderen Bedingungen und den AVB des jeweiligen Versicherers zusammen.[6] Für den deutschen D&O-Versicherungsmarkt sind nicht standardisierte Angebote charakteristisch.[7] Es fehlt an einem einheitlichen Bedingungsstandard für die D&O-Versicherung.[8] Die vom GDV entwickelten unverbindlichen Musterbedingungen zur D&O-Versicherung[9] erheben dabei ebenfalls nicht den Anspruch, einen allgemeinen Marktstandard zu definieren, sondern eignen sich vielmehr als Referenzbedingungen zur Erläuterung der D&O-Versicherung in ihrem jeweiligen Geltungszeitraum.[10] Das GDV-Bedingungswerk stellt auch nicht den aktuellen Stand der Praxis in Deutschland dar. Vielmehr handelt es sich hierbei um ein Grundkonzept, das einzelnen Versicherern mögliche Regelungskomplexe und Vorschläge i.S. eines Bausteinsystems unverbindlich zur Verfügung stellen soll.[11]

3 Die D&O-Versicherung fällt in die Kategorie der freiwilligen Haftpflichtversicherungen gemäß §§ 100 ff. VVG, ist also keine Pflichtversicherung;[12] es besteht keine Verpflichtung zum Abschluss einer D&O-Versicherung,[13] wie etwa bei manchen Berufshaftpflichtversicherungen (siehe auch § 5 Rn. 1, 36 ff.).

---

[3] Terbille/*Sieg* § 17 Rn. 2.

[4] *Ihlas*, D&O, S. 56. Zur aktienrechtlichen Zulässigkeit siehe § 5 Rn. 2.

[5] Siehe § 2 Rn. 6.

[6] Terbille/*Sieg* § 17 Rn. 4.

[7] Terbille/*Sieg* § 17 Rn. 4.

[8] Derzeit werden in Deutschland und Österreich ca. 25 D&O-AVB unterschiedlicher Versicherer angeboten, die trotz eines mittlerweile allgemein relativ weiten Bedingungsumfangs im Detail oft wesentliche Unterschiede aufweisen (Quelle: FTD, Beil. v. 30.5. 2007, „Mit Netz und doppeltem Boden"). *Ihlas*, D&O, S. 629, geht sogar von 40 D&O-Versicherern aus.

[9] AVB-AVG i.d.F. der Jahre 1997, 2005, 2007, 2008, 2010 und 2011.

[10] Krieger/Schneider/*Sieg* § 15 Rn. 11. Vgl. auch VersR-Hdb/*Beckmann* § 28 Rn. 19.

[11] So Terbille/*Sieg* § 17 Rn. 5.

[12] Einhellige Meinung, so etwa Terbille/*Sieg* § 17 Rn. 3; *v. Westphalen* DB 2005, 431, 432.

[13] *Ihlas*, D&O, S. 56.

2. Besonderheit: Deckung auch der Innenhaftung

4 Für die Haftpflichtversicherung untypisch werden in der D&O-Versicherung regelmäßig auch Ansprüche der VN gegen die versicherten Personen mitversichert (sog. Innenhaftung – siehe dazu § 1 Rn. 15, 25 ff.). In der Haftpflichtversicherung ist die Versicherung von Haftpflichtansprüchen der VN gegen die Versicherten sowie die Ansprüche von Versicherten untereinander zwar regelmäßig ausgeschlossen (vgl. § 7 Ziff. 2 AHB), deren Mitversicherung wird aber grundsätzlich für zulässig und möglich erachtet.[14] Will der Versicherer die Deckung solcher Ansprüche ausschließen, muss er eine entsprechende Ausschlussklausel vorsehen, wie es in § 7 Ziff. 2 AHB geschehen ist, so dass diese Vorschrift konstitutiver und nicht nur deklaratorischer Natur ist.[15]

5 In diesem Sinne erfüllt die D&O-Versicherung die bei Haftpflichtversicherungen durchaus übliche Aufgabe, „auch und gerade vor Haftpflichtansprüchen des VN Schutz zu gewähren",[16] wie es inzwischen auch durch diverse Gerichtsentscheidungen zur D&O-Versicherung indirekt bestätigt wurde.[17] Vereinzelt geäußerte Bedenken, die Mitversicherung „eigener Schäden" der VN verstoße gegen das Grundprinzip der Haftpflichtversicherung, können damit als ausgeräumt gelten.[18] Dennoch stellt das Begriffspaar „Innenverhältnis"/„Außenverhältnis" zur systematischen Abgrenzung der jeweils zugrunde liegenden Ansprüche ein Spezifikum der D&O-Versicherung dar. So gibt es eine Reihe von sich nur auf das Innenverhältnis beziehenden Klauseln (z.B. Trennungs-, Gerichts-, Öffentlichkeitsklausel oder Mehrheitsgesellschafter- bzw. Eigenschadenausschluss) oder es kommt zur Vereinbarung unterschiedlicher Selbstbehalte für das Innen- bzw. Außenverhältnis. Siehe im Übrigen auch Rn. 17 ff.

II. D&O-Versicherung als Versicherung für fremde Rechnung

6 Bei der D&O-Versicherung handelt es sich – jedenfalls im praktischen Regelfall – um eine Versicherung für fremde Rechnung gemäß den §§ 43 ff. VVG;[19] man spricht von Firmenpolicen. Es gibt aber auch selten Einzelpolicen, also Eigenversicherungen.

---

[14] B/M/J/*Johannsen* Anm. H 22; *Littbarski* § 7 Rn. 33.

[15] *Späte* § 7 Rn. 11 m.w.N.

[16] *Dreher* DB 2005, 1669, 1673.

[17] Siehe nur OLG München DB 2005, 1675 ff.

[18] H/E/K/*Held* Kap. 33 Rn. 28.

[19] OLG München VersR 2005, 540, 541; VersR-Hdb/*Beckmann* § 28 Rn. 48; *Dreher* DB 2005, 1669, 1670; *Olbrich* S. 53 f.; Terbille/*Sieg* § 17 Rn. 61.

1. D&O-Einzelpolice

7 Die am Markt befindlichen D&O-Versicherungsverträge sind überwiegend Firmenpolicen,[20] d.h. Policen, die von Unternehmen zugunsten ihrer Organmitglieder abgeschlossen werden. Nur einen sehr kleinen Anteil des D&O-Marktes (ca. 1 %)[21] bilden Einzelpolicen, d.h. von einzelnen Organmitgliedern abgeschlossene Versicherungen. Unter den D&O-Einzelpolicen können sog. echte und unechte Policen unterschieden werden. Im ersten Fall wird die Prämie vom VN bezahlt, der auch den Versicherungsschutz genießt. Solche Policen kommen jedoch im D&O-Versicherungsverkehr kaum vor.[22] Viel häufiger anzutreffen sind unechte Einzelpolicen, deren Kosten dem VN vom Unternehmen zurückerstattet werden.[23]

8 Dass D&O-Einzelpolicen nur äußerst selten abgeschlossen werden, ist mit der gesamtschuldnerischen Haftung der Organmitglieder (§ 421 BGB) zu erklären.[24] Daher ist die Versicherung des Haftungsrisikos lediglich eines einzelnen Organmitglieds nicht imstande, einen effizienten Versicherungsschutz zu gewähren. Die D&O-Einzelpolice erweist sich insbesondere für den D&O-Versicherer als nachteilig. Denn auf ihn kann die Pflicht zur Deckung eines Schadens zukommen, der nur indirekt vom VN verursacht wurde, für den er aber aufgrund der gesamtschuldnerischen Haftung in Anspruch genommen wird. Die gesamtschuldnerische Haftung der Organmitglieder hat somit zur Folge, dass für den D&O-Versicherer hinsichtlich des zu tragenden Risikos zwischen einer Einzel- und einer Firmenpolice kaum ein Unterschied besteht.[25] Andererseits sind Konzepte, welche die Deckung auf den Haftungsanteil des VN im Verhältnis zu den übrigen Gesamtschuldnern beschränken, für den VN nur wenig vorteilhaft. Denn beim VN verbleibt das Regressrisiko. Außerdem stellen Einzelpolicen dem VN nur eine niedrige Versicherungssumme zur Verfügung, dafür aber werden sie mit einer unverhältnismäßig hohen Prämie belastet.[26]

9 Dennoch sind die D&O-Einzelpolicen aus der Praxis nicht wegzudenken. Wie es *Ihlas* bildhaft darstellt, spielen sie die Rolle von „Türöffnern". Es kann nämlich sein, dass innerhalb eines Unternehmens lediglich ein

---

[20] Laut *Ihlas*, D&O, S. 334, zu 99%.

[21] *Ihlas*, D&O, S. 334.

[22] Terbille/*Sieg* § 17 Rn. 69; *Pammler* S. 30. Durch die Selbstbehaltspolicen nach dem VorStAG (siehe § 6 Rn. 47 ff.) ist die Zahl der Einzelpolicen jüngst gestiegen.

[23] *Ihlas*, D&O, S. 335.

[24] Erläuterungen zu Ziff. 1.1 AVB-AVG.

[25] Ausführlich dazu *Pammler* S. 31.

[26] *Ihlas*, D&O, S. 334 ff.; *Pammler* S. 30 f.

Organmitglied Interesse an einer D&O-Versicherung hat, während die Gesellschaft selbst von der Nützlichkeit einer Firmenpolice noch nicht überzeugt ist. Das Anbieten einer Einzelpolice dient einem D&O-Versicherer als Möglichkeit, einen neuen Kunden zu gewinnen, der dann später von den Vorteilen einer Firmenpolice überzeugt werden kann.[27]

2. D&O-Firmenpolice

D&O-Firmenpolicen sind **Versicherungen für fremde Rechnung**[28] gemäß §§ 43 ff. VVG. Sie werden vom Unternehmen für seine als versicherte Personen bezeichneten Organmitglieder (und leitenden Angestellten) abgeschlossen.[29] Vertragspartner des Versicherers und Prämienschuldner ist das Unternehmen als VN, Versicherter ist das jeweilige Organmitglied (bzw. der leitende Angestellte).[30] **10**

Soweit der D&O-Versicherungsvertrag keine abweichenden Vereinbarungen enthält, finden die Vorschriften der §§ 43 ff. VVG entsprechend Anwendung.[31] Bei einer solchen Versicherung für fremde Rechnung (Fremdversicherung)[32] handelt es sich um einen Vertrag zugunsten Dritter i.S.d. § 328 BGB, bei dem die Person des Vertragspartners (= VN) nicht identisch ist mit der Person des potenziellen Leistungsempfängers (= Versicherter).[33] **11**

Die Gestaltung der D&O-Versicherung als Versicherung für fremde Rechnung bedeutet allerdings die Spaltung des formellen Verfügungsrechts von der materiellen Rechtszuständigkeit.[34] Nach § 44 VVG stehen die Rechte aus der Versicherung zwar dem versicherten Dritten zu, die Verfügungsbefugnis über diese Rechte verbleibt aber weiterhin beim VN.[35] Der Versicherte kann seine Rechte aus dem Versicherungsvertrag nach § 44 Abs. 2 VVG nur geltend machen, wenn der VN hierfür seine Zustimmung erteilt oder der Versicherte im Besitz des Versicherungs- **12**

---

[27] Ausführlich dazu *Ihlas*, D&O, S. 335 f.

[28] OLG München VersR 2005, 540 ff.; BK/*Hübsch* § 74 Rn. 5; R/H/Sch/*Muschner* § 44 Rn. 21 f.; VersR-Hdb/*Beckmann* § 28 Rn. 48; Terbille/*Sieg* § 17 Rn. 61 m.w.N. (dort Fn. 86); *Koch* GmbHR 2004, 18, 23.

[29] Vgl. statt aller BK/*Hübsch* § 74 Rn. 5 m.w.N.

[30] Vgl. R/L/*Römer* §§ 75, 76 Rn. 3. Im Falle der Haftungsfreistellung des Versicherten durch das Unternehmen (sog. *company reimbursement*) kann auch die Gesellschaft selbst die versicherte Person sein; siehe dazu *Ihlas*, D&O, S. 334.

[31] BGHZ 64, 260, 264; 113, 151, 153; *Pammler* S. 31.

[32] Die §§ 43 ff. VVG n.F. entsprechen den §§ 74 ff. VVG a.F.

[33] *Meixner/Steinbeck* § 1 Rn. 155.

[34] Ausführlich dazu *Olbrich* S. 53 ff.; *Pammler* S. 32; im allgemeinen Kontext Sch/B/*Hübsch* § 44 Rn. 2 ff.

[35] *Meixner/Steinbeck* § 1 Rn. 158.

scheins ist.[36] In der D&O-Versicherung ist ein solcher Übergang des Anspruchs i.d.R. vorgesehen, wenn und soweit der Versicherte gegen den VN einen Freistellungsanspruch hat.[37]

13 Die Spaltung von materieller Berechtigung und formeller Verfügungsgewalt in einer Versicherung für fremde Rechnung wirkt sich in einer relativ schwachen Position des Versicherten aus.[38] Daher qualifizierte der BGH alsbald das Verhältnis zwischen dem VN und dem Versicherten als gesetzliches Treuhandverhältnis,[39] das mit dem Abschluss des Versicherungsvertrages entsteht. Dieses gesetzliche Treuhandverhältnis erlegt dem Unternehmen (= VN) besondere Pflichten auf. Es darf die Verfügungsrechte des § 45 Abs. 1 VVG nur treuhänderisch ausüben. V.a. ist der VN dazu verpflichtet, dem Versicherten die Geltendmachung seiner Ansprüche zu ermöglichen, indem er ihm seine notwendige Zustimmung erteilt bzw. ihm den Versicherungsschein übergibt.[40]

14 Die gedankliche Konzeption des Treuhandverhältnisses ist allerdings auf die klassische Fremdversicherung zugeschnitten. Dabei erstreckt sich der Versicherungsschutz auf weitere Personen, und der VN ist nach Geltendmachung der Ansprüche gegenüber dem Versicherer verpflichtet, die Entschädigungsleistung an den Versicherten auszukehren. Für den BGH hat der VN nur die Stellung einer „Durchgangsperson"; er hat wie ein Treuhänder lediglich einen ihm nicht zustehenden Geldbetrag einzuziehen und an den Berechtigten abzuliefern.[41]

15 Demgegenüber ist die D&O-Versicherung eine atypische Fremdversicherung, weil die Entschädigungsleistung in Fällen der Innenhaftung nicht den versicherten Personen, sondern direkt dem VN zugute kommt. Dies schließt nach manchen eine Treuhänderstellung des VN aus.[42] Andere wiederum wenden die Treuhandkonzeption auch auf das Innenverhältnis zwischen VN und versicherter Person bei der D&O-Versicherung an.[43] Dem ist wegen des vergleichbaren Schutzbedürfnisses der versicherten Person zuzustimmen. Zu denken ist etwa an die missbräuchliche Ausübung der Verfügungsrechte durch den VN.[44]

---

[36] *Meixner/Steinbeck* § 1 Rn. 158.

[37] VersR-Hdb/*Beckmann* § 28 Rn. 62.

[38] Im allgemeinen Kontext siehe dazu Sch/B/*Hübsch* § 44 Rn. 10 ff.

[39] BGHZ 64, 260, 264; 113, 151, 153; *Pammler* S. 33 ff.; *Koch* GmbHR 2004, 160, 162.

[40] *Pammler* S. 33; offenbar a.A. Terbille/*Sieg* § 17 Rn. 62.

[41] BGHZ 64, 264 f.

[42] *Koch* GmbHR 2004, 160, 163.

[43] *Thomas* VersR 2010, 281, 289; vgl. auch B/M/*Brand* § 46 Rn. 11.

[44] *Pammler* S. 34; siehe dazu im allgemeinen Kontext R/H/Sch/*Muschner* § 44 Rn. 11.

Zu betonen ist abschließend, dass § 44 Abs. 2 VVG dispositiver Natur ist.[45] In der Praxis enthalten AVB i.d.R. Bestimmungen, wonach das Recht zur Geltendmachung der Ansprüche ausschließlich den versicherten Personen zusteht.[46] 16

III. Streitfragen

1. Innenverhältnisdeckung: Eigenschaden- der Haftpflichtversicherung?

Im Schrifttum wurde vereinzelt die Auffassung vertreten, bei der D&O-Versicherung im Innenverhältnis handle es sich nicht um eine Haftpflicht-, sondern eine Eigenschadenversicherung.[47] Dafür wird das überwiegend eigenbetriebliche Interesse des Unternehmens am Abschluss der Versicherung ins Treffen geführt.[48] 17

Dieses i.d.R. sogar überwiegende wirtschaftliche Interesse des VN an der Deckung im Innenverhältnis entspricht durchaus h.A.,[49] ist aber kein Argument gegen das Vorliegen einer Fremdversicherung. Dafür sei auf ein Urteil des BVerwG aus dem Jahre 1987 zum versicherungsvertragsrechtlichen Versicherungsbegriff verwiesen, wo es u.a. heißt: „Die §§ 75 Abs. 1 Satz 2 und Abs. 2, 76 und 77 VVG [a.F.; Anm. d. Verf.] verdeutlichen, dass die Versicherung für fremde Rechnung typischerweise auch den wirtschaftlichen Interessen des Versicherungsnehmers [...] dient und dass dementsprechend das Vorhandensein eines solchen Interesses das Bestehen einer Fremdversicherung nicht ausschließt [...]“.[50] 18

Das OLG München[51] verdient daher Zustimmung, wenn es die Auffassung vertritt, dass die D&O-Versicherung insgesamt als Haftpflichtversicherung für fremde Rechnung i.S.d. §§ 100 ff. VVG und der §§ 43 ff. VVG konzipiert sei. Denn eine Haftpflichtversicherung ist lediglich 19

---

[45] Sch/B/*Hübsch* § 44 Rn. 27.

[46] *Olbrich* S. 57; *Pammler* S. 35; Ziff. 7.4 Allianz Protect 2008 MM; Ziff. 12.2 Chubb AVB OLA 2008; § 14 Ziff. 1 AVB-VOV 2008; Art. 10 Abs. 1 Zurich AVBDO 2009.

[47] *Ihlas/Stute* Beil. zu PHi 4/2003, 7, 15 (anders noch *Schneider/Ihlas* DB 1994, 1123, 1126); *Säcker* VersR 2005, 10 ff. So wohl auch *Kiethe* BB 2003, 537, 539.

[48] *Säcker* VersR 2005, 10, 11.

[49] So z.B. *Olbrich* S. 208, 235; *Dreher* ZHR 165 (2001), 293, 310 ff.; *Lange* DStR 2002, 1626, 1629; *Koch* GmbHR 2004, 18, 22; siehe auch § 5 Rn. 12, 73.

[50] BVerwG VersR 1987, 273, 276; so auch P/M/*Prölss*, 27. Aufl. 2004, § 74 Rn. 1.

[51] OLG München DB 2005, 1675 ff.

durch die Trennung von Geschädigtem und dem Träger des versicherten Interesses typisiert.[52] Die Einordnung der Ansprüche der Gesellschaft gegen das Organmitglied als „unechte“ Eigenschäden ändert nichts an der Qualifikation der D&O-Versicherung als Haftpflichtversicherung.[53] Dafür, dass das rechtliche Interesse auch im Bereich der Innenverhältnisdeckung der D&O-Versicherung bei den versicherten Personen liegt und eine Eigenschadenversicherung der VN daher auszuschließen ist, spricht schon die Ausgestaltung des Versicherungsvertrages, wo nicht zwischen Außen- und Innenhaftung unterschieden wird.[54] Entsprechend regeln zahlreiche D&O-AVB im Gegenstand der Versicherung, dass der Versicherer Versicherungsschutz für den Fall gewährt, *„dass eine versicherte Person […] von Dritten oder von der Versicherungsnehmerin auf Schadensersatz in Anspruch genommen wird […]“.*[55] Soweit der Versicherungsumfang nach den herkömmlichen D&O-AVB wie z.B. Ziff. 4.1 AVB-AVG *„die Abwehr unberechtigter Schadensersatzansprüche und die Freistellung der versicherten Personen von berechtigten Schadensersatzverpflichtungen“* umfasst, spricht dieser Aspekt ebenfalls für die Annahme einer Fremdversicherung auch im Innenverhältnis.[56] Denn sollte mit der Innenverhältnisdeckung allein das Insolvenzrisiko der versicherten Person auf den Versicherer übertragen werden, dann bedürfte es in der Tat der Abwehrkomponente nicht, die deutlich macht, dass in erster Linie das Haftpflichtrisiko der versicherten Personen versichert ist.[57]

20 Doch auch ohne eine solche Regelung in den AVB ergibt sich bereits aus der Systematik der D&O-Versicherung als Versicherung für fremde Rechnung, dass Träger des versicherten Interesses die versicherte Person ist. Denn dieser stehen, gemäß der zwingenden Regelung des § 44 Abs. 1 VVG[58] die Rechte aus dem Versicherungsvertrag zu.[59] Die Befr*Laufhütte/ Rissing-van Saan/Tiedemann* (Hrsg.), iedigung der VN i.R.d. Innenhaftung stellt i.S. dieser Systematik demgemäß lediglich die Folge, nicht aber den Gegenstand der Deckungszusage des Versicherers dar. Es handelt sich bei

---

[52] *Koch* GmbHR 2004, 18, 23; zust. *v. Westphalen* DB 2005, 431, 432.

[53] *Koch* GmbHR 2004, 18, 23 m.w.N.

[54] *Koch* GmbHR 2004, 18, 23; ebenso *Dreher* DB 2005, 1669, 1673.

[55] Etwa § 1 Ziff. 1 AXA AVB-DO/04; § 1.1 R+V ULLA/2010. In den meisten Bedingungswerken wird eine solche Unterscheidung nicht explizit vorgenommen, so dass Innen- und Außenansprüche ebenfalls ohne weiteres versichert sind.

[56] *Dreher* DB 2005, 1669, 1673; *Lange* VersR 2007, 893, 896.

[57] So i.E. auch *v. Westphalen* DB 2005, 431, 436, wonach die D&O-Versicherung keine „Kasko-Versicherung“ i.S. einer „Bilanzschutzgarantie“ sei; *Langheid/ Grote* VersR 2005, 1165, 1168 f.

[58] P/M/*Prölss/Klimke* § 44 Rn. 21.

[59] Vgl. auch *v. Westphalen* DB 2005, 431, 432 m.w.N.

dem durch die D&O-Versicherung bewirkten Schutz der Gesellschaft vor einer Insolvenz des Organmitglieds tatsächlich nur um einen Reflex des Schutzes der versicherten Person, nicht aber um ihren primären Zweck.[60] Die Absicherung des Unternehmens bzw. des Unternehmenswerts wird insofern auch als das „kommerzielle Resultat der Ersatzleistung"[61] oder auch als das bloß tatsächliche bzw. wirtschaftliche Interesse am Abschluss des Versicherungsvertrages[62] bezeichnet.

Ein eigenes versicherungsrechtliches Interesse und damit eine Einbeziehung der VN in den materiellen Schutzbereich der D&O-Versicherung ist allerdings in den Fällen anzunehmen, in denen die Freistellung versicherter Personen durch das Unternehmen (sog. *company reimbursement*) ausdrücklich mitversichert ist oder wo durch die Vereinbarung etwaiger *Entity*-Deckungsbausteine (z.B. EPL, IPO) auch unmittelbare Ansprüche gegen versicherte Unternehmen mit eingeschlossen sind.[63] **21**

2. Direktanspruch des Versicherungsnehmers gegen den Versicherer in Fällen der Innenhaftung?

Noch vor Inkrafttreten des neuen VVG zum 1.1. 2008 und dem Wegfall des Abtretungs- sowie Anerkenntnis- und Befriedigungsverbots[64] häuften sich die Fälle, in denen Unternehmen versuchten, einen vermeintlich gegenüber einem Organmitglied bestehenden Innenhaftungsanspruch direkt gegenüber dem D&O-Versicherer geltend zu machen, ohne den Anspruch zuvor gegen das Organmitglied zu richten.[65] Das OLG München[66] lehnte einen Direktanspruch der klagenden AG als VN gegen den D&O-Versicherer in einem Innenhaftungsfall ab. Der Begründung, die D&O-Versicherung sei eine Haftpflichtversicherung für fremde Rechnung i.S.d. §§ 100 ff. und §§ 43 ff. VVG, ist beizupflichten. Daher nimmt der VN i.R.d. Innenhaftung die Stellung eines „Dritten" i.S.d. § 100 VVG ein, **22**

---

[60] In diesem Sinne *Koch* GmbHR 2004, 18, 23 m.w.N.; *v. Westphalen* DB 2005, 431, 434; Terbille/*Sieg* § 17 Rn. 36; H/E/K/*Held* Kap. 33 Rn. 18; *Henssler*, Gesellschaftsrecht 2001, S. 131, 145; *Späte* § 1 Rn. 219.

[61] Vgl. zur Begr. ausführlich *v. Westphalen*, DB 2005 431, 432 f.

[62] *Dreher* DB 2005, 1669, 1671; *ders.* ZHR 165 (2001), 293, 320.

[63] Terbille/*Sieg* § 17 Rn. 40; Krieger/Schneider/*Sieg* § 16 Rn. 22.

[64] Vgl. dazu ausführlich § 10 Rn. 13 ff., 47, wo es im Gegensatz zu einem „systematischen Direktanspruch" im Innenverhältnis der D&O-Versicherung um einem Direktanspruch *infolge einer Abtretung* des Freistellungsanspruchs von der versicherten Person an den VN geht.

[65] Vgl. etwa OLG München DB 2005, 1675, 1676; ebenso LG Marburg DB 2005, 437, 438; LG Wiesbaden VersR 2005, 545, 546.

[66] OLG München DB 2005, 1675 ff.

der, wie bei allen freiwilligen Haftpflichtversicherungen, als Haftungsgläubiger nicht in den Schutzbereich solcher Versicherungen mit einbezogen ist.[67]

23 Somit ergibt sich die Ablehnung eines Direktanspruchs für Sachverhalte der Innenhaftung aus zwei Überlegungen:[68] Zum einen ist die D&O-Versicherung wie gezeigt eine Haftpflichtversicherung; ein Direktanspruch widerspricht dem in der Haftpflichtversicherung geltenden Trennungsprinzip (siehe Rn. 24 f.). Zum anderen lässt sich ein Direktanspruch der VN auch nicht mit ihrer Verfügungsbefugnis über die Rechte aus dem Versicherungsvertrag begründen, wie er sich aus den Bestimmungen über die Versicherung für fremde Rechnung ergeben kann (siehe Rn. 26 ff.).

24 **a) Direktanspruch und Trennungsprinzip.** In der Haftpflichtversicherung gilt das sog. Trennungsprinzip.[69] Danach ist im Haftpflichtverhältnis die Haftungsfrage zwischen VN und geschädigtem Dritten zu klären. Im Deckungsverhältnis ist zu entscheiden, ob der Versicherer dem VN Versicherungsschutz zu gewähren hat.[70] Das Trennungsprinzip gilt grundsätzlich auch bei einer Versicherung für fremde Rechnung.[71] Entsprechend stellte das LG München I bzgl. der Klage der VN einer D&O-Versicherung, die sich mit ihrem – aus einem behaupteten Vermögensschaden im Zusammenhang mit fehlerhaften Kreditvergabebeschlüssen zweier ihrer Vorstandsmitglieder abgeleiteten – Zahlungsanspruch direkt an den Versicherer wandte, fest: Ein solcher direkter Zahlungsanspruch ergebe sich nicht einfach daraus, dass sich der der VN aus dem Vertragsverhältnis zustehende Freistellungsanspruch aufgrund des Umstands, dass die Klägerin zugleich Anspruchsberechtigte des Schadensersatzanspruchs gegen die versicherten Personen aus demselben Vertragsverhältnis ist, in einen direkten eigenen Zahlungsanspruch verwandle. Eine solche Verschmelzung der Ansprüche sei weder gesetzlich noch vertraglich vorgesehen und widerspreche den Grundprinzipien der Haftpflichtversicherung.[72] Entsprechend wird aus dem Trennungsprinzip für die Vermögensschaden-Haftpflichtversicherung generell gefolgert, dass der Anspruchsteller keinen Direktanspruch gegen den Versicherer, sondern nur gegen die versicherte Person hat.[73]

---

[67] OLG München DB 2005, 1675, 1676.
[68] Vgl. Terbille/*Sieg* § 17 Rn. 18.
[69] *Späte* § 3 Rn. 43.
[70] P/M/*Lücke* § 100 Rn. 45 m.w.N.; R/L/*Langheid* § 149 Rn. 12 m.w.N.
[71] *Langheid/Grote* VersR 2005, 1165, 1171 f.
[72] LG München I VersR 2005, 543, 544.
[73] Gräfe/Brügge/*Brügge* Teil A Rn. 44.

Wenn für einen Direktanspruch in der D&O-Versicherung der Vergleich mit dem in § 3 Nr. 1 PflVG vorgesehenen Direktanspruch in der Kfz-Haftpflichtversicherung[74] bemüht wird,[75] so ist dem entgegenzuhalten, dass es sich bei der D&O-Versicherung gerade nicht um eine Pflichthaftpflichtversicherung, sondern um eine freiwillige Haftpflichtversicherung handelt. Bei der freiwilligen Haftpflichtversicherung hat sich der Gesetzgeber bewusst gegen die Gewährung eines Direktanspruchs entschieden, so dass die Vorschriften für die Pflichtversicherung in §§ 113 ff. VVG ebenso wenig anwendbar sind wie die Vorschriften des PflVG.[76] **25**

b) Direktanspruch und Verfügungsbefugnis des Versicherungsnehmers. Unterstrichen wird die oben (Rn. 24) dargelegte Ansicht, dass dem VN bei Ansprüchen im Innenverhältnis kein Direktanspruch zukommt, durch Regelungen in den D&O-AVB, mit denen die §§ 44 ff. VVG regelmäßig abbedungen werden.[77] Nach § 44 Abs. 2 und § 45 Abs. 1 VVG können die Versicherten über die Rechte aus dem Vertrag nur mit Zustimmung des VN bzw. bei Besitz des Versicherungsscheins verfügen.[78] Dieser weit verbreitete Bedingungsstandard ist im Übrigen auch deswegen praxisgerecht, weil die versicherten Personen selbst nur höchst selten im Besitz des Versicherungsscheins (oder auch nur einer Kopie desselben) sein werden, da der Versicherer diesen regelmäßig nur dem VN übergibt.[79] **26**

Fraglich aber könnte sein, ob sich in den Fällen, in denen § 44 Abs. 2 und § 45 Abs. 1 VVG ausnahmsweise nicht vertraglich abbedungen wurden, ein Direktanspruch des VN auf seine formelle Verfügungsbefugnis hinsichtlich der Rechte aus dem Versicherungsvertrag stützen lässt. Dies wird mit dem Hinweis auf einen Widerspruch der §§ 43 ff. VVG zu § 100 VVG und dem dort verankerten Wahlrecht des Versicherers zwischen Abwehr und Befriedigung des Haftpflichtanspruchs[80] zu Recht abgelehnt, wobei die besonderen Vorschriften über die Haftpflichtversicherung im Falle eines Widerspruchs zu den allgemeinen Vorschriften der Schaden- **27**

---

[74] Für das gesamte Pflichtversicherungsrecht ergibt sich der gesetzliche Direktanspruch nunmehr aus § 115 VVG.

[75] *Säcker* VersR 2005, 10, 11.

[76] Vgl. auch Terbille/*Sieg* § 17 Rn. 3.

[77] R/L/*Römer* §§ 75, 76, Rn. 22 und 25, wonach § 75 Abs. 2 VVG und § 76 VVG insgesamt abdingbar sind; ebenso LG München I VersR 2005, 543, 544; *Lange* VersR 2007, 893, 895, wonach die § 75 Abs. 2 und § 76 Abs. 1 VVG dem Schutz des Versicherers dienen, weshalb dieser auf deren Schutz ohne weiteres verzichten können soll.

[78] Vgl. Ziff. 10.1 AVB-AVG: *„Die Ausübung der Rechte aus dem Versicherungsvertrag steht ausschließlich den versicherten Personen zu.“*

[79] So zutr. *Lange* VersR 2007, 893, 896; *v. Westphalen* DB 2005, 431, 434.

[80] Vgl. *Späte* § 3 Rn. 21; P/M/*Lücke* Ziff. 5 AHB Rn. 2 f.

versicherung diesen vorgeordnet sein sollen.[81] Würde man demnach dem VN die Möglichkeit eines Direktanspruchs einräumen, dann entfiele für den Versicherer die Option der Anspruchsabwehr und das diesem zustehende Auswahlermessen würde so in unzulässiger Weise eingeschränkt.[82]

28 Daher kann die Beschränkung der dem VN nach § 44 Abs. 2 und § 45 Abs. 1 VVG eingeräumten Verfügungsbefugnis entfallen und dem VN ein Direktanspruch zugestanden werden, wenn das Wahlrecht des Versicherers zwischen Anspruchsabwehr und -befriedigung nicht mehr besteht.[83] Das ist gemäß § 106 VVG dann anzunehmen, wenn die Haftpflichtschuld endgültig festgestellt ist,[84] oder wenn das Organmitglied gemäß § 105 VVG ausnahmsweise befugt war, den Anspruch der Gesellschaft oder des außenstehenden Dritten anzuerkennen. Das Wahlrecht des Versicherers endet gleichermaßen dann, wenn die Gesellschaft aufgrund eines vom Organmitglied berechtigterweise ausgesprochenen Anerkenntnisses den Anspruch des Dritten befriedigt und sich dadurch der Befreiungsanspruch des § 100 VVG ausnahmsweise in einen Zahlungsanspruch umwandelt oder wenn der Versicherer mit seiner Berufung auf das Befriedigungsverbot im Einzelfall gegen Treu und Glauben verstößt.[85] Der für das Erlöschen des Wahlrechts praktisch bedeutsamste Fall ist wohl der, dass sich der D&O-Versicherer weigert, dem Organmitglied Deckung zu gewähren.[86]

---

[81] P/M/*Lücke* § 100 Rn. 71; R/L/*Langheid* § 149 Rn. 4. Vgl. auch *Lange* VersR 2007, 893, 896; *Langheid/Grote* VersR 2005, 1165, 1171; *v. Westphalen* DB 2005, 431, 435.

[82] LG Marburg DB 2005, 437, 438; OLG Düsseldorf NJOZ 2007, 1242 ff.; *Koch* GmbHR 2004, 18, 24; *v. Westphalen* DB 2005, 431, 436.

[83] *Koch* GmbHR 2004, 18, 24.

[84] Vgl. auch OLG München DB 2005, 1675, 1676; LG Marburg DB 2005, 437, 438.

[85] P/M/*Lücke* § 105 Rn. 25–27.

[86] *Koch* GmbHR 2004, 18, 24.

§ 3. Versicherungsnehmer und versicherte Personen

Literatur: *Grunewald*, Auskunftserteilung und Haftung des Vorstandes im bürgerlichen Verein, ZIP 1989, 962.

I. Versicherungsnehmer

Die Frage, wer potenzieller VN einer D&O-Versicherung sein kann, wird gewöhnlich in D&O-AVB nicht ausdrücklich geregelt. Diesbezügliche Informationen befinden sich v.a. in Informationsbroschüren bzw. können auch durch eine individuelle Anfrage bei einem D&O-Versicherer festgestellt werden. AVB enthalten allerdings indirekt wichtige Hinweise zu dieser Fragestellung, indem sie den Kreis der versicherten Personen bestimmen. Die Bezeichnung von Organen, deren Mitglieder vom Versicherungsschutz umfasst sind, lässt auf bestimmte Gesellschaftsformen der versicherungsnehmenden Unternehmen schließen.[1] 1

In erster Linie sind D&O-AVB auf Bedürfnisse der Kapitalgesellschaften, v.a. der AG und der GmbH ausgerichtet.[2] Aus der steigenden Sättigung des D&O-Marktes (insbesondere unter Großunternehmen) ergab sich die Notwendigkeit, den Kreis der potenziellen VN v.a. um die Personengesellschaften zu erweitern. 2

Der Abschluss einer D&O-Versicherung mit juristischen Personen des öffentlichen Rechts ist aufgrund der Besonderheiten der Rechtsbeziehungen solcher Körperschaften zu ihren Organen nicht möglich.[3] Keine Zweifel bestehen hingegen bezüglich kommunaler Betriebe, die in Form einer AG oder GmbH organisiert sind, deren D&O-Versicherung allgemein als zulässig betrachtet wird.[4] 3

1. AG

Im Falle einer AG sind in einer D&O-Versicherung für gewöhnlich der Vorstand (§§ 76 ff. AktG) und der Aufsichtsrat (§§ 95 ff. AktG) versichert. Die Vorstandsmitglieder leiten die Gesellschaft, wozu die Ge- 4

---

[1] VersR-Hdb/*Beckmann* § 28 Rn. 48.

[2] *Ihlas*, D&O, S. 329.

[3] *Ihlas*, D&O, S. 330; VersR-Hdb/*Beckmann* § 28 Rn. 49; *Olbrich* S. 105 f.; Erläuterungen zu Ziff. 1.1 AVB-AVG.

[4] VersR-Hdb/*Beckmann* § 28 Rn. 49; *Olbrich* S. 103 ff.

schäftsführung (§ 77 AktG) und die Vertretung der Gesellschaft nach außen (§ 78 AktG) gehören. Die Vorstandsmitglieder sind zur Sorgfalt i.S. eines ordentlichen und gewissenhaften Geschäftsleiters verpflichtet (§ 93 Abs. 1 Satz 1 AktG). Bei einer Pflichtverletzung müssen sie den daraus resultierenden Schaden ersetzen (§ 93 Abs. 2 Satz 1 AktG). Die Vorstandsmitglieder leiten die Gesellschaft in eigener Verantwortung (§ 76 Abs. 1 AktG), d.h. sie sind nicht weisungsgebunden. Diese Tatsache wirkt sich u.a. mit einem relativ großen Haftungsrisiko aus.[5] Die Vorschriften über die anzuwendende Sorgfalt und die Verantwortlichkeit finden sinngemäß Anwendung auf die Aufsichtsratsmitglieder (§ 116 AktG). All diese Umstände machen den Abschluss einer D&O-Versicherung im Falle einer AG besonders empfehlenswert.[6]

2. GmbH

5 Bei einer GmbH wird in erster Linie die Geschäftsführung versichert. Der Aufsichtsrat ist außerhalb mitbestimmter Gesellschaften i.d.R. nur ein fakultatives Organ (§ 52 GmbHG). Trotz vieler Ähnlichkeiten zur Regelung der Geschäftsleitung in der AG und der GmbH, wie die Regelung der Aufgaben (die Geschäftsführung und die Vertretung der Gesellschaft nach außen, § 35 Abs. 1 GmbHG), der Sorgfaltspflicht (die Sorgfalt eines ordentlichen Geschäftsmannes, § 43 Abs. 1 GmbHG) sowie der Schadensersatzpflicht (§ 43 Abs. 2 GmbHG), besteht ein wichtiger Unterschied in der Weisungsgebundenheit[7] der Geschäftsführung (§ 37 Abs. 1 GmbHG), woraus sich eine teilweise Einschränkung des Haftungsrisikos der Geschäftsführer (mit Ausnahme gläubigerschädigender Weisungen) ergibt. Diese Umstände führen u.a. dazu, dass im Falle einer GmbH vor Abschluss einer D&O-Versicherung eine genaue Prüfung des versicherbaren Risikos der Geschäftsführung notwendig ist. Bei einem hohen Grad an Gebundenheit durch den Gesellschaftsvertrag sowie durch Weisungen, woraus ein enger Handlungsspielraum des Geschäftsführers folgt (und dadurch ein kleines versicherbares Haftungsrisiko), kann eine Rechtsschutzversicherung sich als günstiger erweisen.[8]

---

[5] Dabei ist die Business Judgement Rule des § 93 Abs. 1 Satz 2 AktG zu berücksichtigen.

[6] Über die AG als VN einer D&O-Versicherung siehe MünchHdbGesR/*Wiesner*, Bd. 4, § 26 Rn. 44 ff.

[7] Gebundenheit an Weisungen der Mehrheitsgesellschafter, der Beiräte oder einer zentralen Konzernleitung; ausführlich dazu *Olbrich* S. 84 f.; siehe auch zum sachlichen Umfang der Geschäftsführungsbefugnis MünchHdbGesR/*Marsh-Barner/Diekmann*, Bd. 3, § 44 Rn. 52 ff.

[8] *Olbrich* S. 86 f.

3. KGaA

6 Eine KGaA bildet eine mit eigener Rechtspersönlichkeit versehene Gesellschaft, bei der mindestens ein Gesellschafter den Gläubigern persönlich haftet (Komplementär), während die anderen Gesellschafter an dem Grundkapital beteiligt sind, ohne jedoch persönlich zu haften. In der Praxis wird der Abschluss einer D&O-Versicherung zugunsten der Aufsichtsratsmitglieder der KGaA für zulässig erachtet. Eine spezifische Problematik entsteht durch die Versicherung des Haftungsrisikos der die Geschäfte führenden Komplementäre, die i.d.R. gleichzeitig Geschäftsanteile halten. Denn aus diesem Umstand entsteht eine nicht zu unterschätzende Gefahr von Insichprozessen, da das Gesellschafterrisiko als unternehmerisches Risiko nicht versicherbar ist. Dieser Interessenkonflikt entspricht der Lage bei einer Kommanditgesellschaft.

4. Genossenschaft

7 Zu den zwingenden Organen einer eingetragenen Genossenschaft gehören neben der Generalversammlung der Vorstand (§§ 24 ff. GenG) und der Aufsichtsrat (§§ 36 ff. GenG). Der Vorstand leitet die Genossenschaft in eigener Verantwortung (§ 27 Abs. 1 Satz 1 GenG). Er hat dabei die Beschränkungen zu beachten, die durch die Satzung festgesetzt worden sind (Satz 2). Die Vorstandsmitglieder sind zur Sorgfalt i.S. eines ordentlichen und gewissenhaften Geschäftsleiters einer Genossenschaft verpflichtet (§ 34 Abs. 1 Satz 1 GenG). Im Falle einer Pflichtverletzung müssen sie den daraus entstandenen Schaden ersetzen (§ 34 Abs. 2 Satz 1 GenG). Die Haftung besteht bereits bei leichter Fahrlässigkeit.

8 Ähnlich wie bei einer AG beruht die Aufgabe des Aufsichtsrats darin, die Geschäftsführung des Vorstands zu kontrollieren. Die Vorschriften über die Sorgfalt und die Verantwortlichkeit des Vorstands gelten sinngemäß für die Aufsichtsratsmitglieder (§ 41 GenG). Die große Ähnlichkeit des Risikos in einer Genossenschaft im Vergleich zu der Konstellation in einer AG lässt den Abschluss einer D&O-Versicherung zugunsten der Vorstands- und Aufsichtsratsmitglieder einer Genossenschaft als durchaus empfehlenswert erscheinen.

5. Verein

9 Im Falle eines eingetragenen Vereins kann der Abschluss einer D&O-Versicherung zugunsten der Vorstandsmitglieder in Erwägung gezogen werden, da der Vorstand das Leitungsorgan des Vereins ist (§ 26 Abs. 2 Satz 1, § 27 Abs. 3 BGB).[9] Er steht auch dem Verein für ein Verschulden

---

[9] Ausführlich dazu MünchHdbGesR/*Waldner*, Bd. 5, § 25 Rn. 55 ff.

bei der Geschäftsführung ein (§ 280 BGB).[10] Allerdings sind zwei Umstände zu berücksichtigen: zum einen das Weisungsrecht der Mitgliederversammlung (§ 665 i.V.m. § 27 Abs. 3 BGB),[11] zum anderen die Tatsache, dass Vorstandsmitglieder ihre Funktionen häufig ehrenamtlich ausüben. Ehrenamtlich tätige Vorstandsmitglieder haften lediglich für Vorsatz und grobe Fahrlässigkeit (§ 31a Abs. 1 BGB).[12]

6. Stiftung

10 Gemäß den Erläuterungen zu den Musterbedingungen des GDV gehören zu den potenziellen D&O-VN u.a. Stiftungen, die diese Versicherung zugunsten ihrer Vorstandsmitglieder abschließen können.[13] Gemäß § 86 Satz 1, § 26 Abs. 1 BGB ist der Vorstand das einzig zwingende vertretungsberechtigte Organ der Stiftung. Zu betonen ist der breite Handlungsspielraum des Stiftungsvorstands, der i.R.d. Stiftungszwecks und der Satzung weisungs**un**abhängig handelt.[14] Nach verbreiteter Auffassung übertrifft die Unabhängigkeit des Stiftungsvorstands sogar diejenige des Vorstands einer AG.[15] Obwohl die Vorstandsmitglieder der Stiftung, ähnlich wie im Verein, ihre Funktion oft ehrenamtlich ausüben, findet hier das Haftungsprivileg von Arbeitnehmern keine Anwendung.[16] Dies wird mit der treuhänderischen Funktion des Stiftungsvorstands begründet.[17] Möglich ist allerdings die Einschränkung der Haftung der Vorstandsmitglieder in der Satzung oder im Anstellungsvertrag auf Vorsatz und grobe Fahrlässigkeit.

II. Tochtergesellschaften

11 Die am Markt üblichen D&O-Bedingungswerke beziehen auch Tochterunternehmen des VN in den Versicherungsschutz mit ein. Dabei erstreckt sich der Schutz auf bereits bei Vertragsabschluss vorhandene und

[10] *Grunewald* ZIP 1989, 962, 964.

[11] *Olbrich* S. 91.

[12] Die Begrenzung der Haftung von ehrenamtlich tätigen Vorstandsmitgliedern eines Vereins wurde erst durch das Gesetz zur Begrenzung der Haftung von ehrenamtlich tätigen Vereinsvorständen v. 28.9. 2009 (BGBl. I S. 3161) ins Gesetz eingefügt; siehe dazu Bamberger/Roth/*Schöpflin* § 31a Rn. 1 ff.; vgl. zur alten Rechtslage *Olbrich* S. 92 f.

[13] MünchHdbGesR/*Lüke*, Bd. 5, § 94 Rn. 50.

[14] *Olbrich* S. 95.

[15] MünchKomm-BGB/*Säcker/Rixecker* § 86 Rn. 15.

[16] MünchHdbGesR/*Lüke*, Bd. 5, § 94 Rn. 18.

[17] *Olbrich* S. 96.

während der Vertragsdauer neu erworbene bzw. gegründete Tochtergesellschaften; für letztere besteht u. U. eine Anzeigeobliegenheit. Dies hängt von bestimmten Größen- und sonstigen Risikomerkmalen des Tochterunternehmens ab (z. B. Sitz in den USA, Börsennotierung). Für die Definition des Tochterunternehmens bzw. der Tochtergesellschaft wird i. d. R. auf § 290 HGB verwiesen; andere Bedingungswerke stellen lediglich darauf ab, ob der VN die Mehrheit der Stimmrechte in der Tochtergesellschaft besitzt.[18]

III. Versicherte Personen

Wie bereits dargestellt, ist die D&O-Versicherung eine Versicherung für fremde Rechnung. Versicherte Personen sind im Regelfall der Firmenpolice (siehe § 2 Rn. 10 ff.) im Versicherungsschein (§ 3 VVG) nicht namentlich genannt, sondern lediglich pauschal bestimmt (§ 44 Abs. 1 VVG). Die namentliche Bezeichnung von versicherten Personen würde nämlich dazu führen, dass bei jeder Personaländerung entsprechende Anpassungen im Versicherungsvertrag durchgeführt werden müssten. In Anbetracht der gewöhnlich hohen Anzahl von Unternehmensleitern, insbesondere bei einem Konzern, wäre dies eine äußerst aufwändige Lösung.[19] Überdies bestünde die Gefahr von Deckungslücken bei Meldeversäumnissen. **12**

1. Organmitglieder

Gemäß Ziff. 1.1 der Musterbedingungen des GDV umfasst der Schutz einer D&O-Versicherung **gegenwärtige und ehemalige Organmitglieder des VN**. Die Notwendigkeit der Erstreckung des Versicherungsschutzes auf ehemalige Unternehmensleiter ist die Konsequenz aus der Geltung des Anspruchserhebungsprinzips in der D&O-Versicherung.[20] Gemäß diesem Prinzip tritt der Versicherungsfall (erst) im Moment der Geltendmachung der Haftungsansprüche ein (siehe § 6 Rn. 93 ff.). **13**

Die Musterbedingungen des GDV sehen hingegen keinen Versicherungsschutz für neu bestellte, also zukünftige Organmitglieder vor. Eine solche Regelung bringt die Notwendigkeit mit sich, alle neu bestellten Organmitglieder dem D&O-Versicherer anzuzeigen, um sie in die Deckung einzuschließen. Zu Recht wird darauf hingewiesen, dass diese Lösung für beide Seiten wenig vorteilhaft, da sehr kompliziert ist.[21] In der Praxis über- **14**

---

[18] VersR-Hdb/*Beckmann* § 28 Rn. 51; ausführlich *Olbrich* S. 121 ff.

[19] *Ihlas*, D&O, S. 337.

[20] Erläuterungen zu Ziff. 1.1 AVB-AVG.

[21] *Ihlas*, D&O, S. 338.

wiegt daher die Regelung, die auch zukünftige Organmitglieder in den Versicherungsschutz mit einbezieht.

15 Soweit in den einschlägigen AVB die Organmitglieder ausdrücklich als Mitglieder des Aufsichtsrates, des Vorstandes und der Geschäftsführung genannt sind, sind fakultative Geschäftsführungsorgane und ihre Mitglieder, wie etwa Beiräte oder Ausschüsse, vom Versicherungsschutz nicht standardmäßig mit umfasst.[22]

2. Stellvertreter

16 Die Musterbedingungen des GDV zählen unter den versicherten Personen die Stellvertreter der Organmitglieder nicht auf. Es ist allerdings zu berücksichtigen, dass dieselben Vorschriften sowohl für die Geschäftsleitung (Vorstand und Geschäftsführer) wie für deren Stellvertreter gelten.[23] Grundsätzlich haben sie die gleichen Rechte und Pflichten, weshalb auch ihr Haftungsrisiko gleich hoch ist. Aus diesem Grund ist dem Vorschlag von *Beckmann*[24] zu folgen, Stellvertreter auch versicherungsrechtlich den übrigen Organmitgliedern gleichzustellen.

3. Fehlerhaft bestellte Organmitglieder

17 Grund für die Ausdehnung des Versicherungsschutzes einer D&O-Versicherung auf fehlerhaft bestellte Organmitglieder ist der Umstand, dass solche Organe, sobald sie die entsprechenden Aufgaben tatsächlich wahrnehmen, wie Organmitglieder haften.[25]

18 Manche AVB regeln die Frage ausdrücklich, etwa indem sie den Versicherungsschutz auf „ordnungsgemäß bestellte" Organmitglieder einschränken.[26] Andere am Markt befindliche D&O-Bedingungswerke umfassen auch fehlerhaft bestellte Organmitglieder.[27]

---

[22] VersR-Hdb/*Beckmann* § 28 Rn. 54; Terbille/*Sieg* § 17 Rn. 74.

[23] Die Bestellung von stellvertretenden Aufsichtsratsmitgliedern ist in der AG verboten (§ 101 Abs. 3 AktG).

[24] VersR-Hdb/*Beckmann* § 28 Rn. 53. Vgl. Ziff. 1.2 lit. c Allianz Protect 2008 MM; Ziff. 1.3 lit. a ii Chubb OLA 2008; Ziff. I.2 Marsh-Spezialdeckung zur Vermögensschadenhaftpflicht-Versicherung von Unternehmensleitern 2009; § 5 Ziff. 1.1 AVB-VOV 2008; Art. 15 lit. k Zurich AVBDO 2009.

[25] *Ihlas*, D&O, S. 339 mit einem genauen Nachw. der Rspr. und der Lehre (dort Fn. 38); VersR-Hdb/*Beckmann* § 28 Rn. 55.

[26] VersR-Hdb/*Beckmann* § 28 Rn. 55.

[27] Ziff. 1.2 lit. f Allianz Protect 2008 MM; Ziff. 1.3 lit. a iii Chubb AVB OLA 2008; Ziff. I.2 Marsh-Spezialdeckung zur Vermögensschadenhaftpflicht-Versicherung von Unternehmensleitern 2009; § 5 Ziff. 1.3 AVB-VOV 2008; Art. 15 lit. k Zurich AVBDO 2009.

Soweit die Frage in AVB nicht ausdrücklich geregelt ist, dürfte im Schrifttum die Meinung überwiegen, den Versicherungsschutz für fehlerhaft bestellte Organmitglieder zu verneinen.[28] Dies wird damit begründet, dass sich das Haftungsrisiko durch die Nichteinhaltung eines ordnungsmäßigen Bestellungsverfahrens deutlich erhöht. In der Lehre wird auch vorgeschlagen, bloße Formfehler, die auf das Gewähren des Versicherungsschutzes keinen Einfluss haben, von den Fällen gravierender Verstöße zu unterscheiden. Gemeint ist hier u.a. die Ausübung des Einflusses auf die Geschäftsleitung ohne eigenen Organstatus (sog. Schattenmanagement; faktischer Geschäftsführer). **19**

4. Besondere Vertreter der AG/GmbH

Der besondere Vertreter der AG ist ein fakultatives, vorübergehendes Organ, das entweder von der Hauptversammlung (§ 147 Abs. 2 Satz 1 AktG) oder vom Gericht (§ 147 Abs. 2 Satz 2 AktG) bestellt wird, um die Ersatzansprüche der Gesellschaft gegen Mitglieder des Aufsichtsrats oder des Vorstands geltend zu machen. Eine vergleichbare Möglichkeit besteht bei der GmbH (§ 46 Nr. 8 GmbHG). Der besondere Vertreter ist in den gängigen D&O-Bedingungswerken nicht als Versicherter erfasst, obwohl ein zu den Organmitgliedern durchaus vergleichbares Interesse an einem solchen Versicherungsschutz bestünde.[29] **20**

5. Leitende Angestellte

Die meisten D&O-Bedingungswerke erfassen – anders als die Musterbedingungen des GDV – auch leitende Angestellte. Für den Begriff des „leitenden Angestellten“ wird üblicherweise auf die Definition des leitenden Angestellten in § 5 Abs. 3 BetrVG abgestellt.[30] Wenn ein Angestellter etwa Prokura oder sogar eine über die Prokura hinausgehende handelsrechtliche Vollmacht innehat, wird er typischerweise als leitender Angestellter anzusehen sein.[31] Der Versicherungsschutz wird i.d.R. auf die durch die Rspr. eingeschränkte Arbeitnehmerhaftung begrenzt.[32] **21**

---

[28] *Ihlas*, D&O, S. 340; VersR-Hdb/*Beckmann* § 28 Rn. 55; a.A. *Olbrich* S. 108 ff.

[29] Ausführlich dazu *Möhrle* S. 21 ff.; *Ihlas*, D&O, S. 351 ff.

[30] VersR-Hdb/*Beckmann* § 28 Rn. 60.

[31] VersR-Hdb/*Beckmann* § 28 Rn. 60.

[32] Vgl. VersR-Hdb/*Beckmann* § 28 Rn. 59; Terbille/*Sieg* § 17 Rn. 77.

6. Liquidatoren

22 Abwickler (§ 265 AktG) bzw. Liquidatoren (§ 66 GmbHG) sind jedenfalls dann vom Versicherungsschutz der D&O-Versicherung umfasst, wenn die bisherigen Organmitglieder zum Abwickler/Liquidator bestellt werden. Das ist sowohl im Aktiengesetz als auch im GmbH-Gesetz der vom Gesetz vorgesehene praktische Regelfall (sog. „geborene" Abwickler bzw. Liquidatoren). Werden andere Personen als die Organmitglieder zu Abwicklern/Liquidatoren bestellt, so liegt eine Ausweitung des Versicherungsschutzes vor, die im Einzelfall vereinbart sein muss.[33]

7. Insolvenzverwalter

23 Im Unterschied zum Liquidator (siehe Rn. 22) ist der Insolvenzverwalter in keinem Fall Organmitglied der juristischen Person, weil heute wohl anerkannt ist, dass der Insolvenzverwalter gerade nicht gesetzlicher Vertreter des Schuldnerunternehmens ist. Daher ist der Insolvenzverwalter vom D&O-Versicherungsschutz nicht umfasst, es sei denn, dies wäre im Einzelfall vereinbart.[34]

8. Outside Directors

24 Outside Directors sind Mitarbeiter des VN bzw. eines mitversicherten Tochterunternehmens, die eine Organstellung außerhalb des Konzernes wahrnehmen.[35] Solche Fremdmandate betreffen v.a. Aufsichtsrats- oder Beiratsmandate und kommen gerade bei Kreditinstituten oder auch größeren Anwaltssozietäten vor.[36] Diese Tätigkeit der Outside Directors ist in den am Markt üblichen D&O-Bedingungswerken nicht vom Versicherungsschutz umfasst.[37] Denn auch soweit die Tätigkeit von Outside Directors mit eingeschlossen ist, sind Mandate in Kreditinstituten oder börsennotierten Unternehmen i.d.R. ausgeschlossen. Manchmal sind Fremdmandate auch ausdrücklich ausgeschlossen. Soweit Fremdmandate im Einzelfall in den Versicherungsschutz mit einbezogen werden, handelt es sich im Regelfall um solche Mandate, die die versicherten Personen auf Weisung und im Interesse des VN hin wahrnehmen.[38]

---

[33] Ebenso *Olbrich* S. 117; dagegen nicht zwischen geborenen und gekorenen Abwicklern/Liquidatoren diff. und damit unrichtigerweise den Versicherungsschutz tendenziell abl. Terbille/*Sieg* § 17 Rn. 75.

[34] I.E. ebenso Terbille/*Sieg* § 17 Rn. 76.

[35] VersR-Hdb/*Beckmann* § 28 Rn. 83.

[36] Terbille/*Sieg* § 17 Rn. 73.

[37] VersR-Hdb/*Beckmann* § 28 Rn. 83.

[38] VersR-Hdb/*Beckmann* § 28 Rn. 83.

§ 4. Sachlicher Gegenstand der Versicherung

Literatur: *Lattwein*, Quo Vadis D&O? – Status der Diskussionen über die D&O-Versicherung, NVersZ 1999, 49; *Mannsdorfer*, Die sonstigen, übrigen oder allgemeinen Bestimmungen in der D&O-Versicherung, HAVE/REAS 2010, 222.

I. Gegenstand der Versicherung

1. Managerschutz (Side A)

a) Allgemeines. I.d.R. gewährt der Versicherer Versicherungsschutz für den Fall, dass ein gegenwärtiges, ehemaliges oder zukünftiges Mitglied des Vorstandes, des Aufsichtsrates oder der Geschäftsführung dem VN oder einer Tochtergesellschaft (versicherten Personen) wegen einer bei der Ausübung der versicherten Tätigkeit begangenen Pflichtverletzung aufgrund gesetzlicher Haftpflichtbestimmungen für einen Vermögensschaden auf Schadensersatz in Anspruch genommen wird.[1] 1

Der Anspruch muss gegenüber der versicherten Person geltend gemacht werden. Der Tatbestand der **Geltendmachung** i.S.v. § 104 Abs. 1 VVG ist erfüllt, wenn gegenüber der versicherten Person eine Erklärung abgegeben wird, durch die von ihr ernsthaft eine Leistung gefordert wird.[2] Bloße Vorwürfe und Vorhaltungen reichen demnach ebenso wenig aus, wie die bloße Ankündigung, Schadensersatzansprüche zu prüfen und wahrscheinlich zu erheben.[3] Eine Anspruchserhebung gegen das Anstellungsunternehmen der versicherten Person reicht regelmäßig nicht aus.[4] Ein solcher oder ähnliche Tatbestände, die dem eigentlichen Versicherungsfall (schriftliche Inanspruchnahme einer versicherten Person) vorgelagert sein mögen, können bei entsprechender vertraglicher Vereinbarung allenfalls das Recht zu einer Meldung von Umständen be- 2

---

[1] Nach Ziff. 1.1 Satz 1 AVB-AVG wird hingegen eine reine Außenverhältnisdeckung gewährt (*„[…] von Dritten, also nicht von der Versicherungsnehmerin oder einer Tochtergesellschaft oder einer anderen versicherten Person […]"*). Die Innenverhältnisdeckung ist in Ziff. 1.3 AVB-AVG nur für Ansprüche der VN vorgesehen, welche von der Haupt- oder Gesellschafterversammlung initiiert und gerichtlich geltend gemacht wurden. Vgl. auch *Ihlas*, D&O, S. 323.

[2] P/M/*Lücke* § 104 Rn. 10.

[3] P/M/*Voit* Ziff. 2 AVB-AVG Rn. 1.

[4] P/M/*Voit* Ziff. 2 AVB-AVG Rn. 2.

gründen, etwa zur Sicherung der Bedingungen der jeweiligen Versicherungsperiode oder zur Auslösung sog. vorbeugender Rechtskosten (siehe § 6 Rn. 167).

3 Die Versicherung natürlicher Personen stellt den ursprünglichen Kern der Deckung in der D&O-Versicherung dar. Unabhängig von der konkreten Ausgestaltung des Versicherungsgegenstandes geht es um den unmittelbaren Schutz des Unternehmensleiters durch den Versicherer vor persönlicher Haftung. Der sog. Managerschutz wird häufig auch als „Klausel 1" *(„clause 1")*, „Versicherungsgegenstand 1" oder ***„Side A non-indemnifiable loss"*** bezeichnet. In der Praxis zahlt der Versicherer allerdings häufig direkt an den Geschädigten, ohne den Zahlungsweg über die versicherte Person.

4 Inhalt der Deckung ist die Leistung von **Abwehrkosten und Schadensersatz** (§ 100 VVG) – siehe § 6 Rn. 5 ff. Mit dem „Versicherungsgegenstand 1" verbunden sind sämtliche Deckungsbausteine einer Police, die vom Gegenstand der Versicherung gedeckt sind und den versicherten Personen einen unmittelbaren Leistungsanspruch gegenüber dem Versicherer verschaffen. Zu denken ist dabei etwa an Abwehrkosten im Falle eines persönlichen und/oder dinglichen Arrestverfahrens oder vergleichbarer Verfahren nach ausländischen Rechtsnormen; zudem an Abwehrkosten bei Verfügung eines vorübergehenden oder permanenten Ausübungsverbots der Organfunktion oder der Auslieferung einer versicherten Person trotz gültigen Aufenthaltsstatus in dem betroffenen Land aus einem anderen Grund als der Verurteilung wegen einer Straftat; ferner an angemessene Abwehrkosten bei Verfügung einer Auslieferung, inklusive Kosten der Rechtsmittel zur Bekämpfung der Ausführung einer Auslieferung, insbesondere für Auslieferungen nach dem *UK Extradition Act* 2003. Je nach Bedingungsausgestaltung löst auch die Einleitung eines behördlichen Ermittlungsverfahrens oder die Anordnung von Untersuchungshaft den „Versicherungsfall 1" und eine entsprechende Kostenübernahmepflicht des Versicherers aus, gleichzeitig aber auch zusätzliche Anzeigepflichten des VN.

5 **b) Verstoß gegen gesetzliche Haftpflichtbestimmungen.** Mit dem Abstellen auf eine Inanspruchnahme aufgrund gesetzlicher Haftpflichtbestimmungen knüpft die D&O-Versicherung an Ziff. 1 AHB 2008 bzw. § 1 AVB-Vermögen an. Unter „gesetzlichen Haftpflichtbestimmungen" versteht man Rechtsnormen im materiellen Sinne, die an die Verwirklichung des Tatbestandes eines unter den Versicherungsgegenstand fallenden Ereignisses unabhängig vom Willen der beteiligten Parteien Rechtsfolgen knüpfen.[5] Die

[5] P/M/*Lücke* in Ziff. 1 AHB Rn. 6; BK/*Baumann* § 149 Rn. 49.

in Betracht kommenden Anspruchsgrundlagen in der allgemeinen Haftpflichtversicherung und in der D&O-Versicherung stimmen also insoweit überein, soweit sie Vermögensschäden betreffen.[6]

Neben den zentralen Anspruchsgrundlagen der Organwalter-Innenhaftung in § 93 Abs. 2 AktG und § 43 Abs. 2 GmbHG werden davon auch Schadensersatzansprüche der Gesellschaft gegen Organmitglieder wegen der Verletzung dienstvertraglicher Pflichten umfasst.[7] Was die Außenhaftung der Organmitglieder angeht, sind zuvorderst alle deliktischen (§ 823 Abs. 1 BGB, 823 Abs. 2 BGB i. V. m. einem Schutzgesetz) und quasideliktischen Ansprüche zu nennen. Dazu zählen Schadensersatzansprüche wegen der Verletzung vertraglicher Pflichten, wie insbesondere Ansprüche aus positiver Vertragsverletzung, die in dem umfassenden Anspruch wegen Pflichtverletzung (§ 280 BGB) aufgehen, und aus Verschulden bei Vertragsabschluss (§ 311 Abs. 2 BGB).[8] Des Weiteren zu nennen sind solche das Integritätsinteresse berührenden Ansprüche aus Geschäftsführung ohne Auftrag (§ 683 BGB) sowie Ansprüche aus § 1004 BGB dann, wenn sie dieselbe Wirkung wie ein auf Naturalrestitution gerichteter Schadensersatzanspruch haben.[9] Unerheblich ist, ob die betreffende gesetzliche Haftpflichtbestimmung wie in aller Regel an ein Verschulden anknüpft oder nicht, so dass grundsätzlich auch Tatbestände der Gefährdungshaftung umfasst sind.[10] Von den gesetzlichen Haftpflichtbestimmungen zu unterscheiden sind die Tatbestände der ungerechtfertigten Bereicherung (§§ 812 ff. BGB). Diese sind vom Versicherungsschutz regelmäßig nicht mit umfasst. **6**

Die in den AHB oder auch in Ziff. 1.1 AVB-AVG enthaltene Beschränkung auf gesetzliche Haftpflichtbestimmungen privatrechtlichen Inhalts findet sich in heute marktgängigen D&O-AVB üblicherweise nicht mehr. Damit sind auch öffentlich-rechtliche Ansprüche mit umfasst. Dies hat insbesondere im Hinblick auf die Haftungsnormen der §§ 34, 69 AO Bedeutung, da es sich hierbei um Normen mit Schadensersatzcharakter handelt.[11] Ebenfalls nicht privatrechtlichen Inhalts sind Haftungstatbestände **7**

---

[6] VersR-Hdb/*Beckmann* § 28 Rn. 74.

[7] VersR-Hdb/*Beckmann* § 28 Rn. 74.

[8] Zu möglichen Außenhaftungstatbeständen von Organmitgliedern vgl. VersR-Hdb/*Beckmann* § 28 Rn. 42 ff. und *Thümmel* S. 165 ff.

[9] P/M/*Lücke* Ziff. 1 AHB Rn. 6 f. mit zahlreichen Nachw.; zu weiteren Einzelfragen vgl. ebd. Rn. 12 ff.

[10] BK/*Baumann* § 149 Rn. 50.

[11] VersR-Hdb/*Beckmann* § 28 Rn. 73. Bei einer Haftung wegen unzureichender Abführung der Arbeitnehmeranteile zur Sozialversicherung gemäß § 823 Abs. 2 BGB i. V. m. § 266a StGB handelt es sich hingegen um Haftpflichtbestimmungen privatrechtlichen Inhalts. Vgl. Terbille/*Sieg* § 17 Rn. 86.

aufgrund des Straf- und Ordnungswidrigkeitenrechts, soweit diese unter einer D&O-Versicherung mitversichert sind.[12]

8 **c) Fehlverhalten.** Ausnahmsweise stellen D&O-AVB anstelle von „gesetzlichen Haftpflichtbestimmungen" auf „Fehlverhalten" ab. Dieser Begriff ist angelehnt an den in angloamerikanischen Bedingungswerken verbreiteten Begriff des *„wrongful act"*. Fehlverhalten wird pauschal definiert als ein „fehlerhaftes oder fehlerbehaftetes Handeln oder Unterlassen einer versicherten Person in Ausübung der Organtätigkeit".[13] Durch die fehlende Bezugnahme auf „gesetzliche Haftpflichtbestimmungen" muss die Anspruchsgrundlage keinen Gesetzescharakter haben. Anspruchsgrundlagen können sich somit etwa auch aus Satzungsregelungen, verbands- und standesrechtlichen Vorschriften sowie Regelungen von Selbstverwaltungseinrichtungen ergeben.

9 Soweit deren Verletzung zugleich einen Sorgfaltspflichtverstoß i.S.v. § 93 Abs. 1 AktG oder § 43 Abs. 1 GmbHG begründet, ist mit dem alternativen Begriff des „Fehlverhaltens" keine Erweiterung des Versicherungsumfangs verbunden. Gerade die Verletzung des in der Satzung des Unternehmens statuierten „weichen" Unternehmensinnenrechts wird tatsächlich meist zugleich auch einen Verstoß gegen die Pflichten eines ordentlichen Geschäftsleiters i.S.d. genannten Vorschriften darstellen.

10 Vorteile mag das Abstellen auf „Fehlverhalten" anstatt auf „gesetzliche Haftpflichtbestimmungen" daher insbesondere in der internationalen Schadensbearbeitung bieten, da gerade im Rechtskreis des *common law* umfangreiches Richterrecht und behördliches Recht existiert. Ebenso mag in diesem Falle aus vertraglichen Anspruchsgrundlagen eher Versicherungsschutz hergeleitet werden können, auch wenn vertragliche und gesetzliche Ansprüche nicht miteinander konkurrieren.[14]

11 **d) Vertragliche Haftung.** Von den grundsätzlich mitversicherten Schadensersatzansprüchen aus Vertrag zu unterscheiden sind die von einer Haftpflichtversicherung systembedingt nicht erfassten vertraglichen Erfüllungs- oder auch Gewährleistungsansprüche, soweit diese auf Schadensersatz gerichtet sind. Versicherungsschutz besteht auch nicht, soweit aufgrund eines Mangels deliktische Schadensersatzansprüche wegen eines Folgeschadens geltend gemacht werden, und zwar auch dann, wenn sie mit Gewährleistungsansprüchen konkurrieren.[15] Ebenso wenig versichert

---

[12] Weiterführend § 11Rn. 1 ff.

[13] § 12 AVB OLA 2006 PrimeLine, „Definitionen".

[14] Zu den umfangreichen möglichen Konkurrenzfragen vgl. *Späte* § 1 Rn. 187 ff.

[15] P/M/*Lücke* Ziff. 1 AHB Rn. 9.

sind Erfüllungssurrogate (§§ 362 ff. BGB), also an die Stelle der Erfüllung tretende Ersatzleistungen (vgl. auch Ziff. 1.2 Nr. 6 AHB).[16] Ein entsprechender Ausschluss dürfte daher deklaratorisch sein, da das Bewirken der vertraglich versprochenen Leistung grundsätzlich keinen Schadensersatz darstellt.[17]

2. Firmenenthaftung (Side B)

I. d. R. enthalten deutsche D&O-Bedingungen auch eine sog. Firmenenthaftungsversicherung.[18] Mit dem Begriff „Firmenenthaftungsversicherung" wird auf den Obergriff der Enthaftung abgestellt, welcher die Formen des Verzichts, der Freistellung, der Entlastung und des Vergleichs mit einschließt.[19] Die Firmenenthaftungsversicherung wird auch als *„company reimbursement"*, „Klausel 2" *(„clause 2")* oder als ***„Side B"*** bezeichnet. 12

Danach geht der Versicherungsanspruch auf das versicherte Unternehmen über, welches eine versicherte Person in rechtlich zulässiger Weise enthaftet oder von der Haftung freigestellt hat.[20] Eine vertragliche **Vereinbarung des Rechtsübergangs** für diesen Fall ist deshalb geboten, weil ein gesetzlicher Forderungsübergang nicht in Betracht kommt, falls der VN in Ansehung der Schuld der versicherten Person an den Gläubiger leistet und eine gesamtschuldnerische Haftung zwischen versicherter Person und VN nicht gegeben ist.[21] Zwar ist § 44 Abs. 1 VVG, wonach die Rechte aus der Fremdversicherung den versicherten Personen zustehen, nicht abdingbar.[22] Dennoch bestehen gegen den Übergang des Anspruchs auf Versicherungsschutz vom Versicherten auf den VN grundsätzlich keine Bedenken. Denn es handelt sich bei entsprechenden Abreden über Verfügungen um den 13

---

[16] P/M/*Lücke* Ziff. 1 AHB Rn. 9.

[17] VersR-Hdb/*Beckmann* § 28 Rn. 75; a. A. BK/*Baumann* § 149 Rn. 57.

[18] Nach den AVB-AVG (Stand: Januar 2008) besteht die Firmenenthaftungsversicherung gemäß Ziff. 1.2 nur im Rahmen einer gesonderten Vereinbarung.

[19] *Ihlas*, D&O, S. 324.

[20] Ziff. 1.2 AVB-AVG (Stand: Januar 2008): *„Besteht eine Verpflichtung der Versicherungsnehmerin oder einer Tochtergesellschaft, versicherte Personen für den Fall, dass sie von Dritten […] haftpflichtig gemacht werden, freizustellen (company reimbursement), so geht der Anspruch auf Versicherungsschutz in dem Umfang von den versicherten Personen auf die Versicherungsnehmerin oder eine Tochtergesellschaft über, in welchem diese ihre Freistellungsverpflichtung erfüllt. Voraussetzung für den Übergang des Versicherungsschutzes ist, dass die Freistellungsverpflichtung nach Art und Umfang rechtlich zulässig ist."*

[21] Palandt/*Grüneberg* § 267 Rn. 7; vgl. auch *Ihlas*, D&O, S. 326. Im Falle der Gesamtschuld hätte der VN einen Regressanspruch nach § 426 Abs. 2 BGB.

[22] P/M/*Prölss*/*Klimke* § 44 Rn. 21.

Versicherungsanspruch, die gemäß § 44 Abs. 2 VVG mit Zustimmung des Versicherers möglich sind.[23]

14 Versicherungsschutz wird regelmäßig dann gewährt, wenn das versicherte Unternehmen zu einer Freistellung (gesetzlich oder vertraglich) verpflichtet ist *(mandatory indemnification)* oder bereits dann, wenn eine Freistellung gesetzlich zulässig ist *(presumptive indemnification)*. Stellt die Freistellungsregelung auf *presumptive indemnification* ab, dann ist damit die Freistellung im gesetzlich, satzungsgemäß, vertraglich oder sonst vereinbarten rechtlich höchst zulässigen Ausmaß gemeint. Dabei kann es vorkommen, dass der gesetzlich zulässige Umfang der Haftungsfreistellung weiter gezogen ist als durch die Satzung oder andere unternehmensinterne Vereinbarungen vorgesehen. Bedeutung erlangt diese Frage insbesondere bei der Anwendung eines – v.a. für Enthaftungsfälle in den USA – eventuell vereinbarten *clause 2*-Selbstbehalts, der dem freistellenden Unternehmen entsprechend seiner im Vergleich zu den versicherten Personen höheren Leistungsfähigkeit auferlegt wird.

15 Der „Versicherungsgegenstand 2" ist insbesondere eine Reaktion auf die Besonderheiten des angloamerikanischen Haftungsrechts, da dort eine Enthaftung der *directors* und *officers* gesetzlich und/oder satzungsmäßig meist zulässig ist.[24] In Deutschland sind Firmen-Enthaftungsszenarien seltener. Überwiegend handelt es sich hierbei um Fälle von Schadensersatzansprüchen Dritter gegen versicherte Personen, zu deren Enthaftung das versicherte Unternehmen verpflichtet ist. Besteht beispielsweise bei der GmbH aufgrund einer Geschäftsführerhandlung eine Haftung gegenüber einem Dritten (Außenhaftung), die (ausnahmsweise) nicht tatbestandsmäßig i.S.d. § 43 GmbHG ist (also keine Binnenhaftung gegenüber der Gesellschaft begründet), so hat der Geschäftsführer stets einen Freistellungsanspruch gemäß oder analog §§ 670, 257 Satz 1 BGB.[25] Entsprechendes trifft für den Vorstand einer AG zu, wenn das eine Haftung im Außenverhältnis begründende Verhalten des Vorstandsmitglieds der Gesellschaft gegenüber keine schuldhafte Pflichtverletzung darstellt. Dies kommt freilich nur in Ausnahmefällen in Betracht, da das Vorstandsmitglied ein gesetzmäßiges Verhalten im Außenverhältnis zu Dritten auch gegenüber der Gesellschaft schuldet.[26] Ob ein Freistellungsanspruch besteht, muss daher stets im Einzelfall beurteilt werden.[27]

---

[23] VersR-Hdb/*Beckmann* § 28 Rn. 62 m.w.N.

[24] 1994 wurden in den USA 67% der D&O-Versicherungsfälle aufgrund einer Enthaftung der *directors* und *officers* über die Regelung des *company reimbursement* abgewickelt. Vgl. *Ihlas*, D&O, S. 325; *Wollny* S. 123 ff.

[25] Oppenländer/Trölitzsch/*Ziemons* § 29 Rn. 28.

[26] KölnKomm-AktG/*Mertens/Cahn* § 84 Rn. 90.

[27] *Ihlas*, D&O, S. 310.

In Deutschland seltener sind Freistellungen im Bereich der Innenhaftung in Form der Unterlassung oder des Verzichts auf die Geltendmachung des Anspruchs. Dies trifft auch auf haftungsbeschränkende Vereinbarungen (z.B. Freistellungsvereinbarungen) des Inhalts zu, dass Schadensersatzansprüche eines versicherten Unternehmens gegen eine versicherte Person zivilrechtlich nicht durchgesetzt werden können.[28] Ein Anspruch des Geschäftsführers auf Enthaftung von Schadensersatzverpflichtungen gegenüber der Gesellschaft (§ 43 Abs. 2 GmbHG) kommt etwa in Betracht, wenn dieser im Rahmen einer zulässigen Weisung der Gesellschaft gehandelt hat. Grundsätzlich kann die Gesellschaft auf Ansprüche gegen den Geschäftsführer verzichten, sich über sie vergleichen oder sie erlassen, es sei denn, dass der Ersatzanspruch zur Befriedigung der Gesellschaftsgläubiger erforderlich ist (§ 43 Abs. 3 GmbHG).[29] Beim Vorstand einer AG steht dem, ebenso wie der Möglichkeit einer statutarischen oder anstellungsvertraglichen Haftungsbeschränkung, der zwingende Charakter von § 93 AktG entgegen (vgl. § 23 Abs. 5 AktG).[30] Im Übrigen kann nach § 93 Abs. 4 Satz 3 AktG die Gesellschaft erst drei Jahre nach der Entstehung eines Anspruchs und nur dann auf Ersatzansprüche verzichten oder sich über sie vergleichen, wenn die Hauptversammlung dem zustimmt und nicht eine Aktionärsminderheit von 10% widerspricht.[31] **16**

Sind leitende Angestellte mitversichert, kann sich eine Freistellungsverpflichtung des VN aus den durch die Rspr. entwickelten Grundsätzen zur Arbeitnehmerhaftung ergeben.[32] Erfolgt keine oder keine wirksame Enthaftung, greift „Klausel 1" ein (siehe Rn. 3). Neben den genannten Beispielsfällen kommt der „Klausel 2" in Deutschland auch vor dem Hintergrund der steuerlichen Absetzbarkeit der Versicherungsprämie als Betriebsausgabe bzw. der Nichtqualifizierung der Versicherungsprämie als geldwerter Vorteil bei den versicherten Personen eine besondere Bedeutung zu.[33] **17**

---

[28] Terbille/*Sieg* § 17 Rn. 102.

[29] R/Sch-L/*Koppensteiner* § 43 Rn. 37, 40.

[30] H/F/J/*Frodermann/Schäfer* Kap. 7 Rn. 309.

[31] Die Regelung dient dem Schutz des Gesellschaftsvermögens und der Minderheitsaktionäre. Deren Rechtsverfolgung nach § 147 AktG ginge ins Leere, wenn die Mehrheit ohne Rücksicht auf die Minderheit über die Ansprüche disponieren könnte. Vgl. Fleischer/*Fleischer* § 11 Rn. 95.

[32] VersR-Hdb/*Beckmann* § 28 Rn. 63.

[33] Vgl. dazu das Rdschr. des BMF v. 24.1. 2002 (abgedr. in DB 2002, 399 f.), wo auf das Vorhandensein der „Klausel 2" direkt verwiesen wird *(„[...] die D&O-Verträge besondere Klauseln zur Firmenenthaftung oder sog. Company Reimbursement enthalten, die i.E. dazu führen, dass der Versicherungsanspruch aus der Versicherungsleistung dem Unternehmen als Versicherungsnehmer zusteht [...]")*. Näheres siehe § 5 Rn 52 f.

3. Deckung der Gesellschaft selbst (Side C)

18 Eine Deckung der Gesellschaft selbst (sog. *Entity*-Deckung) im D&O-Versicherungsvertrag ist in Deutschland selten und wird ggf. in Form des sog. „Firmenwertpapierschutzes" gewährt. In dessen Rahmen besteht Versicherungsschutz im Falle eines Wertpapieranspruchs gegen ein versichertes Unternehmen (sog. Wertpapierschadensersatzanspruch).

19 Wertpapierschadensersatzanspruch meint dabei einen Schadensersatzanspruch aus dem Kauf oder Verkauf bzw. dem Angebot zum Kauf oder Verkauf von Wertpapieren, die von einem versicherten Unternehmen ausgegeben werden und bezieht sich auf die tatsächliche oder angebliche Verletzung von Wertpapierhandelsvorschriften (z.B. des Börsengesetzes). Unter den Begriff des Wertpapiers fallen z.B. Aktien, Anteilsscheine, Schuldverschreibungen, Anleihen, Zertifikate, Genussscheine oder jegliche Papiere, die mitgliedschaftliche Rechte bei versicherten Unternehmen verbriefen, sowie Bezugsrechte und Stimmrechtsvollmachten und sämtliche sich darauf beziehende Papiere. Für die Zwecke des Versicherungsgegenstandes „Wertpapierschadensersatzansprüche" gelten sog. *multiplied portions* von *multiplied damages* als Vermögensschaden. Für eine Auslösung des Versicherungsschutzes des Unternehmens ist eine gleichzeitige Haftung einer versicherten Person nicht erforderlich.

20 Kaum mehr verbreitet sind hingegen *Entity*-Deckungen für sog. Arbeitnehmerschutzklagen *(Employment Practices Liability Claims)*. Versicherungsschutz besteht in diesem Rahmen für Schadensersatzansprüche aufgrund der Verletzung von Bestimmungen, welche die Sicherstellung der Gleichbehandlung bzw. Nichtdiskriminierung von Arbeitnehmern bezwecken. Versichert sind Schadensersatzansprüche aus der Verletzung der Bestimmungen des AGG sowie ähnlicher ausländischer Rechtsvorschriften. Als Vermögensschäden gelten dann auch Schäden aus psychischer Beeinträchtigung *(mental anguish* sowie *emotional distress)*. Zu den versicherten Personen i.S. dieser Regelung zählen neben den Organmitgliedern sämtliche Arbeitnehmer der versicherten Unternehmen, wenn und soweit sie als Anspruchsgegner oder Mitbeklagter benannt werden.

4. Verhältnis der verschiedenen Versicherungsgegenstände zueinander

21 Der ursprüngliche Kern der D&O-Deckung liegt naturgemäß beim „Versicherungsgegenstand 1", dem Managerschutz. Die versicherten Personen sind Begünstigte der D&O-Versicherung als Versicherung für fremde Rechnung. Eine weitere Erscheinungsform der *Side A*-Deckung ist die Versicherung für sog. Fremdmandate (ODL-Deckung). Auch dort geht es um die persönliche Haftung des Managers, allerdings nicht bei einem versicherten, sondern bei einem externen Unternehmen (in Abgrenzung zu einem Tochterunternehmen des VN), wo sich der Versicherungsschutz lediglich auf den externen Mandatsträger bezieht (siehe § 3 Rn. 24).

Die Deckung für *Side B* und *Side C* zehrt die Deckung für *Side A* potenziell auf, weshalb *Side C* nicht selten mit einem Sublimit versehen wird. Gerade im Falle der Insolvenz eines Unternehmens kann es zu einem Wettlauf auf die Versicherungssumme kommen, wenn der Insolvenzverwalter Ansprüche gegen die Masse über den D&O- Versicherungsvertrag zu sichern sucht.[34] Werden die Kapazitäten im Versicherungsmarkt teurer, dann sinkt tendenziell auch der Anteil der *Side B* und v.a. der *Side C*-Deckungen, da die Unternehmen dies verstärkt in den Eigenbehalt nehmen. 22

II. Vermögensschaden

1. Grundlagen

Für den Begriff des Vermögensschadens gibt es weder eine einheitliche Definition noch ein einheitliches Verständnis. Es besteht jedoch weitgehende Einigkeit darüber, dass in der D&O-Versicherung als Vermögensschadenhaftpflichtversicherung lediglich „reine" Vermögensschäden versichert sind, wobei auch diese Begriffskombination weder gesetzlich definiert noch in der Bedingungspraxis etabliert ist. Nach Ziff. 1.1 Abs. 6 AVB-AVG, die sich wiederum auf die Allgemeinen Versicherungsbedingungen zur Haftpflichtversicherung von Vermögensschäden (AVB-Vermögen) bzw. die Vermögensschadenhaftpflichtversicherung von Angehörigen der wirtschafts- und steuerberatenden Berufe (AVB-Vermögen/WB) stützt, sind Vermögensschäden solche Schäden, die weder Personenschäden (Tötung, Verletzung des Körpers oder Schädigung der Gesundheit des Menschen) noch Sachschäden (Beschädigung, Verderben, Vernichtung oder Abhandenkommen von Sachen) sind noch sich aus solchen Schäden herleiten.[35] „Hergeleitet" und damit Personen- und Sachschäden zuzuordnen sind demnach alle unmittelbar oder mittelbar durch einen Personen- oder Sachschaden hervorgerufenen Vermögensschäden. Entsprechend sind Vermögensschäden, die „weder durch Personenschaden noch durch Sachschaden entstanden" sind, in der Allgemeinen Haftpflichtversicherung grundsätzlich ausgeschlossen (vgl. § 1 Abs. 3 AHB).[36] Die AHB 23

[34] Dem versuchen sog. *order of payments*-Klauseln beizukommen, vgl. *Mannsdorfer* HAVE/REAS 2010, 222, 227.

[35] Vgl. § 1 Abs. 1 AVB-Vermögen/WB.

[36] Sie können freilich ausnahmsweise im Rahmen einer Annex-Deckung mit eingeschlossen werden (P/M/*Voit/Knappmann*, 27. Aufl. 2004, § 1 AHB Rn. 16).

grenzen in § 1 Abs. 3 den „reinen" Vermögensschaden damit negativ vom Begriff des Personen- und Sachschadens her kommend ab.[37] Der Deckungsumfang der Vermögensschaden-Haftpflichtversicherung beginnt somit dort, wo derjenige der Allgemeinen Haftpflichtversicherung aufhört.

24 Reine Vermögensschäden spielen bei der Versicherung betrieblicher Haftpflichtrisiken, etwa im Bereich der Produkthaftpflicht, eine Rolle. So stellt nach der höchstrichterlichen Rspr. die Herstellung einer fehlerhaften Sache mangels Beeinträchtigung eines einmal vorhanden gewesenen Zustands keinen Sachschaden, sondern einen reinen Vermögensschaden dar.[38] Außerdem handelt es sich bei den durch das Rückrufkostenmodell der Kfz-Zulieferer gedeckten Haftpflichtansprüchen um solche aus reinen Vermögensschäden,[39] ebenso wie bei den vorgezogenen Rettungskosten in der Gewässerschaden-Haftpflichtversicherung.[40] Im Übrigen ergeben sich reine Vermögensschäden bei der fehlerhaften Abwicklung von Verträgen (z.B. fehlerhafte *due diligence* beim Unternehmenskauf oder generell vertragliche Leistungsstörungen) oder im Bereich des Finanz- und Rechnungswesens (Bilanzierungsfehler, Wertberichtigungen auf Aktiva). Weitere Beispiele wären die Haftung für Steuern und Abgaben oder der fehlerhafte oder Nicht-Abschluss einer Kreditversicherung. Bei der vertraglichen Haftung ist zu beachten, dass Erfüllungsansprüche von einer Haftpflichtversicherung nicht gedeckt sind, wohl aber vertragliche Schadensersatzansprüche (z.B. aus § 280 Abs. 1 BGB).

25 Problematisch ist die Abgrenzung allein bei mittelbaren Vermögensschäden bzw. Vermögensfolgeschäden. Anders als bei § 1 Ziff. 3 AHB, wo sich aus der Verwendung des Begriffs „durch" das Erfordernis der adäquaten Kausalität zwischen Sach- und Vermögensschäden ergibt[41] und sämtliche Vermögensschäden, die nicht adäquat kausal auf einen Personen- oder Sachschaden zurückgehen, reine Vermögensschäden sind, ist der Begriff der Herleitung in Ziff. 1.1 Abs. 6 AVB-AVG nicht näher präzisiert. Klar ist, dass auch mit dem Begriff „Herleitung" nicht jede noch so entfernte Herleitung aus jedem beliebigen Personen- oder Sachschaden gemeint sein kann. Nach der Adäquanztheorie gelten nur solche Ereignisse als ursächlich, welche die Möglichkeit eines Schadenseintritts nicht unwesentlich erhöht haben, d.h. der Eintritt des Schadens muss vorhersehbar sein und darf nicht außerhalb jeder Lebenswahrscheinlichkeit liegen. Die Adä-

---

[37] P/M/*Voit/Knappmann*, 27. Aufl. 2004, § 1 AHB Rn. 17.
[38] *Späte* § 1 Rn. 68 m.w.N. und 83.
[39] *Späte* § 1 Rn. 83.
[40] *Späte* § 1 Rn. 111 ff.
[41] *Wussow* § 1 Anm. 59.

quanztheorie verhindert somit eine Ausuferung des Kausalitätsbegriffs, die einträte, würde man nach der „conditio sine qua non"-Formel i.S.d. Äquivalenztheorie jede beliebige Ursache als gleichwertig haftungsbegründend qualifizieren.[42] Dennoch könnte der Begriff „Herleitung" unter Umständen weniger eng zu verstehen sein als der Begriff „durch" i.S.v. adäquater Kausalität. Einen Hinweis darauf liefert § 1 Abs. 1 Satz 2 AHB-Vermögen, wonach es sich bei den für eine Herleitung in Betracht kommenden Personen- oder Sachschäden um solche handelt, die der VN selbst verursacht hat,[43] was im Umkehrschluss bedeuten würde, dass von Dritten verursachte Personen- oder Sachschäden beim VN grundsätzlich zu „echten" Vermögensschäden führen. Andererseits würde bei solchen von Dritten verursachten Personen- bzw. Sachschäden wohl der adäquate Kausalzusammenhang mit dem Vermögensschaden des Unternehmens nicht mehr bejaht werden können.

Zur Abgrenzung des für die Annahme einer adäquaten Kausalität not- **26**
wendigen Zurechnungszusammenhangs empfiehlt sich die Heranziehung der Versicherungsfalldefinition: Da in der D&O-Versicherung auf die Pflichtverletzung bzw. das Fehlverhalten eines Organmitglieds abgestellt wird, kommt es zur Bewertung, ob ein aus einem Personen- oder Sachschaden hergeleiteter „unechter" Vermögensschaden gegeben ist, demnach allein auf das Vorliegen einer adäquaten Kausalitätsbeziehung zwischen der Pflichtverletzung des Organmitglieds und dem geltend gemachten Schaden an, nicht aber auf die Kausalität zwischen irgendeinem Ereignis und dem geltend gemachten Schaden. Ein von einem Dritten verursachter Personen- oder Sachschaden, der bei der VN zu einem Vermögensschaden führt, liegt damit außerhalb der der D&O-Versicherung zugrunde liegenden Versicherungsfalldefinition und somit außerhalb des Zurechnungszusammenhangs. Unterstützung findet diese Auslegung in § 49 VVG, nach dessen Maßgabe der Versicherer nur für adäquat verursachte Schäden einzustehen hat.[44] Danach kommen für das Verhältnis zwischen (schädigendem) Organmitglied und (geschädigtem) Unternehmen nur bestimmte, vom Vertrag eingeschlossene, Schadensursachen in Betracht.

---

[42] Nach der Äquivalenztheorie ist jeder Umstand für ein Ereignis kausal, der nicht hinweggedacht werden kann, ohne dass der Erfolg entfiele (conditio sine qua non), vgl. Palandt/*Grüneberg* Vor § 249 Rn. 24; vgl. zum Kausalitätsbegriff in der Schadensversicherung auch P/M/*Kollhosser*, 27. Aufl. 2004, § 49 Rn. 15 ff.

[43] *„Vermögensschäden sind solche Schäden, die weder Personenschäden […] noch Sachschäden […] sind, noch sich aus solchen* ***– von dem Versicherungsnehmer*** *oder einer Person, für die er einzutreten hat,* ***verursachten – Schäden*** *herleiten."* (Hervorhebung durch d. Verf.).

[44] P/M/*Klimke* § 49 Rn. 52.

27 I. E. wird der Begriff der „Herleitung" durch die Regeln des allgemeinen Schadensersatzrechts sowie des Versicherungsvertragsrechts konturiert und präzisiert. In der Praxis der D&O-Versicherung kann diese vermeintlich klare Abgrenzung freilich ihre Tücken haben, wie folgende Beispielsfälle verdeutlichen sollen:

28 **Fall 1:**

Ein von einem geschädigten Dritten (Kunde) ursprünglich gegenüber dem Unternehmen geltend gemachter Anspruch aus einem Sachschaden (z. B. aus Produkthaftung)[45] wird im Wege des Innenregresses (§ 93 Abs. 2 AktG, § 43 Abs. 2 GmbHG) gegen Organmitglieder gerichtet. Der Innenregressanspruch beinhaltet zweifellos einen Vermögensschaden (Haftung für die der Gesellschaft entstandene Verbindlichkeit), doch inwieweit leitet sich dieser tatsächlich aus dem ursprünglichen Sachschaden her?

29 **Fall 2:**

Ein Organmitglied erwirbt für das Unternehmen ein Grundstück als Betriebsgelände. Im Nachhinein stellt sich heraus, dass der Boden des Grundstücks kontaminiert ist und nur mit hohem Aufwand saniert werden kann. Eine Rückabwicklung des Kaufvertrages ist nicht möglich. Den entstandenen Schaden (überhöhter Kaufpreis, Bilanzwertberichtigung, Sanierungsaufwendungen) macht das Unternehmen gegenüber dem Organmitglied geltend. Der Vorwurf lautet auf Nichteinholung eines Gutachtens zur Schadstoffbelastung, obwohl dies nach Lage oder Nutzung des Grundstücks (z. B. Standort für einen petrochemischen Betrieb in der ehemaligen DDR) geboten gewesen wäre. Setzt sich hier der Sachschaden (kontaminiertes Grundstück) im Vermögensschaden der Gesellschaft (Bilanzwertberichtigung) fort, so dass der Vermögensschaden als mittelbare – durch den Kauf verursachte – Folge des Sachschadens und damit als „unechter" Vermögensschaden von der D&O-Versicherung nicht gedeckt wäre?

30 **Fall 3:**

Von einem Spielwarenhersteller werden, bedingt durch ein Kontrollverschulden des Vorstands, Kinder-Beißringe auf den Markt gebracht, die bei den Kindern zu Verätzungen im Mundraum führen. Diese Personenschäden werden durch die Produkthaftpflichtversicherung des Spielwarenherstellers abgedeckt. Allerdings entsteht dem Unternehmen ein durch die Produkthaftpflichtversicherung nicht gedeckter Reputationsschaden in Form von entgangenem Gewinn.[46] Inwiefern leitet sich dieser Vermögensschaden aus den Personenschäden her?

[45] Das Herstellen einer von vornherein fehlerhaften Sache allein stellt dabei einen reinen Vermögensschaden dar; zur Annahme eines Sachschadens muss ein Folgeschaden an weiteren Sachen vorliegen (was für den vorliegenden Beispielsfall angenommen werden soll), vgl. *Späte* § 1 Rn. 68 m. w. N.

[46] Gerade Schäden durch Reputationsverluste werden durch eine Produkthaftpflichtversicherung regelmäßig nicht abgedeckt. Die Zurückhaltung der Haftpflichtversicherer erklärt *Späte* (§ 1 Rn. 85) v. a. damit, dass diese bei einer uneingeschränkten Versicherung reiner Vermögensschäden Gefahr liefen, Teile des un-

Fall 4: 31
Ein Unternehmen unterlässt aus Kostengründen den Abschluss einer Kreditversicherung bzw. schließt diese mit einer in der Höhe nicht angemessenen Versicherungssumme ab. Der dem Unternehmen durch den Forderungsausfall gegenüber einem insolvent gewordenen Kunden entstandene Schaden, der durch eine Kreditversicherung zu angemessenen Kosten hätte gedeckt werden können, wird gegen das für das Ressort Finanzen zuständige Organmitglied geltend gemacht. (Abwandlung: Nichtabschluss einer risikoadäquaten Sachversicherung; der zwar versicherbare, aber tatsächlich nicht versicherte Brandschaden an einem Unternehmensgebäude wird beim zuständigen Organmitglied regressiert.)

Wie sind diese Fälle im Hinblick auf die D&O-Versicherung zu beurteilen? 32

Lösung zu Fall 1: 33
Hat das in Anspruch genommene Organmitglied durch eine eigene Pflichtverletzung die Haftung der Gesellschaft gegenüber dem Dritten verursacht (Zurechnung über § 31 BGB) und wird er hierfür von der Gesellschaft im Innenverhältnis in Anspruch genommen, dann ließe sich dieser Schaden als Vermögensfolgeschaden auf das ursprüngliche Handeln des Organmitglieds zurückführen, der durch seine Pflichtverletzung das Inverkehrbringen des fehlerhaften Produkts und den dem Kunden entstandenen Sachschaden zumindest mit verursacht hat. Nach den oben gefundenen Ergebnissen wäre dann der gegenüber dem Organmitglied geltend gemachte Schaden als unechter Vermögensschaden zu qualifizieren, denn dessen Pflichtverletzung wäre sowohl für den Sachschaden des Kunden als auch für den Vermögensschaden des Unternehmens verantwortlich. *Sieg* spricht in solchen Fällen anschaulich von „durchgehender Kausalität" und weist zutreffend darauf hin, dass hierfür eine Identität zwischen dem Anspruchsteller des Sachschadens (hier: Kunde) und dem Anspruchsteller des „unechten" Vermögensschadens (hier: Unternehmen) nicht erforderlich sei.[47] I.E. wäre dieser Schaden als „unechter" Vermögensschaden unter der D&O-Versicherung nicht gedeckt.

Lösung zu Fall 2: 34
Dieser unterscheidet sich von Fall 1 insbesondere dadurch, dass das in Anspruch genommene Organmitglied den Sachschaden in Gestalt des kontaminierten Grundstücks[48] auch nicht mittelbar selbst verursacht hat. Der Verursachungsbeitrag des Organmitglieds liegt hier vielmehr in der unterlassenen Prüfung der Schadstoffbelastung des Bodens beim Kauf des Grundstücks. Durch den Erwerb des kontaminierten Grundstücks setzt sich in der Ursachenkette die Sachbeschädigung (Kontamination) zwar im Schaden des Unternehmens (Bilanzwertberichtigung) fort; die ursprüngliche Kontaminierung kann jedoch nicht als adäquat-kau-

---

ternehmerischen Gewinn- und Verlustrisikos aus der eigentlichen wirtschaftlichen Betätigung des VN zu übernehmen, welche als „Kernbereich" der unternehmerischen Tätigkeit durch eine Haftpflichtversicherung nicht abdeckbar sei.

[47] Vgl. Terbille/*Sieg* § 17 Rn. 94 m.w.N.

[48] Die Verletzung des Eigentums an einem Grundstück i.S.d. § 823 Abs. 1 BGB stellt regelmäßig einen Sachschaden i.S.d. § 1 AHB dar, vgl. *Späte* § 1 Rn. 103.

sal für den späteren Vermögensschaden des Unternehmens angesehen werden. Vielmehr handelt es sich um einen völlig atypischen Kausalverlauf, dem kein einheitlicher Lebenssachverhalt zugrunde liegt. Im vorliegenden Fall führen also verschiedene Pflichtverletzungen (Kontaminierung, mangelhafte Prüfung beim Kauf) zu unterschiedlichen Schäden (Sachschaden, Vermögensschaden). Weder ist der Verursacher des Sachschadens mit dem Verursacher des Vermögensschadens identisch, noch liegt beiden Ereignissen ein einheitlicher Lebenssachverhalt zugrunde. Die Kausalitätskette ist somit mit dem Erwerb des Grundstücks unterbrochen, womit allein auf den Ursachenzusammenhang zwischen (pflichtwidrigem) Ankauf des Grundstücks und dem dem Unternehmen entstandenen Vermögensschaden abzustellen ist. Da im Verhältnis zwischen Organmitglied und Unternehmen niemals ein Sachschaden vorlag bzw. vom Organmitglied (unmittelbar oder mittelbar) verursacht wurde, kann sich der vom Unternehmen gegenüber dem Organmitglied geltend gemachte Vermögensschaden auch nicht aus einem solchen herleiten. I. E. liegt damit ein vom Umfang der D&O-Versicherung gedeckter „echter" Vermögensschaden vor.

35 **Lösung zu Fall 3:**

Ähnlich wie in Fall 1 geht es hier um einen Fall der Produkthaftung, mit dem für die gegenständliche Betrachtung unwesentlichen Unterschied, dass das fehlerhafte Produkt Personen- und keine Sachschäden verursacht hat. Im Unterschied zu Fall 1 entsteht dem Unternehmen durch die Ansprüche der geschädigten Kunden jedoch kein Schaden, da dieser komplett durch eine Produkthaftpflichtversicherung abgedeckt ist. Vielmehr entsteht dem Unternehmen ein Schaden in Form von entgangenem Gewinn durch den entstandenen Reputationsverlust. Macht das Unternehmen den Anspruch auf Ersatz des entgangenen Gewinns wiederum gegenüber demjenigen Vorstandsmitglied geltend, das dafür verantwortlich ist, dass das fehlerhafte Produkt in Umlauf gebracht wurde, läge wiederum eine durchgehende Kausalitätskette im Hinblick auf den gegen das in Anspruch genommene Vorstandsmitglied geltend gemachten Vermögensschaden vor, der als „unechter" Vermögensschaden von der D&O-Versicherung nicht gedeckt wäre. Zwar entstehen im vorliegenden Fall dem Unternehmen zwei unterschiedliche Arten von Schäden; da diesen jedoch ein und dieselbe Pflichtverletzung des Organmitglieds zugrunde liegt, stehen sie in einem mittelbar kausalen Verhältnis zueinander. Der Vermögensschaden leitet sich aus dem Sachschaden her und wäre damit nicht gedeckt.

36 **Lösung zu Fall 4:**

Der dem Unternehmen durch den nicht versicherten Forderungsausfall des Kunden entstandene Schaden ist ein echter Vermögensschaden. Das bleibt er selbstverständlich auch, wenn er gegenüber dem Organmitglied mit dem Vorwurf der unterlassenen Sicherstellung adäquaten Versicherungsschutzes geltend gemacht wird. Wie aber ist der Fall in seiner Abwandlung zu beurteilen? Liegt dem gegen das Organmitglied geltend gemachten Anspruch (Nichtabschluss einer Feuerversicherung) ein Vermögensfolgeschaden zugrunde als ein solcher, der sich aus einem Sachschaden (nicht versicherter Feuerschaden am Gebäude) herleitet und damit als „unechter" Vermögensschaden nicht unter die D&O-Versicherung fiele? Die Behauptungen von Versicherern, die einen „Ausschluss Versicherungen" in ihren Bedingungen führen, legen dies nahe, soweit sie mit der lediglich deklaratorischen

Natur des Ausschlusses argumentieren.[49] Dies trifft jedoch nach den hier gefundenen Ergebnissen nicht zu. Die Pflichtverletzung des in Anspruch genommenen Organmitglieds ist im Beispielsfall gerade nicht für den Objektschaden (Brandschaden am Betriebsgebäude) ursächlich, sondern nur für den damit im Zusammenhang stehenden Vermögensschaden (Nichtabschluss einer Feuerversicherung). Der Vermögensschaden leitet sich also gerade nicht aus dem Sachschaden her. Der Brandschaden stellt keine Folge der Sorgfaltspflichtverletzung des Organmitglieds dar, die sich allein in dem durch den Nichtabschluss des Versicherungsvertrages bedingten Vermögensschaden manifestiert. Damit stellt der von der VN gegenüber dem Organmitglied geltend gemachte Regressanspruch einen von der D&O-Versicherung grundsätzlich gedeckten „echten" Vermögensschaden dar. Ein entsprechender „Ausschluss Versicherungen" innerhalb von D&O-AVB ist damit als materieller bzw. konstitutiver Ausschluss zu qualifizieren,[50] und zwar unabhängig davon, ob die fragliche Versicherung Vermögens-, Personen- oder Sachschäden versichert.

Problem: Mittelbare Verursachung qua Organisationsverantwortung? **37**
Besondere Schwierigkeiten kann die Bestimmung des Begriffs „Herleitung" in den Fällen bereiten, wo es an einem unmittelbaren Verursachungsbeitrag der versicherten Person fehlt und lediglich ein Organisationsverschulden vorliegt. Dies kann zutreffen auf den Produktionsvorstand, in dessen Ressortzuständigkeit ein fehlerhaftes Produkt den Betrieb verlässt und einen Verbraucher schädigt (vgl. Fälle 1 und 4, Rn. 28, 31) oder auf den ärztlichen Leiter eines Krankenhauses, der einen nicht ausreichend qualifizierten Arzt, der einen Kunstfehler verursacht, eingestellt hat, wobei diese vom jeweiligen Anstellungsunternehmen für den vom Dritten (Verbraucher, Patient) geltend gemachten Schaden in Regress genommen werden.

Erblickt man in einer solchen, nur mittelbaren Schadenherbeiführung **38**
einen ausreichenden Verursachungsbeitrag zur Bejahung einer Herleitung, so lägen Dritthaftungsansprüchen gegen das Unternehmen, denen ein Personen- oder Sachschaden zugrunde liegt und die im Wege des Innenregresses an das/die verantwortliche/n Organmitglied/er weitergereicht werden, i.d.R. „unechte" Vermögensschäden zugrunde, bei denen den D&O-Versicherer keine Eintrittspflicht träfe. Allerdings werden sich die allermeisten Sach- oder Personenschäden Dritter, die ihre Ursache in der Sphäre des Unternehmens haben, auf ein irgendwie geartetes Organisations- oder

[49] So sind gemäß Ziff. 5.9 AVB-AVG alle Vermögensschäden vom Versicherungsschutz ausgeschlossen, die daraus resultieren, dass Versicherungsleistungen oder Versicherungen nicht oder unzureichend wahrgenommen, abgeschlossen oder fortgeführt werden. Der Ausschluss war zusammen mit Produkt- und Umweltausschlüssen in D&O-Bedingungen lange verbreitet; er befindet sich aber, wie alle sonstigen objektiven Ausschlusstatbestände, seit längerer Zeit auf dem Rückzug.

[50] Vgl. auch *Lattwein* NVersZ 1999, 49, 52.

Überwachungsverschulden des Organmitglieds zurückführen lassen, weil aufgrund des Prinzips der Gesamtverantwortung und Allzuständigkeit des Vorstands bzw. der Geschäftsführung diesem – ressortübergreifend – die Leitung und Kontrolle aller wesentlichen Unternehmensbereiche unterliegt. Dabei ist es unerheblich, ob nun ein fehlerhaftes Produkt das Unternehmen verlässt, das einen Sach- oder Personenschaden bei einem Dritten verursacht oder ob die Nichteinhaltung von Vorschriften der Arbeitssicherheit im Unternehmen zur Verletzung eines eigenen Mitarbeiters führt. Zur Vermeidung einer Ausuferung des Herleitungsbegriffs in diesem Sinne, empfiehlt sich daher eine einschränkende Auslegung. So wird man den – wenn auch nur mittelbaren – Verursachungsbeitrag des ressortverantwortlichen Organmitglieds (Produktionsvorstand, ärztlicher Leiter) u.U. noch als adäquat kausal ansehen können, nicht mehr aber das Tun oder Unterlassen anderer, „ressortfremder" Organmitglieder, mögen diese wegen Verletzung ihrer Überwachungs- oder Informationspflichten für den eingetretenen Schaden auch gesamtschuldnerisch mithaften. Klar ist, dass eine solche Auslegung im Hinblick auf das Bestehen von Versicherungsschutz die für die Produktion oder Technik zuständigen Geschäftsleiter gegenüber den anderen erheblich benachteiligen würde. Es ist offen, wie die Gerichte solche Fälle beurteilen werden.

2. Erweiterter Vermögensschadenbegriff

39 Aufgrund der anhaltenden Diskussionen um die Reichweite des Begriffs des Vermögensschadens in der D&O-Versicherung hat der Versicherer AIG im Jahre 2003 seinen Allgemeinen Versicherungsbedingungen eine geänderte Definition des Vermögensschadensbegriffs zugrunde gelegt und nannte diesen „erweiterter Vermögensschadenbegriff". Dem lag folgende Regelung zugrunde:

40 „Vermögensschäden sind solche Schäden, die weder Personenschäden […] noch Sachschäden […] sind, noch sich aus solchen Schäden herleiten. In Erweiterung dazu gelten auch folgende Schäden als versichert, die aus

i. einem Personen- oder Sachschaden folgen, die Pflichtverletzung jedoch nicht dafür, sondern ausschließlich für einen damit im Zusammenhang stehenden Vermögensschaden […] ursächlich war;
ii. Personen- und Sachschäden Dritter folgen, es sich jedoch nicht um deren Ersatz, sondern um den der Versicherungsnehmerin oder den mitversicherten Tochterunternehmen daraus entstehenden eigenen Schaden, wie z.B. Gewinnverluste, etc. handelt."[51]

[51] Ziff. I 1 Abs. 2 AIG Business Guard 2003.

Angesichts der hier gefundenen Ergebnisse erscheint es zweifelhaft, ob mit dieser Definitionsänderung tatsächlich eine Erweiterung des Deckungsumfangs einhergeht. Wenn gemäß „Erweiterungstatbestand" (Pkt. i) die Pflichtverletzung der versicherten Person gerade nicht für den Personen- oder Sachschaden ursächlich war, sondern nur für einen damit im Zusammenhang stehenden Vermögensschaden, dann ist ein solcher Vermögensschaden als „echter" Vermögensschaden ohnehin gedeckt, denn er leitet sich gerade nicht aus dem Personen- oder Sachschaden her. Nichts anderes gilt für „Erweiterungstatbestand" (Pkt. ii), wo der Personen- oder Sachschaden durch einen Dritten verursacht wurde und es daher an einer „Herleitung" im Hinblick auf das für den Ersatz des Vermögensschadens in Anspruch genommene Organmitglied fehlt. Eine materielle Erweiterung des Vermögensschadensbegriffs findet mit einer solchen Klausel also nicht statt, höchstens eine inhaltliche Klarstellung. Diese mag freilich helfen, nicht eindeutige „Grenzfälle" zu Gunsten des VN zu lösen. Die o.g. Form des „erweiterten Vermögensschadensbegriffs" kann mittlerweile als relativ einheitlicher Marktstandard in der D&O-Versicherung angesehen werden.[52] 41

Die Allianz-Versicherung scheint die Erkenntnis, dass es sich bei den marktüblichen Erweiterungstatbeständen zum Vermögensschadenbegriff lediglich um Klarstellungen handelt, zu teilen. So heißt es in deren D&O-Bedingungen:[53] 42

„In **Klarstellung** [Hervorhebung durch die Verf.] zu Satz 1 [herkömmliche Vermögensschadendefinition, Anm. d. Verf.] gelten insbesondere, aber nicht ausschließlich, auch solche Schäden – auch, wenn sie im Zusammenhang mit Personen- oder Sachschäden stehen – als Vermögensschäden im Sinne dieser Bedingungen: 43

i. Schäden von Anteilseignern wegen Wertverlusts von Anteilen an den versicherten Gesellschaften;
ii. mit Sach- oder Personenschäden zusammenhängende Vermögensschäden, soweit die Pflichtverletzung der versicherten Person nicht für die Personen- oder Sachschäden, sondern allein für diese Vermögensschäden ursächlich ist;
iii. Folgeschäden einer versicherten Gesellschaft in Form von entgangenen Gewinnen;
iv. Entschädigungen für psychische Beeinträchtigungen von Arbeitnehmern durch Verletzung von Vorschriften des Allgemeinen Gleichbehandlungsgesetzes oder vergleichbarer ausländischer Rechtsvorschriften.

[52] Etwa Ziff. 1.1.1. Chubb AVB OLA 2008 PrimeLine Classic; VOV § 1 Ziff. 2 AVB-VOV 2008; Art. 15h ähnlich Zurich AVBDO 2009 (Definition „Vermögensschäden").

[53] Ziff. 8.15 Allianz Protect 2010 MM (Definition „Vermögensschäden").

Keine Vermögensschäden sind Verluste aus Geldstrafen, Bußgeldern und Vertragsstrafen sowie aus Verfall.“

44 „Erweiterungstatbestand“ (Pkt. i) stellt dabei lediglich eine Präzisierung gegenüber „Erweiterungstatbestand“ (Pkt. iii) bzw. „Erweiterungstatbestand“ (Pkt. ii) dar. Die Mitversicherung von als Personenschäden zu klassifizierende Entschädigungen für psychische Beeinträchtigungen[54] (Pkt. iv) stellt demgegenüber keine bloße Konkretisierung des Vermögensschadensbegriffs dar. Dies zeigt sich auch darin, dass solche Schäden normalerweise durch separate Versicherungspolicen (sog. AGG- oder EPLI-Deckungen) abgedeckt werden. Damit stellt der in Pkt. (iv) geregelte Tatbestand die einzige wirkliche materielle Erweiterung des Vermögensschadensbegriffs dar.

45 Die diesbezügliche Zurückhaltung der Versicherer bei der Erweiterung des Vermögensschadensbegriffs lässt sich damit erklären, dass diese eine Umfunktionierung der D&O-Versicherung zu einer Art Auffangdeckung für nicht vorhandenen oder unzulänglichen Haftpflichtversicherungsschutz fürchten, zumal weil die meisten D&O-Bedingungswerke keine Produkt- und Umweltausschlüsse (mehr) enthalten und zudem mit einer weiten Innenverhältnisdeckung ausgestattet sind.

---

[54] Als Verletzung der Person wird nicht nur die physische, sondern auch die psychische Beeinträchtigung einer Person erfasst.

§ 5. Gesellschafts- und steuerrechtliche Problemstellungen

Literatur: *Bauer/Krets*, Gesellschaftsrechtliche Sonderregeln bei der Beendigung von Vorstands- und Geschäftsführerverträgen, DB 2003, 811; *Baumann*, Aktienrechtliche Managerhaftung, D&O-Versicherung und angemessener Selbstbehalt, VersR 2006, 455; *Bender/Vater*, D&O-Versicherungen im Visier der Corporate Governance, VersR 2003, 1376; *Dreher*, Der Abschluss von D&O-Versicherungen und die aktienrechtliche Zuständigkeitsordnung, ZHR 165 (2001), 293; *ders.*, Die Besteuerung der Prämienleistungen bei gesellschaftsfinanzierten Directors and Officers-Versicherungen, DB 2001, 996; *Dreher/Görner*, Der angemessene Selbstbehalt in der D&O-Versicherung, ZIP 2003, 2321; *Feddersen*, Neue gesetzliche Anforderungen an den Aufsichtsrat, AG 2000, 385; *Fleischer*, Das Gesetz zur Angemessenheit der Vorstandsvergütung (VorstAG), NZG 2009, 801; *ders.*, Haftungsfreistellung, Prozesskostenersatz und Versicherung für Vorstandsmitglieder – eine rechtsvergleichende Bestandsaufnahme zur Enthaftung des Managements, WM 2005, 909; *Gruber/Wax*, Wer ist für den Abschluss einer D&O-Versicherung zuständig?, wbl 2010, 169; *Habersack*, Die Freistellung des Organwalters von seiner Haftung gegenüber der Gesellschaft, FS Ulmer, 2003, S. 151; *Henssler*, D&O-Versicherung in Deutschland, in Henze/Hoffmann-Becking (Hrsg.), RWS-Forum 20, Gesellschaftsrecht 2001, 131; *Jula*, Geschäftsführerhaftung nach § 43 GmbHG: Minimierung der Risiken durch Regelungen im Anstellungsvertrag?, GmbHR 2001, 806; *Kästner*, Aktienrechtliche Probleme der D&O-Versicherung, AG 2000, 113; *ders.*, Steuerliche Probleme der D&O Versicherung, DStR 2001, 195; *Koch*, Die Rechtsstellung der Gesellschaft und des Organmitglieds in der D&O-Versicherung (Teil I), GmbHR 2004, 18; (Teil II), GmbHR 2004, 160; (Teil III), GmbHR 2004, 288; *ders.*, Einführung eines obligatorischen Selbstbehalts in der D&O-Versicherung durch das VorstAG, AG 2009, 637; *ders.*, Geschäftsleiterpflicht zur Sicherstellung risikoadäquaten Versicherungsschutzes, ZGR 2006, 184; *Köhler*, Der Schadensersatz-, Bereicherungs- und Auskunftsanspruch im Wettbewerbsrecht, NJW 1992, 1477; *Kort*, Voraussetzungen der Zulässigkeit einer D&O-Versicherung für Organmitglieder, DStR 2006, 799; *Küppers/Dettmeier/Koch*, D&O-Versicherung: Steuerliche Implikationen für versicherte Personen?, DStR 2002, 199; *Lange*, D&O-Versicherung: Innenhaftung und Selbstbehalt, DB 2003, 1833; *ders.*, Die D&O-Versicherungsverschaffungsklausel im Manageranstellungsvertrag, ZIP 2004, 2221; *ders.*, Praxisfragen der D&O-Versicherung (Teil I), DStR 2002, 1626; (Teil II), DStR 2002, 1675; *ders.*, Zulässigkeitsvoraussetzungen einer gesellschaftsfinanzierten D&O-Versicherung, ZIP 2001, 1524; *Lohr*, Die Beschränkung der Innenhaftung des GmbH-Geschäftsführers, NZG 2000, 1212; *Mertens*, Bedarf der Abschluss einer D&O-Versicherung durch die AG der Zustimmung der Hauptversammlung?, AG 2000, 447; *Notthoff*, Rechtliche Fragestellungen im Zusammenhang mit dem Abschluss einer Director's & Officer's-Versicherung. Effektiver Schutz von Vorständen und Aufsichtsräten gegen Haftungsrisiken, NJW 2003, 1350; *Olbrich/Kassing*, Der Selbstbehalt in der D&O Versicherung: Gesetzliche Neuregelung lässt viele Fragen offen, BB 2009,

1659; *Schneider/Ihlas*, Die Vermögensschaden-Haftpflichtversicherung des Geschäftsführers einer GmbH, DB 1994, 1123; *Schüppen/Sanna*, D&O-Versicherungen: Gute und schlechte Nachrichten!, ZIP 2002, 550; *Seibt/Saame*, Geschäftsleiterpflichten bei der Entscheidung über D&O-Versicherungsschutz, AG 2006, 901; *Steinkühler*, Änderungen in der steuerlichen Behandlung von D&O-Versicherungen, VW 2005, 1768; *Steinkühler/Wilhelm*, Gesellschaftsrechtliche und arbeitsrechtliche Problembeziehungen zur D&O-Versicherung (Teil II), VP 2005, 142; *Ulmer*, Strikte aktienrechtliche Organhaftung und D&O-Versicherung – zwei getrennte Welten?, FS Canaris, 2007, S. 451; *Ulmer/Pammler*, Die gesellschaftsfinanzierte D&O-Versicherung im Spannungsfeld des Aktienrechts, ZHR 171 (2007), 119; *Vetter*, Aktienrechtliche Probleme der D&O-Versicherung, AG 2000, 453; *v. Werder/Talaulicar*, Kodex Report 2009: Die Akzeptanz der Empfehlungen und Anregungen des Deutschen Corporate Governance Kodex, DB 2009, 689.

I. Gesellschaftsrechtliche Fragen

1. Zulässigkeit der D&O-Versicherung

1 **a) Aktienrecht.** Mit der Neuregelung des § 93 Abs. 2 Satz 3 AktG durch das VorstAG führt der Gesetzgeber für Vorstandsmitglieder einen **obligatorischen Selbstbehalt** bei Abschluss einer D&O-Versicherung ein (zum Selbstbehalt siehe näher § 6 Rn. 40 ff.).[1] § 93 Abs. 2 Satz 3 AktG lautet: *„Schließt die Gesellschaft eine Versicherung zur Absicherung eines Vorstandsmitglieds gegen Risiken aus dessen beruflicher Tätigkeit für die Gesellschaft ab, ist ein Selbstbehalt von mindestens 10 Prozent des Schadens bis mindestens zur Höhe des Eineinhalbfachen der festen jährlichen Vergütung des Vorstandsmitglieds vorzusehen.*" Die Neuregelung ist am 5.8. 2009 in Kraft getreten; eine vergleichbare Bestimmung findet sich im GmbHG nicht (zur GmbH siehe Rn. 4). Die neue Bestimmung verpflichtet zu einem Selbstbehalt im Falle des Abschlusses einer D&O-Versicherung; eine generelle Pflicht zum Abschluss einer D&O-Versicherung besteht weiterhin nicht[2] (siehe dazu auch Rn. 36 ff.).

2 Mit der Einführung eines obligatorischen Selbstbehalts hat der Gesetzgeber implizit – und jedenfalls für das Aktienrecht – auch die jüngst wieder heftig diskutierte Frage bejaht, ob die D&O-Versicherung im Kontext des Freistellungsverbotes (§ 93 Abs. 2 und Abs. 4 Satz 3 AktG) überhaupt zulässig sein kann.[3] Denn nur wenn der Gesetzgeber des

[1] Zur Vorgeschichte etwa *Koch* AG 2009, 637, 637.

[2] So klarstellend BT-Drucks. 16/13433 S. 17; vgl. *Fleischer* NZG 2009, 801, 806; *Olbrich/Kassing* BB 2009, 1659, 1659.

[3] Zur Diskussion etwa gegen die Zulässigkeit (ohne Selbstbehalt) zuletzt *Ulmer*, FS Canaris, S. 451, 451 ff.; *Ulmer/Pammler* ZHR 171 (2007), 119, 121; *Pammler* S. 47 ff.; MünchKomm-AktG/*Hefermehl/Spindler*, 2. Aufl. 2004, § 93 Rn. 94 (a.A.

VorstAG von der grundsätzlichen Zulässigkeit der D&O-Versicherung in diesem Zusammenhang ausgeht, macht die zwingende Verpflichtung zum Selbsbehalt Sinn, wie sie nunmehr in § 93 Abs. 2 Satz 3 AktG vorgesehen ist. Die Neuregelung des VorstAG bestätigt nun jene, die schon bisher die aktienrechtliche Zulässigkeit der D&O-Versicherung wegen der damit verbundenen verhaltenssteuernden Wirkung von der Vereinbarung eines angemessenen Selbstbehaltes abhängig machten.[4] Denn die Gesetzesmaterialien zum VorstAG begründen die Einführung des obligatorischen Selbstbehalts ausdrücklich mit der damit verbundenen verhaltenssteuernden Wirkung.[5]

Dass jedenfalls ein der Höhe nach „spürbarer" Selbstbehalt zumindest grundsätzlich geeignet ist, eine wirtschaftliche Anreizwirkung für ein sorgfaltsgerechtes Verhalten des Organmitglieds zu entfalten, war schon bisher i.E. unstreitig[6] und wurde beispielsweise auch von der Regierungskommission *Corporate Governance* ausdrücklich anerkannt.[7] Ob der Selbstbehalt tatsächlich eine solche verhaltenssteuernde Wirkung entfalten kann, wird sich erst in Zukunft erweisen.[8] Nur ganz vereinzelt wird im Schrifttum die verhaltenssteuernde Wirkung des Selbstbehalts in der D&O-Versicherung grundsätzlich in Frage gestellt.[9] Die angeblich fehlende Verhaltenssteuerungswirkung eines Selbstbehalts wurde von den dem DCGK unterworfenen Unternehmen häufig als Begründung für die 3

aber wohl nunmehr *Spindler* in der 3. Aufl. 2008, § 93 Rn. 175); *Baumann* VersR 2006, 455, 455; Großkomm-AktG/*Kort* § 84 Rn. 450; *Kort* DStR 2006, 799, 803; anders dagegen die wohl überwiegende Meinung, siehe nur *Henssler*, Gesellschaftsrecht 2001, S. 131, 143; Fleischer/*Fleischer* § 12 Rn. 8 m.w.N.; Spindler/Stilz/*Fleischer* § 93 Rn. 285; *Fleischer* WM 2005, 909, 919; *Habersack*, FS Ulmer, S. 151, 169; *Hüffer* § 84 Rn. 16; VersR-Hdb/*Beckmann* § 28 Rn. 90 m.w.N.; MünchKomm-AktG/*Hefermehl/Spindler*, 2. Aufl. 2004, § 93 Rn. 95; *Ihlas*, Organhaftung, S. 60 f.; *Schüppen/Sanna* ZIP 2002, 550, 553; *Vetter* AG 2000, 453, 454; *Dreher* ZHR 165 (2001), 293, 295 (dort Fn. 6); *Bauer/Krets* DB 2003, 811, 814; *Henssler*, Gesellschaftsrecht 2001, S. 131, 142 ff.; *Olbrich* S. 56; *Steinkühler/Wilhelm* VP 2005, 142, 144.

[4] Namentlich *Ulmer*, FS Canaris, S. 451, 451 ff.; *Ulmer/Pammler* ZHR 171 (2007), 119, 121; *Pammler* S. 47 ff.; *Baumann* VersR 2006, 455, 455; Großkomm-AktG/*Kort* § 84 Rn. 450; *Kort* DStR 2006, 799, 803.

[5] BT-Drucks. 16/13433 S. 17; vgl. *Koch* AG 2009, 637, 638.

[6] Großkomm-AktG/*Kort* § 84 Rn. 451; *Bender/Vater* VersR 2003, 1376, 1377, halten die Wirkung von Selbstbehalten in der D&O-Versicherung für „manifest" – diese ließen sich auch in anderen Versicherungsbereichen eindeutig belegen; außerdem *Pammler* S. 81, mit zahlreichen Nachw. (dort Fn. 169).

[7] *Baums* Rn. 75; vgl. auch Kodex-Komm/*Ringleb* Kap. 3.8 Rn. 520.

[8] Skeptisch wohl *Fleischer* NZG 2009, 801, 806. Eine zuverlässige Einschätzung wird tatsächlich erst in einigen Jahren möglich sein.

[9] So wohl von *Dreher/Görner* ZIP 2003, 2321, 2323.

Abweichung von der entsprechenden Kodex-Empfehlung angegeben.[10] Trotz gegenteiliger Empfehlung in der bisherigen Ziff. 3.8 des DCGK sahen jedoch selbst börsennotierte Unternehmen bis zur nunmehrigen Verpflichtung durch das VorstAG überwiegend keinen persönlichen Selbstbehalt der Organmitglieder innerhalb der D&O-Versicherung vor.[11] Dies ist nunmehr angesichts der zwingenden Verpflichtung durch § 93 Abs. 2 Satz 3 AktG jedenfalls für die D&O-Versicherung der Vorstandsmitglieder nicht mehr zulässig. Parallel zum VorstAG hat die Regierungskommission Deutscher Corporate Governance Kodex (DCGK) am 29.5. 2009 für Vorstandsmitglieder einen obligatorischen Selbstbehalt in den DCGK aufgenommen, für Aufsichtsratsmitglieder dagegen lediglich eine entsprechende Empfehlung.[12]

4 **b) GmbH-Recht.** Das VorstAG (siehe Rn. 1) gilt nur für die AG. Im GmbH-Recht fehlt eine vergleichbare Bestimmung. Daher können die Überlegungen zur aktienrechtlichen Zulässigkeit der D&O-Versicherung nicht ohne weiteres auf die GmbH übertragen werden. Für die GmbH ist zu erwägen: Aus § 46 Nr. 8 GmbHG folgt, dass es grundsätzlich Sache der Gesellschafter ist, zu entscheiden, ob der Geschäftsführer wegen etwaiger Sorgfaltspflichtverletzungen belangt oder auf Ansprüche gegen ihn verzichtet werden soll. Eine Schmälerung des Gesellschaftsvermögens und damit des Haftungsfonds für die Gläubiger nimmt der Gesetzgeber bei der GmbH also grundsätzlich hin.[13] Zudem geht die h.M. davon aus, dass der Haftungsmaßstab des § 43 Abs. 1 GmbHG, jedenfalls insoweit es nicht um die Verletzung spezieller Verhaltenspflichten im Gläubigerinteresse (vgl. insbesondere § 43 Abs. 3 GmbHG – Erhalt des Stammkapitals) geht, abgeändert und die Haftung des Geschäftsführers gemäß § 276 Abs. 3 BGB auf Vorsatz und grobe Fahrlässigkeit beschränkt werden kann.[14] Insbesondere

[10] Vgl. Kodex-Komm/*Ringleb* Kap. 3.8 Rn. 519; *Dreher/Görner* ZIP 2003, 2321, 2325 (dort Fn. 66 a.E.), wonach die überwiegende Anzahl der Unternehmen außerhalb des DAX-30, deren Entsprechungserklärungen ausgewertet wurden, eine verhaltenssteuernde Wirkung von Selbstbehalten ablehnt und damit den Verzicht auf einen Selbstbehalt begründet.

[11] Aktuelle Zahlen etwa bei *v. Werder/Talaulicar* DB 2009, 689, 689.

[12] Ziff. 3.8 DCGK: *„Schließt die Gesellschaft für den Vorstand eine D&O-Versicherung ab, ist ein Selbstbehalt von mindestens 10% des Schadens bis mindestens zur Höhe des Eineinhalbfachen der festen jährlichen Vergütung des Vorstandsmitglieds zu vereinbaren. In einer D&O-Versicherung für den Aufsichtsrat soll ein entsprechender Selbstbehalt vereinbart werden."*

[13] B/H/*Zöllner/Noack* § 43 Rn. 47.

[14] R/A/*Altmeppen* § 43 Rn. 6; zwar diff., aber i.E. ebenfalls zust. L/H/*Kleindiek* § 43 Rn. 55; *Bauer/Krets* DB 2003, 811, 814 m.w.N.; *Habersack*, FS Ulmer, S. 151, 156 m.w.N.

kennt das GmbH-Recht keine dem Aktienrecht vergleichbare Regelungen, welche die Wirkungen eines Verzichts im Verhältnis zur Gesellschaft und zu den Gesellschaftsgläubigern beschränken würden. Der bei der AG einschlägige § 93 Abs. 4 Satz 3 AktG ist mangels Regelungslücke auch nicht im Wege der Analogie auf die GmbH übertragbar.[15] Konsequenterweise erachtet die h.M. eine gesellschaftsfinanzierte D&O-Versicherung als mit § 43 GmbHG vereinbar.[16] Dabei wird insbesondere die Verbesserung der Ausgleichsfunktion zu Gunsten des Geschädigten betont. Eine eventuelle Schwächung der präventiven bzw. verhaltenssteuernden Wirkung des § 43 Abs. 2 GmbHG durch den Abschluss einer D&O-Versicherung wird überwiegend mit dem Verweis auf den nicht lückenlosen Versicherungsschutz, dem Bestehen von Deckungsausschlüssen und Haftungshöchstgrenzen oder die Beschränkung auf reine Vermögensschäden verneint.[17]

2. Zuständigkeit für den Abschluss einer D&O-Versicherung[18]

a) AG. aa) D&O-Versicherung für die Aufsichtsratsmitglieder. 5
D&O-Versicherungsverträge erfassen nach den gängigen D&O-AVB i.d.R. auch die Aufsichtsratsmitglieder. Der Versicherungsvertrag kommt zwischen der AG und dem Versicherer zustande (siehe § 2 Rn. 10). Zuständig zur Vertretung der AG und damit zum **Vertragsabschluss** mit dem D&O-Versicherer ist allein der **Vorstand** (§ 78 Abs. 1 AktG).[19] Fraglich kann für das Innenverhältnis[20] nur sein, ob es eines Hauptversammlungsbeschlusses[21]

---

[15] *Henssler*, Gesellschaftsrecht 2001, S. 131, 154.

[16] Vgl. Michalski/*Haas* § 43 Rn. 260 m.w.N.; B/H/*Zöllner/Noack* § 43 Rn. 112 m.w.N.; *Henssler*, Gesellschaftsrecht 2001, S. 131, 154 f.; *Ihlas*, D&O, S. 56 (dort Fn. 8); *Bauer/Krets* DB 2003, 811, 814; *Schneider/Ihlas* DB 1994, 1123, 1124 ff.

[17] L/H/*Kleindiek* § 43 Rn. 4; Michalski/*Haas* § 43 Rn. 260 m.w.N.

[18] Zum österreichischen Recht *Gruber/Wax* wbl 2010, 169.

[19] *Pammler* S. 140; *Möhrle* S. 163.

[20] Präzise diff. etwa *Pammler* S. 102.

[21] *Möhrle* S. 164 ff.: Die Begründung für einen solchen Hauptverammlungsbeschluss aus § 116 i.V.m. § 93 Abs. 4 Satz 3 AktG muss daran scheitern, dass der Abschluss einer D&O-Versicherung weder eine Haftungsfreistellung noch einen Verzicht darstellt. Zur Diskussion über das Verhältnis der D&O-Versicherung zu § 93 Abs. 4 Satz 3 AktG (die Zulässigkeitsfrage ist nunmehr durch den Gesetzgeber des VorstAG geklärt – siehe Rn. 2 siehe etwa *Pammler* S. 44 ff.; *Möhrle* S. 13 ff.; *Habetha* S. 184; Fleischer/*Fleischer* § 12 Rn. 8 m.w.N.; Spindler/Stilz/*Fleischer* § 93 Rn. 285; *ders.* WM 2005, 909, 919; VersR-Hdb/*Beckmann* § 28 Rn. 9 m.w.N.; MünchKomm-AktG/*Hefermehl/Spindler*, 2. Aufl. 2004, § 93 Rn. 95; *Ihlas*, Organhaftung, S. 60 f.; *Pammler* S. 45 f.; *Schüppen/Sanna* ZIP 2002, 550, 553; *Vetter* AG 2000, 453, 454; *Dreher* ZHR 165 (2001), 293, 295 (dort Fn. 6); *Bauer/Krets* DB 2003, 811, 814; *Henssler*, Gesellschaftsrecht 2001, S. 131, 142 ff.; *Steinkühler/Wilhelm* VP 2005, 142, 144.

oder der Zustimmung des Aufsichtsrats bedarf, die beide im Außenverhältnis die Vertretungsmacht des Vorstandes nicht berühren (§ 82 Abs. 1 AktG).

6 **(1) Zustimmungspflicht der Hauptversammlung bzw. Erfordernis einer Satzungsregelung gemäß § 113 AktG?** In Bezug auf den Aufsichtsrat wird hinsichtlich der Übernahme der Versicherungsprämie durch die Gesellschaft das Vorliegen eines Vergütungsbestandteils und damit eine Bewilligungspflicht der Hauptversammlung bzw. das Erfordernis einer entsprechenden Satzungsregelung nach Maßgabe des § 113 Abs. 1 Satz 2 AktG diskutiert. Der BGH hat die Frage zuletzt offen gelassen.[22] Das Schrifttum ist uneins: Ein Teil qualifiziert die Übernahme der Prämien einer D&O-Versicherung durch die Gesellschaft als Vergütungsbestandteil zumindest in Form einer Nebenleistung und kommt damit zu einer Bewilligungspflicht der Hauptversammlung bzw. zur Notwendigkeit einer Satzungsregelung.[23] Andere lehnen einen Vergütungscharakter der D&O-Prämie ab und unterstellen den Abschluss der D&O-Versicherung damit der alleinigen Kompetenz des Vorstands.[24] Zuletzt wurde die zumindest analoge Anwendung des § 113 AktG eingehend begründet.[25]

7 **(a) Subsumtion der gesellschaftsfinanzierten D&O-Versicherung unter den Vergütungsbegriff des § 113 AktG.** § 113 Abs. 1 Satz 2 AktG fordert zum Schutz der Gesellschaftsgläubiger und der Aktionäre vor überhöhten Bezügen sowie zur Wahrung der inneren Ordnung der AG für alle Vergütungen des Aufsichtsrats die Satzungspublizität oder einen

---

[22] BGH NZG 2009, 550, 552.

[23] So etwa *Hüffer* § 113 Rn. 2a, wobei angesichts der Vielzahl von Gegenmeinungen (siehe Fn. 24) entgegen dessen Auffassung nicht von einer „h.M." gesprochen werden kann; Sch/L/*Drygala* § 113 Rn. 12; AnwHdb-AktR/*Tomat* § 23 Rn. 237, *Feddersen* AG 2000, 385, 394; *Kästner* AG 2000, 113, 118; *Henssler*, Gesellschaftsrecht 2001, S. 131, 144 ff.; VersR-Hdb/*Beckmann* § 28 Rn. 23 ff.; *Habersack*, FS Ulmer, S. 151, 155.

[24] Ausführliche Begründung bei *Pammler* S. 103 ff. (aber für analoge Anwendung – siehe Fn. 25); weiters *Möhrle* S. 166 ff.; *Dreher* ZHR 165 (2001), 293, 322; *Lange* ZIP 2001, 1524, 1526; *ders.*, DB 2003, 1833, 1835; *Mertens* AG 2000, 447, 452; *Notthoff* NJW 2003, 1350, 1354; *Vetter* AG 2000, 453, 457; *Schüppen/Sanna* ZIP 2002, 550, 553; Großkomm-AktG/*Kort* § 84 Rn. 447; *Kort* DStR 2006, 799, 802; MünchKomm-AktG/*Semler* § 113 Rn. 82; *Steinkühler/Wilhelm* VP 2005, 142, 145; bejahend für den Regelfall der Ausgestaltung der D&O-Versicherung als Gruppenversicherung: Spindler/Stilz/*Spindler* § 113 Rn. 15 f.; MünchHdbGesR/*Hoffmann-Becking*, Bd. 4, § 33 Rn. 17; MünchHdbGesR/*Semler/Kalss*, Bd. 4, § 116 Rn. 777; offen lassend mit dem Vorschlag, eine entsprechende Satzungsregelung aufzunehmen: Happ/*Pühler* Kap. 1.01 Rn. 69.

[25] *Pammler* S. 136 ff.; zust. *Ulmer*, FS Canaris, S. 451, 451 ff.

Hauptversammlungsbeschluss.[26] Dabei ist die Vergütungsform nicht vorgeschrieben; sie muss also nicht in Geld, sondern kann auch in Form von Sachleistungen erfolgen.[27] In diesem Sinne könnte also auch die Übernahme der Prämie der D&O-Versicherung durch die Gesellschaft als VN eine Vergütung darstellen.

Für die Annahme einer Vergütung wird u.a. angeführt, dass § 113 AktG im Zusammenhang mit § 87 AktG und § 285 Nr. 9 lit. a Satz 1 HGB zu sehen sei.[28] In § 87 AktG werden „Versicherungsentgelte" ausdrücklich als Teil der Gesamtbezüge des Vorstands genannt. § 285 Nr. 9 lit. a Satz 1 HGB sieht für „Versicherungsentgelte" als Teil der Gesamtbezüge auch des Aufsichtsrats eine Pflichtangabe in der Bilanz vor. Dagegen wird die Auffassung vertreten, dass eine Zuordnung einzelner Versicherungsentgelte zu den Vorstandsgesamtbezügen nach § 87 AktG durch die bloße Nennung des Begriffs „Versicherungsentgelte" nicht begründet werden könne, soweit diese – lediglich auch – die Sphäre der Vorstandsmitglieder betreffen.[29] Selbst bei Zugrundelegung eines weiten Vergütungsbegriffs könne der Begriff „Versicherungsentgelte" nicht pauschal auf sämtliche Versicherungen bezogen werden, die die Gesellschaft mit Blick auf die Organmitglieder abschließt.[30] Unterstützung findet diese Ansicht in § 285 Nr. 9 lit. a Satz 1 HGB, der nur solche Versicherungsprämien erfassen will, welche die Gesellschaft für auf den Namen von Organmitgliedern lautende Versicherungen zahlt, wie etwa Lebens-, Pensions- und Unfallversicherungen.[31] In diesem Sinne sollen etwa Prämien für Gruppenunfallversicherungen nicht angabepflichtig sein.[32] Bei der i.d.R. sämtliche Organmitglieder pauschal mitversichernden und auf deren namentliche Nennung verzichtenden D&O-Versicherung fehlt es ebenfalls an einer solchen Individualisierung des/der Begünstigten. 8

Außerdem zeigt der Charakter der beispielhaft genannten Versicherungen, dass diese durch die hauptsächliche Absicherung privater Risiken im überwiegenden persönlichen Interesse der Versicherten liegen, während eine D&O-Versicherung nur rein geschäftliche Risiken abdeckt.[33] Eine 9

[26] *Hüffer* § 113 Rn. 1.

[27] Spindler/Stilz/*Spindler* § 113 Rn. 14.

[28] So etwa *Kästner* AG 2000, 113, 116.

[29] *Dreher* ZHR 165 (2001), 293, 302.

[30] *Vetter* AG 2000, 453, 456.

[31] MünchKomm-HGB/*Lange* § 285 Rn. 158.

[32] MünchKomm-HGB/*Lange* § 285 Rn. 158.

[33] Terbille/*Sieg* § 17 Rn. 44; *Schüppen/Sanna* ZIP 2002, 550, 552; *Vetter* AG 2000, 453, 457; *Olbrich*, 1. Aufl. 2003, S. 187 f.; a.A. *Henssler*, Gesellschaftsrecht 2001, S. 31, 153, wonach in § 87 Abs. 1 AktG mit dem Bezug auf „Versicherungsentgelte" jede Versicherung gemeint sei, die einen unmittelbaren Bezug zu den aus dem Anstellungsvertrag folgenden Pflichten aufweist.

Qualifikation der D&O-Versicherung als Vergütungsbestandteil wäre demgemäß nur dann vorzunehmen, wenn sie der Privatsphäre des einzelnen Aufsichtsratsmitglieds zugeordnet werden könnte.[34] Dieser Wertung ist insofern zuzustimmen, als auch Sachbezüge, beispielsweise in Form eines Dienstfahrzeuges, den Gesamtbezügen des Vorstands nach § 87 AktG bzw. der Vergütung des Aufsichtsrats nach § 113 AktG nur insoweit hinzugerechnet werden, als es um deren ausschließlich private Nutzung geht.[35]

10 *Beckmann*[36] geht in diesem Zusammenhang davon aus, dass die D&O-Versicherung zwar die unternehmensbezogene Tätigkeit des Aufsichtsrats erfasst, rechnet sie aber dennoch dessen Privatsphäre zu, weil die mit der Versicherung verbundene „Entlastung" in Form des Schutzes vor einer unmittelbaren und unbeschränkten Haftung mit dem Privatvermögen in diese hineinreiche. Dem ist zu widersprechen, weil sich aus dem Kontext der fraglichen Vorschriften (§§ 113, 87 AktG, § 285 Nr. 9 lit. a HGB) ergibt, dass allein auf die Natur der Tätigkeit (dienstlich oder privat), nicht aber den Wirkungsbereich der Versicherung abzustellen ist.[37] Die Kategorisierung der D&O-Versicherung als eine ausschließlich berufliche Risiken abdeckende Versicherung steht demnach nicht im Widerspruch zu dem rein haftungsrechtlichen Aspekt des Schutzes des Privatvermögens des Organmitglieds.[38]

11 Hinzu kommt, dass die Vorschrift des § 285 Nr. 9 lit. a HGB ursprünglich dem Aktiengesetz entstammt[39] und dem Gesetzeszweck nach aus Gründen der Transparenz sämtliche Bezüge erfassen sollte, die ein Organmitglied *als Gegenleistung* für seine Tätigkeit als Mitglied des Gremiums erhält. Dieser spezifische Zweck hat sich durch die Übernahme der aktienrechtlichen Regelung in den § 285 Nr. 9 lit. a HGB unverändert erhalten.[40] Stellt man somit für den Vergütungsbegriff in § 113 AktG ebenfalls auf das Merkmal der Gegenseitigkeit ab,[41] so spricht vieles dafür, dass es

---

[34] *Vetter* AG 2000, 453, 457.

[35] So bzgl. § 113 AktG: Spindler/Stilz/*Spindler* § 113 Rn. 14, MünchKomm-AktG/*Semler* § 113 Rn. 79; für § 87 AktG: MünchHdbGesR/*Wiesner* § 21 Rn. 29.

[36] VersR-Hdb/*Beckmann* § 28 Rn. 24.

[37] Vgl. auch Heidel/*Oltmanns* § 87 Rn. 2, wonach – allerdings i.R.d. § 87 AktG – Vergünstigungen, die zwar auch im Privatbereich wirken, aber ihre Ursache in der Vorstandsposition haben (z.B. Bodyguard), nicht zu den Gesamtbezügen des Vorstands zu rechnen seien.

[38] So auch MünchKomm-AktG/*Semler* § 113 Rn. 82; *Vetter* AG 2000, 453, 457.

[39] Ehem. § 160 Nr. 8 AktG.

[40] *Vetter* AG 2000, 453, 457.

[41] Vgl. *Möhrle* S. 170 f.; MünchKomm-AktG/*Semler* § 113 Rn. 82; *Mertens* AG 2000, 447, 448; *Kort* DStR 2006, 799, 802; *Steinkühler/Wilhelm* VP 2005, 142, 145; *Lange* ZIP 2001, 1524, 1527, der zur Begründung den für Dienstverhältnisse

hieran im Hinblick auf die D&O-Versicherung für den Aufsichtsrat fehlt. Die Gegenmeinung, wonach die Bereitstellung einer D&O-Versicherung zu den Leistungen des Unternehmens zähle, die jemanden zur Übernahme eines Aufsichtsratsmandats bewegen,[42] überzeugt nicht. Zwar mag eine bestehende D&O-Versicherung eines von vielen Motiven zur Übernahme eines Aufsichtsratsmandats sein. Es verhält sich aber doch nicht so, dass ein Aufsichtsratsmitglied das Mandat zumindest auch deshalb übernimmt, um in den Genuss einer Aufsichtsrats-D&O-Versicherung zu gelangen. Dies ist schon deshalb zu verneinen, weil der Bedarf für einen solchen Versicherungsschutz erst durch die Mandatsübernahme entsteht, so dass die Annahme einer Gegenleistung bereits unter diesem Gesichtspunkt ausscheidet.[43]

Mehrheitlich wird ein Entgelt- bzw. Vergütungscharakter der D&O-Versicherung i.S.v. § 113 Abs. 1 AktG deshalb verneint, weil wegen der Deckung im Innenverhältnis ein überwiegendes Eigeninteresse der Gesellschaft vorliegt.[44] Manche sehen im Abschluss einer D&O-Versicherung gar ein „konstitutives Element zur Sicherung unternehmerischer Handlungsfreiheit".[45] Zweifellos wird man ein wie auch immer geartetes Interesse der Gesellschaft am Abschluss der D&O-Versicherung stets unterstellen können, da es für den Abschluss einer solchen Versicherung für fremde Rechnung für die Gesellschaft sonst keinen Anreiz gäbe. Neben dem reinen Schadenskompensationsinteresse werden dabei die Erhaltung der Fähigkeit zur Personalgewinnung, die Absicherung der Freistellungsverpflichtungen der Gesellschaft oder die Gewährleistung des Gleichlaufs von Haftungsrisiko und Vergütungschance bei den Organmitgliedern genannt.[46] **12**

Aber auch die Organmitglieder haben ein u.U. existentielles wirtschaftliches Interesse am Bestehen einer Deckung aus einer D&O-Versicherung. Man denke nur an deren sonst unbegrenzte Haftung mit dem gesamten privaten Vermögen.[47] Mit der Annahme eines überwiegenden Eigeninteres- **13**

---

maßgeblichen Vergütungsbegriff des § 611 BGB entsprechend heranzieht, wonach Leistungen der Vertragsparteien in einem Gegenseitigkeitsverhältnis stehen; *Olbrich* S. 207; a.A. *Pammler* S. 122 f.

[42] VersR-Hdb/*Beckmann* § 28 Rn. 24.

[43] So auch *Vetter* AG 2000, 453, 457; i.E. auch *Lange* ZIP 2001, 1524, 1527.

[44] *Möhrle* S. 171; MünchHdbGesR/*Wiesner* § 26 Rn. 46; Fleischer/*Fleischer* § 12 Rn. 12; *Dreher* ZHR 165 (2001), 293, 310 ff. und 321 f.; *Mertens* AG 2000, 447, 451; *Lange* DStR 2002, 1626, 1629; *Steinkühler/Wilhelm* VP 2005, 142, 145; H/E/K/*Lenz* § 27 Rn. 24; Kodex-Komm/*Ringleb* Kap. 3.8 Rn. 516.

[45] *Dreher* ZHR 165 (2001), 293, 310.

[46] Siehe ausführlich dazu *Dreher* ZHR 165 (2001), 293, 310 ff.

[47] So auch *Pammler* S. 112 f.; *Ulmer*, FS Canaris, S. 451, 471; H/E/K/*Held* Kap. 33 Rn. 18, wonach der Schutz des Privatvermögens von Organmitgliedern vorrangiger Zweck der Deckung sei.

ses der Gesellschaft am Vorhandensein einer D&O-Versicherung würde so i.E. deren Bilanzschutzinteresse über das Interesse der versicherten Person am Schutz ihres persönlichen Vermögens gestellt. Diese Wertung erscheint jedoch schon deswegen problematisch, weil das finanziell regelmäßig deutlich potentere Unternehmen ein Ausfallrisiko im Bereich der Innenhaftung mangels Vollstreckungsmasse bei der in Anspruch genommenen versicherten Person im Zweifel leichter verkraften wird können als die versicherte Person den Verlust ihres Privatvermögens. Schließlich liegt die so wesentliche Anspruchsabwehrfunktion der Deckung sogar im alleinigen Interesse des Organmitglieds und steht geradezu im Gegensatz zum Interesse der den Innenhaftungsanspruch verfolgenden Gesellschaft. Es spricht daher viel dafür, das Interesse des versicherten Organmitglieds an der D&O-Versicherung als zumindest gleichwertig, wenn nicht gar überwiegend zu werten. Damit kann der fehlende Vergütungscharakter der D&O-Versicherung nicht auf die Behauptung eines überwiegenden Gesellschaftsinteresses am Abschluss der D&O-Versicherung gestützt werden.[48]

14 Aus dem Wortlaut des § 113 Abs. 1 Satz 2 AktG wird zudem teils geschlossen, dass die Satzungsregelung bzw. der Bewilligungsbeschluss der Hauptversammlung die Vergütung des Aufsichtsrats mit dem auf diesen entfallenden Gesamtbetrag beziffern müsse.[49] Dabei stellt sich das Problem, dass die Prämie der D&O-Versicherung in aller Regel eine Gesamtprämie ausweist, die sich auf sämtliche versicherte Organmitglieder (und leitende Angestellte) bezieht. Eine Allokation der Gesamtprämie auf einzelne Organmitglieder oder auch nur bestimmte Gremien bzw. die Bezifferung eines individuellen Vermögensvorteils erscheint insbesondere bei Großunternehmen mit zahlreichen Beteiligungsgesellschaften kaum umsetzbar.[50] Eine Umlegung der Prämie wird zusätzlich dadurch erschwert, dass marktübliche D&O-Policen i.d.R. eine Firmenenthaftungskomponente sowie u.U. auch *Entity*-Deckungserweiterungen und damit Deckungsbestandteile enthalten, die alleine dem Unternehmen zugute kommen. Die Vornahme einer individuellen Prämienzuweisung lässt sich auch nicht durch eine Parallelwertung zu einer von einem Organmitglied persönlich abgeschlossenen Einzelversicherung mit vergleichbarer Deckung herstellen, weil die Prämien einer solchen – in der Praxis kaum verbreiteten (siehe § 2 Rn. 7 f.) – Einzelversicherung im Verhältnis ungleich höher wären als bei einer Unternehmens- oder Firmenpolice (Stichworte: gesamtschuldnerische Haftung, Regressausfallri-

---

[48] So i.E. auch *Pammler* S. 115; ebenso *Ulmer*, FS Canaris, S. 451, 471.

[49] Terbille/*Sieg* § 17 Rn. 49; *Pammler* S. 127.

[50] So auch *Pammler* S. 127; *Olbrich* S. 209; *Mertens* AG 2000, 447, 452; Terbille/*Sieg* § 17 Rn. 49.

siko des Versicherers).[51] Die Bezifferung eines individuellen Prämienanteils für den Aufsichtsrat stößt demnach insbesondere bei Großunternehmen mit einer Vielzahl von Organmitgliedern, wie auch bei D&O-Gruppenversicherungen generell, auf fast unlösbare praktische Schwierigkeiten, was ebenfalls gegen die Annahme einer Vergütung i.S.v. § 113 AktG spricht.[52]

Insgesamt sprechen die besseren Gründe dagegen, in der Übernahme der D&O-Prämien für die Mitglieder des Aufsichtsrats durch die Gesellschaft eine Vergütung bzw. einen Vergütungsbestandteil i.S.d. § 113 AktG zu sehen. Daher braucht der auf den Aufsichtsrat entfallende Prämienanteil weder in der Satzung festgesetzt noch von der Hauptversammlung bewilligt zu werden. **15**

(b) Analoge Anwendung des § 113 AktG auf die D&O-Versicherung? Nachdem auch *Pammler*[53] zu dem Ergebnis gelangt, dass eine direkte Anwendung des § 113 AktG mangels Einschlägigkeit des Vergütungsbegriffs auf die gesellschaftsfinanzierte D&O-Versicherung nicht in Frage kommt, sieht er gleichwohl Raum für eine analoge Anwendung der Vorschrift. Die hierfür erforderliche planwidrige Regelungslücke erkennt er darin, dass der Normzweck des § 113 AktG es gebiete, dass der Vorstand über Vergütungen des Überwachungsorgans zur Sicherung von dessen unabhängiger Kontrollfunktion und Entscheidungsautonomie sowie zur Wahrung der von einem Modell der Gewaltenteilung geprägten Organisationsstruktur der AG, über den Abschluss einer den Aufsichtsrat mit einschließenden D&O-Versicherung nicht in alleiniger Kompetenz entschließen können soll.[54] Um etwa finanzielle Abhängigkeiten und damit eine Beeinflussung des Aufsichtsrats durch den Vorstand im Zusammenhang mit dem Abschluss und der Ausgestaltung der D&O-Versicherung möglichst auszuschließen, gebiete es der Normzweck des § 113 AktG, die gesellschaftsfinanzierte D&O-Versicherung in analoger Normanwendung wie eine Vergütung zu behandeln, mithin die Zuständigkeit für die Versicherung von Aufsichtsratsmitgliedern dem Vorstand zu entziehen und der **16**

[51] So zutr. *Pammler* S. 127; „Das Problem ist die gesamtschuldnerische Haftung. […] Besitzt nur ein Manager eine D&O-Police, würde immer er belangt. Der Manager zieht die Schäden wie ein Magnet an […]" (FTD.de v. 4.6. 2008, „Individuelle Sicherheit für Entscheider – Schließt der Arbeitgeber für seine Führungskräfte keine D&O-Police ab, können die Manager selbst einen Vertrag kaufen. Doch nur wenige Versicherer bieten diesen Schutz offensiv an.").

[52] Vgl. Spindler/Stilz/*Spindler* § 113 Rn. 16.

[53] *Pammler* S. 133 ff.

[54] *Pammler* S. 137.

Hauptversammlung „als dem hinsichtlich dieser Frage einzig unabhängigen Gesellschaftsorgan“ zuzuweisen.[55]

17 Diese Argumentation überzeugt nicht: Auszugehen ist zunächst von einer herkömmlichen Firmen-D&O-Versicherung, in der neben den Mitgliedern des Vorstands auch die des Aufsichtsrats zu i.d.R. einheitlichen Bedingungen versichert sind. Reine Aufsichtsrats-D&O-Versicherungen stellen demgegenüber eine Rarität dar, da das Haupthaftungsrisiko richtigerweise bei den Leitungsorganen gesehen wird.[56] Dabei bilden Vorstand und Aufsichtsrat im Hinblick auf ihre Versichertenstellung eine Art „Schicksalsgemeinschaft“, wodurch sich die Gefahr möglicher Interessenkonflikte beim Abschluss, der Verlängerung bzw. inhaltlichen Ausgestaltung einer solchen Versicherung stark relativieren sollte. Abweichende, den Aufsichtsrat benachteiligende Regelungen, namentlich Bedingungseinschränkungen oder die Vereinbarung niedrigerer Deckungssummen (z.B. Einziehung eines Sublimits für Ansprüche gegen den Aufsichtsrat), wären zudem leicht als Akt der bewussten Benachteiligung des Aufsichtsrats durch den Vorstand zu identifizieren. Entsprechendes gilt für mögliche einseitige Begünstigungen des Aufsichtsrats zum Zweck der Verhaltensbeeinflussung.[57] Solche Besserstellungen würden aufgrund des – absolut gesehen – niedrigeren Haftungspotenzials des Aufsichtsrats im Übrigen noch stärker als eine von der üblichen Vertragsgestaltung abweichende Konzeption ins Auge fallen.

18 Eine vorsätzliche Schlechterstellung des Aufsichtsrats innerhalb einer ansonsten einheitlich gestalteten Firmen-D&O-Versicherung verbietet sich für den Vorstand außerdem wegen des möglichen Verstoßes gegen dessen Pflicht zur Einrichtung und Unterhaltung eines angemessenen Risiko-Management-Systems.[58] So obliegt die vorausschauende Absicherung allfälliger Ersatzansprüche der Gesellschaft gegen Mitglieder des Aufsichtsrats in erster Linie dem Vorstand als dem geschäftsführenden Organ.[59] Zwar besteht zum Abschluss einer D&O-Versicherung keine gesetzliche Pflicht (siehe Rn. 2, 36 ff.). Hat sich der Vorstand nach einer Gegenüberstellung von Kosten und Nutzen jedoch einmal grundsätzlich zur Installierung einer solchen Versicherung entschieden, dann hat er diese un-

---

[55] *Pammler* S. 139; vgl. zum Normzweck des § 113 auch MünchKomm-AktG/*Semler* § 113 Rn. 2.

[56] Entsprechend wird seitens der Versicherer häufig nur von einer „Mitversicherung des Aufsichtsrats“ gesprochen.

[57] Etwa als „Gegenleistung“ für die Nichtverfolgung von Ansprüchen gegen Vorstandsmitglieder, vgl. *Pammler* S. 138.

[58] Diese Pflicht lässt sich mittlerweile direkt aus § 91 Abs. 2 AktG herleiten, vgl. MünchKomm-AktG/*Spindler* § 91 Rn. 1.

[59] *Vetter* AG 2000, 453, 455 m.w.N.

ter dem Gesichtspunkt der Risikofrüherkennung und -minimierung auch dem Aufsichtsrat in dem bestmöglichen Umfang – also dem, den er auch für sich selbst verhandeln konnte – zur Verfügung zu stellen.

Gegenüber den Aktionären (Innenhaftung) bzw. den Gläubigern der Gesellschaft (Außenhaftung) ließe sich eine einseitige Beschränkung des Versicherungsschutzes zulasten des Aufsichtsrats jedenfalls kaum begründen, wollen diese mögliche Schadensersatzansprüche gegen den Aufsichtsrat doch genauso effektiv durchsetzen können wie gegen den Vorstand. Entsprechend sei der Vorstand – ähnlich einem Treuhänder fremden Vermögens – als verpflichtet anzusehen, „eine – prämienaufwändige – D&O-Versicherung nur zu denjenigen Konditionen abzuschließen, die die Interessen der Gesellschaft bzw. Aktionäre zuvörderst berücksichtigen“.[60] Bestätigt wird dies auch durch Ziff. 4.3.3 DCGK, wonach sich die Vorstände bei ihrem Handeln ausschließlich am Unternehmensinteresse zu orientieren haben.[61] Schließlich lässt sich auch die *Mannesmann*-Entscheidung des BGH in diesem Sinne nutzbar machen: Danach trifft die Organmitglieder einer AG eine Vermögensbetreuungspflicht, nach der sie bei allen Vergütungsentscheidungen im Unternehmensinteresse zu handeln, insbesondere den Vorteil der Gesellschaft zu wahren und Nachteile von ihr abzuwenden haben.[62] Eine vorsätzliche Benachteiligung des Aufsichtsrats innerhalb der D&O-Police ließe sich mit diesen Grundsätzen zweifellos nicht vereinbaren. Dabei kann die Instrumentalisierung der D&O-Versicherung zur Beeinflussung des Aufsichtsrats schon für sich genommen einen Verstoß gegen die organschaftlichen Treuebindungen des Vorstands gegenüber der AG darstellen.[63] **19**

Wenn *Pammler*[64] schließlich davon ausgeht, dass der für den Aufsichtsrat normalerweise bestehende starke Anreiz zur Anspruchsverfolgung gegenüber dem Vorstand durch den Abschluss einer D&O-Versicherung zu Gunsten des Aufsichtsrats „spürbar eingedämmt“ werde, womit der Vorstand „auch insoweit das Verhalten des Aufsichtsrats beeinflussen“ könne, dann beruht diese Annahme offenbar auf der Vorstellung, der Aufsichtsrat würde sich bei einem unzulässigen, haftungsbegründenden Verzicht auf **20**

[60] *Baumann* VersR 2006, 455, 461 m.w.N.; ebenso *Kort* DStR 2006, 799, 803; bestätigend zur Stellung des Organmitglieds als „Treuhänder“ der Anteilseigner auch *Pammler* S. 53.

[61] Ziff. 4.3.3 DCGK lautet: „*Die Vorstandsmitglieder sind dem Unternehmensinteresse verpflichtet. Kein Mitglied des Vorstands darf bei seinen Entscheidungen persönliche Interessen verfolgen und Geschäftschancen, die dem Unternehmen zustehen, für sich nutzen.*“

[62] BGH NJW 2006, 522, 523.

[63] Vgl. dazu *Hüffer* § 93 Rn. 5 und § 84 Rn. 9.

[64] *Pammler* S. 138.

die Anspruchsverfolgung gegenüber dem Vorstand auf die zu seinen Gunsten bestehende D&O-Versicherung verlassen. Insofern ließe sich aber im umgekehrten Sinn ebenso gut argumentieren, dass bei Nichtbestehen einer D&O-Versicherung zu seinen Gunsten der Aufsichtsrat mögliche Haftungsansprüche gegen den Vorstand mit umso größerem Nachdruck verfolgen wird, da sein eigenes Haftungsrisiko nicht durch eine Versicherung gedeckt ist.

21 Insgesamt erscheinen die Argumente für eine planwidrige Regelungslücke und damit für die analoge Anwendung des § 113 AktG auf den Abschluss einer D&O-Versicherung nicht wirklich überzeugend. Hier bleibt wohl die weitere Entwicklung der Diskussion abzuwarten.

22 **(2) Fakultative Aufnahme einer Satzungsbestimmung bzw. Herbeiführung eines Hauptversammlungsbeschlusses.** Angesichts der wieder auflebenden und noch nicht abgeschlossenen Diskussion um die Behandlung der D&O-Prämie i. R. d. § 113 AktG, spricht trotz der hier vertretenen Auffassung der fehlenden – auch nicht analogen – Anwendbarkeit der Vorschrift auf die gesellschaftsfinanzierte D&O-Versicherung für den Aufsichtsrat – zumindest bis zu einer anders lautenden gerichtlichen Klärung dieser Frage – für die versicherungsnehmende Gesellschaft einiges dafür, § 113 Abs. 1 AktG beim Abschluss einer D&O-Versicherung zu beachten.[65] Dies empfiehlt sich schon aus Vorsichtsgründen auch deshalb, weil § 113 AktG nach ganz h. A. als ein Verbotsgesetz i. S. d. § 134 BGB gesehen wird[66] und daher im Schrifttum die Nichtigkeit des vom Vorstand unter Missachtung des § 113 AktG abgeschlossenen D&O-Versicherungsvertrages gemäß § 134 BGB behauptet wird.[67]

23 Entscheidet sich die AG demgemäß zur Aufnahme einer Satzungsregelung bzw. zur Herbeiführung eines Hauptversammlungsbeschlusses, so stellt sich dabei insbesondere die Frage nach der Erreichung der erforderlichen Bestimmtheit der Satzungsregelung,[68] nachdem eine Umlage der Gesamtprämie auf die einzelnen Organmitglieder kaum möglich ist. Angesichts dieser Problematik soll jedoch nach vorherrschender Auffassung die Festsetzung eines Gesamtbetrags der für den Aufsichtsrat insgesamt

---

[65] So auch Happ/*Pühler* Kap. 1.01 Rn. 69 a. E.

[66] BGHZ 114, 127, 133; *Hüffer* § 113 Rn. 5; Spindler/Stilz/*Spindler* § 113 Rn. 32.

[67] *Pammler* S. 145 ff.; a. A. *Möhrle* S. 181 ff., jeweils mit Nachw. zur Diskussion; vgl. auch VersR-Hdb/*Beckmann* § 28 Rn. 25. Die Nichtigkeit nach § 134 BGB würde zu komplizierten bereicherungs- und schadensersatzrechtlichen Folgen führen, vgl. *Pammler* S. 152 ff.

[68] Vgl. MünchKomm-AktG/*Habersack* § 113 Rn. 29; Spindler/Stilz/*Spindler* § 113 Rn. 22.

vorgesehenen Vergütung ausreichend sein, um den Transparenzanforderungen des § 113 AktG bzgl. der an die Aufsichtsratsmitglieder gewährten Leistungen zu genügen.[69]

Hingegen wird man eine Satzungsregelung, die lediglich das „Ob“, nicht aber das „Wie“ der Vergütung durch die D&O-Versicherung festlegt, als unzulässig erachten müssen.[70] Es empfiehlt sich wohl zumindest die Aufnahme einer Maximalprämie in die Satzungsbestimmung.[71] **24**

Entsprechende Anforderungen wären an einen Beschluss der Hauptversammlung über die „Vergütung“ des Aufsichtsrats zu stellen.[72] Der Beschluss ist mit einfacher Mehrheit zu fassen und wirkt bis zu einer anders lautenden Beschlussfassung im Zweifel als Grundsatzbeschluss fort, so dass er nicht jedes Jahr aufs Neue gefasst werden muss.[73] Im Schrifttum wird die Bewilligung durch einen Hauptversammlungsbeschluss als der flexiblere Weg gegenüber der Festsetzung in der Satzung empfohlen.[74] Die Praxis dürfte die Regelung der Aufsichtsratsvergütung per Satzungsbestimmung favorisieren.[75] **25**

bb) D&O-Versicherung für Vorstandsmitglieder. Es ist von einem einheitlichen Vergütungsbegriff in den §§ 113 und 87 AktG bzw. § 285 Nr. 9 lit. a Satz 1 HGB auszugehen.[76] Allerdings werden Versicherungsentgelte in § 87 AktG (anders als in § 113 AktG) ausdrücklich als Teil der Gesamtbezüge genannt. Dennoch stellt die von der Gesellschaft finan- **26**

---

[69] MünchKomm-AktG/*Habersack* § 113 Rn. 29; *Hüffer* § 113 Rn. 3 m.w.N.; MünchHdbGesR/*Hoffmann-Becking*, Bd. 4, § 33 Rn. 18.

[70] *Hüffer* § 113 Rn. 3; MünchKomm-AktG/*Habersack* § 113 Rn. 29. Tendenziell a.A. *Pammler* S. 142 (Versicherungssumme und Ausschlüsse ausreichend); ähnlich offenbar Happ/*Pühler* Kap. 1.01 Rn. 69, der für eine Satzungsregelung folgendes Muster vorschlägt: „*Die Gesellschaft bezieht die Aufgabenwahrnehmung der Mitglieder des Aufsichtsrats in die Deckung einer von ihr als Versicherungsnehmer im eigenen Namen und in angemessener Höhe abgeschlossenen Vermögensschaden-Haftpflichtversicherung mit ein.*“

[71] Z.B.: „*[...] wobei die Gesamtprämie den Höchstbetrag von Euro x nicht überschreiten darf [...]*“.

[72] Spindler/Stilz/*Spindler* § 113 Rn. 25.

[73] Spindler/Stilz/*Spindler* § 113 Rn. 25; MünchHdbGesR/*Hoffmann-Becking*, Bd. 4, § 33 Rn. 18a.

[74] Happ/*Pühler* Kap. 1.01 Rn. 69.

[75] *Steinkühler/Wilhelm* VP 2005, 142, 145; *Kort* DStR 2006, 799, 802, wonach „die Praxis meistens [...] ohnehin Satzungsregelungen trifft“.

[76] VersR-Hdb/*Beckmann* § 28 Rn. 26 m.w.N., wonach die Begriffe „Vergütung“ des Aufsichtsrats in § 113 AktG und „Bezüge“ des Vorstands gemäß § 87 Abs. 1 AktG keine isolierte Betrachtung rechtfertigen und deshalb im gleichen Sinne zu verstehen seien; i.E. ebenso: *Dreher* ZHR 165 (2001), 293, 304; *Kästner* AG 2000, 113, 116.

zierte D&O-Versicherung nach den eben gefundenen Ergebnissen auch keinen Teil der Gesamtbezüge des Vorstands nach § 87 Abs. 1 AktG dar, für deren Festsetzung der Aufsichtsrat zuständig wäre.[77] Aus § 87 Abs. 1 AktG lässt sich eine Zuständigkeit des Aufsichtsrats für den Abschluss der D&O-Versicherung damit nicht herleiten.

27 Eine Kompetenz des Aufsichtsrats könnte sich möglicherweise aus § 112 AktG ergeben. Dort ist der Fall geregelt, dass der Vorstand mit dem D&O-Versicherer einen Vertrag abschließt, der ihm selbst zugute kommt, wodurch die unbefangene Wahrung der Gesellschaftsbelange durch den Vorstand als Regelungsziel des § 112 AktG[78] gefährdet sein könnte. Folgt man allerdings der hier vertretenen Auffassung, dass die Prämienzahlungen durch die Gesellschaft keinen Teil der Vergütung des Vorstands darstellen, dann liegt im Abschluss der D&O-Versicherung durch den Vorstand auch keine (teilweise) Regelung der eigenen Gesamtbezüge vor. Dieser Vorgang ist somit auch nicht als Geschäft der Gesellschaft gegenüber dem Vorstand zu qualifizieren.[79] Gegen diese teleologische Sichtweise führt das Wortlautargument, es gehe nicht um die Vertretung der AG den Vorstandsmitgliedern gegenüber, sondern um einen Versicherungsvertrag zwischen der AG und dem Versicherer,[80] zwar zum selben Ergebnis, erscheint aber doch etwas zu vordergründig.

28 Selbst wenn man wegen des starken persönlichen Interesses des Vorstands in analoger Anwendung des § 112 AktG zur Erfüllung seines Normzwecks die ausnahmsweise Zuständigkeit des Aufsichtsrats für den Abschluss der D&O-Versicherung annehmen wollte, wäre hierdurch nichts gewonnen, da der Aufsichtsrat vom Deckungsumfang der D&O-Versicherung standardmäßig mit umfasst ist, so dass auch insofern eine Vertretung in einer den Aufsichtsrat selbst betreffenden Angelegenheit vorläge.[81]

29 I.E. stellt die Übernahme der Prämie für die D&O-Versicherung durch die Gesellschaft also weder einen Teil der Gesamtbezüge gemäß § 87 Abs. 1 AktG dar, mit der Folge der Zuständigkeit des Aufsichtsrats zu de-

---

[77] So i.E. auch Fleischer/*Fleischer* § 12 Rn. 10; für die D&O- als Gruppenversicherung bejahend MünchKomm-AktG/*Spindler* § 87 Rn. 8; MünchHdbGesR/*Wiesner*, Bd. 4, § 26 Rn. 46; van Bühren/*Lenz* § 27 Rn. 24; *Steinkühler/Wilhelm* VP 2005, 142, 145; *Vetter* AG 2000, 453, 458; *Dreher* ZHR 165 (2001), 293, 302; a.A. VersR-Hdb/*Beckmann* § 28 Rn. 26; *Hüffer* § 84 Rn. 16; *Henssler*, Gesellschaftsrecht 2001, S. 131, 153; *Pammler* S. 170, der für eine analoge Anwendung des § 87 AktG auf die D&O-Versicherung plädiert.

[78] Vgl. nur MünchKomm-AktG/*Habersack* § 112 Rn. 1.

[79] So i.E. auch *Möhrle* S. 186; *Pammler* S. 170 f. Vgl. auch *Steinkühler/Wilhelm* VP 2005, 142, 145.

[80] VersR-Hdb/*Beckmann* § 28 Rn. 26.

[81] MünchKomm-AktG/*Semler* § 112 Rn. 10; *Pammler* S. 171; *Möhrle* S. 186.

ren Festsetzung, noch begründet § 112 AktG mangels Vorliegens eines direkten Rechtsgeschäfts zwischen Gesellschaft und Vorstand eine Zuständigkeit des Aufsichtsrats zum Abschluss der D&O-Versicherung.

b) GmbH. Bei der nicht mitbestimmten GmbH geht es i.d.R. um eine D&O-Versicherung für die Geschäftsführer. Im Außenverhältnis zum Versicherer ist der **Geschäftsführer** der GmbH für den **Abschluss der D&O-Versicherung** zuständig, weil er die GmbH außergerichtlich vertritt (§ 35 Abs. 1 GmbHG). Fraglich ist, ob es zusätzlich eines Gesellschafterbeschlusses im Innenverhältnis bedarf, an den der Geschäftsführer im Innenverhältnis gebunden wäre (§ 37 Abs. 1 GmbHG), der aber die Wirksamkeit des Vertretungsaktes nicht berührt (§ 37 Abs. 2 GmbHG).[82] Im Schrifttum wird mehrheitlich ein Gesellschafterbeschluss gefordert. Dies wird von manchen mit einer „Annexkompetenz“ zu § 46 Nr. 5 GmbHG begründet,[83] wonach die Gesellschafter für die Bestellung und Abberufung von Geschäftsführern sowie für deren Entlastung zuständig sind. Andere berufen sich auch auf § 46 Nr. 8 GmbHG (Versicherung als Haftungsmilderung)[84] oder auf beide Kompetenztatbestände.[85] 30

Hier ist zu differenzieren:[86] Wenn die GmbH ihrem Geschäftsführer schon im Anstellungsvertrag eine gesellschaftsfinanzierte D&O-Versicherung verbindlich zusagt, so bedarf dies (mangels einer Satzungsregelung) eines Gesellschafterbeschlusses nach § 46 Nr. 5 GmbHG.[87] Denn die Bestellungskompetenz der Gesellschafterversammlung umfasst als Annexkompetenz auch die Modalitäten des Anstellungsvertrages.[88] 31

Darüber hinaus würde eine Abschlusskompetenz der Gesellschafterversammlung nach § 46 Nr. 5 GmbHG voraussetzen, dass die Prämienzahlung durch die GmbH für die D&O-Versicherung als Vergütung der Geschäftsführer einzuordnen wäre.[89] Dies ist – wie zum Aktienrecht gezeigt wurde (siehe Rn. 7 ff., 26) – nicht der Fall. Für eine abweichende Beurteilung der GmbH besteht kein Grund.[90] 32

Eine Abschlusskompetenz der Gesellschafterversammlung nach § 46 Nr. 8 GmbHG (oder zumindest analog zu dieser Norm) muss daran schei- 33

---

[82] Scholz/*Schneider* § 43 Rn. 438; U/H/W/*Paefgen* § 43 Rn. 258; vgl. auch *Möhrle* S. 213; nicht deutlich diff. dagegen VersR-Hdb/*Beckmann* § 28 Rn. 28.

[83] *Henssler*, Gesellschaftsrecht 2001, S. 131, 155.

[84] *Lohr* NZG 2000, 1212.

[85] Scholz/*Schneider* § 43 Rn. 438; U/H/W/*Paefgen* § 43 Rn. 258.

[86] *Möhrle* S. 211 f.

[87] *Möhrle* S. 211.

[88] Statt vieler U/H/W/*Hüffer* § 46 Rn. 52 ff. m.w.N.

[89] Zutr. *Möhrle* S. 211.

[90] Ebenso *Möhrle* S. 212 mit Hinweisen zur mitbestimmten GmbH (dort Fn. 992); *Kort* DStR 2006, 799, 802.

tern, dass es sich beim Abschluss einer D&O-Versicherung nicht um einen Haftungsverzicht oder um eine Haftungsmilderung handelt,[91] die wie die Geltendmachung von Ersatzansprüchen ebenfalls unter § 46 Nr. 8 GmbHG fallen würden.[92]

34 Von der Abschlusskompetenz zu unterscheiden ist die Frage, ob der Geschäftsführer nicht im Innenverhältnis eines Gesellschafterbeschlusses bedarf. Bei grundlegenden Maßnahmen hat der Geschäftsführer die Entscheidung der Gesellschafterversammlung einzuholen, weil sich außergewöhnliche Maßnahmen nach zutreffender Ansicht nicht im Rahmen gesetzlicher Geschäftsführungszuständigkeit halten.[93] Der Abschluss einer D&O-Versicherung fällt trotz ihrer unzweifelhaften Bedeutung für das Unternehmen bzw. die Organmitglieder nicht unter diesen Ausnahmetatbestand: Der Abschluss einer solcher Versicherung ist auch für eine GmbH heute nichts Außergewöhnliches mehr und selbst im Mittelstand dürften nach unserer Erfahrung bereits rund 30% der Unternehmen mit einer D&O-Versicherung ausgestattet sein. Von einem Ausnahmecharakter der Versicherung kann angesichts einer solchen Verbreitung nicht mehr gesprochen werden, auch weil die Akzeptanz der Organhaftpflichtversicherung bei den kleinen und mittelständischen Unternehmen weiter zunimmt.

35 Im Einzelfall ist aber der Geschäftsführer dennoch gut beraten, das Vorhaben des Abschlusses einer D&O-Versicherung der Gesellschafterversammlung vorzulegen. Denn eine von der Außergewöhnlichkeit des Vorgangs unabhängige Schranke der Geschäftsführungsbefugnis setzt auch der mutmaßliche Wille der Gesellschafter.[94] Besteht daher Anlass zur Vermutung, die Gesellschafter würden diesem Abschluss widersprechen, so ist die Frage der Gesellschafterversammlung vorzulegen.[95]

---

[91] *Möhrle* S. 212 f. Ebenso ganz h.M. zum Aktienrecht im Zusammenhang mit § 93 Abs. 4 Satz 3 AktG: Fleischer/*Fleischer* § 12 Rn. 8 m.w.N.; Spindler/Stilz/*Fleischer* § 93 Rn. 229; *Fleischer* WM 2005, 909, 919; VersR-Hdb/*Beckmann* § 28 Rn. 9 m.w.N.; MünchKomm-AktG/*Hefermehl/Spindler* § 93 Rn. 95; *Ihlas*, Organhaftung, S. 60 f.; *Pammler* S. 45 f.; *Schüppen/Sanna* ZIP 2002, 550, 553; *Vetter* AG 2000, 453, 454; *Dreher* ZHR 165 (2001), 293, 295 (dort Fn. 6); *Bauer/Krets* DB 2003, 811, 814; *Henssler*, Gesellschaftsrecht 2001, S. 131, 142 ff.; *Olbrich* S. 65; *Steinkühler/Wilhelm* VP 2005, 142, 144; van Bühren/*Lenz* § 27 Rn. 21.

[92] R/Sch-L/*Koppensteiner* § 46 Rn. 43.

[93] R/Sch-L/*Koppensteiner* § 37 Rn. 10; U/H/W/*Paefgen* § 37 Rn. 9 m.w.N.

[94] U/H/W/*Paefgen* § 37 Rn. 10.

[95] U/H/W/*Paefgen* § 37 Rn. 10; str. ist die Frage, ob dies auch dann gelten soll, wenn der Widerspruch eines Gesellschafters zu vermuten ist, vgl. R/Sch-L/*Koppensteiner* § 37 Rn. 11.

3. Pflicht zum Abschluss einer D&O-Versicherung?

36 **a) Pflicht der Gesellschaft?** Ohne eine entsprechende Satzungsregelung ist die AG nach Ansicht des BGH aktienrechtlich **nicht** zum Abschluss einer D&O-Versicherung verpflichtet.[96] Dem ist mit der wohl h.M. jedenfalls für die AG zuzustimmen:[97] Rechtsgrundlage für einen Anspruch des Organmitglieds gegen die Gesellschaft auf Bereitstellung von D&O-Versicherungsschutz könnte das organschaftliche Treue- bzw. dienstvertragliche Fürsorgeverhältnis sein. Für die GmbH ist anerkannt, dass die Gesellschaft ihrem Geschäftsführer Treue und Fürsorge schuldet, deren Umfang sich nach dem Grad der persönlichen und wirtschaftlichen Abhängigkeit des Geschäftsführers und seinem Einfluss auf die Gesellschaft bestimmt.[98] Hingegen sind bei der AG derartige Treuebindungen bzw. Treuepflichten der Gesellschaft gegenüber dem Organmitglied, die über die Vergütungspflicht nach § 87 AktG hinausgehen und aus denen ein Anspruch des Organmitglieds auf Fürsorge erwachsen könnte, umstritten.[99] Für eine insofern geringere Schutzbedürftigkeit des Vorstandsmitglieds spricht dabei insbesondere seine im Vergleich zum GmbH-Geschäftsführer unabhängigere Stellung in der Gesellschaft (vgl. § 76 Abs. 1 AktG).

37 Doch auch wenn der Abschluss einer D&O-Versicherung vor dem Hintergrund zunehmender Haftungsrisiken und dem wirtschaftlichen Interesse des Unternehmens am Erhalt eines zusätzlichen Vollstreckungsschuldners im Bereich der Innenhaftung grundsätzlich vernünftig und angemessen erscheint, wird man selbst bei der GmbH eine Pflicht der Gesellschaft zum Abschluss einer D&O-Versicherung zu Gunsten ihres/ihrer Geschäftsführer(s) nicht ohne weiteres aus dem Treue- und Fürsorgeverhältnis herleiten können. Dies gilt umso mehr für die AG, soweit man eine besondere Treue- und Fürsorgepflicht der Gesellschaft gegenüber dem Vorstand verneint. Die Abschlusspflicht ist selbst dann abzulehnen, wenn es sich um ein im Hinblick auf das Organhaftungsrisiko besonders exponiertes Unternehmen handelt (z.B. international tätiger DAX-Konzern mit Risiken in den USA). Entsprechend sieht *Henssler* „eine Pflicht zum Abschluss einer Versicherung, die den Partner des Schuldverhältnisses gegen

---

[96] BGH NZG 2009, 550, 552; zust. *Fleischer* NZG 2009, 801, 806.

[97] Vgl. Großkomm-AktG/*Kort* § 84 Rn. 438; Fleischer/*Fleischer* § 12 Rn. 15; *Koch* GmbHR 2004, 160, 168; *Steinkühler/Wilhelm* VP 2005, 146; *Ihlas*, D&O, S. 56 m.w.N. Auch der Gesetzgeber des VorstAG wollte keine Pflicht zum Abschluss einer D&O-Versicherung normieren (siehe Rn. 1).

[98] L/H/*Kleindiek* Anh. zu § 6 Rn. 28.

[99] In diesem Sinne Großkomm-AktG/*Kort* § 84 Rn. 449; a.A. MünchKomm-AktG/*Spindler* § 84 Rn. 58, der von gegenseitigen Treuepflichten zwischen Organmitglied und Gesellschaft ausgeht.

die Folgen der von ihm selbst schuldhaft begangenen Pflichtverletzungen schützt, […] unter keinem denkbaren Gesichtspunkt […]“.[100]

38 Wenn andererseits eine Pflicht des Unternehmens gegenüber den Arbeitnehmern zum Abschluss einer Betriebshaftpflichtversicherung mit dem Argument des dienstvertraglichen Fürsorgeverhältnisses überwiegend bejaht wird,[101] so lassen sich hieraus für die D&O-Versicherung schon deshalb keine Rückschlüsse ziehen, weil die Grundsätze der privilegierten Arbeitnehmerhaftung auf Organmitglieder nach ganz h. A. nicht anwendbar sind.[102] Eine vergleichbare Verpflichtung wäre bei der D&O-Versicherung nur insofern denkbar, als sie (auch) leitende Angestellte erfasst.

39 **b) Pflicht der Organmitglieder?** Nachdem eine gesetzliche Pflicht der Gesellschaft zur Bereitstellung von D&O-Versicherungsschutz für die Organmitglieder abzulehnen ist, stellt sich im Anschluss die Frage, ob nicht die Organmitglieder ihrerseits, etwa unter dem Gesichtspunkt der Einrichtung eines angemessenen Risikoüberwachungssystems (vgl. etwa § 91 Abs. 2 AktG) oder als Ausfluss der allgemeinen Leitungsverantwortung des Vorstands (vgl. § 76 Abs. 1 AktG), verpflichtet sein könnten, im Interesse des Unternehmens eine D&O-Versicherung abzuschließen.

40 Eine generelle Pflicht ist zu verneinen. I. R. d. grundsätzlich weiten unternehmerischen Handlungsspielraumes kann aber für den Vorstand im Einzelfall die aus § 76 Abs. 1 AktG abzuleitende Pflicht zum Abschluss einer D&O-Versicherung entstehen.[103] Auch aus dem *ARAG/Garmenbeck*-Urteil[104] des BGH kann keine weitergehende Pflicht abgeleitet werden, wie dies im Schrifttum diskutiert wird.[105] Aus dem Urteil ergibt sich die Verpflichtung der Aufsichtsratsmitglieder zu eigenverantwortlicher Prüfung und ggf. Durchsetzung von Schadensersatzansprüchen gegen Vor-

[100] *Henssler*, Gesellschaftsrecht 2001, S. 131, 146.

[101] Vgl. *Koch* GmbHR 2004, 160, 168 m. w. N.

[102] Vgl. nur *Jula* GmbHR 2001, 806, 807 m. w. N.

[103] *Möhrle* S. 217; *Henssler*, Gesellschaftsrecht 2001, S. 131, 150; *Koch* ZGR 2006, 184, 198; *Lange* DStR 2002, 1626, 1630; *Dreher* ZHR 165 (2001), 293, 313, 321; Fleischer/*Fleischer* § 12 Rn. 14, wonach ein derartiges Interesse im Einzelfall durchaus bestehen kann, doch komme es stets auf die Risikoanfälligkeit der unternehmerischen Tätigkeit und die wirtschaftliche Tragbarkeit der Versicherungsprämien an; vgl. auch *Seibt/Saame* AG 2006, 901, 903 ff., die zahlreiche Kriterien für eine Gesamtabwägung im Einzelfall nennen; grundsätzlich gegen eine solche Pflicht: Großkomm-AktG/*Kort* § 84 Rn. 438.

[104] BGH NJW 1997, 1926 ff.

[105] Vgl. *Lange* DStR 2002, 1626, 1630; *Vetter* AG 2000, 453, 455; abl. *Seibt/Saame* AG 2006, 901, 903; *Henssler*, Gesellschaftsrecht 2001, S. 131, 150 f.

standsmitglieder, nicht aber die Verpflichtung für eine Haftungsmasse in Gestalt einer Versicherung zu sorgen.[106]

c) Verschaffungsklauseln. In den Dienstverträgen von Organmitgliedern finden sich vermehrt Regelungen, nach denen sich das Anstellungsunternehmen verpflichtet, angemessenen D&O-Versicherungsschutz bereitzustellen. Man spricht in diesem Zusammenhang auch von sog. Verschaffungsklauseln.[107] 41

Wie weit die Verpflichtung der Gesellschaft gegenüber den Organmitgliedern geht, hängt stark von der konkreten Formulierung der Verschaffungsklausel ab.[108] Fraglich ist etwa die Verpflichtung der Gesellschaft bei der von *Lange*[109] so genannten „unechten" Versicherungsverschaffungsklausel; diese stellt einfach fest, dass die Gesellschaft eine D&O-Versicherung abgeschlossen hat. In der Praxis am häufigsten anzutreffen ist wohl jene Versicherungsverschaffungsklausel, die ohne weitere Differenzierungen eine Verpflichtung der Gesellschaft festlegt, eine D&O-Versicherung abzuschließen. Eine solche Klausel hat etwa folgenden Inhalt: *„Die Gesellschaft wird für ihre Vorstands- und Aufsichtsratsmitglieder eine D&O-Versicherung [Haftpflichtversicherung oder Ähnliches] abschließen."*[110] 42

Das Organmitglied sollte aber jedenfalls auf inhaltlich ausreichend präzise Regelungen zur Konkretisierung des Versicherungsumfangs achten, da ihm letztlich nur solche die Herleitung durchsetzbarer Ansprüche gegenüber der Gesellschaft erlauben werden.[111] Andererseits sollten die Klauseln im Interesse des Unternehmens ausreichend flexibel sein, um marktbedingten oder risikobezogenen Vertragsanpassungen Rechnung tragen zu können, ohne als versicherungsnehmende Gesellschaft bei jeder Vertragsverlängerung Änderungen an der Klausel vornehmen zu müssen und dabei Gefahr zu laufen, sich gegenüber dem Organmitglied wegen Verletzung des Dienstvertrages schadensersatzpflichtig zu machen.[112] I.S. einer in dieser Form ausreichenden Qualifizierung sollte die Verschaffungsklausel zumindest die Versicherungssumme, die Jahreshöchstleistung und die maxi- 43

---

[106] *Möhrle* S. 218; *Olbrich* S. 73; ebenso *Ihlas*, D&O, S. 56.

[107] Auf solche Klauseln hebt der Gesetzgeber des VorstAG ab, wenn er für Altverträge vom verpflichtenden Selbstbehalt (§ 93 Abs. 2 Satz 3 AktG – siehe Rn. 40 ff. absieht (§ 23 Abs. 1 Satz 2 EGAktG: *„Ist die Gesellschaft gegenüber dem Vorstand aus einer vor dem 5. August 2009 geschlossenen Vereinbarung zur Gewährung einer Versicherung ohne Selbstbehalt im Sinne des § 93 Absatz 2 Satz 3 des Aktiengesetzes verpflichtet, so darf sie diese Verpflichtung erfüllen."*).

[108] *Lange* ZIP 2004, 2221.

[109] *Lange* ZIP 2004, 2221.

[110] Vgl. wieder *Lange* ZIP 2004, 2221.

[111] *Steinkühler/Wilhelm* VP 2005, 142, 145.

[112] So auch *Lange* ZIP 2004, 2221, 2225.

male Selbstbeteiligung des Organmitglieds enthalten.[113] Eine Festschreibung des Deckungsumfangs sollte – wenn überhaupt – nur in groben Zügen erfolgen, etwa im Hinblick auf den zeitlichen Umfang (Rückwärtsversicherung, Nachhaftung) oder zu wesentlichen Deckungselementen, etwa die Mitversicherung von Ansprüchen im Innenverhältnis.

44 Im Hinblick auf eine eventuell mit aufzunehmende minimale Jahreshöchstleistung empfiehlt sich zudem ein klarstellender Hinweis dahingehend, dass diese i.d.R. für alle Versicherungsfälle pro Versicherungsjahr nur einmal zur Verfügung steht, und zwar für alle versicherten Personen gemeinsam, wobei ein Recht zur Wiederauffüllung nicht besteht.[114] Angesichts des hohen Risikos von ausgeschiedenen Organmitgliedern, nachträglich für Pflichtverletzungen zur Verantwortung gezogen zu werden, sollte die Klausel u.U. auch die Vereinbarung einer angemessenen Nachmeldefrist vorsehen,[115] eventuell sogar einer entsprechend verlängerten Nachmeldefrist für ausgeschiedene versicherte Personen, wie sie ebenfalls verbreitet ist.[116]

45 Ist entgegen der in der Verschaffungsklausel getroffenen Vereinbarung der Abschluss einer D&O-Versicherung gänzlich unterblieben oder nicht in dem vereinbarten Umfang erfolgt, kann das Organmitglied die Gesellschaft in dem Maße auf Schadensersatz in Anspruch nehmen bzw. gegen einen möglichen Innenhaftungsanspruch der Gesellschaft aufrechnen, wie zur Abdeckung des Schadensfalles Leistungen aus der D&O-Versicherung vereinbarungsgemäß zur Verfügung gestanden hätten.[117] Anspruchsgrundlage wäre insoweit § 280 Abs. 1 BGB wegen Verletzung des Dienstvertrages.

46 **d) Auskunftsanspruch des Organmitglieds zum Versicherungsschutz?** Für die Fälle, in denen gegen ein Organmitglied ein Schadensersatzanspruch gestellt wird, dieser jedoch vom eventuellen Bestehen einer D&O-Versicherung bzw. deren Umfang keine Kenntnis hat, stellt sich die

[113] *Steinkühler/Wilhelm* VP 2005, 142, 146.

[114] *Koch* GmbHR 2004, 160, 167.

[115] So der zutreffende Hinweis von *Steinkühler/Wilhelm* VP 2005, 142, 146.

[116] Z.B. Ziff. 3.4. lit. b Allianz Protect 2008 MM: *„Für versicherte Personen, die ausschließlich aus Alters- oder Gesundheitsgründen oder ausschließlich aufgrund einer Restrukturierung, die zum Wegfall der jeweiligen Position führt, aus einer der versicherten Gesellschaften ausgeschieden sind, gilt abweichend […] eine unverfallbare Nachmeldefrist von 72 Monaten.“*; Ziff. 2.3.1 Chubb AVB OLA 2008 PrimeLine Classic: *„Die Nachmeldefrist […] beträgt a) sechs Jahre für versicherte Personen, die die während der Vertragslaufzeit ordentlich oder aus gesundheitlichen Gründen […] ausscheiden und b) drei Jahre für alle anderen versicherten Personen ab dem Ende der Vertragslaufzeit.“*

[117] *Koch* GmbHR 2004, 160, 167; ebenso *Steinkühler/Wilhelm* VP 2005, 142, 146.

Frage eines möglichen Auskunftsanspruchs gegenüber der Gesellschaft. Dabei ist v.a. an solche Fälle zu denken, in denen die Gesellschaft einem ausgeschiedenen Organmitglied, etwa aufgrund einer völligen Zerrüttung des Vertrauensverhältnisses, die Versicherungsleistung vorenthalten oder das Deckungslimit für andere, noch tätige, Organmitglieder schützen will. *Koch*[118] stuft die Schutzbedürftigkeit eines solchen, über den Abschluss einer D&O-Versicherung zu seinen Gunsten schuldlos in Unkenntnis gebliebenen Organmitglieds dabei als ähnlich hoch ein, wie die eines nicht verfügungsbefugten Versicherten, denn „in beiden Konstellationen kommen die Versicherten nicht in den Genuss des ihnen an sich zustehenden Versicherungsschutzes, weil der VN sich einer Mitwirkung an der Durchsetzung der Rechte des Versicherten verweigert".

Auszugehen ist von der Grundsatzentscheidung des BGH vom 7.5. 1975[119] zum gesetzlichen Treuhandverhältnis zwischen VN und Versichertem bei der Versicherung für fremde Rechnung. Dieses stützt sich bekanntlich auf die Annahme eines Auseinanderfallens der materiell dem Versicherten zustehenden Entschädigungsleistung und der dem VN gemäß § 45 Abs. 1 VVG hierüber eingeräumten Verfügungsmacht. Darauf aufbauend haben Rspr. und Lit. dem Versicherten einer Fremdversicherung[120] Ansprüche auf Auskunft über die Existenz und den Inhalt der Versicherung zugebilligt.[121] **47**

Jedoch wird die Annahme eines gesetzlichen Treuhandverhältnisses gemäß § 45 Abs. 1 VVG zur Begründung einer Verfügungsbefugnis des VN über den Entschädigungsanspruch gegen die versicherte Person mangels Typizität der einer D&O-Versicherung zugrunde liegenden Konstellation im Vergleich zu einer „klassischen" Versicherung für fremde Rechnung von manchen abgelehnt.[122] Dann ließe sich auch dieser Ansatz für die Herleitung eines Auskunftsanspruchs der versicherten Person gegen den VN nicht nutzbar machen. Dennoch führt *Koch* den Gesichtspunkt auch für die D&O-Versicherung nochmals ein, wobei er es angesichts der der VN zustehenden vertraglichen Gestaltungsrechte für gerechtfertigt hält, an der Qualifikation der Beziehung zwischen VN und versicherter Person als gesetzliches Treuhandverhältnis festzuhalten. Er stützt diese Bewertung u.a. auf die Feststellung des BGH, wonach die „Stellung als Treuhänder den Versicherungsnehmer nicht daran hindere, bis zum Eintritt des Versicherungsfalles frei über das Versicherungsverhältnis zu verfügen".[123] **48**

---

[118] *Koch* GmbHR 2004, 160, 163.
[119] BGHZ 64, 260, 264.
[120] Anderer Begriff für „Versicherung für fremde Rechnung" [Anm. d. Verf.].
[121] P/M/*Klimke* § 45 Rn. 2; *Koch* GmbHR 2004, 160, 163 (dort Fn. 29).
[122] Vgl. dazu § 2 Rn. 15.
[123] *Koch* GmbHR 2004, 160, 163; BGHZ 64, 260, 264.

49 U. U. könnte sich allerdings ein Auskunftsanspruch des versicherten Organmitglieds aus § 242 BGB und den Grundsätzen von Treu und Glauben ergeben. So besteht eine Auskunftspflicht dann, wenn die zwischen den Parteien existierenden Rechtsbeziehungen es mit sich bringen, dass der Berechtigte in entschuldbarer Weise über Bestehen und Umfang seines Rechts im Ungewissen ist, er sich die zur Vorbereitung und Durchsetzung seines Anspruchs notwendigen Auskünfte nicht auf zumutbare Weise selbst beschaffen kann und der Verpflichtete sie unschwer, d.h. ohne unbillig belastet zu sein, zu geben vermag.[124] Auch ist anerkannt, dass für die Anwendung des § 242 BGB „irgendwelche Rechtsbeziehungen"[125] genügen, was für die Beziehung zwischen VN und Versicherten bei einer Versicherung für fremde Rechnung ohne weiteres anzunehmen ist. Allerdings könnte problematisch sein, dass der materielle Hauptanspruch, zu dessen Vorbereitung die Auskunft zu dienen bestimmt ist, nur demjenigen gegenüber bestehen soll, der zur Auskunftserteilung in Anspruch genommen werden soll.[126] Da der materielle Hauptanspruch in Form des Deckungsanspruchs nur gegenüber dem Versicherer besteht und sich das betroffene Organmitglied mit seinem Auskunftsbegehren nicht an alle in Frage kommenden D&O-Versicherer wenden kann, wäre dieser Anspruch somit für ihn wertlos.

50 Deshalb soll sich nach h.M. auch für Dritte, die nicht Schuldner des Hauptanspruchs sind, eine Auskunftspflicht aus Treu und Glauben ergeben, wenn und soweit sie hierdurch nicht unbillig belastet werden.[127] Dies ist für den VN zu bejahen, da dem Organmitglied mit dem Namen und der Anschrift des Versicherers i.d.R. gedient und die Beschaffung dieser Information für den den Versicherungsschein in Händen haltende VN jederzeit möglich und zumutbar ist.

51 Ein Auskunftsanspruch der versicherten Person gegen den VN über das Bestehen von D&O-Versicherungsschutz ergibt sich damit aus § 242 BGB, es sei denn, dass die Unkenntnis bzgl. des Vorhandenseins von D&O-Versicherungsschutz auf einem Verschulden der versicherten Person als Gläubigerin des Auskunftsanspruchs beruht.[128]

---

[124] *Köhler* NJW 1992, 1477, 1480 m.w.N.
[125] Bamberger/Roth/*Grüneberg/Sutschet* § 242 Rn. 14.
[126] BGHZ 56, 256, 262.
[127] Palandt/*Grüneberg* § 260 Rn. 9.
[128] Vgl. *Köhler* NJW 1992, 1477, 1481.

II. Steuerrechtliche Fragen

1. Stellungnahme des BMF vom 24.1. 2002

Die steuerliche Behandlung der Prämienbeiträge einer vom Unternehmen finanzierten D&O-Versicherung war im versicherungsrechtlichen Schrifttum zeitweilig umstritten.[129] Auch wurde dies von den Finanzämtern uneinheitlich entschieden, bevor die Diskussion mit dem Schreiben des BMF v. 24.1. 2002[130] bzw. mit dem darauf folgenden Erlass des Fin.-Min. Niedersachsen v. 25.1. 2002[131] zur grundsätzlichen Nichtsteuerbarkeit der D&O-Prämie bei den versicherten Organmitgliedern ihren vorläufigen Abschluss fand. So bejahte das BMF unter den nachfolgenden, **kumulativen Voraussetzungen** ein überwiegendes Unternehmensinteresse am Abschluss der D&O-Versicherung, womit die **Steuerbarkeit der Prämie als „geldwerter Vorteil"** auf der Ebene der Organmitglieder **entfällt**:[132] **52**

- Es handelt sich bei der D&O-Versicherung um eine Vermögensschaden-Haftpflichtversicherung, die in erster Linie der Absicherung des Unternehmens oder des Unternehmenswerts gegen Schadensersatzforderungen Dritter gegenüber dem Unternehmen dient. Diese gründen sich auf das Tätigwerden oder Untätigbleiben der für das Unternehmen verantwortlich handelnden und entscheidenden Organe und Leitungsverantwortlichen. **53**
- Die D&O-Versicherungsverträge enthalten besondere Klauseln zur Firmenenthaftung oder sog. *company reimbursement*, die i.E. dazu führen, dass der Versicherungsanspruch aus der Versicherungsleistung dem Unternehmen als VN zusteht.

Des Weiteren müssen die D&O-Versicherungsverträge dadurch gekennzeichnet sein, dass **54**

- regelmäßig das Management als Ganzes versichert ist und Versicherungsschutz für einzelne Personen nicht in Betracht kommt;

---

[129] *Kästner* DStR 2001, 195 ff., *ders.* AG 2000, 113 f.; *Hüffer* § 113 Rn. 2a, eine Nebenleistung zur Vergütung von Aufsichtsratsmitgliedern bejahend, jedoch fälschlicherweise als „h.M." bezeichnend.

[130] Schreiben des BMF v. 24.1. 2002 – Az. IV C 5-S 2332-8/02; entsprechend dem koordinierten Ländererlass des Fin.-Min. Niedersachsen v. 25.1. 2002.

[131] Abgedr. in DB 2002, 399 f.

[132] Zwar behandelt das Schreiben ausdrücklich lediglich das Verhältnis zwischen Gesellschaft und Vorstand, jedoch sollten die niedergelegten Grundsätze auch auf das Verhältnis zwischen Gesellschaft und Aufsichtsrat sinngemäß übertragen werden können (AG 2002, 287).

– Basis der Prämienkalkulation nicht individuelle Merkmale der versicherten Organmitglieder sind, sondern Betriebsdaten des Unternehmens, und dabei die Versicherungssummen deutlich höher sind als typischerweise das Privatvermögen der versicherten Person.

55 Unter den genannten Voraussetzungen geht die Finanzverwaltung von einem überwiegenden eigenbetrieblichen Interesse an der Zahlung der Versicherungsprämien aus, mithin von Betriebsausgaben als Aufwendungen, die durch den Betrieb veranlasst sind (§ 4 Abs. 4 EStG i.V.m. § 8 Abs. 1 KStG). In Abgrenzung hierzu verneint das BMF ein überwiegend eigenbetriebliches Interesse, wenn Risiken versichert werden, die üblicherweise durch eine individuelle Berufshaftpflichtversicherung abgedeckt werden.[133] Unter diesem Gesichtspunkt können sich insbesondere sog. E&O-Deckungsbausteine, die reine Vermögensschadenhaftpflicht-Risiken abdecken (betrifft insbesondere Finanzdienstleistungsunternehmen), als problematisch erweisen. Darauf entfallende Beiträge wären entsprechend steuerpflichtig.

2. Allgemeine steuerrechtliche Grundlagen

56 Unabhängig vom o.g. Schreiben des BMF bzw. dem Erlass des Fin.-Min. Niedersachsen, die ja keine letztgültige Klärung dieser Frage herbeigeführt haben,[134] sollen die einschlägigen lohn- und einkommensteuerrechtlichen Normen betreffend die Behandlung der gesellschaftsfinanzierten D&O-Prämie in grundsätzlicher Weise geklärt werden.

57 Nach einhelliger Auffassung sind von der Gesellschaft entrichtete Prämien zur D&O-Versicherung betrieblich veranlasste Aufwendungen und damit bei der die Versicherung finanzierenden Gesellschaft als Betriebsausgaben i.S.v. § 4 Abs. 4 EStG zu qualifizieren.[135] Andererseits schließt das Vorliegen einer Betriebsausgabe nicht aus, dass gleichzeitig steuerpflichtige Einkünfte bei den versicherten Organmitgliedern vorliegen können.[136] Dabei erzielen Vorstände und Geschäftsführer Einkünfte aus nichtselbstständiger Arbeit gemäß § 2 Abs. 1 Satz 1 Nr. 4 i.V.m. § 19 Abs. 1 Satz 1 Nr. 1 EStG, während die Aufwandsentschädigungen für Aufsichtsräte oder Beiräte Einkünfte aus selbstständiger Arbeit gemäß § 2 Abs. 1 Satz 1 Nr. 3 i.V.m. § 18 Abs. 1 Nr. 3 EStG darstellen. Soweit sich

[133] Vgl. *Plück/Lattwein* S. 221; VersR-Hdb/*Beckmann* § 28 Rn. 140.

[134] So auch VersR-Hdb/*Beckmann* § 28 Rn. 140.

[135] Etwa *Ihlas*, D&O, S. 586; *Olbrich* S. 228 m.w.N.; VersR-Hdb/*Beckmann* § 28 Rn. 138 m.w.N. (dort Fn. 400); Kirchhof/*Crezelius* § 4 Rn. 252 („Versicherungen").

[136] *Dreher* DB 2001, 996; *Olbrich* S. 229.

die Untersuchung im Folgenden lediglich auf Einkünfte aus nichtselbstständiger Arbeit bezieht, sind die insoweit gewonnenen Erkenntnisse mangels zusätzlicher oder abweichender rechtlicher Aspekte auf Einkünfte aus selbstständiger Tätigkeit ohne Weiteres übertragbar.[137]

Gemäß § 2 Abs. 1 LStDV zählen zum Arbeitslohn alle Einnahmen, die dem Arbeitnehmer aus dem Dienstverhältnis zufließen, unabhängig davon, in welcher Form diese gewährt werden, während entsprechend zu den Einkünften aus nichtselbstständiger Arbeit neben Löhnen und Gehältern auch „andere Bezüge und Vorteile" zählen (§ 19 Abs. 1 Satz 1 Nr. 1 EStG). In diesem Sinne kann auch die Übernahme des Entgelts für eine Versicherung zu Gunsten des Arbeitnehmers durch den Arbeitgeber eine steuerpflichtige Einnahme i.S. eines geldwerten Vorteils darstellen. **58**

Nach der st. Rspr. des BFH sind solche vom Arbeitgeber entrichteten Versicherungsprämien unter den Begriff Arbeitslohn zu subsumieren, die (1.) der Absicherung privater Risiken dienen und (2.) dem Arbeitnehmer einen eigenen Anspruch gegen den Versicherer verschaffen.[138] Typische Beispielsfälle sind durch den Arbeitgeber finanzierte Reisegepäck-, Gruppenkranken-,[139] Gruppenunfall-[140] oder Dienstreise-Kaskoversicherungen,[141] die dem Arbeitnehmer einen eigenen Versicherungsanspruch verschaffen und deren Deckungsumfang nicht auf dienstliche Tätigkeiten beschränkt ist,[142] so dass der auf den privaten Bereich entfallende Prämienanteil beim Arbeitnehmer einen steuerpflichtigen Arbeitslohn darstellt.[143] Zu prüfen ist, ob und wieweit die vom BFH für die o.g. Versicherungen entwickelten Kriterien auch auf die D&O-Versicherung anwendbar sind. **59**

a) Absicherung privater Risiken. Die D&O-Versicherung versichert das Organmitglied gegen Risiken in Ausübung seiner **beruflichen Tätigkeit und** deckt damit **ausschließlich geschäftliche Risiken** ab.[144] Bei einer Absicherung rein beruflicher Risiken liegt kein steuerbarer Arbeitslohn vor; dieser wird nur hinsichtlich der Absicherung privater Risiken **60**

[137] *Dreher* DB 2001, 996, 999.

[138] Vgl. *Kästner* DStR 2001, 195, 198, mit Verweis auf BFH v. 19.2. 1993 – Az. VI R 42/92, BStBl. II 1993, 519.

[139] BFH DB 1999, 1584 ff.

[140] BFH DB 1999, 1584 ff.

[141] BFH DB 1991, 2421 ff.

[142] *Kästner* DStR 2001, 195, 197 m.w.N.

[143] Soweit eine Trennung zwischen privatem und dienstlichem Risiko anhand objektiver Merkmale und Unterlagen zutreffend und leicht nachprüfbar durchgeführt werden kann (Aufteilungs- und Abzugsverbot gemäß § 12 Nr. 1 EStG).

[144] Vgl. Terbille/*Sieg* § 17 Rn. 44; *Schüppen/Sanna* ZIP 2002, 550, 552; *Vetter* AG 2000, 453, 457; *Olbrich* S. 205 f.; *Ihlas*, D&O, S. 590.

angenommen.[145] Die Privatsphäre des Organmitglieds wird von der Versicherung jedoch nur insofern tangiert, als dieses für von ihm verursachte Schäden mit seinem privaten Vermögen haftet. Die D&O-Versicherung unterscheidet sich daher grundlegend von Versicherungen, die durch die Absicherung privater Risiken im überwiegenden persönlichen Interesse der Versicherten liegen, wie etwa Lebens-, Pensions-, Unfall- oder Reisegepäckversicherungen.[146] Dementsprechend wird der Einschluss der Arbeitnehmer in die Betriebs- oder Produkthaftpflichtversicherung als nicht steuerbar angesehen, weil insofern kein privates Risiko in Betracht kommt.[147]

61 **b) Eigener Anspruch gegen den Versicherer. aa) Grundlagen.** Gemäß § 8 Abs. 1 EStG müssen die Einnahmen dem Steuerpflichtigen „zufließen“. § 8 Abs. 2 EStG zählt zu den Einnahmen auch die geldwerten Güter oder geldwerten Vorteile, die nicht in Geld bestehen, wobei zu den „sonstigen Sachbezügen“ auch Versicherungsleistungen zählen können. Was das Erfordernis des Zuflusses angeht, so stellt der BFH fest, dass eine Einnahme nur dann zugeflossen ist, wenn der Empfänger die wirtschaftliche Verfügungsmacht über die in Geld oder Geldeswert bestehenden Güter erlangt hat. Dies sei nur dann der Fall, wenn dem Arbeitnehmer gegen die Versicherung ein unentziehbarer Rechtsanspruch auf die Leistung zustehe.[148] Daher stellen die Beiträge des Arbeitgebers in der Kfz-Unfallversicherung keinen Arbeitslohn dar, wenn die Arbeitnehmer die Rechte aus der Versicherung nicht selbst geltend machen können.[149] Ansonsten kann bei Versicherungsansprüchen von einem Zufluss im steuerrechtlichen Sinne im Zweifel erst dann ausgegangen werden, wenn im Schadensfall die Versicherungsleistung gegenüber dem Berechtigten tatsächlich erbracht wird.[150] Gestützt wird diese Ansicht durch § 8 Abs. 2 EStG, der zum Ausdruck bringt, dass der Arbeitnehmer durch die Zuwendung objektiv bereichert sein bzw. die Zuwendung für ihn einen wirtschaftlichen Wert haben muss.[151]

62 Was die Rechtsposition der versicherten Personen bei der D&O-Versicherung angeht, so ist festzuhalten, dass diese im Gegensatz zur versicherungsnehmenden Gesellschaft nicht die Rechte eines Vertragspartners haben, d.h. sie können keine Gestaltungsrechte ausüben, etwa den Vertrag

[145] Schmidt/*Drenseck* § 19 Rn. 50 („Unfallversicherung“).
[146] *Kästner* DStR 2001, 195, 197; *Ihlas*, D&O, S. 588 f.
[147] *Ihlas*, D&O, S. 590.
[148] BFH DB 1999, 1584, 1585 m.w.N. (dort Fn. 3 und 5).
[149] Schmidt/*Drenseck* § 19 Rn. 50 („Unfallversicherung“) m.w.N.
[150] Schmidt/*Drenseck* § 19 Rn. 50 („Unfallversicherung“).
[151] BFH BStBl. 1983, 39, 44.

kündigen, anfechten, von diesem zurücktreten oder wirksam dessen Inhalt widersprechen.[152] Auch bestimmt allein die Gesellschaft den Personenkreis, der in die Deckung einbezogen wird, ebenso wie den Umfang der Deckung und die weiteren Modalitäten der Versicherung. Die einzelnen Organmitglieder haben in dieser Hinsicht kein Bestimmungsrecht, was sogar soweit geht, dass die Gesellschaft die Versicherung gegen ihren Willen abschließen und wieder beenden kann.[153]

Im Übrigen stehen zwar die Rechte aus dem Vertrag den versicherten Personen als den Begünstigten zu (§ 44 Abs. 1 Satz 1 VVG). Diese Rechtsposition wird jedoch durch das in § 44 Abs. 1 Satz 2 i.V.m. § 44 Abs. 2 VVG normierte formelle Verfügungsrecht der VN über die – sachlich dem Versicherten zustehende – Forderung[154] eingeschränkt (dazu schon § 2 Rn. 12 ff.). In dieser Hinsicht unterscheiden sich die Regeln der Fremdversicherung vom Vertrag zu Gunsten Dritter (§§ 328 ff. BGB).[155] Soweit jedenfalls in der Lit. zur Begründung der Steuerbarkeit der D&O-Prämie ausschließlich auf die (sachliche) Rechtsinhaberschaft des Deckungsanspruchs seitens der versicherten Personen abgestellt wird,[156] steht dies im Widerspruch zur Rspr. des BFH, wonach allein die Tatsache, dass ein zum Vermögen des Arbeitnehmers gehörender Anspruch gegen die Versicherung besteht, den Zufluss der Leistung noch nicht zur Folge hat.[157] **63**

Zwischenergebnis: Der BFH stellt für den Einnahmezufluss darauf ab, dass der Empfänger die wirtschaftliche Verfügungsmacht über die in Geld oder Geldeswert bestehenden Güter erlangt hat. Diese wirtschaftliche Verfügungsmacht verbleibt bei der D&O-Versicherung beim Unternehmen als VN, so dass ein steuerbarer Zufluss bei den versicherten Organmitgliedern auch unter diesem Gesichtspunkt zu verneinen ist. **64**

bb) Änderung der Ausgangslage bei Abbedingung des § 44 Abs. 2 VVG in den AVB? Klauseln in D&O-Verträgen, welche die Rechte aus dem Vertrag ausschließlich den versicherten Personen zuweisen, ohne einen Verzicht auf das Erfordernis des Besitzes des Versicherungsscheins zu normieren, stellen lediglich eine Wiederholung der Regelung in § 44 Abs. 1 Satz 1 VVG zum Zweck der Klarstellung dar.[158] Demgegenüber können Regelungen, in denen die eigenständige Rechtsposition der ver- **65**

---

[152] P/M/*Prölss/Klimke* § 44 Rn. 3; *Küppers/Dettmeier/Koch* DStR 2002, 199, 201.

[153] Vgl. auch *Dreher* DB 2001, 996, 997.

[154] P/M/*Prölss* § 45 Rn. 6.

[155] MünchKomm-VVG/*Dageförde* § 44 Rn. 3.

[156] *Kästner* DStR 2001, 195, 198.

[157] BFH DB 1999, 1584, 1585.

[158] Z.B. Ziff. 12 ACE ProElite 2004; § 8 Ziff. 1 Chubb AVB OLA 2003.

sicherten Personen durch Formulierungen wie „ausschließlich" oder „selbstständig geltend machen" besonders hervorgehoben wird[159] bzw. die unter ausdrücklicher oder zumindest konkludenter Abbedingung des § 44 Abs. 2 VVG[160] auf das Erfordernis des Besitzes des Versicherungsscheins zur Geltendmachung der Rechte aus dem Versicherungsvertrag explizit verzichten,[161] durchaus geeignet sein, den versicherten Personen das formelle und damit ausschließliche Verfügungsrecht über die Rechte aus dem Versicherungsvertrag zuzuweisen. Nach der zitierten Rspr. des BFH können solche Regelungen u.U. dazu führen, einen unentziehbaren Rechtsanspruch der versicherten Personen und damit einen steuerbaren Zufluss gemäß § 8 Abs. 1 EStG zu bejahen. Für die versicherten Organmitglieder sind sie daher als unter steuerlichen Gesichtspunkten bedenklich einzustufen.[162]

66 **cc) Änderung der Ausgangslage bei Vorliegen einer D&O-Versicherungsverschaffungsklausel im Dienstvertrag?** Eine andere Beurteilung könnte sich ergeben, wenn sich der Arbeitgeber bzw. das Anstellungsunternehmen gegenüber dem Organmitglied zur Bereitstellung von D&O-Versicherungsschutz ausdrücklich verpflichtet. Dies kann per Satzungsbestimmung oder – in der Praxis häufiger – i.R.d. Arbeitsvertrages durch eine sog. Versicherungsverschaffungsklausel geschehen (siehe Rn. 41 ff.). So hatte der BFH die Verpflichtung des Arbeitgebers zur Übernahme der Beiträge zu einer Krankenvollversicherung zu einem ermäßigten Beitragssatz als steuerbaren Lohnzufluss gemäß § 19 Abs. 1 Nr. 1 EStG bereits im Zeitpunkt der Gewährung des Versicherungsschutzes zu ermäßigten Bei-

[159] Siehe die zahlreichen Nachw. bei *Steinkühler* VW 2005, 1768, 1771 (dort Fn. 13).

[160] Vgl. R/L/*Römer* §§ 75, 76 Rn. 22 und 25, wonach § 75 Abs. 2 und § 76 VVG insgesamt abdingbar sind; ebenso P/M/*Prölss/Klimke* § 44 Rn. 21 und § 45 Rn. 14; bestätigend für die D&O-Versicherung: LG München I VersR 2005, 543, 544.

[161] Etwa § 9 Nr. 1 Chubb AVB OLA 2001 Global: *„Die Rechte aus dem Vertrag stehen den versicherten Personen oder im Falle der Enthaftungserstattung […] dem versicherten Unternehmen zu. Zur Geltendmachung der Rechte ist der Besitz des Versicherungsscheins nicht erforderlich."*; § 12.2 Chubb AVB OLA 2008 PrimeLine RiskManagement: *„Jede versicherte Person kann ihre Rechte gegenüber dem Versicherer auch ohne Zustimmung der Versicherungsnehmerin gerichtlich und außergerichtlich auch dann geltend machen, wenn sie nicht im Besitz des Versicherungsscheins ist."*; Art. 10 Abs. 1 Zurich AVBDO 2009: *„Abweichend von den Bestimmungen des Versicherungsvertragsgesetzes (VVG 2008) stehen die Rechte auf Versicherungsschutz sowie zu deren Geltendmachung ausschließlich den versicherten Personen zu, unabhängig davon, ob sie im Besitz des Versicherungsscheins sind."*; ebenso § 9 Ziff. 1 Gerling AVB-AVG plus, VH 581:03.

[162] Vgl. auch *Steinkühler* VW 2005, 1768, 1770.

trägen qualifiziert.[163] Unter Bezugnahme auf dieses Urteil bejahte der BFH auch im Fall einer Gruppenkrankenversicherung den Entlohnungscharakter, wenn und soweit sich das Unternehmen arbeitsvertraglich zur Leistungserbringung in Form der Beitragszahlung verpflichtet.[164] Dabei soll es keine Rolle spielen, ob die Vorteile aufgrund einer privatrechtlichen Vereinbarung oder im Rahmen eines öffentlich-rechtlichen Verhältnisses erbracht werden.[165]

Im Lichte dieser Rspr. kann eine Versicherungsverschaffungsklausel u. U. die **Steuerbarkeit** der D&O-Prämien zu Lasten der betroffenen Organmitglieder **zur Folge** haben. Es kann vermutet werden, dass solche Vereinbarungen gerade im Vorfeld des Inkrafttretens des VorstAG am 5. 8. 2009 zum Zweck der vorläufigen Vermeidung des in § 93 Abs. 2 Satz 3 AktG eingeführten D&O-Pflichtselbstbehalts gehäuft geschlossen wurden, da Verpflichtungen der Gesellschaft zur Gewährung von D&O-Versicherungsschutz ohne Selbstbehalt im Rahmen bestehender Dienstverträge gemäß der Regelung des § 23 Abs. 1 Satz 2 EGAktG weiterhin erfüllbar sind. **67**

c) Überwiegendes eigenbetriebliches Interesse. Der BFH geht in st. Rspr. davon aus, dass Arbeitslohn selbst bei Bejahung einer betrieblichen Veranlassung dann nicht vorliegt, wenn die Aufwendungen, die zu einer Begünstigung des Dienstverpflichteten führen, im ganz überwiegenden eigenbetrieblichen Interesse des Arbeitgebers getätigt werden.[166] In diesem Fall erweist sich die Zuwendung bei objektiver Würdigung aller Umstände nicht als Entlohnung, sondern lediglich als „notwendige Begleiterscheinung betriebsfunktionaler Zielsetzungen“.[167] **68**

Die vorherrschende Auffassung im Schrifttum **bejaht** für die steuerrechtliche Betrachtung ein solches überwiegendes Eigeninteresse der Gesellschaft am Abschluss der D&O-Versicherung.[168] Begründet wird dies u. a. mit der Konstituierung unternehmerischer Handlungsfreiheit für ggf. **69**

[163] BFH DB 1996, 659.

[164] BFH DB 1999, 1586, 1587.

[165] BFH DB 1996, 659.

[166] BFH DB 1993, 1652, 1654; BFH DB 1991, 2421; *Dreher* DB 2001, 996, 997 m. w. N.

[167] BFH DB 1999, 1586.

[168] *Dreher* DB 2001, 996, 997; *ders.* ZHR 165 (2001), 293, 310 ff.; ebenso i. E. *Steinkühler* VW 2005, 1768 m. w. N.; *Küppers/Dettmeier/Koch* DStR 2002, 199, 202 f.; *Olbrich*, 1. Aufl. 2003, S. 190, 215; *Lange* DStR 2002, 1626, 1629; *Thümmel* S. 164 f., mit der Einschränkung, dass im Bereich der Innenhaftung ein überwiegendes Eigeninteresse des Arbeitgebers nicht mehr zu erkennen und die Prämie entsprechend aufzuteilen sei (ohne diese Einschränkung allerdings in der 4. Aufl. 2008, S. 216); a. A. *Kästner* DStR 2001, 195, 198 f.

risikobehaftetes unternehmerisches Handeln, was letztlich dem Unternehmen zugute komme, und mit der Verbesserung der Kreditwürdigkeit der Gesellschaft durch das geringere Ausfallrisiko.[169] Außerdem verbessere die Existenz einer D&O-Versicherung die Chancen des Unternehmens auf Gewinnung qualifizierten Führungspersonals, indem sie u.a. einen „Gleichlauf von Haftungsrisiko und Vergütungschance" schaffe, wie er mit dem Gehalt alleine oftmals nicht zu erreichen sei. Darüber hinaus schließe die Versicherung der Innenhaftung für das Unternehmen eine Vollstreckungslücke in Gestalt der oft unzureichenden Haftungsmasse im Privatvermögen der Organmitglieder, wobei in den Versicherungsschutz regelmäßig auch eventuelle Freistellungsansprüche der Organmitglieder gegenüber der Gesellschaft mit eingeschlossen sind.[170] *Entity*-Deckungselemente zur Absicherung von Ansprüchen gegen die Gesellschaft (z.B. im Zusammenhang mit Wertpapieransprüchen oder Arbeitnehmerschutzklagen) sind zwar zur Begründung eines betrieblichen Interesses besonders geeignet, in deutschen D&O-Policen hingegen eher selten anzutreffen.[171] Für die versicherungnehmende Gesellschaft eröffnet sich seit der VVG-Novelle 2008 zudem die Möglichkeit, sich den Versicherungsanspruch von der versicherten Person abtreten zu lassen und den Versicherer direkt in Anspruch zu nehmen (§ 108 Abs. 2 VVG)."[172]

70 Diese Annahmen gelten für eine D&O-Versicherung klassischen Zuschnitts, die pauschal alle Leitungs- und Kontrollorgane eines Unternehmens als einen nicht näher individualisierten Personenkreis abdeckt, nicht jedoch für solche Policen, bei denen der versicherte Personenkreis auf bestimmte Personen eingeschränkt ist. Ein überwiegendes Eigeninteresse des Organmitglieds wird bei sog. Einzelpolicen bestehen, die das Unternehmen für einen einzigen Manager abschließt.[173] Auch das Fehlen einer

---

[169] KölnKomm-AktG/*Mertens/Cahn* § 93 Rn. 242.

[170] Vgl. statt aller: *Dreher* DB 2001, 996, 998; allgemein zum Eigeninteresse der Gesellschaft am Abschluss einer D&O-Versicherung: KölnKomm-AktG/*Mertens/Cahn* § 93 Rn. 242.

[171] Nicht zutr. insofern die Ansicht von *Dreher*, wonach *Entity*-Deckungen „heute üblich" seien (DB 2001, 996, 998) bzw. den „Regelfall" darstellen würden (ZHR 165 [2001], 293, 299).

[172] Vgl. § 10 Rn. 1 ff. Formularmäßige Abtretungsverbote bleiben bei Großrisiken nach § 210 VVG i.V.m. Art. 10 EGVVG allerdings zulässig und werden in der Praxis auch häufig vereinbart.

[173] Vgl. auch § 2 Rn. 7 ff. In der Branche spricht man von einer sog. „unechten" Einzelpolice, wenn – wie bei der Firmen-Police – VN die Gesellschaft ist, diese jedoch die Versicherung nur für ein einziges Organmitglied abschließt. Die Prämienzahlung übernimmt auch in diesem Fall die Gesellschaft (alternativ wird dem Organmitglied als VN der Einzelpolice die Versicherungsprämie von dritter Seite erstattet, z.B. von einer Bank, einer Anwaltssozietät oder einem Gesellschafter).

Regelung zur Firmenenthaftung[174] oder eine Einschränkung der Innenverhältnisdeckung können zur Annahme eines überwiegenden Eigeninteresses des betroffenen Organmitglieds an der Versicherung führen. Dies wird etwa dann anzunehmen sein, wenn das Gehalt oder Privatvermögen des Organmitglieds dessen Leistungsvermögen beschränken und den Risikotransfer auf eine Versicherung daher als besonders naheliegend erscheinen lassen. Denn es besteht eine Wechselwirkung zwischen der Intensität des eigenbetrieblichen Interesses des Arbeitgebers und dem Ausmaß der Bereicherung des Arbeitnehmers. Je höher aus der Sicht des Arbeitnehmers die Bereicherung anzusetzen ist, desto geringer wiegt das aus der Sicht des Arbeitgebers vorhandene eigenbetriebliche Interesse.[175]

Die Annahme eines überwiegenden eigenbetrieblichen Interesses schließt gleichzeitig aus, dass die Leistung des Arbeitgebers in Form der Beitragszahlung sich im weitesten Sinne als Gegenleistung für das Zurverfügungstellen der individuellen Arbeitskraft des Arbeitnehmers i.S.d. § 19 Abs. 1 Nr. 1 EStG („für die Beschäftigung") erweist, also Entlohnungscharakter hat.[176] Tatsächlich gewährt das Unternehmen den Versicherungsschutz nicht aufgrund des individuellen Dienstverhältnisses eines einzelnen Organmitglieds (sog. Veranlassungsprinzip[177]), sondern – der Konzeption der D&O-Versicherung folgend – pauschal für alle Mitglieder der Leitungs- und Kontrollorgane sowie für die leitenden Angestellten (Firmenpolice – siehe § 2 Rn. 10 ff.). Entsprechend wird das Vorliegen von Arbeitslohn verneint, wenn der Vorteil der Belegschaft in seiner Gesamtheit zugewandt wird.[178] Da sich die Prämie im Übrigen nach unternehmensbezogenen Faktoren (etwa Branche, Bilanzsumme, Umsatz, Ge- 71

Bei dieser Variante dürfte zu versteuerndes Einkommen beim begünstigten Organmitglied jedenfalls vorliegen. Davon zu unterscheiden ist die „echte" oder „persönliche" Einzelpolice, bei der das Organmitglied als natürliche Person zugleich VN, Versicherter und Prämienschuldner ist. Die Verbreitung der persönlichen D&O-Einzelpolice in Deutschland gibt *Ihlas* (D&O S. 334) mit 1% und als „seltenen Ausnahmefall" an. Gleiches dürfte allerdings auch für die Verbreitung der „unechten" Einzelpolice gelten. Die Bedeutung der „echten" Einzelpolice wird angesichts der Einführung eines zwingenden Selbstbehalts für Vorstandsmitglieder in § 93 Abs. 2 Satz 3 AktG und der offensichtlich gegebenen Möglichkeit, diesen persönlich zu versichern, jedoch zukünftig wohl zunehmen, wie die aktuelle Verbreitung entsprechender Versicherungskonzepte und die steigende Nachfrage nach diesen nahe legen.

174 Sog. *Side B*-Deckung (§ 4 Rn. 12 ff.).

175 Schmidt/*Drenseck* § 19 Rn. 30 m.w.N.

176 Vgl. BFH DB 1993, 1652, 1654; 1991, 2421; 1985, 1923.

177 *Dreher* DB 2001, 996.

178 BFH DB 1985, 1925 („Betriebsausflug"); Schmidt/*Drenseck* § 19 Rn. 30; *Ihlas*, D&O, S. 589.

winn etc.) und nicht nach individuellen Merkmalen der versicherten Personen richtet, auch nicht nach deren Anzahl, würde der Wegfall eines Dienstverhältnisses die Prämie nicht beeinflussen, weshalb auch unter diesem Gesichtspunkt keine Gegenleistung in dem vom BFH geforderten Sinne vorliegt.[179]

72 Darüber hinaus nimmt der BFH ein überwiegendes eigenbetriebliches Interesse an, wenn der Vorteil dem Arbeitnehmer aufgedrängt wird.[180] Dies setzt voraus, dass der Begünstigte keine Wahl hinsichtlich der Annahme des Vorteils hat bzw. sich diesem ohne Nachteil nicht entziehen kann.[181] D&O-Versicherungsverträge werden häufig ohne das Wissen der Organmitglieder abgeschlossen, was besonders für die Ebene der Tochterunternehmen zutrifft. Abschluss, Ausgestaltung und Beendigung des D&O-Versicherungsvertrages liegen ausschließlich in Händen der Gesellschaft. Ebenso mag die Gesellschaft aus eigenem Interesse auf der Einbeziehung einer versicherten Person bestehen, die in Kenntnis des Bestehens der Versicherung von ihrer Schutzwirkung ausgenommen werden will, so dass sich im Beharrensfall das Organmitglied ggf. nur unter erheblichen persönlichen Nachteilen (z.B. Amtsverzicht) gegen die Versicherung entscheiden kann.[182] Damit lässt sich das überwiegende eigenbetriebliche Interesse auch auf das Merkmal des aufgedrängten Vorteils stützen.

73 Die Annahme eines überwiegenden betrieblichen Interesses ist schließlich auch mit dem Konzept einer Versicherung für fremde Rechnung in Einklang zu bringen. Hat der Gesetzgeber in den §§ 43 ff. VVG doch offen gelassen, in welchem Verhältnis die Interessen von VN und Versicherten bei der Fremdversicherung zueinander stehen bzw. gegeneinander gewichtet sein müssen, wie ein Urteil des BVerwG aus dem Jahre 1987 zum versicherungsvertragsrechtlichen Versicherungsbegriff bestätigt: „Die §§ 75 Abs. 1 Satz 2 und Abs. 2, 76 und 77 VVG [a.F.; Anm. d. Verf.] verdeutlichen, dass die Versicherung für fremde Rechnung typischerweise auch den wirtschaftlichen Interessen des Versicherungsnehmers [...] dient und dass dementsprechend das Vorhandensein eines solchen Interesses das Bestehen einer Fremdversicherung nicht ausschließt [...]“.[183]

74 Da die Qualifizierung der D&O-Versicherung als Fremd- bzw. Haftpflichtversicherung lediglich die Trennung von Geschädigtem und dem

---

[179] *Dreher* DB 2001, 996, 997.

[180] Schmidt/*Drenseck* § 19 Rn. 30 m.w.N.

[181] BFH BStBl. II 1983, 39, 42.

[182] *Olbrich*, 1. Aufl. 2003, S. 216; *Dreher* DB 2001, 996, 997.

[183] BVerwG VersR 1987, 273, 276; so auch P/M/*Prölss* § 43 Rn. 3; a.A., wonach ein überwiegendes Interesse der Gesellschaft eine Fremdversicherung ausschließe, *Koch* GmbHR 2004, 18, 22 sowie *Ihlas*, D&O, S. 588.

Träger des versicherten Interesses im Rechtssinne voraussetzt,[184] während dem steuerrechtlichen Einkommensbegriff eine ökonomische Perspektive zugrunde liegt, die für die Bestimmung des versicherten Interesses keine Rolle spielt, ergeben sich zwischen der steuerrechtlichen und der versicherungsrechtlichen Bewertung dieser Fragestellung i.E. wiederum keine Widersprüche.[185]

3. Praktikabilitätserwägungen

Schließlich sprechen auch praktische Erwägungen gegen eine Qualifi- **75**
zierung der Beitragsleistung als geldwerten Vorteil bei den versicherten Personen. Wie bereits erwähnt, verfolgt die D&O-Versicherung im Hinblick auf den Kreis der versicherten Personen einen Pauschalansatz, der alle Organmitglieder und leitenden Angestellten erfasst. Dieser erstreckt sich nicht nur auf die versicherungsnehmende Gesellschaft, sondern auch auf deren Tochterunternehmen. Eine namentliche Nennung der versicherten Personen findet nicht statt. Die Versicherung ehemaliger, gegenwärtiger und zukünftiger Organmitglieder macht ein ggf. aufwändiges Nachtragswesen überflüssig. Aus diesem Konzept folgt, dass insbesondere bei großen, internationalen Unternehmen mit oft hunderten versicherten Personen mit permanenten Mandatswechseln eine nachvollziehbare Prämienaufteilung auf diese kaum durchführbar ist.[186] Problematisch ist auch die Bemessung des wirtschaftlichen Werts der Versicherung für die Gesellschaft, der sich, wie bereits festgestellt, in der Innenverhältnisdeckung, der Firmenenthaftungsversicherung sowie eventueller *Entity*-Deckungselemente manifestieren kann. Auch diesbezüglich müsste für Zwecke der Besteuerung eine Allokation vorgenommen werden.

4. Zusammenfassung

Eine von der Gesellschaft finanzierte „marktübliche" D&O-Versiche- **76**
rung führt bei den begünstigten Organmitgliedern bzw. versicherten Personen **nicht** zu **steuerbarem Einkommen**. Diese steuerliche Einordnung der D&O-Prämie erfolgt sowohl mit Blick auf die vom BMF entwickelten Kriterien als auch nach allgemeinen steuerrechtlichen Erwägungen. Sie deckt sich im Übrigen mit der ständigen Praxis bei der – der D&O-Versicherung konzeptionell ähnlichen – Sparte der Industrie-Strafrechtsschutz-

---

[184] *Koch* GmbHR 2004, 18, 23; zust. *v. Westphalen* DB 2005, 431, 432 f.

[185] A.A. *Ihlas*, D&O, S. 588, wonach gemäß § 43 Abs. 1 VVG kein überwiegendes betriebliches Interesse vorliegen könne.

[186] Gegen die Annahme von Lohnzufluss aufgrund von Praktikabilitätsgesichtspunkten bei der Prämienaufteilung BFH DB 1999, 1584, 1585.

Versicherung.[187] Ausnahmen sind möglich, insbesondere wenn statt sämtlicher nur einzelne Organmitglieder versichert werden oder in Ermangelung einer Firmenenthaftungsversicherung nicht von einem ganz überwiegenden eigenbetrieblichen Interesse am Abschluss der Versicherung ausgegangen werden kann. Kommt man so im Einzelfall zu einer Steuerbarkeit der Beiträge für die versicherten Organmitglieder, wären diese wiederum als Aufwendungen zur Sicherung und Erhaltung der Einnahmen gemäß § 9 Abs. 1 Satz 1 EStG als Werbungskosten absetzbar.[188]

---

[187] *Ihlas*, D&O, S. 586. Zu dieser Versicherung siehe § 11 Rn. 21, 29 und 41.
[188] So auch *Ihlas*, D&O, S. 588.

§ 6. Umfang des Versicherungsschutzes

Literatur: *Albers*, Der Pflicht-Selbstbehalt im Rahmen der D&O Versicherung – Überlegungen zur Umsetzung in der Praxis, CCZ 2009, 222; *Baumann*, Versicherungsfall und zeitliche Abgrenzung des Versicherungsschutzes in der D&O-Versicherung, NZG 2010, 1366; *Beckmann*, Einschränkungen der Innenhaftungsdeckung bei der D&O-Versicherung, FS Kollhosser, 2004, S. 25; *Dauner-Lieb/Tettinger*, Vorstandshaftung, D&O-Versicherung, Selbstbehalt, ZIP 2009, 1555; *Dreher*, Der Abschluss von D&O-Versicherungen und die aktienrechtliche Zuständigkeitsordnung, ZHR 165 (2001), 293; *Franz*, Der gesetzliche Selbstbehalt in der D&O-Versicherung nach dem VorstAG – Wie weit geht das Einschussloch in der Schutzweste der Manager?, DB 2009, 2764; *Gädtke*, Implizites Verbot der D&O-Selbstbehaltsversicherung?, VersR 2009, 1565; *Gädtke/Wax*, Konzepte zur Versicherung des D&O-Selbstbehalts, AG 2010, 851; *Heitmann*, Neueste Entwicklungen der Managerhaftung und die D&O-Versicherung, VW 1999, 1076; *Hendricks*, In der D&O-Versicherung gehen fortan die Uhren ganz anders, VW 2003, 164; *Heße*, Das Anspruchserhebungsprinzip in den Allgemeinen Versicherungsbedingungen von D&O-Versicherungsverträgen und das Recht der Allgemeinen Geschäftsbedingungen, NZI 2009, 790; *Hohenstatt*, Das Gesetz zur Angemessenheit der Vorstandsvergütung, ZIP 2009, 1349; *Hohlbein*, Schadenereignis und Anspruchserhebung – Einige vergleichende Anmerkungen zu Occurence und Claims-made, VW 1996, 690; *Kelch*, Der Versicherungsfall in der Haftpflichtversicherung oder warum eigentlich nicht Claims-made?, VW 1998, 677; *Kerst*, Haftungsmanagement durch die D&O-Versicherung nach Einführung des aktienrechtlichen Selbstbehaltes in § 93 Abs. 2 Satz 3 AktG, WM 2010, 594; *Kiethe*, Persönliche Haftung von Organen der AG und der GmbH – Risikovermeidung durch D&O-Versicherung?, BB 2003, 537; *Koch*, Die Rechtsstellung der Gesellschaft und des Organmitglieds in der D&O-Versicherung (Teil I), GmbHR 2004, 18; (Teil II), GmbHR 2004, 160; (Teil III), GmbHR 2004, 288; *ders.*, Einführung eines obligatorischen Selbstbehalts in der D&O-Versicherung durch das VorstAG, AG 2009, 637; *Koch/Hirse*, Die Prozessführung durch den Versicherer, VersR 2001, 405; *Lange*, Der Versicherungsfall der D&O-Versicherung, r+s 2006, 177; *ders.*, Die D&O-Selbstbehalt-Versicherung, r+s 2010, 92; *ders.*, Die Eigenschadenklausel in der D&O-Versicherung, ZIP 2003, 466; *ders.*, Die Selbstbehaltsvereinbarungspflicht gem. § 93 Abs. 2 S. 3 AktG n.F., VersR 2009, 1011; *ders.*, Die Serienschadenklausel in der D&O-Versicherung, VersR 2004, 563; *ders.*, Praxisfragen der D&O-Versicherung (Teil I), DStR 2002, 1626; (Teil II), DStR 2002, 1675; *Langen/Paul*, Wirksamkeit des Claims-made-Prinzips in der D&O-Versicherung, Entscheidungsreport, BB 2009, 1665; *Langheid/Grote*, Deckungsfragen der D&O-Versicherung, VersR 2005, 1165; *Lattwein*, Quo Vadis D&O? – Status der Diskussionen über die D&O-Versicherung, NVersZ 1999, 49; *Lattwein/Krüger*, D&O: Von der Ablehnung wegen Unmoral bis zum Verbandskonzept. Die Entwicklung der Haftpflichtversicherung für Manager am Deutschen Markt, VW 1997, 1366; *Messmer*, Quo Vadis VorstAG?, ZfV 2009, 737; *Nickel*, Die Serienschadenregelung in der D&O-Versicherung, VW 2006, 404; *Pataki*, Der Versicherungsfall in der Haftpflichtversicherung – Grenzen eines Definitionsversuchs am Beispiel der „Claims-made“-Theorie, VersR 2004, 835; *Randel/Seeger*, Auswirkungen des Restrukturierungsgesetzes auf die D&O-Versicherung, BB 2011, 387; *Säcker*, Streitfragen zur D&O-Versicherung, VersR 2005, 10; *Schimikowski*, Claims made – ein geeignetes Prinzip für Haftpflichtversicherungen im Heilwesenbereich?, VersR 2010, 1533; *Schirmer*, Die Haftpflichtversicherung nach der VVG-Reform, ZVersWiss Supplement Jahrestagung 2006, 427; *Schulze Schwienhorst/Koch*, Die Versicherung der obligatorischen Selbstbeteiligung in der D&O-Versicherung, VW 2010, 424; *Staudinger*, Claims-made-Prinzip, Rückwärtsversicherung und Grenzen der Klauselgestaltung der D&O-Versicherung, VP 2009, 138; *Steinkühler/Kassing*, Das Claims-Made-Prinzip in der D&O-Versicherung und die Auslegung der Begriffe Anspruchs- sowie Klageerhebung, VersR 2009, 607; *Tettamanti/Wenger/Schmid*, Europäische D&O-Policen im Sog der US-Haftpflichtproblematik, VW 1999, 340; *Thümmel/Sparberg*, Haftungsrisiken der Vorstände, Geschäftsführer, Aufsichtsräte und Beiräte sowie deren Versicherbarkeit, DB 1995, 1013; *Thüsing*, Das Gesetz zur Angemessenheit der Vorstandsvergütung, AG 2009, 517; *van Kann*, Zwingender Selbstbehalt bei der D&O-Versicherung – Gut gemeint, aber auch gut gemacht?, NZG 2009, 1010; *Wendler*, Gesetz zur Angemessenheit der Vorstandsvergütung (VorstAG) – Mindestselbstbehalt für Vorstände in der unternehmensfinanzierten D&O-Versicherung, ZfV 2009, 593; *v. Westphalen*, Wirksamkeit des Claims-made-Prinzips in der D&O Versicherung, VersR 2011, 145; *ders.*, D&O-Versicherung und Direktanspruch der Gesellschaft gegenüber der Versicherung?, DB 2005, 431.

I. Sachlicher Umfang

1. Erscheinungsformen des Deckungsanspruchs der versicherten Person

1 Nach § 100 VVG besteht die Leistungspflicht des Haftpflichtversicherers aus zwei Komponenten: **Freistellung** des VN – somit in der D&O-Versicherung als Versicherung für fremde Rechnung (dazu § 2 Rn. 6 ff.) der versicherten Person – von *berechtigten* Schadensersatzansprüchen, sowie die **Abwehr** *unberechtigter* Ansprüche.[1] Die Abwehr unbegründeter Ansprüche ist keine untergeordnete Nebenpflicht, sondern eine der Anspruchsbefriedigung gleichrangige Hauptleistungspflicht.[2] § 101 VVG präzisiert § 100 VVG und regelt den Umfang der Kosten, die der Versicherer i.R.d. Abwehr zu tragen hat. Der Versicherer deckt die gerichtlichen und außergerichtlichen Abwehrkosten, soweit deren Anwendung den Umständen nach geboten ist.

[1] *Lange* DStR 2002, 1626, 1627; *Dreher* ZHR 165 (2001), 293, 296.
[2] BGH VersR 1976, 477; 1956, 186; BGHZ 119, 276, 281.

Die gesetzliche Regelung der §§ 100, 101 VVG wird in den AVB teils wiederholt, teils präzisiert. Einschlägig ist etwa Ziff. 4 AVB-AVG. Dabei fällt auf, dass Ziff. 4.1 AVB-AVG in Anlehnung an § 3 Abs. 2 Nr. 1 AVB-Vermögen und Ziff. 5.1 Abs. 1 AHB gestaltet wurde. Hinsichtlich des sachlichen Umfangs weist also die D&O-Versicherung keine Besonderheiten im Vergleich mit der allgemeinen Haftpflichtversicherung bzw. der Vermögensschadenhaftpflichtversicherung auf.[3] **2**

Ziff. 4.1 Abs. 1 AVB-AVG wiederholt die Bestimmung des § 100 VVG und bestimmt, dass der Versicherungsschutz des D&O-Versicherungsvertrages die Prüfung der Haftpflichtfrage, die Abwehr unberechtigter Schadensersatzansprüche und die Freistellung der versicherten Person von berechtigten Schadensersatzverpflichtungen umfasst. Es handelt sich um einen **einheitlichen Deckungsanspruch**. Daraus folgt u.a. eine einheitliche Verjährung des Deckungsanspruchs.[4] **3**

Es ist dem Versicherer überlassen, nach Prüfung der Berechtigung von Ansprüchen Dritter zwischen deren Befriedigung oder Abwehr frei zu entscheiden.[5] Das Wahlrecht des Versicherers erlischt allerdings spätestens dann, wenn die Abwehr der Haftpflichtforderung nicht mehr möglich ist, weil sie in einem rechtskräftigen Urteil, Anerkenntnis oder Vergleich festgestellt wurde.[6] Der Anspruch des Versicherten auf den Versicherungsschutz wird fällig, sobald der geschädigte Dritte seine Ansprüche gegen den Versicherten ernstlich erhebt.[7] Dieser Moment kann, muss aber nicht mit dem Eintritt des Versicherungsfalles zusammenfallen. In der Praxis entscheiden sich D&O-Versicherer überwiegend für die Erfüllung ihrer Leistungspflicht durch den Versuch einer Abwehr der Haftpflichtforderung.[8] Denn auch dann, wenn nur eine geringe Chance auf Erfolg besteht, kann die Abwehr einen Vergleich vorbereiten.[9] **4**

---

3 *Koch* GmbHR 2004, 18, 20; *Olbrich* S. 165.

4 BGH VersR 1960, 554, 555; 1971, 333 = NJW 1971, 657 = MDR 1971, 379; BGHZ 155, 69 = NJW 2003, 2376 = VersR 2003, 900; P/M/*Lücke* § 100 Rn. 12 m.w.N.; BK/*Baumann* § 149 Rn. 8 f.

5 BGHZ 79, 76, 78; OLG Karlsruhe r+s 1993, 175 = VersR 1993, 1390; Terbille/*Kummer* § 12 Rn. 156; BK/*Baumann* § 149 Rn. 8.

6 BGHZ 79, 76 = NJW 1981, 870 = VersR 1981, 173; OLG München VersR 2005, 540; VersR-Hdb/*Schneider* § 24 Rn. 12.

7 BGH NJW 1960, 1346; VersR 1979, 1117, 1118; OLG Köln r+s 1998, 323; Terbille/*Sieg* § 17 Rn. 127.

8 Terbille/*Sieg* Rn. 128 zu § 17; *v. Westphalen* DB 2005, 431, 432.

9 *Ihlas*, D&O, S. 393.

2. Freistellung von berechtigten Schadensersatzansprüchen

5 Dem Versicherten steht grundsätzlich kein Zahlungsanspruch zu, sondern lediglich ein Anspruch auf Befreiung von der auf ihm lastenden Haftpflichtverbindlichkeit.[10] Der Versicherer ist weder verpflichtet noch berechtigt an den Versicherten zu zahlen.[11] Als berechtigt bezeichnet Ziff. 4.1 Abs. 2 AVB-AVG jene Schadensersatzansprüche des Dritten, die die versicherten Personen kraft Gesetzes, rechtskräftigen Urteils, Anerkenntnisses oder Vergleichs zur Entschädigung verpflichten und durch die der Versicherer gebunden ist. Ziff. 4.1 Abs. 2 Satz 2 AVB-AVG enthält eine den §§ 105, 106 VVG entsprechende Regelung, wonach Anerkenntnisse und Vergleiche, die von den versicherten Personen ohne Zustimmung des Versicherers abgegeben oder geschlossen worden sind, den Versicherer nur insoweit binden, als der Anspruch auch ohne Anerkenntnis oder Vergleich bestanden hätte.[12] Ziff. 4.1 Abs. 3 AVB-AVG wiederholt § 106 VVG und legt dem Versicherer eine Frist von zwei Wochen auf, in der er den Versicherten freizustellen hat, sobald die Schadensersatzverpflichtung des Versicherten mit bindender Wirkung für den Versicherer festgestellt worden ist. Die Freistellungspflicht des Versicherers wird durch die Übernahme der Entschädigungsleistung i.R.d. vereinbarten Versicherungssumme erfüllt.[13]

3. Abwehr unberechtigter Ansprüche

6 **a) Leistungen des D&O-Versicherers innerhalb der Abwehrfunktion.** Dem Versicherer steht nach Prüfung der Berechtigung der Drittansprüche das Wahlrecht zu, die geltend gemachten Ansprüche entweder zu befriedigen oder sie zu bestreiten. Entscheidet er sich für die zweite Alternative, muss er nun alles tun, was zur Abwehr der Ansprüche des Dritten notwendig ist.[14] Diese Pflicht setzt sich aus mehreren Leistungen zusammen, wie insbesondere der Übernahme der Abwehrkosten und der Führung des Haftpflichtprozesses.[15] Sie umfasst dabei aber auch rechtliches und tatsächliches Handeln, wie die Beauftragung eines Anwalts oder die Bearbeitung eines Schriftwechsels.[16]

---

[10] BGHZ 7, 244 = NJW 1952, 1333; 15, 154 = NJW 1955, 101; VersR-Hdb/*Schneider* § 24 Rn. 13.

[11] BGHZ 15, 154 = NJW 1955, 101; P/M/*Lücke* § 100 Rn. 6.

[12] *Schirmer* ZVersWiss Supplement Jahrestagung 2006, 427, 434.

[13] *v. Westphalen* DB 2005, 431, 432; *Koch* GmbHR 2004, 18, 20.

[14] BGH NJW 1956, 826 = VersR 1956, 186/2; BGHZ 119, 276; VersR-Hdb/*Schneider* § 24 Rn. 15.

[15] BGHZ 171, 56 = r+s 2007, 191 = VersR 2007, 1116; siehe ausführlich dazu *Marlow/Spuhl* Rn. 614.

[16] VersR-Hdb/*Beckmann* § 28 Rn. 85.

Der **Sorgfaltsmaßstab**, zu dem der Versicherer verpflichtet ist, ist sehr hoch angesetzt. Kommt es zu einem Haftpflichtprozess, so muss er die Interessen des Versicherten so wahren, wie dies ein ggf. beauftragter Rechtsanwalt tun würde. Sollten seine Interessen mit denjenigen des Versicherten kollidieren, so hat der Versicherer seine Interessen hintanzustellen.[17] In diesem Punkt besteht allerdings ein wichtiger Unterschied zwischen der D&O-Versicherung und den sonstigen Haftpflichtversicherungen, in denen der Versicherer gewöhnlich die volle Verantwortung für seine Maßnahmen trägt,[18] während das Risiko des D&O-Versicherers, nämlich keinen Erfolg bei der Anspruchsabwehr zu erzielen, durch die Höhe der Versicherungssumme beschränkt ist. **7**

b) Umfang der gedeckten Abwehrkosten. Den Umfang der in einer Haftpflichtversicherung gedeckten Abwehrkosten bestimmt § 101 VVG; die Norm ist dispositiv.[19] Gemäß § 101 Abs. 1 VVG übernimmt der Versicherer die gerichtlichen und außergerichtlichen Kosten, die i.R.d. Abwehrdeckung entstehen. Allerdings besteht die Einschränkung, dass die Aufwendung dieser Kosten den Umständen nach objektiv **geboten** sein muss.[20] § 101 Abs. 1 Satz 2 VVG sieht ferner die Deckung der Verteidigungskosten in einem Strafverfahren vor.[21] Auf Verlangen des VN bzw. des Versicherten muss der Versicherer diese Kosten vorschießen. **8**

Angesichts des allgemein formulierten § 101 Abs. 1 VVG ist einer der wichtigsten Punkte des D&O-Versicherungsvertrages die Bestimmung der Kosten, die der Versicherer zu tragen hat. Ein Beispiel dafür liefert Ziff. 4.4 AVB-AVG. Die Festlegung der Abwehrkosten gehört zu jenen Fragen, die in der Praxis zu den meisten Problemen zwischen dem Versicherer und den versicherten Personen führen.[22] Dies gilt insbesondere für Situationen, in denen Ansprüche erhoben werden, die sowohl gedeckte als auch nicht gedeckte Sachverhalte beinhalten. Aufgrund des § 31 BGB kommt es oft zur gesamtschuldnerischen Haftung der VN und der versicherten Personen. Das identische Interesse von VN und versicherter Person an der Abwehr der Schadensersatzansprüche lässt es sinnvoll erscheinen, dieselben Rechtsanwälte zur Abwehr zu beauftragen. Die Frage der Aufteilung der Abwehrkosten zwischen dem D&O-Versi- **9**

[17] BGHZ 119, 276; VersR-Hdb/*Schneider* § 24 Rn. 15; Terbille/*Kummer* § 12 Rn. 162.
[18] VersR-Hdb/*Schneider* § 24 Rn. 15.
[19] P/M/*Lücke* § 101 Rn. 33.
[20] P/M/*Lücke* § 101 Rn. 14.
[21] Siehe ausführlich dazu § 11 Rn. 1 ff.
[22] VersR-Hdb/*Beckmann* § 28 Rn. 87.

cherer und dem Unternehmen wird dann gewöhnlich in sog. **Allokationsklauseln** geregelt.[23]

10 Sollten die Parteien dennoch weiterhin bezüglich des vom Versicherer zu tragenden Anteils der Abwehrkosten keine Einigung erzielen können, enthalten manche D&O-Bedingungswerke Schiedsgerichtsklauseln, wonach diese Abgrenzungsprobleme in einem Schiedsverfahren gemäß §§ 1025 ff. ZPO zu lösen sind.[24] Die Beurteilung dieser Klauseln ist zwiespältig: Selbst wenn man davon ausgeht, dass die Police bzw. die AVB den Formerfordernissen des § 1031 ZPO genügen, darf nicht übersehen werden, dass die D&O-Versicherung eine Fremdversicherung ist. Daher kann ein zwischen einem D&O-Versicherer und einem VN abgeschlossener Vertrag eine unzulässige Schiedsvereinbarung zu Lasten Dritter sein.[25]

11 Fraglich ist auch die Höhe der **Rechtsanwaltskosten**, die vom D&O-Versicherer übernommen werden müssen. Das Rechtsanwaltsvergütungsgesetz[26] lässt nämlich in dieser Hinsicht einen relativ großen Freiraum. Es verlangt lediglich, dass die vereinbarte Vergütung in einem angemessenen Verhältnis zu Leistung, Verantwortung und Haftungsrisiko des Rechtsanwalts steht (§ 4 Abs. 2 Satz 3 RVG). Daher empfiehlt sich für die D&O-Versicherung eine möglichst genaue vertragliche Regelung dieser Frage.[27] Andernfalls sind die Parteien gehalten, eine angemessene Vereinbarung noch vor der Beauftragung des Rechtsanwalts zu treffen.[28]

12 **c) Prozessführungsbefugnis.** Ziff. 4.5 Abs. 1 und 2 AVB-AVG regelt die Prozessführungsbefugnis des D&O- Versicherers in einem Haftpflichtprozess. Dies ist für die allgemeine Haftpflichtversicherung gängige Praxis.[29] Abs. 1 definiert die außergerichtliche Bevollmächtigung (sog. Regulierungsvollmacht) des Versicherers.[30] Diese wird dann in Abs. 2, also

---

[23] *Möhrle* S. 17 f.; vgl. *Barzen/Brachmann/Braun* S. 122; *Ihlas*, D&O, S. 440 f.

[24] Z.B. Ziff. 1.3 (Abwehr- und Entschädigungsfunktion) in Teil II (Umfang der Versicherung) in der Marsh-Spezialdeckung zur Vermögensschadenhaftpflicht-Versicherung von Unternehmensleitern 2009.

[25] Siehe ausführlich dazu VersR-Hdb/*Beckmann* § 28 Rn. 87.

[26] Gesetz über die Vergütung der Rechtsanwältinnen und Rechtsanwälte (RVG) v. 5.5. 2004 (BGBl. I S. 718, 788).

[27] *Olbrich* S. 171 f.

[28] *Olbrich* S. 171 f.

[29] Vgl. Ziff. 5.2 Abs. 1 AHB (Regulierungsvollmacht), Ziff. 5.2 Abs. 2 AHB (Prozessführungsvollmacht) und Ziff. 25.5 Satz 1 AHB (Obliegenheit des VN, dem Versicherer die Prozessführung zu überlassen). Siehe VersR-Hdb/*Beckmann* § 28 Rn. 88; Terbille/*Kummer* § 12 Rn. 161.

[30] Siehe ausführlich dazu VersR-Hdb/*Beckmann* § 28 Rn. 88.

durch die Prozessführungsbefugnis, präzisiert. Beide Klauseln ergänzen sich und bilden ein geschlossenes Regelungsgefüge.[31]

13 Ziff. 4.5 Abs. 1 AVB-AVG bevollmächtigt den Versicherer, alle ihm zur Abwicklung des Schadens oder zur Abwehr der Schadensersatzansprüche zweckmäßig erscheinenden Erklärungen im Namen der versicherten Person abzugeben. Ziff. 4.5 Abs. 2 AVB-AVG sieht vor, dass im Falle eines Haftpflichtprozesses der Versicherer den Prozess im Namen des Versicherten zu führen hat. Diese Befugnis des Versicherers wird damit begründet, dass es der Versicherer ist, der letztendlich sowohl die Rechtsschutzkosten als auch die Schadenskosten zu übernehmen hat. Deshalb ist es für ihn vorteilhaft, auf das Verfahren wegen der Haftungsforderung im Voraus Einfluss nehmen zu können, um seine Kosten möglichst niedrig zu halten.[32] Andererseits ist die Deckungspflicht des Versicherers durch die **Versicherungssumme** beschränkt. Daraus ergibt sich, dass die die Versicherungssumme übersteigenden Kosten vom Versicherten selbst zu tragen sind.[33] Daher ist eine Lösung notwendig, die beiden jeweils unterschiedlich in der Pflicht stehenden Parteien angemessenen Einfluss auf die Prozessführung gewährt.

14 Die Abgabe der Prozessführungsvollmacht an den Versicherer stellt eine Obliegenheit des Versicherten dar.[34] Folglich ist der Versicherer alleine und ausschließlich zur Prozessführung berechtigt. Der Versicherte hat sich grundsätzlich jeder Einflussnahme auf die Prozessführung zu enthalten. Sollte es zu Meinungsverschiedenheiten zwischen dem Versicherten und dem Versicherer kommen, so wiegen die Interessen des Versicherers höher[35] und dieser Konflikt wird zu Lasten des Versicherten entschieden.[36]

15 **d) Auswahl des Rechtsanwalts.** Die Regulierungsvollmacht und die Prozessführungsbefugnis wecken im Falle der D&O-Versicherung gewisse Zweifel, deren Ursprung wiederum in der rechtlichen Natur der D&O-Versicherung als einer Versicherung für fremde Rechnung begründet liegt. Es stellt sich die Frage, wie die gerichtliche bzw. außergerichtliche Bevollmächtigung auf den Versicherten erstreckt werden kann. Denn eine Vollmacht i.S.d. §§ 167 ff. BGB kann ausschließlich vom Vollmachtgeber oder von einem sonst dazu Berechtigten erteilt werden.[37]

---

[31] *Koch/Hirse* VersR 2001, 405, 406.
[32] *Olbrich* S. 172.
[33] *Ferck* S. 31.
[34] *Späte* § 5 Rn. 39.
[35] *Späte* § 5 Rn. 40.
[36] *Littbarski* § 5 Rn. 85.
[37] Vgl. *Medicus* Rn. 923.

Daraus ergibt sich, dass sich auch im Falle der D&O-Versicherung die Bevollmächtigung auf den Willen des Vollmachtgebers, hier des Versicherten, zurückführen lassen muss.[38] Nun sind aber in der D&O-Versicherung die meisten Versicherten weder am Vertragsabschluss beteiligt, noch wissen sie häufig von der Existenz dieses Vertrages. Unter diesen Umständen lässt sich die in einer D&O-Versicherung enthaltene Bevollmächtigung nicht auf den Willen des Versicherten zurückführen. Aus diesem Grund empfiehlt es sich für den Versicherer, die Zustimmung des Versicherten einzuholen, bevor der Anwalt die Verhandlungen mit dem Dritten beginnt.[39]

16 Damit verbunden ist die Frage, wer den **Rechtsanwalt auswählt**. Aus der Gestaltung der einschlägigen Klauseln der AHB, die die gerichtliche und außergerichtliche Bevollmächtigung regeln und die als Vorlage der Ziff. 4.5 Abs. 1 und 2 AVB-AVG gedient haben, wird von der wohl h. M. in der Haftpflichtversicherung der Schluss gezogen, dass die Auswahl des Rechtsanwalts zu den Befugnissen des **Versicherers** gehört. Der eventuelle diesbezügliche Vorschlag des Versicherten hat für den Versicherer *keine* bindende Wirkung.[40] Manche behaupten sogar eine Pflicht des VN, dem vom Versicherer bestellten und bezeichneten Rechtsanwalt die Prozessvollmacht zu erteilen.[41]

17 Dem kann so nicht zugestimmt werden: Eine Klausel, die dem Versicherten jeglichen Einfluss auf die Person seines Rechtsanwalts entzieht, kann aufgrund der Natur des Verhältnisses zwischen dem Rechtsuchenden und seinem Bevollmächtigten nicht akzeptiert werden, da sie gegen das Recht des Versicherten auf freie Anwaltswahl verstößt.[42] Das Verhältnis zwischen dem Rechtsuchenden und seinem Bevollmächtigten hat einen besonderen Charakter.[43] Seine Grundlage bildet das gegenseitige **Vertrauen** der Parteien. Daher scheint eine Lösung, die eine einvernehmliche Bestimmung vorsieht, den Bedürfnissen des Mandatsverhältnisses viel besser zu entsprechen. Aufgrund der Gefahr einer zeitlichen Verzögerung kann sie eventuell mit einer Frist versehen werden bzw. als Letztbestimmungsrecht des Versicherers gestaltet werden.

18 Das zweite Argument für eine einvernehmliche statt einer einseitigen Auswahl besteht in der Tatsache, dass das wirtschaftliche Risiko des Ausgangs des Haftpflichtprozesses nicht gänzlich beim Versicherer liegt. Erstens ist seine Deckungspflicht durch die Versicherungssumme beschränkt,

---

[38] VersR-Hdb/*Beckmann* § 28 Rn. 88.
[39] VersR-Hdb/*Beckmann* § 28 Rn. 88.
[40] *Littbarski* § 5 Rn. 76.
[41] *Littbarski* § 5 Rn. 77.
[42] *Koch/Hirse* VersR 2001, 405.
[43] Siehe ausführlich dazu *Koch/Hirse* VersR 2001, 405 ff.

zweitens kann er seinen möglichen Verlust ggf. durch eine Prämienerhöhung in den dem Urteil folgenden Jahren ausgleichen. In Anbetracht dieser Umstände wird es fraglich, warum das Recht auf Anwaltswahl nur dem Versicherer zustehen sollte.

In der Praxis verleihen viele **D&O-Bedingungen** dem **Versicherten** das Recht, den Anwalt frei zu wählen, gewöhnlich vorbehaltlich eines **Widerspruchs des Versicherers.**[44] Eine solche Lösung scheint ein gerechtfertigter Kompromiss zwischen den Interessen beider Parteien zu sein, welche auch die Erfordernisse des von *Koch* und *Hirse* vorgeschlagenen Modells einer einvernehmlichen Anwaltswahl erfüllt.[45] **19**

e) Führung von Aktivprozessen. Die Leistung des D&O-Versicherers besteht in der Befriedigung begründeter und der Abwehr unbegründeter Schadensersatzansprüche. Letzteres bedeutet einen passiven Rechtsschutz. Von großer praktischer Bedeutung ist die Frage, ob i.R.d. D&O-Versicherungsschutzes auch die Führung von Aktivprozessen möglich ist. In erster Linie geht es hier um solche Fälle, in denen bereits ausgeschiedenen Organmitgliedern gegenüber dem VN Abfindungs-, Vergütungs- oder Pensionsansprüche zustehen, das Unternehmen diese aber wegen einer ihr zustehenden Aufrechnung mit (angeblichen) Schadensersatzansprüchen bzw. der Geltendmachung des Zurückbehaltungsrechts nicht befriedigen will. In einem solchen Fall kommt es zur Aufrechnung einer bestrittenen Schadensersatzforderung gegen eine unbestrittene Forderung der versicherten Person. **20**

Das Schrifttum lässt hier die aktive Hilfe zu, indem die dem Versicherten zustehenden Ansprüche eingeklagt werden können.[46] Dieser aktive Prozess wird allerdings zur Verteidigung der versicherten Person geführt und der aktive Rechtsschutz nur für den Fall gewährt, dass die Forderung der versicherten Person tatsächlich besteht. Sollte sich herausstellen, dass diese Forderung aus anderen Gründen als wegen der Aufrechnung mit einem Schadensersatzanspruch oder der Geltendmachung des Zurückbehaltungsrechts nicht mehr existiert, so ist die versicherte Person verpflichtet, die angefallenen Kosten zurückzuerstatten. Sollten sich hingegen die Schadensersatzansprüche als begründet erweisen, ist der **21**

---

[44] Beispielsweise siehe dazu Ziff. II 2 Abs. 3 (Verfahrensführung/Anwaltswahl) in Teil II (Umfang der Versicherung) in der Marsh-Spezialdeckung zur Vermögensschadenhaftpflicht-Versicherung von Unternehmensleitern 2009; § 2 Ziff. 1.3 AVB-VOV 2008; Art. 4 Abs. 3 Satz 2 Zurich AVBDO 2009; Ziff. 6.1.1 Chubb AVB OLA 2008 sieht sogar die freie Wahl des Rechtsanwalts durch die versicherte Person vor.

[45] *Koch/Hirse* VersR 2001, 405, 408.

[46] Terbille/*Sieg* § 17 Rn. 132; *Koch* GmbHR 2004, 288, 290.

Versicherer hinsichtlich des Betrags der erloschenen Forderung deckungspflichtig, da die D&O-Versicherung gerade für solche Fälle abgeschlossen wurde.[47]

4. Einschränkungen

22 **a) Versicherungssumme. aa) Begriff und Rolle der Versicherungssumme.** Unter Versicherungssumme versteht man den im Versicherungsschein bestimmten Höchstbetrag, zu dessen Deckung der Versicherer sich verpflichtet.[48] Anders als in den AHB und in den Vermögen-AHB gilt die Versicherungssumme in der D&O-Versicherung sowohl für jeden einzelnen Versicherungsfall als auch für das Versicherungsjahr, d.h. für alle während eines Versicherungsjahres eingetretenen Versicherungsfälle zusammen *(aggregate limits)*.[49] Der Hintergrund dafür besteht in der Eingrenzung der auch in der D&O-Versicherung existierenden Frequenzproblematik.[50] Zwar dürfte die Schadensfrequenz in der D&O-Branche noch immer nicht besonders hoch sein,[51] allerdings trifft der Eintritt eines Versicherungsfalles oft mehrere Gläubiger. Dazu kommt eine große Gefahr von Folgeschäden. Unter diesen Umständen ist die Einschränkung des Versicherungsschutzes durch die Versicherungssumme durchaus gerechtfertigt. Sollte der Schaden, für den die versicherte Person haftet, über die im Versicherungsvertrag vereinbarte Versicherungssumme hinausgehen, so ist das Organmitglied verpflichtet, diesen aus eigenen Mitteln zu ersetzen.

23 **bb) Bestimmung der Versicherungssumme.** Schätzungen zufolge liegen die praktisch vereinbarten Versicherungssummen in der Bandbreite zwischen 1 und 25 Mio. € (Mittelstand) bzw. 50 und 400 Mio. € (Großunternehmen). Die Faktoren, die der Festlegung der Versicherungssumme zugrunde gelegt werden, können in zwei Gruppen eingeteilt werden: Einerseits die die Gestaltung des D&O-Vertrags betreffenden Faktoren selbst, insbesondere der geschützte Personenkreis (Erstreckung des Versicherungsschutzes auf leitende Angestellte, Zahl der Organmitglieder) und

[47] *Koch* GmbHR 2004, 288, 290.

[48] Vgl. VersR-Hdb/*Beckmann* § 28 Rn. 90.

[49] VersR-Hdb/*Beckmann* § 28 Rn. 90.

[50] *Olbrich* S. 167; *Ihlas*, D&O, S. 429; *Thümmel/Sparberg* DB 1995, 1013, 1017.

[51] VersR-Hdb/*Beckmann* § 28 Rn. 90. Nach Schätzungen von Branchenexperten ist mittlerweile jede zehnte D&O-Versicherung schadensbehaftet; die Deckung wird allerdings nur in jedem vierten Fall gewährt. Siehe dazu *Freudenberg*, D&O-Versicherung ist für Manager kein Ruhekissen, Handelsblatt v. 8.7. 2009.

andererseits der Umfang der vereinbarten Leistungen.[52] Die zweite Gruppe enthält die mit dem VN selbst verbundenen Parameter, v.a. die Unternehmensgröße, die Umsätze, sowie die Branche, in der das Unternehmen tätig ist.[53] Allerdings bestehen keine gesicherten Erkenntnisse über eine ausreichende Höhe der Versicherungssumme, lediglich über die Höhe der üblicherweise vereinbarten Summen. Nicht selten, v.a. im Falle komplex aufgebauter Verträge, werden innerhalb der Versicherungssumme zusätzlich sog. **Sublimite** vereinbart. Das sind spezielle Beschränkungen der Deckungssumme bei ausgewählten Risiken,[54] beispielsweise für besondere Fälle der Innen- und Außenhaftung.[55]

cc) Anrechnung der Kosten auf die Versicherungssumme. Gemäß § 101 Abs. 2 VVG sind die Kosten eines auf Veranlassung des Versicherers geführten Rechtsstreits auch dann von ihm zu tragen, wenn sie die Versicherungssumme übersteigen. Zutreffend wird darauf hingewiesen,[56] dass diese Norm keinesfalls für die Bedürfnisse einer D&O-Versicherung passt. § 101 Abs. 2 VVG ist allerdings abänderbar.[57] Die Mehrheit der abgeschlossenen D&O-Versicherungsverträge enthält daher Klauseln, die die Aufrechnung der Kosten auf die Versicherungssumme vorsehen (vgl. Ziff. 4.3 Abs. 1 Satz 2 AVB-AVG).[58] **24**

25 Zwar stellen sowohl die Befriedigung als auch die Abwehr jeweils gleichrangige Hauptleistungen des Versicherers dar. Dennoch entscheiden sich die meisten D&O-Versicherer aufgrund des hohen Grades an Komplexität eines Haftungsprozesses gegen Organmitglieder sowohl aus rechtlicher als auch faktischer Sicht für den Versuch, die geltend gemachten Ansprüche abzuwehren. Manche behaupten daher, dass die Abwehrfunktion im Falle der D&O-Versicherung überwiegt.[59] Sogar bei erfolgreicher Abwehr unberechtigter Ansprüche werden die über das RVG hinausgehenden Anwaltsgebühren von der Gegenpartei nicht übernommen.

26 Der eigentliche Grund für die Abbedingung des § 101 Abs. 2 VVG dürfte aber die Herkunft und damit die traditionelle Gestaltung des D&O-Versicherungsvertrages sein. Wie dargestellt, stammt dieses Versicherungsprodukt aus den Vereinigten Staaten.[60] Gravierende Unterschiede im Rechtssystem, wie u.a. ein viel höherer Zeitaufwand für die Rechtsfin-

[52] Terbille/*Sieg* § 17 Rn. 106 (dort Fn. 137).
[53] VersR-Hdb/*Beckmann* § 28 Rn. 90.
[54] *Küpper-Dirks* S. 66.
[55] Terbille/*Sieg* § 17 Rn. 137.
[56] *Ihlas*, D&O, S. 433 ff.
[57] P/M/*Lücke* § 101 Rn. 33.
[58] Vgl. *Ferck* S. 31; *Olbrich* S. 168.
[59] *Ihlas*, D&O, S. 393; *Thümmel/Sparberg* DB 1995, 1013, 1017.
[60] Siehe dazu § 1 Rn. 39 ff.

dung im *common law* oder Unterschiede in der Bezahlung der Rechtsanwälte[61] führen zu viel höheren Rechtsschutzkosten als in Europa. Die Übernahme dieser Rechtsschutzkosten ist somit die vom Versicherer, hier im speziellen vom D&O-Versicherer primär erwartete Leistung. Die herkunftsspezifische Prägung dieser Versicherung bleibt nicht ohne Auswirkungen für die europäische Gestaltung der D&O-Versicherung.[62]

27 **b) Eigenschadenklausel. aa) Begriff und Rolle der Eigenschadenklausel.** Die Eigenschadenklausel, die auch als **Quotenregelung** bezeichnet wird, dient zur Einschränkung der Versicherungsleistung in Fällen der Innenhaftung. Diese Klausel bezieht sich auf Situationen, in denen die versicherte Person an der Gesellschaft (dem VN) kapitalbeteiligt ist.[63] In einem solchen Fall wird der Versicherungsschutz um den Teil des Schadensersatzanspruchs gekürzt, welcher der Quote dieser Kapitalbeteiligung entspricht (Ziff. 4.2 AVB-AVG). Daraus ergibt sich, dass die Einführung der Eigenschadenklausel in einen D&O-Versicherungsvertrag gravierende Rechtsfolgen mit sich bringt. Veränderungen in Beteiligungsverhältnissen, die nach dem Vertragsabschluss stattfinden, wirken sich jeweils auf den Umfang der durch den Vertrag gewährten Deckung aus.

28 Obwohl in Ziff. 4.2 AVB-AVG vorgesehen, findet sich die Eigenschadenklausel nicht in allen D&O-Versicherungsverträgen.[64] In den derzeit abgeschlossenen Verträgen kommt sie sogar relativ selten vor, was auf den zurzeit sehr intensiven Wettbewerb in der D&O-Branche zurückzuführen sein dürfte. Daraus kann aber noch nicht geschlossen werden, dass diese Klausel ganz aus der Vertragspraxis zurückgezogen wurde. Sobald in einem konkreten Fall die hohe Kapitalbeteiligung eines der Organmitglieder als potenzielle Gefährdung erkannt wird, wird diese Klausel in Einzelfällen in den Vertrag als Besondere Bedingung aufgenommen. Die Auswirkungen einer Eigenschadenklausel in einem D&O-Versicherungsvertrag sind in erster Linie für kleinere und mittlere Unternehmen spürbar, da bei diesen Unternehmen Eigentümer und Leitungsorgane häufig identisch sind.[65]

29 Die Eigenschadenklausel zielt darauf ab, „den wirtschaftlichen Unternehmensinhaber nicht selbst zu versichern",[66] was insbesondere kollusivem Zusammenwirken zwischen dem VN und der versicherten Person

[61] Das System der sog. *billing hours*.

[62] Ausführlich dazu *Ihlas*, D&O, S. 435 ff.

[63] *Beckmann*, FS Kollhosser, S. 25, 29.

[64] VersR-Hdb/*Beckmann* § 28 Rn. 93; *Lange* ZIP 2003, 466; *ders.* DStR 2002, 1626, 1627.

[65] *Olbrich* S. 166; *Beckmann*, FS Kollhosser, S. 25, 30.

[66] VersR-Hdb/*Beckmann* § 28 Rn. 93; *Thümmel* Rn. 463; vgl. *Lange* ZIP 2003, 466; siehe ausführlich dazu *Ihlas*, D&O, S. 476 ff.

vorbeugen soll. Die für die D&O-Versicherung schon an sich bestehende Kollusionsgefahr (dazu § 7 Rn. 90 ff.) wird bei einer Kapitalbeteiligung des Organmitglieds zweifellos erhöht.[67] Als Eigenschaden wird jener Schaden bezeichnet, „den ein gegen die Schädigung fremden Vermögens versicherter Schädiger durch einen Fremdschaden selbst erleidet".[68] Im Falle der D&O-Versicherung geht es um den Schaden, den das versicherte Organ durch den Wertverlust der Anteile an der Gesellschaft infolge eigener Pflichtverletzung an eigenem Vermögen erleidet.

Zutreffend wird auf die Tatsache hingewiesen,[69] dass die Höhe der Ka- **30**
pitalbeteiligung einer versicherten Person kein wirklich geeigneter Parameter ist, um die Höhe des Schadens festzustellen, der im persönlichen Vermögen des kapitalbeteiligten Organmitglieds infolge seiner Pflichtverletzung und des daraus folgenden Schadens im Unternehmensvermögen entstanden ist.[70] Denn der Schaden, den das Unternehmen infolge einer Pflichtverletzung erlitten hat, unterscheidet sich vom Schaden, der aufgrund der Minderung des Vermögens der Gesellschaft im privaten Vermögen des Versicherten eintritt. Die Schädigung des Gesellschaftsvermögens führt nicht automatisch zur Minderung des Anteilswertes, da der Wert des Gesellschaftsanteils von verschiedenen Faktoren abhängt und nicht selten von der Wertentwicklung des Gesellschaftsvermögens abgekoppelt ist.[71]

Daher kann die Eigenschadenklausel über ihr versicherungswirtschaft- **31**
liches Ziel leicht hinausschießen, da die Deckungskürzung nur für den tatsächlichen Eigenschaden gerechtfertigt ist.[72] Daraus soll die Unwirksamkeit der Eigenschadenklausel folgen. *Lange* begründet dies mit einem Verstoß gegen das Transparenzgebot (§ 307 Abs. 1 Satz 2 BGB), da eine mögliche ungünstige Folge für den VN in der Klausel versteckt sei.[73] *Möhrle* ist der Ansicht, dass eine so formulierte Eigenschadenklausel den VN unangemessen benachteilige, was wiederum zu deren Unwirksamkeit führen würde.[74] Sie schlägt vor, die durch den Entfall der Eigenschadenklausel entstandene Lücke im Wege der ergänzenden Vertragsauslegung zu schließen, indem die Deckungskürzung auf den tatsächlichen Eigenschaden eingeschränkt wird.[75]

---

[67] Vgl. *Möhrle* S. 38 f.; *Lange* ZIP 2003, 466; *Ihlas*, D&O, S. 476 f.; *Thümmel/Sparberg* DB 1995, 1013, 1018.
[68] *Möhrle* S. 39.
[69] *Möhrle* S. 49 ff; *Lange* ZIP 2003, 466, 469 f.
[70] *Lange* ZIP 2003, 466, 469; *Möhrle* S. 49 ff.
[71] Siehe ausführlich dazu *Möhrle* S. 50.
[72] *Möhrle* S. 51.
[73] *Lange* ZIP 2003, 466, 469.
[74] *Möhrle* S. 51.
[75] *Möhrle* S. 52 f.

32 Praktisch erscheint die These von der Unwirksamkeit der Eigenschadenklausel zweifelhaft: Zum einen soll sich die Unwirksamkeit der Eigenschadenklausel aus der Inhaltskontrolle (§ 307 BGB) ergeben, die allerdings nur auf Bestimmungen in AGB (AVB) Anwendung findet. Wie bereits dargestellt, ist die Eigenschadenklausel gegenwärtig überwiegend nicht mehr in AVB enthalten, sondern findet eher als *Einzelvereinbarung* Eingang in den D&O-Versicherungsvertrag. In solchen Fällen findet § 307 Abs. 1 BGB keine Anwendung.

33 Zum anderen erscheint auch die Prämisse, die Kapitalbeteiligung sei nicht geeignet den Eigenschaden abzubilden, zweifelhaft. Sie wird in erster Linie auf den Unterschied zwischen dem Börsenwert einer Gesellschaft und dem Wert ihres Vermögens gestützt. Im Schrifttum wird jedoch darauf hingewiesen, dass in jenen Situationen, in denen der Aktienbesitz der Ausübung wirtschaftlicher Tätigkeit in Gestalt dieser Gesellschaft dient, sich der Wert der Kapitalbeteiligung dem quotalen Anteil am Unternehmenswert nähert, der vom Unternehmensgesamtwert abgeleitet wird.[76] Es scheint, dass ausgerechnet dieser Fall den Gegenstand der Regelung der Eigenschadenklausel in der D&O-Versicherung bildet. Zumal diese Klausel gewöhnlich erst nach dem Überschreiten einer gewissen Beteiligungsquote[77] am Unternehmen durch das Organmitglied zur Anwendung kommt. Diese Voraussetzung ist als starkes Indiz dafür zu betrachten, dass der Versicherte mittels des Unternehmens eine wirtschaftliche Tätigkeit ausübt. Die Kürzung der Deckung um den Wert der Kapitalbeteiligung des versicherten Organmitglieds an dem VN zeichnet zwar ein stark vereinfachtes Modell, da die auf diese Weise durchgeführte Leistungskürzung den tatsächlich eingetretenen Eigenschaden übersteigen kann. Dennoch scheint es aufgrund der Schwierigkeiten bei der Feststellung der Höhe des im Privatvermögen des versicherten Organmitglieds eingetretenen Schadens durchaus gerechtfertigt zu sein, dieses vereinfachte Modell trotz so mancher Unzulänglichkeit anzuwenden.[78]

34 **bb) Unterschiedliche Gestaltungen der Eigenschadenklausel.** Die wohl häufigste Form der Klausel ist die Vereinbarung, dass die Kapitalbeteiligung des versicherten Organmitglieds zur Einschränkung des Versicherungsschutzes bei der Befriedigung berechtigter Schadensersatzansprüche führt. Möglich sind jedoch auch Klauseln, die den Versicherungsschutz i.R.d. Abwehrkosten einschränken. Zuweilen entfällt ab einer bestimmten quotalen Beteiligung des Versicherten am Unternehmen der Versicherungsschutz ihm gegenüber gänzlich.[79]

---

[76] *Möhrle* S. 50.
[77] Siehe dazu Rn. 36.
[78] So auch *Beckmann*, FS Kollhosser, S. 25, 33.
[79] Terbille/*Sieg* § 17 Rn. 135.

Ziel der Eigenschadenklausel ist es, einem Ausgleich des wirtschaftlichen Unternehmensmisserfolgs durch die Versicherungsleistung vorzubeugen. Diesen Zweck scheint die erste der dargestellten Klauseln, die die Deckungskürzung im Falle einer Schadensbefriedigung vorsieht, am besten zu erfüllen. Die beiden anderen Klauselversionen, die auch den Anspruch des Versicherten auf den Rechtsschutz kürzen bzw. den ganzen Versicherungsschutz entfallen lassen, gehen zu weit, da sowohl kapitalbeteiligte Organmitglieder, als auch diejenigen, die am Unternehmen nicht beteiligt sind, die gleichen Chancen auf Abwehr unberechtigter Ansprüche haben sollten. 35

cc) Beteiligungshöhe und maßgeblicher Beteiligungszeitpunkt. 36
Nicht jede Kapitalbeteiligung der versicherten Person führt automatisch zur Einschränkung der Versicherungsleistung. Die Beteiligung muss eine bestimmte Quote erreichen, wobei AVB unterschiedlicher D&O-Versicherer unterschiedliche Beteiligungsstufen vorsehen, die zwischen 10% und 30%, zum Teil bei 50% liegen.[80] Dabei gilt: je größer die Kapitalbeteiligung des Organmitglieds, desto geringer die Versicherbarkeit des Haftungsrisikos.[81]

Äußerst wichtig ist die Festlegung des maßgeblichen Zeitpunkts für die Bestimmung des Beteiligungsumfangs, wobei abstrakt drei Lösungen in Betracht kommen:[82] Für die Wahl des Beteiligungsumfangs bei *Abschluss* des Versicherungsvertrages spricht die Tatsache, dass der Versicherer die zum Abschlusszeitpunkt bestehenden Beteiligungsverhältnisse der versicherten Personen kennt. Als zweite Möglichkeit kommt der Zeitpunkt der Vornahme der pflichtverletzenden Handlung in Betracht, da genau in diesem Moment die Gefahr des kollusiven Verhaltens beginnt, deren Vorbeugung die Eigenschadenklausel dient. Als dritte zeitliche Bezugsoption könnte der Zeitpunkt des Eintritts des Versicherungsfalles als jener Moment gewählt werden, in dem das kollusive Verhalten quasi komplettiert wird. Dies steht auch im Einklang mit dem in der D&O-Versicherung ansonsten herrschenden *claims made*-Prinzip.[83] Sehr überzeugend ist die Position von *Möhrle*, dass nämlich die Gefahr von kollusivem Zusammenwirken zwischen der Gesellschaft und deren Organmitgliedern erst nach der Pflichtverletzung besteht, also nachdem der Schaden in seinem gesamten Ausmaß bereits bekannt ist.[84] Erst ab diesem Zeitpunkt können beide 37

[80] Terbille/*Sieg* § 17 Rn. 135; *Olbrich* S. 166.
[81] VersR-Hdb/*Beckmann* § 28 Rn. 93.
[82] Zum Folgenden *Lange* ZIP 2003, 466, 468.
[83] VersR-Hdb/*Beckmann* § 28 Rn. 95. Zum Anspruchserhebungsprinzip siehe Rn. 93 ff.
[84] *Möhrle* S. 48.

Parteien darüber nachdenken, wie man diese Last auf den Versicherer überwälzen könnte.

38 Ziff. 4.2 AVB-AVG stellt auf den Zeitpunkt des **Versicherungsfalles** ab, es sei denn, dass zum Zeitpunkt der **Pflichtverletzung** eine höhere Kapitalbeteiligung des Versicherten bestand. Sollte das der Fall sein, so wird ausschließlich auf den Zeitpunkt der Pflichtverletzung abgestellt. Damit wird der Gefahr vorgebeugt, dass der Versicherte nach dem Begehen einer Pflichtverletzung seine Beteiligung am Unternehmen reduziert, um die Deckungskürzung zu vermeiden.[85]

39 Das Fehlen einer Regelung zum maßgeblichen Beteiligungszeitpunkt in einem D&O-Bedingungswerk wirkt sich allerdings nicht in der Unwirksamkeit dieser Klausel aufgrund des Verstoßes gegen das Transparenzgebot des § 307 Abs. 1 Satz 2 BGB aus.[86] Vielmehr ist dann der Zeitpunkt der Geltendmachung des Schadensersatzanspruchs maßgeblich, womit der Gleichklang mit dem *claims made*-Prinzip hergestellt ist.[87]

40 **c) Selbstbehalt. aa) Einleitung.** Seit dem 5.8. 2009 ist die Sparte D&O-Versicherung spezifisch zum Gegenstand gesetzgeberischer Aktivitäten durch Vorschreibung eines Mindestselbstbehalts durch das VorstAG[88] geworden. Bestehende Verträge waren bis zum 1.7. 2010 anzupassen (Übergangsfrist gemäß § 23 Abs. 1 EGAktG). Mit Erlass des VorstAG wurde nicht nur die lange strittige Frage nach der „angemessenen" Höhe des Selbstbehalts für Vorstände und Aufsichtsräte börsennotierter Aktiengesellschaften gemäß Ziff. 3.8 DCGK 2002[89] geklärt und die bloße Empfehlung zur Vereinbarung eines individuellen Selbstbehalts als gesetzliche Pflicht statuiert.[90] sondern es wurde mittelbar auch die Frage der aktienrechtlichen Zulässigkeit einer D&O-Versicherung im Lichte von § 93 Abs. 2 und Abs. 4 Satz 3 AktG vom Gesetzgeber positiv beantwortet.[91]

---

[85] Erläuterungen zu Ziff. 4.2 AVB-AVG.

[86] So aber *Lange* ZIP 2003, 466, 469.

[87] So zutr. VersR-Hdb/*Beckmann* § 28 Rn. 95; anders *Olbrich* S. 166, die in einem solchen Fall die Annahme des Zeitpunkts der Pflichtverletzung vorschlägt.

[88] Gesetz zur Angemessenheit der Vorstandsvergütung v. 31.7. 2009 (BGBl. I S. 2509); Gesamtüberblick vgl. *Thüsing* AG 2009, 517, 517.

[89] Vgl. ausführlich dazu *Ihlas*, D&O, S. 420 ff.

[90] Hinsichtlich der Motivation des Gesetzgebers mag auch die relativ hohe Quote von Unternehmen, die von dieser Empfehlung abgewichen sind, eine Rolle gespielt haben. Vgl. Kodex-Report (2009), Pressemitteilung der Regierungskommission DCGK v. 2.4. 2009, abrufbar unter: www.corporate-governance-code.de; zum „Akzeptanzproblem" der Kodex-Empfehlung MünchKomm-VVG/*Ihlas*, Bd. 2, D&O, Rn. 290.

[91] Vgl. auch § 5 Rn. 2.

Nach dem neu eingefügten § 93 Abs. 2 Satz 3 AktG haben D&O-Policen, welche Aktiengesellschaften für ihre Vorstandsmitglieder abschließen, im Falle der Inanspruchnahme für einen von ihnen verursachten Schaden einen Selbstbehalt von zumindest 10% des jeweiligen Schadens bis mindestens zur Höhe des 1,5-fachen ihres Jahresfestgehalts vorzusehen. Eine bedeutende Ausnahme enthält § 23 Abs. 1 Satz 2 EGAktG für solche Fälle, in denen sich die Gesellschaft aus einer vor Inkrafttreten des VorstAG vorgenommenen Vereinbarung gegenüber dem Vorstandsmitglied verpflichtet hat, D&O-Versicherungsschutz ohne Selbstbehalt zu gewähren.[92] Die Neuregelung gilt lediglich für Vorstandsmitglieder und nicht für den Aufsichtsrat. Dieser soll nach der Neufassung des DCGK jedoch einen dem § 93 Abs. 2 Satz 3 AktG entsprechenden Selbstbehalt vereinbaren.[93] **41**

Zu den umfangreichen strittigen Fragen zur Auslegung des VorstAG gibt es zahlreiche Stellungnahmen in der Lit.[94] Diese können hier nur kursorisch wiedergegeben werden. Was den sachlichen Anwendungsbereich der Vorschrift angeht, so spricht diese zwar generalisierend von der „Absicherung beruflicher Risiken" des Vorstands, die Praxis bezieht dies aber ausschließlich auf die Sparte D&O-Versicherung.[95] Neben im Inland inkorporierten Aktiengesellschaften gilt die Regelung auch für Unternehmen in der Rechtsform der Europäischen Gesellschaft (SE), für Versicherungsvereine auf Gegenseitigkeit (VVaG) sowie Kommanditgesellschaften auf Aktien (KGaA). Da es sich bei D&O-Versicherungsverträgen i.d.R. um Gruppen- bzw. Konzernpolicen handelt, ist auch für Vorstände mitversicherter inländischer Tochter-Aktiengesellschaften (oder einer anderen der betroffenen Gesellschaftsformen) ein entsprechender Selbstbehalt vorzusehen. Dabei dürfte die Rechtsform des VN selbst keine Rolle spielen, und auch nicht, ob es sich bei ihm um eine Gesellschaft ausländischen Rechts handelt. **42**

Da Gesetze grundsätzlich nicht rückwirkend gelten (Rückwirkungsverbot), betrifft der gesetzliche Selbstbehalt nur ab dem 5.8. 2009 begangene Pflichtverletzungen. Zudem nehmen die in der Praxis verwendeten Selbstbehaltsklauseln die Abwehrkosten ausdrücklich vom Selbstbehalt aus, da **43**

---

92 BT-Drucks. 16/13433 S. 12; da Vorstandsverträge gemäß § 84 Abs. 1 Satz 1 AktG nur Laufzeiten bis maximal fünf Jahre aufweisen, wird sich die Adaption in einzelnen Fällen bis 2014 hinziehen; vgl. auch § 5 Rn. 41 ff.

93 Vgl. Ziff. 3.8 DCGK i.d.F. v. 18.6. 2009.

94 Etwa *Wendler* ZfV 2009, 593 ff.; *Kerst* WM 2010, 594 ff.; *van Kann* NZG 2009, 1010 ff.; *Koch* AG 2009, 637, 637 ff.; *Lange* VersR 2009, 1011 ff.; umfassender Gesamtüberblick vgl. P/M/*Voit* Ziff. 4 AVB-AVG Rn. 9 m.w.N.

95 So enthält z.B. auch eine IPO-Versicherung Elemente der persönlichen Absicherung von Vorstandsmitgliedern.

diese zum einen keinen Schaden der Gesellschaft darstellen und zum anderen sich Ansprüche nach längerem Rechtsstreit auch als völlig unbegründet erweisen können und demnach Abwehrkosten keine präventive Verhaltenssteuerung entfalten können, so wie von der Neuregelung bezweckt.[96] Ferner beschränken besagte Klauseln die Anwendung des gesetzlichen Selbstbehalts auf die Innenverhältnisansprüche, was die systematische Stellung der Neuregelung in § 93 Abs. 2 AktG nahelegt.[97] Kontrovers diskutiert wird auch deren Anwendbarkeit auf Vergleiche. Dies dürfte zu bejahen sein, jedenfalls sofern es sich um einen Vergleich mit Anerkenntnisfunktion handelt. Andernfalls würde die Mehrzahl der Organhaftungsansprüche im Innenverhältnis nicht erfasst und das Gesetz liefe *in praxi* weitgehend ins Leere.[98]

44 Auch bei der Berechnung der Höhe des Selbstbehalts ergibt sich eine Fülle von Fragen, auf die hier nicht detailliert eingegangen werden soll. U.a. stellt sich das Problem des relevanten Jahres der Pflichtverletzung zur Bemessung der einschlägigen Vergütung: Ist damit das Versicherungsjahr oder ein Kalenderjahr gemeint? Die Praxis geht vom Kalenderjahr aus. Ob es zu einer zusätzlichen Belastung durch eine Kumulierung bei Pflichtverletzungen aus verschiedenen Kalenderjahren kommt, ist ebenfalls umstritten.[99] Eine wesentliche Frage ist auch mit der Determinierung des einzelnen Selbstbehalts bei einer Mehrzahl von Schadensverursachern mit gesamtschuldnerischer Haftung angesprochen. Dabei dürfte es sachgerecht sein, statt einer Kumulierung der einzelnen Selbstbehalte deren individuelle Höhe entsprechend dem Verursachungsbeitrag der jeweiligen Gesamtschuldner zu begrenzen.

45 Randfragen betreffen z.B. Konstellationen, bei denen ein Vorstandsmitglied für seine Tätigkeit bei einer Tochtergesellschaft in der Rechtsform der AG kein gesondert ausgewiesenes Gehalt bezieht, soweit diese über dessen Funktion als Vorstand der Konzernobergesellschaft mitvergütet ist oder aber das Thema der Behandlung sog. externer Mandate (*outside directorship liability* – ODL)[100] im Kontext der Vorschrift.

46 Das Interesse an einer individuellen Absicherung dieses Selbstbehalts war mit Inkrafttreten der Neuregelung schlagartig vorhanden. Nach Ablauf der Übergangsfrist am 1.7. 2010 sollen bereits ca. 3.000 Individualpolicen zur Absicherung des Selbstbehalts abgeschlossen worden

[96] BT-Drucks. 16/13433 S. 17.

[97] Der einschränkungslose Wortlaut der Bestimmung sowie die intendierte Steuerungsfunktion mögen gegen eine Beschränkung auf die Innenhaftung sprechen. Vgl. P/M/*Voit* Ziff. 4 AVB-AVG Rn. 9 m.w.N.

[98] *Franz* DB 2009, 2764, 2768.

[99] MünchKomm-VVG/*Ihlas*, Bd. 2, D&O, Rn. 304 ff. m.w.N.

[100] Vgl. § 3 Rn. 24.

sein.[101] Die Versicherer reagierten dabei nicht unmittelbar auf den neu entstandenen Markt, sondern sondierten zunächst die Lage, zumal die Zulässigkeit einer Versicherung zunächst unsicher erschien[102] und, wie gezeigt, viele für die Produktgestaltung maßgebliche Auslegungsfragen bestanden. Schließlich haben sich verschiedene Konzepte zur Absicherung des Pflicht-Selbstbehalts herausgebildet, wobei grundsätzlich zwischen sog. **Eigenversicherungen** zur ausschließlichen Abdeckung des persönlichen Selbstbehalts, sog. **Individual-D&O-Versicherungsverträge**, die nicht speziell auf die Füllung der durch den Selbstbehalt entstehenden Deckungslücke zugeschnitten sind, sowie **Gruppenpolicen** unterschieden werden kann. Zukünftiger Innovationsspielraum mag zwar noch vorhanden sein; an dieser Stelle geht es jedoch um die Darstellung der aktuell angebotenen Lösungen und deren Würdigung anhand der darzustellenden Zulässigkeitskriterien.[103]

bb) Konzepte einer Selbstbehaltsversicherung. (1) SB-Eigenversicherung. Die große Mehrheit der Lösungen orientiert sich an der Schließung der durch § 93 Abs. 2 Satz 3 AktG entstandenen Lücke. Der Verzicht auf die Deckung von Abwehrkosten führte zur Bezeichnung „Eigenversicherung“, woraus sich zwei Hauptmodelle mit Untervarianten entwickelt haben. **47**

(a) Annex- oder integriertes Modell. Der Versicherer des Selbstbehalts ist hier identisch mit dem Versicherer der Unternehmens-D&O-Police.[104] Sieht die Konstruktion eine *einzige Versicherungssumme* für die Unternehmenspolice und die SB-Versicherung vor, so dass Leistungen aus letzterer auf die dem Unternehmen zur Verfügung stehende Deckungssumme angerechnet werden, ist vom sog. Anrechnungsmodell die Rede. Steht die Deckungssumme der Selbstbehalts-Police *zusätzlich* zum Limit der Unternehmens-D&O-Police zur Verfügung, wird z.T. vom Kumulmodell gesprochen.[105] **48**

---

[101] Nach einem Vortrag von *Ihlas* auf dem 1. Hamburger Forum Haftpflichtversicherung am 8.10. 2010.

[102] Allgemein wird die Versicherung des gesetzlichen Selbstbehalts nunmehr als zulässig betrachtet. Der Gesetzgeber hat sich zu dieser Frage explizit nicht positioniert, jedoch gebietet eine verfassungsgemäße Auslegung die Zulässigkeit, vgl. dazu *Gädtke* VersR 2009, 1565 ff. Das Schweigen des Gesetzgebers zu dieser Frage wird vielfach als „Nichtverbot“ gewertet, P/M/*Voit* Ziff. 4 AVB-AVG Rn. 12 m.w.N.

[103] Vgl. Rn. 6 ff., 62 ff.

[104] Alternativ kann der Versicherer an einem gelayerten Programm beteiligt sein.

[105] *Messmer* ZfV 2009, 737, 743.

49 **(aa) Regressmodell.** Das Regressmodell als erster Unterfall stellt insofern die naheliegendste Lösung dar, als sie vertragstechnisch aus Sicht des Unternehmens den Zustand vor Erlass des VorstAG abbildet. Im Rahmen dieses Modells reguliert der Versicherer der Unternehmenspolice in gewohnter Weise den vollen Schaden gegenüber des geschädigten VN, so dass dieser unmittelbar die Versicherungsleistung erhält. Das Vorstandsmitglied ist aber verpflichtet, dem Versicherer den Schaden in Höhe des von ihm zu tragenden Selbstbehalts zu ersetzen. Dies geschieht im Regressweg durch den Versicherer der Unternehmenspolice, was den Versicherungsfall unter der Selbstbehaltspolice auslöst. Die Vorteile dieses Modells ergeben sich aus einer einheitlichen Schadensregulierung und der einfachen administrativen Abwicklung. Zentral ist die faktische Umsetzung bzw. Sicherstellung des Regresses gegenüber dem Vorstandsmitglied. In der Praxis ist dies durch entsprechende Klauseln gewährleistet, alternativ kommen u.a. auftragsrechtliche Ersatzansprüche in Betracht.[106] Dem Regressmodell liegt zwingend eine Anrechnungsregelung zugrunde. Deren Nachteil liegt offensichtlich darin, dass die Versicherungssumme der SB-Police durch Schadenszahlungen unter der D&O-Police verbraucht werden kann, was an anderer Stelle noch näher zu erläutern ist.[107]

50 **(bb) Anschlussmodell.** Hier leistet zunächst der Versicherer die Schadenssumme unter Abzug des gesetzlichen Selbstbehalts an den VN der Unternehmenspolice; im Anschluss daran macht das Vorstandsmitglied den bei ihm anfallenden Selbstbehalt beim SB-Versicherer geltend. Das Anschlussmodell erlaubt neben Limitanrechnung auch die Bereitstellung separater Kapazität. Zudem ist eine Versichereridentität nicht notwendig; vielmehr stellt sich ein *Stand Alone*-Modell zwingend als Anschlussmodell dar.

51 **(b) Stand Alone-Modell.** Eine von einer Beteiligung an der Unternehmenspolice unabhängig angebotene Versicherung wird in diesem Sinne auch als „*Stand Alone*-Lösung“ bezeichnet. Es gilt ein gesondertes Limit; eine Anrechung erfolgt nicht. Das Risiko eines Verbrauchs der Versicherungssumme durch Versicherungsfälle unter der Unternehmens-D&O-Police besteht nicht. Zudem ermöglicht das *Stand Alone*-Modell eine erhöhte Flexibilität bei der Versichererwahl und bei einem Wechsel des Vorstandsmandats. Während Lösungen mit Versichereridentität bzgl. SB- und D&O-Police typischerweise bei einem Wechsel des Mandats

---

[106] Vgl. im Detail *Gädtke/Wax* AG 2010, 851, 858.
[107] Vgl. Rn. 73.

oder des Versicherers der Unternehmenspolice enden, löst dieser Umstand im Rahmen eines *Stand Alone*-Modells regelmäßig nur eine Anzeigepflicht aus.

(2) Individual-D&O-Versicherung. Bei der Individual-D&O-Versicherung ist zu unterscheiden zwischen Konzepten, die explizit auf die Absicherung des Selbstbehalts nach § 93 Abs. 2 Satz 3 AktG abzielen, und Lösungen, die einen solch expliziten Bezug nicht enthalten. Beiden ist die zusätzlich vorhandene Abwehrkostenkomponente nach den §§ 100 ff. VVG gemeinsam.[108] 52

Schließt ein Vorstandsmitglied eine Individualdeckung ab, so tut es dies i.d.R. aus dem Gedanken eines von der Unternehmenspolice unabhängigen und von Bedenken der *compliance*[109] möglichst unbelasteten zusätzlichen Versicherungsschutzes heraus. Primäres Interesse wird hierbei der Deckungsumfang einer solchen Police sein, übernimmt sie doch bei Ausfall der Unternehmensdeckung die Hauptrolle bei Abwehr und Deckung der Schadensersatzansprüche gegen das betroffene Vorstandsmitglied. Das Verhältnis einer solchen Individualversicherung zur Unternehmenspolice richtet sich im Einzelnen nach den vereinbarten Subsidiaritätsregeln. Bei einer vollwertigen Individual-D&O-Police stellt die Deckung des gesetzlichen Selbstbehalts lediglich einen Unterfall des Leistungsspektrums dar. Es versteht sich von selbst, dass das Vorstandsmitglied bei Abschluss einer solchen Versicherung alle individuellen Risikoparameter in seine Einkaufsüberlegungen einfließen lassen sollte. Die Tatsache, dass die Individualpolice ein geradezu „ungeliebtes Kind" der Versicherungswirtschaft ist, sollte als Motivation für das Vorstandsmitglied dienen, ein optimales Verhandlungsergebnis zu erzielen.[110] 53

(3) Gruppenpolice. Eine Gruppenpolice ist als Versicherung für fremde Rechnung (§§ 43 ff. VVG) so ausgestaltet, dass die einzelnen Vorstandsmitglieder als Mitversicherte dem Vertrag beitreten können, wobei ein Vorstandsmitglied oder ein das Vertrauen der Vorstandsmitglieder genießender externer Dritter (Rechtsanwalt, Steuerberater, Makler, etc.) die Rolle des VN übernimmt. Als gesetzlicher Treuhänder obliegt diesem die 54

[108] *Gädtke/Wax* AG 2010, 851, 866 f.

[109] Siehe dazu Rn. 60.

[110] Die Versicherer fürchten bei einer Individuallösung stets ein Anlocken von Haftungsklagen nach der sog. *deep pocket theory* und haben sich bislang bei der Gewährung höherer Versicherungssummen zurückgehalten. Vgl. *Ihlas*, D&O, S. 334 ff.; nur HDI-Gerling bietet derzeit eine solche Lösung an (AVB-D&O 2009 Comfort Individual).

Einziehungs- und Auskehrungspflicht im Hinblick auf die Versicherungsleistung.[111] Außerdem trifft ihn die Einhaltung der vertraglichen Anzeigepflichten und Obliegenheiten.[112] Die gesetzlichen Obliegenheiten haben aber gemäß § 47 Abs. 1 VVG auch die Mitversicherten zu erfüllen. Eine solche Gruppenpolice kann theoretisch als SB-Eigenversicherung (siehe Rn. 47) oder als Individual-D&O-Versicherung (siehe Rn. 52) ausgestaltet sein.

55 Konstruktionstechnisch ist der Gruppenvertrag also der Gegenentwurf zu einer Individuallösung. Tendenziell wird dasjenige Vorstandsmitglied mit dem höchsten Fixeinkommen das Gruppenpolicenlimit „anzapfen", zumal bei einem solchen Mitglied auch die größte Haftung angesiedelt ist.[113] Hinzu tritt bei Versichereridentität der Unternehmenspolice und der D&O-Selbstbehaltsgruppenpolice bei einer wechselseitigen Anrechnung mit der Unternehmenspolice ein weiterer Limiterodierungseffekt, so dass die Wahl einer angemessen hohen Versicherungssumme angezeigt ist. Falls man der Meinung anhängt, dass es zu einer Kumulierung der Selbstbehalte kommen kann,[114] empfiehlt sich eine jährliche Überprüfung des Policenlimits umso mehr.

56 Zudem existiert das Modell eines Kollektivrahmenvertrags zwischen Versicherer und (Anstellungs-)Unternehmen, der als Plattform für die von den Vorstandsmitgliedern abzuschließenden Einzelverträgen von SB-Eigenversicherungen dient.[115] Das Unternehmen treffen dabei neben der Pflicht zum Prämieninkasso diverse Informationspflichten sowie die Pflicht zur Aushändigung des Versicherungsscheins der SB-Versicherung. Dabei ist das Unternehmen als Partei des Kollektivrahmenvertrags gehalten, unentgeltlich, nicht beratend, nicht bewertend und nicht als Vermittler des Versicherers tätig zu werden.

---

[111] P/M/*Prölss/Klimke* § 46 Rn. 1 m.w.N.; es ist zweckmäßig, das Erfordernis des § 44 Abs. 2 VVG (Besitz des Versicherungsscheins zur Ausübung der Rechte aus dem Versicherungsvertrag) abzubedingen, so dass das einzelne mitversicherte Vorstandsmitglied im Versicherungsfall den Leistungsanspruch gegenüber dem Versicherer selbst geltend machen kann.

[112] P/M/*Prölss/Klimke* § 46 Rn. 1 und § 44 Rn. 3.

[113] Z.B. beim Vorsitzenden des Vorstands. Hier wird aus Fairnessgründen auch eine entsprechend gewichtete Prämienallokation innerhalb der einzelnen versicherten Personen zu erfolgen haben. Bei einer größeren Zahl versicherter Personen wird die auf das einzelne Mitglied entfallende Prämie v.a. durch den relativ niedrigen administrativen Aufwand des Versicherers sinken. Erstrebenswert ist bei großen Pools die Aufnahme einer in der Sparte ansonsten unüblichen Wiederauffüllungsoption bezüglich der Versicherungssumme für das einzelne Mitglied.

[114] Siehe Rn. 44.

[115] Die Chubb Insurance Company of Europe S.E. bietet ein solches Modell an.

cc) Modell des GDV. Im Anschluss an die Regelung der üblichen Selbstbehalte in Ziff. 4.3 Abs. 2 AVB-AVG fügte der GDV ab März 2010 mit Blick auf § 93 Abs. 2 Satz 3 AktG n.F. die folgenden drei weiteren Absätze ein: 57

„Soweit die versicherten Personen als Vorstandsmitglieder von Gesellschaften in Anspruch genommen werden, auf die das deutsche Aktiengesetz (AktG) Anwendung findet, gilt Folgendes: 58

Sofern kein höherer Selbstbehalt vereinbart ist, tragen die versicherten Personen im Versicherungsfall einen Selbstbehalt von ...% des Schadens bis zur Höhe des ...-fachen der festen jährlichen Vergütung des Vorstandsmitglieds.

Diese Selbstbehaltsregelung findet keine Anwendung auf Ansprüche wegen Pflichtverletzungen, die vor dem 5.8. 2009 begangen worden sind oder solange und soweit die versicherte Gesellschaft gegenüber den Vorstandsmitgliedern aus einer vor dem 5.8. 2009 geschlossenen Vereinbarung zur Gewährung einer D&O-Versicherung ohne Selbstbehalt verpflichtet ist.

Auf Abwehrkosten findet dieser Selbstbehalt keine Anwendung.“

Zur Auffüllung dieses Selbstbehaltes hat der GDV dann mit Stand März 2010 die Musterbedingungen zur Absicherung des persönlichen Selbstbehalts nach dem VorstAG herausgebracht.[116] Die Empfehlung des GDV weist in Richtung eines *Stand Alone*-Modells ohne Anrechnung mit einer unbedingten Folgepflicht im Schadensfall. Die jeweilige jährliche Vertragsverlängerung nach Ziff. 6 ist gesondert zu vereinbaren, was nunmehr im Widerspruch zu der mit Ziff. 3.6 in den AVB-AVG 2011 eingeführten automatischen Verlängerung der Unternehmenspolice steht. Auch die Nachmeldefrist ist gesondert zu vereinbaren. Aufgrund der Vielfalt der am Versicherungsmarkt erhältlichen Varianten kann das GDV-Modell im Gegensatz zur „allgemeinen“ D&O-Versicherung allerdings nicht als Referenzmodell betrachtet werden. 59

Blickt man auf die verschiedenen Modelle und will man einen Trend im „Einkaufsverhalten“ der Vorstände ausmachen, so lässt sich feststellen, dass sich anfangs, v.a. aus Kostengründen, die Mehrheit der Vorstandsmitglieder für Anrechnungsmodelle interessierte, während sich in weiterer Folge, v.a. aus „Compliancegründen“, ein Trend zu *Stand Alone*-Modellen bzw. zu Individual-D&O-Versicherungsverträgen gefestigt zu haben scheint. Dies wirkte sich auch auf die Angebotsseite aus. Wenngleich die einzelnen Modelle hinsichtlich ihrer Zulässigkeit bislang nicht Gegenstand einer gerichtlichen Überprüfung geworden sind, gibt es hierzu in- 60

[116] Allgemeine Versicherungsbedingungen für die persönliche Absicherung des Selbstbehalts nach dem VorstAG (Persönliche Selbstbehaltsversicherung), Musterbedingungen des GDV (Stand: März 2010).

zwischen verschiedene Stellungnahmen im Schrifttum.[117] Wenn in der Praxis vereinzelt davon die Rede ist, dass sich etwa 50% der Absicherung suchenden Vorstandsmitglieder für ein Anrechnungsmodell entschieden haben,[118] so erscheint eine zukünftige gerichtliche Überprüfung dieses Modells nicht unwahrscheinlich.

61 **dd) Anforderungen an eine gesetzlich zulässige SB-Versicherung.** Die wichtigste praktische Anforderung an eine Versicherungslösung zur Abdeckung des Pflichtselbstbehalts liegt darin, dass sie den gesetzlichen Anforderungen genügt, im weitesten Sinne also *„compliant"* ist. Einschlägige Maßstäbe stellen dabei § 93 Abs. 2 Satz 3 AktG i.V.m. § 134 BGB sowie die §§ 305 ff. BGB dar.[119]

62 **(1) § 93 Abs. 2 Satz 3 AktG als gesetzliches Verbot einer D&O-Versicherung ohne Mindestselbstbehalt. (a) Qualifikation des § 93 Abs. 2 Satz 3 AktG als Verbotsnorm i.S.v. § 134 BGB.** Ob § 93 Abs. 2 Satz 3 AktG ein gesetzliches Verbot i.S.d. § 134 BGB enthält, ist umstritten.[120] Die überwiegende Meinung im Schrifttum bejaht dies mit der Begründung, dass sich aus der teleologischen Auslegung des § 93 Abs. 2 Satz 3 AktG ergebe, dass der Gesetzgeber den Abschluss einer D&O-Versicherung ohne Selbstbehalt und damit das Rechtsgeschäft als solches inhaltlich missbilligen, also nur noch D&O-Versicherungsverträge mit einem § 93 Abs. 2 Satz 3 AktG entsprechendem Selbstbehalt zulassen wollte.[121] Die Mindermeinung sieht in der Neuregelung dagegen lediglich eine Regelung des gesellschaftlichen Innenverhältnisses, welches die Wirksamkeit des Versicherungsvertrages unberührt lässt und lediglich eine Schadensersatzpflicht des bei Abschluss des Versicherungsvertrages gesetzwidrig handelnden Organs auslöst.[122] Die praktische Bedeutung einer solchen Schadensersatzpflicht ist aber wegen der marginalen Prämienrelevanz des persönlichen Selbstbe-

---

[117] Zuletzt ausführlich *Gädtke/Wax* AG 2010, 851 ff.; des Weiteren *Albers* CCZ 2009, 222 ff.; *Schulze Schwienhorst/Koch* VW 2010, 424 f.; *Messmer* ZfV 2009, 737 ff.

[118] Nach einem Vortrag von *Albers* (Allianz Global Corporate & Specialty) auf dem 1. Hamburger Forum Haftpflichtversicherung am 8. 10. 2010.

[119] Nach überwiegender Auffassung sind § 134 BGB und § 307 BGB nebeneinander anwendbar, vgl. z.B. W/L/P/*Wolf* § 307 BGB Rn. 12.

[120] Zu den Kriterien für das Vorliegen eines Verbotsgesetzes Staudinger/*Sack*, Neubearbeitung 2003, § 134 BGB Rn. 31, 34; MünchKomm-BGB/*Armbrüster* § 134 Rn. 41 ff.

[121] P/M/*Voit* Ziff. 4 AVB-AVG Rn. 10 m.w.N.; *Gädtke* VersR 2009, 1565, 1567; *Koch* AG 2009, 637, 639; *Franz* DB 2009, 2764, 2770 f.

[122] *Dauner-Lieb/Tettinger* ZIP 2009, 1555, 1556; ähnlich *van Kann* NZG 2009, 1010, 1013; *Hohenstatt* ZIP 2009, 1349, 1354.

halts in einer als Katastrophenversicherung geltenden Sparte denkbar gering. Eine lediglich schadensersatzbewehrte Verpflichtung könnte daher nicht die intendierte Steuerungsfunktion der Haftungsregelung in § 93 AktG bewirken.[123]

Geht man somit mit der h.M. davon aus, dass es sich bei § 93 Abs. 2 Satz 3 AktG um eine Verbotsnorm i.S.v. § 134 BGB handelt, stellt sich die Frage nach der Rechtsfolge einer Nichtvereinbarung des Selbstbehalts im Versicherungsvertrag bzw. bei einer Vereinbarung nicht in der vorgesehenen Höhe. Soweit man wiederum davon ausgeht, dass sich die Neuregelung nicht gegen die privatrechtliche Wirksamkeit und damit nicht gegen den wirtschaftlichen Erfolg der D&O-Versicherung an sich richtet, sondern nur gegen eine darin enthaltene vertragliche Regelung, die nicht im Einklang mit den gesetzlichen Mindestanforderungen steht, so hat ein Verstoß nicht die Gesamt-, sondern lediglich die Teilnichtigkeit des D&O-Vertrages gemäß § 139 Halbs. 2 BGB zur Folge.[124] Der insoweit fehlende oder fehlerhafte Vertragsbestandteil ist um eine § 93 Abs. 2 Satz 3 AktG entsprechende Selbstbehaltsregelung zu ergänzen.[125] **63**

(b) Erstreckung des Verbots auf bestimmte Konzepte der SB-Versicherung. An die Qualifizierung des § 93 Abs. 2 Satz 3 AktG als Verbotsgesetz i.S.v. § 134 BGB knüpft sich die Frage an, ob und inwieweit die Norm mittelbar zugleich bestimmte Versicherungskonzepte zur Abdeckung des Pflichtselbstbehalts inhaltlich missbilligt.[126] Da der Gesetzgeber selbst keine Aussage zur Versicherung des Selbstbehalts trifft, lassen sich Vorgaben für die Zulässigkeit einer Versicherungslösung nur mittelbar aus der Gesetzesbegründung herleiten. Diese liefert hierfür insbesondere den Anhaltspunkt der beabsichtigten präventiven Verhaltenssteuerung des Vorstandsmitglieds durch die Pflicht zur Tragung des Selbstbehalts bzw. die potenzielle Haftung mit dessen Privatvermögen.[127] **64**

Die Versicherung des Selbstbehalts darf also der Steuerungsfunktion des § 93 Abs. 2 Satz 3 AktG nicht zuwider laufen. Bei Abschluss einer Versicherung kann die Verhaltenssteuerung einerseits durch die Pflicht zur Zahlung der dafür aufzubringenden Prämien, andererseits durch das Risiko erfolgen, dass die SB-Versicherung im Versicherungsfall gekündigt, der Deckungsumfang eingeschränkt oder die Prämie erhöht wird.[128] **65**

---

[123] P/M/*Voit* Ziff. 4 AVB-AVG Rn. 10.

[124] *Koch* AG 2009, 637, 639; *Kerst* WM 2010, 594, 600; *Wendler* ZfV 2009, 593, 598 f.; P/M/*Voit* Ziff. 4 AVB-AVG Rn. 10.

[125] *Gädtke* VersR 2009, 1565, 1572.

[126] Ausführlich *Gädtke/Wax* AG 2010, 851 ff.

[127] BT-Drucks. 16/13433 S. 17.

[128] *Gädtke/Wax* AG 2010, 851, 853.

66 Eine Steuerungswirkung ist somit zweifellos zu verneinen, wenn die Gesellschaft das Vorstandsmitglied von den Kosten der SB-Versicherung freistellt oder ihm diese anderweitig erstattet.[129] Zweifel an der Steuerungswirkung könnten dann bestehen, wenn – etwa i.R.d. sog. Anrechnungsmodells[130] – vom Versicherer ein gewisser Nachlass auf die Prämie gewährt wird.[131] So sieht die wohl h.M. im Schrifttum in jeglicher Beteiligung der Gesellschaft an der Selbsttragung des SB-Risikos der Vorstandsmitglieder (Stichwort: „Quersubventionierung") eine Umgehung von § 93 Abs. 2 Satz 3 AktG.[132]

67 Maßgeblich für die Beurteilung der Zulässigkeit des Anrechnungsmodells ist allerdings nicht der Vergleich mit dem Modell separater Kapazität,[133] sondern, ob durch die angebliche „Quersubventionierung" die Steuerungsfunktion unterlaufen wird. Einen gewissen Wertungsspielraum unterstellt, wird man von einer Unwirksamkeit der SB-Versicherung nur bei einer nachhaltigen Einwirkung auf die Steuerungsfunktion ausgehen dürfen, so etwa, wenn der Versicherer für die SB-Police nur eine sehr niedrige „Ausstellungsgebühr" berechnet. Andererseits wird sich empirisch kaum belegen lassen, dass das Vorstandsmitglied bei einer um beispielsweise 20% niedrigeren Prämie bei Wahl des Anrechnungsmodells im Vergleich zu einem Modell mit separater Kapazität einer geringeren präventiven Verhaltenssteuerung unterliegt.[134] Zudem darf nicht außer Acht bleiben, dass sich beim Anrechnungsmodell eine gewisse Steuerungsfunktion auch darüber ergibt, dass die (geteilte) Versicherungssumme der SB-Versicherung durch andere, § 93 Abs. 2 Satz 3 AktG nicht betreffende, Versicherungsfälle unter der Unternehmenspolice, beispielsweise bei GmbH-Tochterunternehmen oder Tochterunternehmen im Ausland, erschöpft werden kann und daher dem Vorstandsmitglied eine Haftung mit dem Privatvermögen droht, was wiederum der ursprünglichen Intention des Gesetzgebers entspricht.[135]

68 **(c) Rechtsfolge.** Unterstellt man einer „Quersubventionierung" eine die Verhaltenssteuerung unterlaufende Wirkung, dann wird man von der Nichtigkeit der entsprechenden Anrechnungsklausel gemäß § 93 Abs. 2

[129] So auch *Koch* AG 2009, 637, 646.

[130] Vgl. Rn. 48.

[131] Unterstellt, dass dieses einer AGB-rechtlichen Überprüfung standhält, vgl. Rn. 73.

[132] So etwa *Lange* r+s 2010, 92, 97 f.; MünchKomm-VVG/*Ihlas*, Bd. 2, D&O, Rn. 71.

[133] Vgl. Rn. 51.

[134] *Gädtke/Wax* AG 2010, 851, 853 f.

[135] *Gädtke/Wax* AG 2010, 851, 854.

Satz 3 AktG, § 134 BGB auszugehen haben.[136] Hingegen wird man i.d.R. nicht zu einer Gesamtnichtigkeit des Versicherungsvertrages (§§ 134, 139 BGB) kommen, da – abhängig von den Umständen des Einzelfalles – nach dem mutmaßlichen Parteiwillen sowie nach den Grundsätzen von Treu und Glauben und unter Berücksichtigung der Verkehrssitte eine Regelung mit separater Versicherungssumme naheliegend ist, die an die Stelle der unwirksamen Anrechnungsklausel tritt. Anders stellt sich die Situation dar – mit der möglichen Folge der Gesamtnichtigkeit des Vertrages –, wenn der SB-Versicherer keine zusätzliche Kapazität anbieten kann oder will. Gerade bei schwierigen Risiken im Finanzdienstleistungssegment stoßen manche Versicherer an ihre Kapazitätsgrenzen.[137] In diesem Fall ist das Vorstandsmitglied auf Schadensersatzansprüche gegen den Versicherer verwiesen.[138]

(2) AGB-rechtliche Inhaltskontrolle nach § 307 BGB. Gemäß der **69**
§§ 305 ff. BGB, insbesondere § 307 BGB, haben AGB einer Inhaltskontrolle standzuhalten. Die vom Versicherer verwendeten AVB[139] dürfen nicht zu einer unangemessenen Benachteiligung des VN führen.

(a) Strikte Akzessorietät als unangemessene Benachteiligung? **70**
I.R.d. Eigenversicherung des Selbstbehalts knüpft die Leistungspflicht des SB-Versicherers i.d.R. unmittelbar an die – einen Fall des § 93 Abs. 2 Satz 3 AktG betreffende – Schadenszahlung des D&O-Versicherers an,[140] auch bezeichnet als **uneingeschränkte** oder **strikte Akzessorietät**.[141] Darin wird vereinzelt eine unangemessene Benachteiligung i.S.v. § 307 BGB gesehen, insofern der VN der SB-Police seinen Leistungsanspruch ohne weiteres verliert, sobald sein Leistungsanspruch unter der D&O-Versicherung erlischt. Dies sei insbesondere in solchen Fällen misslich, in denen der VN den Verlust des Anspruchs aus der D&O-Versicherung nicht zu

---

[136] Vgl. im Detail die Kriterien für das Vorliegen eines Verbotsgesetzes in Staudinger/*Sack*, Neubearbeitung 2003, § 134 BGB Rn. 31, 34, 88; MünchKomm-BGB/*Armbrüster* § 134 Rn. 41 ff.

[137] Manche Versicherer haben sich weitere Rückversicherungskapazitäten besorgt; alternativ können bei konzertierten Programmen entsprechende Vereinbarungen mit Exzedentenversicherern getroffen werden.

[138] Vgl. *Gädtke/Wax* AG 2010, 851, 854.

[139] Zur Verwendereigenschaft von AVB siehe BGH VersR 2009, 1477 ff.

[140] Z.B. Ziff. 2.6 (Teil A) DUAL AVBDO-SB-RS 04/2010: „*Eine Schadenzahlung des D&O-Versicherers der Gesellschaft löst ohne weitere Prüfung die Zahlungsverpflichtung dieser Selbstbehaltsversicherung aus.*“; weitere Formulierungsbeispiele bei *Lange* r+s 2010, 92, 98.

[141] *Lange* r+s 2010, 92, 98.

vertreten habe.[142] Um AGB-rechtlichen Bedenken standzuhalten, müsse die SB-Versicherung daher eine Limitierung der Akzessorietät dergestalt vorsehen, dass die Leistungspflicht des SB-Versicherers dann aufrecht erhalten bleibt, wenn sich der VN der SB-Police die Leistungsfreiheit der Unternehmenspolice nicht zurechnen lassen muss.[143] Zu denken wäre etwa an die Verletzung von Anzeigepflichten oder vertraglichen Obliegenheiten.

71 Zu einer Inhaltskontrolle gemäß § 307 Abs. 1 und 2 BGB gelangt man freilich nur, falls man die Regelung bzgl. der strikten Anknüpfung der Leistungspflicht des SB-Versicherers an die Leistungspflicht des D&O-Versicherers nicht zum kontrollfreien Leistungsbereich gemäß § 307 Abs. 3 Satz 1 BGB zählt. So ist nach st. Rspr. die Inhaltskontrolle über den Gegenstand der Hauptleistung als sog. Leistungsbeschreibung ausgeschlossen.[144] Im Hinblick auf AVB sind Risikobeschreibungen nicht kontrollfähig, soweit sie den Typ des Versicherungsvertrages konstituieren und den Kernbereich des versicherten Risikos festlegen.[145] Die Rspr. zieht zur Bestimmung des Kernbereichs die *conditio sine qua non* Formel heran.[146] Ist der Inhalt des Vertrags ohne gleichzeitigem Wegfall der Bestimmbarkeit des Vertragsinhalts nicht wegzudenken, ist damit der Kernbereich umrissen. Jedenfalls als Abzugsfranchise, als welche der Selbstbehalt nach § 93 Abs. 2 Satz 3 AktG im Rahmen einer D&O-Versicherung konstruiert ist, setzt er begrifflich die Leistungspflicht des D&O-Versicherers voraus. Er wird rechtlich also erst konstituiert, wenn diese Leistungspflicht besteht.[147] Eine Leistungsbeschreibung wäre der Inhaltskontrolle nur dann zugänglich, wenn sie das Deckungsversprechen einschränkt, verändert, ausgestaltet oder modifiziert.[148] Auch dies ist nicht der Fall. Die Anknüpfung des Leistungsfalls an die anderweitig festgestellte Leistungspflicht des D&O-Versicherers stellt somit i.E. den – insoweit kontrollfreien – Kernbereich der SB-Deckung dar.

72 Selbst wenn man dieser Ansicht nicht folgen will, enthält die Regelung auch keine unangemessene Benachteiligung des versicherten Vorstandsmitglieds i.S.d. § 307 Abs. 1 und 2 BGB. Zunächst liegt ein Selbstbehalt i.S.d. SB-Versicherung schon begrifflich nicht vor, wenn die D&O-Versicherung nicht eingreift.[149] Darüber hinaus kann eine eventuell unvorteil-

---

[142] *Lange* r+s 2010, 92, 98.
[143] *Lange* r+s 2010, 92, 98.
[144] BGH NJW 2000, 577, 579; 2001, 1132 f.
[145] Palandt/*Grüneberg* § 307 Rn. 45.
[146] BGH NJW-RR 1993, 1049, 1050; Erman/*Roloff* § 307 Rn. 38, 42.
[147] *Gädtke/Wax* AG 2010, 851, 856.
[148] Palandt/*Grüneberg* § 307 Rn. 45.
[149] Dies räumt auch *Lange* r+s 2010, 92, 98, ein.

hafte Gestaltung der D&O-Versicherung, etwa im Bereich von Zurechnungsregeln oder Obliegenheitsverletzungen, nicht zu erhöhten Zulässigkeitsanforderungen an die SB-Police führen. Der Zweck der SB-Eigenversicherung besteht letztlich nicht darin, eventuelle Defizite oder Unzulänglichkeiten der D&O-Versicherung auszugleichen. Vielmehr soll diese ausschließlich die Lücke füllen, die durch die Pflicht zur Tragung des Selbstbehalts bzw. die Leistungspflicht des Versicherers der D&O-Police entsteht. Voraussetzung ist allerdings, dass die – insoweit beschränkte – Reichweite des Versicherungsschutzes der SB-Eigenversicherung für das Vorstandsmitglied hinreichend transparent ist (§ 305c BGB).[150] Bei entsprechender Aufklärung des VN wird man auch keine überraschende Klausel annehmen können (§ 307 Abs. 1 Satz 2 BGB).

(b) Anrechnungsmodell als unangemessene Benachteiligung? Wie bereits ausgeführt, besteht beim Anrechnungsmodell für das Vorstandsmitglied das Risiko der Erschöpfung des einheitlichen Limits von SB- und D&O-Police durch § 93 Abs. 2 Satz 3 AktG nicht betreffende Versicherungsfälle unter der D&O-Police.[151] Aus Sicht des Vorstandmitglieds ist das Risiko der Konsumation der Versicherungssumme des Unternehmens umso höher einzustufen, je vielgestaltiger sich der Versicherungsschutz des Unternehmens präsentiert. So weist die Unternehmensabsicherung üblicherweise eine höhere Zahl an Versicherungsgegenständen, einen deutlich weiteren Deckungsumfang – bei Konzernen etwa der Deckung aller (auch ausländischen) Tochtergesellschaften –, sonstige Zusatzdeckungen sowie ggf. eine Deckung der Gesellschaft selbst *(Side C)* auf. Sollte daher für die SB-Deckung im Einzelfall keine Versicherungssumme mehr vorhanden sein, obwohl ein § 93 Abs. 2 Satz 3 AktG betreffender Versicherungsfall unter der D&O-Police reguliert wurde, bevor das Limit der D&O-Police durch andere Versicherungsfälle verbraucht war, so könnte dies eine unangemessene Benachteiligung i.S.v. § 307 BGB darstellen. Dabei wird unterstellt, dass die Anrechnungsklausel auch in der D&O-Police des Unternehmens vereinbart wurde, da andernfalls – mangels entsprechender Regelungsbefugnis der Parteien der SB-Police für die Gesellschaft – ein unzulässiger Vertrag zu Lasten Dritter anzunehmen wäre.[152] **73**

Aus AGB-rechtlicher Sicht kommt es entscheidend darauf an, wie eine Anrechnungsklausel ihren Weg in den Versicherungsvertrag gefunden hat. Liegt eine zwischen den Parteien „ausgehandelte" Individualvereinbarung gemäß § 305 Abs. 1 Satz 3 BGB vor, dann wird anzunehmen sein, dass sie einer Überprüfung standhält. Die Hürden für die Annahme einer Individu- **74**

---

[150] *Gädtke/Wax* AG 2010, 851, 857.
[151] Vgl. Rn. 49.
[152] *Gädtke/Wax* AG 2010, 851, 859.

alvereinbarung sind allerdings hoch, eine bloß explizite Zustimmung derjenigen Partei, welche die Klausel im Zuge der Verhandlung akzeptieren soll, reicht dabei nicht aus.[153] So wird in der Praxis verlangt werden können, dass der Versicherer dem VN die vorgeschlagene Klausel vorlegt, dem VN Gelegenheit gibt, das *wording* im Detail zu diskutieren und verständlich auf die Konsequenzen im konkreten Fall verweist. Zudem sollte der Versicherer dem VN mehrere unterschiedliche Varianten einer SB-Versicherung erläutern und entsprechend abgestufte Vorschläge unterbreiten.[154] Für die weitere Prüfung wird unterstellt, dass es sich bei der Anrechnungsregelung, auch wenn diese – wie in der Praxis verbreitet – lediglich im Rahmen eines Nachtrags zur D&O-Police vereinbart wurde, um Allgemeine Geschäftsbedingungen i. S. v. § 305 Abs. 1 Sätze 1 und 2 BGB handelt.

75 Als gesetzliches Regelbeispiel einer unangemessenen Benachteiligung kommt insofern § 307 Abs. 2 Nr. 2 BGB in Betracht, soweit die Anrechnungsklausel die Pflicht des Versicherers zur Leistung so weit einschränkt, dass der Vertragszweck, nämlich die Gewähr von Versicherungsschutz für den vom Vorstandsmitglied zu tragenden Selbstbehalt, zumindest gefährdet ist.[155] Für eine solche Sichtweise spricht, dass dem Vorstandsmitglied der Verlust des Versicherungsschutzes aus einer von ihm selbst abgeschlossenen und bezahlten Versicherung durch den Verbrauch der Versicherungssumme der D&O-Police des Unternehmens droht. Zwar sind sog. Kumulregelungen (i. S. einer Begrenzung des Kumuls), wie sie auch dem Anrechnungsmodell zugrunde liegen, zur höhenmäßigen Begrenzung eines kundenspezifischen Risikos durch den Versicherer durchaus üblich und verbreitet. Allerdings handelt es sich bei SB- und D&O-Police nicht um zwei Versicherungen innerhalb eines Konzerns oder Unternehmensverbundes, sondern vielmehr um zwei rechtlich völlig selbständige Verträge in Gestalt einer Unternehmens- und einer Einzel- oder Individualpolice, wobei bei letzterer der VN gegenüber dem Versicherer gerade nicht als organschaftlicher Vertreter des Unternehmens, sondern als Privatperson auftritt und dies auch tun muss, damit das Kriterium der Verhaltenssteuerung erfüllt ist.[156]

---

[153] BGH NJW 2000, 1110, 1111.

[154] Vgl. dazu im Detail *Gädtke/Wax* AG 2010, 851, 860: „So kann es sein, dass sich das Vorstandsmitglied nach eingehenden Verhandlungen aufgrund von Kapazitäts- oder Schadenbearbeitungserwägungen für nur einen Versicherer entscheidet. Anzuraten ist eine genaue Dokumentierung, wie das Vorstandsmitglied zu seiner Entscheidung gelangt ist".

[155] *Gädtke/Wax* AG 2010, 851, 861.

[156] *Gädtke/Wax* AG 2010, 851, 860.

Individualinteressen überschneiden sich folglich partiell mit Unternehmensinteressen und umgekehrt. Verglichen mit der Absicherung des persönlichen Haftungsrisikos des Vorstandsmitglieds stehen sich relativ ungleiche Risikofelder gegenüber, was ebenfalls gegen eine Anrechnungsregelung spricht. So nachvollziehbar aus risikotechnischer Sicht der Wunsch des Versicherers sein mag, hier eine Risikobegrenzung einzuführen, so sprechen neben der mangelnden Risikokongruenz auch die unterschiedlichen Interessenlagen der VN als Unternehmensrisiko und des einzelnen Vorstandsmitglieds als Privatrisiko zumindest für den Versuch des Versicherers, mittels einer einseitigen Vertragsgestaltung eigene Interessen auf Kosten des Vertragspartners durchzusetzen.[157] Die mit dem Anrechnungsmodell einher gehenden Nachteile werden auch nicht durch den – im Zweifel nur geringen – Prämienvorteil kompensiert,[158] wobei offen bleiben kann, ob nachteilige Versicherungsbedingungen überhaupt durch einen günstigen Preis ausgeglichen werden können, was von der überwiegenden Auffassung in der Lit. verneint wird.[159] 76

Umgekehrt kann das Anrechnungsmodell auch aus Sicht des Unternehmens eine unangemessene Benachteiligung i.S.v. § 307 BGB darstellen, soweit Leistungen unter einer SB-Police auch zu einer Verringerung der dem Unternehmen zur Verfügung stehenden Versicherungssumme führen.[160] Kritisch dabei ist, dass dieser potenziellen Verringerung der Unternehmensversicherungssumme keine messbare Gegenleistung gegenübersteht. Das soeben zur potenziellen Vertragszweckgefährdung einer Kumulregelung Gesagte gilt insofern entsprechend, wobei die Gefahr einer Kumulierung und damit eines Verbrauchs des Limits der D&O-Police des Unternehmens mit der Zahl der abgeschlossenen SB-Policen und der dort vereinbarten Deckungssummen zunimmt. Ob der Nachteil einer Verkürzung der nach der Schadensregulierung verbleibenden Versicherungssumme für das Unternehmen durch den Vorteil der Regulierung des Selbstbehalts seitens des Versicherers ausgeglichen wird, hängt neben der finanziellen Leistungsstärke des betroffenen Vorstandsmitglieds auch von 77

---

[157] Nach st. Rspr. ist eine Benachteiligung unangemessen, wenn der Verwender durch einseitige Vertragsgestaltung missbräuchlich eigene Interessen auf Kosten seines Vertragspartners durchzusetzen versucht, ohne von vornherein dessen Belange hinreichend zu berücksichtigen und ihm einen angemessenen Ausgleich zuzugestehen, vgl. Palandt/*Grüneberg* § 307 Rn. 12.

[158] Eine solche Kompensation ist grundsätzlich nur dann zulässig, wenn es sich um sachlich zusammengehörende Regelungen handelt, die zueinander in einem Wechselverhältnis stehen, und der anderweitige Vorteil auch vom Gewicht her geeignet ist, einen angemessenen Ausgleich zu bieten, vgl. Staudinger/*Coester*, Neubearbeitung 2006, § 307 Rn. 125.

[159] *Gädtke/Wax* AG 2010, 851, 861 m.w.N.

[160] *Gädtke/Wax* AG 2010, 851, 859 ff.

der individuellen Schadensgeneigtheit des Risikos bzw. von der Wahrscheinlichkeit des Eintritts weiterer, die selbe Versicherungssumme konsumierende Schadensfälle ab.

78 Aus Sicht des Vorstandsmitglieds liegt ein Fall der unangemessenen Benachteiligung trotz Zugrundelegung des Anrechnungsmodells jedenfalls dann nicht vor, wenn für den Fall der Erschöpfung des Limits der SB-Police durch Schadenszahlungen unter der D&O-Police zusätzliche Limitkapazität unter der Voraussetzung zur Verfügung gestellt wird, dass der gegen das Vorstandsmitglied gerichtete Schadensersatzanspruch auch ohne Verbrauch der Versicherungssumme unter der D&O-Police versichert gewesen wäre.[161]

79 **(c) Verstoß gegen das Transparenzgebot wegen Nichtbeifügung der D&O-Police beim Stand Alone-Modell.** Nach § 307 Abs. 1 Satz 2 BGB kann sich eine unangemessene Benachteiligung auch daraus ergeben, dass eine Bestimmung nicht klar und verständlich ist (sog. Transparenzgebot). Eine Ausprägung des Transparenzgebots enthält § 10 VAG, der bestimmt, dass der wesentliche Vertragsinhalt aus dem Versicherungsdokument ersichtlich sein muss. Daran könnte es fehlen, wenn die SB-Police an die Leistungspflicht des D&O-Versicherers nur abstrakt anknüpft, ohne die Voraussetzungen von dessen Leistungspflicht explizit zu machen.[162] So wird ein bloßer Verweis auf die Bedingungen der D&O-Unternehmenspolice teilweise für nicht ausreichend erachtet.[163] Dabei ist die Unternehmenspolice als vertraulich behandelte „Tresorpolice" häufig nur schwer beschaffbar und steht somit als Anhang zur SB-Police oft schlicht nicht zur Verfügung.

80 Soweit Anbieter des *Stand Alone*-Modells[164] deswegen oder aus anderen Gründen auf eine Beifügung der D&O-Police des Unternehmens verzichten, knüpft sich daran die Frage an, ob die Leistungspflicht des SB-Versicherers auch dann besteht, wenn die SB-Police auf die AVB der D&O-Police lediglich verweist, während der D&O-Versicherer unter Hinweis auf diese AVB die Leistung verweigert, so dass eine Eintrittspflicht des SB-Versicherers entfällt. Ein Verstoß gegen das Transparenzgebot führt allerdings nach dem Konzept des § 307 BGB an sich nur dann zur Unwirksamkeit von AVB, wenn die Gefahr einer inhaltlichen Benachteiligung des anderen Teils besteht. Umstritten ist, ob bloße Unklarheit genügt.[165] In aller Regel wird die Unklarheit den Vertragspartner auch be-

[161] *Gädtke/Wax* AG 2010, 851, 861.
[162] *Gädtke/Wax* AG 2010, 851, 863.
[163] *Albers* CCZ 2009, 222, 226.
[164] Vgl. Rn. 51.
[165] Palandt/*Grüneberg* § 307 Rn. 24 m.w.N. (anders noch die 69. Aufl. 2010).

nachteiligen, da seine Verhandlungsoptionen eingeschränkt werden.[166] Vorliegend wird man aber wohl zu differenzieren haben: Da die strikte Akzessorietät der SB-Police zur D&O-Police des Unternehmens nach der hier vertretenen Auffassung keine inhaltliche Benachteiligung des Vorstandsmitglieds mit sich bringt,[167] sollte die Nichtbeifügung der D&O-Police auch keinen Verstoß gegen das Transparenzgebot darstellen.[168]

Grundsätzlich stellen sich bei Gruppen- oder Poollösungen dieselben Zulässigkeitsbedenken wie bei den Individuallösungen, so dass wiederum auf das hierzu Gesagte verwiesen werden kann. **81**

(d) Rechtsfolgen. Rechtsfolge des Verstoßes einer AVB-Regelung gegen § 307 BGB ist grundsätzlich die Unwirksamkeit der entsprechenden Klausel.[169] Im Gegensatz zu § 134 Halbs. 2 BGB ist eine geltungserhaltende Reduktion der unwirksamen Klausel auf den noch zulässigen Teil im Rahmen von § 307 BGB unzulässig.[170] Allerdings kann die Unwirksamkeit durch Neuvornahme nach § 141 BGB geheilt werden, sofern die Parteien in Kenntnis der Unwirksamkeit der Klausel eine entsprechende Individualabrede treffen.[171] **82**

Sind einzelne Klauseln einer SB-Police (Anrechnung, Akzessorietät) gemäß den §§ 305 ff. BGB nicht Vertragsbestandteil geworden, führt dies nach § 306 Abs. 1 BGB grundsätzlich nicht zur Unwirksamkeit des gesamten Vertrages. An die Stelle der unwirksamen Klausel tritt in Ermangelung dispositiven Rechts im Wege der ergänzenden Vertragsauslegung die Regelung, die die Parteien bei sachgerechter Abwägung der beiderseitigen Interessen gewählt hätten, wenn ihnen die Unwirksamkeit der Klausel bewusst gewesen wäre.[172] Unterstellt man die Vereinbarung eines separaten Policenlimits als den dergestalt ermittelten hypothetischen Parteiwillen, so kann es wiederum zu einer Gesamtunwirksamkeit des Vertrages kommen, **83**

---

[166] So Palandt/*Grüneberg* § 307 Rn. 24.

[167] Siehe Rn. 72.

[168] *Gädtke/Wax* AG 2010, 851, 863; i.E. auch *Lange* r+s 2010, 92, 100: „Ob die Bedingungen der D&O-Versicherung eng oder weit gefasst sind […] ist für den VN einer SB-Versicherung irrelevant. Selbst wenn die D&O-Versicherung nicht viel Schutz gewähren und damit – wegen des Grundsatzes der Akzessorietät – auch die SB-Versicherung selten greifen sollte, würde diese doch vollauf ihren Zweck erfüllen, eine etwaige „Selbstbehaltslücke" zu schließen." Allerdings widerspricht *Lange* damit seiner im selben Beitrag vertretenen Auffassung, wonach eine so geartete „strenge Akzessorietät" eine zur Unwirksamkeit der entsprechenden Klausel führende unangemessene Benachteiligung gemäß § 307 BGB darstelle.

[169] Palandt/*Ellenberger* Vor § 104 Rn. 27.

[170] W/L/P/*Wolf* § 307 BGB Rn. 344.

[171] Erman/*Roloff* Vor § 307 Rn. 16.

[172] Palandt/*Grüneberg* § 306 Rn. 13 f.

falls der SB-Versicherer kein separates Limit anbieten will oder dazu nicht in der Lage ist.[173]

84 **d) Serienschadenklausel.** In den am Markt befindlichen D&O-Versicherungsverträgen ist die Serienschadenklausel jeweils sehr unterschiedlich ausgestaltet, woraus große Unterschiede im Deckungskonzept entstehen können.[174] Die Serienschadenklausel ist auch in den Musterbedingungen des GDV enthalten (Ziff. 4.6 AVB-AVG).[175]

85 Die Serienschadenklausel bestimmt die Voraussetzungen dafür, wann mehrere geltend gemachte Ansprüche eines oder mehrerer Anspruchsteller als ein einziger Versicherungsfall zu sehen sind. Von Bedeutung ist hier, dass es sich um Ansprüche handelt, die unabhängig von den einzelnen Versicherungsjahren geltend gemacht werden. Die Serienschadenklausel ist somit eine Fiktion, die aus zwei Teilen besteht:[176] Erstens aus der Fiktion eines Versicherungsfalles, die unter bestimmten Voraussetzungen mehrere Schadensereignisse zu einem einzigen Versicherungsfall zusammenfasst. Zweitens aus der Fiktion eines Eintrittszeitpunkts, wonach der eine mehrere Versicherungsfälle umfassende Versicherungsfall zu dem Zeitpunkt als eingetreten gilt, zu dem der erste dieser Versicherungsfälle tatsächlich eingetreten ist. Manche Serienschadenklauseln beschränken sich auf die erste Fiktion.[177]

86 Die Serienschadenklausel hat den Zweck mehrere Versicherungsfälle aus einer Serie so zu verklammern, dass die Deckungssumme nur einmal für alle Schäden zusammen fällig wird. Dies ist dann von Bedeutung, wenn diese Versicherungsfälle in verschiedenen Versicherungsjahren eingetreten sind. Ohne diese Fiktion müsste der Versicherer die volle Deckungssumme für jedes Versicherungsjahr gesondert zur Verfügung stellen.[178] Die Serienschadenklausel ist also eine Risikobegrenzungsklausel.[179]

87 Ziff. 4.6 AVB-AVG erlaubt die Annahme eines Versicherungsfalles, wenn mehrere Ansprüche eines oder mehrerer Anspruchsteller aus ein und derselben Pflichtverletzung stammen. Unter bestimmten Voraussetzungen

---

[173] Vgl. Rn. 48.

[174] Vgl. *Olbrich* S. 175; *Langheid/Grote* VersR 2005, 1165, 1173.

[175] Weiterführend *Olbrich* S. 174 ff.; *Nickel* VW 2006, 404; *Langheid/Grote* VersR 2005, 1165, 1173 ff.; *Säcker* VersR 2005, 10, 13 f.

[176] *Olbrich* S. 174; *Langheid/Grote* VersR 2005, 1165, 1174; *Lange* VersR 2004, 563, 565.

[177] *Lange* VersR 2004, 563, 565.

[178] *Olbrich* S. 174; *Langheid/Grote* VersR 2005, 1165, 1174; *Lange* VersR 2004, 563, 566.

[179] BGH NJW 2003, 3705 = r+s 2003, 500 = VersR 2003, 1389 = WM 2003, 2385; *Olbrich* S. 175; *Langheid/Grote* VersR 2005, 1165, 1174.

ist es auch möglich, mehrere Ansprüche aus mehreren Pflichtverletzungen zu einem Versicherungsfall zusammenzufassen. Sie müssen allerdings demselben Sachverhalt zuzuordnen sein und gleichzeitig miteinander in rechtlichem, wirtschaftlichem oder zeitlichem Zusammenhang stehen.

II. Räumlicher Geltungsbereich

Die letzten Jahre brachten wichtige Erweiterungen des räumlichen Geltungsbereiches der D&O-Versicherung mit sich. Die GDV-Musterbedingungen in der Fassung des Jahres 1997 sahen noch die Einschränkung des Versicherungsschutzes auf das Gebiet der Bundesrepublik Deutschland vor (Ziff. 5.5 AVB-AVG). Soweit Tätigkeiten im Ausland vorgenommen wurden, bzw. Ansprüche vor ausländischen Gerichten geltend gemacht worden sind oder ausländisches Recht verletzt wurde, fiel der Versicherungsschutz aus.[180] Die Fassung der Musterbedingungen aus dem Jahre 2005 brachte eine wichtige diesbezügliche Änderung mit sich, indem sie den räumlichen Geltungsbereich des Versicherungsschutzes auf das Gebiet der Europäischen Union erstreckte.[181] Diese Bestimmung der AVB-AVG gilt weiterhin. **88**

Tatsächlich besteht aber im Hinblick auf den räumlichen Geltungsbereich zwischen der Empfehlung des GDV und der Praxis ein großer Unterschied.[182] Die gängigen AVB auf dem D&O-Versicherungsmarkt gewähren nämlich überwiegend einen **weltweiten Versicherungsschutz**,[183] dieser wird aber durch Ausschlüsse teilweise beträchtlich relativiert.[184] **89**

---

[180] Siehe ausführlich dazu *Lattwein/Krüger* VW 1997, 1366.

[181] Ziff. 5.5 AVB-AVG bestimmt: *„Ausgeschlossen von Versicherungsschutz sind Haftpflichtansprüche: [...] – welche vor Gerichten außerhalb der EU geltend gemacht werden – dies gilt auch im Falle der Vollstreckung von Urteilen, die außerhalb der EU gefällt wurden –; – wegen Verletzung oder Nichtbeachtung des Rechts von Staaten, die nicht der EU angehören; – wegen einer außerhalb der EU vorgenommenen Tätigkeit [...]"*.

[182] *Olbrich* S. 184.

[183] So Ziff. 1 Satz 1 der Allgemeinen Bestimmungen in Marsh-Spezialdeckung zur Vermögensschadenhaftpflichtversicherung von Unternehmensleitern; Art. 1 lit. a Zurich AVBDO 2009; § 1 Ziff. 1 AVB-VOV 2008; VersR-Hdb/*Beckmann* § 28 Rn. 97; *Olbrich* S. 185. Hintergrund ist die Globalisierung: Der technische Fortschritt und die Entwicklung von elektronischen Kommunikationsmöglichkeiten u.a. führten zur Internationalisierung von Unternehmen und deren Geschäftsbeziehungen, vgl. *Ferck* S. 34 f., *Olbrich* S. 184; *Tettamanti/Wenger/Schmid* VW 1999, 340. Daraus resultierte in den neunziger Jahren eine steigende Nachfrage nach internationalen D&O-Versicherungskonzepten: *Tettamanti/Wenger/Schmid* VW 1990, 340.

[184] VersR-Hdb/*Beckmann* § 28 Rn. 97.

90 Diese Ausschlüsse betreffen insbesondere Ansprüche, die vor bestimmten außereuropäischen Gerichten geltend gemacht werden oder nach außereuropäischem Recht beurteilt werden. In erster Linie werden Haftpflichtansprüche nach *common law* ausgeschlossen. Es handelt sich hierbei v.a. um die Rechtssysteme in den USA und in Kanada. Wohl auch aufgrund des großen Konkurrenzdrucks zwischen den Versicherern schließen die zurzeit geltenden Bedingungswerke den Versicherungsschutz in bestimmten Ländern bzw. Rechtssystemen nur noch selten gänzlich aus. I.d.R. begnügen sie sich damit, lediglich bestimmte Anspruchsgrundlagen, die mit einem besonders hohen Risiko behaftet sind, auszuschließen,[185] wie beispielsweise Haftpflichtansprüche wegen Verstößen gegen *Federal Securities und Exchange Act of 1934*, *Employee Retirement Income Security Act of 1974 (ERISA)* oder Ansprüche aus der Verletzung von Umweltgesetzen. Besonders wichtig ist der Ausschluss der Innenverhältnisansprüche in den USA,[186] da dort grundsätzlich keine Innenverhältnisdeckung gewährt wird.[187]

91 Den Grund für die Deckungsausschlüsse bilden die Besonderheiten des *common law*, die sich u.a. in einem höheren Risiko der Organhaftung auswirken.[188] Verantwortlich dafür ist in erster Linie ein viel strenger gestaltetes Haftungsrecht, in dem neben dem Schadensausgleich die Präventionsfunktion, v.a. mittels *punitive damages*, deutlich stärker ausgeprägt ist.[189] Darüber hinaus sieht das amerikanische Rechtssystem eine Reihe von Rechtsinstrumenten vor, die die persönliche Haftung von Organmitgliedern ermöglichen, wie beispielsweise die Aktionärsklage *(shareholder derivative suit)* oder *class action*. Dazu kommt eine äußerst strenge Haftung für Umweltschäden. In diesen Fällen der Rechtsverletzung können Unternehmensleiter für die Kosten von Beseitigungsmaßnahmen persönlich zur Haftung herangezogen werden.[190] Einige Aufmerksamkeit verdient auch eine gänzlich andere Regelung der Verfahrenskosten, weil noch immer keine Möglichkeit besteht, die im Prozess unterlegene Partei mit den Verfahrenskosten der obsiegenden Partei zu belasten (sog. *American rule*).

---

185 *Olbrich* S. 184; *Schilling* S. 34.

186 III. Ausschlüsse Ziff. 3 in Marsh-Spezialdeckung zur Vermögensschadenhaftpflichtversicherung von Unternehmensleitern; Art. 6 lit. b Zurich AVBDO 2009; Art. 5 Chubb AVB OLA 2008.

187 *Schilling* S. 34.

188 Siehe ausführlich dazu *Olbrich* S. 185; zu den *common law*-Ausschlüssen *Schilling* S. 34 ff.; *Ihlas*, D&O, S. 448.

189 *Burnham* S. 401, 431 ff.

190 *Olbrich* S. 185 f.

III. Zeitlicher Umfang

D&O-Sachverhalte zeichnen sich i.d.R. dadurch aus, dass zwischen dem durch das versicherte Organmitglied begangenen Verstoß, der Erhebung des daraus stammenden Anspruchs und der endgültigen Erledigung des Falles mehrere Jahre liegen. So besteht für das Unternehmen die Gefahr eines hohen Schadens, wobei sich der haftungsbegründende Sachverhalt über einen längeren Zeitraum erstreckt. Somit bleiben die Konsequenzen eines Verstoßes ausgehend vom Zeitpunkt seiner Realisierung noch über einen relativ langen Zeitraum hinaus ungewiss *(„long tail exposure“).* **92**

1. Versicherungsfall (Anspruchserhebungsprinzip)

a) Grundlagen. Als Versicherungsfall wird das Ereignis bezeichnet, das die Leistungspflicht des Versicherers entstehen lässt.[191] Gemäß Ziff. 2 AVB-AVG stellt „die erstmalige Geltendmachung eines Haftpflichtanspruchs gegen eine versicherte Person während der Dauer des Versicherungsvertrags“ einen Versicherungsfall dar. Die D&O-Versicherung beruht damit auf dem sog. **Anspruchserhebungsprinzip** (***claims made*-Prinzip**). Anders als die Allgemeine Haftpflichtversicherung, die das Entstehen der Leistungspflicht des Versicherers vom Eintreten des Schadensereignisses abhängig macht (das Schadensereignisprinzip – Ziff. 1.1 AHB), sowie die Vermögensschadenshaftpflichtversicherung, die sich auf den Verstoß des VN stützt (das Verstoßprinzip – § 5.1 Vermögen-AHB), ist die Leistungspflicht des D&O-Versicherers an die Geltendmachung des Haftpflichtanspruchs gegenüber der versicherten Person geknüpft. **93**

Aus AGB-rechtlichen Erwägungen heraus enthalten viele D&O-AVB eine Präambel, welche ausdrücklich auf dieses Prinzip hinweist. So beginnen beispielsweise die Musterbedingungen des GDV vor der Ziffer 1.1 mit dem folgenden ausdrücklichen Hinweis in Fettschrift: **94**

„Hinweis **95**

Dieser Versicherungsvertrag ist eine auf dem Anspruchserhebungsprinzip (Claims-made-Prinzip) basierende Versicherung, das heißt der Versicherungsfall ist die erstmalige Geltendmachung eines Haftpflichtanspruchs gegen eine versicherte Person während der Dauer des Versicherungsvertrages.“

Das Anspruchserhebungsprinzip, das mit den ersten Angeboten an D&O-Versicherung in den deutschen Versicherungsmarkt eingeführt wurde, entstammt den angelsächsischen Rechtssystemen, in denen, wie **96**

[191] VersR-Hdb/*Beckmann* § 15 Rn. 18.

hier schon mehrmals erwähnt, die D&O-Versicherung entwickelt wurde.[192] Inzwischen stützen sich alle weltweit angebotenen D&O-Versicherungsverträge auf dieses Prinzip.[193]

97 Sowohl das Verstoß-, als auch das Anspruchserhebungsprinzip weisen jeweils gewisse Vorteile als auch Nachteile auf.[194] Keines dieser Konzepte ist prinzipiell besser als das andere. Sie sind unterschiedlich und eignen sich somit zur Versicherung unterschiedlicher Risiken. Der Hauptunterschied besteht darin, dass das Verstoßprinzip stark zukunftsorientiert, das Anspruchserhebungsprinzip hingegen primär gegenwartsbezogen ist.[195] Die auf dem Verstoßprinzip aufbauenden Versicherungen decken Haftpflichtansprüche, die infolge der während der Dauer des Versicherungsvertrages begangenen Verstöße erhoben werden. Das Verstoßprinzip bringt somit eine zeitlich unbegrenzte Nachhaftung mit sich, deren Grenze grundsätzlich erst die Verjährung bildet.[196] Daraus ergibt sich, dass auch nach Ablauf des Versicherungsvertrages der Versicherer das Spätschadenrisiko trägt, d.h. das Risiko des Eintritts neuer Schäden infolge alter Pflichtverletzungen, die dann zu neuen Haftpflichtansprüchen führen. Die Setzung angemessener Finanzreserven und höhere Versicherungsprämien sind die Folge.

98 Das Anspruchserhebungsprinzip besagt demgegenüber, dass die Kosten der Ansprüche, die während der Versicherungszeit erhoben wurden, vom Versicherer übernommen werden. In der Reinform dieses Prinzips dient als einziges Kriterium für die Gewährung des Versicherungsschutzes bzw. zu dessen zeitlicher Abgrenzung der Moment der Geltendmachung des Haftpflichtanspruchs.[197] Der Zeitpunkt der Begehung des Verstoßes, aus dem sich der Anspruch ergibt, spielt hingegen keine Rolle. Das *claims-made*-Prinzip ist somit grundsätzlich mit einer **unbegrenzten Rückwärtsversicherung** verbunden.[198]

---

[192] Ausführlich zum Anspruchserhebungsprinzip *Ihlas*, D&O, S. 366 f.; *Olbrich* S. 148; *Schramm* S. 285 ff.; *Scheifele* S. 157 ff.; *Wollny* S. 171 f.

[193] *Ihlas*, D&O, S. 364; *Scheifele* S. 157 f.

[194] *Schramm* S. 285, 298; *Kelch* VW 1998, 677, 680.

[195] *Kelch* VW 1998, 677.

[196] *Ihlas*, D&O, S. 365; *Olbrich* S. 148; *Kelch* VW 1998, 677.

[197] *Schramm* S. 285, 286; *Lange* DStR 2002, 1675; *Kelch* VW 1998, 677, 678.

[198] *Ihlas*, D&O, S. 367; *Schramm* S. 285, 293; *Scheifele* S. 167 f.; *Wollny* S. 246; a.A. *Baumann* NZG 2010, 1366, 1370: Da § 100 VVG auf eine während der Versicherungszeit eingetretene Tatsache (Pflichtverletzung!) abstelle, führe das *claims made*-Prinzip jedenfalls kraft Gesetzes nicht immanent zu unbeschränkter Rückwärtsdeckung. Daher bedürfe es einer vertraglichen Regelung.

Dabei ist zu berücksichtigen, dass sich die D&O-Versicherung durch eine relativ niedrige Dynamik von Ereignissen auszeichnet, d.h dass die Begehung einer Pflichtverletzung durch den Versicherten und die Geltendmachung des daraus resultierenden Anspruchs i.d.R. einige Jahre auseinander liegen *(„severity" statt „frequency" claims characteristic).*"[199] Demgemäß gehört die D&O-Versicherung zur Gruppe von Katastrophenschaden-Versicherungen, d.h. elementare Schäden treten eher selten ein. Im Falle eines Schadenseintrittes muss der Versicherer allerdings mit immens hohen Kosten rechnen. Die Anwendung des Verstoßprinzips in der D&O-Versicherung würde somit bedeuten, dass die Situation des Versicherers noch viele Jahre nach Ablauf der Police ungewiss wäre und er somit über lange Zeiträume hinweg große Finanzreserven aufrechterhalten müsste.[200] Demgegenüber hat das *claims made*-Prinzip zur Folge, dass der Versicherer, nachdem er die Kosten der laufenden Verfahren beglichen hat, keine neuen Belastungen befürchten muss,[201] wodurch das Spätschadenrisiko und die damit verbundene Notwendigkeit hoher Finanzreserven eliminiert wird. Das vom Versicherer getragene Risiko ist mithin viel besser kalkulierbar als in einer auf dem Verstoßprinzip basierenden Versicherung. **99**

Darüber hinaus hat das *claims made*-Prinzip auch noch andere Vorteile: So trägt es zur Förderung der Sicherheit des Versicherungsverkehrs bei, da der Zeitpunkt des Eintritts des Versicherungsfalles und somit der Geltendmachung der Schadensersatzansprüche genau bestimmbar ist. Diese Tatsache ermöglicht es, relativ einfach nachzuprüfen, ob ein konkreter Fall in den zeitlichen Umfang des Versicherungsschutzes fällt.[202] Die genaue Feststellung des Zeitpunkts der Begehung einer Pflichtverletzung, die die Quelle der gerade geltend gemachten Schadensersatzansprüche bildet, kann hingegen gewisse Schwierigkeiten bereiten, zumal Fälle der Organhaftung i.d.R. sowohl von rechtlicher, als auch von tatsächlicher Seite äußerst komplex sind. Ein zusätzliches Hindernis tritt noch hinzu, wenn der Verstoß auf pflichtwidriger Unterlassung beruht. **100**

Ein weiterer Vorteil des *claims maide*-Prinzips besteht in der Flexibilität der Rechtsbeziehung zwischen dem Versicherer und dem VN.[203] D&O-Verträge werden gewöhnlich für **ein Jahr** abgeschlossen. Nach Ablauf dieser Zeit haben beide Parteien die Möglichkeit erneut darüber zu ent- **101**

---

[199] Dieses Merkmal wird im Schrifttum auch als *„long tail business"* oder *„long tail exposure"* bezeichnet, siehe dazu *Ihlas*, D&O, S. 364; *Heitmann* VW 1999, 1076, 1081.

[200] *Schramm* S. 294.

[201] *Ihlas*, D&O, S. 366; *Schramm* S. 285, 294.

[202] Siehe ausführlich dazu *Schramm* S. 295; *Kelch* VW 1998, 677, 678.

[203] *Schramm* S. 295; *Kelch* VW 1998, 677, 678.

scheiden, ob sie das Vertragsverhältnis beenden oder den Vertrag unter den gleichen oder auch veränderten Bedingungen verlängern. Auf diese Art und Weise kommt es zur laufenden Überprüfung der Handlungen der VN und der versicherten Personen durch den Versicherer. Diese ständige Kontrolle kann sich auf den VN sehr positiv auswirken, da er dadurch gezwungen wird, nötige Sanierungshandlungen umgehend durchzuführen, um den Verlust des Versicherungsschutzes zu vermeiden.[204] Darüber hinaus ermöglicht das Anspruchserhebungsprinzip die Anpassung des Versicherungsvertrages, insbesondere der Versicherungssumme, auch hinsichtlich der Pflichtverletzungen in der Vergangenheit auf die aktuellen Gegebenheiten.[205] Diese Flexibilität gilt freilich für Versicherer und VN gleichermaßen.[206] So kann der Versicherer infolge einer Risikoerhöhung kein Interesse mehr haben, den Vertrag zu verlängern.[207] Ein anderer Versicherer wird höchstwahrscheinlich den Vertrag nur mit erheblichen Ausschlüssen bezüglich der Rückwärtsversicherung schließen wollen, woraus sich die Gefahr von Deckungslücken ergibt.[208] Andererseits kann gerade die Angst vor Deckungslücken den VN davon abhalten, ein günstigeres Angebot in Anspruch zu nehmen und den Versicherer zu wechseln. Dies kann leicht zu Wettbewerbsverzerrungen führen. Gewisse Abhilfe können hier die Nachhaftung (Rn. 141 ff.) und die Umstandsmeldung (Rn. 155 ff.) schaffen.

102 Die unbegrenzte Rückwärtsversicherung, die sich aus dem Anspruchserhebungsprinzip in seiner reinsten Ausprägung ergibt, fordert die Notwendigkeit einer genauen Überprüfung der Vergangenheit der potenziellen VN, da die Übertragung von bereits realisierten Risiken auf die Versichertengemeinschaft unzulässig ist.[209] Aus diesem Grund eignet sich das Anspruchserhebungsprinzip nicht zur Anwendung im Massengeschäft, wo eine profunde Risikoanalyse nicht durchgeführt werden kann.[210]

103 **b) Rechtliche Wirksamkeit des Anspruchserhebungsprinzips.** Soweit im Schrifttum pauschal davon die Rede ist, an der Wirksamkeit des *claims made*-Prinzips in Deutschland bestünde „kein Zweifel“,[211] ist dies

---

[204] *Kelch* VW 1998, 677, 678.

[205] *Schimmer* LG München I EWiR § 100 VVG 1/09, 285, 286; *Schramm* S. 296.

[206] Vgl. zu weiteren Vorteilen des VN *Hohlbein* VW 1996, 690 f.

[207] *Schramm* S. 295.

[208] *Hendricks* VW 2003, 164, 166; *Kelch* VW 1998, 677, 679.

[209] BGHZ 84, 268, 277 = VersR 1982, 841, 843; BGH VersR 1992, 484; 2000, 1133, 1134; B/M/*Johannsen* § 2 Rn. 14.

[210] *Schramm* S. 297.

[211] *Ihlas*, D&O, S. 366; R/L/*Langheid* § 149 Rn. 35.

nicht erst seit den jüngst ergangenen instanzgerichtlichen Urteilen zu dieser Fragestellung[212] kritisch zu bewerten. In der Lit. wurde die Zulässigkeit dieses Grundsatzes im deutschen Rechtssystem zunächst sogar grundsätzlich in Frage gestellt.[213] Die derzeit geführte Diskussion konzentriert sich hingegen auf dessen angemessene Gestaltung i.S. einer AGB-rechtlichen Inhaltskontrolle.

104 Da es sich beim *claims made*-Prinzip um den Standard-Trigger einer D&O-Versicherung handelt, kann zunächst nicht davon ausgegangen werden, dass diese Versicherungsfalldefinition eine überraschende Klausel i.S.v. § 305c Abs. 1 BGB darstellt.[214] Insofern ist auf den Erwartungshorizont eines typischen VN abzustellen, der im speziellen Segment der Berufshaftpflichtversicherung für Unternehmensleiter Versicherungsschutz erlangen will.[215] Auch gibt es keine allgemeine Erwartungshaltung dahin gehend, dass einer als Haftpflichtversicherung bezeichneten Versicherung das Verstoßprinzip zugrunde liegt. Das Verstoßprinzip ist zwar eine mögliche Anknüpfungsmethode im Bereich der Haftpflichtversicherung, jedoch nicht die einzig denkbare.[216] Ein entsprechendes gesetzliches Leitbild, nach dem Haftpflichtversicherungen auf dem Verstoßprinzip beruhen, existiert jedenfalls nicht.[217] Zudem ist eine Hervorhebung der Geltung des Prinzips in Fettdruck sowie ein entsprechender, den eigentlichen Bedingungen vorangestellter, Hinweis üblich,[218] was ebenfalls grundsätzlich geeignet ist, die überraschende Wirkung einer Klausel zu beheben.[219]

105 I.R.d. Inhaltskontrolle allerdings sieht das OLG München das Anspruchserhebungsprinzip im Rahmen einer D&O-Versicherung als den VN potenziell unangemessen benachteiligend i.S.v. § 307 Abs. 1 Satz 1 BGB an. Er laufe Gefahr, „eine Versicherung abgeschlossen zu haben, die zum Zeitpunkt der Anspruchserhebung bereits beendet ist und damit kein Versicherungsschutz mehr besteht, obwohl die Pflichtverletzung im versicherten Zeitraum begangen worden ist, was gerade bei Ansprüchen wegen

---

[212] OLG München VersR 2009, 1066.

[213] *Pataki* VersR 2004, 835. Nach der von diesem Autor vertretenen Meinung kann das aus den angelsächsischen Rechtssystemen stammende Anspruchserhebungsprinzip in die kontinentalen Rechtssysteme, insbesondere ins deutsche Rechtssystem, aufgrund unterschiedlicher Grundprinzipien nicht übernommen werden. Dies würde die Kohärenz des deutschen Rechtssystems beeinträchtigen. Konkret geht es hier um den Verstoß gegen die Schadensminderungspflicht.

[214] LG München I r+s 2009, 11.

[215] OLG München VersR 2009, 1066 f.

[216] OLG München VersR 2009, 1066 f.; *Staudinger*, Managerhaftung, S. 41, 63.

[217] *v. Westphalen* VersR 2011, 145, 150 m.w.N.

[218] Siehe beispielsweise AVB-AVG 2011 (Rn. 95); Allianz Protect 2008 MM; Zurich AVBDO 2009.

[219] *Schimikowski* VersR 2010, 1533, 1535.

Pflichtverletzungen von Unternehmensleitern, deren Folgen häufig erst später erkennbar sind, nicht ungewöhnlich ist."[220] Dieser Nachteil könne jedoch durch eine unbegrenzte Rückwärtsversicherung, die Möglichkeit einer Umstandsmeldung (*„notice of circumstances"*) und die Vereinbarung einer Nachmeldefrist kompensiert werden."[221] Diese drei Punkte wurden ausdrücklich mit Blick auf die Rspr. des OLG München vom GDV in den AVB-AVG 2011 berücksichtigt. Die Optimierungen an der Rückwärtsversicherung in Ziff. 3.2 und an der Nachmeldefrist in Ziff. 3.3 sowie die erstmalige Einführung einer Regelung zur Umstandsmeldung in Ziff. 3.4 der AVB-AVG werden jeweils im Kontext dargestellt (siehe Rn. 123 ff., 141 ff., 155 ff.).

106 Zunächst hat das OLG München die Kontrollfähigkeit des *claims-made*-Prinzips gemäß § 307 Abs. 3 Satz 1 BGB entgegen der Auffassung der Vorinstanz zurecht bejaht.[222] Kontrollfrei sind nach st. Rspr. des BGH als Kernbereich der Leistungsbeschreibung lediglich AVB, „ohne deren Vorliegen mangels Bestimmtheit oder Bestimmbarkeit des wesentlichen Vertragsinhalts ein wirksamer Vertrag nicht mehr angenommen werden kann".[223] Dies trifft für die eingeschränkte Umschreibung des Versicherungsgegenstandes einer D&O-Versicherung zu, nicht jedoch für die Definition des Versicherungsfalles, welche das Hauptleistungsversprechen des Versicherers lediglich – einschränkend – modifiziert.[224]

107 Im Lichte dieser Rspr. erscheinen wiederum Regelungen zur Rückwärtsversicherung problematisch, die nicht nur solche Pflichtverletzungen ausschließen, von denen der VN positive Kenntnis hatte, sondern auch solche, die diesem als objektiv fehlsam hätten bekannt sein müssen.[225] Mit einer solchen auf das „Kennenmüssen" abstellenden Formu-

[220] OLG München VersR 2009, 1066 f. In der Tat werden Organhaftungsansprüche regelmäßig erst etliche Jahre nach Entstehen des Anspruchs und Ausscheiden des Organmitglieds geltend gemacht, insbesondere, wenn sich die Gesellschaft in einer finanziellen Schieflage befindet, namentlich im Insolvenzfall, vgl. *Heße* NZI 2009, 790.

[221] OLG München VersR 2009, 1066 f.

[222] OLG München VersR 2009, 1066 f.

[223] OLG München VersR 2009, 1066 f. mit Verweis auf MünchKomm-BGB/*Kieninger* § 307 Rn. 155.

[224] Vgl. *Schimikowski* VersR 2010, 1533, 1537; *v. Westphalen* VersR 2011, 145, 150; *Staudinger*, Managerhaftung, S. 41, 64 ff.; *Baumann* NZG 2010, 1366, 1367.

[225] Ziff. 3.2 Satz 3 AVB-AVG 2008: *„Als bekannt gilt eine Pflichtverletzung, wenn sie von der Versicherungsnehmerin, einer Tochtergesellschaft oder versicherten Person als – wenn auch nur möglicherweise – objektiv fehlsam erkannt oder ihnen, wenn auch nur bedingt, als fehlsam bezeichnet worden ist, auch wenn Schadensersatzansprüche weder erhoben noch angedroht noch befürchtet worden sind."*

lierung, wie sie noch in Ziff. 3.2 AVB-AVG 2008 enthalten waren, schadet dem VN bereits (leicht) fahrlässige Unkenntnis (vgl. § 122 Abs. 2 BGB). Zu Recht werden daher in der Lit. Bedenken gegen eine solche Formulierung erhoben, da kaum Sachverhalte denkbar sein werden, in denen eine vorvertragliche Haftung eines Organmitglieds (§ 93 Abs. 2, § 43 Abs. 2 GmbHG) besteht, ohne dass hierfür die Rückwärtsversicherung ausgeschlossen wäre bzw. praktisch ins Leere liefe.[226] Wird aber die Rückwärtsversicherung nur sehr eingeschränkt gewährt, kann kein effizienter Ausgleich stattfinden.[227] Eine kompensatorische Wirkung gegenüber den Nachteilen des *claims made*-Prinzips wird man nur solchen Regelungen attestieren können, die ausschließlich positive Kenntnis ausschließen bzw. maximal grob fahrlässige Unkenntnis.

Allerdings wird das Problem fehlender Deckung für während der Ver- **108**
tragslaufzeit begangener, aber erst nachträglich entdeckter Pflichtverletzungen durch eine – wenn auch zeitlich unbegrenzte und nur minimal eingeschränkte Rückwärtsversicherung – nicht gelöst.[228] Hierzu bedarf es einer zeitlichen Ausdehnung der Deckung, etwa durch die Möglichkeit einer Umstandsmeldung *(„notification of circumstances“)*,[229] welche vorsieht, dass auf der Umstandsmeldung beruhende, tatsächlich eintretende Versicherungsfälle als rechtzeitig gemeldet gelten, auch wenn der Versicherungsvertrag bereits abgelaufen ist. Insofern hat das OLG eine (Melde-) Frist von 60 Tagen ab Zugang der Kündigung als i. S. einer Kompensation ausreichend erachtet.[230]

Nach zutreffender Auffassung des OLG München stellt jedoch insbe- **109**
sondere die Einräumung einer Nachmeldefrist eine erhebliche Abmilderung der Folgen des reinen *claims made*-Prinzips dar. Im Anlassfall billigte es einer Nachmeldefrist von einem Jahr, die sich mit jeder Vertragserneuerung automatisch bis maximal fünf Jahre verlängert, eine entsprechende Kompensationswirkung zu.[231] Das Gericht gibt keinen Hin-

---

[226] *Staudinger*, Managerhaftung, S. 41, 71; VersR-Hdb/*Beckmann* § 28 Rn. 109; *v. Westphalen* VersR 2011, 145, 155, siehe ausführlich dazu Rn. 130 ff.

[227] *Langen/Paul* BB 2009, 1665; *Staudinger* VP 2009, 138 f.

[228] *Schimikowski* VersR 2010, 1533, 1539.

[229] Siehe dazu Rn. 155 ff.

[230] OLG München VersR 2009, 1066 f.; erhebliche Zweifel, ob diese Länge ausreicht, bei *v. Westphalen* VersR 2011, 145, 153; die Kompensationswirkung einer Umstandsmeldung grundsätzlich in Frage stellend *Baumann* NZG 2010, 1366, 1371.

[231] OLG München VersR 2009, 1066 f.; a. A. *Baumann* NZG 2010, 1366, 1370 f., der eine Fixierung der Nachmeldefrist auf ein Jahr trotz der Ansparmöglichkeit auf fünf Jahre und der Möglichkeit zu Umstandsmeldungen für unangemessen hält; MünchKomm-VVG/*Ihlas*, Bd. 2, D&O, § 100 Rn. 160, wonach es nicht nur auf die Länge der Nachmeldefrist, sondern auf das „Wechselspiel zwi-

weis darauf, dass sich die Nachmeldefrist etwa an der Länge der gesetzlichen Verjährungsfristen[232] zu orientieren hätte. Richtigerweise gibt es keinen Anspruch des VN auf einen Gleichlauf von Haftung und Deckung bzw. stellt nicht jede diesbezügliche Asymmetrie eine unangemessene Benachteiligung i.S.v. § 307 Abs. 1 Satz 1 bzw. Abs. 2 BGB dar.[233] Auf Bedenken stoßen dürften jedoch Regelungen, in denen die Nachmeldefrist mit Beginn einer sich anschließenden D&O-Versicherung automatisch endet (sog. Verfallklausel) und der neue Versicherer wiederum eine nur eingeschränkte Rückwärtsversicherung zur Verfügung stellt (Gefahr von Deckungslücken) oder wo die Nachmeldefrist mit der Entrichtung einer Zusatzprämie verbunden ist.

110 Wie oben bereits festgestellt, stellt das Anspruchserhebungsprinzip auch keinen Verstoß gegen das gesetzliche Leitbild der Haftpflichtversicherung gemäß § 100 VVG dar (§ 307 Abs. 2 Nr. 1 BGB), da die Versicherungsfalldefinition grundsätzlich zur Disposition der Vertragsparteien gestellt ist.[234] Ein Leitbildverstoß lässt sich auch nicht aus der Schadensminderungspflicht gemäß §§ 82, 83 VVG herleiten, soweit der Schadenseintritt der Anspruchserhebung vorgelagert ist und der VN daher keine bzw. kaum mehr eine Möglichkeit hat, den Schaden abzuwenden. Es ergeben sich keine Anhaltspunkte dafür, dass der Versicherungsfall so zu definieren ist, dass noch ausreichend Raum zum Eingreifen einer Rettungsobliegenheit und eines Anspruchs auf Ersatz von Rettungskosten

---

schen der Umstandsmeldung, den Nachmeldefristen, den Fragebogen und die Rückwärtsversicherung des Anschlussversicherers" ankomme.

[232] Z.B. § 93 Abs. 6 AktG (fünf Jahre). Nach der Neufassung des § 93 Abs. 6 AktG bzw. durch die Einfügung des § 52a in das KWG i.R.d. Restrukturierungsgesetzes verjähren Ansprüche nicht mehr nach fünf, sondern erst nach zehn Jahren, wenn die anspruchsberechtigte Gesellschaft zum Zeitpunkt der Pflichtverletzung börsennotiert oder ein Kreditinstitut ist. Hierauf mögen die Versicherer mit im Einzelfall entsprechend verlängerten Nachmeldefristen reagieren.

[233] A.A. *Heße* NZI 2009, 790, 792; *Randel/Seeger* BB 2011, 387 ff., die sogar einen Anspruch auf Vertragsanpassung nach § 313 Abs. 1 BGB im Hinblick auf die Verlängerung der Verjährungsfristen nach dem Restrukturierungsgesetz sehen (d.h. Verlängerung der Nachmeldefristen im D&O-Vertrag).

[234] *Staudinger*, Managerhaftung, S. 41, 67; *Schimikowski* VersR 2010, 1533, 1537. Auch die Gesetzesbegründung zu § 100 VVG bestätigt diese Auffassung: *„Die Vorschrift enthält keine Definition des Versicherungsfalls, der gerade in der Haftpflichtversicherung unterschiedliche Ausprägungen erfährt. Als Versicherungsfall werden u.a. vereinbart das Schadensereignis ..., der Rechtsverstoß ..., das Inverkehrbringen des Produkts ..., die erstmalige Feststellung des Schadens oder die Schadensmeldung – auch claims made genannt –"* (zit. nach *Baumann* NZG 2010, 1366, 1368, der richtigerweise darauf hinweist, dass missverständlich von Schadensmeldung statt Geltendmachung des Anspruchs die Rede ist [ebd. Fn. 18]).

verbleibt, weshalb die Rettungsobliegenheit der Anspruchserhebung vorausgehen müsste.[235]

Schließlich dürfte auch eine Gefährdung des Vertragszwecks gemäß § 307 Abs. 2 Nr. 2 BGB ausscheiden. Zwar kann das *claims made*-Prinzip wie gezeigt dazu führen, dass kein Versicherungsschutz besteht, obwohl die Pflichtverletzung während der Vertragslaufzeit begangen wurde. Jedoch bescheinigt das OLG München dem Versicherer insoweit ein berechtigtes Interesse an der Begrenzung seiner nur durch die Verjährungsvorschriften limitierten Nachhaftung, wie sie bei Geltung des Verstoßprinzips bestünde.[236] **111**

Für die Praxis der Vertragsgestaltung in der D&O-Versicherung darf den Urteilen des LG und OLG München insgesamt also eine erhebliche Bedeutung beigemessen werden. Auch wenn die Instanzgerichte die Wirksamkeit des Anspruchserhebungsprinzips an sich nicht in Frage stellen, so dürften diese Entscheidungen einen erheblichen Einfluss auf die zukünftige Ausgestaltung insbesondere der Nachmeldefrist, aber auch der Rückwärtsversicherung haben. Gleichzeitig ist zu betonen, dass, obwohl die angemessene Gestaltung dieses Prinzips in D&O-Bedingungswerken noch gewissen Bedenken gegenüber steht, ihre Anwendung in der D&O-Praxis grundsätzlich nicht in Frage gestellt wird.[237] Die in Ziff. 3.1 AVB-AVG enthaltene Versicherungsfalldefinition,[238] die eine Kombination aus Verstoß- und Anspruchserhebungsprinzip enthielt, war mit Blick auf die Rspr. des OLG München und die daraufhin geäußerten Meinungen in der Lit. AGB-rechtlich bedenklich, was mit den an anderer Stelle jeweils dargestellten Verbesserungen in den Ziff. 3.2 (Rückwärtsversicherung), Ziff. 3.3 (Nachmeldefrist) und Ziff. 3.4 (Umstandsmeldung) dann in den AVB-AVG 2011 aber vom GDV behoben wurde. **112**

c) Anspruchserhebung. Der Versicherungsfall in der D&O-Versicherung tritt zum Zeitpunkt der Geltendmachung der Haftpflichtansprüche ein. Ziff. 2 Satz 2 AVB-AVG stellt weiter fest, dass ein Haftpflichtanspruch geltend gemacht wird, *„wenn gegen eine versicherte Person ein* **113**

---

[235] Ausführlich *Schramm* S. 98 ff., 101.

[236] OLG München VersR 2009, 1066 f.; die Möglichkeit einer Vertragszweckgefährdung bei einer zu weitgehenden Entkopplung von zivilrechtlichen Verjährungs- und versicherungsrechtlichen Nachmeldefristen bejahend *Baumann* NZG 2010, 1366, 1369.

[237] OLG München VersR 2009, 1066 f.

[238] Ziff. 3.1 Satz 1 AVB-AVG 2008: *„Versicherungsschutz besteht für während der Dauer des Versicherungsvertrags eingetretene Versicherungsfälle wegen Pflichtverletzungen, welche während der Dauer des Versicherungsvertrags begangen wurden.“*

Anspruch schriftlich erhoben wird […]“.[239] Eine Definition, wann ein Anspruch erhoben wird, findet sich in den AVB nicht. Im Schrifttum wird die Erhebung von Ansprüchen als jede ernstliche Erklärung des Dritten[240] gegenüber dem VN definiert, aus der sich ergibt, dass der Dritte Ansprüche zu haben glaubt und diese verfolgen wird.[241]

114 Die meisten D&O-AVB fügen eine zusätzliche Voraussetzung ein, indem sie die **Schriftlichkeit** der Anspruchserhebung verlangen. Dies erweckt Zweifel im Lichte der §§ 305c und 307 BGB. Es stellt sich die Frage, ob diese Voraussetzung die gerechtfertigten Interessen der Versicherten nicht möglicherweise unangemessen beeinträchtigt. Denn diese können das Verhalten des Anspruchstellers und somit auch die Form, wie er seinen Anspruch erhebt, i.d.R. nicht beeinflussen.[242] Zuletzt wurde aber mit Recht auf das **Zugangserfordernis** für die Erklärung über die Anspruchserhebung beim Anspruchsgegner hingewiesen, was gleichzeitig die Schriftlichkeit dieser Erklärung unentbehrlich macht.[243] Sollten die D&O-AVB den Moment des Eintritts des Versicherungsfalles nicht näher bestimmen, löst demnach allein der Zugang der Anspruchserhebung den Versicherungsfall und damit die Deckung des Versicherers aus.[244] Nach st. Rspr. gilt eine Erklärung dann als zugegangen, wenn sie dergestalt in den Machtbereich des Empfängers gelangt ist, dass bei Annahme gewöhnlicher Verhältnisse damit zu rechnen ist, er könne von ihr Kenntnis erlangt haben.[245]

115 Die inhaltlichen Voraussetzungen, die eine Erklärung, die der Anspruchserhebung dient, zu erfüllen hat, um den Versicherungsfall auszulösen, sind sehr allgemein formuliert und nicht allzu streng gehalten. Dennoch ist es notwendig, dass der Anspruchsteller die rechtlichen und faktischen Umstände, auf die er seine Forderung stützt, wenigstens kurz darstellt.[246] Die Bezifferung des Haftpflichtanspruchs wird nicht vorausgesetzt.

116 Erforderlich für die Anspruchserhebung ist die **Ernsthaftigkeit** der abgegebenen Erklärung, über die kein Zweifel bestehen darf.[247] Von beson-

---

[239] Die den Verf. dieses Handbuchs bekannten maßgeblichen Definitionen verwenden alle den Begriff der Anspruchserhebung.

[240] Im Falle der D&O-Versicherung wird diese Erklärung im Falle der Außenhaftung von einem Dritten, im Falle der Innenhaftung vom VN abgegeben.

[241] P/M/*Lücke* § 100 Rn. 14 m.w.N.

[242] VersR-Hdb/*Beckmann* § 28 Rn. 104.

[243] *Steinkühler/Kassing* VersR 2009, 607, 608.

[244] *Steinkühler/Kassing* VersR 2009, 607, 608.

[245] BGHZ 67, 271, 275 = NJW 1977, 194; BGH NJW 1983, 929, 930.

[246] VersR-Hdb/*Beckmann* § 28 Rn. 103.

[247] Terbille/*Sieg* § 17 Rn. 106.

derer Bedeutung ist dieses Kriterium in Fällen der **Innenhaftung**. Infolge der engen Beziehungen zwischen dem geschädigten Unternehmen und dem versicherten Organmitglied besteht hier nämlich die Gefahr kollusiven Zusammenwirkens und der sog. freundlichen Inanspruchnahme (dazu § 7 Rn. 90 ff.). Es geht somit um Fälle, in denen die Anspruchserhebung nicht auf Schadensersatz vom versicherten Schädiger in Form einer Zahlung, sondern ausschließlich auf die Leistung des Versicherers gerichtet ist.[248]

Indizien dafür, dass es sich in einem konkreten Fall um keine ernst gemeinte Anspruchserhebung handeln könnte, können unterschiedlich sein. Ein Hinweis auf eine freundliche Inanspruchnahme kann darin bestehen, dass der VN in einer ausdrücklichen Erklärung an den Versicherten darauf hinweist, dass seine Handlung nicht gegen ihn persönlich gerichtet sei, sondern dass es ihm nur darum gehe, die Versicherungsleistung, wenn auch unter Zwischenschaltung des Versicherten, zu erhalten. Als entsprechendes Indiz kann auch ein Verzicht auf die Zwangsvollstreckung zwischen dem VN und dem Versicherten verstanden werden. Solche Handlungen erfüllen die Tatbestandsmerkmale des Betrugs oder wenigstens dessen Versuchs.[249] Einschlägige Vereinbarungen sind sittenwidrig und daher gemäß § 138 Abs. 1 BGB nichtig. **117**

Die materielle Anspruchsberechtigung des Anspruchsstellers bildet hingegen keine Voraussetzung für die Auslösung des Versicherungsfalles. Dafür ist vielmehr ausschlaggebend, dass der Dritte (Außenhaftung) bzw. der VN (Innenhaftung) seinen Anspruch mit einem Rechtsverhältnis begründet, das unter den Schutzbereich des Versicherungsvertrages fällt,[250] was den allgemeinen Regeln der Haftpflichtversicherung entspricht.[251] Grundsätzlich entscheidet hier der vom Anspruchsteller behauptete Sachverhalt.[252] Allerdings müssen die Umstände, die für den zeitlichen, räumlichen und sachlichen Umfang des versicherten Risikos sowie für Ausschlüsse entscheidend sind, objektiv vorliegen bzw. deren Fehlen eindeutig konstatierbar sein.[253] **118**

---

[248] Terbille/*Sieg* § 17 Rn. 108.

[249] Terbille/*Sieg* § 17 Rn. 108; *Kiethe* BB 2003, 537, 540 (dort Fn. 58).

[250] RGZ 159, 16; BGH VersR 1967, 769; 1998, 79; OLG Koblenz r+s 1979, 225 = VersR 1979, 830; OLG Hamm NJW-RR 1992, 477 f. = r+s 1992, 118 = ZfS 1992, 57 = OLGR Hamm 1992, 51, 52; VersR-Hdb/*Schneider* § 24 Rn. 17 m.w.N. (dort Fn. 41); P/M/*Lücke* § 100 Rn. 16 m.w.N.; BK/*Baumann* § 149 Rn. 12 m.w.N.

[251] P/M/*Lücke* Vor § 100 Rn. 1.

[252] BGH NJW 1967, 776 = VersR 1967, 56; VersR-Hdb/*Schneider* § 24 Rn. 17; P/M/*Lücke* § 100 Rn. 16 m.w.N.; BK/*Baumann* § 149 Rn. 12.

[253] BGH VersR 1967, 769, 770; OLG Karlsruhe VersR 1995, 1297; Terbille/*Sieg* § 17 Rn. 107; P/M/*Lücke* § 100 Rn. 17; BK/*Baumann* § 149 Rn. 12.

119 **d) Gerichtsklausel.** Die auf dem D&O-Markt am weitesten verbreitete einschränkende Modifikation des Versicherungsfalles erfolgt durch die sog. Gerichtsklausel, welche die Klageerhebung, d.h. die gerichtliche Geltendmachung der Haftpflichtansprüche erfordert.[254] Dabei ist die Klageerhebung ein fest umrissener juristischer Begriff, der die Einreichung einer Klageschrift bei Gericht (§ 253 Abs. 5 ZPO) und ihre Zustellung beim Beklagten (§§ 253 Abs. 1, 166 Abs. 1 ZPO) beinhaltet.[255]

120 Diese Einschränkung des Versicherungsfalles soll der freundlichen Inanspruchnahme dank zweier Mechanismen effektiv vorbeugen. Erstens findet hier eine gerichtliche Überprüfung der erhobenen Forderung statt, wodurch fingierte Ansprüche höchstwahrscheinlich ausgeschlossen werden. Zweitens stößt ein Gerichtsverfahren zumeist auf öffentliches Interesse, was sich wiederum auf den Ruf des Unternehmens und somit auf dessen Wert (insbesondere im Falle von börsennotierten Unternehmen) negativ auswirken kann. Aus diesen Gründen bildet die Gerichtsklausel eine effiziente Maßnahme gegen kollusives Zusammenwirken und fingierte Ansprüche.[256]

121 **e) Erweiterte Definitionen des Versicherungsfalles. aa) Schriftliche Mitteilung über das Bestehen eines Anspruchs.** Nach der zweiten Alternative in Ziff. 2 Satz 2 AVB-AVG reicht es zum Auslösen eines Versicherungsfalles dass *„[…] ein Dritter der Versicherungsnehmerin, einer Tochtergesellschaft oder der versicherten Person schriftlich mitteilt, einen Anspruch gegen eine versicherte Person zu haben“*. Von der Mehrheit der D&O-Versicherer wurde aber nur der erste Teil dieser Alternative in Ziff. 2 Satz 2 AVB-AVG einheitlich übernommen.[257]

122 **bb) Einleitung rechtlicher Schritte, die zu einer Anspruchserhebung führen können.** In der Praxis wird sehr oft die Formulierung verwendet, wonach der Versicherungsfall schon zum Zeitpunkt der Einleitung prozessualer oder rechtlicher Schritte gegen eine versicherte Person eintritt, wie beispielsweise die Einleitung eines Straf-, Ordnungswidrigkeits- oder auch eines Verwaltungsverfahrens, wenn sein Ausgang zu einer Anspruchserhebung gegen die versicherte Person führen kann. Diese Klausel hat allerdings nicht nur Vorteile, sondern bringt auch Nachteile mit sich.[258]

[254] *Steinkühler/Kassing* VersR 2009, 607, 608; *Lange* r+s 2006, 177, 182.

[255] *Steinkühler/Kassing* VersR 2009, 607, 608 f.

[256] Siehe ausführlich dazu *Lange* r+s 2006, 177, 182.

[257] So beispielsweise Ziff. 1.1 Abs. 2 Allianz Protect 2008 MM; Ziff. 1.1.1 Abs. 1 Chubb AVB OLA 2008; Ziff. I.1 Satz 1 Marsh-Spezialdeckung zur Vermögensschadenhaftpflicht-Versicherung von Unternehmensleitern 2009; § 1 Ziff. 1 Abs. 1 AVB-VOV 2008. Siehe auch Rn. 113.

[258] *Lange* r+s 2006, 177, 180.

Einerseits wird der dem Versicherten gewährte Umfang des Versicherungsschutzes sachlich deutlich erweitert. Insbesondere bekommt er Hilfe in einer deutlich größeren Anzahl von Verfahren, die nicht unbedingt zivilrechtlichen Charakter haben müssen. Andererseits belasten diese zusätzlichen Verfahrensarten die vereinbarte Versicherungssumme. Sollten sich die Parteien für diese Variante entscheiden, ist es daher geboten, eine höhere Versicherungssumme zu vereinbaren. Darüber hinaus entsteht die Obliegenheit des Versicherten, den eingetretenen Versicherungsfall anzuzeigen, auch in Fällen, bei denen die Wahrscheinlichkeit gering ist, dass ihr Ausgang zur zivilrechtlichen Inanspruchnahme des Organmitglieds führen kann. Dennoch führt auch hier die Verletzung der Anzeigeobliegenheit ggf. zur Leistungsfreiheit des Versicherers.

2. Rückwärtsversicherung

a) Grundlagen. Eine Rückwärtsversicherung besteht nach § 2 Abs. 1 VVG, wenn der Versicherungsschutz vor dem Zeitpunkt des Vertragsschlusses beginnt. Der materielle und der formelle Versicherungsbeginn fallen auseinander.[259] Das charakteristische Merkmal der Rückwärtsversicherung ist die Tatsache, dass die Ungewissheit des Schadenseintritts, die zur Natur des Versicherungswesens gehört, in diesem Fall nur in subjektivem Sinne besteht.[260] Das Anspruchserhebungsprinzip der D&O-Versicherung bringt in seiner ursprünglichen Bedeutung eine unbegrenzte Rückwärtsversicherung mit sich.[261] Auch das OLG München begründete die Zulässigkeit des Anspruchserhebungsprinzips in der gegenständlichen D&O-Versicherung im Lichte des § 307 BGB u.a. mit dem Vorteil, den der VN und der Versicherte i.R.d. Rückwärtsversicherung genießen.[262] **123**

Mittlerweile gehört die Rückwärtsdeckung zu den Standardbestimmungen der D&O-Versicherung. Im Laufe der neunziger Jahre hat eine allmähliche, dennoch konsequente Entwicklung dieses Instruments in Richtung auf eine volle Rückwärtsversicherung stattgefunden.[263] Die auf dem Markt befindlichen D&O-AVB weisen zwei Gruppen von Regelungen auf.[264] Die Anwendung des reinen Anspruchserhebungsprinzips bringt den **124**

---

259 Ausführlich dazu B/M/*Johannsen* § 2 Rn. 5 ff.; P/M/*Prölss* § 2 Rn. 2; BK/*Baumann* § 2 Rn. 3.

260 BGH VersR 1982, 841, 843; B/M/*Johannsen* § 2 Rn. 2; BK/*Baumann* § 2 Rn. 3.

261 *Schramm* S. 285, 293. Vgl. Rn. 98.

262 OLG München VersR 2009, 1066 f.

263 *Ihlas*, D&O, S. 380.

264 *Olbrich* S. 151.

unbegrenzten Versicherungsschutz für vorvertragliche Pflichtverletzungen automatisch mit sich. Selten wird das Anspruchserhebungsprinzip mit dem Verstoßprinzip kombiniert.[265]

125 In den AVB-AVG findet sich diese Kombination von Anspruchserhebungs- und Verstoßprinzip in Ziff. 3.1. Diese steht im Zusammenhang mit der Ziff. 3.2 wie folgt:

126 „3.1 Erfasste Pflichtverletzungen und Anspruchserhebungen (claims made)

Versicherungsschutz besteht für während der Dauer des Versicherungsvertrages eingetretene Versicherungsfälle wegen Pflichtverletzungen, die während der Dauer des Versicherungsvertrages begangen wurden. Wird eine Pflichtverletzung durch fahrlässige Unterlassung verursacht, gilt sie im Zweifel als an dem Tag begangen, an dem die versäumte Handlung spätestens hätte vorgenommen werden müssen, um den Eintritt des Schadens abzuwenden.

127 3.2 Rückwärtsversicherung für vorvertragliche Pflichtverletzungen

Zusätzlich besteht auch Versicherungsschutz für Pflichtverletzungen, die vor Beginn dieses Versicherungsvertrages begangen wurden.

Dies gilt jedoch nicht für solche Pflichtverletzungen, die eine versicherte Person, die Versicherungsnehmerin oder eine Tochtergesellschaft bei Abschluss dieses Versicherungsvertrages kannte. Als bekannt gilt eine Pflichtverletzung, wenn sie von der Versicherungsnehmerin, einer Tochtergesellschaft oder versicherten Personen als – wenn auch nur möglicherweise – objektiv fehlsam erkannt oder ihnen, wenn auch nur bedingt, als fehlsam bezeichnet worden ist, auch wenn Schadensersatzansprüche weder erhoben noch angedroht noch befürchtet worden sind."

128 Die Ziff. 3.2 wurde in den AVB-AVG 2011 im Vergleich zu den Vorjahren entscheidend verbessert. Die Rückwärtsversicherung gilt nun automatisch, ist nicht mehr auf das Außenverhältnis beschränkt und wird nicht nur noch durch positive Kenntnis und nicht mehr durch die Worte „hätte kennen müssen" eingeschränkt.

129 **b) Einschränkungen. aa) Zeitliche Einschränkung.** Standardmäßig wird eine zeitlich unbegrenzte Rückwärtsversicherung angeboten, was insbesondere bei guten Risiken zutrifft. Werden allerdings in einem kon-

[265] In einem solchen Fall wird bei der Bestimmung des zeitlichen Umfangs der Versicherung ein zusätzliches Kriterium eingeführt, nämlich der Zeitpunkt der Pflichtverletzung, die dem geltend gemachten Anspruch zugrunde liegt. In einem solchen Fall muss der Verstoß auch während der Versicherungszeit begangen worden sein.

kreten Fall beträchtliche Risiken erkannt, kann dies zu zeitlichen Begrenzungen der Rückwärtsdeckung führen.[266]

bb) Einschränkungen sachlicher Natur. Den Ansatz für derartige Einschränkungen bietet hier § 2 Abs. 2 Satz 2 VVG, wonach in dem Fall, dass der VN bei Abgabe seiner Vertragserklärung vom Eintritt des Versicherungsfalles Kenntnis hatte, der Versicherer von seiner Leistung befreit wird. Nur die positive Kenntnis erfüllt den Ausschlusstatbestand. Ein Kennenmüssen genügt nicht.[267] Darin kommt einer der Grundgedanken des Versicherungsrechts zum Ausdruck, wonach nur ungewisse Risiken versicherbar sind,[268] während bereits eingetretene Schäden auf die Gemeinschaft der Versicherten nicht übertragen werden dürfen.[269] **130**

Gemäß § 18 VVG ist die Bestimmung des § 2 Abs. 2 Satz 2 VVG abänderbar. AVB verschiedener D&O-Versicherer enthalten in dieser Hinsicht sehr unterschiedliche Varianten. Allgemein übernehmen D&O-AVB die gesetzliche Regelung und schließen somit solche Fälle vom Versicherungsschutz aus, in denen der VN bzw. der Versicherte[270] positive Kenntnis von einer Pflichtverletzung bei Vertragsschluss hatte. Allerdings wird darauf hingewiesen, wie schwierig es für den Versicherer ist dem Versicherten bzw. dem VN die positive Kenntnis einer Pflichtverletzung nachzuweisen.[271] Im Deckungsprozess obliegt der Beweis für die den Anspruch ausschließenden Tatsachen nämlich dem Versicherer. Aus diesem Grund entscheiden sich zahlreiche Versicherer dafür, den Ausschluss auf Situationen auszudehnen, in denen der Versicherer bzw. der VN die Pflichtverletzung hätten kennen müssen.[272] Diese Gestaltung der Ausschlussklausel wird in Ziff. 3.2 AVB-AVG empfohlen. **131**

Eine Legaldefinition ist in § 122 Abs. 2 BGB enthalten, wonach es sich beim Begriff „hätte kennen müssen“ um eine fahrlässige Unkenntnis handelt, für deren Annahme bereits einfache Fahrlässigkeit ausreicht.[273] Gleichzeitig setzt die Haftung eines Mitglieds der Geschäftsleitung auch **132**

---

[266] *Ihlas*, D&O, S. 380 f.

[267] *Ihlas*, D&O, S. 381; B/M/*Johannsen* § 2 Rn. 14; P/M/*Prölss* § 2 Rn. 10; BK/*Baumann* § 2 Rn. 32.

[268] B/M/*Johannsen* § 2 Rn. 14.

[269] *Ihlas*, D&O, S. 381; *Lattwein* NVersZ 1999, 49, 51; BK/*Baumann* § 2 Rn. 40.

[270] Zu berücksichtigen ist hier § 47 VVG, wonach das Wissen des Versicherten bei der Versicherung für fremde Rechnung grundsätzlich dem VN zugerechnet wird.

[271] *Ihlas*, D&O, S. 381; *Olbrich* S. 152 f.

[272] *Ihlas*, D&O, S. 381; *Olbrich* S. 152.

[273] jurisPK-BGB/*Gruber* § 122 Rn. 16; Staudinger/*Singer* § 122 Rn. 17.

dessen Verschulden voraus (§ 93 Abs. 2 AktG, § 43 Abs. 2 GmbHG). Für eine Haftung des Organmitglieds genügt schon eine leicht fahrlässige Pflichtverletzung. Daraus wird zu Recht der Schluss gezogen, dass der Ausschluss der Rückwärtsversicherung bereits bei fahrlässiger Unkenntnis der Pflichtverletzung zur Wirkungslosigkeit dieses Deckungselements führt.[274]

133 Nach den Erläuterungen zu Ziff. 3.2 AVB-AVG war mit dem in den Musterbedingungen bis 2010 verwendeten Ausdruck nicht jede fahrlässige Unkenntnis gemeint, sondern lediglich die grob fahrlässige Unkenntnis i.S.d. Rspr. zu den Obliegenheitsverletzungen im VVG. Im Falle einer Obliegenheitsverletzung dient § 276 BGB und nicht § 122 Abs. 2 BGB als Maßstab des Verschuldens.[275] Demnach ist zwischen leichter und grober Fahrlässigkeit zu unterscheiden.[276] Seit der VVG-Reform 2008 wird eine Obliegenheitsverletzung nur mehr bei Vorsatz und grober Fahrlässigkeit sanktioniert. Einfache Fahrlässigkeit reicht nicht mehr aus.[277] Weiters erklären die Erläuterungen zu den AVB-AVG Fälle grob fahrlässiger Unkenntnis als Situationen, in denen der Versicherer bzw. der Versicherte „sich in grober Weise der Kenntnis verschlossen habe“. Bei einer nur leicht fahrlässigen Unkenntnis sollte der Versicherungsschutz hingegen weiterhin aufrechterhalten werden.

134 Diese zweite Variante der beiden möglichen Auslegungen des Ausschlusstatbestands „hätte kennen müssen“ hält auch der Inhaltskontrolle des § 307 BGB stand. Sie führt zwar zum Ausschluss der Rückwärtsversicherung bei grob fahrlässiger Unkenntnis der Pflichtverletzung. Bei leicht fahrlässiger Unkenntnis bleibt der Versicherungsschutz jedoch erhalten. Daher liegt keine unangemessene Benachteiligung der VN bzw. der Versicherten vor.[278]

135 Die AVB-AVG 2011 verzichten hier in der Ziff. 3.2 Satz 2 auf die Worte „oder hätte kennen müssen“ und beschränkten die Rückwärtsversicherung mit den folgenden Worten: *„Dies gilt jedoch nicht für solche Pflichtverletzungen, die eine versicherte Person, die Versicherungsnehmerin oder eine Tochtergesellschaft bei Abschluss dieses Versicherungsvertrages kannte. Als bekannt gilt eine Pflichtverletzung, wenn sie von der Versicherungsnehmerin, einer Tochtergesellschaft oder versicherten Personen als –*

---

[274] *Staudinger* VP 2009, 138, 139; VersR-Hdb/*Beckmann* § 28 Rn. 109; *Lattwein/Krüger* NVersZ 2000, 365, 366.

[275] Terbille/*Terbille* § 2 Rn. 218.

[276] Siehe Staudinger/*Löwisch/Caspars* § 276 Rn. 98; MünchKomm-BGB/*Grundmann* § 276 Rn. 51.

[277] VersR-Hdb/*Marlow* § 13 Rn. 62; Terbille/*Terbille* § 2 Rn. 218; Begr. zum RegE, BT-Drucks. 16/3945 S. 68 f.

[278] *Staudinger* VP 2009, 138, 139.

wenn auch nur möglicherweise – objektiv fehlsam erkannt oder ihnen, wenn auch nur bedingt, als fehlsam bezeichnet worden ist, auch wenn Schadensersatzansprüche weder erhoben noch angedroht noch befürchtet worden sind."

Worauf muss sich die Kenntnis bzw. grob fahrlässige Unkenntnis bezie- **136**
hen? § 2 Abs. 2 VVG spricht von Situationen, in denen der VN (in der D&O-Versicherung die versicherte Person) Kenntnis vom bereits eingetretenen Versicherungsfall haben müsste. Dies würde bedeuten, dass die Beteiligten nicht nur von der unternommenen Geltendmachung des Haftpflichtanspruchs wissen müssten, sondern auch davon, dass dieses Ereignis i.S.d. abzuschließenden Vertrages einen Versicherungsfall darstellt.[279]

Im Falle der auf dem Anspruchserhebungsprinzip gründenden D&O- **137**
Versicherung würde diese Variante eine sehr große Manipulationsgefahr in sich bergen. Etwa dann, wenn die Gesellschaft erst nach Begehung einer Pflichtverletzung durch ein Organmitglied noch schnell eine D&O-Versicherung abschließen möchte, um den sehr wahrscheinlich daraus entstandenen Schaden auf den Versicherer abzuwälzen. Aus diesem Grund eignet sich das gesetzliche Konzept für die D&O-Versicherung keinesfalls.[280]

Daher finden sich in der Praxis noch zwei andere Lösungen. Die auf **138**
dem D&O-Markt überwiegende bezieht die Kenntnis bzw. die fahrlässige Unkenntnis lediglich auf die Pflichtverletzung. Weiters bestimmt Ziff. 3.2 Satz 3 AVB-AVG, dass eine Pflichtverletzung als bekannt gilt, wenn sie vom VN, einer Tochtergesellschaft oder einer versicherten Person als – wenn auch nur möglicherweise – objektiv fehlbar erkannt oder sie, wenn auch nur bedingt, als fehlbar bezeichnet worden ist, auch wenn Schadensersatzansprüche weder erhoben noch angedroht noch befürchtet worden sind.

Andere D&O-Versicherer übernehmen diese strenge Regelung nicht, **139**
weil sie zu einer unangemessenen Benachteiligung des VN bzw. der versicherten Personen führt. Die äußerste Grenze dürfte die Ausdehnung des Ausschlusses auf Fälle grob fahrlässiger Unkenntnis sein, d.h. auf Situationen, in denen sich der VN bzw. die versicherte Person in grober Weise der Kenntnis verschlossen haben. Aus diesem Grund darf kein allzu hoher Anspruch an das Maß der Sorgfaltspflicht der Beteiligten gestellt werden. Notwendig sind gewisse objektive Umstände (Ereignisse, Tatsachen), die dann eine Annahme über eine begangene Pflichtverletzung und die Möglichkeit des Eintritts eines Versicherungsfalles rechtfertigen. Es kommt

---

[279] B/M/*Johannsen* § 2 Rn. 14; *Olbrich* S. 153; P/M/*Prölss* § 2 Rn. 10; BK/*Baumann* § 2 Rn. 32.

[280] Vgl. *Staudinger* VP 2009, 138, 139.

hier allerdings nicht darauf an, ob Haftpflichtansprüche bereits erhoben, angedroht oder befürchtet sind oder nicht.[281]

140 Was die Beschreibung des Umfangs des Versicherungsschutzes betrifft, so enthalten D&O-Verträge i.d.R. keine gesonderten Regelungen für die Rückwärtsversicherung. Über den Versicherungsstatus entscheidet nach den allgemeinen Regeln der Zeitpunkt der Anspruchserhebung.[282]

3. Nachhaftung

141 **a) Grundlagen.** Als Nachhaftung (*extended reporting period* – ERP), zutreffender Nachmeldefrist,[283] bezeichnet man in der D&O-Versicherung die Ausdehnung des Versicherungsschutzes auf jene Versicherungsfälle, bei denen Haftpflichtansprüche erst nach Ablauf der D&O-Police erhoben werden, sofern die diesen Ansprüchen zugrunde liegenden Pflichtverletzungen vor Ablauf der Versicherung begangen worden sind.[284] Zu Recht sieht die Rspr. in dieser Regelung eine erhebliche Abmilderung der Folgen des reinen *claims made*-Prinzips, die v.a. dem Umstand Rechnung trage, dass Pflichtverletzungen in dem versicherten Bereich nicht oder oft nicht zeitnah zur Geltendmachung von Schadensersatzansprüchen führen.[285]

142 In der Praxis überwiegt das bilaterale Modell der Nachmeldefrist: Der Versicherungsschutz wird unabhängig davon gewährt, ob der Versicherer oder der VN den Versicherungsvertrag beendet. Demgegenüber gewährt das (seltenere) unilaterale Modell der Nachhaftung den Versicherungsschutz nur, wenn der Versicherungsvertrag infolge einer Entscheidung des Versicherers beendet wird, der die Police auslaufen lässt, sie kündigt oder auch ihre Verlängerung nur unter veränderten Bedingungen zulässt und eine diesbezügliche Einigung nicht zustande kommt. Es ist allerdings zu berücksichtigen, dass D&O-Versicherungen i.d.R. langfristigen Charakter haben, so dass es nur selten zu einem Versichererwechsel kommt.[286] Umgekehrt mag die Nachhaftung den Versicherer davon abhalten, das Versicherungsverhältnis wegen höherer Schadensgeneigtheit zu beenden, was angesichts der üblichen kurzfristigen (einjährigen) Versicherungsverträge

[281] P/M/*Lücke* § 2 AVB-Vermögen Rn. 2.

[282] *Olbrich* S. 154.

[283] Die Bezeichnung „Nachmeldefrist“ betont die Tatsache, dass die Nachhaftung lediglich die Schadensmeldefrist verlängert, ohne nach Vertragsablauf begangene Verstöße mitzuversichern, und dass sie mit keiner eigenständigen Versicherungssumme ausgestattet ist, vgl. *Lattwein* NVersZ 1999, 49, 52.

[284] Siehe ausführlich dazu VersR-Hdb/*Beckmann* § 28 Rn. 111. Überblick bei *Ihlas*, D&O, S. 384; Terbille/*Sieg* § 17 Rn. 117 ff.; *Lattwein* NVersZ 1999, 49, 52; *Kelch* VW 1998, 677, 680.

[285] OLG München VersR 2009, 1066 f.

[286] *Lattwein/Krüger* NVersZ 2000, 365, 366.

durchaus bedeutsam ist. Darüber hinaus fördert die Nachhaftung den Wettbewerb zwischen den Versicherern, da diese es dem VN erleichtert, den Versicherer zu wechseln.[287] Ohne Nachhaftung wäre die Gefahr von Deckungslücken bei einer Umdeckung auf einen anderen Versicherer aufgrund des Ausschlusses der bekannten Pflichtverletzung in der Rückwärtsversicherung wesentlich höher.

Die in den AVB-AVG 2011 mit Blick auf die Rspr. des OLG München vom GDV optimierte Nachhaftungsregelung ist in mehreren Punkten verbessert und blieb auch vom Restrukturierungsgesetz nicht unbeeindruckt. Sie verzichtet jedoch aus kartellrechtlichen Gründen auf konkrete Jahresangaben und Prozentzahlen, was natürlich in den Angeboten der Versicherer notwendig und üblich ist: **143**

„3.3 Nachmeldefrist für Anspruchserhebungen nach Vertragsbeendigung **144**

Der Versicherungsschutz umfasst auch solche Anspruchserhebungen, die auf Pflichtverletzungen beruhen, die bis zur Beendigung des Versicherungsvertrages begangen und innerhalb eines Zeitraums von ... Jahren nach Beendigung des Versicherungsvertrages erhoben und dem Versicherer gemeldet worden sind.

Darüber hinaus hat die Versicherungsnehmerin das Recht, gegen Zahlung eines zusätzlichen Beitrages in Höhe von ... % des letzten Jahresbeitrages die Vereinbarung einer weiteren Nachmeldefrist von ... Jahr(en) zu verlangen; dies gilt jedoch nur, wenn der Versicherungsvertrag mindestens ... Jahre bestanden hat. Das Recht der Versicherungsnehmerin, die Vereinbarung dieser weiteren Nachmeldefrist zu verlangen, erlischt, wenn die Nachmeldefrist nicht innerhalb eines Monats nach Ablauf des Versicherungsvertrages schriftlich beim Versicherer beantragt wird oder wenn die Zahlung des zusätzlichen Beitrages für die Nachmeldefrist nicht unverzüglich geleistet wird.

Die automatische Nachmeldefrist wie auch das Recht zum Erwerb einer weiteren Nachmeldefrist gilt nicht für den Fall eines Antrags auf Eröffnung des Insolvenzverfahrens über das Vermögen der Versicherungsnehmerin sowie in den Fällen der Vertragsbeendigung gemäß Ziffer 9.2. sowie in den Fällen, in denen der Versicherungsvertrag wegen Zahlungsverzug beendet worden ist. Das gleiche gilt, wenn nach Beendigung dieses Vertrages eine anderweitige Vermögensschadenhaftpflichtversicherung für Unternehmensleiter abgeschlossen wird.

Versicherungsschutz besteht für die gesamte Nachmeldefrist im Rahmen und nach Maßgabe der bei Ablauf des letzten Versicherungsjahres geltenden Vertragsbestimmungen, und zwar in Höhe des unverbrauchten Teils der Versicherungssumme des letzten Versicherungsjahres."

---

[287] *Lattwein* NVersZ 1999, 49, 52.

145 **b) Mögliche Gestaltungen der Nachmeldefrist.** Der Eintritt der Nachmeldefrist kann entweder automatisch erfolgen oder auch als Einkaufsoption ausgestaltet sein. Für den Fall, dass dem VN automatisch eine Nachhaftung gewährt wird, ist sie i.d.R. prämienfrei, während sie der VN optional nur gegen Zusatzprämie erwerben kann. Will der VN diese Option in Anspruch nehmen, so ist er verpflichtet, bis zu einem bestimmten Zeitpunkt (z.B. bis zum Ablauf der Versicherungsperiode[288] oder innerhalb eines Monats nach Ablauf des Versicherungsvertrages[289]) den einschlägigen Antrag zu stellen. Die auf dem Markt existierenden AVB sehen auch keine Möglichkeit für den Versicherer vor, einen solchen Antrag – außer bei Prämienzahlungsverzug – abzulehnen, was eine für die Effizienz dieses Instruments notwendige Voraussetzung ist.

146 In der Praxis existieren auch Lösungen, welche diese zwei genannten Modelle kombinieren, indem sie eine kürzere automatische („unverfallbare") Nachmeldefrist prämienfrei gewähren und gleichzeitig eine Möglichkeit ihrer Verlängerung gegen eine Zusatzprämie anbieten.[290]

147 Eine besondere Art der Nachhaftung bildet das sog. Anspar- bzw. Anwachsungsmodell,[291] in dem die Länge der dem VN prämienfrei gewährten Nachmeldefrist von der Dauer des Versicherungsvertrages abhängt. Auf diese Weise wird die Vertragstreue des VN honoriert.

148 **c) Umfang des Versicherungsschutzes im Rahmen der Nachmeldefrist.** Der Umfang des innerhalb der Nachhaftung gewährten Versicherungsschutzes ist in der Praxis weitestgehend einheitlich geregelt.[292] Der versicherten Person bzw. dem VN steht der unverbrauchte Teil der Deckungssumme des letzten Versicherungsjahres zur Verfügung. Sollte jedoch die Versicherungssumme in der letzten Versicherungsperiode gänzlich verbraucht worden sein, läuft die Nachhaftung leer. Zu berücksichtigen ist weiter, dass die Summe nicht wieder auffüllbar ist, sondern sie für die gesamte vereinbarte Nachmeldefrist gilt, die bis zu sechs Jahren betragen kann (siehe Rn. 149). Daraus können sich Zweifel bezüglich der Effizienz des Schutzes innerhalb der Nachhaftung ergeben.[293] Zudem gelten die Bedingungen des letzten Versicherungsjahres.

---

[288] Ziff. 3.4 lit. c Allianz Protect 2008 MM.

[289] Ziff. 3.3 Abs. 3 AVB-AVG.

[290] Beispielsweise Ziff. 3.4 lit. a Allianz Protect 2008 MM; Art. 3 lit. b bb Zurich AVBDO 2009.

[291] § 6 Ziff. 3.1 Abs. 1 AVB-VOV 2008.

[292] VersR-Hdb/*Beckmann* § 28 Rn. 114; Terbille/*Sieg* § 17 Rn. 119; *Olbrich* S. 156.

[293] *Lattwein/Krüger* NVersZ 2000, 365, 366.

d) Dauer der Nachmeldefrist. Äußerst unterschiedlich ist die Dauer der Nachmeldefrist geregelt. Sie schwankt seit Ende 2010 wegen des Restrukturierungsgesetzes erheblich und kann zwischen sechs Monaten und zehn Jahren dauern, wobei erhebliche Zuschlagsprämien anzutreffen sind. Zudem ergeben sich erhebliche Unterschiede dann, wenn die Policen bereits sehr lange beim gleichen Versicherer geführt wurden. Aufmerksamkeit verdient in diesem Kontext die Tatsache, dass sogar die Vereinbarung einer sechsjährigen Nachmeldefrist keinen lückenlosen Schutz vor Spätschäden garantiert. Die Verjährungsfrist von Organhaftungsansprüchen innerhalb der Innenhaftung beträgt zwar fünf Jahre (§ 93 Abs. 6 AktG, § 43 Abs. 4 GmbHG)[294] bzw. zehn Jahre nach dem Restrukturierungsgesetz; sie beginnt allerdings erst mit der Entstehung des Anspruchs (§ 198 BGB), was u.a. den Eintritt des Schadens voraussetzt.[295] Daraus ergibt sich, dass es selbst nach Ablauf von fünf Jahren bzw. zehn Jahren ab Beendigung der Organtätigkeit noch zu einer Inanspruchnahme kommen kann. **149**

e) Allgemeine und persönliche Nachmeldefrist. Die Mehrheit der derzeit angebotenen D&O-Bedingungswerke unterscheidet zwei Arten der Nachhaftung: eine allgemeine Nachhaftung und eine persönliche Nachhaftung. Die allgemeine Nachhaftung ist mit dem VN verbunden und steht seinen Organmitgliedern als versicherten Personen zu, solange diese den Status des Organmitglieds haben bzw. aus dem Unternehmen ausgeschieden sind. **150**

Die persönliche Nachhaftung steht hingegen Organmitgliedern zu, die aus bestimmten Gründen aus dem Unternehmen ausgeschieden sind. Charakteristisch ist hierfür eine relativ lange Frist, für die dieser Schutz gewährt wird,[296] sowie die Tatsache, dass die persönliche Nachhaftung gewöhnlich prämienfrei ist. Die persönliche Nachhaftung greift nur, wenn bestimmte Gründe vorliegen, aus denen die versicherte Person das Unternehmen verlassen hat. Zu diesen zählen insbesondere Alters- und Gesundheitsgründe[297] sowie eine Unternehmensrestrukturierung, die zum Wegfall der jeweiligen Anstellungsposition führte.[298] Diese spezielle Art des Versicherungsschutzes wird also lediglich in Situationen gewährt, in denen das Organ- bzw. Arbeitsverhältnis ohne Verschulden der versicherten Person ausschließlich aufgrund objektiver Gründe beendet worden ist. **151**

---

[294] VersR-Hdb/*Beckmann* § 28 Rn. 111.

[295] *Lattwein/Krüger* NVersZ 2000, 365, 366.

[296] Gemäß Ziff. 3.4 lit. b Allianz Protect 2008 MM beträgt die persönliche Nachmeldefrist sechs Jahre, gemäß § 6 Ziff. 3.2 AVB-VOV 2008 beträgt sie fünf Jahre.

[297] Ziff. 3.4 lit. b Allianz Protect 2008 MM; § 6 Ziff. 3.2 AVB-VOV 2008.

[298] Ziff. 3.4 lit. b Allianz Protect 2008 MM.

152 **f) Ausschlüsse der Nachmeldefrist.** In gewissen Situationen wird die Nachhaftung für gewöhnlich ausgeschlossen. Zu diesen zählen: die Kündigung des Versicherungsvertrages wegen Prämienverzugs oder einer Obliegenheitsverletzung. Weiters unterliegen die Fälle des Kontrollwechsels und der Eröffnung des Insolvenzverfahrens über das Vermögen der VN häufig einer besonderen Regelung: Im Falle der Insolvenzeröffnung über das Vermögen des VN (siehe dazu § 8 Rn. 41) wird der Schutz i.R.d. Nachhaftung entweder gänzlich ausgeschlossen[299] oder er wird auf Haftpflichtansprüche infolge von Pflichtverletzungen eingeschränkt, die spätestens vor der Insolvenzreife, dem Antrag auf Eröffnung des Insolvenzverfahrens bzw. der tatsächlichen Eröffnung des Insolvenzverfahrens begangen worden sind.

153 Der Kontrollwechsel beim VN (siehe dazu § 8 Rn. 45 ff.) gehört zu den wichtigsten Umständen, die über das mit einem Unternehmen verbundene Risiko entscheiden. Daher führt dieses Ereignis i.d.R. zur Beendigung des Versicherungsvertrages. Beispielsweise kann das Erlöschen des Versicherungsvertrages mit dem Ausschluss[300] der Nachmeldefrist verbunden sein, bzw. diese auf Pflichtverletzungen bis zum Zeitpunkt der Wirksamkeit dieser Veränderung eingeschränkt sein.[301]

154 Viele Versicherer bieten das Instrument der *run-off*-Deckung an, die als Optionsrecht vom VN gegen Zusatzprämie eingekauft werden kann.[302]

4. Umstandsmeldung

155 **a) Begriff und Rechtsnatur.** Die Umstandsmeldung *(circumstances notified)* regelt das Recht des VN, der versicherten Person und oft auch der Tochtergesellschaft, dem Versicherer Umstände mitzuteilen, die eine Inanspruchnahme des Organmitglieds, d.h. den Eintritt eines Versicherungsfalles als wahrscheinlich ansehen lassen. Dabei indizieren bestimmte Vorzeichen während der Vertragslaufzeit die Wahrscheinlichkeit einer Anspruchserhebung. Die in D&O-AVB recht verbreitete Regelung[303] existiert wiederum in einer Vielzahl von Gestaltungsmöglichkeiten,[304] auch die Nomenklatur ist nicht einheitlich (vorsorgliche Anzeige von Umständen,

---

299 Ziff. 3.3 Abs. 1 letzter Halbs. AVB-AVG, Art. 3 lit. e ff Zurich AVBDO 2009.

300 Art. 3 lit. e ff Zurich AVBDO 2009.

301 Ziff. 3.5 Allianz Protect 2008 MM.

302 Ziff. 3.5 Allianz Protect 2008 MM; Ziff. 2.3.3 Chubb AVB OLA 2008; 2.3.2; Art. 3 lit. e ff Zurich AVBDO 2009; siehe auch *Ihlas*, D&O, S. 385.

303 MünchKomm-VVG/*Ihlas*, Bd. 2 und § 8 Rn. 65 ff., D&O, Rn. 159, wonach die meisten D&O-AVB solche Umstandsmeldungen grundsätzlich zulassen.

304 Vgl. *Schramm* S. 186 ff.

Umstandsmeldung, *notification of circumstances*, „Versicherungsfall 2",[305] Vorsorgedeckung, Abwendungskosten, etc.).[306]

156 Die erstmals im Mai 2011 eingeführte Regelung zur Umstandsmeldung in den AVB-AVG lautet wie folgt:

157 „3.4 Meldung von Umständen (Notice of Circumstance-Regelung)

Die versicherten Personen haben die Möglichkeit, dem Versicherer während der Laufzeit des Vertrages konkrete Umstände zu melden, die eine Inanspruchnahme der versicherten Personen hinreichend wahrscheinlich erscheinen lassen.

Kündigt der Versicherer das Versicherungsverhältnis, kann zudem eine Meldung solcher Umstände innerhalb einer Frist von … Tagen nach Beendigung des Vertrages erfolgen. Die Meldung von Umständen innerhalb dieser Frist von … Tagen nach Beendigung des Vertrages ist jedoch nicht möglich, wenn der Versicherungsvertrag aufgrund Zahlungsverzugs beendet worden ist.

Im Fall einer tatsächlichen späteren Inanspruchnahme, die aufgrund eines gemeldeten Umstandes spätestens innerhalb einer Frist von … Jahren erfolgen muss, gilt die Inanspruchnahme als zu dem Zeitpunkt der Meldung der Umstände erfolgt."

158 Die Neuregelung steht im Zusammenhang mit der Rspr. des OLG München zur AGB-rechtlichen Wirksamkeit des Anspruchserhebungsprinzips.[307] Bemerkenswert daran ist, dass der GDV den VN noch kein Recht zur Umstandsmeldung einräumen will. Da diese die Prämienschuldner sind und Umstandsmeldungen einen preistreibenden Einfluss haben können, ist hier die Ziff. 3.4 AVB-AVG unvollständig. Anders als den zu einer Umstandsmeldung berechtigten versicherten Personen wird es vergleichsweise dem VN leichter fallen, die mit der Anzeige von Umstandsmeldung verbundene schwierige Bewertung des Risikos und seiner zukünftigen Entwicklung vorzunehmen."[308]

159 Die Einreichung einer solchen Umstandsmeldung bezweckt, dass die spätere Erhebung eines Haftpflichtanspruchs, der auf den bereits gemeldeten rechtlichen bzw. tatsächlichen Umständen beruht, so behandelt wird, als ob der Versicherungsfall bereits zum Zeitpunkt der Umstandsmeldung

[305] „Erweiterte Definition des Versicherungsfalles", vgl. *Lange* r+s 2006, 177, 180 f.

[306] Vgl. auch MünchKomm-VVG/*Ihlas*, Bd. 2, D&O, Rn. 159.

[307] Vgl. Rn. 105.

[308] Dies erscheint v.a. im Falle von Innenhaftungsansprüchen problematisch, weil insofern nur die vermeintlich geschädigte Gesellschaft die Umstände einer späteren Inanspruchnahme des betroffenen Organmitglieds konkretisieren kann.

eingetreten wäre.[309] Anders als der Eintritt des Versicherungsfalles führt die Umstandsmeldung nicht zur Entstehung der Leistungspflicht des Versicherers, sondern sie wirkt sich lediglich in der Fixierung des Versicherungsstatus (insbesondere Versicherungsbedingungen, Deckungssumme) im Zeitpunkt der Meldung der Umstände aus, was insofern Ähnlichkeiten zur Serienschadenklausel aufweist.[310]

160 Die Möglichkeit zur Meldung von Umständen während der Vertragslaufzeit dient der Sicherung der Konditionen in der Versicherungsperiode, in der die möglicherweise zu einer Haftung führenden Umstände bekannt werden. Denn der eigentliche, sich auf die Umstandsmeldung stützende Versicherungsfall wird nach denjenigen Konditionen reguliert, die dem Vertrag im Zeitpunkt der Umstandsmeldung zugrunde lagen. Die Umstandsmeldung wird insofern der Anspruchserhebung gleichgestellt.[311] Dies ist insbesondere dann von Vorteil, wenn die VN bzw. die versicherten Personen aufgrund eines sich abzeichnenden Schadensfalles befürchten müssen, dass der Versicherer zur Vertragsverlängerung einen spezifischen Ausschluss aufnimmt oder die Deckungssumme absenkt. War in der laufenden Versicherungsperiode die Versicherungssumme bereits verbraucht, erlaubt eine entsprechend flexible Regelung, die Umstandsmeldung erst in der darauf folgenden Versicherungsperiode durchzuführen.[312] Zudem bietet die frühzeitige Meldung schadensrelevanter Umstände beiden Parteien den Vorteil, dass ein mögliches Haftungsrisiko frühzeitig erkannt wird und so zeitnah eine abgestimmte Verteidigungsstrategie aufgebaut bzw. entsprechende Schadenminderungsmaßnahmen ergriffen werden können.[313]

161 Die Umstandsmeldung im Falle der Kündigung durch den Versicherer erleichtert es dem VN, einen neuen D&O-Vertrag abzuschließen, ohne dort die Aufnahme eines Ausschlusses, der sich auf die im Fragebogen anzugebenden schadensrelevanten Umstände bezieht, und damit eine Deckungslücke für den fraglichen Sachverhalt bzw. sogar eine komplette Deckungsablehnung befürchten zu müssen.[314] Im Falle eines Versichererwechsels ist dieses Instrument also von besonderer Bedeutung.[315]

---

[309] Die Kommunikation mit dem Versicherer darüber, ob spätere Inanspruchnahmen als bereits im Zeitpunkt der Umstandsmeldung angezeigt gelten, ist ein komplexes Thema; vgl. MünchKomm-VVG/*Ihlas*, Bd. 2, D&O, Rn. 160.

[310] Vgl. *Ihlas*, D&O, S. 384; *Koch* GmbHR 2004, 288, 292. Zur Serienschadenklausel siehe Rn. 84 ff.

[311] *Schmitt* S. 134.

[312] Vgl. auch *Lange* r+s 2006, 177, 181.

[313] *Schmitt* S. 135.

[314] Vgl. auch *Schmitt* S. 134 f.; MünchKomm-VVG/*Ihlas*, Bd. 2, D&O, Rn. 154.

[315] *Lattwein* NVersZ 1999, 49, 52; vgl. auch *Ihlas*, D&O, S. 385; *Schramm* S. 285, 287.

Im Hinblick auf mögliche Anzeigeobliegenheitspflichten stellt sich die Frage nach der versicherungsvertragsrechtlichen Qualifikation der Umstandsmeldung. Insbesondere stellt sich diese Frage, wenn die Umstandsmeldung wie üblich lediglich als Option (so etwa in Ziff. 3.4 AVB-AVG 2011) und nicht etwa als erweiterte Definition des Versicherungsfalles ausgestaltet ist.[316] Im letzteren Fall ergibt sich die Anzeigepflicht ohne weiteres aus § 30 Abs. 1 VVG.[317] Bei Zugrundeliegen einer lediglich optionalen Umstandsmeldung kann sich eine Anzeigepflicht aus § 104 Abs. 1 Satz 1 VVG ergeben. Nach st. höchstrichterlicher Rspr. besteht eine Anzeigeobliegenheit hinsichtlich Haftpflichtansprüchen vorgelagerter Umstände nur, wenn der VN weiß, dass ein Umstand eingetreten ist, durch den einem Dritten ein Schaden entstanden ist oder entstehen kann, und wenn er zudem erkannt hat, dass er für diesen Umstand aufgrund gesetzlicher Haftpflichtbestimmungen von dem Dritten verantwortlich gemacht werden kann.[318] Dies könnte etwa auf den Fall der Einleitung eines Ermittlungsverfahrens wegen Untreue zutreffen, nicht aber schon bei der Verweigerung der Entlastung einer versicherten Person (siehe Rn. 163). Die optionale oder freiwillige Umstandsmeldung ist daher für den VN jedenfalls vorzugswürdig.[319] 162

b) Umstände, die den Eintritt des Versicherungsfalles als wahrscheinlich erscheinen lassen. Zu den Umständen, die den Eintritt des Versicherungsfalles als wahrscheinlich erscheinen lassen, zählen insbesondere Sachverhalte, die auf eine mögliche Begehung einer Pflichtverletzung durch eine versicherte Person hinweisen, aus der sich später Haftpflichtansprüche ergeben können. Darüber hinaus sind hier Schritte gemeint, die von Beteiligten (vom geschädigten Dritten oder in der Sphäre der Gesellschaft) unternommen werden, und auf die Inanspruchnahme eines versicherten Organmitglieds abzielen, so etwa die Einreichung einer Aktionärsklage gemäß § 148 AktG, die schriftliche Ankündigung einer geplanten Inanspruchnahme, die vorzeitige Beendigung eines Organ- oder Anstellungsverhältnisses, die Verweigerung der Entlastung einer versicherten Person wegen einer Pflichtverletzung durch die Hauptversammlung oder die Gesellschafterversammlung oder auch die Bestellung eines Sonderprüfers durch die Hauptversammlung gemäß § 142 Abs. 1 AktG.[320] 163

---

[316] Vgl. Fn. 305.

[317] MünchKomm-VVG/*Wandt* § 30 Rn. 12 ff.

[318] *Baumann* NZG 2010, 1366, 1371 m.w.N.

[319] Dennoch wird zu Recht darauf hingewiesen, dass die Abwägung aller Vor- und Nachteile einzelner Formulierungen an den D&O-Markt hohe Anforderungen stellt, vgl. van Bühren/*Lenz* § 26 Rn. 87.

[320] Ziff. 4.2 Chubb AVB OLA 2008.

164 **c) Ewigkeitshaftung?** Auf welche Zeit wird die Deckungspflicht des Versicherers infolge der Umstandsmeldung verlängert? Im Schrifttum wird teilweise sogar von einer Ewigkeitshaftung gesprochen,[321] da der Zeitpunkt des Eintritts des Versicherungsfalles, solange er auf den gemeldeten Umständen beruht, irrelevant ist. Dies würde eine erhebliche zeitliche Ausdehnung der Leistungspflicht des Versicherers bedeuten.

165 Die Analyse aktueller AVB verschiedener D&O-Versicherer legt allerdings den Schluss nahe, dass die Mehrheit der Versicherer eine so weitgehende Deckungspflicht nicht übernehmen will und den Versicherungsschutz i.R.d. Umstandsmeldung einschränkt. Insbesondere bestimmen Versicherer einen Zeitpunkt, bis zu dem der Versicherungsfall tatsächlich eingetreten sein muss, damit er noch gedeckt wird. Das kann das Ende der Vertragslaufzeit oder auch der Ablauf der vereinbarten Nachmeldefrist[322] sein bzw. ein Zeitrahmen von 60 Monaten ab der Beendigung des Versicherungsverhältnisses.[323]

166 **d) Notwendiger Inhalt.** Für gewöhnlich verlangen Versicherer präzise Informationen bezüglich der Umstände, die eine Anspruchserhebung wahrscheinlich machen. Gefordert werden Angaben zu der betroffenen versicherten Person, der tatsächlichen oder behaupteten Pflichtverletzung (Zeit, Ort), aber auch zum eingetretenen Schaden und zur Person des Anspruchsstellers. Daraus folgt eine beträchtliche Gefahr, dass lediglich jene Versicherungsfälle, deren Umstände den in der Umstandsmeldung angegebenen Informationen gänzlich entsprechen, später vom Versicherer tatsächlich übernommen werden. Dabei sind der die Umstandsmeldung durchführenden Person in erster Linie die mit dem Verstoß verbundenen Daten bekannt, in einem viel geringeren Ausmaß hingegen dessen Folgen. Daher ist die richtige Gestaltung der Umstandsmeldung für die Effizienz dieses Instruments von entscheidender Bedeutung.[324] Die Meldung sollte sich v.a. auf die mit der Pflichtverletzung verbundenen Umstände konzentrieren. Allzu hohe Anforderungen an diese Erklärung können nämlich den i.R.d. Umstandsmeldung gewährten Versicherungsschutz leer laufen lassen.

167 **e) Vorbeugende Rechtskosten.** Da die Umstandsmeldung grundsätzlich nur zur Fixierung des Versicherungsstatus im Zeitpunkt der Umstandsmeldung, nicht aber zu einer Leistungspflicht des Versicherers

[321] *Lange* r+s 2006, 177, 181.
[322] Ziff. 2.4 Chubb AVB OLA 2008.
[323] Ziff. 3.10 Allianz Protect 2008 MM; sog. *sunset clause*.
[324] Vgl. *Lange* r+s 2006, 177, 181.

führt,[325] gewähren manche Versicherer zusätzlich sog. vorbeugende Rechtskosten. Hierbei übernimmt der Versicherer die Abwehrkosten zum Zweck einer frühzeitigen Verteidigung, wenn die tatsächliche Inanspruchnahme zwar noch nicht erfolgt, aber wahrscheinlich ist. Die Wahrscheinlichkeit einer Inanspruchnahme wird insbesondere in folgenden Fällen angenommen: Wenn einer versicherten Person die Entlastung verweigert wird, schriftliche Ansprüche angekündigt oder angedroht werden, der Arbeitsvertrag fristlos oder aus wichtigem Grund gekündigt oder dies angedroht wird, vereinbarte Leistungen aus dem Arbeitsvertrag nicht erbracht oder gekürzt werden oder im Zusammenhang mit einer Pflichtverletzung der Streit verkündet wird. Desselben, wenn gegen den VN oder ein Tochterunternehmen ein Leistungs- oder Unterlassungsanspruch mit einem Streitwert i.H.v. mindestens 250.000 € geltend gemacht wird.[326]

I.S. einer effektiven und damit kostengünstigen Verteidigung liegt es **168** nicht nur im Interesse der betroffenen versicherten Person, sondern auch in dem des Versicherers, Abwehrmaßnahmen möglichst frühzeitig bzw. bereits dann zu ergreifen, wenn sich die Inanspruchnahme einer versicherten Person konkret abzeichnet, was folgendes Beispiel verdeutlichen soll: Ist eine vom Anstellungsunternehmen angedrohte Kündigung bzw. Abberufung erst einmal ausgesprochen, fehlt der betroffenen versicherten Person bei einer späteren Inanspruchnahme i.d.R. der Zugriff auf potenziell entlastendes Material innerhalb des Unternehmens, was ihr bzw. dem Versicherer die Führung des Entlastungsbeweises[327] deutlich erschwert. Ein frühzeitig beauftragter Rechtsanwalt hätte wohl darauf hingewirkt, dass entsprechendes Beweismaterial gesichert wird, bevor die betroffene versicherte Person das Unternehmen verlassen muss.

---

[325] Vgl. *Ihlas*, D&O, S. 384; *Koch* GmbHR 2004, 288, 292. Zur Serienschadenklausel siehe Rn. 84 ff.

[326] Entnommen aus Ziff. 2.2 Allianz Protect D&O 2010; weitere Beispiele in Ziff. 4.2 Cubb AVB OLA 2011.

[327] Umkehr der Beweislast bei Innenhaftungsansprüchen (z.B. § 92 Abs. 2 Satz 2 AktG).

§ 7. Risikoausschlüsse

Literatur: *Beckmann*, Einschränkungen der Innenhaftungsdeckung bei der D&O-Versicherung, FS Kollhosser, 2004, S. 25; *Beier-Thomas*, D&O-Versicherung in der Krise?, VP 2003, 214; *Binder*, Beteiligungsstrategien in der Konzernpraxis, AG 1994, 391; *Dahnz/Grimminger*, Diskriminierung im Wirtschaftsleben – auch ein Versicherungsfall?, WM 2006, 1260; *Dreher*, Die Rechtsnatur der D&O-Versicherung, DB 2005, 1669; *Ehlers*, Ausreichender Versicherungsschutz – ein Risikofeld der Managerhaftung, VersR 2008, 1173; *Habersack*, Die Freistellung des Organwalters von seiner Haftung gegenüber der Gesellschaft, FS Ulmer, 2003, S. 151; *Hendricks*, Kein D&O-Versicherungsschutz für Hasardeure, VW 2006, 229; *Henssler*, D&O-Versicherung in Deutschland, in Henze/Hoffmann-Becking (Hrsg.), RWS-Forum 20, Gesellschaftsrecht 2001, 131; *Ihlas*, Im D&O-Markt nehmen die Ausschlüsse zu, VW 2004, 395; *Ihlas/Stute*, D&O-Versicherung für das Innenverhältnis dargestellt an Ziffer 1.3 der AVB AVG des unverbindlichen GDV-Modells, Beil. zu PHi 4/2003, 7; *Keil*, D&O-Bedingungen: Ausschlüsse bis zur Grenze der Unzumutbarkeit, VW 2003, 165; *Kiethe*, Persönliche Haftung von Organen der AG und der GmbH – Risikovermeidung durch D&O-Versicherung?, BB 2003, 537; *Klinkhammer*, Die neuen D&O-Musterbedingungen 2005 des GDV im Marktvergleich, VP 2006, 22; *Koch*, Aktuelle und zukünftige Entwicklungen in der D&O-Versicherung, WM 2007, 2173; *ders.*, Die Rechtsstellung der Gesellschaft und des Organmitglieds in der D&O-Versicherung (Teil I), GmbHR 2004, 18; (Teil II), GmbHR 2004, 160; (Teil III), GmbHR 2004, 288; *ders.*, Versicherung von Haftungsrisiken nach dem Allgemeinen Gleichbehandlungsgesetz, VersR 2007, 288; *Lange*, Praxisfragen der D&O-Versicherung (Teil I), DStR 2002, 1626; (Teil II), DStR 2002, 1675; *Langheid/Grote*, Deckungsfragen der D&O-Versicherung, VersR 2005, 1165; *Lattwein/Krüger*, D&O: Von der Ablehnung wegen Unmoral bis zum Verbandskonzept. Die Entwicklung der Haftpflichtversicherung für Manager am Deutschen Markt, VW 1997, 1366; *Mahnke*, Der Ausschluss vorsätzlichen Verhaltens versicherter Personen in der D&O-Versicherung, VW 2006, 540; *Penner*, Tod eines Widergängers? „Vorsätzliche“ contra „wissentliche“ Pflichtverletzung in der D&O-Versicherung, VersR 2005, 1359; *Schneider*, „Unternehmerische Entscheidungen“ als Anwendungsvoraussetzung für die Business Judgement Rule“, DB 2005, 707; *Schneider/Ihlas*, Die Vermögensschaden-Haftpflichtversicherung des Geschäftsführers einer GmbH, DB 1994, 1123; *Sieg*, Tendenzen und Entwicklungen der Managerhaftung in Deutschland, DB 2002, 1759; *Sieg/Schramm*, D&O/Berufshaftpflicht, PHi 2006, 65; *Späth*, Probleme der wissentlichen Pflichtverletzung in der Berufshaftpflichtversicherung nach § 4 Nr. 6 AVB-WB, VersR 2000, 825; *Steinkühler*, D&O – ad absurdum? – Das Problem mit dem Vorsatz und mit dem Wissen, VW 2003, 1734; *Thümmel/Sparberg*, Haftungsrisiken der Vorstände, Geschäftsführer, Aufsichtsräte und Beiräte sowie deren Versicherbarkeit, DB 1995, 1013; *Vorrath*, „Wissentliche Pflichtverletzung“ in den D&O-Versicherungsbedingungen, VW 2006, 151; *ders.*, Wissentliche Pflichtverletzung in der D&O-Versicherung, VW 2006, 575; *Vothknecht*, Die „wissentliche

Pflichtverletzung" in der Vermögensschaden-Haftpflicht-/D&O-Versicherung, PHi 2006, 52; *ders.*, Wishful Thinking in der D&O, VW 2006, 488; *v. Westphalen*, Ausgewählte neuere Entwicklungen in der D&O-Versicherung, VersR 2006, 17; *ders.*, D&O-Versicherung und Direktanspruch der Gesellschaft gegenüber der Versicherung?, DB 2005, 431.

I. Grundlagen

1 Risikoausschlüsse schränken den vereinbarten Versicherungsschutz zu Lasten des VN bzw. des Versicherten ein. Soweit die Ausschlusstatbestände eingreifen, ist der Versicherer nicht zur Leistung verpflichtet.[1] D&O-Versicherungsverträge enthalten i.d.R. zahlreiche Ausschlusstatbestände.[2] Der Katalog der Ausschlussklauseln in den AVB-AVG enthält sogar 18 Positionen (Ziff. 5 AVB-AVG). Ausschlussklauseln sind auch jene Elemente der D&O-AVB, die am häufigsten geändert werden. Erstens sind sie ein wichtiges Instrument, mit dem D&O-Versicherer miteinander konkurrieren. Zweitens spiegelt die Regelung der Risikoausschlüsse in den am Markt angebotenen AVB auch die aktuelle Wirtschaftslage wider. In Zeiten eines weichen Marktes wurde die Anzahl der Ausschlusstatbestände reduziert, während in einem harten Markt dieser Katalog häufig verlängert wurde.[3]

2 Die **Beweislast** für die Voraussetzungen der Ausschlusstatbestände trägt der Versicherer.[4] Die Ausschlussklauseln sind grundsätzlich **eng auszulegen**, jedenfalls aber nicht weiter, als es ihr Sinn unter Beachtung ihres wirtschaftlichen Zwecks und der gewählten Ausdrucksweise erfordert.[5]

3 Ausschlussklauseln in AVB unterliegen der AGB-rechtlichen **Geltungs- und Inhaltskontrolle**. Besondere Bedeutung hat § 305c Abs. 1 BGB, der u.a. die berechtigten Erwartungen des VN im Hinblick auf den Vertragsumfang schützt.[6] Daraus ergibt sich etwa das Verbot, die Ausschlüsse versteckt zu platzieren. Es wird empfohlen, diese Bestimmungen mit einer adäquaten Rubrikbezeichnung, wie beispielsweise „Risikoausschlüsse" zu versehen.[7]

---

[1] VersR-Hdb/*Schneider* § 24 Rn. 48.

[2] Siehe ausführlich dazu *Ihlas*, D&O, S. 453 ff.; *ders.* VW 2004, 395, 395; *Keil* VW 2003, 165, 165.

[3] Siehe ausführlich dazu *Keil* VW 2003, 165, 165.

[4] BGH VersR 1957, 212.

[5] BGH VersR 2003, 236, 237; 1999, 748; VersR-Hdb/*Schneider* § 24 Rn. 48 m.w.N.; Terbille/*Kummer* § 12 Rn. 182; MünchKomm-BGB/*Kieninger* § 307 Rn. 194.

[6] *Schimikowski* Rn. 386.

[7] *Schimikowski* Rn. 387.

4 Mangels eines gesetzlichen Leitbildes für die Inhaltskontrolle der D&O-AVB nach § 307 BGB dienen als Prüfungsmaßstäbe insbesondere § 307 Abs. 2 Nr. 2 BGB (Gefährdung des Vertragszwecks), § 307 Abs. 1 BGB (Generalklausel), sowie das Transparenzgebot (§ 307 Abs. 1 Satz 2 BGB).[8] Dabei ist davon auszugehen, dass nicht jede Leistungsbegrenzung gleich den Vertragszweck gefährdet. Dies ist erst dann der Fall, wenn der Ausschluss so weit reicht, dass der Vertrag ausgehöhlt und der Versicherungsvertrag angesichts des zu versichernden Risikos zwecklos wird.[9] Zur Aushöhlung eines D&O-Versicherungsvertrages kann es nicht nur infolge eines besonders weit gehenden Ausschlusses kommen, sondern auch durch eine hohe Zahl von Ausschlüssen.

5 Das Transparenzgebot des § 307 Abs. 1 Satz 2 BGB gebietet eine klare und verständliche Formulierung der Rechte und Pflichten des Vertragspartners des Verwenders der AGB. Die Rspr. fordert insbesondere, dass die Nachteile und Belastungen so weit erkennbar sind, wie dies nach den Umständen gefordert werden kann.[10] Da durch Risikoausschlüsse der Umfang des Versicherungsschutzes zu Lasten des VN bzw. des Versicherten eingeschränkt wird, ist dieses Gebot bei der Formulierung der Ausschlussklauseln besonders zu beachten.

II. Objektive Ausschlusstatbestände

1. Vertragsstrafen

6 Zu den in der Praxis am weitesten verbreiteten Ausschlusstatbeständen gehört derjenige bezüglich Vertragsstrafen, Geldstrafen bzw. -bußen und Entschädigungen mit Strafcharakter *(punitive/exemplary damages).* Dieser Ausschluss ist in Ziff. 5.11 AVB-AVG geregelt. Seine Wirkung ist lediglich klarstellend. Denn Vertragsstrafen ergeben sich aus einer vertraglichen Vereinbarung und sind daher von der D&O-Versicherung ohnehin nicht gedeckt.[11]

7 Geldstrafen und -bußen als Zahlungen mit Strafcharakter stellen keine versicherbaren Vermögensschäden dar.[12] Ihre Versicherung würde sowohl gegen die guten Sitten als auch gegen das Gesetz verstoßen.[13]

---

[8] *Koch* WM 2007, 2173, 2178.

[9] BGH NJW-RR 2005, 32, 33 m.w.N.; *Koch* WM 2007, 2173, 2179.

[10] BGH NJW 2006, 2545, 2547 m.w.N.

[11] Erläuterungen zu Ziff. 5.11 AVB-AVG; *Ihlas*, D&O, S. 547.

[12] MünchKomm-AktG/*Spindler* § 84 Rn. 86; KölnKomm-AktG/*Mertens/Cahn* § 84 Rn. 92; MünchHdbGesR/*Wiesner*, Bd. 4, § 21 Rn. 63.

[13] Erläuterungen zu Ziff. 5.11 AVB-AVG; *Ihlas*, D&O, S. 548.

8 Der in Ziff. 5.11 AVB-AVG geregelte Ausschluss umfasst überdies die aus dem *common law* bekannten *punitive/exemplary damages*, d.h. strafenden/abschreckenden Schadensersatz. Auch in diesem Fall handelt es sich um Zahlungen, die nicht auf Wiedergutmachung von Schäden, sondern auf Bestrafung vorwerfbaren Verhaltens und in Konsequenz auf Prävention abzielen. Deshalb bilden diese Zahlungen keine versicherbaren Vermögensschäden.[14] Der Ausschluss von *punitive/exemplary damages* überschneidet sich allerdings mit dem Ausschluss von Ersatzansprüchen auf der Grundlage ausländischen Rechts (siehe Rn. 9) bzw. kann sich auch aus der Regelung des räumlichen Geltungsbereichs der D&O-Police ergeben (siehe § 6 Rn. 90). In diesen Fällen hätte er nur klarstellende Wirkung.

2. Ausländisches Recht

9 Nur in den AVB-AVG ist der Ausschluss von Haftpflichtansprüchen enthalten, die vor ausländischen Gerichten oder auf Grundlage ausländischen Rechts geltend gemacht werden. Insbesondere geht es hier um das Recht der Vereinigten Staaten von Amerika.[15]

3. Produkt-, Arbeits- und Dienstleistungshaftung

10 Dieser Ausschluss bezieht sich auf Haftpflichtansprüche wegen Schäden durch vom VN oder einer Tochtergesellschaft in den Verkehr gebrachten Produkte, Arbeiten oder sonstige Leistungen (Ziff. 5.3 AVB-AVG). Aktuell ist dieser Ausschluss nur noch ganz vereinzelt in AVB enthalten.[16] Obwohl diese Art der Haftung in erster Linie auf Ersatz von Personen- und Sachschäden gerichtet ist, ist in diesem Bereich auch die Entstehung reiner Vermögensschäden möglich, insbesondere im Innenverhältnis aufgrund der Verletzung von Überwachungs- und Kontrollpflichten.[17] Beispielsweise können reine Vermögensschäden in Form von fehlgeschlagenen Entwicklungs-, Produktions- oder Vertriebskosten entstehen.[18] Unter diesen Umständen hat der Ausschluss nicht nur rein deklarativen Charakter. Hauptsächlich zielt diese Ausschlussklausel auf die Abgrenzung der Anwendungsbereiche der D&O-Versicherung von der Betriebs-, Produkt- und Dienstleistungshaftpflichtversicherung ab. Bedeutung hat sie etwa bei Finanzdienstleistungsunternehmen zur Abgrenzung von der reinen E&O-Versicherung *(„errors & omissions“)*.

---

[14] *Ihlas*, D&O, S. 549.

[15] Siehe dazu § 6 Rn. 88 ff.

[16] VersR-Hdb/*Beckmann* § 28 Rn. 127.

[17] VersR-Hdb/*Beckmann* § 28 Rn. 127; *Olbrich* S. 189; *Lattwein/Krüger* VW 1997, 1366, 1372.

[18] VersR-Hdb/*Beckmann* § 28 Rn. 127.

4. Umwelthaftung

Dieser Ausschluss bezieht sich auf Haftpflichtansprüche wegen Schäden durch Umwelteinwirkungen und alle sich daraus ergebenden Schäden (Ziff. 5.4 AVB-AVG). Gegenstand dieser Klausel sind zivilrechtliche Schadensersatzansprüche aus Umweltschäden. Solche Ansprüche werden insbesondere auf der Grundlage des Umwelthaftungsgesetzes[19] und Umweltschadengesetzes[20] erhoben. Das Umwelthaftungsgesetz gehört zweifellos dem Privatrecht an, während die im Umweltschadengesetz geregelten Rechte und Pflichten öffentlich-rechtlicher Natur sind.[21] Den Behörden steht ein relativ großer Ermessensspielraum bezüglich der Wahl der Person zu, die zur Verantwortung gezogen wird (§ 2 Nr. 3 USchadG). Diese kann insbesondere ein Organmitglied sein. Gewöhnlich wird auch die Gesellschaft selbst in Anspruch genommen. Ihr steht die Möglichkeit zu, gegen Organmitglieder privatrechtliche Regressansprüche zu erheben.[22] Gegen diese Regressansprüche richtet sich die Umwelt-Ausschlussklausel. Daraus ergibt sich, dass diese Ausschlussklausel nicht rein deklaratorische Wirkung hat.[23] 11

Der Ausschluss von Haftpflichtansprüchen aus Umweltschäden bezweckt in erster Linie, die D&O-Versicherung von sonstigen, auf Umweltschäden spezialisierten Versicherungen abzugrenzen.[24] Es handelt sich dabei um die i.R.d. Betriebshaftpflichtversicherung angebotene Umwelthaftpflichtversicherung (die Versicherung gegen Schäden auf der Grundlage des UmweltHG) und die Umweltschadenversicherung (die Versicherung gegen Schäden auf der Grundlage des USchadG). Obwohl das Umwelthaftpflicht-Modell vorrangig Sach- und Personenschäden abdeckt, kann es in diesem Bereich auch zur Entstehung von reinen Vermögensschäden kommen.[25] Sollte es an einer Umwelthaftpflichtversicherung überhaupt fehlen oder sollte die dort vereinbarte Deckungssumme überschritten werden, bestünde zumindest theoretisch eine Möglichkeit, den Versicherungsschutz aus der D&O-Versicherung in Anspruch zu neh- 12

---

[19] Umwelthaftungsgesetz (UmweltHG) v. 10.12. 1990 (BGBl. I S. 2634).

[20] Gesetz über die Vermeidung und Sanierung von Umweltschäden (Umweltschadengesetz – USchadG) v. 10.5. 2007 (BGBl. I S. 666). Wie im Folgenden dargestellt, regelt das USchadG Rechte und Pflichten öffentlich-rechtlicher Natur, die jedoch zur Erhebung von Regressansprüchen privatrechtlicher Natur führen können.

[21] Terbille/*Kummer* § 12 Rn. 232.

[22] *Ihlas*, D&O, S. 536.

[23] A.A. wohl van Bühren/*Lenz* § 27 Rn. 112, nach dessen Meinung dieser Ausschluss „weitgehend klarstellende Funktion" hat.

[24] Erläuterungen zu Ziff. 5.4 AVB-AVG.

[25] *Lattwein/Krüger* VW 1997, 1366, 1372.

men.[26] Genau diesem Szenario soll der Umweltschaden-Ausschluss vorbeugen. Dessen Bedeutung ergibt sich nicht zuletzt daraus, dass das i.R.d. Betriebshaftpflichtversicherung angebotene Umwelthaftpflicht-Modell erhebliche Deckungslücken bezüglich reiner Vermögensschäden aufweist.[27] Allerdings hängt die Möglichkeit, zur D&O-Versicherung zu greifen, auch von der verwendeten Subsidiaritätsklausel ab.[28]

13 Aus der Sicht der D&O-Versicherer spielt der Umweltschaden-Ausschluss eine besonders wichtige Rolle im produzierenden Gewerbe,[29] v.a. im chemischen Bereich, in dem eine beträchtliche Gefahr äußerst hoher Schäden besteht, beispielsweise sog. vorgezogene Rettungskosten. Derzeit können am D&O-Markt zwei Arten der Ausschlussklauseln wegen Umwelthaftung unterschieden werden. D&O-Versicherer verwenden sie entweder in der in den Musterbedingungen vorgeschlagenen Gestaltung oder sie schränken diesen Ausschluss auf Nordamerika oder nur auf die USA ein, da die Umwelthaftung dort außergewöhnlich streng geregelt ist.

5. Unzureichender Versicherungsschutz

14 Ziff. 5.9 AVB-AVG empfiehlt den Ausschluss von Haftpflichtansprüchen, *„die sich daraus ergeben oder damit im Zusammenhang stehen, dass Versicherungsleistungen oder Versicherungen nicht oder unzureichend wahrgenommen, abgeschlossen oder fortgeführt werden"*. Gemeint sind hier Situationen, in denen ein Schaden eingetreten ist, der entweder überhaupt nicht oder nur unzureichend versichert war. Diese Klausel beugt somit Fällen vor, in denen die Nichtvorsorge für angemessenen Versicherungsschutz als eine Sorgfaltsverletzung des Unternehmensleiters betrachtet wird, die dann i.R.d. D&O-Versicherung Versicherungsschutz genießen würde.[30] Auf diese Art und Weise wollen sich Versicherer davor schützen, dass die D&O-Versicherung zu einer Art Auffangversicherung wird, die andere Versicherungen im Unternehmensbereich entbehrlich werden lässt.[31]

15 Die Unterlassung des Abschlusses einer Versicherung oder die Vereinbarung einer zu niedrigen Deckungssumme können allerdings nur dann als Verletzung von Sorgfaltspflichten des Unternehmensleiters erwogen wer-

---

[26] *Ihlas*, D&O, S. 536.
[27] *Ihlas*, D&O, S. 535.
[28] *Olbrich* S. 183.
[29] VersR-Hdb/*Beckmann* § 28 Rn. 126.
[30] Siehe dazu *Olbrich* S. 186.
[31] Erläuterungen zu Ziff. 5.9 AVB-AVG; *Ihlas*, D&O, S. 544; VersR-Hdb/*Beckmann* § 28 Rn. 125; *Olbrich* S. 186; *Lattwein/Krüger* VW 1997, 1366, 1372.

den, wenn es sich um solche Versicherungsverträge handelt, die in Anbetracht des Risikopotenzials der Gesellschaft offensichtlich sinnvoll oder sogar nötig gewesen wären. Zu Recht wird darauf hingewiesen, dass die Frage nach der Notwendigkeit des Abschlusses einer Versicherung nur im konkreten Einzelfall beantwortet werden kann.[32] Dabei ist zu berücksichtigen, dass die Besorgung angemessenen Versicherungsschutzes in jedem Unternehmen zu den wichtigsten Elementen des Risikomanagements i.R.d. Unternehmensleitung zählt.[33]

Die Gefahr, dass die D&O-Versicherung zu einer Auffang-Deckung **16** wird, besteht nur im Hinblick auf Versicherungen gegen reine Vermögensschäden, da lediglich diese Art von Schäden von der D&O-Versicherung gedeckt wird.[34] In diesem Bereich hat die Ausschlussklausel wegen unzureichenden Versicherungsschutzes also konstitutive Wirkung.[35] Allerdings sind D&O-Versicherer regelmäßig dazu bereit, auf diesen Ausschluss zu verzichten; zumal wenn sie für die Betreuung des gesamten Versicherungsbestandes eines Unternehmens zuständig sind.[36] Oder auch nach Überprüfung des gesamten Versicherungsbestandes der Gesellschaft, gewöhnlich gegen eine Zusatzprämie.[37]

6. Versicherte Tätigkeit

Ziff. 5.7 AVB-AVG bestimmt, dass lediglich die bei der Ausübung der **17** versicherten Tätigkeit begangenen Verstöße unter den Versicherungsschutz der D&O-Police fallen. Haftpflichtansprüche aus Pflichtverletzungen bei einer anderen als der versicherten Tätigkeit sind somit ausgeschlossen. Diese Ausschlussklausel hat lediglich deklaratorischen Charakter. Denn die D&O-Versicherung umfasst Haftpflichtansprüche aus Pflichtverletzungen bei Ausübung der versicherten Tätigkeit.[38] Somit dient dieser Ausschluss vorwiegend der Transparenz des Versicherungsschutzes.[39]

Besondere Relevanz hat diese Bestimmung im Falle von Vertretern **18** freier Berufe, wie Steuerberater und Rechtsanwälte, die neben der Wahrnehmung eines Mandats im Aufsichtsrat zusätzlich für das Unternehmen

---

[32] *Olbrich* S. 186 f.

[33] Siehe dazu *Ehlers* VersR 2008, 1173. Zur D&O-Versicherung als Teil der Risikovorsorge siehe *Schmitt* S. 205 ff.

[34] Zum Vermögensschaden siehe § 4 Rn. 23 ff.

[35] *Olbrich* S. 187.

[36] *Lattwein/Krüger* VW 1997, 1366, 1372.

[37] *Wollny* S. 313. Zu möglichen Interessenkonflikten siehe *Ihlas*, D&O, S. 545.

[38] *Olbrich* S. 190.

[39] *Lattwein/Krüger* VW 1997, 1366, 1372.

i. R. d. Ausübung des freien Berufs tätig sind. Eine solche Beratung erfolgt allerdings i. R. d. freiberuflichen Tätigkeit und fällt somit in den Anwendungsbereich einer einschlägigen Berufshaftpflichtversicherung.[40]

7. Konzernausschluss

19 Ziff. 5.12 AVB-AVG regelt die wirtschaftliche Berechnung eines Schadens innerhalb eines Konzerns. Dies soll im Einklang mit § 18 AktG nach der Saldotheorie geschehen.[41] Vermögensnachteile einer Konzerngesellschaft werden mit Vorteilen einer anderen konzernzugehörigen Gesellschaft aus demselben Ereignis verrechnet, so dass lediglich der sich daraus ergebende Saldo als ersatzfähiger Schaden gilt. Die Ausschlussklausel ist somit Ausdruck des Bereicherungsverbots in der Haftpflichtversicherung.[42] Ihre Wirksamkeit wurde bereits gerichtlich bestätigt.[43] In der Praxis kommt diese Klausel nur selten zur Anwendung.[44] Sie hat ohnehin nur klarstellenden Charakter.[45]

8. Rückzahlungsansprüche

20 Gemäß Ziff. 5.2 AVB-AVG umfasst der Versicherungsschutz keine Haftpflichtansprüche *„wegen Rückzahlung oder Rückgabe von Bezügen, Tantiemen oder sonstigen Vorteilen, welche die versicherten Personen aus der versicherten Tätigkeit oder mit Rücksicht auf diese erhalten haben"*. Dieser Ausschluss wird in D&O-AVB standardmäßig vereinbart.[46]

21 Im Falle der Zuvielentnahme durch das Organmitglied stehen der Gesellschaft i. d. R. vertragliche Rückzahlungsansprüche bzw. Bereicherungsansprüche zu. Weder vertragliche Rückzahlungs- noch Bereicherungsansprüche werden von der D&O-Versicherung gedeckt. Insofern hat der Ausschluss nur deklaratorische Bedeutung. Er kann allerdings dann konstitutiv wirken, wenn die Zuvielentnahme eine Pflichtverletzung des Organmitglieds darstellt oder ein Kontroll-, Organisations- oder Unterlassungsverschulden einer anderen Person vorliegt, die diese Bereicherung pflichtwidrig verursacht bzw. nicht verhindert hat.[47]

---

[40] Erläuterungen zu Ziff. 5.7 AVB-AVG; *Ihlas*, D&O, S. 543; *Olbrich* S. 190 f.

[41] Siehe ausführlich zur Betrachtung des Konzerns als wirtschaftliche Einheit KölnKomm-AktG/*Koppensteiner* § 18 Rn. 19 m. w. N.; *Hüffer* § 18 Rn. 10.

[42] *Ihlas*, D&O, S. 549.

[43] LG Wiesbaden VersR 2005, 545, 546.

[44] *Olbrich* S. 193.

[45] *Lattwein/Krüger* VW 1997, 1366, 1373.

[46] *Lattwein/Krüger* VW 1997, 1366, 1372.

[47] *Ihlas*, D&O, S. 471 f.; VersR-Hdb/*Beckmann* § 28 Rn. 128.

9. Spekulationsgeschäfte

Der in Ziff. 5.14 AVB-AVG geregelte Ausschluss bezieht sich auf *„Schäden aus Spekulationsgeschäften, soweit diese nicht innerhalb eines ordnungsgemäßen Geschäftsgangs erforderlich und üblich sind"*. Als Beispiel für i. R. d. D&O-Police versicherte Spekulationsgeschäfte nennen die Musterbedingungen Kurssicherungsgeschäfte. Diese Ausschlussklausel umfasst sowohl Fälle, in denen die versicherte Person Spekulationsgeschäfte selbst betreibt als auch jene, in denen sie lediglich ein Überwachungsverschulden hinsichtlich solcher Geschäfte durch andere Mitarbeiter trifft.[48] 22

Die zweite Gruppe von Fällen hat in der Praxis größere Bedeutung, da das Betreiben von Spekulationsgeschäften von Organmitgliedern aus dem Versicherungsschutz der D&O-Police i. d. R. bereits aufgrund des Vorsatz/Wissentlichkeit-Ausschlusses ausgeschlossen wird.[49] 23

Grund für die Ausschlussklausel ist das außergewöhnlich hohe Risiko von Spekulationsgeschäften, die zu sog. Megaschäden führen können.[50] 24

Die Ausschlussklausel bezieht sich nur auf unzulässige Spekulationsgeschäfte. Zu Recht werden im Schrifttum die Schwierigkeiten bei der Beantwortung der Frage betont, welche Spekulationsgeschäfte innerhalb eines ordnungsgemäßen Geschäftsgangs als erforderlich und üblich anzusehen sind.[51] Als Beispiel zulässiger Spekulationsgeschäfte können Zinsderivatgeschäfte dienen, die von Bankvorständen nach § 5 HypothekenbankG ausgeübt werden.[52] 25

10. Insich-Prozesse

Ziff. 5.8 AVB-AVG schließt aus dem Versicherungsschutz Haftpflichtansprüche *„von versicherten Personen untereinander oder von Angehörigen der versicherten Personen […]"* aus. Gemäß Ziff. 4.2 AVB-AVG gelten als Angehörige der versicherten Personen *„[…] Ehegatten, Lebenspartner i. S. d. Lebenspartnerschaftsgesetzes oder vergleichbare Partnerschaften nach dem Recht anderer Staaten, Eltern und Kinder, Adoptiveltern und -kinder, Schwiegereltern und -kinder, Stiefeltern und -kinder, Großeltern und Enkel, Geschwister sowie Pflegeeltern und -kinder (Personen, die durch ein familienähnliches, auf längere Dauer angelegtes Verhältnis wie Eltern und Kinder miteinander verbunden sind) […]"*. 26

---

[48] Erläuterungen zu Ziff. 5.14 AVB-AVG; *Olbrich* S. 194.
[49] Siehe dazu Rn. 44 ff.
[50] Siehe ausführlich dazu *Ihlas*, D&O, S. 552 ff.
[51] *Olbrich* S. 194.
[52] LG Frankfurt/Main, Urt. v. 25. 1. 2006, Az. 309 O 143/04; *Sieg/Schramm* PHi 2006, 65; van Bühren/*Lenz* § 27 Rn. 114.

27 Das Ziel dieser Ausschlussklausel besteht darin, kollusivem Zusammenwirken zwischen versicherten Personen untereinander und deren Verwandten vorzubeugen. Insbesondere zielt diese Klausel darauf ab, Versuche der Deckung echter Eigenschäden über die D&O-Versicherung im Keim zu ersticken. Eigenschäden werden ansonsten nur in äußerst seltenen Fällen versichert.[53]

28 Diese Ziele können auch auf eine andere Art und Weise als durch eine Ausschlussklausel erreicht werden, v.a. durch eine angemessene Gestaltung der Definition des Versicherungsfalles und die gezielte Regelung des Kreises der versicherten Personen.[54] Sollte etwa der Versicherungsfall als Inanspruchnahme einer versicherten Person vom VN oder einem Dritten definiert werden, dann sind Haftpflichtansprüche einer versicherten Person gegen eine andere Person vom Versicherungsschutz der D&O-Police automatisch nicht umfasst (zum Versicherungsfall der D&O-Versicherung siehe § 6 Rn. 93 ff.).

11. Verletzung von Immaterialgüterrechten

29 Ziff. 5.10 AVB-AVG schließt aus dem Versicherungsschutz der D&O-Versicherung Haftpflichtansprüche aus der Verletzung von Immaterialgüterrechten aus. Diese Ausschlussklausel umfasst Haftpflichtansprüche aus mehreren Haftungstatbeständen, zu denen zählen: Beleidigung, üble Nachrede, Geschäftsschädigung, unlauterer Wettbewerb, Verletzung von Berufsgeheimnissen, Urheber-, Patent-, Warenzeichen-, Geschmacksmuster- und vergleichbaren Immaterialgüterrechten.[55] Die Klausel bezweckt den Schutz der im Geschäftsverkehr bestehenden Rechte Dritter;[56] ihre praktische Bedeutung ist gering, weil diese Ansprüche i.d.R. gegen das Unternehmen und nicht gegen das Organmitglied erhoben werden.

30 Zu den im Geschäftsverkehr am häufigsten vorkommenden Ersatzansprüchen gehören solche aufgrund von Beleidigung (§ 185 StGB) und übler Nachrede (§ 186 StGB). Die Begehung dieser Strafhandlungen setzt allerdings zumindest bedingten Vorsatz voraus,[57] so dass der Ausschluss insofern lediglich deklaratorische Bedeutung hat.[58]

[53] Beispielsweise in der Vermögensschaden-Haftpflichtversicherung für Banken, siehe dazu *Lattwein/Krüger* VW 1997, 1366, 1372.

[54] *Olbrich* S. 191.

[55] Für die in dieser Klausel aufgezählten Tatbestände fehlt es an einem gemeinsamen Oberbegriff. Der Grund, aus dem all diese Ausschlusstatbestände in einer Klausel zusammengefasst wurden, war lediglich die Vermeidung der Ausuferung der Ausschlussziffern in den Musterbedingungen; vgl. *Ihlas*, D&O, S. 545.

[56] Erläuterungen zu Ziff. 5.10 AVB-AVG.

[57] MünchKomm-StGB/*Regge* § 185 Rn. 29 ff, § 186 Rn. 31.

[58] *Olbrich* S. 192.

Des Weiteren schließt Ziff. 5.10 AVB-AVG Schadensersatzansprüche wegen Kreditgefährdung gemäß § 824 Abs. 1 BGB aus. Das Schutzgut dieser Norm bildet das allgemeine Persönlichkeitsrecht, insbesondere die Kredit- und Geschäftswürdigkeit.[59] Es geht hier somit um den Schutz reiner Vermögensinteressen.[60] Tatbestand ist die wahrheitswidrige Behauptung oder Verbreitung einer Tatsache, die geeignet ist, Nachteile für den Erwerb, das Fortkommen oder den Kredit herbeizuführen; Fahrlässigkeit des Schädigers reicht aus; insofern ist der Ausschlusstatbestand konstitutiv. 31

Im Gefüge der D&O-Versicherung bereitet die Auslegung des Begriffs „Geschäftsschädigung" Schwierigkeiten, denn „jeder durch ein Organmitglied kausal und schuldhaft herbeigeführte Vermögensschaden schädigt das eigene Geschäft oder das Geschäft eines Dritten".[61] Am ehesten überzeugt die Auslegung, dass aufgrund der breiten Bedeutung des Begriffs der Geschäftsschädigung die Klausel nicht als selbstständiger Ausschlusstatbestand verstanden werden sollte. Vielmehr ist sie auf den infolge der Verwirklichung der sonstigen in Ziff. 5.10 AVB-AVG aufgezählten Ausschlusstatbestände eingetretenen Schaden einzuschränken.[62] 32

Gemäß § 9 UWG kann ein Organmitglied auch für Schäden aus wettbewerbsrechtlichen Vorschriften persönlich in Anspruch genommen werden, wenn es vorsätzlich oder fahrlässig eine nach § 3 UWG (unlautere geschäftliche Handlungen) oder § 7 UWG (unzumutbare Belästigungen) unzulässige geschäftliche Handlung vornimmt. Als Schädiger gilt hier derjenige, der diese Tatbestände als Täter bzw. Mittäter oder Teilnehmer verwirklicht hat. Dabei umfasst der Begriff des Täters auch den des mittelbaren Täters.[63] Der in Ziff. 5.10 AVB-AVG geregelte Ausschluss hat somit konstitutiven Charakter in den Fällen von fahrlässigen Verletzungen des Wettbewerbsrechts bzw. bei Organisations- und Kontrollverschulden. 33

12. Zuwendungen

In dem in Ziff. 5.13 AVB-AVG geregelten Ausschlusstatbestand geht es um Haftpflichtansprüche im Zusammenhang mit Bestechungen, Schenkungen, Spenden oder ähnlichen Zuwendungen. Insbesondere sind hier Schadensersatzansprüche im Zusammenhang mit den Straftatbeständen der Vorteilsgewährung (§ 333 StGB) und der Bestechung (§ 334 StGB) 34

[59] BGHZ 70, 39, 43 = NJW 1978, 210, 211 („Geschäftsehre").

[60] MünchKomm-BGB/*Wagner* § 824 Rn. 3 m.w.N.; übereinstimmend BGH NJW 1965, 36, 37; 1994, 2614, 2615.

[61] *Ihlas*, D&O, S. 546.

[62] *Ihlas*, D&O, S. 546.

[63] Ausführlich dazu Köhler/Bornkamm/*Köhler* § 9 Rn. 1.3.

gemeint. Zu berücksichtigen ist die Tatsache, dass diese beiden Straftatbestände zumindest bedingten Vorsatz voraussetzen.[64] Wegen der Überschneidung mit dem Vorsatzausschluss (siehe Rn. 44 ff.) hat diese Klausel daher weitgehend nur deklaratorische Wirkung.[65]

13. Einbußen bei Darlehen und Krediten

35 Der in Ziff. 5.15 AVB-AVG geregelte Ausschlusstatbestand umfasst Schadensersatzansprüche wegen Schäden des VN infolge von Einbußen bei Darlehen und Krediten. Gemeint sind die vom VN oder auch von einer Tochtergesellschaft selbst gewährten Darlehen und Kredite. Die bei Dritten aufgenommenen Kredite fallen nicht unter den Ausschluss.

36 Nach einer erstinstanzlichen Entscheidung bedeutet die Klausel keine unangemessene Benachteiligung des VN gemäß § 307 Abs. 1 und Abs. 2 Nr. 2 BGB.[66] Das Hauptargument dafür war die besondere „Gefahr eines kollusiven Zusammenwirkens zwischen den versicherten Personen und dem Anspruchsteller“.[67] V.a. bei der Mitversicherung von Innenansprüchen, wenn ein Darlehen oder ein Kredit innerhalb eines Konzerns gewährt wird, besteht das Risiko, dass der VN seinen echten Schaden auf den Versicherer zu überwälzen versucht (zur „freundlichen Inanspruchnahme“ siehe auch Rn. 90 ff.).

14. Asbest

37 Ziff. 5.17 AVB-AVG betrifft Schadensersatzansprüche *„wegen Schäden, die direkt oder indirekt auf Asbest, asbesthaltige Substanzen beruhen oder mit diesen im Zusammenhang stehen“*. Der Grund für die Einführung dieses Ausschlusstatbestandes ist das sehr hohe Risiko, das mit diesem Stoff verbunden ist.[68] Die möglichen Schäden sind so hoch, dass sie sogar zur Insolvenz des Unternehmens führen können. Diese Gefahr besteht v.a. bei Risiken in den USA und erhöht sich noch bei Unternehmensübernahmen, wenn das Zielunternehmen mit alten Asbestschäden belastet ist.[69]

---

[64] Ausführlich dazu MünchKomm-StGB/*Korte* § 333 Rn. 21 f., § 334 Rn. 24.

[65] Vgl. im Übrigen *Olbrich* S. 193.

[66] LG Wiesbaden VersR 2005, 545, 546.

[67] LG Wiesbaden VersR 2005, 545, 546.

[68] Terbille/*Kummer* § 12 Rn. 233. Daher überzeugt es nicht, wenn van Bühren/*Lenz* § 27 Rn. 117 den Ausschluss als nicht wichtig einschätzt.

[69] *Ihlas*, D&O, S. 555; *Olbrich* S. 196.

15. EPLI

Zu den Ausschlusstatbeständen von größerer praktischer Bedeutung gehört auch Ziff. 5.16 AVB-AVG. Die Klausel schließt Schadensersatzansprüche aus Anfeindung, Schikane, Belästigung, Ungleichbehandlung oder sonstigen Diskriminierungen aus. In Deutschland sind damit in erster Linie Haftpflichtansprüche auf der Grundlage des AGG[70] in Beschäftigungsverhältnissen gemeint.[71] Dieses Gesetz regelt die Haftung wegen Benachteiligungen in Beschäftigungsverhältnissen, aber auch im allgemeinen Zivilrechtsverkehr aus Gründen der ethnischen Herkunft, des Geschlechts, der Religion oder Weltanschauung, einer Behinderung, des Alters oder sexueller Identität.[72] Die Ausschlussklausel der Ziff. 5.16 AVB-AVG bezieht sich vorrangig auf Schadensersatzansprüche aus dem AGG; dabei sind aber auch sonstige Beschäftigungsansprüche wegen persönlichkeitsrechtsverletzender Verhaltensmuster mit umfasst. 38

Die Aufgabe dieser Klausel ist es, die D&O-Versicherung von der EPL-Versicherung *(employment practises liability insurance)* abzugrenzen.[73] Es geht um eine Haftpflichtversicherung gegen Benachteiligungen/Diskriminierungen aus Arbeitsverhältnissen.[74] Die Rechtfertigung der Ausschlussklausel in der D&O-Versicherung liegt darin, dass das Risiko aus Anstellungsschadensersatzansprüchen wegen Diskriminierung einen deutlich unterschiedlichen Charakter zu dem Risiko aufweist, zu dessen Deckung die D&O-Versicherung entwickelt wurde.[75] Erstens liegen den Anstellungsschadensersatzansprüchen sehr oft Handlungen zugrunde, die nur bewusst (vorsätzlich oder wissentlich) unternommen werden können. Aus diesem Grund kann die D&O-Versicherung zur Deckung solcher Fälle schon aufgrund des Vorsatz-Wissentlichkeit-Ausschlusses (siehe dazu Rn. 44 ff.) oft nicht dienen. Sie kann ihren Schutz lediglich bei der Haftung aus Organisations- oder Kontrollverschulden gewähren. Zweitens belastet das Risiko der Haftung wegen Diskriminierung in Beschäftigungsverhältnissen nicht nur Organmitglieder, sondern auch andere Mitarbeiter und das Unternehmen selbst. Aus diesem Grund ist der Kreis der versicherten Personen in einer D&O-Versicherung eindeutig zu eng gefasst, um effizienten Schutz gegen das Diskriminierungsrisiko gewähren zu können. Darüber hinaus umfasst die D&O-Versicherung nur reine Ver- 39

---

[70] Allgemeines Gleichbehandlungsgesetz (AGG) v. 14.8. 2006 (BGBl. I S. 1897).

[71] Hingewiesen sei auch auf den US-amerikanischen *Civil Rights Act.*

[72] Siehe ausführlich dazu *Koch* VersR 2007, 288.

[73] Vgl. dazu auch § 12 Rn. 231.

[74] MünchKomm-BGB/*Thüsing* § 20 AGG Rn. 109 f.; *Dahnz/Grimminger* VW 2006, 1260.

[75] Ausführlich dazu *Ihlas*, D&O, S. 78 ff.

mögensschäden,[76] während sich Anstellungsschadensersatzansprüche insbesondere auf Personenschäden *(mental anguish, emotional distress)* beziehen.

16. Anhängige Rechtssachen

40 Diese in Ziff. 5.18 AVB-AVG geregelte Klausel ist aus dem PPL-Ausschluss *(prior and pending litigation)* entstanden. Sie schließt alle Haftpflichtansprüche aus, die aus Sachverhalten stammen, in denen bestimmte Verfahrensschritte bereits vorgenommen wurden. Es geht hier um Schadensersatzansprüche, *„die im Zusammenhang mit Forderungen, Klagen, Verwaltungsakten, Ermittlungsverfahren, Untersuchungen, Urteilen, sonstigen Vollstreckungstiteln oder den diesen zugrunde liegenden Sachverhalten stehen, die bereits vor oder zu Beginn des Vertrags gegen eine versicherte Person oder die Versicherungsnehmerin oder ein mitversichertes Unternehmen gerichtet waren.“*

41 Der Ausschlusstatbestand schränkt das der D&O-Versicherung zugrunde liegende Anspruchserhebungsprinzip ein, wonach der Versicherungsschutz alle im Versicherungszeitraum geltend gemachten Haftpflichtansprüche umfasst.[77] Andererseits entspricht diese Regelung einer der Grundregeln des Versicherungsrechts, dass nämlich der Gegenstand eines Versicherungsvertrages nur die Übernahme des Risikos eines unbestimmten Schadenseintritts sein kann, nicht aber die Übernahme eines bereits eingetretenen Schadens.[78]

42 Durch die Einführung der Ausschlussklausel bezüglich anhängiger Rechtssachen will der D&O-Versicherer die Verantwortung für Fälle vermeiden, in denen gewisse Vorzeichen (wie z.B. Ermittlungsverfahren, Untersuchungen) den Eintritt des Versicherungsfalles als sehr wahrscheinlich erscheinen lassen. Tatsächlich wäre die Überwälzung der Kosten der Inanspruchnahme eines Organmitglieds auf die Versichertengemeinschaft nicht zu rechtfertigen.

43 Allerdings dienen die Definition des Versicherungsfalles sowie die Regelung des zeitlichen Umfangs der D&O-Versicherung dem gleichen Zweck.[79] Daraus ergibt sich die Frage nach dem Sinn der Einführung dieser Ausschlussklausel, die etwa der Regelung des zeitlichen Umfangs der D&O-Versicherung weitgehend entspricht. Die Antwort besteht in der Erleichterung der Beweisführung durch den Versicherer.[80] I.R.d. Ein-

---

[76] Zum Vermögensschaden siehe § 4 Rn. 23 ff.

[77] *Wollny* S. 307. Zum Versicherungsfall siehe § 6 Rn. 93 ff.

[78] § 2 Abs. 2 VVG; ausführlich dazu B/M/*Johannsen* § 2 Rn. 14.

[79] *Olbrich* S. 197. Siehe dazu § 6 Rn. 123 ff.

[80] *Ihlas*, D&O, S. 528.

schränkung der Rückwärtsversicherung trägt der Versicherer die schwierige Last des Beweises des subjektiven Tatbestands, dass der VN bzw. die versicherte Person die fraglichen Umstände kannte oder hätte kennen müssen. Die in dieser Ausschlussklausel aufgezählten Umstände sind hingegen objektiver Natur, deren Nachweis grundsätzlich einfacher ist. Gleichzeitig bilden sie aber eine objektive Vorstufe für das subjektive Kennenmüssen.[81]

III. Subjektive Ausschlusstatbestände

1. Ausschluss wissentlicher bzw. vorsätzlicher Pflichtverletzungen

a) Ausgangslage und Problemstellung. Der Ausschluss wissentlicher bzw. vorsätzlicher Pflichtverletzungen zählt zu den Standardklauseln jeder D&O-Versicherung.[82] Er basiert auf dem aus den §§ 138, 276 Abs. 2 BGB abzuleitenden allgemeinen Rechtsgedanken, dass einem Schuldner die Haftung für Vorsatz nicht im Voraus erlassen werden darf und dass ein VN, der sich in Bezug auf das versicherte Risiko völlig sorglos verhält, keinen Versicherungsschutz verdient.[83] Im Übrigen dient der Ausschluss dem Schutz der Gemeinschaft der Versicherten vor vorsätzlich herbeigeführten Versicherungsfällen.[84] Ausgangspunkt ist dabei die Annahme, dass das Bestehen von Versicherungsschutz die Herbeiführung von Schäden erleichtert *(moral hazard).* Der Ausschluss findet sich in ähnlicher Form auch in §§ 81, 103 VVG oder § 4 Abs. 2 Nr. 1 AHB. Er spielt in der Schadensbearbeitung der D&O-Versicherer eine überaus bedeutende Rolle.[85] 44

Obwohl es sich um einen Standardausschluss handelt, sind dessen inhaltliche Ausprägungen sehr unterschiedlich. Stets sind aber folgende wesentliche Aspekte zu beachten: 45

- Werden „wissentliche" *oder* „vorsätzliche" Handlungen oder aber „wissentliche" *und* „vorsätzliche" Handlungen ausgeschlossen?
- Unter welchen Voraussetzungen ist der Versicherer berechtigt, vorläufig geleistete Abwehrkosten im Falle vorsätzlichen oder wissentlichen Handelns zurückzufordern?
- Welche Instanz hat Vorsatz bzw. Wissentlichkeit festzustellen, so dass ein eventuell vereinbarter Rückforderungsvorbehalt eingreift?

---

[81] *Ihlas*, D&O, S. 529.
[82] *Ihlas*, D&O, S. 454.
[83] BK/*Beckmann* § 61 Rn. 2.
[84] P/M/*Prölss* § 81 Rn. 2; BK/*Beckmann* § 61 Rn. 3; *Ihlas*, D&O, S. 458.
[85] Vgl. nur *Hendricks* VW 2006, 229; Terbille/*Sieg* § 17 Rn. 147; *Kiethe* BB 2003, 537, 541; *Lange* DStR 2002, 1675, 1676.

– Wer ist Adressat des Rückforderungsanspruchs?
– Hält der Ausschluss einer ABG-rechtlichen Kontrolle stand?

46 **b) Vergleich der Ausschlussformulierungen „vorsätzliche Pflichtverletzung", „wissentliche Pflichtverletzung" und „vorsätzliche Schadensverursachung".** In der Praxis finden sich im Wesentlichen zwei Ausschlussformulierungen. Danach erstreckt sich der Versicherungsschutz entweder nicht auf Ansprüche wegen (a) „vorsätzlicher" oder (b) „wissentlicher" Pflichtverletzungen. Eine zusätzliche Variante (c) führt der GDV in Ziff. 5.1 seiner Musterbedingungen von 2005 ein. Sie lautet: *„Der Versicherungsschutz bezieht sich nicht auf Ansprüche wegen vorsätzlicher Schadenverursachung oder durch wissentliches Abweichen von Gesetz, Vorschrift, Beschluss, Vollmacht oder Weisung oder sonstige wissentliche Pflichtverletzungen".*[86]

47 **aa) Die Ausschlussformulierung „vorsätzliche Pflichtverletzung".** Zur Auslegung der Ausschlussklausel „vorsätzliche Pflichtverletzung" liegt eine Bezugnahme auf § 103 VVG nahe. Danach haftet der Versicherer nicht, „wenn der VN *vorsätzlich* den Eintritt der Tatsache, für die er dem Dritten verantwortlich ist, widerrechtlich herbeigeführt hat." Der Vorsatzbegriff des Zivilrechts ist mit dem des Strafrechts[87] insoweit identisch.[88] Er bedeutet „das Wissen und Wollen des rechtswidrigen Erfolges".[89] Neben der schädigenden Handlung muss auch der Handlungserfolg vom Vorsatz umfasst sein.[90] Vorsatz kann dabei in den unterschiedlichen Formen des bedingten Vorsatzes („dolus eventualis"), des direkten Vorsatzes („dolus directus zweiten Grades") und der Absicht („dolus directus ersten Grades") auftreten.[91] Damit genügt i.R.d. § 103 VVG bedingter Vorsatz,[92] also die billigende Inkaufnahme des für möglich gehaltenen Erfolges.[93]

---

[86] So auch § 4.1 HV 40/07 Allianz; § 7.1 AVB-DO 04 AXA; § 9.1.1 Generali ABDO 2000.

[87] Vgl. dazu etwa *Fischer* § 15 Rn. 2 ff.

[88] *Vothknecht* PHi 2006, 52, 59, wonach die Inhalte dessen, was unter Vorsatz zu verstehen ist, wegen der Einheitlichkeit der Rechtsordnung in einem einheitlichen Sinn verstanden werden und insofern zwischen Zivil- und Strafrecht kein Widerspruch bestehe.

[89] P/M/*Lücke* § 103 Rn. 5 m.w.N.; R/L/*Langheid* § 152 Rn. 3; BK/*Baumann* § 152 Rn. 15.

[90] R/L/*Langheid* § 152 Rn. 4.

[91] Vgl. etwa MünchKomm-BGB/*Grundmann* § 276 Rn. 154.

[92] Vgl. nur BK/*Baumann* § 152 Rn. 15; P/M/*Lücke* § 103 Rn. 6.

[93] MünchKomm-BGB/*Grundmann* § 276 Rn. 161.

Was den **Bezugspunkt des Vorsatzes** angeht, ging die h.M. bisher davon aus, dass trotz des entgegen stehenden Wortlauts des § 152 VVG a.F. („vorsätzlich den *Eintritt der Tatsache* [...] herbeigeführt hat") und dem insofern unterschiedlichen Wortlaut in § 4 Abs. 2 Satz 1 AHB („[...] *den Schaden* vorsätzlich herbeigeführt haben"), auch i.R.d. § 152 VVG a.F. die Schadenszufügung vom Vorsatz umfasst sein musste.[94] Der den § 152 VVG a.F. ersetzende § 103 VVG wählt als Bezugspunkt nunmehr ausdrücklich die Schadensherbeiführung. **48**

Dagegen legen die in der Praxis üblichen Ausschlussklauseln mit „Pflichtverletzung" einen anderen Bezugspunkt des Vorsatzes fest.[95] Aufgrund der vollständigen Abdingbarkeit von § 103 VVG[96] sind solche abweichenden vertraglichen Vereinbarungen grundsätzlich möglich. Auch soweit in § 4 Ziff. 5 AVB-Vermögen auf eine „[sonstige] wissentliche Pflichtverletzung" abgestellt wird, wird angenommen, dass das Wissen des VN um den Schadenserfolg seines Handelns nicht erforderlich ist.[97] Für den Ausschluss „vorsätzliche Pflichtverletzung" kann insofern nichts anderes gelten. So taugt § 103 VVG für den Ausschluss „vorsätzliche Pflichtverletzungen" zwar als gesetzliches Leitbild für die Auslegung des Begriffs „vorsätzlich", nicht jedoch für die Bestimmung des Bezugspunktes des Vorsatzes.[98] I.E. ist festzuhalten, dass sich der Ausschluss „vorsätzlicher Pflichtverletzungen" insofern von § 103 VVG unterscheidet, als sich die subjektive Vorstellung des Handelnden lediglich auf die Pflichtverletzung beziehen muss, nicht aber auf die Herbeiführung des schädigenden Erfolgs, was für den Versicherer den Nachweis grundsätzlich erleichtert. **49**

[94] P/M/*Voit/Knappmann*, 27. Aufl. 2004, § 152 Rn. 5; BK/*Baumann* § 152 Rn. 17; R/L/*Langheid* § 152 Rn. 4; OLG Köln VersR 2002, 1371 m.w.N.; BGH VersR 2001, 1103, 1104; NJW-RR 1991, 145, 146; a.A. *Penner* VersR 2005, 1359, 1360, wegen des klaren Wortlautunterschieds zu § 4 Abs. 2 Nr. 1 AHB.

[95] So z.B. Ziff. III 1 AIG BusinessGuard D&O 2009 MM: *„Der Versicherungsschutz erstreckt sich nicht auf Schadensersatzansprüche wegen vorsätzlicher Pflichtverletzung der in Anspruch genommenen versicherten Person"*; Ziff. 6.1 ACE ProElite DOMESTIC 2006: *„Ausgeschlossen vom Versicherungsschutz sind Ansprüche im Zusammenhang mit vorsätzlichen Pflichtverletzungen"*; § 3.1 NEWLINE D&O 06/05 AssPro: *„Wegen vorsätzlicher Pflichtverletzung der in Anspruch genommenen versicherten Person"*; § 3.1 Gerling Firmen D&O 582:02: *„Der Versicherungsschutz erstreckt sich nicht auf Ansprüche wegen vorsätzlicher Pflichtverletzung der in Anspruch genommenen versicherten Person."*

[96] Vgl. P/M/*Lücke* § 103 Rn. 16.

[97] Gräfe/Brügge/*Gräfe* Teil E Rn. 212; P/M/*Lücke* § 4 AVB Vermögen Rn. 12; bestätigend für die Berufshaftpflichtversicherung für Rechtsanwälte Z/F/S/Sch/*Schlee* Teil 5 Rn. 2130.

[98] *Penner* VersR 2005, 1359, 1360; *Vothknecht* PHi 2006, 52, 58.

50 **bb) Die Ausschlussformulierung „wissentliche Pflichtverletzung“.** Im Gegensatz zur Ausschlussformulierung „vorsätzliche Pflichtverletzung“ ist die der „wissentlichen Pflichtverletzung“ aus der Vermögensschaden- bzw. den verschiedenen Berufshaftpflichtversicherungen bekannt[99] und in der D&O-Versicherung ebenfalls verbreitet.[100] Es wird – wiederum in zulässiger Weise – in zweifacher Hinsicht von § 103 VVG abgewichen: zum einen durch die Änderung des Bezugspunktes auf „Pflichtverletzung“ und zum anderen durch die Verwendung des Begriffs „wissentlich“ statt „vorsätzlich“. Durch die Bezugnahme auf „Pflichtverletzung“ wird klargestellt, dass der Erfolg in Gestalt des Schadenseintritts dem Handelnden nicht bewusst zu sein braucht bzw. ein Schädigungsvorsatz nicht vorgelegen haben muss, was der h.M. in der Vermögensschaden-Haftpflichtversicherung entspricht.[101]

51 „Wissentlich“ handelt nach der Rspr. des BGH nur derjenige Versicherte, der die verletzten Pflichten positiv kennt („dolus directus“). Bedingter Vorsatz i.S. eines bloßen „Für-möglich-Haltens“ der Pflichtverletzung reicht dafür ebenso wenig aus wie fahrlässige Unkenntnis.[102] Hinzukommen muss das Bewusstsein der Pflichtwidrigkeit des Verhaltens als das Bewusstsein gesetz-, vorschrifts- oder allgemein pflichtwidrig zu handeln.[103] Irrt sich die versicherte Person i.S. eines Tatbestands- oder Rechts-

---

[99] § 4 Ziff. 5 AVB-Vermögen: *„Der Versicherungsschutz bezieht sich nicht auf Haftpflichtansprüche wegen Schäden durch wissentliches Abweichen von Gesetz, Vorschrift, Anweisung oder Bedingung des Machtgebers (Berechtigten) oder durch sonstige wissentliche Pflichtverletzung“.*

[100] § 7.1.1 Chubb AVB OLA 2008 PrimeLine Classic: *„Vom Versicherungsschutz unter 1.1.1 ausgeschlossen sind Haftpflicht-Versicherungsfälle wegen Inanspruchnahmen für Schadensersatzansprüche, die auf einer wissentlichen Pflichtverletzung der in Anspruch genommenen versicherten Person beruhen“*; § 4.1 Allianz Protect 2008 MM: *„Nicht versichert sind Ansprüche wegen oder aufgrund von wissentlichen Pflichtverletzungen“*; § 5 (1) AVB-VOV 2005 der VOV: *„Kein Versicherungsschutz besteht für Haftpflichtansprüche im Zusammenhang mit vorsätzlicher Schadenverursachung oder wissentlicher Pflichtverletzung“*; Ziff. VI. 1. LIU D&O 2004 der Liberty: *„Vom Versicherungsschutz ausgeschlossen sind Ansprüche wegen vorsätzlicher Schadenverursachung oder wissentlicher Pflichtverletzung“.*

[101] BGH NJW-RR 1991, 145, 146 m.w.N.; OLG Köln NJW-RR 2002, 1646, 1647; P/M/*Lücke* § 4 AVB Vermögen Rn. 12; Z/F/S/Sch/*Schlee* Teil 5 Rn. 2130; *Penner* VersR 2005, 1359, wonach auch der Vergleich zwischen § 280 Abs. 1 Satz 1 BGB und § 826 BGB zeige, dass sich der Vorsatz nicht in jedem Fall auf die Schadenszufügung erstrecken muss.

[102] Zuletzt BGH VersR 2006, 106, 108, m.w.N. Rspr.; *Späth* VersR 2000, 825; *Koch* WM 2007, 2173, 2179; ebenso *Penner* VersR 2005, 1359, 1360; *Vothknecht* PHi 2006, 52, 56; Z/F/S/Sch/*Schlee* Teil 5 Rn. 2131.

[103] *Späth* VersR 2000, 825.

irrtums über das Bestehen einer solchen Rechtspflicht oder deren Inhalt, fehlt ihr das erforderliche Pflichtverletzungsbewusstsein. Ein bewusster Pflichtverstoß kommt also nicht in Betracht, wenn die versicherte Person gar nicht wusste, was sie hätte tun oder unterlassen müssen, um dem Vorwurf pflichtwidrigen Verhaltens zu entgehen[104] bzw. geglaubt hat, alles ihrerseits zur Pflichterfüllung Erforderliche getan zu haben. Schließlich ist für die Annahme einer „wissentlichen Pflichtverletzung" die Ursächlichkeit des Pflichtverstoßes für den eingetretenen Schaden erforderlich.[105]

Diese von der Rspr. für den Ausschlusstatbestand der „wissentlichen **52** Pflichtverletzung" in den verschiedenen Berufshaftpflichtversicherungen bzw. der traditionellen Vermögensschaden-Haftpflichtversicherung entwickelten Grundsätze können auf die D&O-Versicherung übertragen werden.

Eine entsprechende Bestätigung hat diese Ansicht durch ein Urteil des **53** LG Düsseldorf gefunden, das es für den in einer D&O-Versicherung enthaltenen Ausschluss „wissentliche Verletzung einer gesetzlichen Pflicht"[106] für die Annahme einer wissentlichen Pflichtverletzung für erforderlich gehalten hat, dass die versicherte Person ihre Pflicht positiv gekannt hat, wobei ein auch die Schadensfolgen umfassender Vorsatz nicht erforderlich sei.[107] Es bestätigte damit ein ebenfalls zur D&O-Versicherung ergangenes Urteil des LG Köln, das im Übrigen feststellte, dass gegen die generelle Wirksamkeit des Ausschlusses keine Bedenken bestehen.[108] Zu einer Abweichung von den zur Vermögensschaden-Haftpflichtversicherung zum Ausschluss wissentlicher Pflichtverletzungen entwickelten Grundsätzen oder zur Annahme eines Ausschlusstatbestandes „sui generis" innerhalb der D&O-Versicherung[109] haben die Gerichte also offenbar bisher keinen Anlass gesehen.

Es wird die Auffassung vertreten, dass es, anders als bei der vorsätzli- **54** chen Pflichtverletzung, für die wissentliche Pflichtverletzung nicht erforderlich sei, dass die versicherte Person die Pflichtverletzung gewollt hat.[110] Ein so formulierter Ausschluss sei daher enger und mithin für den VN vorteilhafter. Dagegen ist einzuwenden, dass die Wissentlichkeit als direkter Vorsatz nur eine der drei Unterformen des Vorsatzes (Eventualvorsatz, di-

---

[104] Gräfe/Brügge/*Gräfe* Teil E Rn. 216; *Vothknecht* PHi 2006, 52, 57.

[105] P/M/*Lücke* § 4 AVB Vermögen Rn. 12 m.w.N.; B/M/J/*Johannsen* Anm. G 232; *Ihlas*, D&O, S. 459.

[106] § 5 Ziff. 1 Chubb AVB OLA 98.

[107] LG Düsseldorf, Urt. v. 7.12. 2005, Az. 11 O 590/04; OLG Hamm r+s 2007, 279.

[108] LG Köln, Urt. v. 23.6. 2005, Az. 24 O 558/03.

[109] So *Vorrath* VW 2006, 575.

[110] *Vorrath* VW 2006, 151.

rekter Vorsatz, Absicht) darstellt, die sämtlich ein Wollenselement beinhalten, das in den verschiedenen Vorsatzformen lediglich unterschiedlich stark ausgeprägt ist.[111] Dies sieht offenbar auch der BGH so: Der nach § 4 Nr. 5 Satz 1 AVB-RA (für die Annahme der Wissentlichkeit) notwendige direkte Vorsatz erforderte „das Wissen und Wollen der Pflichtverletzung".[112]

55 Auch hat der BGH für den Ausschluss wissentlicher Pflichtverstöße in einer Steuerberaterhaftpflichtversicherung (§ 4 Nr. 6 Satz 1 AVB-WB) festgestellt, dass der Steuerberater auch dann keinen Versicherungsschutz genießen soll, „wenn der ihn haftpflichtig machende Schaden zwar auf einem wissentlichen Verstoß gegen konkrete Berufspflichten beruht, er aber überzeugt war oder hoffte, durch sein Handeln werde kein Schaden entstehen".[113] Entsprechend wird für die Vorsatzform der Wissentlichkeit angenommen, dass die als notwendig erkannten Folgen der Handlung von dem Handelnden regelmäßig in dessen Willen aufgenommen werden, auch wenn ihm an diesen Folgen nichts liegt und sogar, wenn sie ihm im höchsten Maße unerwünscht sind.[114]

56 **cc) Die Ausschlussformulierung „vorsätzliche Schadensverursachung".** Im Schrifttum wird zu Recht darauf hingewiesen, dass der „Vorsatzausschluss" in Ziff. 5.1. AVB-AVG trotz seiner Verbreitung bei der Diskussion um die Reichweite der unterschiedlichen Ausschlussformulierungen weitgehend unberücksichtigt geblieben ist.[115] Wie bereits erwähnt, bezieht sich dieser nicht nur auf wissentliche Pflichtverletzungen, sondern – offenbar unter Anlehnung an § 103 VVG[116] – auch auf Ansprüche wegen vorsätzlicher Schadensverursachung. Durch das Abstellen auf den Begriff „vorsätzlich" ist mit der o. g. Argumentation zunächst eine Einschränkung des Deckungsumfangs verbunden, weil dafür ein für den Versicherer leichter nachweisbarer bedingter Vorsatz ausreicht. Andererseits wird mit „Schadensverursachung" neben „Pflichtverletzung" ein weiterer Bezugspunkt hergestellt, was den Ausschluss wiederum einschränkt bzw. den Deckungsumfang erweitert.

[111] *Vothknecht* PHi 2006, 52, 59 f.; *ders.* VW 2006, 488; zust. *Mahnke* VW 2006, 540, 542; a. A. in diesem Punkt offenbar *Penner* VersR 2005, 1359, 1361, wonach das Willenselement lediglich im Bereich des bedingten Vorsatzes zur Abgrenzung von der bewussten Fahrlässigkeit Bedeutung haben soll.

[112] BGH VersR 2001, 1103, 1105.

[113] BGH NJW-RR 145, 146.

[114] LK/*Vogel* § 15 Rn. 93.

[115] *Mahnke* VW 2006, 540, 541.

[116] Dies soll sich aus den Erläuterungen des GDV zu den Musterbedingungen ergeben, vgl. *Mahnke* VW 2006, 540, 543.

Ist dem VN daher eine wissentliche Pflichtverletzung nicht nachzuweisen, verbleibt dem Versicherer die Möglichkeit, den Nachweis einer billigenden Inkaufnahme des Schadenseintritts zu führen, um den Ausschluss eingreifen zu lassen. Da man aber unterstellen kann, dass ein Unternehmensleiter bei allen seinen Handlungen dem Unternehmen zumindest nicht – im Stil eines Saboteurs – schaden will, wird eine billigende Inkaufnahme des Schadenserfolgs der versicherten Person i.d.R. schwieriger nachzuweisen sein als die billigende Inkaufnahme der Pflichtverletzung, die vielleicht sogar mit dem Willen zur Steigerung des Unternehmenserfolgs einhergehen kann. 57

dd) Resümee zur Reichweite der verschiedenen Ausschlussformulierungen. Insgesamt stellt der Ausschluss (b) „wissentliche Pflichtverletzung" den für die Versicherten günstigsten dar, da den Versicherer im Hinblick auf den Vorsatzgrad die höchsten Nachweispflichten treffen. Durch die einschränkende alternative Bezugnahme auf „vorsätzliche Schadensverursachung" erscheint die Klausel (c) des GDV für die versicherte Person als weniger empfehlenswert, obwohl eine auch nur bedingt vorsätzliche Schädigung des Unternehmens einem Organmitglied – außer in den Fällen der Untreue oder des Betrugs – nur schwerlich nachzuweisen sein dürfte. Als für die Versicherten am nachteiligsten stellt sich schließlich der Ausschluss (a) „vorsätzliche Pflichtverletzung" dar, da der Nachweis einer billigenden Inkaufnahme der Pflichtverletzung dem Versicherer im Zweifel am einfachsten gelingen wird. 58

ee) Nachweis von „Wissentlichkeit" und „Vorsatz". Bei dem Ausschluss „wissentliche Pflichtverletzungen" bzw. „vorsätzliche Pflichtverletzungen" handelt es sich um (subjektive) **Ausschlüsse** und nicht um eine vom VN dem Versicherer gegenüber zu erfüllende vorbeugende Obliegenheit i.S.v. § 28 VVG.[117] Den **Versicherer** trifft die **Darlegungs- und Beweislast** für das Vorliegen der Tatbestandsvoraussetzungen. 59

Der Anscheinsbeweis wird hinsichtlich der wissentlichen Pflichtverletzung als unzulässig angesehen. Für den Beweis innerer Tatsachen muss das Gericht regelmäßig auf den Indizienbeweis zurückgreifen, da ein direkter Beweis nicht erbracht werden kann.[118] Der Indizienbeweis bezieht sich dabei auf den Nachweis tatbestandsfremder Behauptungen, die den 60

[117] Gräfe/Brügge/*Gräfe* Teil E Rn. 207; *Vothknecht* PHi 2006, 52, 54 f.

[118] Etwa Z/F/S/Sch/*Schlee* Teil 5 Rn. 2132; B/M/J/*Johannsen* Anm. G 233; *Ihlas*, D&O, S. 466; *Vothknecht* PHi 2006, 52, 62 m.w.N.; *Penner* VersR 2005, 1359, 1361.

richterlichen Schluss auf das Vorliegen oder Nichtvorliegen des bestrittenen Tatbestandsmerkmals in dem Sinne rechtfertigen, dass andere Schlussfolgerungen als das vom Gericht den Indizien entnommene Ergebnis nicht in Betracht kommen.[119]

61 Im vorliegenden Fall kommen als Indizien v.a. die Art und die Schwere der Pflichtverletzung in Betracht.[120] In der Berufshaftpflichtversicherung wird aus dem objektiven Verstoß gegen eine „fundamentale Grundregel der beruflichen Tätigkeit" der versicherten Person auf wissentliches Handeln geschlossen. Verstöße gegen Regeln, die zum „Primitivwissen" eines jeden Berufsangehörigen zählen, erfolgen nach der Lebenserfahrung demnach wissentlich. Dabei gilt: Je größer die Berufserfahrung der versicherten Person, je weniger wird es dieser gelingen, dem Gericht überzeugend darzulegen, dass und aus welchen Gründen sie die verletzte Pflicht nicht gekannt haben will.[121]

62 Diese von der Rspr. für die freien Berufe entwickelten Kriterien lassen sich – wenngleich in abgewandelter Form – auch auf Unternehmensleiter bzw. Organmitglieder übertragen.[122] Blickt man etwa auf die oft langen Kataloge zustimmungspflichtiger Geschäfte in den Unternehmenssatzungen oder Anstellungsverträgen der Organmitglieder, so wird man auch insoweit eine Abstufung nach der Bedeutung einer als zustimmungspflichtig qualifizierten Entscheidung vornehmen können, ohne zu übersehen, dass zustimmungspflichtige Geschäfte bereits *per se* eine gewisse Bedeutung für das Unternehmen haben werden. So gibt es für den Geschäftsführer einer GmbH einen üblichen Katalog von etwa einem Dutzend zustimmungspflichtiger Geschäftsführungsmaßnahmen.[123] Bei der AG müssen nach § 111 Abs. 4 Satz 2 AktG verpflichtend gewisse Arten von Geschäften bestimmt werden, die nur mit Zustimmung des Aufsichtsrats vorgenommen werden dürfen. Typische Zustimmungstatbestände sind etwa der Erwerb und die Veräußerung von Immobilien, Investitionsentscheidungen, die Überschreitung eines bestimmten Budgets, der Erwerb von Unternehmen oder Beteiligungen, Kreditaufnahmen bzw. -vergaben oder die jährliche Budgetplanung.[124] Der Zuschnitt eines solchen Katalogs von Zustimmungstatbeständen wird im Übrigen von Größe und Branche des jeweiligen Unternehmens abhängen.

---

[119] MünchKomm-ZPO/*Prütting* § 284 Rn. 24 f.

[120] Terbille/*Sieg* § 17 Rn. 150 m.w.N.

[121] Vgl. Gräfe/Brügge/*Gräfe* Teil E Rn. 221 f. m.w.N.

[122] Vgl. *Lange* DStR 2002, 1675, 1677.

[123] Als Beispiel vgl. Oppenländer/Trölitzsch/*Trölitzsch* § 16 Rn. 5 und 16a.

[124] Fleischer/*Pentz* § 16 Rn. 116.

Im Zweifel wird bei solchen „typischen" zustimmungspflichtigen Geschäften die Vermutung eines wissentlichen Pflichtverstoßes näher liegen als bei anderswo geregelten „Nebenpflichten".[125] Dennoch wird man nicht ohne weiteres davon ausgehen können, dass es sich dabei durchwegs um – im o.g. Sinne – „fundamentale Grundregeln" handelt, so dass zum Nachweis der Wissentlichkeit i.d.R. weitere Indizien werden hinzukommen müssen.[126] *Vothknecht* geht daher zurecht davon aus, „dass selbst bei sorgfältiger Ermittlung des Sachverhalts [...] ein weiter Graubereich unsicherer Bewertungsfragen [verbleibt], der erheblichen Verhandlungsspielraum eröffnet" und für den Versicherer „gerade darin eine besondere Bedeutung des Ausschlusstatbestandes der wissentlichen Pflichtverletzung liegt".[127] 63

ff) AGB-rechtliche Zulässigkeit der verschiedenen Ausschlussklauseln. Dem Ausschluss „wissentlicher Pflichtverletzungen" werden im Rahmen einer Vermögensschaden-Haftpflichtversicherung grundsätzlich keine AGB-rechtlichen Bedenken entgegengebracht. So wird der Risikoausschluss innerhalb einer Vermögensschaden-Haftpflichtversicherung weder als überraschend (§ 305c Abs. 1 BGB) noch als unklar (§ 307 Abs. 1 Satz 2 BGB) angesehen.[128] Insbesondere weicht nach der Rspr. des BGH der Ausschluss „wissentliche Pflichtverletzung" nicht in einem solchen Maße vom gesetzlichen Leitbild des § 103 VVG ab, dass die Versicherten hierdurch unangemessen benachteiligt würden (§ 307 Abs. 2 Nr. 1 BGB). Dies deshalb, weil der Entfall des in § 103 VVG enthaltenen Tatbestandsmerkmals „Voraussehen des schädigenden Erfolgs als zumindest möglich und billigende Inkaufnahme seines Eintritts" dadurch ausgeglichen wird, dass der Risikoausschluss nur bei Verstößen greift, die ihrer Art nach schadensgeneigt sind („Ursächlichkeit der Pflichtverletzung für den Schaden") und dass diese Verstöße wissentlich (statt nur bedingt vorsätzlich) begangen worden sein müssen.[129] Außerdem müsse vom VN erwartet werden können, dass er sich nicht bewusst über Gesetz und Recht hinwegsetzt und dass er gleichzeitig das damit verbundene Risiko erkennt.[130] 64

---

125 So auch *Vothknecht* PHi 2006, 52, 63, wonach bei einer in einem Anstellungsvertrag schriftlich niedergelegten Hauptpflicht oder bei einer ausdrücklichen Weisung der Schluss auf eine Wissentlichkeit näher liegt als bei einer an versteckter oder unvermuteter Stelle niedergeschriebenen Nebenpflicht.

126 *Vothknecht* PHi 2006, 52, 63.

127 *Vothknecht* PHi 2006, 52, 63.

128 Gräfe/Brügge/*Gräfe* Teil E Rn. 208 f. m.w.N.; Z/F/S/Sch/*Schlee* Teil 5 Rn. 2137.

129 BGH NJW-RR 1991, 145, 147.

130 Gräfe/Brügge/*Gräfe* Teil E Rn. 208 f. m.w.N.

65 Bedenken im Hinblick auf § 307 Abs. 2 BGB (unangemessene Benachteiligung) oder § 305c Abs. 1 BGB (überraschende Klausel) könnten sich im Übrigen wie folgt ergeben: Im Versicherungsgegenstand wird regelmäßig auf die Verletzung „gesetzlicher Haftpflichtbestimmungen"[131] abgestellt. Demgegenüber sind sämtliche Pflichtverletzungen ausgeschlossen, also nicht nur solche, die sich aus gesetzlichen Haftpflichtbestimmungen ergeben.[132] Es kann also die wissentliche/vorsätzliche Verletzung von Pflichten den Versicherungsschutz ausschließen, deren selbst nur fahrlässige Verletzung gar nicht versichert wäre, weil keine „gesetzliche Haftpflichtbestimmung" vorliegt.

66 Auf einen qualitativen Unterschied zwischen gesetzlichen Haftpflichtbestimmungen und sonstigen eine Leistungspflicht des Schädigers begründenden Normen weist *Späte* hin: In § 149 VVG a.F. (= § 100 VVG n.F.) finde im Vergleich zu § 1 Ziff. 1 AHB keine „Beschränkung auf gesetzliche Haftpflichtbestimmungen privatrechtlichen Inhalts" statt.[133] Bei einer Haftpflichtbestimmung müsse es sich um eine gesetzliche Bestimmung im materiellen Sinne handeln.[134] Satzungen, Geschäftsordnungen, sonstige Vorschriften oder Anweisungen haben keinen solchen materiellen Gesetzescharakter. Das schließt freilich nicht aus, dass solche untergeordneten Pflichtenquellen gleichzeitig eine gesetzliche Pflicht, etwa i.S.v. § 93 Abs. 2 AktG, normieren. Dies wird regelmäßig für sich aus dem Anstellungsvertrag[135] oder aus der Satzung[136] für das Organmitglied ergebenden Pflichten angenommen. Man kann also davon ausgehen, dass Verstöße gegen solche in Anstellungsverträgen und Satzungen normierten Pflichten gleichzeitig einen gesetzlichen Pflichtverstoß gemäß § 93 Abs. 2 AktG (oder vergleichbarer Vorschriften bei anderen Gesellschaftsformen) darstellen. Es wird aber auch Pflichten geben, die sich an diesem Maßstab

---

[131] Z.B. § 1.2 AVB-O HV 40/07 Allianz: *„[…] aufgrund gesetzlicher Haftpflichtbestimmungen für einen Vermögensschaden haftpflichtig gemacht werden"*; Ziff. I. 1. Hiscox Manager 07/2006: *„[…], wenn sie aufgrund einer versicherten Tätigkeit aufgrund gesetzlicher Haftpflichtbestimmungen für einen Vermögensschaden verantwortlich gemacht werden"*; § 1.1 ABDO 2000 Generali: *„[…] aufgrund gesetzlicher Haftpflichtbestimmungen für einen Vermögensschaden in Anspruch genommen wird"*.

[132] Ähnlich *Vothknecht* PHi 2006, 52, 60 f.

[133] *Späte* § 1 Rn. 125.

[134] *Späte* § 1 Rn. 126.

[135] *Hüffer* § 93 Rn. 13; KölnKomm-AktG/*Mertens* § 93 Rn. 3; MünchHdb-GesR/*Wiesner*, Bd. 4, § 26 Rn. 5.

[136] MünchKomm-AktG/*Spindler* § 93 Rn. 20; *Steinkühler* VW 2003, 1734, 1734, der davon ausgeht, dass die Beachtung von Satzungen und Geschäftsordnungen grundsätzlich zu den Pflichten nach § 93 Abs. 2 Satz 1 AktG gehört.

nicht messen lassen können[137] und daher unter das Tatbestandsmerkmal der „gesetzlichen Haftpflichtbestimmung“ nicht subsumierbar sind.

Allerdings nimmt auch die Vermögensschaden-Haftpflichtversicherung in ihrem Versicherungsgegenstand (§ 1 Abs. 1 Satz 1 AVB-Vermögen) auf „gesetzliche Haftpflichtbestimmungen privatrechtlichen Inhalts“ Bezug, während sie andererseits Haftpflichtansprüche ausschließt, die auf einem „wissentliche[n] Abweichen von Gesetz, Vorschrift, Anweisung oder Bedingung des Auftraggebers oder auf sonstiger wissentlicher Pflichtverletzung“ (§ 4 Ziff. 5 AVB-Vermögen) beruhen. Dies ist bislang – soweit ersichtlich – auf keine AGB-rechtlichen Bedenken gestoßen. Daher wird man trotz einer nicht vorhandenen Spiegelbildlichkeit von Versicherungsgegenstand und Ausschluss angesichts des wohl überschaubaren Umfangs der möglichen zusätzlichen Ausschlusstatbestände nicht von einer AGB-rechtlichen Unwirksamkeit des Wissentlichkeits-/Vorsatzausschlusses ausgehen können. 67

Was den Ausschluss „vorsätzlicher Pflichtverletzungen“ angeht, so könnte man diesem im Vergleich zu § 103 VVG – aber auch im Vergleich zu „wissentlichen Pflichtverletzungen“ – mit Bedenken begegnen, weil er durch den niedrigeren Vorsatzgrad weiter greift, ohne – wie in § 103 VVG – das Erfordernis einer Erstreckung des Vorsatzes auf den Schadenserfolg zu beinhalten. Der aus der Schadensversicherung stammende § 81 VVG zeigt jedoch, dass selbst der Ausschluss einer grob fahrlässigen Herbeiführung des Versicherungsfalles möglich ist, während bei einem Ausschluss vorsätzlicher Pflichtverletzungen grob fahrlässige Pflichtverletzungen grundsätzlich versichert bleiben. Eine darüber hinaus gehende Erwartung des VN, dass auch bedingt vorsätzliche Pflichtverstöße versichert sein sollen, lässt sich auch mit Blick auf den entgegenstehenden allgemeinen Rechtsgedanken des § 276 Abs. 3 BGB, wonach die Haftung wegen Vorsatzes dem Schuldner nicht im Voraus erlassen werden kann, nicht begründen.[138] Hinzu kommt der bereits erwähnte Umstand der vollen Dispositivität des § 103 VVG. 68

Es gibt Bedenken gegen die AGB-rechtliche Vereinbarkeit des Wissentlichkeits-/Vorsatzausschlusses wegen Vertragszweckgefährdung (§ 307 Abs. 2 Nr. 2 BGB).[139] Angesichts der *business judgement rule* (§ 93 Abs. 1 Satz 2 AktG)[140] könnte man zu dem Schluss kommen, dass die Versiche- 69

[137] Diese Sichtweise bestätigt MünchKomm-AktG/*Spindler* § 93 Rn. 20, wenn er ausführt, dass sich aus der Satzung und dem Anstellungsvertrag besondere Pflichten ergeben „können“, die sich jedoch i.R.d. Vorschriften der AG halten müssen und nicht gegen zwingende Grundsätze verstoßen dürfen.

[138] *Vothknecht* PHi 2006, 52, 62.

[139] *Koch* WM 2007, 2173, 2180.

[140] Vgl. dazu *Hüffer* § 93 Rn. 4a ff.

rung ausgerechnet dort ins Leere läuft, wo die Haftung des Organmitglieds im Innenverhältnis ansetzt. Denn Überschreitungen des unternehmerischen Ermessensspielraums werden gerade bei wissentlichen Verstößen gegen Gesetz und Satzung sowie bei Treueverstößen angenommen.[141]

70 Dazu ist aber zu bedenken, dass durch die Aufnahme der *business judgement rule* ins AktG das nicht gerichtlich nachprüfbare unternehmerische Ermessen des Vorstands dergestalt erweitert wurde, dass dessen nur leicht fahrlässige Überschreitung kaum denkbar und mit der Ermessensüberschreitung damit zwangsläufig der Vorwurf grober Fahrlässigkeit verbunden ist.[142] Gleichzeitig bedeutet das, dass nicht jede Pflichtverletzung wissentlich begangen worden sein muss. Im Übrigen enthält § 93 Abs. 1 Satz 2 AktG mit der dort umschriebenen Gutgläubigkeit des Handelns zum Wohle der Gesellschaft zwar ein subjektives Element, jedoch keine Änderung des Verschuldensmaßstabes, so dass der Regelung insoweit nur klarstellende Bedeutung zukommt.[143]

71 Nach alledem verbleibt bei den Organmitgliedern trotz des Einzugs der *business judgement rule* ins AktG und der damit u. U. einhergehenden Erweiterung des Ermessensspielraums ein weites Haftungsspektrum für grob fahrlässige Pflichtverletzungen, womit der Ausschluss wissentlicher oder (bedingt) vorsätzlicher Pflichtverletzungen auch unter diesem Gesichtspunkt nicht zu einer unzulässigen Aushöhlung des Versicherungsschutzes führt.[144]

72 **c) Vorsorgliche Rechtsschutzdeckung. aa) Problemstellung.** Wird im Rahmen eines Versicherungsfalles eine versicherte Person auf Schadensersatz in Anspruch genommen, so wird dies vom Anspruchsteller häufig damit untermauert, dass der Pflichtenverstoß vorsätzlich oder wissentlich begangen wurde.[145] Damit würde der entsprechende Ausschlusstatbestand eingreifen. Eine Verpflichtung des Versicherers zur Übernahme der Rechtsschutzkosten soll sich dabei nicht schon aus dem Kostenvorschussanspruch gemäß § 101 Abs. 1 Satz 3 VVG ergeben. Dies würde ja das Bestehen eines Rechtsschutzanspruchs voraussetzen. Für das Entstehen eines Rechtsschutzanspruchs ist es jedoch erforderlich, dass der Anspruchsteller seinen Anspruch mit einem in den Schutzbereich des Versi-

[141] *Koch* WM 2007, 2173, 2180.
[142] So *Habersack*, FS Ulmer, S. 151, 168 f.
[143] Vgl. *Hüffer* § 93 Rn. 4a.
[144] So i.E. auch *Koch* WM 2007, 2173, 2180.
[145] Vgl. dazu *Ihlas*, D&O, S. 455 f. (mit zahlreichen Beispielen), wonach bei Innenhaftungsansprüchen von den Anspruchstellern auch deshalb häufig ein vorsätzliches Verhalten des Anspruchsgegners behauptet wird, um die Exkulpation gegenüber dem Vorwurf eines eigenen (Kontroll-)Mitverschuldens zu vereinfachen.

cherungsvertrages fallenden Rechtsverhältnis begründet, wobei es grundsätzlich auf den vom Anspruchsteller behaupteten Sachverhalt ankommt. Begründet der Dritte somit seinen Anspruch mit einem vom Versicherungsschutz ausgeschlossenen vorsätzlichen bzw. wissentlichen Handeln des VN, könnte dieser seinen Rechtsschutzanspruch deswegen verlieren.[146] Nach anderer Auffassung hat der Versicherer grundsätzlich Abwehrdeckung zu gewähren, solange die Haftpflicht der versicherten Person noch nicht feststeht und die Schadensersatzpflicht sowohl bei Fahrlässigkeit als auch bei Vorsatz oder wissentlicher Pflichtverletzung begründet sein kann.[147] Nach dieser Ansicht käme einer vertraglichen Regelung insoweit lediglich klarstellende Bedeutung zu.

Unabhängig davon, zu welcher Auffassung man insofern tendiert, stellt **73** die explizite Regelung der Frage zur Vorstreckung der Rechtsschutzkosten bei einem Wissentlichkeits-/Vorsatzvorwurf den Standard in der D&O-Versicherung dar.[148] Danach werden die Abwehrkosten solange vorgestreckt, bis wissentliches bzw. vorsätzliches Handeln der betreffenden versicherten Person festgestellt wurde. Diese Feststellung stellt eine auflösende Bedingung gemäß § 158 Abs. 2 BGB dar. Der Versicherungsschutz entfällt rückwirkend. Der betroffenen versicherten Person wird im Falle des Vorwurfs vorsätzlichen bzw. wissentlichen Handelns somit eine Verteidigung gegen die gegen sie erhobenen Ansprüche ermöglicht. Als Beispiel für eine solche auch als „Vorsorgedeckung" bezeichnete Regelung mag folgende Klausel dienen:

„Die Versicherung erstreckt sich nicht auf Vermögensschäden im Zu- **74** sammenhang mit Versicherungsfällen, die nur bei einer [...] wissentlichen Pflichtverletzung seitens der versicherten Personen begründet sind. Der Versicherer wird jedoch die Abwehrkosten bis zu dem Zeitpunkt vorstrecken, in dem die [...] wissentliche Pflichtverletzung (a) durch Gerichtsurteil, in einem gerichtlichen, behördlichen oder schiedsgerichtlichen Verfahren oder einem Vergleich festgestellt wird oder (b) von einer versicherten Person zugegeben wird. Mit einer solchen Feststellung oder einem solchen Anerkenntnis entfällt der Versicherungsschutz rückwirkend. Die bis dahin aufgewandten Kosten sind dem Versicherer zu erstatten. In Bezug auf diesen Ausschluss werden einer versicherten Person keine bei anderen versicherten Personen gegebene Tatsachen zugeschrieben oder vorhandene Kenntnisse zugerechnet."[149]

[146] P/M/*Lücke* § 100 Rn. 16 m.w.N.

[147] Terbille/*Sieg* § 17 Rn. 148 m.w.N.

[148] Vgl. als weitere Beispiele nur § 7.1. Ziff. 2 AVBDO/04 AXA; Ziff. III 1 Abs. 2 AIG BusinessGuard D&O 2003 MM; § 4.1 Ziff. 3 Abs. 3 Allianz Protect 2008 MM.

[149] § 5 Nr. 1 Chubb AVB OLA 2004 PrimeLine.

75 Bei den verwendeten Klauseln sind hauptsächlich in den folgenden Punkten Abweichungen im Regelungsinhalt festzustellen, deren Bedeutung im Anschluss näher untersucht werden soll: (a) Wer stellt das wissentliche bzw. vorsätzliche Handeln der in Anspruch genommenen versicherten Person fest? (b) Wer ist im Falle der Vorsatz-/Wissentlichkeitsfeststellung zur Rückzahlung der geleisteten Abwehrkosten verpflichtet? (c) Gilt die Vorsorgedeckung auch bei Pflichtverstößen, die nach dem Gesetz nur vorsätzlich begangen werden können (sog. reine Vorsatztaten)?

76 **bb) Zuständige Feststellungsinstanz.** Unterschiedlich geregelt ist zunächst, wer die für den Wegfall des Versicherungsschutzes und die Auslösung des Rückforderungsrechts des Versicherers maßgebliche Feststellung des wissentlichen oder vorsätzlichen Handelns der in Anspruch genommenen versicherten Person treffen darf. Nach der Klausel (oben a) kommen hierfür verschiedene Wege der Feststellung in Betracht, nämlich die Feststellung im Rahmen eines Gerichtsurteils, im Rahmen eines gerichtlichen, behördlichen oder schiedsgerichtlichen Verfahrens oder im Rahmen eines Vergleichs. Weiterhin soll der Versicherungsschutz entfallen, wenn das wissentliche/vorsätzliche Handeln von einer versicherten Person zugegeben wird.

77 Zweifellos wird man einem Gericht, unabhängig davon, ob es sich um ein Zivil-, Straf- oder Verwaltungsgericht handelt, die grundsätzliche Kompetenz zuschreiben können, eine solche Feststellung zu treffen.[150] Zumindest im Bereich der Zivilgerichtsbarkeit stellt sich dabei allerdings das Problem, dass, von einigen wenigen Ausnahmen abgesehen (z.B. § 826 BGB oder § 823 Abs. 2 BGB i.V.m. § 263 StGB), das Gericht zur Begründung des Anspruchs den Verschuldensgrad nicht dezidiert festzustellen braucht, da für die Begründung der meisten Anspruchsnormen einfache Fahrlässigkeit ausreicht.[151] Zudem mögen die Gerichte dazu tendieren, die Frage des Vorsatzes offen zu lassen, weil dessen Feststellung die Einlegung von Rechtsmitteln wahrscheinlicher macht.[152] Nicht umsonst wird diese Frage in der Praxis häufig erst im Rahmen eines Deckungsverfahrens geklärt, sollten dem Versicherer entsprechende Anhaltspunkte für eine vorsätzliche/wissentliche Pflichtverletzung der in Anspruch genommenen versicherten Person vorgelegen haben.

78 Als zu weitgehend wird man indessen solche Auffassungen ansehen müssen, die darüber hinaus eine *rechtskräftige* gerichtliche Feststellung

[150] *Steinkühler* VW 2003, 1734, 1735.
[151] So auch *Ihlas*, D&O, S. 463.
[152] *Ihlas*, D&O, S. 466.

wissentlichen bzw. vorsätzlichen Handelns fordern.[153] Zwar sind solche Regelungen durchaus verbreitet."[154] Jedoch sind auch davon abweichende Bestimmungen, die die auflösende Bedingung schon mit erstinstanzlicher gerichtlicher Feststellung von Wissentlichkeit/Vorsatz eingreifen lassen, als zulässig anzusehen. Dies zumindest, wenn man der hier vertretenen Ansicht folgt (Rn. 72), dass der Versicherer zur Gewährung einer solchen Vorsorgedeckung nicht verpflichtet ist.

Andererseits stellt es keinen Verstoß gegen den vollständig abdingbaren **79** § 103 VVG dar, wenn der Versicherer auch nach erstinstanzlicher Feststellung einer wissentlichen/vorsätzlichen Pflichtverletzung weiterhin Abwehrkosten vorstreckt.[155] Allerdings ist die Schutzbedürftigkeit des Versicherten, zu dessen Gunsten vermutet wird, dass er im Zweifel nicht wissentlich bzw. vorsätzlich gehandelt hat, in einem solchen Fall deutlich eingeschränkt, selbst wenn eine endgültige bzw. letztinstanzliche Klärung der Frage noch möglich ist. Schließlich verbleibt der betroffenen versicherten Person bzw. dem VN die Möglichkeit, die aus ihrer Sicht streitige Frage im Deckungsverhältnis klären zu lassen.

Dabei ist zu berücksichtigen, dass solche Feststellungen von der Bin- **80** dungswirkung ausgenommen sind, die im Haftpflichtverhältnis nicht entscheidungserheblich waren, dieses jedoch im Deckungsverhältnis sein können. Stellt somit das Gericht im Haftpflichtverfahren wissentliches oder vorsätzliches Handeln fest, obwohl zur Begründung des Haftpflichtanspruchs einfache Fahrlässigkeit ausgereicht hätte, dann sind die Ausführungen zum höheren Verschuldensgrad „überschießende", i.S.v. „nicht entscheidungserhebliche" Feststellungen, die für den Deckungsprozess nicht bindend sind.[156]

---

[153] So z.B. *Steinkühler* VW 2003, 1734, 1735.

[154] Etwa § 4.1 Abs. 3 Satz 2 Allianz Protect 2008 MM: *„Wird die wissentliche Pflichtverletzung durch eigenes Eingeständnis, Vergleich oder behördliche oder gerichtliche Entscheidung rechtskräftig festgestellt, so wird der Versicherer rückwirkend von seiner Leistungspflicht frei"*; § 3.1 AVBDO 01/2007 DUAL: *„Wird Vorsatz rechtskräftig festgestellt, entfällt der Versicherungsschutz rückwirkend [...]"*; Ziff. II 1 Abs. 2 Satz 2 Hiscox Manager 07/2006: *„Wird die Wissentlichkeit durch rechtskräftige gerichtliche Entscheidung oder Anerkenntnis einer versicherten Person festgestellt [...]"*.

[155] So aber *Ihlas*, Organhaftung, S. 238 (dort Fn. 222). Dazu steht im Widerspruch, dass § 152 VVG a.F. sogar die vertragliche Vereinbarung milderer Schuldformen (z.B. grobe Fahrlässigkeit) erlaubt, die zu einem Anspruchsverlust führen können, vgl. P/M/*Lücke* § 103 Rn. 16.

[156] Vgl. BGH VersR 2004, 590, 591; 2006, 106, 108 m.w.N., wo trotz gegenteiliger Feststellung des Gerichts zum Verschuldensgrad die Frage nach einer wissentlichen Pflichtverletzung für den Haftpflichtprozess nicht entscheidungserheblich war, weil dort Fahrlässigkeit zur Haftungsbegründung ausreichte.

81 Schließlich erscheint es angemessen, den Versicherungsschutz entfallen zu lassen, wenn die wissentliche oder vorsätzliche Pflichtverletzung von einer versicherten Person zugegeben wird. Doch auch ohne eine solche Regelung muss der Versicherer nicht mit Abwehrkosten in Vorleistung treten, solange der Vorsatz-/Wissentlichkeitsausschluss eine Bestimmung enthält, wonach der Versicherer zu einer Abwehrkostenvorstreckung nur verpflichtet ist, wenn über das Vorliegen der wissentlichen/vorsätzlichen Pflichtverletzung „kein Zweifel" besteht bzw. diese Frage „nicht streitig" ist.[157]

82 **cc) Adressat der Rückzahlungsverpflichtung.** Vielfach wird für den Fall der bedingungsgemäßen Feststellung einer wissentlichen Pflichtverletzung (bzw. dessen Anerkenntnis) durch eine versicherte Person folgendes geregelt: *„Die bis dahin aufgewandten Kosten sind dem Versicherer zu erstatten."* Nach dieser Formulierung ist der VN als Vertragspartner des Versicherers Adressat des Rückforderungsanspruchs. Allerdings existieren auch Varianten, wonach die Rückzahlungspflicht nur diejenige versicherte Person trifft, für deren Verteidigung der Versicherer die Abwehrkosten tatsächlich aufgewendet hat.[158] Für den VN ist eine solche Regelung günstiger, da die Rückabwicklung in diesem Fall entlang des (Abwehrkosten-)Leistungsverhältnisses zwischen versicherter Person und Versicherer erfolgt.

[157] So z.B. Ziff. III 1 AIG BusinessGuard 2009 MM: *„[...] ist die vorsätzliche Pflichtverletzung streitig, besteht Versicherungsschutz für die Abwehrkosten, solange [...]"*; § 7.1.3 Chubb AVB OLA 2008 PrimeLine Classic: *„Im Zweifel über das Vorliegen eines Ausschlusstatbestandes 7.1.1 oder 7.1.2 [wissentliche Pflichtverletzung; Anm. d. Verf.] wird der Versicherer vorläufige Verteidigungskosten [...] gewähren"*; § 6.1 ACE ProElite DOMESTIC 2006: *„[...] Ist die vorsätzliche Handlung streitig, besteht Versicherungsschutz unter der Bedingung, dass [...]"*. Eine Übernahme der Abwehrkosten durch den Versicherer wäre ein „venire contra factum proprium" (wenn die Anwendbarkeit des Ausschlusses unstreitig ist).

[158] Vgl. z.B. § 6.1 ACE ProElite DOMESTIC 2006: *„[Vorsätzliche Pflichtverletzung] [...] Erfolgt eine solche Feststellung, entfällt der Versicherungsschutz rückwirkend. Die versicherte Person ist dann verpflichtet, dem Versicherer die erbrachten Leistungen zurückzuerstatten [...]"*; § 3.1 AssPro managerline (Newline 06/05): *„[Vorsatz] [...] Wird Vorsatz durch gerichtliche oder behördliche Entscheidung, Vergleich oder Anerkenntnis festgestellt, entfällt der Versicherungsschutz rückwirkend. Die versicherten Personen sind dann verpflichtet, dem Versicherer die erbrachten Leistungen zurückzuerstatten"*; § 3.1 AVBDO 01/2007 DUAL Deutschland: *„[Vorsatz] [...] Wird Vorsatz rechtskräftig festgestellt, entfällt der Versicherungsschutz rückwirkend, mit der Folge, dass die versicherte Person dem Versicherer die erbrachten Leistungen zurückzugewähren hat"*.

dd) Vorsorgedeckung auch bei reinen Vorsatztaten? I.d.R. enthalten Vorsatz-/Wissentlichkeitsausschlüsse keine explizite Regelung zur Frage der Behandlung reiner Vorsatzdelikte, (vgl. die Ausschlussklausel, Rn. 46 ff.). Soweit die Auffassung vertreten wird, eine Pflicht des Versicherers zum Vorschießen der Rechtsschutzkosten bestehe auch ohne entsprechende AVB-Regelung, so bezieht sich diese nur auf sowohl vorsätzlich als auch fahrlässig begehbare Pflichtverletzungen (siehe Rn. 72). Neben Untreue, Betrug und Unterschlagung, die als Delikte im Bereich der Managerhaftung eine durchaus bedeutsame Rolle spielen[159] und über § 823 Abs. 2 BGB i.V.m. der entsprechenden strafgesetzlichen Norm einen Schadensersatzanspruch begründen können, sind in der Praxis die Nichtabführung von Sozialversicherungsbeiträgen (§ 266a Abs. 1 StGB) sowie der Vorwurf der Insolvenzverschleppung (§ 283 StGB) im Bereich der reinen Vorsatztaten von besonderer Bedeutung.[160] *Steinkühler* fordert, auch diese Delikte in die Vorsorgedeckung i.R.d. Ausschlusses Vorsatz/Wissentlichkeit mit einzubeziehen, da der betroffenen versicherten Person auch insoweit die Möglichkeit gegeben werden müsse, ihre Unschuld zu beweisen und sich dabei auf die Rechtsschutzfunktion seiner D&O-Versicherung verlassen zu können.[161] 83

Dieser Meinung ist zuzustimmen. Die grundsätzliche „Unschuldsvermutung" sollte für die Einbeziehung auch reiner Vorsatzdelikte in die Vorsorgedeckung sprechen.[162] Um Unklarheiten darüber zu vermeiden, ob solche reinen Vorsatztaten von der Vorsorgedeckung i.R.d. Vorsatz-/Wissentlichkeitsausschlusses umfasst sind, empfiehlt sich die Aufnahme einer klarstellenden Regelung, etwa wie folgt: 84

„Im Zweifel über das Vorliegen eines Ausschlusstatbestandes [wissentliche Pflichtverletzung; Anm. d. Verf.] wird der Versicherer vorläufige Verteidigungskosten bis zu einer rechtskräftigen Entscheidung oder einem endgültigen Vergleich über den Schadensersatzanspruch oder das Verfahren gewähren. Dies gilt auch, wenn der Anspruch auf Schadensersatz auf eine Anspruchsgrundlage gestützt wird, die nur bei Vorsatz gegeben sein kann."[163] 85

[159] Vgl. nur die zahlreichen Beispiele bei *Ihlas*, D&O, S. 455 (dort Fn. 340).

[160] Ohne dies statistisch zu belegen, geht *Steinkühler* VW 2003, 1734, 1735, davon aus, dass mehr als die Hälfte aller D&O-Fälle einen Untreuevorwurf nach § 266 StGB zum Gegenstand haben.

[161] *Steinkühler* VW 2003, 1734, 1735.

[162] Zur Relevanz des Vorwurfs von Vorsatzdelikten gerade im Bereich der Innenverhältnisansprüche vgl. *Ihlas*, D&O, S. 455 f.

[163] Entspricht § 7.1.3 Chubb AVB OLA 2008 PrimeLine Classic.

2. Bekannte Schadensumstände

86 Dieser Ausschluss hängt mit der mit dem Anspruchserhebungsprinzip notwendig verbundenen Rückwärtsversicherung zusammen (siehe § 6 Rn. 98, 123 ff.). Ziff. 3.2 Satz 1 AVB-AVG lautete noch in der Fassung von 2010: *„Durch besondere Vereinbarung kann im Falle des Wechsels des Versicherers der Versicherungsschutz bei Ansprüchen Dritter (nicht der Versicherungsnehmerin oder einer Tochtergesellschaft) erweitert werden auf Versicherungsfälle wegen Pflichtverletzungen, welche vor Beginn dieses Versicherungsvertrages begangen wurden.“*

87 Nunmehr wird mit Satz 1 der Ziff. 3.2 der AVB-AVG 2011 die bestehende Rückwärtsversicherung zum Standard: *„Zusätzlich besteht auch Versicherungsschutz für Pflichtverletzungen, die vor Beginn dieses Versicherungsvertrages begangen wurden.“*

88 In den nachfolgenden Sätzen 2 und 3 der Ziff. 3.2 der AVB-AVG 2011 gibt es im Vergleich zu den AVB-AVG der Vorjahre eine weitere wesentliche Deckungsverbesserung, weil die Worte *„[…] oder hätte kennen müssen“* gegen Ende des Satzes 2 gestrichen wurden: *„Dies gilt jedoch nicht für solche Pflichtverletzungen, die eine versicherte Person, die Versicherungsnehmerin oder eine Tochtergesellschaft bei Abschluss dieses Versicherungsvertrages kannte. Als bekannt gilt eine Pflichtverletzung, wenn sie von der Versicherungsnehmerin, einer Tochtergesellschaft oder versicherten Personen als – wenn auch nur möglicherweise – objektiv fehlsam erkannt oder ihnen, wenn auch nur bedingt, als fehlsam bezeichnet worden ist, auch wenn Schadensersatzansprüche weder erhoben noch angedroht noch befürchtet worden sind.“*

89 Wegen der Rückwärtsversicherung ist dieser Ausschlusstatbestand für den Versicherer von essentieller Bedeutung; es dürfte sich um den neben der wissentlichen Pflichtverletzung zweithäufigsten Grund handeln, weshalb die Deckung verweigert wird.[164] Der dahinterstehende Rechtsgedanke findet sich in § 2 Abs. 2 Satz 2 VVG: Hat der VN bei Abgabe seiner Vertragserklärung davon Kenntnis, dass ein Versicherungsfall schon eingetreten ist, ist der Versicherer nicht zur Leistung verpflichtet. Allerdings ging die Ziff. 3.2 der AVB-AVG bis 2010 zu Lasten des VN über das Gesetz hinaus, weil auch das Kennenmüssen den Ausschluss verwirklichte. Kennenmüssen genügt nach § 2 Abs. 2 Satz 2 VVG nicht.[165] Allerdings kommt es nach Ziff. 3.2 AVB-AVG 2011 noch immer – so wie nach § 2 Abs. 2 Satz 2 VVG a.F. – auf den Abschluss des Versicherungsvertrages an, während die nunmehrige Regelung in § 2 Abs. 2 Satz 2 VVG auf die Abgabe der Vertragserklärung des VN abstellt. Zudem dürfte eine solche

[164] *Ihlas*, D&O, S. 527.

[165] Etwa P/M/*Prölss* § 2 Rn. 10.

Regelung nicht geeignet sein, die dem *claims made*-Prinzip innewohnenden Nachteile in Gestalt einer angemessenen Rückwärtsdeckung zu kompensieren (siehe § 6 Rn. 107).

IV. Innenverhältnisausschluss

1. Gefahr „freundlicher" Inanspruchnahme im Innenverhältnis

Es liegt in der Natur der D&O-Versicherung, dass sich im Falle von In- 90
nenverhältnisansprüchen ein Spannungsverhältnis zwischen dem Schädiger (versicherte Person), dem Geschädigten (VN) und dem Versicherer ergeben kann. Die uneingeschränkte Versicherung des Innenverhältnisses in Kombination mit einem umfangreichen Organhaftungsrecht schafft für den VN, insbesondere in für ihn wirtschaftlich schwierigen Zeiten, einen erheblichen Anreiz, Ansprüche gegen Organmitglieder zu verfolgen, deren Geltendmachung er angesichts mangelnder Kompensationsmöglichkeiten im Privatvermögen des betroffenen Managers ansonsten unterlassen hätte. Dabei wird der vermeintlich haftungsrelevante Sachverhalt von den Parteien entweder falsch oder zumindest nicht vollständig dargelegt. Der zur Beschreibung dieses Verhaltens gebräuchlichste Begriff ist der der „freundlichen Inanspruchnahme" – eine in Anbetracht der u.U. sogar strafrechtlichen Relevanz der Vorgehensweise bagatellisierende Umschreibung. Die Sicht der Versicherer spricht deshalb eher vom *hostile claim*.

Bei einer „freundlichen" Inanspruchnahme kommen VN und versi- 91
cherte Person „überein", dass ein deckungspflichtiger Haftpflichtanspruch vorliegt. Die versicherte Person widersetzt sich diesem Anspruch nicht weiter, weil sie trotz der behaupteten Pflichtverletzung keine Sanktionen bzgl. ihrer Organstellung (etwa ihre Abberufung) befürchten muss.[166] Wie bereits angedeutet, handelt es sich bei den betroffenen Unternehmen häufig um solche in der Krise, während die Ansprüche regelmäßig gegen weiterhin tätige Geschäftsleiter erhoben werden.[167] Die für die Haftungsbegründung erforderliche Pflichtverletzung wird in solchen Fällen i.d.R. erst im Nachhinein „konstruiert". Der Verlust des Unternehmens wird zum haftpflichtigen Schaden „umgedeutet". Oder es wird versucht, einen Verlust der Gesellschaft so darzustellen, dass i.E. eine die Haftpflicht eines Organs i.S.v. § 43 Abs. 2 GmbHG oder von § 93 Abs. 2 AktG begründende Pflichtverletzung als wahrscheinlich anzunehmen ist.[168] Dies ist

[166] *Langheid/Grote* VersR 2005, 1165, 1169.
[167] Terbille/*Sieg* § 17 Rn. 68.
[168] *v. Westphalen* VersR 2006, 17.

meist mit dem Versuch verbunden, den „schützenswerten und gerade im Rahmen einer D&O-Versicherung schutzbedürftigen Bereich des – pflichtgemäßen – Ermessens erheblich einzuschränken“.[169]

92 Zudem gibt es bei der D&O-Versicherung, abhängig von der Gesellschaftsform und Gesellschafterstruktur der versicherungsnehmenden Gesellschaft, regelmäßig engere vertragliche und persönliche Bindungen zwischen dem VN und den versicherten Personen.[170] Dies erleichtert Absprachen zur vorsätzlichen Herbeiführung eines Versicherungsfalles. Im Übrigen findet das Missbrauchsrisiko im Innenverhältnis seinen Ausdruck in § 7 Ziff. 2 AHB. Demnach sind Ansprüche des VN gegen die Versicherten bzw. der Versicherten untereinander grundsätzlich vom Versicherungsschutz ausgeschlossen. Der Zweck der Regelung wird in erster Linie in der Vermeidung eines manipulativen Zusammenspiels des VN mit dem Versicherten zu Lasten des Versicherer gesehen.[171] Mit dem LG Wiesbaden hat erstmals auch ein Gericht ausdrücklich anerkannt, dass bei der „Mitversicherung von Innenhaftungsansprüchen [...] die Gefahr besteht, dass Versicherungsnehmer und versicherte Personen kollusiv zusammenwirken und versuchen, unternehmerische Risiken auf die D&O-Versicherung abzuwälzen“.[172]

93 Die Versuchung eines manipulativen Vorgehens erscheint auch vor dem Hintergrund der Besonderheiten des deutschen Gesellschaftsrechts als besonders groß. Denn der Unternehmensleiter muss infolge der Beweislastregel des § 93 Abs. 2 Satz 2 AktG bei einer Inanspruchnahme des Unternehmens beweisen, dass ihm keine Pflichtverletzung vorwerfbar ist.[173] Unternimmt das Organmitglied bezüglich seiner Entlastung also nur geringe Anstrengungen, was es zugunsten des anspruchstellenden Unternehmens freiwillig oder auf Druck von Anteilseignern erwägen könnte, bliebe es bei der Haftung und damit bei einer möglichen Einstandspflicht des Versicherers.[174]

94 Zur Beschreibung dieses Phänomens wird im Schrifttum teils von einer „Kasko-Mentalität“, die sich bei den Unternehmen im Hinblick auf die D&O-Versicherung breit mache,[175] teils von der Ausnutzung der D&O-

---

[169] *v. Westphalen* DB 2005, 431.

[170] Instruktiv hierzu *Ihlas/Stute* Beil. zu PHi 4/2003, 7 f.

[171] *Littbarski* § 7 Rn. 32; vgl. auch Gräfe/Brügge/*Gräfe* Teil D Rn. 157.

[172] LG Wiesbaden VersR 2005, 545, 546.

[173] Obwohl das GmbHG keine dem Aktienrecht entsprechende Vorschrift enthält, kommt diese Beweislastumkehr nach allg. M. auch hier zur Anwendung, vgl. *Thümmel* Rn. 227 m.w.N.

[174] *Thümmel* Rn. 409.

[175] *v. Westphalen* DB 2005, 431, wonach sich diese „Kasko-Mentalität“ [auch] dadurch ausdrücke, dass in der Praxis die geschädigte Gesellschaft (VN) –

Versicherung als „Geldquelle in Fällen unternehmerischen Misserfolgs“[176] gesprochen. Häufig ist auch die Rede von der „Bilanzschutzfunktion“ der D&O-Versicherung[177] oder vom „Transfer des unternehmerischen Risikos“ auf den Versicherer.[178] Nach *Henssler* „schreit [die D&O-Versicherung; Anm. d. Verf.] geradezu nach Manipulation“, da „selbst *versicherte* Personen darüber entscheiden, ob sie Ersatzansprüche *versicherter* Unternehmen geltend machen, die sich gegen *versicherte* Personen richten“.[179] *Schmitt* zufolge drohe die D&O-Versicherung zu einer „Gewinnausfallversicherung“ zu verkommen.[180] Hinter all dem mag tatsächlich eine gewisse *„blank check“*-Erwartungshaltung der Unternehmen stecken, wonach jeder zu einem Verlust führende unternehmerische Fehlschlag automatisch zu einer Zahlungspflicht des D&O-Versicherers führen müsse.

Auch wenn sich derartige Aussagen nicht mit entsprechenden Statistiken belegen lassen,[181] ist festzuhalten, dass sich das subjektive Risiko bei einer D&O-Versicherung für den Versicherer zweifelsfrei deutlich schlechter darstellt, als dies bei einer traditionellen Haftpflichtversicherung der Fall ist. Denn bei letzterer besteht vor dem Eintritt des Versicherungsfalles regelmäßig keine Beziehung zwischen dem geschädigten Dritten und dem VN. Die wenigen anders lautenden Meinungen erkennen zwar die allgemeine Problemstellung als naheliegend an, sehen aber im Manipulationsrisiko eher eine allgemeine denn eine D&O-spezifische Gefahr.[182] Die Verfasser dieses Handbuchs gehen dagegen mit der überwiegenden Meinung im Schrifttum und auch in der Versicherungswirtschaft davon aus, dass aufgrund der beschriebenen Besonderheiten der D&O-Versicherung und des Organhaftungsrechts das Risiko von Innenverhältnisansprüchen tatsächlich besonders ausgeprägt ist. Manipulationsfälle verdeutlichen i.d.R. sehr schnell die Leistungsgrenzen einer Versicherung, weil sie von der Kalkulationsbasis der Versicherer nicht umfasst sind. Sollten sich diese häufen, werden die Anbieter nicht umhin können, die Deckung entsprechend zu begrenzen oder ihre Risikoauswahl zu ändern. 95

---

unter Ausschaltung des pflichtwidrig handelnden Organmitglieds (versicherte Person) – ihre Ansprüche immer häufiger unmittelbar gegenüber dem D&O-Versicherer im Wege eines Direktanspruchs geltend mache (vgl. zum Direktanspruch auch § 2 Rn. 22 ff.).

[176] *Dreher* DB 2005, 1669, 1670.

[177] *Ihlas/Stute* Beil. zu PHi 4/2003, 7, 11.

[178] *Ihlas/Stute* Beil. zu PHi 4/2003, 7, 13.

[179] *Henssler* Gesellschaftsrecht 2001, 131, 149.

[180] *Schmitt* S. 148.

[181] Vgl. jetzt aber *Ihlas*, D&O, S. 488 ff.

[182] Z.B. *Beckmann*, FS Kollhosser, S. 25, 37.

96 Trotz seiner leicht euphemistischen Diktion darf der Begriff „freundliche Inanspruchnahme" nicht darüber hinwegtäuschen, dass hierunter Fälle des Versicherungsbetrugs (§ 263 Abs. 1 StGB) fallen können.[183] Ein Versicherungsbetrug i.S.v. § 263 Abs. 1 StGB liegt vor, wenn ein tatsächlich nicht eingetretener Versicherungsfall vom VN bzw. versicherten Personen dem Versicherer vorgetäuscht wird, um sich oder einem anderen einen rechtswidrigen Vermögensvorteil zu verschaffen.[184] Angesichts eines weitreichenden gesetzlichen Haftungsregimes i.R.d. generalklauselartigen Normen des § 43 Abs. 2 GmbHG bzw. § 93 Abs. 2 AktG, des hinzutretenden, oft umfangreichen Unternehmensinnenrechts und der Beweislastumkehr zu Lasten des in Anspruch genommenen Organmitglieds – sämtlich Faktoren, die ein manipulatives Vorgehen von VN und versicherten Personen erleichtern – wird für den Versicherer der Nachweis eines manipulierten Innenhaftungsanspruchs in betrügerischer Absicht regelmäßig nur unter großen Schwierigkeiten zu führen sein. Dies auch deshalb, weil der VN nicht verpflichtet ist, den Eintritt des Versicherungsfalles schlechthin zu vermeiden,[185] ebenso wenig wie ihn eine allgemeine Schadensverhütungspflicht trifft.[186]

97 Mit herkömmlichen Mitteln des Versicherungsvertragsrechts kann das Phänomen der „freundlichen" Inanspruchnahme nicht beherrscht werden: Nach § 103 VVG haftet der Versicherer nicht, wenn der VN den Versicherungsfall auf vorsätzlich widerrechtliche Weise herbeigeführt hat, wobei § 103 VVG i.R.d. Fremdversicherung auch für die versicherten Personen gilt.[187] Die Norm stellt jedoch nicht auf die vorsätzliche Herbeiführung des Versicherungsfalles ab, sondern auf die vorsätzliche Herbeiführung der haftungsauslösenden Tatsache, mithin die schädigende Handlung bzw. den dadurch kausal herbeigeführten Schaden.[188] Die sich darauf gründende Geltendmachung des Anspruchs durch den VN ist also, auch wenn sie in Manipulationsabsicht erfolgt sein sollte, nicht i.S.d. § 103 VVG deckungsschädlich.[189] Die Anwendung des § 81 VVG statt des § 103 VVG[190]

---

[183] Krieger/Schneider/*Sieg* § 15 Rn. 65, wonach die Fälle der „freundlichen Inanspruchnahme" „in die Nähe des Versicherungsbetrugs" nach § 263 StGB geraten können.

[184] Vgl. dazu allgemein B/M/*Möller* § 61 Rn. 86.

[185] P/M/*Prölss* § 81 Rn. 4.

[186] R/L/*Langheid* § 61 Rn. 1.

[187] P/M/*Lücke* § 103 Rn. 2 m.w.N.

[188] Vgl. dazu Rn. 48

[189] *Schmitt* S. 165.

[190] Für die Haftpflichtversicherung soll § 103 VVG dem § 81 VVG als die speziellere Norm vorgehen, vgl. zum VVG a.F. R/L/*Langheid* § 61 Rn. 7, der § 152 VVG als eine den § 61 VVG „abändernde" Regelung bezeichnet; *Schmitt* S. 165 sieht § 152 VVG als lex specialis gegenüber § 61 VVG.

würde zu keinem anderen Ergebnis führen, da ansonsten im Bereich der Innenverhältnisdeckung jede Inanspruchnahme einer versicherten Person durch den VN eine vorsätzliche Herbeiführung des Versicherungsfalles i.S.d. § 81 VVG implizieren würde. Den zu eliminierenden Fällen „freundlicher" Inanspruchnahmen ist somit mit §§ 81, 103 VVG nicht beizukommen.

Daher versuchen D&O-Versicherer, durch entsprechende Klauselge- **98**
staltungen das Risiko einer „freundlichen" Inanspruchnahme zu begrenzen. Zwar werden diese Klauseln derzeit selten verwendet, sind aber in älteren D&O-Versicherungsverträgen auf der Grundlage früherer AVB noch festzustellen. Überdies kann kaum angenommen werden, dass sich das Thema „Innenverhältnisdeckung" für alle Zukunft erledigt hat. Im Gegenteil: Durch den sich seit Ende 2004 beschleunigt fortsetzenden Preisverfall bei gleichzeitig steigenden Deckungssummen sollten v.a. solche Anbieter, die den weichen Markt zum Segmenteinstieg und schnellen Marktanteilsgewinnen genutzt haben, von einer möglichen nächsten Welle von D&O-Schäden[191] überdurchschnittlich stark betroffen sein. Dabei wird die Neigung zur Manipulation von Versicherungsfällen im Innenverhältnis mit der Verschlechterung der wirtschaftlichen und finanziellen Situation der Unternehmen zunehmen, wobei sich dieser Effekt durch die mit der Reform des VVG zum 1.1. 2008 einhergehenden Änderungen (Wegfall des Abtretungs- und Anerkenntnis-/Befriedigungsverbots – siehe dazu § 10 Rn. 1 ff.) möglicherweise noch verstärken könnte.[192] Für die Versicherer wird sich sodann die Frage stellen, mit welchen Maßnahmen auf der Bedingungsseite einer solchen Entwicklung zu begegnen ist. Die Vorhersage, dass die Versicherer die Stellschrauben, zumindest im überdurchschnittlich schadenbelasteten Segment der Großrisiken, abermals an der Innenverhältnisdeckung anzulegen versuchen werden, dürfte dabei nicht allzu gewagt sein.

[191] ZfV 4/2008, 110: „Die Schätzungen über mögliche Subprime-Schäden für das D&O-Geschäft in den USA reichen momentan von ca. 1,5 bis 20 Mrd. US$. Große Makler gehen von einem realistischen Schadenpotenzial zwischen 3 und 5 Mrd. US$ aus."; *Bank* VW 2008, 730, 731, rechnet infolge der Subprime-Krise „mit wohl durchaus kräftigen Prämienerhöhungen 2009, spätestens jedoch 2010 [...]".

[192] *Bank* VW 2008, 730, 733, rechnet mit einem erheblichen Anstieg der Schadensfälle infolge der VVG-Reform und damit, dass die Versicherer den Umfang des Deckungsschutzes für Innenhaftungsansprüche überdenken werden.

2. Möglichkeiten zur Begrenzung der Innenverhältnisdeckung

99 **a) Ausschluss „unternehmerischer Fehlentscheidungen“.** In den AVBU 86 der Chubb als dem ersten deutschen D&O-Bedingungswerk waren „Ansprüche im Zusammenhang mit unternehmerischen Fehlentscheidungen“ ausgeschlossen.[193] Das BAV bestand offenbar insbesondere auf diesen Ausschluss.[194] Nach dessen Ansicht sollte ein Unternehmen sein rein wirtschaftliches Risiko aus aufsichtsrechtlichen und versicherungspolitischen Gründen nicht auf den Versicherer überwälzen können, was dem in der Haftpflichtversicherung allgemein geltenden Prinzip der Unversicherbarkeit des unternehmerischen Risikos entspreche.[195]

100 Mangels einer Definition der „unternehmerischen Fehlentscheidungen“ stellt sich die Frage nach der exakten Grenzziehung zwischen einem nicht versicherten bzw. versicherbaren reinen Unternehmensrisiko und einem unter die Deckung fallenden, einen Haftpflichtanspruch auslösenden Pflichtverstoß. Eine Auslegung des Begriffs der unternehmerischen Fehlentscheidung innerhalb einer D&O-Versicherung durch ein Gericht hat bislang nicht stattgefunden.[196] Im Gegensatz zum BAV, das nach dem oben Gesagten dem Ausschluss eine konstitutive Wirkung zuschrieb, wurde von den Verwendern des Ausschlusses[197] dieser überwiegend als nur klarstellend in dem Sinne angesehen, dass in Ermangelung einer Erfolgshaftung im deutschen Organhaftungsrecht[198] nicht jeder unternehmerischen Fehlentscheidung gleichzeitig eine haftungsbegründende Pflichtverletzung zugrunde liege. Vielmehr müsse stets ein konkreter schuldhafter Pflichtenverstoß hinzukommen, um eine Haftung etwa nach § 93 Abs. 2 AktG oder § 43 Abs. 2 GmbHG zu begründen und die Deckung auszulösen.[199]

101 Als objektiver Auslegungsmaßstab gemäß §§ 133, 157 BGB könnte sich i.S. einer normativen Auslegung nach dem Empfängerhorizont[200] § 93 Abs. 1 Satz 2 AktG anbieten, wonach dem Vorstand einer AG ein haftungsfreier Ermessensspielraum zugestanden wird, der nicht ex-post durch

---

193 Vgl. § 4 Abs. 2 lit. d AVBU 86.

194 *Ihlas*, Organhaftung, S. 55.

195 *Ihlas*, Organhaftung, S. 284.

196 *Ihlas*, Organhaftung, S. 282. Dieser Stand aus dem Jahre 1997 ist, soweit ersichtlich, auch heute noch aktuell.

197 Neben Chubb zeichneten auch der HDI und die Securitas auf Basis der AVBU 86.

198 Vgl. dazu Spindler/Stilz/*Fleischer* § 93 Rn. 60.

199 *Schneider/Ihlas* DB 1994, 1123, 1128.

200 Für AGB gelten im Grundsatz die allgemeinen Auslegungsregeln des Bürgerlichen Rechts, vgl. *Stoffels* Rn. 359, 160; MünchKomm-BGB/*Basedow* § 305c Rn. 18; BGH VersR 2001, 184; 2002, 1503; 2007, 535.

den Richter überprüfbar sein soll (sog. *business judgement rul*e).[201] In Anlehnung an die sog. *ARAG/Garmenbeck*-Entscheidung,[202] wo die Voraussetzungen und Grenzen des Geschäftsleiterermessens vom BGH erstmals weitgehend präzisiert wurden, soll eine Pflichtverletzung eines Vorstands dann nicht vorliegen, wenn der Schaden durch unternehmerisches Handeln im Interesse der Gesellschaft auf der Grundlage angemessener Informationen verursacht wurde, auch wenn dieses Handeln sich aufgrund späterer Entwicklungen oder Erkenntnisse als für die Gesellschaft nachteilig erweist.[203]

Bezogen auf den gegenständlichen Ausschluss ergäbe sich folgende Auslegung: Durfte ein Vorstand bei einer geschäftlichen Entscheidung „vernünftigerweise annehmen [...], auf der Grundlage angemessener Information zum Wohle der Gesellschaft zu handeln" (vgl. § 93 Abs. 1 Satz 2 AktG) und stellt sich diese Entscheidung für das Unternehmen im Nachhinein dennoch als nachteilig heraus, dann läge keine haftungsbegründende Pflichtverletzung vor, sondern es hätte sich lediglich ein wirtschaftliches Risiko als Folge einer unternehmerischen Fehlentscheidung verwirklicht. **102**

Der Begriff der unternehmerischen Fehlentscheidung könnte somit genau auf diesen Haftungsfreiraum (sog. *safe harbor*) abstellen und wäre insoweit auch vom Wortlaut der Klausel gedeckt. Obwohl die *business judgement rule* 1986 – im Erscheinungsjahr der AVBU 86 – noch nicht gesetzlich geregelt war, so entsprach deren Anwendung doch auch schon zu dieser Zeit st. Rspr.[204] Bestätigt wird diese Auslegung zudem durch § 1 Abs. 1 AVBU 86, wo im Gegenstand der Versicherung von einem „Verstoß" und von einer Inanspruchnahme „aufgrund gesetzlicher Haftpflichtbestimmungen" die Rede ist.[205] Eine an § 93 Abs. 1 Satz 2 AktG orientierte Auslegung spricht also für den lediglich deklaratorischen Charakter des Ausschlusses „unternehmerischer Fehlentscheidungen" innerhalb einer D&O-Versicherung.[206] **103**

---

[201] Vgl. Spindler/Stilz/*Fleischer* § 93 Rn. 60, 64.

[202] BGHZ 135, 244 ff.

[203] Spindler/Stilz/*Fleischer* § 93 Rn. 61 f.

[204] Großkomm-AktG/*Roth* § 93 Rn. 2.

[205] § 1 Abs. 1 AVBU 86: „*Der Versicherer gewährt Versicherungsschutz für den Fall, dass eine versicherte Person wegen eines bei Ausübung der versicherten Tätigkeit begangenen Verstoßes von einem anderen aufgrund gesetzlicher Haftpflichtbestimmungen privatrechtlichen Inhalts auf einen Vermögensschaden in Anspruch genommen wird.*"

[206] A.A. wohl *Ihlas*, Organhaftung, S. 283 (in der 2. Aufl. seines Werkes [S. 503] erfolgt lediglich ein Hinweis auf die Darstellung in der 1. Aufl.): Er kommt zu dem Ergebnis, dass „systematische Erwägungen" dazu führten, dass der „weltweit im D&O-Versicherungszweig einmalige Ausschluss von Ansprüchen im

104 **b) Modifizierte Innenverhältnisdeckung. aa) Inhalt der Klauseln.** Die AVB OLA 93 der Chubb aus dem Jahre 1993 enthielten ein anderes Modell zu einer Begrenzung der Deckung im Innenverhältnis (sog. modifizierte Innenverhältnisdeckung), welches nunmehr auf der subjektiven Ebene ansetzte: § 5 Abs. 3 AVB OLA 93 schloss Schadensersatzansprüche vom Versicherungsschutz aus, die durch den VN, ein Tochterunternehmen oder eine versicherte Person selbst oder auf deren Veranlassung oder Weisung erhoben werden. Dieser Ausschluss sollte nicht gelten

a) bei Schadensersatzansprüchen des VN und Tochterunternehmen, die ohne Beteiligung, Weisung oder Veranlassung des VN, der Tochterunternehmen oder der versicherten Personen von ihren anderen Gesellschaftern, Aktionären, Mitgliedern oder Genossen geltend gemacht werden, *oder*
b) wenn bei einem gedeckten Schadensersatzanspruch eine versicherte Person einer anderen versicherten Person gerichtlich oder außergerichtlich den Streit verkündet.[207]

105 Es werden also zunächst Ansprüche, die vom VN, einem Tochterunternehmen oder einer versicherten Person selbst gestellt oder von diesen initiiert werden („auf deren Weisung oder Veranlassung"), grundsätzlich von der Deckung ausgenommen. Die Wiedereinschlüsse a) und b) stellen die „Modifizierung" der Innenverhältnisdeckung dar.

106 Nach lit. a soll demnach Versicherungsschutz bestehen, wenn Ansprüche im Innenverhältnis der Gesellschaft ohne „Beteiligung", „Weisung" oder „Veranlassung" i. S. einer Mitwirkung des VN, der Tochterunternehmen oder der versicherten Personen geltend gemacht werden. Dies trifft insbesondere auf die unabhängigen Gesellschafter und Aktionäre zu, die in Abgrenzung von den durch eine „Beteiligung", „Weisung" oder „Veranlassung" beeinflussten als die „anderen" i. S. d. lit. a bezeichnet werden.

Zusammenhang mit unternehmerischen Fehlentscheidungen die Lücke füllt, welche in den AVBU 86 durch die Streichung des weltweit üblichen Ausschlusses von Ansprüchen der VN entstanden ist". Damit korrigiert der Autor eine früher geäußerte Ansicht, wonach der Ausschluss „unternehmerische Fehlentscheidungen" lediglich klarstellender Natur sei (*Schneider/Ihlas* DB 1994, 1123, 1128). An anderer Stelle äußert *Ihlas*, dass der Ausschluss mangels einer eindeutigen Grenzziehung zwischen einer nicht versicherten unternehmerischen Fehlentscheidung und einem versicherten Pflichtenverstoß zur Entfaltung einer konstitutiven Wirkung untauglich sei (*Ihlas*, Organhaftung, S. 56 m.w.N. und S. 282, wonach eine am Wortlaut orientierte Auslegung der Begriffe „Verstoß" und „Fehlentscheidung" eine erhebliche Grauzone hinterlasse).

[207] Eine ähnliche Konzeption gab es bereits in den AVBDO 1990 der Zürich Versicherung.

Lit. b betrifft den Fall einer Gesamtschuldnerhaftung, bei der in zulässiger Weise nur einer der Gesamtschuldner vom Geschädigten in Anspruch genommen wird (§ 426 BGB). Der in Anspruch Genommene versucht sich im Wege des Innenregresses bei den übrigen Gesamtschuldnern für seinen über den quotalen Haftungsanteil hinausgehenden Teil schadlos zu halten, indem er sie im Wege der Streitverkündung in die Klage mit einbezieht. In diesem Fall soll es für den Versicherungsschutz keinen Unterschied machen, ob ein Gesamtschuldner unmittelbar vom Geschädigten in Anspruch genommen oder erst später i.R.d. Innenausgleichs im Wege der Streitverkündung haftbar gemacht wird.[208] **107**

Ziff. 1.3 AVB-AVG 1997[209] enthielt eine sehr ähnliche Regelung wie § 5 Abs. 3 VB OLA 93. Danach besteht „*Versicherungsschutz für Schadensersatzansprüche der Versicherungsnehmerin oder einer ihrer Tochter- oder Konzerngesellschaften gegen versicherte Personen […] nur unter der Voraussetzung, dass diese Ansprüche nicht auf Weisung, Veranlassung oder Empfehlung einer versicherten Person, einer Tochter- oder Konzerngesellschaft oder deren Organmitgliedern geltend gemacht werden. Eine Weisung, Veranlassung oder Empfehlung liegt nicht vor bei der Erfüllung gesetzlicher oder satzungsgemäßer Berichts- oder Informationspflichten.*“ **108**

Ziff. 1.3 AVB-AVG 1997 kann als eine Weiterentwicklung der modifizierten Innenverhältnisdeckung der AVB OLA 93 gelten und wird folgerichtig z.T. ebenso als „modifiziertes Innenverhältnis“,[210] z.T. aber auch als „Öffentlichkeitsklausel“[211] bezeichnet. Allerdings enthalten die AVB-AVG 1997 in Ziff. 1.3 Satz 2 die Präzisierung, dass „bei der Erfüllung gesetzlicher oder satzungsgemäßer Berichts- oder Informationspflichten“ keine „Weisung“, „Veranlassung“ oder „Empfehlung“ vorliegen soll. Dies stellt im Vergleich zur Regelung des § 5 Abs. 3 der AVB OLA 93 eine Einschränkung der Reichweite des Ausschlusses dar. Schließlich bestimmt § 5 Abs. 3 AVB OLA 93 – in Abweichung von Ziff. 1.3 AVB-AVG 1997 – innerhalb des Wiedereinschlusses von lit. a, dass Versicherungsschutz im Innenverhältnis bestehen soll, wenn Ansprüche von „anderen Gesellschaftern, Aktionären, Mitgliedern oder Genossen“ geltend **109**

---

[208] Vgl. *Ihlas*, Organhaftung, S. 266.

[209] Diese Klausel ist in den AVB-AVG 2011 nicht mehr enthalten.

[210] So *Beier-Thomas* VP 2003, 214, 219.

[211] Etwa *Olbrich* S. 142; *Beckmann*, FS Kollhosser, S. 25, 34, der den Begriff „Öffentlichkeitsklausel“ darauf zurückführt, dass der Ausschluss nur durch einen Gesellschafterversammlungsbeschluss nach § 46 Nr. 8 GmbHG bzw. durch einen Hauptversammlungsbeschluss oder ein Klagezulassungsverfahren nach § 148 AktG umgangen werden konnte, was jeweils mit einer bestimmten Öffentlichkeitswirkung verbunden ist.

gemacht werden. *Ihlas* bezeichnet diese „anderen" auch als „außenstehende" bzw. „unabhängige" Gesellschafter oder Aktionäre.[212] Die Legitimation der Anspruchstellung knüpft damit an das Wort „andere" an. Es soll sich dabei um eine Präzisierung derjenigen Fälle handeln, in denen mit sehr hoher Wahrscheinlichkeit keine „Beteiligung", „Weisung" oder „Veranlassung" vorliegt.[213] Es handelt sich also um eine lediglich klarstellende Ergänzung, nicht aber um eine materielle Deckungserweiterung.

110 **bb) „Weisung", „Veranlassung", „Empfehlung".** Ziff. 1.3 AVB-AVG 1997 versucht mit den Begriffen „Weisung", „Veranlassung" bzw. „Empfehlung" Formen der Mitwirkung von versicherten Personen bzw. versicherten Unternehmen zu erfassen, in denen sich das zu eliminierende subjektive Risiko einer „freundlichen Inanspruchnahme" möglichst weitgehend konkretisiert. Dabei werden solche Mitwirkungshandlungen als deckungsunschädlich ausgenommen, die sich in der „Erfüllung gesetzlicher oder satzungsgemäßer Berichts- oder Informationspflichten" erschöpfen (siehe dazu Rn. 118). Die Klausel ist in Struktur und Inhalt stark an zu diesem Zeitpunkt marktübliche US-amerikanische D&O-Bedingungen zur Regelung der Innenverhältnisdeckung angepasst. Vorbild war wohl die Regelung über die sog. *derivative action* oder *derivative suit*.[214]

111 Ziff. 1.3 AVB-AVG 1997 versucht im Kontext des deutschen gesellschaftsrechtlichen Systems eine Definition des Kreises der Anspruchsteller, die – ähnlich wie ein Minderheitsgesellschafter im Rahmen einer *derivative action* – als unabhängig gelten können. Die Figur der *derivative action* findet im deutschen Kapitalgesellschaftsrecht – abgesehen von der praktisch nur wenig bedeutsamen „actio pro socio"[215] – keine echte Ent-

[212] *Ihlas*, Organhaftung, S. 250.

[213] *Ihlas*, Organhaftung, S. 250. Als Beispiel wäre etwa die „actio pro socio" zu nennen.

[214] Darunter versteht man nach US-amerikanischem Recht die Klage eines Gesellschafters, der – im Namen der Gesellschaft – deren Ansprüche geltend macht. Diese Regelung stellt eine Ausnahme von dem Grundsatz dar, dass es Aufgabe des *board of directors* oder der Mehrheit der Gesellschafter ist, die ihr zustehenden Ansprüche selbst geltend zu machen. Der *derivative action* kommt als Klageform v.a. in der US-amerikanischen Gerichtspraxis bei Organhaftungssachen eine enorme Bedeutung zu.

[215] *Schneider/Ihlas* DB 1994, 1123, 1127, sehen im Hinblick auf die *derivative action* nach US-amerikanischem Recht Ähnlichkeiten zur Gesellschafterklage bei der GmbH und GmbH & Co.KG; *Bungert* S. 45, wonach eine *derivative suit* einer „actio pro socio" nach deutschem Recht entspreche; *Scholz/K. Schmidt* § 46 Rn. 161, wonach die „actio pro socio" in der gesellschaftsrechtlichen Praxis in Deutschland aufgrund der strengen Voraussetzungen und des vergleichsweise ho-

sprechung. Daher erweist sich die Übertragung eines solchen *carve backs* in deutsche D&O-AVB als wenig sinnvoll. Im Übrigen kann man bei einer „actio pro socio“, die von einem Gesellschafter betrieben wird, der nicht zugleich versicherte Person unter der Police ist, ohne weiteres von einer „unabhängigen“ Inanspruchnahme (ohne Vorliegen einer „Empfehlung“, „Weisung“ oder „Veranlassung“) ausgehen.

Was die generelle Eignung der Begriffe „Weisung“, „Veranlassung“ und „Empfehlung“ zur Bestimmung einer i.S.v. Ziff. 1.3 AVB-AVG 1997 deckungsschädlichen Mitwirkungshandlung angeht, so halten *Ihlas/Stute* deren Wortlaut für „einfach und klar“.[216] Auch der GDV erhoffte sich mit den genannten Begriffen offenbar eine einfache Grenzziehung zwischen versicherten und nicht versicherten Ansprüchen: „Bei einer Auslösung von außen besteht Deckung, bei einer Auslösung im Managementteam selber besteht keine Deckung“.[217] Entsprechend nennen *Ihlas/Stute*[218] vier Beispiele, in denen sie jeweils relativ unproblematisch eine der benannten Formen der Mitwirkung bejahen. Diese Annahme erweist sich jedoch bei genauerer Betrachtung als nicht ganz unproblematisch. Zur Erläuterung soll der folgende von *Ihlas/Stute* gewählte **Beispielsfall** exemplarisch herausgegriffen werden:[219] 112

Der mit Stimmen des Hauptaktionärs gewählte Aufsichtsratsvorsitzende erhält Kenntnis von einem Sachverhalt, der einen Schadensersatzanspruch gegen den Finanzvorstand rechtfertigt und erfolgreich erscheinen lässt. Er unterdrückt diese Thematik in den folgenden Aufsichtsratssitzungen, weil die Aufsichtsratsmitglieder versicherte Personen sind und er eine Mitwirkung i.S.d. Ziff. 1.3 AVB AVG des GDV-Modells vermeiden will. Er schreibt folgenden vertraulichen Brief an den Mehrheitsaktionär: „Sehr geehrter Herr …, […] empfehle ich Ihnen bezüglich des nachfolgend beschriebenen und dokumentierten haftungsbegründenden Fehlverhaltens des Finanzvorstands, das Thema ‚Beschlussfassung über die Schadensersatzgeltendmachung gegen den Finanzvorstand‘ auf die Tagesordnung der nächsten Hauptversammlung setzen zu lassen. Dort können sie dann mit der Mehrheit Ihrer Stimmrechte einen durch unsere D&O-Versicherung abgedeckten Ersatzanspruch gegen den Finanzvorstand beschließen. Es geht um folgenden Sachverhalt […] Bitte nennen Sie nicht die Quelle Ihrer Informationen. […]. 113

Zunächst ist die Mitwirkungshandlung des Aufsichtsratsvorsitzenden (Brief an den Mehrheitsaktionär) im Beispielsfall bei Kenntnis der Sach- 114

---

hen Kostenrisikos kaum eine Rolle spiele; *Thümmel/Sparberg* DB 1995, 1013, 1018, wonach der Regelfall von Ansprüchen der Gesellschaft grundsätzlich keine Geltendmachung durch Anteilseigner erlaube.

[216] *Ihlas/Stute* Beil. zu PHI 4/2003, 7, 16.

[217] Aus einem Bericht der Arbeitsgruppe D&O des GDV v. 11.7. 1996, zit. nach *Ihlas/Stute* Beil. zu PHi 4/2003, 7, 16.

[218] *Ihlas/Stute* Beil. zu PHi 4/2003, 7, 16 f.

[219] *Ihlas/Stute* Beil. zu PHi 4/2003, 7, 16.

lage problemlos festzustellen. In der Praxis wird der Versicherer jedoch regelmäßig keinen Zugriff auf solche Dokumente haben und der VN wird sie nicht ohne weiteres herausgeben, um den Versicherungsschutz nicht zu gefährden. Das Problem liegt also offensichtlich in der Beweisbarkeit, die durch Umstände erschwert wird: Zum einen enthalten alle drei Begriffe („Empfehlung“, „Weisung“, „Veranlassung“) ein subjektives Merkmal in Gestalt einer inneren Willensrichtung. Für dessen Nachweis wird der Indizienbeweis mangels Erbringbarkeit eines direkten Beweises zwar als zulässig angesehen.[220] Sollte allerdings zwischen Organmitgliedern und Gesellschaftern bzw. Aktionären eine Absprache zur Herbeiführung eines Versicherungsfalles in Manipulationsabsicht stattgefunden haben, wird sich der Nachweis für den Versicherer mangels einer verteidigungsbereiten versicherten Person und aufgrund der Undurchdringlichkeit komplexer unternehmensinterner Abläufe trotz der Möglichkeit des Indizienbeweises regelmäßig äußerst schwierig gestalten.[221] Außerdem erscheinen die Begriffe „Empfehlung“, „Weisung“ und „Veranlassung“ ohne einen weiteren konkretisierenden Bezug (wie er etwa in der o. g. US-amerikanischen Klausel mit *derivative action* vorhanden ist) zur sicheren Erfassung des unabhängigen und i. S. d. Regelungszwecks nicht manipulationsbereiten Anspruchsstellers als nur bedingt geeignet.

115 Damit ist auch die Frage nach der ausreichenden Transparenz der Ziff. 1.3 AVB-AVG 1997 aufgeworfen. Die Bestimmung dessen, was eine deckungsschädliche Mitwirkungshandlung i. S. einer „Weisung“, „Veranlassung“ oder „Empfehlung“ darstellt, kann schon wegen des jeweils begriffsimmanenten subjektiven Merkmals problematisch sein. Zwar wird man dem Versicherer angesichts des verfolgten Zwecks der Minimierung des Manipulationsrisikos und der Vielzahl der möglichen Fallgestaltungen

---

[220] *Ihlas*, D&O, S. 466.

[221] Zwar geben *Ihlas/Stute* Beil. zu PHi 4/2003, 7, 19 ff., eine Reihe von Beispielen von möglichen Indizien für das Vorliegen einer Mitwirkungshandlung i. S. d. Ziff. 1.3 AVB-AVG 1997, so etwa: ein im Vergleich zur Unternehmensgröße relativ geringer Schadensersatzanspruch wird entgegen sonstiger Gepflogenheiten auf die Tagesordnung der Gesellschafterversammlung gebracht; Überspringen von Hierarchieebenen bei der haftungsbegründenden Beschlussfassung; hohe Anzahl von Organ-Gesellschaftern; Umgehung des Eigenschadenausschlusses für den Organgesellschafter durch Inanspruchnahme eines anderen (Fremd-) Geschäftsführers; fehlende oder nur geringe Verteidigungsbereitschaft; Vorgehen gegen einen bloßen Mitverursacher, den man bei unbefangener Betrachtungsweise nicht als Hauptverantwortlichen sehen würde („atypischer Beklagter“). Allerdings werden derartige Konstellationen nicht den Regelfall darstellen und, je nach Einzelfall, als alleiniges Indiz zur Führung des Beweises kaum ausreichen.

bei Organhaftungsbinnenansprüchen[222] das Abstellen auf subjektive Tatbestandsmerkmale sowie ein gewisses Maß an Abstraktheit bei der Formulierung der Ausschlussklausel insgesamt zugestehen müssen. Jedoch gehen auch im Schrifttum die Meinungen über die inhaltliche Auslegung der Ziff. 1.3 AVB-AVG 1997 weit auseinander.

So wird teilweise angenommen, eine „Weisung", „Veranlassung" oder **116**
„Empfehlung" läge nur im Falle des § 147 AktG nicht vor, wenn also ein Schadensersatzanspruch gegen ein Vorstands- bzw. Aufsichtsratsmitglied einer AG auf Veranlassung der Hauptversammlung erhoben wird[223] oder nur bei Forderungen des Insolvenzverwalters.[224] Teils wird davon ausgegangen, dass man bei Anwendung der Unklarheitenregel des § 305c Abs. 2 BGB zu einer so weiten semantischen Auslegung der Begriffe „Weisung", „Empfehlung" und „Veranlassung" komme, dass alle Ansprüche im Endeffekt auf eine irgendwie geartete Veranlassung und/oder Empfehlung eines Organmitglieds zurückgeführt werden könnten.[225] *Lange* wiederum versucht es bei der Auslegung des Begriffs „Veranlassung" mit einem Verweis in den § 311 Abs. 1 AktG.[226]

Die Vielfalt der vorgeschlagenen Auslegungen lässt die Intransparenz **117**
der Ziff. 1.3 AVB-AVG 1997 befürchten, zumal Maßstab für die Transparenz nach § 307 Abs. 1 Satz 2 BGB die Verständnismöglichkeiten eines durchschnittlichen Vertreters des angesprochenen Kundenkreises sind.[227]

cc) Erfüllung gesetzlicher oder satzungsgemäßer Berichts- oder In- **118**
formationspflichten. Auch wenn die Hauptfunktion des Aufsichtsrats in der Überwachung der Geschäftsführung des Vorstands besteht (§ 111 Abs. 1 AktG), liegt eine seiner weiteren Aufgaben in der Unterrichtung der Anteilseigner.[228] Diese „Informationspflicht" findet ihre Bestätigung im generellen Einfluss des Aufsichtsrats auf Entscheidungen der Hauptversammlung: Beschlussvorschlagsrecht nach § 124 Abs. 3 AktG, Teilnahmerecht an der Hauptversammlung gemäß § 118 Abs. 2 AktG, Befugnis zur Anfechtung von Hauptversammlungsbeschlüssen gemäß § 245

[222] Beispiele bei H/E/K/*Held* Kap. 33 Rn. 20; *Sieg* DB 2002, 1759, 1762 ff.; *Thümmel* Rn. 103 ff.

[223] *Beckmann*, FS Kollhosser, S. 25, 27, m.w.N.; VersR-Hdb/*Beckmann* § 28 Rn. 92.

[224] *Schmitt* S. 154.

[225] Vgl. *Koch* GmbHR 2004, 288, 293 m.w.N., wobei Zweifel bei der Auslegung gemäß § 307 Abs. 2 BGB prinzipiell zu Lasten des Verwenders gehen.

[226] *Lange* Beil. zu PHi 6/2003, 1, 6.

[227] MünchKomm-BGB/*Kieninger* § 307 Rn. 58.

[228] *Thümmel* Rn. 235 m.w.N.

Nr. 5 AktG, Einberufung der Hauptversammlung nach § 111 Abs. 3 AktG, wenn das Wohl der Gesellschaft dies erfordert.[229]

119 Dies macht deutlich, dass den Aufsichtsrat bei Kenntnis von einem erheblichen, das Vermögensinteresse der Anteilseigner tangierenden Fehlverhalten des Finanzvorstands, entsprechende Informationspflichten gegenüber der Hauptversammlung treffen können, um die von § 147 Abs. 1 AktG bezweckte praktische Durchsetzung von Ersatzansprüchen im Gesellschaftsinteresse[230] nicht zu gefährden. Das hinter der Information des Mehrheitsgesellschafters stehende Motiv des Aufsichtsratsvorsitzenden, den D&O-Versicherungsschutz nicht wegen eines als Mitwirkung versicherter Personen i.S.v. Ziff. 1.3 AVB-AVG 1997 deckungsschädlichen Aufsichtsratsbeschlusses aufs Spiel zu setzen, unterstreicht dabei nur die Gesetzmäßigkeit seines Handelns i.S. einer bestmöglichen Wahrung der Aktionärsinteressen. Im zitierten Beispielsfall im Anschluss an *Ihlas/Stute*[231] (Rn. 113) kann somit die im Schreiben an den Mehrheitsaktionär durch den Aufsichtsratsvorsitzenden abgegebene „Empfehlung", die Inanspruchnahme des pflichtwidrig handelnden Vorstandsmitglieds auf die Tagesordnung der nächsten Hauptversammlung zu setzen, durch die Erfüllung einer gesetzlichen oder entsprechend satzungsgemäßen Berichts- oder Informationspflicht i.S.d. Ziff. 1.3 AVB-AVG 1997 ohne weiteres „legitimiert" gewesen sein.

120 Die dem Ausnahmetatbestand der gesetzlichen oder satzungsgemäßen Berichts- oder Informationspflichten in Ziff. 1.3 AVB-AVG 1997 generell zukommende Bedeutung findet auch Bestätigung in der umfassenden Berichtspflicht des Vorstands gegenüber dem Aufsichtsrat gemäß § 90 AktG.[232] Führt das pflichtwidrige Verhalten eines Organmitglieds zu einer nicht unerheblichen Vermögenseinbuße bei der Gesellschaft, können die Tatbestände des § 90 Abs. 1 Nr. 3 AktG (Lage der Gesellschaft) oder § 90 Abs. 1 Nr. 2 AktG (Rentabilität der Gesellschaft) erfüllt sein. Außerdem ist dem Vorsitzenden des Aufsichtsrats aus sonstigen wichtigen Anlässen zu berichten (§ 90 Abs. 1 Nr. 4 AktG), etwa beim Auftreten von Liquiditätsproblemen oder wesentlichen Verlusten, aber auch bei einem schwerwiegenden Streit im Vorstand.[233]

---

[229] *Lutter/Krieger* Rn. 61. Hierzu gehört etwa der Fall der Missachtung der ungeschriebenen Kompetenzen der Hauptversammlung durch den Vorstand, wenn dieser bei einer unternehmenswichtigen und strukturverändernden Entscheidung die Hauptversammlung nach § 119 Abs. 2 AktG hätte einberufen müssen, vgl. Spindler/Stilz/*Spindler* § 111 Rn. 57 (sog. *Holzmüller/Gelatine*-Entscheidung).

[230] Vgl. *Hüffer* § 147 Rn. 1.

[231] *Ihlas/Stute* Beil. zu PHi 4/2003, 7, 16.

[232] Vgl. auch *v. Westphalen* VersR 2006, 17, 20 f.

[233] Vgl. Sch/L/*Krieger/Sailer-Coceani* § 90 Rn. 33 m.w.N.

121 In den meisten Fällen also, in denen ein Vorstandsmitglied Kenntnis von einer möglichen Pflichtverletzung eines anderen Vorstandsmitglieds oder eines Organmitglieds eines Tochterunternehmens mit nicht unwesentlicher Schadensfolge erlangt und dies dem Aufsichtsrat mitteilt, wird eine solche Mitteilung von der umfassenden Informationspflicht des Vorstands gegenüber dem Aufsichtsrat gemäß § 90 Abs. 1 AktG gedeckt sein, so dass trotz Mitwirkungshandlung einer versicherten Person an einer dadurch ausgelösten Anspruchsverfolgung der Ausschlusstatbestand der Ziff. 1.3 AVB-AVG 1997 nicht eingreifen würde.[234]

122 Ähnlich stellt sich die Situation bei der GmbH dar. Ist dieser ein gemäß § 43 Abs. 2 GmbHG ersatzpflichtiger Schaden aufgrund eines pflichtwidrigen Handelns des Geschäftsführers entstanden, dann ist aus gesetzlichen und vertraglichen Gründen jedes andere Organmitglied (und jeder sonstige Angestellte) verpflichtet, dieses Handeln der Gesellschafterversammlung[235] zur Kenntnis zu bringen. Denn den Geschäftsführer treffen Kooperations-, insbesondere Berichts- und Auskunftspflichten im Verhältnis zu den anderen Organen der Gesellschaft.[236] Derartige Pflichten können sich auch aus den gegenüber dem Arbeitgeber bestehenden Loyalitäts- und Treuepflichten des Anstellungsvertrags gemäß § 241 Abs. 2 BGB[237] und, bei Geschäftsführer-Gesellschaftern, aus dem organschaftlichen Treueverhältnis[238] ergeben.

123 **dd) Eingeschränkte Versicherung von Schadensersatzansprüchen gegen Organe von Tochtergesellschaften.** Gemäß Ziff. 1.3 AVB-AVG 1997 sind Ansprüche des VN oder seiner Tochterunternehmen nur unter der Voraussetzung versichert, dass diese Ansprüche nicht auf Weisung, Empfehlung oder Veranlassung „einer versicherten Person, einer Tochter- oder Konzerngesellschaft oder deren Organmitgliedern geltend gemacht

---

[234] *v. Westphalen* VersR 2006, 17, 21.

[235] Oder dem Aufsichts- bzw. Beirat, falls ein solcher besteht und diesem die Befugnis zur Anspruchsverfolgung per Satzung übertragen wurde.

[236] Vgl. *Scholz/Schneider* § 43 Rn. 30; R/Sch-L/*Koppensteiner* § 43 Rn. 13.

[237] *v. Westphalen*, VersR 2006, 17, 21, der in diesem Zusammenhang auf den beachtenswerten Aspekt hinweist, dass, würde man mit Teilen der Lit. die Meinung vertreten, eine aus § 241 Abs. 2 BGB hergeleitete Informationspflicht sei keine gesetzliche, sondern eine aus dem arbeitsvertraglichen Verhältnis abgeleitete Vertragspflicht, man zu dem i.S.d. Ziff. 1.3 AVB-AVG 1997 willkürlichen und dadurch „sehr unbefriedigenden“ Ergebnis käme, dass mangels Vorliegens einer *gesetzlichen* Berichts- bzw. Informationspflicht des Geschäftsführers und in Ermangelung sonstiger satzungsgemäßer Bestimmungen der Ausschluss eingreifen und für einen entsprechend initiierten Anspruch kein Versicherungsschutz bestünde.

[238] MünchKomm-BGB/*Ulmer* § 705 Rn. 226.

werden". Bei der AG erfolgt die Durchsetzung etwaiger Schadensersatzansprüche gegen den Vorstand einer Tochtergesellschaft durch deren Aufsichtsrat bzw. deren Aktionäre.[239] Da der Aufsichtsrat der Tochterunternehmen regelmäßig mit Vertretern des Mehrheitsgesellschafters besetzt ist, kann die Mutter- bzw. Konzernobergesellschaft ihren faktischen Einfluss auf den Aufsichtsrat der Tochtergesellschaft nutzen, um durch die Herbeiführung eines entsprechenden Aufsichtsratsbeschlusses die Anspruchsdurchsetzung gegenüber dem Management der Tochtergesellschaft gemäß § 112 AktG sicherzustellen.[240] Verfolgt der Aufsichtsrat die Schadensersatzansprüche von sich aus nicht, kann die Hauptversammlung durch die Herbeiführung eines entsprechenden mehrheitlichen Beschlusses die zuständigen Vertretungsorgane zur Geltendmachung der Ersatzansprüche verpflichten (§ 147 Abs. 1 AktG).[241] In beiden Fällen läge also eine i.S.d. Ziff. 1.3 AVB-AVG 1997 deckungsschädliche Mitwirkung von versicherten Personen bzw. einer Konzern- oder Tochtergesellschaft vor.[242]

124 Etwas anderes gilt, wenn an einer Tochtergesellschaft Minderheitsgesellschafter beteiligt sind, soweit Organhaftungsansprüche ausnahmsweise von diesen initiiert werden können. So haben bei einer AG die Minderheitsaktionäre, solange sie alleine oder zusammen einen Schwellenwert von 1% bzw. einen anteiligen Betrag von 100.000 € des Grundkapitals erreichen, die Möglichkeit einer zwangsweisen Durchsetzung von Ersatzansprüchen unter den in § 148 AktG genannten Voraussetzungen (sog. Klagezulassungsverfahren). Für die GmbH ist die „actio pro socio" anerkannt. Es ist dies die gegenüber § 46 Nr. 8 GmbHG[243] subsidiäre Klagebefugnis eines jeden Gesellschafters i.S. einer Mitgliedschaftsklage. Darin kann der Gesellschafter Sozialansprüche seiner Gesellschaft zumindest gegen jene Organmitglieder geltend machen, die zugleich Gesellschafter sind.[244] Klagen solcher „unabhängiger" oder „außenstehender" Gesellschafter oder Aktionäre sind nach Ziff. 1.3 AVB-AVG 1997 auch auf der Ebene von Tochtergesellschaften nicht ausgeschlossen.

125 Aufgrund der erhöhten Zulässigkeitsvoraussetzungen der Minderheitsgesellschafterklage gerade in § 148 AktG, der häufig vorhandenen Infor-

---

[239] Krieger/Schneider/*Schneider* § 8 Rn. 95.

[240] Krieger/Schneider/*Schneider* § 8 Rn. 97.

[241] Sch/L/*Mock* § 147 Rn. 11.

[242] Das gleiche gilt bei einem entsprechenden Beschluss der Gesellschafterversammlung des Tochterunternehmens nach § 46 Nr. 8 GmbHG, der ebenfalls nicht ohne Mitwirkung der Muttergesellschaft denkbar ist.

[243] Dazu R/Sch-L/*Koppensteiner* § 46 Rn. 40 ff.

[244] Scholz/*Schmidt* § 46 Rn. 161 ff. und § 13 Rn. 53, wonach die „actio pro socio" im Gegensatz zur AG nicht gesetzlich geregelt, aber nach dem Vorbild der Personengesellschaften von der h.M. als Rechtsinstitut anerkannt ist.

mationsdefizite von Minderheitsgesellschaftern sowie des Kostenrisikos spielen diese Rechtsinstitute bei der Verfolgung von unternehmensinternen Ersatzansprüchen in der gesellschaftsrechtlichen Praxis jedoch eine eher untergeordnete Rolle.[245] Auch wenn über ein Drittel der Konzernbeteiligungen in Deutschland keine Alleinbeteiligungen sind.[246]

Andere Beispiele für i.S.d. Ziff. 1.3 AVB-AVG 1997 „unabhängige Ersatzansprüche" sind der Schadensersatzanspruch gemäß § 309 Abs. 4 Satz 1 AktG, den im Vertragskonzern jeder einzelne Aktionär gegen die gesetzlichen Vertreter des herrschenden Unternehmens mit der Behauptung einer sorgfaltswidrigen Weisungserteilung gegenüber dem abhängigen Unternehmen geltend machen kann. Oder die entsprechende Haftung der gesetzlichen Vertreter des herrschenden Unternehmens im faktischen Konzern gemäß § 317 Abs. 1 und 3 AktG.[247] **126**

Ihlas/Stute[248] halten die beschriebene Wirkungsweise der Ziff. 1.3 AVB-AVG 1997 im Hinblick auf Tochtergesellschaften für interessengerecht. Aufgrund der regelmäßig starken personellen Verzahnung der herrschenden und abhängigen Gesellschaften über sog. Doppelmandate sei das ungeschriebene Gebot der gegenseitigen Rücksichtnahme oftmals besonders ausgeprägt. Daher würden Ansprüche gegen Tochter- oder Konzerngesellschaften, auch aufgrund der Gefahr eigener Haftung (z.B. Innenregressansprüche bei gesamtschuldnerischer Haftung, Haftung des Aufsichtsrats wegen mangelhafter Kontrolle), häufig unterbleiben.[249] **127**

Zur Begründung des Ausschlusses von Ansprüchen gegen Organe von Tochterunternehmen wird von den Verwendern entsprechender Bedingungen[250] bisweilen auch darauf verwiesen, dass die interne Aufteilung von Unternehmensaufgaben sowohl in Geschäftsbereiche als auch in unterge- **128**

---

[245] Ob sich daran durch das in § 148 AktG geschaffene Klagezulassungsverfahren mit insbesondere deutlich niedrigeren Beteiligungsgrenzen bzw. Quoren und einem geringeren Kostenrisiko für die Kläger etwas ändert, bleibt abzuwarten, da die vom Gesetzgeber geschaffenen Hürden zur Vermeidung missbräuchlicher und offensichtlich unbegründeter Klagen nicht unerheblich sind, vgl. dazu in Spindler/Stilz/*Mock* § 148 Rn. 15.

[246] Vgl. *Binder* AG 1994, 391, 393, wonach über alle Rechtsformen 67,9% der Unternehmen Alleinbeteiligungen sind. Der Anteil an Alleinbeteiligungen dürfte auch durch die zunehmende internationale Verflechtung der Wirtschaft zwischenzeitlich zurückgegangen sein [Anm. d. Verf.].

[247] *Ihlas/Stute* Beil. zu PHi 4/2003, 7, 30.

[248] *Ihlas/Stute* Beil. zu PHi 4/2003, 7, 14.

[249] So *Ihlas/Stute* Beil. zu PHi 4/2003, 7, 14 m.w.N. (dort Fn. 28), hinterlegt mit den Stichworten „Bisssperre", „Bissgrenze", „Blockade", „Krähentheorie", „Kartell des wechselseitigen Wohlverhaltens", „Deutschland AG" etc.

[250] So bezog auch § 4 Nr. 2 AVB-AVG Gerling (Stand: 8/1998) den Innenverhältnisausschluss nur auf die Tochterunternehmen.

ordnete Beteiligungen (Tochtergesellschaften) zum originären Organisationsrisiko der Konzernober- bzw. Muttergesellschaft gehöre. Sollten sich also Risiken bei Tochtergesellschaften materialisieren und über das Vorliegen eines Organisations-, Auswahl- oder Überwachungsverschuldens auf ein Organmitglied der Obergesellschaft zurückgeführt werden können, solle dies i.R.d. Ziff. 1.3 AVB-AVG 1997 ebenfalls versichert sein. Durch eine Anspruchsverfolgung gegenüber dem Organmitglied der Tochtergesellschaft würde man die dergestalt vorrangige Organisationsverantwortung der Leitungsorgane der Mutter- bzw. Konzernobergesellschaft zurückdrängen bzw. ganz ausblenden.

129 Darüber hinaus wird die Einschränkung der Innenverhältnisdeckung auf der Ebene der Tochterunternehmen auch damit begründet, dass andernfalls der VN verleitet sein könnte, trotz Vorhandenseins ausreichender eigener Liquidität den Zufluss von Kapital an eine in finanzielle Schieflage geratene Tochtergesellschaft zu stoppen, um sie damit in die nicht mehr abwendbare Insolvenz „zu entlassen“. Mit dem Vorwurf des Missmanagements versuche die Muttergesellschaft sodann, den erlittenen Verlust bei der Geschäftsführung des Tochterunternehmens, respektive beim D&O-Versicherer, zu kompensieren.[251]

130 Die genannten Argumente zur Rechtfertigung der Einschränkung der Innenverhältnisdeckung auf der Ebene der Tochterunternehmen halten einer kritischen Überprüfung indessen nur teilweise stand. So darf das herrschende Unternehmen nach dem Konzept der §§ 302, 303 AktG bei Bestehen eines Beherrschungs- oder Gewinnabführungsvertrags keine überschuldete Gesellschaft in die Selbstständigkeit entlassen. Die in § 302 AktG normierte Verlustausgleichspflicht der Obergesellschaft gegenüber der Untergesellschaft ist ebenso zwingend wie die für nach Ende des Beherrschungs- oder Gewinnabführungsvertrags bestehende Pflicht zur Sicherheitsleistung gemäß § 303 AktG. Es kann daher zu Lasten der Untergesellschaft von diesen Regelungen nicht abgewichen werden, ohne dass die Obergesellschaft Gefahr läuft, sich selbst haftpflichtig zu machen.[252] Auch die Annahme, das herrschende Unternehmen könne – eine juristische Sekunde nach Beendigung des Beherrschungsvertrages – die überschuldete Gesellschaft in die „Freiheit“ entlassen, wäre mit §§ 302, 303 AktG nicht vereinbar.[253] Es ist anerkannt, dass dies auch für Beherr-

[251] So i.E. *Ihlas/Stute* Beil. zu PHi 4/2003, 7, 33.

[252] Sch/L/*Stephan* § 302 Rn. 9.

[253] Stattdessen kann nach dem Konzept der §§ 302, 303 AktG eine Gesellschaft nur dann in die „Freiheit“ entlassen werden, wenn diese bilanziell zumindest über dieselbe Vermögensmasse verfügt wie zu Beginn des Vertrages, da sie dann aus eigener Kraft alle Gläubiger, deren Ansprüche fällig sind, befriedigen könne, vgl. *Altmeppen* S. 24 f.

schungs- und Gewinnabführungsverträge mit anderen Kapitalgesellschaften gilt, insbesondere einschließlich der GmbH.[254] Darüber hinaus kommt in diesen Fällen eine eventuelle Haftung des herrschenden Unternehmens wegen eines existenzvernichtenden Eingriffs in Betracht.[255]

Was das weitere Argument der höheren Schutzwürdigkeit der Organe der Muttergesellschaft gegenüber solchen von Tochterunternehmen angeht,[256] so ist zwar weitgehend unstreitig, dass zu den Pflichten der Konzernobergesellschaft bzw. des herrschenden Unternehmens auch die Konzernleitung gehört.[257] Dabei trifft die Haftung für unterlassene oder fehlerhafte Konzerngeschäftsleitung den Konzerngeschäftsleiter tatsächlich nur gegenüber dem eigenen als dem herrschenden Unternehmen (§ 93 Abs. 2 AktG, § 43 Abs. 2 GmbHG).[258] Der genaue Inhalt der „Konzernleitungspflicht" ist durchaus umstritten, insbesondere ob und in welchem Umfang der Vorstand des herrschenden Unternehmens für fehlerhafte Maßnahmen bei den Tochtergesellschaften gegenüber seiner eigenen Obergesellschaft verantwortlich ist. Die h.M. lehnt Konzernleitungspflichten des herrschenden Unternehmens und seiner Organmitglieder gegenüber abhängigen Gesellschaften ab.[259] So soll etwa der Vorstand des herrschenden Unternehmens nicht für eine ordnungsgemäße Auswahl der Mitarbeiter der Tochtergesellschaften, ihre angemessene Einweisung, Information und Überwachung einstehen müssen, wenn er diese Aufgabe den geschäftsführenden Organen der Tochtergesellschaften übertragen hat. Der Konzernvorstand ist sogar zur Delegation aller delegierbaren Aufgaben verpflichtet.[260] Unter die Konzernleitungspflicht soll in dieser Hinsicht lediglich die Implementierung eines konzernweiten, sämtliche Beteiligungsgesellschaften umfassenden Controlling- und Risikoüberwachungssystems fallen.[261] Das heißt, dass sich der Vorstand der Obergesellschaft mit dem Nachweis der Unterhaltung eines solchen geeigneten und alle Tochterunternehmen miteinschließenden Systems grundsätzlich exkulpieren kann. **131**

Nach alledem verbleibt also genügend Raum für eine eigenständige Haftung des Managements der Tochtergesellschaften, die im Bereich des **132**

---

[254] *Emmerich/Habersack* § 302 Rn. 25.

[255] Das gilt neben dem GmbH-Konzernrecht auch für den qualifizierten faktischen Konzern, vgl. *Emmerich/Habersack* § 302 Rn. 26.

[256] Vgl. dazu auch *Ihlas/Stute* Beil. zu PHi 4/2003, 7, 33.

[257] Krieger/Schneider/*Schndeider* § 8 Rn. 16; Sch/L/*Krieger/Sailer-Coceani* § 93 Rn. 9, jeweils m.w.N.; *Hommelhoff* S. 77; eine allgemeine Konzernleitungspflicht wird von der h.M. gleichwohl abgelehnt, vgl. *Altmeppen* S. 31 m.w.N.

[258] *Altmeppen* S. 33.

[259] Krieger/Schneider/*Schneider* § 8 Rn. 52.

[260] *Hommelhoff* S. 181.

[261] Krieger/Schneider/*Schneider* § 8 Rn. 20.

operativen Tagesgeschäfts auch nicht von einer vorrangigen Organisationsverantwortung der geschäftsführenden Organe der Muttergesellschaft verdrängt oder überlagert wird.[262]

133 Die gesetzliche Haftung der Organmitglieder von beherrschten Gesellschaften in einem Konzern unterscheidet sich im Übrigen nicht von den Pflichten der Organmitglieder der herrschenden Gesellschaft.[263] Darüber hinaus haftet im Vertragskonzern der Vorstand der abhängigen Gesellschaft bzw. der Konzernuntergesellschaft gemäß § 310 AktG zusätzlich neben den nach § 309 AktG haftenden Organmitgliedern der Konzernobergesellschaft, wenn er in Ausführung einer Weisung sorgfaltswidrig handelt und dadurch der abhängigen Gesellschaft ein Schaden entsteht.[264] Für den faktischen Konzern gilt Entsprechendes gemäß § 317 Abs. 3, § 318 Abs. 1 AktG. Auch dies spricht für die grundsätzliche Gleichstellung der Organmitglieder des herrschenden Unternehmens und der beherrschten Gesellschaften hinsichtlich des sie treffenden persönlichen Haftungsrisikos.

134 Im Übrigen steht dem Vorstand der herrschenden Gesellschaft bei der Prüfung von Ersatzansprüchen gegen Organmitglieder der abhängigen Gesellschaft kein unternehmerisches Ermessen zu, wenn ein solcher Ersatzanspruch nach entsprechender Prüfung als begründet und durchsetzbar anzusehen ist.[265] Bei der Entscheidung des Vorstands, ob er eine solche Forderung gegen das Organmitglied der abhängigen Gesellschaft gerichtlich durchsetzt, wird es auch nicht von der *business judgement rule* geschützt.[266]

135 *Ihlas/Stute* argumentieren, Ziff. 1.3 AVB-AVG 1997 gebe die Antwort auf die Frage, wer auf den verschiedenen Ebenen eines Konzerns die Legitimation erhalten soll, „in dem nicht zu durchbrechenden Kreislauf von Führung, Anweisung, Ausführung und Kontrolle D&O-versicherte Haftungsansprüche zu erheben", nämlich „das Kapital i. S. d. Haupt- bzw. Gesellschafterversammlung der VN".[267] Dies erscheint aus zweierlei Gründen nicht überzeugend: (1.) die uneingeschränkte und im Konzern sogar

---

[262] Vgl. auch *Hommelhoff* S. 179, wonach es nicht die rechtsverbindliche Aufgabe eines Konzernvorstands sein könne, „sich um alle Einzelheiten des Tagesgeschäfts selbst zu kümmern".

[263] So *Hommelhoff* S. 146, wonach der Vorstand einer Tochtergesellschaft grundsätzlich zur eigenverantwortlichen (§ 76 Abs. 1 AktG) und sorgfältigen (§ 93 Abs. 1 Satz 1 AktG) Unternehmensleitung verpflichtet ist.

[264] Da sich eine solche Haftung bereits aus § 93 AktG ergibt, wird § 310 AktG v. a. die Aufgabe zuerkannt, die gesamtschuldnerische Haftung der Organe der verschiedenen Gesellschaften vorzuschreiben, vgl. Krieger/Schneider/*Schneider* § 8 Rn. 83.

[265] Krieger/Schneider/*Schneider* § 8 Rn. 98.

[266] *Schneider* DB 2005, 707, 711 f.

[267] *Ihlas/Stute* Beil. zu PHi 4/2003, 7, 33.

weitergehende Haftung der Organmitglieder von beherrschten Gesellschaften gegenüber ihrem eigenen Unternehmen; (2.) die primäre Zuständigkeit des – von der Anspruchsverfolgung durch Ziff. 1.3 AVB-AVG 1997 abgeschnittenen – Aufsichtsrats und nicht der Hauptversammlung, zur Initiierung von Schadensersatzansprüchen gegen den Vorstand (siehe dazu Rn. 137 ff.).

Durch den Ausschluss der Tochtergesellschaften aus der Innenverhältnisdeckung entsteht für die Organmitglieder der Obergesellschaft darüber hinaus die Gefahr, dass originär auf der Ebene der Tochterunternehmen entstandene und hier auch durchzusetzende Ansprüche wegen des nicht bestehenden Versicherungsschutzes nunmehr gegen sie gerichtet werden. Damit kann die Regelung in Ziff. 1.3 AVB-AVG 1997 dazu führen, dass Personen zur Zielscheibe von Ansprüchen werden, die unter anderen Umständen – also ohne Bestehen entsprechenden Versicherungsschutzes – gar nicht gegen sie erhoben worden wären *(insurance breeds claims)*. Allein dieses Argument widerlegt nachhaltig die Behauptung einer vorgeblichen „Optimierung des Versicherungsschutzes" zu Gunsten der konzernleitenden Organmitglieder durch den Ausschluss der Organmitglieder der Tochterunternehmen aus der Innenverhältnisdeckung.[268] **136**

ee) Ausschluss der Anspruchsverfolgung durch den Aufsichtsrat. **137**
Bei der AG stellt sich i.R.d. Ziff. 1.3 AVB-AVG 1997 das Problem, dass eine Anspruchsverfolgung durch den Aufsichtsrat nicht ohne „Beteiligung", „Weisung" oder „Veranlassung" einer versicherten Person[269] erfolgen kann. Damit wäre dieser Anspruchsweg durch Ziff. 1.3 AVB-AVG 1997 grundsätzlich abgeschnitten. Dies erscheint schon deshalb problematisch, weil gemäß § 112 AktG primär der Aufsichtsrat die AG bei der Verfolgung von Schadensersatzansprüchen gegen den Vorstand vertritt und zwar unabhängig davon, ob das betreffende Vorstandsmitglied zum Zeitpunkt der Klageerhebung bereits ausgeschieden oder noch im Amt ist.[270]

Zudem hat die *ARAG/Garmenbeck*-Entscheidung des BGH die Anspruchsverfolgungskompetenz des Aufsichtsrats einerseits unterstrichen und andererseits dessen Ermessensspielraum bei der Entscheidung über die Verfolgung möglicher Ersatzansprüche gegenüber dem Vorstand erheblich eingeschränkt bzw. unter bestimmten Voraussetzungen bis auf „Null" reduziert.[271] Danach hat der Aufsichtsrat die Pflicht eigenverant- **138**

---

[268] So aber *Ihlas/Stute* Beil. zu PHi 4/2003, 7, 33.

[269] Der Aufsichtsrat ist unter einer marktüblichen D&O-Versicherung in aller Regel mitversichert.

[270] Spindler/Stilz/*Spindler* § 112 Rn. 4 und § 111 Rn. 27; Sch/L/*Drygala* § 112 Rn. 8.

[271] BGHZ 135, 244 ff.

wortlich zu prüfen, ob Schadensersatzansprüche der Gesellschaft gegenüber Vorstandsmitgliedern bestehen und bei Vorliegen der gesetzlichen Voraussetzungen solche Ansprüche geltend zu machen. Dieser Verantwortung kann sich der Aufsichtsrat auch nicht dadurch entziehen, dass er auf das Recht der Hauptversammlung verweist, nach § 147 Abs. 1 AktG von sich aus über die Rechtsverfolgung zu entscheiden.[272] Kommt also der Aufsichtsrat bei seiner tatbestandlichen und rechtlichen Analyse zu dem Ergebnis, dass ein Schadensersatzanspruch gegen ein Vorstandsmitglied besteht und auch durchsetzbar ist, dann soll er grundsätzlich verpflichtet sein, diesen Anspruch zu verfolgen. Ein Absehen von der Anspruchsverfolgung soll nur ausnahmsweise zulässig sein, wenn gewichtige Gründe des Unternehmenswohls entgegenstehen. Widrigenfalls droht dem Aufsichtsrat, sich gemäß § 116 i.V.m. § 93 AktG selbst gegenüber der Gesellschaft schadensersatzpflichtig zu machen.

139 Auch im Schrifttum wird mehrheitlich die Auffassung vertreten, dass die Regelung in Ziff. 1.3 AVB-AVG 1997 spätestens mit dem Erlass dieser BGH-Entscheidung im selben Jahr nicht mehr praktikabel ist.[273] Denn der komplette Ausschluss der Mitwirkung versicherter Personen im Aktienrecht würde dazu führen, „dass ein pflichtgemäßes Verhalten des Aufsichtsrats in Form der Geltendmachung von Schadensersatzansprüchen gegen den Vorstand zum tatbestandlichen Eingreifen der „Öffentlichkeitsklausel“ und damit zum Ausschluss des Versicherungsschutzes führt“.[274] Auch *Ihlas/Stute* empfehlen die Einbeziehung des Aufsichtsrats als „das einzige unabhängige Kontrollorgan innerhalb des Gesamtkonzerns“.[275] Die völlige Ausklammerung dieser Ansprüche aus dem Versicherungsschutz sei nach dem deutschen Recht nicht sachgerecht und Ziff. 1.3 AVB-AVG 1997 sei daher im Hinblick auf den Nichteinschluss der Ansprüche des Aufsichtsrates nach § 112 AktG bei der AG bzw. nach § 52 GmbHG i.V.m. § 112 AktG bei der GmbH „ergänzungsbedürftig“.[276] Der Ausschluss des Aufsichtsrats aus dem Kreis der i.S.v. Ziff. 1.3 AVB-AVG 1997 möglichen Anspruchsverfolgungsinstanzen bei einer AG dürfte letztlich eine unangemessene Benachteiligung i.S.v. § 307 Abs. 2 Nr. 1 BGB darstellen.[277]

---

[272] Vgl. auch *Thümmel* Rn. 297.

[273] Z.B. *Olbrich* S. 142 m.w.N.; *Beckmann*, FS Kollhosser, S. 25, 34 f.; *Hennsler* Gesellschaftsrecht 2001, 131, 150; *Schmitt* S. 174; *v. Westphalen* VersR 2006, 17, 21; i.E. auch *Koch* GmbHR 2004, 288, 293.

[274] *Beckmann*, FS Kollhosser, S. 25, 34.

[275] *Ihlas/Stute* Beil. zu PHi 4/2003, 7, 28 und 31.

[276] *Ihlas/Stute* Beil. zu PHI 4/2003, 7, 28.

[277] Etwa *Beckmann*, FS Kollhosser, S. 25, 35.

c) Modifizierte Innenverhältnisdeckung mit Wiedereinschlüssen (carve backs). Eine an die Regelung der Ziff. 1.3 AVB-AVG 1997 bzw. § 5 Nr. 3 AVB OLA 93 anknüpfende Variante der „modifizierten Innenverhältnisdeckung“ versuchte ganz offensichtlich zumindest einige der aufgezeigten Schwächen des GDV-Modells von 1997 auszumerzen. Die Klausel sah eine Reihe von Erweiterungstatbeständen vor: 140

„§ 5 [Ausschlüsse] wird um den folgenden Absatz ergänzt: 141

Die Versicherung soll sich nicht auf Vermögensschäden im Zusammenhang mit Versicherungsfällen erstrecken, die von oder im Namen von Versicherten [umfasst definitionsgemäß VN, Tochterunternehmen und deren Organmitglieder] betrieben werden; ausgenommen davon sind

(a) Versicherungsfälle im Namen von versicherten Unternehmen [umfasst definitionsgemäß VN und Tochterunternehmen], die von Aktionären oder sonstigen Gesellschaftern des versicherten Unternehmens kraft deren Aktionärs- oder Gesellschafterrechte ohne Beteiligung, Empfehlung oder Veranlassung von Versicherten betrieben werden; eine Beteiligung, Empfehlung oder Veranlassung liegt nicht vor bei Erfüllung gesetzlicher oder satzungsgemäßer Berichts- oder Informationspflichten;
(b) Versicherungsfälle, die von einem Insolvenzverwalter oder Liquidator wegen der Insolvenz oder Liquidation der VN betrieben werden;
(c) Versicherungsfälle, die in Deutschland nach deutschem Recht im Namen der VN betrieben werden, unmittelbar auf einem Beschluss des Aufsichtsrats der VN beruhen und sich gegen die Vorstands- oder Geschäftsführungsmitglieder der VN richten bis hin zu einem Sublimit in Anrechnung auf die Versicherungssumme i. H. v. € ...
(d) Versicherungsfälle, die von versicherten Personen gerichtet auf Gesamtschuldnerausgleich, Enthaftung, Regress oder Streitverkündung betrieben werden, wenn dieser Versicherungsfall unmittelbar aus einem anderen von dieser Police gedeckten Versicherungsfall folgt;
(e) Versicherungsfälle, die von ausgeschiedenen versicherten Personen betrieben werden und
(f) Abwehrkosten.“

In der Praxis wurde diese Klausel lediglich auf der Basis Besonderer Bedingungen angeboten, fand also offenbar keinen Eingang in Allgemeine Versicherungsbedingungen.[278] Nach der Systematik der Klausel sind An- 142

[278] *Koch* GmbHR 2004, 288, 294 (dort Fn. 51), verweist diesbezüglich nicht ganz korrekt auf „§ 5 CHUBB (Global)“, womit offenbar die „AVB OLA 2001 Global“ gemeint sind. Dort findet sich allerdings nur eine US-spezifische Regelung, die eine zu der von *Koch* besprochenen Klausel zwar systematisch ähnliche, nicht aber identische Regelung der Innenverhältnisdeckung enthielt.

sprüche im Innenverhältnis grundsätzlich ausgeschlossen, während die in lit. a–f beschriebenen Sachverhalte wieder in den Versicherungsumfang eingeschlossen werden (sog. *carve back*-Technik).

143 **aa) Einschluss der Ansprüche des Insolvenzverwalters oder Liquidators.** Der Insolvenzverwalter hat gemäß § 92 InsO die Pflicht, alle Aktiva der Masse festzustellen und zu realisieren, wozu auch die Verfolgung eventueller Ersatzansprüche (etwa gegen Organmitglieder) der insolventen Gesellschaft zählt,[279] namentlich mögliche Schadensersatzansprüche wegen Insolvenzverschleppung (§ 823 Abs. 2 BGB i. V. m. § 92 Abs. 2 AktG oder § 64 Abs. 1 GmbHG).[280] Konstitutiv würde der Wiedereinschluss von Ansprüchen des Insolvenzverwalters i. R. d. lit. b freilich nur dann wirken, wenn es sich bei diesem um einen „Versicherten" i. S. d. Ausschlussklausel handeln würde. Dies ist zwar beim Liquidator i. d. R. der Fall, weil dazu der Vorstand bzw. Geschäftsführer bestellt wird. Zum Insolvenzverwalter finden sich im versicherungsrechtlichen Schrifttum unterschiedliche Ansichten,[281] ohne allerdings die Bedeutung der Unterscheidung im Falle von Einschränkungen oder einem Ausschluss der Innenverhältnisdeckung weiter zu thematisieren.

144 Nach der von der h. M. vertretenen „Amts-Theorie" handelt der Insolvenzverwalter kraft Amtes, das ihm durch Gesetz übertragen ist, im eigenen Namen[282] und nicht etwa als Organ des VN oder Vertreter des Vorstands oder Geschäftsführers des sich in Insolvenz befindlichen Unternehmens. Daher wären Ansprüche des Insolvenzverwalters als Drittansprüche einzuordnen. Im Gegensatz dazu betrachtet die auf der „Schuldnervertretungs-Theorie" basierende sog. neue Vertretertheorie bei juristischen Personen den Insolvenzverwalter als Organ des Verbands, ausgestattet mit der Stellung eines „gesetzlichen Vertreters" gemäß § 26 Abs. 2 Satz 1 Halbs. 1 BGB.[283] Folgte man dieser Meinung, wären die Ansprüche des Insolvenzverwalters als Innenansprüche zu qualifizieren, deren Wiedereinschluss i. R. d. zu untersuchenden Ausschlussklausel demnach konstitutiv wirkte.

145 Darüber hinaus bezieht sich der Wiedereinschluss nur auf eine Insolvenz oder Liquidation des VN, womit Ansprüche des Insolvenzverwalters gegen Organmitglieder von **Tochterunternehmen** vom Versicherungsum-

---

[279] *Sieg* DB 2002, 1759, 1763.

[280] Vgl. MünchKomm-InsO/*Brandes* § 92 Rn. 9.

[281] Offenbar als Innenansprüche qualifiziert von H/E/K/*Held* Kap. 33 Rn. 5; i. S. eines Außenanspruchs Terbille/*Sieg* § 17 Rn. 11 sowie *Ihlas*, Organhaftung, S. 259.

[282] *Foerste* Rn. 180.

[283] *Foerste* Rn. 178.

fang **ausgeschlossen** blieben. Bei diesem Ansatz dürften seitens des Verwenders der Klausel ähnliche Überlegungen eine Rolle gespielt haben, wie sie im Zusammenhang mit dem Ausschluss der Versicherung von Schadensersatzansprüchen gegen Organe eines Tochterunternehmens i.R.d. Ziff. 1.3 AVB-AVG 1997 bereits angeklungen sind.[284] Gemeint ist der Gedanke einer primären Organisations- bzw. Konzernleitungsverantwortung der geschäftsführenden Organe der Mutter- bzw. Konzernobergesellschaft, welche im Rahmen eines konzernweiten Controlling- und Risikoüberwachungssystems auch die Vermeidung von Insolvenzen von Tochtergesellschaften mit umfasst.

Diese Meinung übersieht jedoch, dass dem deutschen Gesellschafts- **146**
recht eine generelle Einstandspflicht von Konzernunternehmen für die Verbindlichkeiten anderer Konzernunternehmen – i.S. einer Art „Konzernhaftung" – im Regelfall fremd ist und die einzelnen Konzernglieder bzw. Konzernunternehmen für ihre Verbindlichkeiten selbst einzustehen haben, was selbst im Vertragskonzern gelten soll.[285] Der mit der Zurverfügungstellung entsprechenden Versicherungsschutzes verbundene mögliche „Anreiz", Tochtergesellschaften seitens des Mutterunternehmens „in die Insolvenz zu entlassen",[286] dürfte angesichts der Beschränkung der einzelnen Aktionäre auf den Quotenschaden überdies gering sein, ganz abgesehen von den dargestellten durchgreifenden rechtlichen Bedenken gegen eine solche Vorgehensweise.[287] Ein genereller Ausschluss der Ansprüche des Insolvenzverwalters gegen Organmitglieder von Tochterunternehmen, bei gleichzeitigem Einschluss der Ansprüche gegen die Organmitglieder des Mutterunternehmens (bzw. des VN), wäre vor diesem Hintergrund sachlich kaum zu rechtfertigen.

Davon abgesehen würde der Nichteinschluss der Ansprüche des Insol- **147**
venzverwalters bzw. Liquidators auch der Intention der „modifizierten Innenverhältnisdeckung" widersprechen. Die besteht darin, nur solche Personen von der Anspruchserhebung auszuschließen, bei denen die Gefahr einer Kollusion bzw. eines Transfers des unternehmerischen Risikos auf den Versicherer größer ist als bei anderen Personen. Die Gefahr eines kollusiven Zusammenwirkens zwischen dem Insolvenzverwalter und den Gesellschaftern bzw. Aktionären der insolventen Gesellschaft zum Nachteil des Versicherers erscheint aufgrund der unabhängigen Position des Insolvenzverwalters, den i.d.R. fehlenden finanziellen Eigeninteressen und wegen des persönlichen Haftungsrisikos bei der Nichtverfolgung bestehender Ansprüche (§ 60 Abs. 1 InsO) vernachlässigbar. Beim Liquidator dürfte

---

[284] Siehe Rn. 128 ff.
[285] *Emmerich/Habersack* § 302 Rn. 5.
[286] Vgl. dazu *Ihlas/Stute* Beil. zu PHi 4/2003, 7, 33.
[287] Siehe Rn. 130.

die Interessenlage dagegen im Regelfall so wie bei den Organmitgliedern der werbenden Gesellschaft sein. Insbesondere dann, wenn die Organmitglieder selbst zu Liquidatoren bestellt wurden.

148 **bb) Einschluss von Ansprüchen, die auf einem Beschluss des Aufsichtsrats beruhen.** Zur Statthaftigkeit des Wiedereinschlusses von Seiten des Aufsichtsrats erhobenen Schadensersatzansprüchen kann auf die im vorhergehenden Kapitel gemachten Ausführungen verwiesen werden.[288] Allerdings sieht lit. c in zweierlei Hinsicht keinen uneingeschränkten Einschluss vor: So werden diese Ansprüche einerseits mit einem Sublimit belegt und andererseits auf die Ebene des VN beschränkt, so dass Organmitglieder von 100%igen Tochterunternehmen bei einer Anspruchsverfolgung durch den Aufsichtsrat prinzipiell keinen Versicherungsschutz genießen. Dabei soll die vorgesehene Sublimitierung aus Sicht des Versicherers offenbar auch hier dem Umstand Rechnung tragen, dass Beschlüssen des Aufsichtsrats ein tendenziell höheres Manipulationsrisiko zugrunde liegt als Beschlussfassungen in der Hauptversammlung/Generalversammlung. Da ein unterschiedlicher Grad der Unabhängigkeit in der Beschlussfassung nach den oben gefundenen Ergebnissen insbesondere bei einem kleineren Aktionärskreis nicht anzunehmen ist, sollte eine Limitbegrenzung für vom Aufsichtsrat beschlossene Ersatzansprüche dem Einzelfall vorbehalten bleiben. Zu den Bedenken bzgl. der Nichteinbeziehung von Tochterunternehmen kann wiederum auf das oben Gesagte verwiesen werden.[289]

149 **cc) Einschluss von Ansprüchen, die auf Gesamtschuldnerausgleich gerichtet sind.** Bei diesem Wiedereinschluss, der in ähnlicher Form bereits in den AVB OLA 93 der Chubb (§ 5 Abs. 3 lit. b AVB OLA 93) enthalten war,[290] geht es insbesondere um die Fälle der Mithaftung einer versicherten Person, die vom Geschädigten ursprünglich nicht in Anspruch genommen wurde, die jedoch eine gesamtschuldnerische Mithaftung (§ 421 BGB) trifft. Die prozessuale Geltendmachung der auf Gesamtschuldnerausgleich (§ 426 BGB), Enthaftung oder Regress gerichteten Ansprüche erfolgt regelmäßig im Rahmen einer Streitverkündung gemäß § 72 Abs. 1 ZPO.

150 Der Wiedereinschluss setzt voraus, dass die ursprüngliche Inanspruchnahme einer versicherten Person einen gedeckten Versicherungsfall darstellt. Die Deckung solcher Ansprüche erscheint vor dem Hintergrund des Klauselzwecks als sachlich gerechtfertigt. Denn es ist oft Zufall, welcher

---

[288] Siehe Rn. 118 ff.
[289] Siehe Rn. 128 ff.
[290] Siehe Rn. 104 ff.

von mehreren Gesamtschuldnern vom Gläubiger auf die volle Kompensation des Schadens in Anspruch genommen wird. Daher hinge bei einer Nichtversicherung der nachfolgenden Innenregressansprüche der Versicherungsschutz für die Gesamtschuldner davon ab, ob sie unmittelbar vom Geschädigten oder erst später i.R.d. Streitverkündung haftbar gemacht werden.[291] Im Übrigen besteht im Rahmen von Innenregressansprüchen grundsätzlich kein Manipulationsrisiko (mehr).

dd) Einschluss von Ansprüchen ausgeschiedener versicherter Personen. Dort, wo Versicherungsfälle durch ausgeschiedene versicherte Personen betrieben werden, kann man ebenfalls von geringen Manipulationsrisiken ausgehen. Denn einem ausgeschiedenen Organmitglied, das mit dem VN nicht mehr durch ein Anstellungs- bzw. organschaftliches Verhältnis verbunden ist, werden sich i.d.R. kaum Anreizmöglichkeiten bieten, sich auf ein kollusives Zusammenwirken mit seinem ehemaligen Arbeitgeber einzulassen. Allerdings werden Ansprüche von ausgeschiedenen versicherten Personen ohnehin selten sein, es sei denn, diese halten nach ihrem Ausscheiden noch Geschäftsanteile an ihrem ehemaligen Anstellungsunternehmen. Denkbar wäre in einem solchen Fall eine Anspruchsverfolgung des Aktionärs nach § 148 Abs. 1 AktG bzw. des Gesellschafters einer GmbH im Wege einer „actio pro socio".[292] Schließlich soll unterstellt werden, dass mit der Wendung „betrieben werden" die aktive Verfolgung eines Ersatzanspruchs durch die ausgeschiedene versicherte Person impliziert ist, um den Wiedereinschlusstatbestand zu begründen. 151

ee) Einschluss von Abwehrkosten. Aufgrund der fundamentalen Bedeutung der Rechtsverteidigung in einem D&O-Versicherungsfall wird diese auch als Kernfunktion der D&O-Versicherung angesehen (siehe § 6 Rn. 1 ff.).[293] Dies ist v.a. auf die Komplexität von Organhaftungsansprüchen sowohl in tatsächlicher als auch rechtlicher Hinsicht zurückzuführen. Überdies werden in der Praxis die behaupteten Schadensersatzansprüche oft nur unzureichend substantiiert dargelegt.[294] Beides kann das Verfahren in die Länge ziehen. Aufgrund des Prinzips der gesamtschuldnerischen Haftung ist zudem häufig eine Vielzahl versicherter Personen (ggf. im 152

[291] Vgl. auch *Ihlas*, Organhaftung, S. 266.

[292] Für den Fall der Anspruchsverfolgung durch einen Aktionär oder Gesellschafter mit gegenwärtiger Organstellung ist zu beachten, dass hierin u.U. ein Fall der deckungsschädlichen Mitwirkung eines Versicherten i.S.v. lit. a gesehen werden kann.

[293] Vgl. nur *v. Westphalen* DB 2005, 431, 435; *ders.* VersR 2006, 17, 22.

[294] Terbille/*Sieg* § 17 Rn. 128.

Wege des Gesamtschuldnerinnenausgleichs) betroffen, die zu ihrer Verteidigung u.U. jeweils mehrere Anwälte beauftragen. Schließlich sind grundsätzlich sowohl gerichtliche als auch außergerichtliche Abwehrkosten versichert (§ 101 Abs. 1 VVG).

153 Das vorrangige Abwehrinteresse der versicherten Personen leitet sich dabei nicht nur aus einem wirtschaftlichen, sondern auch aus einem Reputationsschutzinteresse her. Entsprechend wird eine geringe Verteidigungsbereitschaft der in Anspruch genommenen versicherten Person als starkes Indiz für ein kollusives Zusammenwirken mit dem VN angesehen. Vor diesem Hintergrund kann die Abwehrkostenkomponente einen Beitrag dazu leisten, Fälle freundlicher Inanspruchnahmen schneller aufzudecken. Der Versicherer bekommt Gelegenheit, mit der versicherten Person in direkten Kontakt zu treten und kann damit deren tatsächliche Mitwirkungs- und Abwehrbereitschaft effektiver ermitteln. Angesichts des Klauselzwecks (Verringerung des Manipulationsrisikos) erscheint die Mitversicherung von Abwehrkosten damit als unbedenklich. Denn das Motiv für eine freundliche Inanspruchnahme fällt in Ermangelung der Aussicht auf Ersatz des geltend gemachten Haftpflichtschadens weg.[295] Überdies ist die Klausel zur Aufdeckung oder Vermeidung von Manipulationsfällen sogar hilfreich.

154 Diesem Umstand haben offenbar auch die D&O-Musterbedingungen des GDV Rechnung getragen, die ebenfalls die Abwehrkosten bei Innenverhältnisansprüchen mit einschließen.[296]

155 I.E. stellt der Wiedereinschluss der Abwehrkosten für die Versicherten eine spürbare Abschwächung der Ausschlussklausel dar. Dieser Wiedereinschluss entschärft auch die in Rn. 115 ff. dargelegten AGB-rechtlichen Bedenken gegen die „modifizierte Innenverhältnisdeckung". Die Mitversicherung der Abwehrkosten ist der „Rettungsanker" für die Wirksamkeit der Gesamtregelung.[297]

156 **d) Gerichtsklausel.** Die „Gerichtsklausel" knüpft i.d.R. direkt an die Definition des Versicherungsfalles an. Sie bestimmt, dass der Versicherungsfall erst dann eingetreten sein soll, wenn ein **Schadensersatzanspruch gegen eine versicherte Person gerichtlich geltend gemacht**

---

[295] In diesem Zusammenhang ist der Vorschlag von *Ihlas* zu sehen, die Innenverhältnisdeckung auf die Rechtsschutzfunktion in Form einer Subsidiärdeckung auf Basis der Vermögensschaden-Rechtsschutz-Bedingungen (VRB) zu beschränken, da die VRB mangels Haftpflichtkomponente keinen Anreiz zur Manipulation bzw. Verlagerung des unternehmerischen Risikos böten, vgl. *Ihlas*, Organhaftung, S. 265.

[296] Ziff. 1.3 Satz 2 AVB-AVG 2011.

[297] *Koch* GmbHR 2004, 288, 294; *Schmitt* S. 178.

wird.[298] Dies weicht von der üblichen Definition des Versicherungsfalles ab, wonach dieser durch die schriftliche Geltendmachung eines Schadensersatzanspruchs gegen eine versicherte Person ausgelöst wird.[299]

aa) Würdigung: Parteiinteressen und Manipulationsrisiko. Mit der Verwendung einer Gerichtsklausel verfolgt der Versicherer das Ziel, die Hürde für eine „freundliche" Inanspruchnahme im Innenverhältnis durch die mit einem Gerichtsverfahren zwangsläufig hergestellte Öffentlichkeitswirkung höher zu legen.[300] Tatsächlich sollte die Motivation zur „Fingierung" eines D&O-Versicherungsfalles geringer sein, wenn der VN zur Durchsetzung seiner „Forderung" gezwungen ist, den Klageweg zu beschreiten und damit den Gang in die (Gerichts-)Öffentlichkeit anzutreten. Denn kein Unternehmensleiter wird sich leichtfertig einem Verfahren aussetzen, das seinen Ruf beschädigt und gleichzeitig ohne Not einen vollstreckbaren Titel gegen sich erwirken lassen.[301] Dazu kommt das Risiko, dass die Versicherung für den angeblichen Schaden nicht aufkommt, mit der möglichen Folge sich über Jahre hinziehender Haftpflicht- und Deckungsprozesse. Im Übrigen könnten Personen, mit denen der VN die „Absprache" zu einer Inanspruchnahme vormals getroffen hat, bis zum Ende der Verfahren das Unternehmen längst verlassen haben und die Grundlage für das abgesprochene Vorgehen damit entfallen sein. 157

Welche Tragweite einer Gerichtsklausel *in praxi* tatsächlich zukommt, bemisst sich nach den individuellen Merkmalen des versicherten Risikos, insbesondere nach der Größe der versicherungsnehmenden Gesellschaft, ihres geographischen Wirkungsbereichs (national/international), ihrer Rechtsform (GmbH oder – börsennotierte – AG) oder ihrer Anteilseignerstruktur (wenige große/viele kleine Anteilseigner). Dabei gilt: Börsenno- 158

---

[298] Z.B. § 12 Chubb AVB OLA 2003: *„[Versicherungsfall] [Definitionen]: „Ein Versicherungsfall liegt vor, wenn während der Versicherungsperiode erstmals gegen versicherte Personen prozessuale Schritte in einem zivilrechtlichen Verfahren eingeleitet worden sind, aus denen ein unter diese Versicherung fallender Schadensersatzanspruch entstehen könnte, insbesondere: gerichtliche Geltendmachung eines Schadensersatzanspruchs, Streitverkündung, Erhebung einer Widerklage. […]. Ein Versicherungsfall liegt außerdem vor, wenn durch Dritte während der Versicherungsperiode erstmals gegen versicherte Personen (a) ein Schadensersatzanspruch schriftlich geltend gemacht wird, welcher unter diese Versicherung fällt oder fallen könnte […]"*.

[299] Siehe dazu § 6 Rn. 113 ff.

[300] *Ihlas/Stute* Beil. zu PHi 4/2003, 7, 9, weisen in diesem Zusammenhang auf die mit der Gerichtsöffentlichkeit verbundene Gefahr für die Reputation der VN und der betroffenen versicherten Personen hin; ähnlich *Küpper-Dirks* S. 139.

[301] So zutr. *Schmitt* S. 170.

tierte Aktiengesellschaften werden zur Verfolgung von Haftungsansprüchen mit einem Gang vor Gericht weniger Probleme haben als kleine Gesellschaften mbH in Familienbesitz. Denn börsennotierte Aktiengesellschaften treffen in einem möglichen Organhaftungsfall im Vergleich zu letzteren erhöhte Publizitätspflichten, etwa in Form von Ad-hoc-Mitteilungspflichten.[302] Überdies stößt bei diesen Unternehmen das Thema „Managerversagen" auf ein erhöhtes Medieninteresse. Die Gefahr, dass die Öffentlichkeit von der Inanspruchnahme Kenntnis erlangt, ist also ohnehin groß, was die abschreckende Wirkung einer Gerichtsklausel mindern wird. Hinzu kommt, dass kleinere Unternehmen im Krisenmanagement solcher Fälle sowie deren Kommunikation nach außen regelmäßig kaum Routine haben, während Großunternehmen dafür häufig über spezialisierte Mitarbeiter oder eigene Abteilungen verfügen. Abgesehen von diesen risikospezifischen Merkmalen wird für die individuelle Steuerungswirkung einer Gerichtsklausel auch die Schadenshöhe eine Rolle spielen: Je höher der Schaden, desto geringer die Bereitschaft zu einer Vergleichslösung und desto höher die Wahrscheinlichkeit einer gerichtlichen Auseinandersetzung.[303]

159 Was die Auswirkungen einer Gerichtsklausel im Übrigen anbelangt, so liegt auf der Hand, dass diese für den ein legitimes Schadenkompensationsinteresse verfolgenden VN besonders nachteilig ist. Er kommt bei einem Innenhaftungsanspruch zur Wahrung des Versicherungsschutzes um die gerichtliche Geltendmachung des Anspruchs nicht herum.

160 An der Rechtsposition des Versicherers ändert sich durch die Vereinbarung einer Gerichtsklausel zunächst einmal wenig, da er als „Herr des Haftpflichtverfahrens" durch Nichtzahlung ein gerichtliches Verfahren auch ohne Gerichtsklausel herbeiführen kann.[304] Allerdings begibt sich der Versicherer mit der Gerichtsklausel und damit seinem Bestehen auf eine gerichtliche Geltendmachung des Anspruchs der Möglichkeit, i.S. einer Optimierung der Anspruchsabwehr bereits im Zeitpunkt der erstmaligen schriftlichen Geltendmachung des Anspruchs in die Rechtsverteidigung einzusteigen, an dieser aktiv mitzuwirken und einen für ihn günstigen au-

---

[302] Im Falle eines hohen von einem Organmitglied verursachten Schadens, der bei Bekanntwerden geeignet ist, den Börsen- oder Marktpreis der Aktie des Unternehmens erheblich zu beeinflussen, wird man von einer Ad-hoc-Publizitätspflicht i.S.d. § 15 Abs. 1 i.V.m. § 13 Abs. 1 WpHG auszugehen haben.

[303] So auch *Schilling* S. 42.

[304] *Beier-Thomas* VP 2003, 214, 219; so auch *Schilling* S. 42, wonach die Versicherer bei einem Verdacht auf eine „freundliche Inanspruchnahme" auf eine rechtskräftige gerichtliche Entscheidung drängen werden; entsprechend *Ihlas/Stute* Beil. zu PHi 4/2003, 7, 9.

ßergerichtlichen Vergleich herbeizuführen.[305] Beachtenswert sind daher mögliche Varianten der Gerichtsklausel, aus deren Anwendungsbereich die Gewährung von Abwehrkosten ausgenommen ist, so dass das Erfordernis der gerichtlichen Geltendmachung des Anspruchs erst nach einer erfolglosen außergerichtlichen Anspruchsabwehr eingreift.[306]

Andere Versionen der Gerichtsklausel enthalten den Zusatz, dass der Versicherer im Einzelfall auf eine gerichtliche Geltendmachung des Anspruchs verzichten kann (sog. weiche Gerichtsklausel).[307] Zur Bedeutung einer solchen „Kann"-Regelung merkt *Klinkhammer* an, dass sich dadurch „die Deckungssituation der versicherten Personen nicht messbar (verbessert)".[308] Dies trifft insofern zu, als der Verzicht auf die Anwendung der Gerichtsklausel in das – allerdings vom Gericht nachprüfbare – Ermessen des Versicherers gestellt ist. Unabhängig von einer solchen Regelung wird der Versicherer einen Verzicht auf die gerichtliche Geltendmachung eines Innenhaftungsanspruchs insbesondere dann in Betracht ziehen, wenn aufgrund der Sach- und Rechtslage ein außergerichtlicher Vergleich für ihn offensichtlich günstiger ist als die Aufwendung von Gerichtskosten und das Risiko eines für ihn ungünstigen Urteils.[309] 161

bb) AGB-rechtliche Wirksamkeit der Gerichtsklausel. Es wird vertreten, die Gerichtsklausel stelle eine unangemessene Benachteiligung i.S.d. § 307 Abs. 1 Satz 1 und Abs. 2 BGB dar.[310] Sie sei aufgrund ihrer weitgehenden Einschränkung des Versicherungsschutzes und ihrer Unüblichkeit in anderen Versicherungszweigen als überraschend und deswegen als unwirksam[311] oder gar als sittenwidrig i.S.d. § 138 BGB[312] zu qualifi- 162

---

305 So auch *Schmitt* S. 170; *Küpper-Dirks* S. 140; *v. Westphalen* VersR 2006, 17, 19.

306 Beispiel: *„Ein Versicherungsfall liegt vor, wenn während der Versicherungsperiode erstmals gegen versicherte Personen prozessuale Schritte in einem zivilrechtlichen Verfahren eingeleitet worden sind, aus denen ein unter diese Versicherung fallender Schadensersatzanspruch entstehen kann. Abwehrkosten sind von dieser Regelung ausgenommen"*.

307 Beispiel: § 2.7 ACE ProElite DOMESTIC 04/2005: *„[Versicherungsfall]: Der Versicherungsschutz erstreckt sich auf Ansprüche, welche die versicherten Unternehmen gegen versicherte Personen geltend machen sowie auf Ansprüche versicherter Personen untereinander nur insoweit, als diese Ansprüche gerichtlich geltend gemacht werden, es sei denn, der Versicherer verzichtet im Einzelfall auf eine gerichtliche Geltendmachung"*.

308 *Klinkhammer* VP 2006, 22, 23.

309 Vgl. zu diesem Aspekt auch *Küpper-Dirks* S. 139 f.

310 So *Schmitt* S. 171 f.

311 So *Beckmann*, FS Kollhosser, S. 25, 36.

312 *Drescher* Rn. 283.

zieren. Nach unserem Dafürhalten kann diese Frage nur im Einzelfall beurteilt werden. So kann die Vereinbarung einer Gerichtsklausel, insbesondere bei Großrisiken, vom berechtigten Interesse des Versicherers zur Vermeidung „freundlicher" Inanspruchnahmen im Innenverhältnis durchaus gedeckt sein, ohne gleichzeitig das Leistungsinteresse des VN in unangemessener Weise einzuschränken. Demgegenüber kann bei kleineren Unternehmen mit einem entsprechend niedrigeren Risikoprofil die Interessensabwägung auch zu deren Gunsten ausfallen, mit dem Ergebnis der Unwirksamkeit der Klausel infolge einer unangemessenen Benachteiligung (vgl. § 307 Abs. 1 Satz 1 BGB).

163 **e) Öffentlichkeitsklausel.** Ziff. 1.3 Satz 1 AVB-AVG stellt die Versicherung des Innenverhältnisses unter den Vorbehalt, dass die Ansprüche von der Hauptversammlung initiiert und – kumulativ – auch gerichtlich geltend gemacht werden: *„Versicherungsschutz für Schadensersatzansprüche der Versicherungsnehmerin gegen versicherte Personen besteht unter der Voraussetzung, dass diese von der Hauptversammlung oder der Gesellschafterversammlung initiiert und auch gerichtlich geltend gemacht werden, es sei denn, der Versicherer verzichtet auf die Voraussetzung der gerichtlichen Geltendmachung."*

164 Ähnlich wie die „Gerichtsklausel" (siehe Rn. 156 ff.) versucht auch die Öffentlichkeitsklausel[313] nach Ziff. 1.3 AVB-AVG durch die Herstellung einer mit dem Beschluss zur Anspruchsverfolgung gegenüber einem Vorstand bzw. Geschäftsführer einhergehenden möglichen negativen Publizität für Unternehmen und Manager „freundliche" Inanspruchnahmen zu hemmen bzw. „Hürden für den VN zu errichten, Ansprüche im Innenverhältnis nicht leichtfertig zu verfolgen".[314]

165 Insgesamt ist die Regelung der Ziff. 1.3 AVB-AVG 2011 sogar enger als die ohnehin schon restriktive Ziff. 1.3 AVB-AVG 1997 (siehe Rn. 104 ff.). Denn durch die Beschränkung der Innenverhältnisdeckung auf von der Haupt- oder Gesellschafterversammlung initiierte Ansprüche werden beispielsweise all diejenigen Anspruchsverfolgungen, die nicht auf einer deckungsschädlichen Mitwirkungshandlung eines Versicherten (i.S. einer „Weisung", „Empfehlung" oder „Veranlassung") beruhen, nicht aber (zusätzlich) von einem Haupt- oder Gesellschafterversammlungsbeschluss getragen sind, vom Versicherungsschutz ausgenommen. Durch die Begrenzung auf „Schadensersatzansprüche der *VN* gegen versicherte Personen" wird zudem die Innenverhältnisdeckung für Tochterunternehmen ausgeschlossen, wobei für diese und mögliche weitere Ansprüche im In-

---

[313] So bezeichnet z.B. von *Schmitt* S. 174 f.; *Küpper-Dirks* S. 140.
[314] *Schmitt* S. 174 f.

nenverhältnis zumindest eine Abwehrkostendeckung geboten wird.[315] Schließlich wird die Voraussetzung des Vorliegens eines Haupt- bzw. Gesellschafterversammlungsbeschlusses zusätzlich mit dem Erfordernis einer gerichtlichen Geltendmachung – wenn auch unter Verzichtsvorbehalt – verknüpft und somit i.E. eine zweifache Öffentlichkeitswirkung erzeugt. Was die AGB-rechtliche Wirksamkeit einer solchen Klausel angeht, kann auf die entsprechenden Ausführungen zu Ziff. 1.3 AVB-AVG 1997 sowie zur isolierten Gerichtsklausel verwiesen werden.[316]

f) Trennungsklausel. Auch die sog. Trennungsklausel bzw. Kündigungsklausel verfolgt den Zweck, eine „freundliche" Geltendmachung des Ersatzanspruchs der Gesellschaft zu verhindern. Die Leistungspflicht des Versicherers entsteht erst mit der Trennung vom haftenden Organmitglied.[317] Sie soll wieder entfallen, wenn das Organmitglied innerhalb eines bestimmten Zeitraums eine vergleichbare Position beim VN oder einem anderen mitversicherten Unternehmen erhält. 166

Beispiel: 167
„Die Versicherung von Schadensersatzansprüchen der versicherten Unternehmen setzt voraus, dass die Organstellung der versicherten Person aufgehoben ist. Weiterhin ist die rechtswirksame Beendigung des Arbeits-/Dienstverhältnisses erforderlich."[318]

Alternativ mit dem Zusatz: 168

„[...] Die Leistungspflicht des Versicherers entfällt rückwirkend, wenn in einem Zeitraum von fünf Jahren nach Befriedigung des begründeten Schadensersatzanspruches durch den Versicherer ein Arbeits-/Dienstverhältnis zwischen der versicherten Person und der VN oder deren Tochterunternehmen neu begründet wird."[319]

Noch restriktiver sind kombinierte Gerichts- und Trennungsklauseln. 169

Beispiel:
„Ansprüche der versicherten Gesellschaften gegen versicherte Personen sind ausschließlich dann versichert, wenn diese gerichtlich geltend gemacht werden und der Schadensersatzanspruch auf einem wirksamen Organbeschluss basiert und das Dienstverhältnis gekündigt wurde bzw. die Verhandlungen über dessen Been-

---

315 Ziff. 1.3 Satz 2 AVB-AVG 2008: *„Für darüber hinausgehende Schadensersatzansprüche der Versicherungsnehmerin oder einer Tochtergesellschaft gegen versicherte Personen, die nicht unter Ziff. 1.3 Satz 1 gedeckt sind, besteht Abwehrkostenschutz [...].*"

316 Siehe Rn. 115 ff., 162 ff.

317 Vgl. dazu *Ihlas*, D&O, S. 503 ff.

318 Vgl. *Ihlas/Stute* Beil. zu PHi 4/2003, 7, 10.

319 Besondere Bedingung der Chubb zu den AVB OLA 2001 („Deckung für Fremdgeschäftsführer mit Kündigungsklausel").

digung laufen. Die Schadensersatzleistung des Versicherers setzt die rechtswirksame Beendigung des Arbeits-/Dienstverhältnisses voraus. Darüber hinaus entfällt die Leistungspflicht des Versicherers rückwirkend, wenn in einem Zeitraum von fünf Jahren nach Befriedigung des begründeten Schadensersatzanspruches durch den Versicherer ein Arbeits-/Dienstverhältnis zwischen der in Anspruch genommenen Person und den versicherten Unternehmen neu begründet wird."[320]

170 **aa) Würdigung: Parteiinteressen und Manipulationsrisiko.** Wie die Gerichtsklausel erscheint auch die Trennungsklausel zunächst als grundsätzlich geeignet, die Gefahr eines kollusiven Zusammenwirkens zwischen dem VN und einer versicherten Person zu vermindern. Denn mit welchem Motiv sollte ein Organmitglied einem kollusiven Zusammenwirken mit seinem Arbeitgeber zustimmen, wenn im Zuge der Inanspruchnahme seine Abberufung bzw. die Kündigung des Anstellungsvertrages droht? Kommt es also aufgrund des vorgeworfenen Fehlverhaltens zu einer Trennung zwischen Organmitglied und Anstellungsunternehmen, wird die „gemeinsame Geschäftsgrundlage"[321] für die „freundliche" Inanspruchnahme regelmäßig entfallen.

171 Eine Trennungsklausel erscheint auch unter dem Gesichtspunkt als interessengerecht, dass die Trennung von einem Organmitglied, das dem Unternehmen einen Schaden zugefügt hat, insofern der Lebenswirklichkeit entspricht, als das Vertrauensverhältnis als mutmaßlich wichtigster Pfeiler der Zusammenarbeit zwischen einem Unternehmen und seinen höchsten Repräsentanten durch eine solche Vorgehensweise i.d.R. irreparabel beschädigt wird.[322] In diesem Sinne geht *v. Westphalen*[323] davon aus, dass Innenhaftungsansprüche in aller Regel gegenüber bereits demissionierten Organmitgliedern geltend gemacht werden, da insoweit „der „Stallgeruch" kein bindendes Element zwischen Vorstand und Aufsichtsrat mehr darstellt". *Ihlas*[324] sieht in der Trennung des Organmitglieds von der Gesellschaft „die sozial adäquate Folge der Geltendmachung eines Ersatzanspruchs im Innenverhältnis".

172 Was die Anforderungen an die inhaltliche Ausgestaltung einer Trennungsklausel angeht, so müssten die unterschiedlichen gesetzlichen Anforderungen an eine wirksame Kündigung in Abhängigkeit von der Gesellschaftsform, die verschiedenen Arten der Trennung sowie die vielfältigen Umgehungsmöglichkeiten der Klausel möglichst umfassend adressiert werden. Widerruft etwa der Aufsichtsrat einer AG die Bestel-

---

[320] Ziff. 1.5 Allianz Protect (Stand: Januar 2003); vgl. auch *Barzen/Brachmann/Braun* S. 109.

[321] So *Beier-Thomas* VP 2003, 214, 220.

[322] So auch *Ihlas*, D&O, S. 504.

[323] *v. Westphalen* DB 2005, 431, 435.

[324] *Ihlas*, Organhaftung, S. 247.

lung eines Vorstandsmitglieds aus wichtigem Grund (vgl. § 84 Abs. 3 AktG), so bleibt das Anstellungsverhältnis hiervon grundsätzlich unberührt (Trennungstheorie). Die AG muss also zur vollständigen Wahrung ihrer Rechte auch den Anstellungsvertrag des Vorstands kündigen (außerordentliche Kündigung gemäß § 626 BGB).[325] Es sei denn, die Parteien haben ausnahmsweise die Beendigung des Dienstvertrages an den Widerruf der Organstellung gekoppelt.[326]

Schließlich gibt es die in der Praxis wichtigen, gesetzlich jedoch nicht **173**
geregelten Möglichkeiten der einvernehmlichen Beendigung des Vorstandsamtes, der Amtsniederlegung durch das Vorstandsmitglied oder der vorübergehenden Suspendierung[327] zu berücksichtigen.

Auch bei der **GmbH** sind Besonderheiten zu beachten. So kann zwar **174**
der Geschäftsführer einer nicht mitbestimmten GmbH grundsätzlich jederzeit und ohne Angabe von Gründen durch einen Beschluss der Gesellschafterversammlung abberufen werden (§ 38 Abs. 1 GmbHG).[328] Jedoch kann die Zulässigkeit der Abberufung im Gesellschaftsvertrag an das Vorliegen wichtiger Gründe, wie z.B. grobe Pflichtverletzung oder Unfähigkeit zur ordnungsgemäßen Geschäftsführung, gekoppelt sein (§ 38 Abs. 2 GmbHG).[329] Auch hier ist die Beendigung des Anstellungsverhältnisses vom Widerruf der Bestellung zu unterscheiden, so dass daneben die Kündigung des Anstellungsvertrags zu erfolgen hat.[330] Es sei denn, der Bestand des Anstellungsvertrages ist durch eine entsprechende Vereinbarung an die Organstellung des Geschäftsführers geknüpft.[331]

Zum Zweck der Umgehung einer eventuell vorhandenen Trennungs- **175**
bzw. Kündigungsklausel kann ein Geschäftsführer also organschaftlich wirksam abberufen bzw. die Bestellung eines Vorstands wirksam widerrufen worden sein, während diese Personen aufgrund eines fortbestehenden Anstellungsverhältnisses anderweitig im Unternehmen (etwa in einer Beteiligungsgesellschaft) weiterbeschäftigt werden. Ebenso ist denkbar, dass sowohl die Organstellung als auch der Dienstvertrag wirksam beendet werden, gleichzeitig aber eine sehr günstige Aufhebungsvertragsvereinbarung hinsichtlich der noch zu zahlenden restlichen Gehälter und Pensionsansprüche getroffen wird. Erwähnenswert ist auch der Fall, in dem das ausgeschiedene Organmitglied eine Anstellung bei einem Drittunternehmen findet, das später von seinem ehemaligen Arbeitgeber übernommen wird. Müsste

[325] Vgl. *Hüffer* § 84 Rn. 38; MünchKomm-AktG/*Spindler* § 84 Rn. 149.
[326] *Lutter/Krieger* Rn. 408; MünchKomm-AktG/*Spindler* § 84 Rn. 150 m.w.N.
[327] *Lutter/Krieger* Rn. 361.
[328] R/Sch-L/*Koppensteiner* § 38 Rn. 3 ff.
[329] R/Sch-L/*Koppensteiner* § 38 Rn. 9 ff.
[330] Dazu R/Sch-L/*Koppensteiner/Gruber* § 38 Rn. 41 ff.
[331] L/H/*Kleindiek* Anh. zu § 6 Rn. 44.

diesem dann abermals, und, wenn ja, mit welcher rechtlichen Handhabe, gekündigt werden und wie dauerhaft müsste eine solche Trennung sein?[332] Gibt es generell eine Wartefrist bezüglich der Wiedereinstellung eines ausgeschiedenen Organmitglieds beim VN oder einem Tochter- oder Beteiligungsunternehmen und, wenn ja, wie lange soll diese währen?[333]

176 Bereits diese wenigen Beispiele machen deutlich, wie schwierig es sein wird, mit einer Trennungs- oder Kündigungsklausel die theoretisch denkbaren und rechtlich zulässigen Fallgestaltungen bei der Beendigung eines Organverhältnisses sowie die möglichen Umgehungstatbestände *ex ante* exakt zu erfassen. Im Schrifttum findet sich daher verbreitet der Vorschlag, nicht auf die rechtliche, sondern auf die faktische Trennung zwischen Unternehmen und Organmitglied abzustellen.[334] In der Praxis kann dies jedoch wiederum Probleme im Hinblick auf einen geeigneten Nachweis des tatsächlichen Vollzugs der Trennung aufwerfen. Dieser Nachweis ist bei einer rechtlichen Trennung durch das Vorhandensein entsprechender Dokumente (Kündigungsschreiben, Löschung, Eintragung im Handelsregister – Handelsregisterauszug etc.) regelmäßig einfacher zu führen. Nehmen die AVB schließlich keinen hinreichenden Bezug auf mögliche Umgehungstatbestände, so gehen diese Zweifel gemäß § 305c Abs. 2 BGB zu Lasten des Verwenders.

177 Hinzuweisen ist auch auf eine weitere mögliche Implikation der Trennungsklausel, die darin besteht, dass das nach § 43 Abs. 2 GmbHG bzw. § 93 Abs. 2 AktG in Anspruch genommene Organmitglied den Entlastungsbeweis hinsichtlich der ihm vorgeworfenen Pflichtverletzung zu führen hat.[335] Dadurch würden bereits aus dem Unternehmen ausgeschiedene Organmitglieder gegenüber weiterbeschäftigten insofern schlechter gestellt, als letztere regelmäßig einen leichteren Zugriff auf für sie möglicherweise entlastende Unterlagen (z.B. Memos, Gesprächsprotokolle, Aktennotizen etc.) haben. An dieser grundsätzlichen Schlechterstellung ändert das dem Organmitglied zustehende Urkundeneinsichtsrecht nach § 810 BGB ebenso wenig wie das Auskunftsrecht des Versicherers nach § 31 VVG.[336]

178 **bb) AGB-rechtliche Wirksamkeit der Trennungsklausel.** Im Schrifttum überwiegen die Auffassungen, die eine Trennungsklausel innerhalb

[332] Vgl. *Schmitt* S. 173.

[333] Vgl. die Regelung in Ziff. 1.5 Allianz Protect (Stand: Januar 2003) bzw. in der Besonderen Bedingung der Chubb „Deckung für Fremdgeschäftsführer mit Kündigungsklausel".

[334] So *Baier-Thomas* VP 2003, 214, 219; ebenso *Ihlas/Stute* Beil. zu PHi 4/2003, 7, 10.

[335] Vgl. § 93 Abs. 2 Satz 2 AktG; R/Sch-L/*Koppensteiner* § 43 Rn. 36.

[336] Vgl. *v. Westphalen* VersR 2006, 17, 20.

einer D&O-Versicherung für AGB-rechtlich unwirksam halten. So geht *Schmitt* von einer unzulässigen Benachteiligung des VN i.S.d. § 307 Abs. 1 Satz 1 BGB sowie von einem Verstoß gegen das Transparenzgebot des § 307 Abs. 1 Satz 2 BGB aus, „weil es kaum einem VN bei Abschluss der Police klar sein dürfte, dass der Deckungsschutz quasi nur bei eklatanten Rechtsverstößen greift".[337] Andere sehen die wesentliche Schwäche der Trennungsklausel wiederum in der fehlenden Differenzierung nach der Höhe des geltend gemachten Haftungsbetrags. So wäre bei einem Kleinstschaden die Klausel viel zu hart (i.S. eines Verstoßes gegen § 307 Abs. 1 Satz 1 BGB, „unangemessene Benachteiligung"), während bei einem katastrophal hohen Schaden die Voraussetzungen dieser Klausel fast immer eingehalten würden.[338] Für *Beckmann* schießt die Kündigungsklausel generell über ihr Ziel hinaus, da sich die Pflichtverletzung eines Organmitglieds zwar als Versicherungsfall darstellen könne, diese aber nicht zwingend die Trennung vom Organmitglied zur Folge haben müsse.[339] Hingegen erscheint *Beier-Thomas* die Trennungsklausel als für den VN generell akzeptabel, denn sei „die Gesellschaft überzeugt, der Unternehmensleiter habe seine Pflichten derart verletzt, dass ein Schadensersatzanspruch erhoben werden soll, so wird regelmäßig das Vertrauensverhältnis nachhaltig gestört und eine Trennung auch ohne Ansehung versicherungsvertraglicher Vereinbarung angezeigt sein".[340]

Der letztgenannten Auffassung ist zuzustimmen, weil die von Teilen des Schrifttums gegen die Trennungs- bzw. Kündigungsklausel vorgebrachten AGB-rechtlichen Bedenken nicht überzeugen können. Auszugehen ist davon, dass das Verbot einer unangemessenen Benachteiligung i.S.v. § 307 Abs. 1 Satz 1 BGB insbesondere einer einseitigen Interessenverfolgung des Verwenders[341] Grenzen setzen soll, soweit diese von vornherein keine hinreichende Rücksicht auf berechtigte Belange des Vertragspartners nimmt.[342] Eine Trennungs- bzw. Kündigungsklausel spiegelt in ihrer Konsequenz (Kündigung, Trennung) die typische Rechtswirklichkeit bei der Verfolgung und Durchsetzung von Schadensersatzansprüchen gegen Organmitglieder wider. Dies spricht dafür, dass durch die Klausel die Interessen der Versicherten ausreichend gewahrt bleiben. Es besteht kein generelles überwiegendes Interesse des VN an einer Weiterbeschäftigung der 179

[337] *Schmitt* S. 174; ebenso *Drescher* Rn. 283.
[338] *Ihlas/Stute* Beil. zu PHi 4/2003, 7, 11.
[339] *Beckmann*, FS Kollhosser, S. 25, 36.
[340] *Beier-Thomas* VP 2003, 214, 220.
[341] Vgl. LG Wiesbaden VersR 2005, 545, 546, zum Vorhandensein eines berechtigten Interesses des Versicherers an der Einschränkung der Innenverhältnisdeckung wegen des Manipulationsrisikos.
[342] U/B/H/*Fuchs* § 307 Rn. 96.

in Anspruch genommenen versicherten Person. Auch erscheint das Abstellen auf eine Trennung oder Kündigung nicht *eo ipso* als treuwidrig oder unverhältnismäßig.

180 Zwar mag die Trennungsklausel bei kleinen Unternehmen und niedrigen Schäden zu größeren Härten führen als umgekehrt. Eine Unwirksamkeit der Klausel wird man mangels eines ausreichend schützenswerten Leistungsinteresses des VN jedoch auch in solchen Fällen nicht begründen können. Denn Kleinstschäden werden in der gesellschaftsrechtlichen Praxis kaum geltend gemacht. Das Unternehmen würde ja mit einer persönlichen Ersatzforderung immer riskieren, das Vertrauensverhältnis zum betroffenen Organmitglied irreversibel zu erschüttern.[343] Entscheidet sich das Unternehmen dementsprechend zur Durchsetzung des Schadensersatzanspruchs, dann nimmt es regelmäßig auch den Verlust dieser Vertrauensbasis in Kauf. Die Trennung bzw. Kündigung im Verhältnis zum Organmitglied stellt dann nur die natürliche Konsequenz dar. Nach allem wird man einer Trennungs- bzw. Kündigungsklausel sowohl einen Überrumpelungseffekt nach § 305c Abs. 1 BGB absprechen, als auch eine unangemessene Benachteiligung des VN i.S.v. § 307 Abs. 1 Satz 1 BGB verneinen müssen.

181 **g) Ausschluss der Ansprüche des Mehrheitsgesellschafters.** Beim Ausschluss der Ansprüche des Mehrheitsgesellschafters handelt es sich um eine ursprünglich aus dem angloamerikanischen Rechtsraum stammende Klausel, die sog. *major shareholder exclusion*,[344] die fast ausschließlich auf Einzelfallbasis bei entsprechend konturierten Risiken (insbesondere Großunternehmen mit einer hohen Konzentration von Anteilen bei wenigen Gesellschaftern/Aktionären) zur Anwendung kommt.

182 **Beispiel:**

„[Ausschluss Schadensersatzansprüche des Mehrheitsgesellschafters] Die Versicherung erstreckt sich nicht auf Schadensersatzansprüche, die von Herrn/Frau XY oder Herrn/Frau XYZ geltend gemacht werden."[345]

---

[343] Wenn *Sieg* DB 2002, 1759, 1762, argumentiert, dass sich Härten im Zusammenhang mit einer Kündigungs- oder Trennungsklausel für den VN insbesondere dann ergeben können, wenn ein Organmitglied zwar einen ersatzpflichtigen Schaden verursacht hat, wegen dessen geringen Umfangs an der grundsätzlich erfolgreichen Zusammenarbeit mit dem Organmitglied jedoch nicht gerüttelt werden soll, dann bestätigt er damit implizit, dass Kleinschäden i.d.R. nur bei Bestehen einer Versicherung verfolgt werden.

[344] *Ihlas*, Organhaftung, S. 272, 275, behandelt die *major shareholder exclusion* folgerichtig unter dem Kapitel „Ausschlüsse mit primär angloamerikanischem Bezug".

[345] Besondere Bedingung zu den AVB OLA 98/2001 der Chubb.

183 Der Verwender eines Mehrheitsgesellschafterausschlusses geht zunächst von der zutreffenden Annahme aus, dass der Beschluss über einen Anspruch im Innenverhältnis der Gesellschaft umso einfacher herbeizuführen und auch – in Manipulationsabsicht – zu „verabreden" ist, je stärker sich Gesellschaftsanteile bei wenigen Gesellschaftern konzentrieren.[346] Wer oder was in diesem Sinne als *major shareholder* anzusehen ist, ist nicht eindeutig und unterliegt im Zweifel der näheren Bestimmung in der jeweiligen Klausel. Die Frage stellt sich jedoch i.d.R. spätestens ab einem Aktienanteil von 25% und einer Stimme (sog. Sperrminorität) und jedenfalls ab einer Beteiligung von 50%.[347]

184 Abgesehen von dem Zweck, „freundliche" Inanspruchnahmen zu erschweren, kann die Aufnahme eines Mehrheitsgesellschafterausschlusses auch in Fallkonstellationen sinnvoll sein, wo unabhängig von der Existenz einer D&O-Versicherung ein erhöhtes Risiko von Innenhaftungsansprüchen besteht, etwa bei einem bevorstehenden Wechsel des Allein- oder Mehrheitsgesellschafters. Veräußert etwa ein Gesellschafter-Geschäftsführer seine Anteile an einen außenstehenden Investor, könnte jener versucht sein, über den Umweg einer Schadensersatzklage gegen den ehemaligen Gesellschafter-Geschäftsführer den für die Gesellschaftsanteile gezahlten Kaufpreis zu reduzieren, wobei auch das Motiv, sich vom „Vorgänger" abzuheben, eine Rolle spielen mag.[348]

185 *Ihlas* weist zur Legitimation eines Mehrheitsgesellschafterausschlusses im Übrigen auf die geringere wirtschaftliche Schutzbedürftigkeit der Hauptaktionäre durch Leistungen des D&O-Versicherers hin. Diese könnten – anders als Aktionäre mit bloßen Anteilen am Streubesitz – Einfluss auf die Personalpolitik und Unternehmensstrategie nehmen, beispielsweise über ihre regelmäßige Vertretung im Aufsichtsrat.[349] Die im Vergleich zu Minderheitsaktionären besseren Möglichkeiten von Hauptaktionären zur Einwirkung auf die Schadensprävention ändern andererseits nichts an deren grundsätzlich berechtigtem Interesse, i.R.d. § 147 Abs. 1 AktG Ansprüche gegen pflichtwidrig handelnde Organmitglieder verfolgen zu können. Etwa wenn der eigentlich zuständige Aufsichtsrat die Anspruchsverfolgung aus eigenen Interessen (z.B. aus Kollegialität oder wegen der Gefahr einer eigenen Ersatzpflicht) unterlässt.[350] Das Verfolgungsrecht des Aufsichtsrats wird durch einen Mehrheitsgesellschafterausschluss i.d.R. nicht berührt, obwohl Vertreter der Hauptaktionäre re-

[346] Vgl. *Ihlas*, Organhaftung, S. 251.
[347] *Ihlas/Stute* Beil. zu PHi 4/2003, 7, 25.
[348] Beispiel nach Krieger/Schneider/*Sieg* § 16 Rn. 16.
[349] *Ihlas*, Organhaftung, S. 251.
[350] Vgl. *Hüffer* § 147 Rn. 1.

gelmäßig einen Sitz im Aufsichtsrat innehaben.[351] Daher wird angeregt, den Mehrheitsgesellschafterausschluss auch auf die Ansprüche des Aufsichtsrats zu erstrecken.[352] Ebenfalls nicht berührt durch einen Mehrheitsgesellschafterausschluss wird das Klagerecht von Minderheitsaktionären nach §§ 147, 148 AktG.

186 Nach dem oben Gesagten hat die Existenz eines Mehrheitsgesellschafterausschlusses bei einer – nicht mitbestimmten – GmbH i.d.R. durchgreifendere Auswirkungen als bei einer AG, da bei der GmbH die Geltendmachung von Ersatzansprüchen gemäß § 43 Abs. 2 GmbHG grundsätzlich der Entscheidungszuständigkeit der Gesellschafterversammlung unterliegt (§ 46 Nr. 8 GmbHG).[353] Der mit einfacher Mehrheit (§ 47 Abs. 1 GmbHG) zu treffende Beschluss ist nur mit den Stimmen des Mehrheitsgesellschafters möglich. Es sei denn, dieser ist von der Beschlussfassung wegen eines Stimmrechtsverbots gemäß § 47 Abs. 4 Satz 2 Alt. 2 GmbHG ausgenommen, weil die Ersatzansprüche auch gegen ihn selbst als Gesellschafter-Geschäftsführer erhoben werden.[354] Der Mehrheitsgesellschafterausschluss führt somit bei einer nicht mitbestimmten GmbH praktisch zu einem kompletten Ausschluss der Innenverhältnisdeckung. Insofern bestehen auch erhebliche Zweifel an der AGB-rechtlichen Wirksamkeit einer solchen Regelung, insbesondere unter dem Gesichtspunkt der unangemessenen Benachteiligung (§ 307 Abs. 1 Satz 1 BGB).

---

[351] Nach § 101 AktG werden die Aufsichtsratsmitglieder von der Hauptversammlung gewählt und nach § 103 AktG wiederum von dieser abberufen. Je mehr Hauptaktionäre mit je größeren Aktienanteilen dort vertreten sind, desto häufiger werden Aufsichtsratsmitglieder zugleich Repräsentanten dieser Großaktionäre sein, vgl. *Ihlas/Stute* Beil. zu PHi 4/2003, 7, 26.

[352] *Ihlas*, D&O, S. 502.

[353] Siehe dazu R/Sch-L/*Koppensteiner* § 46 Rn. 39 ff.

[354] Siehe dazu R/Sch-L/*Koppensteiner* § 47 Rn. 50 ff., 75.

§ 8. Beendigung des Versicherungsvertrages

Literatur: *Bastuck/Stelmaszcyk*, Gestaltung des D&O-Versicherunsschutzes in M&A-Transaktionen, NZG 2011, 241; *Gruber*, Die Kündigung im Schadensfall, FS Migsch, 2004, S. 91; *Isenbart/Hofmann*, Auswirkungen des Restrukturierungsgesetzes auf D&O-Versicherungen, VP 2011, 26; *Lange*, Auswirkungen eines Kontrollwechsels (change of control) auf die D&O-Versicherung, AG 2005, 460; *Randel/Segger*, Auswirkungen des Restrukturierungsgesetzes auf D&O-Versicherungen, PHi 1/2011, 34.

I. Einvernehmliche Vertragsauflösung

Die einvernehmliche Vertragsauflösung ist ein zweiseitiges Rechtsgeschäft, das durch den übereinstimmenden Willen der Parteien zustande kommt.[1] Aufgrund der Privatautonomie steht es den Parteien frei, Verträge zu schließen, zu ändern oder aufzuheben.[2] Die Rechtsfolgen einer gültigen Aufhebungsvereinbarung hängen primär vom Willen der Parteien ab. Überzeugend ist die von *Larenz*[3] vorgeschlagene Lösung, wonach für Dauerschuldverhältnisse eine Wirkung *ex nunc* und für Verträge über einmalige Leistungen eine Wirkung *ex tunc* anzunehmen sind. Da Versicherungsverträge zu den Dauerschuldverhältnissen zählen, hat ihre einvernehmliche Aufhebung eine Wirkung *ex nunc*. Das erspart viele Probleme bei deren Rückabwicklung.[4] 1

II. Rücktrittsrecht

Das Rücktrittsrecht ist das Gestaltungsrecht einer Partei, einen Vertrag vorzeitig zu beenden, indem eine einseitige, empfangsbedürftige Erklärung ausgesprochen wird. Dieses Recht kann entweder kraft Gesetzes oder kraft vertraglicher Vereinbarung bestehen.[5] 2

Im Zusammenhang mit Versicherungsverträgen sind zwei gesetzliche Rücktrittsrechte des Versicherers zu differenzieren: das Rücktrittsrecht wegen der Verletzung einer vorvertraglichen Anzeigeobliegenheit (§ 19 3

---

[1] MünchKomm-BGB/*Emmerich* § 311 Rn. 1 ff.

[2] MünchKomm-BGB/*Emmerich* § 311 Rn. 26.

[3] *Larenz* S. 272.

[4] Siehe ausführlich dazu *Geldsetzer* S. 172 ff.

[5] MünchKomm-BGB/*Gaier* § 346 Rn. 3.

Abs. 2 VVG) und wegen Nichtbezahlung der einmaligen oder Erstprämie (§ 37 VVG).[6] Das allgemeine Rücktrittsrecht des § 323 BGB wegen Pflichtverletzungen in gegenseitigen Verträgen findet auf Versicherungsverträge keine Anwendung. Denn Versicherungsverträge sind Dauerschuldverhältnisse, die i.d.R. nicht durch den Rücktritt, sondern durch die außerordentliche Kündigung aus wichtigem Grund beendet werden (siehe Rn. 30 ff.).[7]

1. Wegen Verletzung der vorvertraglichen Anzeigeobliegenheit

4 Dieses Rücktrittsrecht ist in den §§ 19–21 VVG geregelt, deren Bestimmungen in Ziff. 7.1.1.–7.1.2 der GDV-Musterbedingungen übernommen wurden; die gesetzlichen Normen sind relativ zwingend (§ 32 VVG).

5 § 19 Abs. 2 VVG gewährt dem Versicherer ein Rücktrittsrecht, wenn der VN seine vorvertragliche Anzeigeobliegenheit gemäß § 19 Abs. 1 VVG verletzt (siehe § 9 Rn. 10 ff.). Die Anzeigeobliegenheit bezieht sich lediglich auf erhebliche Gefahrumstände, dh solche, die für den Entschluss des Versicherers, den Vertrag zu den vereinbarten konkreten Bedingungen abzuschließen, maßgeblich waren. Die Anzeigeobliegenheit umfasst lediglich die Gefahrenumstände, nach denen der Versicherer den VN im Fragebogen ausdrücklich gefragt hat. Spontane Anzeigeobliegenheitsverletzungen sind also anders als früher nicht möglich.[8] Das Rücktrittsrecht[9] infolge der Verletzung der Anzeigeobliegenheit besteht nur bezüglich solcher Umstände, bei deren Kenntnis der Versicherer den Vertrag überhaupt nicht geschlossen hätte.[10]

6 Gemäß § 19 Abs. 3 VVG besteht das Rücktrittsrecht des Versicherers nur bei Vorsatz[11] oder grober Fahrlässigkeit[12] des VN.[13] Die Beweislast hierfür trägt der VN (§ 19 Abs. 3 Satz 1 VVG).[14]

---

[6] Zutr. daher die von *Deutsch* (dort Rn. 98) vertretene Meinung, wonach das VVG dem VN kein Rücktrittsrecht gestattet.

[7] BGH NJW 1981, 1264; 1986, 124, 125; VersR-Hdb/*Johannsen* § 8 Rn. 62.

[8] P/M/*Prölss* § 19 Rn. 22.

[9] Bzw. das Kündigungsrecht gemäß § 19 Abs. 3 VVG.

[10] Hätte der Versicherer bei Kenntnis der wahren Umstände den Vertrag zu anderen Bedingungen abgeschlossen, steht ihm lediglich das Recht auf Vertragsanpassung zu (§ 19 Abs. 4 VVG), vgl. P/M/*Prölss* § 19 Rn. 54.

[11] Nach BGHZ 117, 368, reicht bedingter Vorsatz aus.

[12] Nach BGH NJW 2001, 2092, liegt grobe Fahrlässigkeit vor, wenn der VN die im Verkehr erforderliche Sorgfalt in besonders großem Maße verletzt und selbst das unbeachtet lässt, was unter den gegebenen Umständen jedem hätte einleuchten müssen.

[13] Bei einfacher Fahrlässigkeit des VN gewährt das Gesetz dem Versicherer ein Kündigungsrecht mit einer Frist von einem Monat.

[14] P/M/*Prölss* § 19 Rn. 72.

Darüber hinaus darf der Versicherer weder vom nicht angezeigten Gefahrumstand noch von der Unrichtigkeit der Anzeige gewusst haben (§ 19 Abs. 5 Satz 2 VVG). Den Versicherer trifft eine Belehrungspflicht (§ 19 Abs. 5 Satz 1 VVG): Die Rechte des § 19 VVG stehen dem Versicherer nur dann zu, wenn er den VN über die möglichen Folgen der Verletzung seiner vorvertraglichen Anzeigeobliegenheit durch gesonderte Mitteilung in Textform belehrt hat. Diese Warnung muss vor Vertragsschluss so rechtzeitig erfolgen, dass der VN seine Anzeigeobliegenheit noch erfüllen kann.[15] **7**

§§ 19–21 VVG schränken den Anwendungsbereich der Irrtumsanfechtung nach § 119 BGB weitgehend ein,[16] sie bilden eine gesetzliche Sonderregelung des Irrtums über gefahrerhebliche Umstände.[17] In der Sache wird die Rechtsposition des Versicherers gegenüber dem Zivilrecht eingeschränkt, weil im VVG das Rücktrittsrecht des Versicherers von zusätzlichen Bedingungen, insbesondere vom Verschulden des VN, abhängig gemacht wird. **8**

Das Rücktrittsrecht des Versicherers ist fristgebunden. Es muss innerhalb eines Monats ab dem Zeitpunkt geltend gemacht werden, ab dem der Versicherer von der Anzeigeobliegenheitsverletzung Kenntnis erlangt hat. Diese Kenntnis muss sicher und zuverlässig sein.[18] Die Rspr. nimmt eine Pflicht des Versicherers an, bei Vorliegen bestimmter Umstände, welche den Verdacht der Verletzung der Anzeigeobliegenheit erwecken, in angemessener Zeit Nachfragen zu stellen.[19] **9**

Die Rücktrittserklärung hat schriftlich zu erfolgen (§ 21 Abs. 1 Satz 1 VVG).[20] Sie ist zu begründen. Diese Begründung führt grundsätzlich zu keiner Selbstbindung des Versicherers. Ihm steht weiterhin das Recht zu, innerhalb der für den erklärten Rücktritt maßgeblichen Frist bekannt gewordene, für die Anzeigeobliegenheitsverletzung zusätzlich relevante Umstände nachzuschieben.[21] **10**

Darüber hinaus sieht § 21 Abs. 3 VVG absolute Fristen vor, innerhalb derer der Rücktritt geltend zu machen ist. Grundsätzlich erlöschen die dem Versicherer gemäß § 19 Abs. 2–4 VVG zustehenden Rechte nach fünf Jahren ab Vertragsabschluss. Bei Vorsatz des VN oder arglistiger Täuschung durch den VN wird diese Frist auf zehn Jahre verlängert. **11**

---

[15] Begr. zum RegE, BT-Drucks. 16/3945 S. 164.

[16] BGH VersR 1995, 457, 458; 1991, 1404.

[17] VersR-Hdb/*Johannsen* § 8 Rn. 64.

[18] BGH NVersZ 2001, 69, 71; VersR 1990, 170.

[19] OLG Koblenz NVersZ 1999, 125 f.; Terbille/*Terbille* § 2 Rn. 116; VersR-Hdb/*Johannsen* § 8 Rn. 57.

[20] Terbille/*Terbille* § 2 Rn. 119; Vgl. P/M/*Prölss*, 27. Aufl. 2004, § 20 Rn. 9.

[21] BGH NVersZ 1999, 70, 72.

12 § 21 Abs. 2 VVG regelt das Rücktrittsrecht nach dem Eintritt des Versicherungsfalles. In einer solchen Situation sieht das Gesetz die Leistungsfreiheit des Versicherers vor, die allerdings durch die Kausalitätsbedingung eingeschränkt ist (§ 21 Abs. 2 Satz 1 VVG). Bezieht sich die Verletzung der Anzeigeobliegenheit auf einen Umstand, der weder für den Eintritt oder die Feststellung des Versicherungsfalles noch für die Feststellung oder den Umfang der Leistungspflicht des Versicherers ursächlich war, muss der Versicherer seine Leistung erbringen. Nur bei arglistiger Täuschung durch den VN gilt die Kausalitätsbedingung nicht.

13 Die Rücktrittserklärung führt zur Auflösung des Versicherungsverhältnisses (§§ 346–348 BGB) und zur Entstehung eines Abwicklungs- und Rückgewährschuldverhältnisses.[22] Dieses zielt darauf ab, den ursprünglichen Zustand oder wenigstens einen dem ursprünglichen wirtschaftlich vergleichbaren Zustand wieder herzustellen.[23] Noch nicht erfüllte Leistungen müssen nicht mehr erbracht werden. Bezüglich der bereits erbrachten Leistungen kommt es zu deren Rückabwicklung. Sollte dies nicht mehr möglich sein, müssen die Leistungen gegenseitig ausgeglichen werden.[24] Gemäß § 39 VVG steht dem Versicherer der Anspruch auf die Prämie bis zum Wirksamwerden der Rücktrittserklärung zu.

2. Wegen Nichtzahlung der Erstprämie

14 Bei Nichtzahlung der einmaligen oder der Erstprämie kann der Versicherer vom Vertrag zurücktreten (§ 37 VVG). Dieses Recht steht dem Versicherer nur dann zu, wenn der VN die Nichtzahlung zu vertreten hat (§ 37 Abs. 1 VVG). Der VN kann sich vom Vorwurf des Verschuldens entlasten.[25]

15 Sollte der Versicherungsfall bereits eingetreten sein, kommt es zur Leistungsfreiheit des Versicherers. Allerdings nur dann, wenn er den VN über die Rechtsfolgen der Nichtzahlung der Prämie durch gesonderte Mitteilung in Textform oder durch einen auffälligen Hinweis im Versicherungsschein belehrt hat (§ 37 Abs. 2 Satz 2 VVG).

16 Auch in diesem Fall bestimmen sich die Rechtsfolgen nach den §§ 346–348 BGB sowie § 39 Abs. 1 VVG. Im Falle des Rücktritts des Versicherers wegen Nichtzahlung der Erstprämie steht dem Versicherer kein Anspruch auf eine Prämie zu. Er kann dafür eine angemessene Geschäftsgebühr verlangen, die dem Ausgleich des Verwaltungsaufwands dient.[26]

---

[22] BGH NJW 1998, 3268.
[23] MünchKomm-BGB/*Gaier* § 346 Rn. 15.
[24] *Deutsch* Rn. 97.
[25] Terbille/*Terbille* § 2 Rn. 154.
[26] VersR-Hdb/*Johannsen* § 8 Rn. 61.

3. Teilrücktritt

Ein Teilrücktritt kann dann erklärt werden, wenn die zum Rücktritt berechtigenden Voraussetzungen nur bezüglich eines Teils der Gegenstände oder Personen vorliegen (§ 29 Abs. 1 VVG). Der Versicherer kann nur dann auch vom übrigen Teil des Vertrages zurücktreten, wenn anzunehmen ist, dass der Versicherer für diesen Teil allein den Vertrag unter den gleichen Bedingungen nicht geschlossen hätte. 17

§ 29 Abs. 1 VVG bezieht sich lediglich auf **einen** einheitlichen Versicherungsvertrag, wobei die Unterscheidung zwischen einheitlichen und uneinheitlichen Versicherungsverträgen in der Praxis nicht immer einfach ist. Das Bestehen nur eines Versicherungsscheins führt zur tatsächlichen Vermutung eines einheitlichen Vertrages.[27] Der zum Rücktritt berechtigende Umstand muss sich auf einen Teil des Vertrages isoliert ausgewirkt haben.[28] Unter dieser Bedingung will das Gesetz den nicht betroffenen Vertragsteil aufrechterhalten.[29] Ein Teilrücktritt des Versicherers bringt ein Kündigungsrecht des VN bezüglich des übrigen Vertragsteils mit sich (§ 29 Abs. 2 Satz 1 VVG). Um die Sicherheit des Rechtsverkehrs zu schützen, verlangt das Gesetz, dass diese Kündigung in der gleichen Versicherungsperiode zu erfolgen hat, in der der Teilrücktritt wirksam geworden ist. 18

III. Widerrufsrecht des Versicherungsnehmers

§§ 8, 9 VVG regeln das Widerrufsrecht des VN. In der Sache handelt es sich um ein besonderes Rücktrittsrecht des VN. Der wichtigste Unterschied zwischen dem Rücktrittsrecht des Versicherers und dem Widerrufsrecht des VN liegt darin, dass das Rücktrittsrecht des Versicherers vom Bestehen einiger im Gesetz ausführlich geregelter Umstände abhängt, welche die Verletzung der vertraglichen Pflichten (Zahlung der Prämie) bzw. Obliegenheiten (vorvertragliche Anzeigeobliegenheiten) sind. Das dem Versicherer zustehende Rücktrittsrecht hat somit den Charakter einer Sanktion. Das allgemeine Widerrufsrecht des VN hängt hingegen von keinen zusätzlichen Bedingungen ab. 19

§ 8 Abs. 1 VVG gewährt dem VN das Recht, seine Vertragserklärung innerhalb von zwei Wochen zu widerrufen. Das Gesetz fordert die Schriftlichkeit der Widerrufserklärung, die allerdings keiner Begründung bedarf. Das Widerrufsrecht steht nicht nur natürlichen, sondern auch juristischen Personen zu. 20

---

[27] P/M/*Prölss* § 29 Rn. 3; VersR-Hdb/*Johannsen* § 8 Rn. 60.
[28] P/M/*Prölss* § 29 Rn. 5.
[29] VersR-Hdb/*Johannsen* § 8 Rn. 60.

21 § 8 Abs. 3 VVG regelt Ausnahmen vom Widerrufsrecht des VN. Im Zusammenhang mit der D&O-Versicherung hat die Ausnahme des § 8 Abs. 3 Nr. 4 VVG besondere Bedeutung (Versicherungsvertrag über ein Großrisiko). Gemäß § 210 VVG i.V.m. Art. 10 Abs. 1 Satz 2 Nr. 3 EGVVG liegt ein Großrisiko vor, wenn *zwei* der folgenden drei Risikomerkmale überschritten sind: (1.) 6,2 Mio. € Bilanzsumme, (2.) 12,8 Mio. € Nettoumsatzerlöse, (3.) im Durchschnitt des Wirtschaftsjahres 250 Arbeitnehmer. Aufgrund der relativ niedrigen Schwellenwerte ist anzunehmen, dass die meisten bestehenden und zukünftigen D&O-Versicherungsverträge unter die Ausnahme des § 8 Abs. 3 Nr. 4 VVG fallen, d.h. dass dem VN kein Widerrufsrecht zusteht. Daher wird von einer detaillierten Darstellung des Widerrufsrechts hier abgesehen.

IV. Anfechtungsrecht

22 Das VVG kennt keine besonderen versicherungsrechtlichen Anfechtungsgründe. Wenn im Gesetz von der Anfechtung die Rede ist, wie beispielsweise in § 5 Abs. 4 oder § 22, verweist es auf die Anfechtungstatbestände des BGB (§§ 119 f., 123 BGB).[30]

1. Anfechtung durch den Versicherer

23 Wie erwähnt (siehe Rn. 8), ist der Anwendungsbereich des § 119 BGB beim Versicherungsvertrag durch das Rücktrittsrecht des Versicherers wegen Verletzung vorvertraglicher Anzeigeobliegenheiten durch den VN (§§ 19–21 VVG) wesentlich eingeschränkt. § 119 BGB findet lediglich Anwendung bei Irrtümern über gefahr**un**erhebliche Umstände. Gefahrerhebliche Umstände sind alle Umstände, die geeignet sind, auf den Entschluss des Versicherers, den Vertrag überhaupt oder zu dem vereinbarten Inhalt abzuschließen, einen Einfluss auszuüben (§ 19 Abs. 1 VVG). Zu Recht bemerkt somit *Johannsen*, dass nur wenige Gefahrumstände unerheblichen Charakter haben, woraus sich ergibt, dass der Versicherer seine Vertragsanfechtung nur in seltenen Fällen auf § 119 BGB stützen kann.[31] Allerdings kommt das Anfechtungsrecht des Versicherers aufgrund seines Irrtums in der Erklärungshandlung selbst zur Anwendung (§ 119 Abs. 1 BGB).

24 Gemäß § 22 VVG bleibt das Anfechtungsrecht des Versicherers wegen arglistiger Täuschung über Gefahrumstände unberührt. Diese Vorschrift stellt klar, dass §§ 19–21 VVG im Falle arglistiger Täuschung keine An-

[30] VersR-Hdb/*Johannsen* § 8 Rn. 63.
[31] Siehe dazu VersR-Hdb/*Johannsen* § 8 Rn. 64.

wendung finden. Obwohl § 22 VVG die Drohung nicht erwähnt, kann der Versicherer den Vertrag auch aus diesem Grund anfechten.

Die Rechtsfolgen der Anfechtung sind in § 142 BGB geregelt, der Versicherungsvertrag ist von Anfang an als nichtig anzusehen.[32] Gemäß § 39 VVG steht dem Versicherer jedoch die Prämie bis zum Wirksamwerden der Anfechtungserklärung zu. **25**

2. Anfechtung durch den Versicherungsnehmer

Die Anfechtungsrechte des VN werden im Versicherungsvertragsrecht nicht eingeschränkt.[33] Gemäß § 5 Abs. 4 VVG ist ein Verzicht des VN auf die Irrtumsanfechtung unwirksam. Auch durch die Einlösung des Versicherungsscheins, d.h. durch die Zahlung der Erstprämie geht das Anfechtungsrecht des VN nicht verloren. Nur unter bestimmten Umständen kann diese Zahlung, insbesondere wenn sie in Kenntnis der Anfechtbarkeit erfolgte, zu einem Ausschluss des Anfechtungsrechts führen.[34] **26**

V. Kündigung

1. Ordentliche Kündigung

§ 11 Abs. 2 und 3 VVG gelten nur für unbefristete Versicherungsverträge, nicht aber auch für befristete Versicherungsverträge mit Verlängerungsklausel.[35] **27**

Neu, aber in Deutschland in der D&O-Versicherung weitgehend üblich, ist die Einführung der automatischen Vertragsverlängerung mit Ziff. 3.6 AVB-AVG 2011. Damit gibt der GDV die von 1997 bis 2010 in Ziff. 3.5 seiner AVB-AVG verankerte Ablaufpolice auf. Die neue Regelung lautet: **28**

„3.6 Vertragsdauer **29**

Der Vertrag ist für die im Versicherungsschein angegebene Zeit abgeschlossen.

Bei einer Vertragsdauer von mindestens einem Jahr verlängert sich der Vertrag um jeweils ein Jahr, wenn nicht dem Vertragspartner spätestens drei Monate vor dem Ablauf der jeweiligen Vertragsdauer eine Kündigung zugegangen ist.

Bei einer Vertragsdauer von weniger als einem Jahr endet der Vertrag, ohne dass es einer Kündigung bedarf, zum vorgesehenen Zeitpunkt.

---

[32] Siehe ausführlich dazu MünchKomm-BGB/*Busche* § 142 Rn. 2 ff.

[33] *Deutsch* Rn. 66; VersR-Hdb/*Johannsen* § 8 Rn. 68.

[34] Terbille/*Terbille* § 2 Rn. 86.

[35] P/M/*Prölss* § 11 Rn. 7.

Bei einer Vertragsdauer von mehr als drei Jahren kann der Versicherungsnehmer den Vertrag zum Ablauf des dritten Jahres oder jedes darauf folgenden Jahres kündigen; die Kündigung muss dem Versicherer spätestens drei Monate vor dem Ablauf des jeweiligen Jahres zugegangen sein. Der Vertrag wird für den im Versicherungsschein genannten Zeitraum abgeschlossen. Eine Verlängerung des Vertragsverhältnisses bedarf einer ausdrücklichen Vereinbarung."

2. Außerordentliche Kündigung

30 Die außerordentliche Kündigung führt i.d.R. zur sofortigen Beendigung des Vertrages. Nach dem VVG kann lediglich der VN den Vertrag fristlos kündigen, während der Versicherer i.d.R. eine einmonatige Kündigungsfrist einhalten muss. Nur in den Fällen, in denen der VN seine vertraglichen Pflichten oder Obliegenheiten vorsätzlich oder grob fahrlässig verletzt hat, gewährt das VVG dem Versicherer ein fristloses Kündigungsrecht (§§ 24 Abs. 1, 28 Abs. 1 VVG).[36]

31 Innerhalb der außerordentlichen Kündigung kann die Kündigung aus wichtigem Grund und die Schadensfallkündigung unterschieden werden. Der erste Fall ist in § 314 BGB geregelt, der jedem Vertragsteil das Recht gewährt, den Vertrag aus wichtigem Grund ohne Einhaltung einer Kündigungsfrist zu kündigen. Als wichtigen Grund definiert das Gesetz Situationen, in denen dem kündigenden Teil unter Berücksichtigung aller Umstände des Einzelfalles und unter Abwägung der beiderseitigen Interessen die Fortsetzung des Vertragsverhältnisses bis zur vereinbarten Beendigung oder bis zum Ablauf einer Kündigungsfrist nicht zugemutet werden kann. Mit anderen Worten geht es um Fälle, in denen es zur Zerrüttung des Vertragsverhältnisses kommt.[37] Besteht der wichtige Grund in der Verletzung einer vertraglichen Pflicht, so kann das Rechtsverhältnis erst nach einer Fristsetzung oder Abmahnung gekündigt werden (§ 314 Abs. 2 BGB).[38]

32 Das Kündigungsrecht aus wichtigem Grund ist fristgebunden, wobei § 314 Abs. 3 BGB von einer „angemessenen Frist" spricht, nachdem die kündigende Partei vom Kündigungsgrund Kenntnis erlangt hat. Diese unscharfe Formulierung wurde ins Gesetz aufgenommen, um der Mannigfaltigkeit unterschiedlicher Dauerschuldverhältnisse Rechnung

---

[36] P/M/*Prölss* § 24 Rn. 3; Ziff. 8.1 GDV-Musterbedingungen; siehe dazu *Deutsch* Rn. 98.

[37] MünchKomm-BGB/*Gaier* § 314 Rn. 11 f. Zum österr. Recht *Gruber*, FS Migsch, S. 91, 102.

[38] § 323 Abs. 2 BGB zählt abschließend Situationen auf, in denen die Fristsetzung entbehrlich ist.

zu tragen, wobei eine Frist von einem Monat als angemessen zu betrachten ist.[39]

33 Neben § 314 BGB sieht das VVG eine Reihe von Situationen vor, in denen dem Versicherer oder dem VN ein Kündigungsrecht zusteht. Diese Bestimmungen haben als *leges speciales* Vorrang vor der Regelung des § 314 BGB.

34 Das gesetzliche Kündigungsrecht diszipliniert die Vertragsparteien zur Einhaltung ihrer vertraglichen Pflichten und Obliegenheiten. Relativ viele Kündigungsmöglichkeiten gewährt das Gesetz dem Versicherer, wie etwa bei Verletzung einer vorvertraglichen Anzeigeobliegenheit bei Verschulden des VN (§ 19 Abs. 3 VVG), bei Verletzung der Anzeigeobliegenheit infolge einer Gefahrerhöhung (§ 24 Abs. 1 und 2 VVG), bei Verletzung einer vertraglichen Obliegenheit vor dem Eintritt des Versicherungsfalles (§ 28 Abs. 1 VVG) und bei Nichtzahlung einer Folgeprämie (§ 38 VVG).

35 Dem VN gewährt das Gesetz deutlich weniger Kündigungsmöglichkeiten,[40] beispielsweise bei wesentlicher Änderung der Versicherungsbedingungen (§ 25 Abs. 2 VVG) oder bei Erhöhung der Versicherungsprämie aufgrund einer Anpassungsklausel (§ 40 Abs. 1 VVG).

36 Einen besonderen Fall der außerordentlichen Kündigung bildet die Kündigung nach dem Versicherungsfall (§ 111 VVG, der in Ziff. 9.1 der GDV-Musterbedingungen übernommen wurde). Zu Recht wird im Schrifttum auf den bedeutenden Unterschied zwischen der Kündigung aus wichtigem Grund und der Schadensfallkündigung hingewiesen.[41] Erstere bildet i.d.R. die Sanktion für ein Fehlverhalten der anderen Vertragspartei und knüpft somit an Tatbestandsmerkmale subjektiver Natur an, während die Schadensfallkündigung ausschließlich an objektive Momente anknüpft. Infolge der Natur des Versicherungsvertrages „tritt die für den VN vor Eintritt des Versicherungsfalles nur latent und gleichsam im Hintergrund bemerkbare Hauptleistungspflicht des Versicherers in Gestalt der Gefahrtragungspflicht erst im Versicherungsfall hervor und wird für den VN als materielle Leistung (z.B. Geldleistung) auch greifbar“.[42] Ähnlich kann der Versicherer erst nach dem Eintritt des Versicherungsfalles die tatsächliche Größe des von ihm getragenen Risikos feststellen. Der Eintritt des Versicherungsfalles lässt somit beide Parteien die Richtigkeit ihrer Entscheidungen bezüglich des Abschlusses des Vertrages und dessen Bedingungen verifizieren. Auf diese Art und Weise entspricht die Schadensfallkündigung den Interessen beider Parteien.

---

[39] VersR-Hdb/*Johannsen* § 8 Rn. 78.

[40] *Gruber*, FS Migsch, S. 91, 92.

[41] *Gruber*, FS Migsch, S. 91, 99 ff.; siehe dazu auch VersR-Hdb/*Johannsen* § 8 Rn. 70 ff.

[42] *Gruber*, FS Migsch, S. 91, 100.

37 Die Schadensfallkündigung ist bei der D&O-Versicherung tatsächlich wegen der kurzen Laufzeiten der Versicherungsverträge verbunden mit langen Regulierungszeiträumen von geringer praktischer Relevanz.

VI. Sonstige Beendigungsgründe

1. Insolvenz

38 **a) Insolvenz des Versicherers.** § 16 VVG enthält Rechtsfolgen für die Eröffnung des Insolvenzverfahrens über das Vermögen des Versicherers. In einem solchen Fall endet das Versicherungsverhältnis automatisch, ohne dass eine Kündigung nötig wäre.[43] Der Vertrag läuft nach einem Monat ab Verfahrenseröffnung ab. Bis zu diesem Zeitpunkt bleibt er der Insolvenzmasse gegenüber wirksam. § 16 VVG ist eine zwingende Bestimmung.[44]

39 Der VN hat die Prämie bis zu dem maßgebenden Zeitpunkt zu bezahlen. Sollte er weitere Prämien vor Insolvenzeröffnung beglichen haben, steht ihm ein Anspruch auf Rückerstattung des überschießenden Teils zu. Trotz der Eröffnung des Insolvenzverfahrens ist der VN weiterhin verpflichtet, all seine Obliegenheiten aus Versicherungsfällen zu erfüllen, die bis zum Ablauf der Monatsfrist aufgetreten sind.[45]

40 Im Falle der Verschlechterung der finanziellen Lage des Versicherers kann der Vertrag noch vor Insolvenzeröffnung beendet werden. In einem solchen Fall spricht die st. Rspr. dem VN ein Kündigungsrecht zu. Voraussetzung ist, dass sich die bei Vertragsschluss vorhandene finanzielle Lage des Versicherers wesentlich verschlechtert hat.[46]

41 **b) Insolvenz des Versicherungsnehmers.** Im Falle der Eröffnung des Insolvenzverfahrens über das Vermögen des VN streben Versicherer gewöhnlich danach, das Versicherungsverhältnis zu beenden. Aus diesem Grund sehen zahlreiche Verträge ein Kündigungsrecht des Versicherers bzw. einen automatischen Vertragsablauf vor.[47] Nunmehr besteht keine Pflicht des Versicherers mehr, eine Kündigungsfrist von mindestens einem Monat einzuhalten.[48]

42 Gerade in der Haftpflichtversicherung werden für den Fall der Insolvenz des VN zeitliche Deckungseinschränkungen vorgesehen.[49] Ziff. 3.5 AVB-

---

[43] Vgl. *Deutsch* Rn. 95.
[44] Vgl. P/M/*Prölss* § 16 Rn. 8.
[45] P/M/*Prölss* § 16 Rn. 2.
[46] BGHZ 1, 334.
[47] *Olbrich* S. 163.
[48] Vgl. noch §§ 14, 15a VVG a.F.
[49] *Möhrle* S. 27.

AVG 2011[50] ist in zweierlei Hinsicht restriktiv (und hat insofern gegenüber den AVB-AVG 2008 für den VN keine Verbesserung ergeben). Erstens entfällt der Versicherungsschutz schon bei Eintritt der Insolvenzreife (Zahlungsunfähigkeit oder Überschuldung). Die praktisch bedeutsame Haftung wegen Insolvenzverschleppung ist damit nicht gedeckt, da die Pflichtverletzung in dem versäumten Insolvenzantrag und damit zeitlich nach Eintritt der Insolvenzreife und nicht davor liegt.[51] Gerade der Zeitraum zwischen Eintritt der Insolvenzreife und Eröffnung des Insolvenzverfahrens birgt für die Organmitglieder also ein erhebliches Haftungspotenzial in sich, womit der GDV seine versichererfreundliche Regelung begründet. Zweitens wird, was den Eintritt der Insolvenzreife angeht, sowohl auf den VN als auch auf mitversicherte Tochterunternehmen abgestellt.

Als Marktstandard kann demgegenüber gelten, dass der Versicherungsschutz erst ab **Eröffnung des Insolvenzverfahrens** über das Vermögen des VN oder später entfällt, während an die Insolvenz eines Tochterunternehmens oftmals keine zeitlichen Einschränkungen des Versicherungsschutzes geknüpft sind.[52] Alternativ findet sich auch die Anknüpfung an den Zeitpunkt der Antragstellung zur Eröffnung des Insolvenzverfahrens, ab dem der Versicherungsschutz für die Zukunft entfällt. Grundsätzlich gilt: Je später der Zeitpunkt gewählt ist, desto günstiger für die Versicherten. Der Versicherungsschutz endet i.d.R. mit dem Ablauf der Versicherungsperiode, in die die Insolvenz fällt. Die Kündigungsmöglichkeit nach Ziff. 10.2 AVB-AVG 1997 im Falle der Insolvenz des VN oder eines Tochterunternehmens ist nach der Streichung des § 14 VVG a.F. und der dort vorgesehenen Möglichkeit der Vereinbarung eines Kündigungsrechts für den Versicherer in den AVB-AVG 2011 weggefallen.[53] Sollten D&O-AVB keine explizite Regelung für den Insolvenzfall vorsehen, verlässt sich der Versicherer offenbar darauf, dass er das Gros der einschlägigen Haftungsfälle mit dem Ausschluss wissentlicher bzw. vorsätzlicher Pflichtverletzungen in den Griff bekommt.[54] 43

[50] Ziff. 3.5 AVB-AVG 2011 lautet: *„Im Fall der Insolvenz der Versicherungsnehmerin oder eines Tochterunternehmens erstreckt sich die Deckung für die versicherten Personen des betroffenen Unternehmens nur auf Haftpflichtansprüche in Folge von Pflichtverletzungen, die bis zum Eintritt der Insolvenzreife begangen worden sind“.*

[51] *Thümmel* Rn. 483.

[52] Z.B. Ziff. 3.6 Allianz Protect D&O 2010: *„Im Falle der Insolvenz der Versicherungsnehmerin besteht kein Versicherungsschutz für Versicherungsfälle wegen oder aufgrund von Pflichtverletzungen [...], die* ***später als 2 Monate nach Eröffnung des Insolvenzverfahrens*** *[Hervorhebung d. Verf.] bzw. Ablehnung mangels Masse begangen wurden [...]“.*

[53] *Ihlas*, D&O, S. 392.

[54] Siehe § 7 Rn. 44 ff.

44 Diese Insolvenz des VN sollte grundsätzlich keine Einschränkungen bzgl. der Regelungen zur Nachhaftung nach sich ziehen. Die sollte weiterhin in voller Länge zur Verfügung stehen, nachdem der Versicherungsvertrag durch Ablauf (Regelfall) oder Kündigung endet.[55] Denn von der tatsächlichen und rechtlichen Aufarbeitung möglicher Haftungsfälle bis zur Geltendmachung von Ansprüchen durch den Insolvenzverwalter vergeht i.d.R. einige Zeit. Je nach Größenordnung des Anspruchs benötigt er die Zustimmung des Gläubigerausschusses bzw. der Gläubigerversammlung.[56]

2. Kontrollwechsel

45 **a) Grundlagen.** Zur Beendigung des Versicherungsverhältnisses kann auch ein Kontrollwechsel *(change of control)* beim VN führen. Einflussnahme auf ein Unternehmen i.S.v. Kontrolle kann auf vielfältige Weise geschehen.[57] Die meisten Definitionen in den AVB stellen auf das Kriterium des direkten oder indirekten Haltens der Mehrheit der Gesellschaftsanteile an einer anderen Gesellschaft.[58] Alternativ wird auf die Kriterien des § 290 HGB abgestellt.

46 Zweifellos bringt ein Kontrollwechsel über ein Unternehmen für die Parteien eines D&O-Versicherungsvertrages beträchtliche Gefahren mit sich.[59] Aus diesem Grund ist die Klassifizierung des Kontrollwechsels als Gefahrerhöhung i.S.v. § 23 VVG durchaus zutreffend.[60] Die Gesellschafterstruktur eines Unternehmens bildet für den Versicherer eine wesentliche Information zur Einschätzung des versicherten Risikos, so dass wesentliche Änderungen der Gesellschafterstruktur für den Versicherer von Interesse sind. So kommt es bei einem Kontrollwechsel häufig zur Geltendmachung von Schadensersatzansprüchen gegen die Organmitglieder, was i.d.R. zur Inanspruchnahme der Leistungen aus der D&O-Versicherung führt. So kann der Erwerber eine andere Auffassung von der Unternehmensführung haben als der bisherige Anteilseigner. Die Neubewertung vergangener Geschäftsvorfälle sowie die Aufdeckung vergangener Pflichtverletzungen ist häufig darauf zurückzuführen, dass die Erwerbergesellschaft die Zielgesellschaft i.R.d. vor dem Unternehmenskauf durch-

[55] Sollte dieser Automatismus bei komplexen Risiken nicht eingreifen, sollte zumindest die Option zum Erwerb einer *run-off*-Deckung bestehen, vgl. Rn. 65 ff.

[56] *Thümmel* Rn. 305.

[57] Siehe ausführlich dazu *Lüttmann* S. 19 ff.

[58] *Lange* AG 2005, 460, 472 f.; vgl. *Lüttmann* S. 19.

[59] *Bastuck/Stelmaszcyk* NZG 2011, 241, 245.

[60] Ausführlich dazu *Lange* AG 2005, 460, 464 f.

geführten *due diligence* umfassend prüft und damit Zugriff auf haftungsrelevante Informationen erhält.[61]

47 **b) Kontrollwechsel beim Versicherungsnehmer. aa) D&O-Versicherungsvertrag ohne Kontrollwechselklausel.** Die beim VN eintretenden Rechtsfolgen eines Kontrollwechsels hängen primär davon ab, ob der Versicherungsvertrag eine spezielle Regelung für den Fall eines Kontrollwechsels (*change of control*-Klausel) enthält. Sollte im Vertrag keine Kontrollwechselklausel vorhanden sein, treten die gesetzlichen Rechtsfolgen der Gefahrerhöhung ein, insbesondere das Kündigungsrecht des Versicherers.

48 Das VVG unterscheidet dabei zwischen der subjektiven und objektiven Gefahrerhöhung, was sich auf die Modalitäten des Kündigungsrechts auswirkt. Als subjektiv bezeichnet § 23 Abs. 1 VVG eine Gefahrerhöhung, die vom VN oder von einem Dritten mit Gestattung des VN bewirkt wird. Zu den vorgesehenen Rechtsfolgen gehören: ein fristloses Kündigungsrecht des Versicherers (§ 24 Abs. 1 Satz 1 VVG), ein Kündigungsrecht mit einer Monatsfrist (§ 24 Abs. 1 Satz 2, § 24 Abs. 2 VVG) bzw. die Leistungsfreiheit des Versicherers (§ 26 Abs. 1 Satz 1 VVG). Eine objektive Gefahrerhöhung findet hingegen unabhängig vom Willen des VN statt (§ 24 Abs. 2 und 3 VVG). Die dafür vorgesehenen Rechtsfolgen weisen für den VN einen etwas vorteilhafteren Charakter auf: So besteht nur ein Kündigungsrecht des Versicherers mit einer Monatsfrist (§ 24 Abs. 2 VVG); eine fristlose Kündigung ist in diesem Fall also ausgeschlossen.

49 Nach zutreffender Auffassung stellt der Kontrollwechsel i.d.R. eine **objektive** Gefahrerhöhung i.S.v. § 23 Abs. 3 VVG dar.[62] Nur unter besonderen Umständen kann er als subjektive Gefahrerhöhung gesehen werden, insbesondere dann, wenn der VN konkrete Bemühungen unternimmt, die zu einem Kontrollwechsel führen sollen.[63]

50 **bb) D&O-Versicherungsvertrag mit Kontrollwechselklausel.** Die in Kontrollwechselklauseln vorgesehenen Rechtsfolgen können sehr unterschiedlich sein, wie beispielsweise: ein Kündigungsrecht des Versicherers, die zeitliche Beschränkung des Versicherungsschutzes auf vor dem Kontrollwechsel begangene Pflichtverletzungen oder der automatische Ablauf des Versicherungsvertrages zur nächsten Fälligkeit. Man darf jedoch nicht übersehen, dass die Freiheit der Parteien in diesem Bereich nicht uneingeschränkt ist. Gemäß § 32 VVG sind die gesetzlichen Regelungen der

[61] M&A-Transaktionen gelten daher neben der Insolvenz als Hauptrisiko für D&O-Versicherungsfälle; vgl. *Bastuck/Stelmaszcyk* NZG 2011, 241, 245.

[62] So auch *Bastuck/Stelmaszyk* NZG 2011, 241, 245.

[63] *Lange* AG 2005, 460, 466.

Rechtsfolgen der Gefahrerhöhung halbzwingendes Recht. Die Bestimmungen der Kontrollwechselklauseln dürfen somit für den VN nicht nachteiliger sein als vom VVG vorgesehen. Eine von *Lange* unternommene Prüfung der im Rechtsverkehr üblichen Klauseln ergab, dass die Mehrzahl[64] dieser Klauseln von der gesetzlichen Rechtslage zum Nachteil des VN abweichen und somit gemäß § 32 VVG unwirksam sind.[65]

51 Auch die AVB-AVG enthalten eine Kontrollwechselklausel. Deren Ziff. 9.2 sieht einen automatischen Vertragsablauf mit Beginn des neuen Beherrschungsverhältnisses vor.[66] Angesichts des oben Gesagten stellt sich die Frage nach der Wirksamkeit dieser Klausel. Der Vergleich mit der gesetzlichen Rechtslage des VVG zeigt, dass diese für den VN weniger vorteilhaft ist. Erstens sieht das VVG lediglich ein Gestaltungsrecht des Versicherers und keinen automatischen Vertragsablauf vor, zweitens ist nur unter besonderen Umständen einer subjektiven Gefahrerhöhung eine fristlose Kündigung möglich. Bei der objektiven Gefahrerhöhung, welche den Regelfall bildet, ist der Versicherer zur Einhaltung einer einmonatigen Kündigungsfrist verpflichtet. Nach dieser Argumentation dürfte Ziff. 9.2 AVB-AVG unwirksam sein, da sie gegen § 32 VVG verstößt.[67] Aus diesem Grund wäre es empfehlenswert, diese Klausel zu ändern und dem Versicherer ein Kündigungsrecht mit einer einmonatigen Frist zu gewähren oder den Vertrag erst zur nächsten Fälligkeit enden zu lassen. Dabei wird der Versicherungsschutz regelmäßig auf Pflichtverletzungen *vor* dem Kontrollwechsel beschränkt. Allerdings existieren auch Regelungen, nach denen ein Kontrollwechsel keinen Einfluss auf den Versicherungsschutz hat.[68]

52 **cc) Nachmeldefrist nach Kündigung oder Ablauf des D&O-Versicherungsvertrages infolge des Kontrollwechsels.** Die Regelung zur Nachmeldefrist greift regelmäßig nicht in Fällen des Kontrollwechsels. Häufig wird dem VN aber das Recht zum Erwerb einer unverfallbaren

[64] Unter den von *Lange* AG 2005, 460, 467, geprüften Klauseln erwies sich lediglich diejenige als wirksam, wonach der Kontrollwechsel keine Konsequenzen für den Versicherungsschutz mit sich bringt.

[65] *Lange* AG 2005, 460, 466 f. Der Aufsatz stammt noch aus der Zeit vor der Einführung des neuen VVG 2008, weshalb er sich auf die Bestimmungen des VVG a.F. beruft. Die hier relevanten Bestimmungen wurden jedoch inhaltlich ohne Änderungen in das neue VVG übernommen; zust. *Bastuck/Stelmaszyk* NZG 2011, 241, 246.

[66] Ziff. 9.2 AVB-AVG bezieht sich nicht nur auf den Kontrollwechsel beim VN, sondern auch auf ihre freiwillige Liquidation.

[67] Siehe Fn. 65.

[68] Vgl. *Bastuck/Stelmaszyk* NZG 2011, 241, 246.

Nachhaftungsfrist mit derzeit bis zu sechsjährigen Laufzeiten[69] eingeräumt.[70] Je nach Länge der Laufzeit solcher Deckungen können die Prämien bis zu einem Vielfachen der Jahresprämie der auslaufenden Police betragen.[71]

53 **dd) Kontrollwechsel nach Ablauf des D&O-Versicherungsvertrages.** Zum Kontrollwechsel über den VN kann es nicht nur während der Dauer des D&O-Versicherungsvertrages kommen, sondern auch nach Vertragsablauf bzw. innerhalb der Nachmeldefrist, wenn die Eintrittspflicht des Versicherers und somit das materielle Versicherungsverhältnis weiterhin andauert.

54 Enthält der Versicherungsvertrag eine Kontrollwechselklausel, so muss ihr Anwendungsgebiet daraufhin geprüft werden, ob sie sich nur auf den Kontrollwechsel während der Vertragsdauer oder auch nach dessen Ablauf bezieht.[72] Fehlt eine Kontrollwechselklausel für diesen Fall, gesteht *Lange* dem Versicherer zu Recht ein Kündigungsrecht des materiellen Versicherungsverhältnisses zu.[73]

55 **ee) Kontrollwechsel auf einen D&O-versicherten Erwerber.** Es geht hier um Fälle, in denen sowohl der übernommene VN als auch der Erwerber über eine D&O-Versicherung verfügen. Der von *Lange* vorgeschlagenen Systematik folgend können hier wieder zwei Fallgruppen unterschieden werden: Die beteiligten Parteien sind entweder bei verschiedenen oder bei derselben Versicherung versichert.

56 Sollten der VN und der Erwerber den Versicherungsvertrag mit **verschiedenen** Versicherern abgeschlossen haben,[74] hängen die Rechtsfolgen

---

[69] Einzelne Versicherer bieten seit Inkrafttreten des Restrukturierungsgesetzes v. 14.12. 2010 (BGBl. I S. 1900) bereits bis zu zehn Jahre an.

[70] Z.B. Ziff. 3.5 Abs. 2 Allianz Protect D&O 2010: *„Der Versicherungsschutz endet in den vorgenannten Fällen [Fusion oder Übernahme des VN; Anm. d. Verf.] mit dem Ablauf der Versicherungsperiode. Ziffer 3.4 dieses Vertrages (unverfallbare Nachmeldefrist) gilt nicht. Die Versicherungsnehmerin hat das Recht, dass der Versicherer mit der Versicherungsnehmerin in Verhandlungen über eine Verlängerung der Nachmeldefrist auf bis zu insgesamt 72 Monaten zu angemessenen Konditionen tritt“*. Zu solchen sog. *run-off*-Deckungen siehe Rn. 65 ff.

[71] *Bastuck/Stelmaszcyk* NZG 2011, 241, 245, sprechen von „beträchtliche[n]“ Prämien.

[72] *Lange* AG 2005, 460, 468.

[73] *Lange* AG 2005, 460, 467.

[74] In einem solchen Fall liegt eine Nebenversicherung und u.U. sogar eine Mehrfachversicherung vor. Eine Mehrfachversicherung bildet eine Unterart der Nebenversicherung. Erst nach dem Eintritt des Versicherungsfalles lässt sich feststellen, ob der konkrete Fall die Voraussetzungen der Doppelversicherung erfüllt;

des Kontrollwechsels primär davon ab, ob die betroffenen Versicherungsverträge Subsidiaritätsklauseln beinhalten. Falls dies nicht der Fall ist oder diese wirkungslos sein sollten, können Deckungsansprüche gegen beide Versicherer geltend gemacht werden, allerdings nur bis zur Haftpflichtsumme (§ 78 Abs. 1 VVG). Sollten im Einzelfall die Voraussetzungen einer Mehrfachversicherung erfüllt sein, haben die Versicherer untereinander einen Gesamtschuldnerausgleich (§ 78 Abs. 2 VVG) durchzuführen.

57 Enthalten die betroffenen Verträge gültige Subsidiaritätsklauseln, hängen die Rechtsfolgen des Kontrollwechsels im Hinblick auf den Bestand und Inhalt der bisherigen D&O-Versicherungsverträge maßgeblich vom Inhalt und von der Wirksamkeit der Subsidiaritätsklauseln ab. Auch hier sind mehrere Konstellationen denkbar. Von besonderer Bedeutung ist die Unterscheidung zwischen einfachen und qualifizierten Subsidiaritätsklauseln. Eine einfache Subsidiaritätsklausel sieht das Bestehen des Versicherungsschutzes aus dem Vertrag im Anschluss an den alternativen Versicherungsvertrag vor, insbesondere nach der Ausschöpfung des Schutzes der vorrangigen Versicherung. Eine qualifizierte Subsidiaritätsklausel schließt den Schutz aus dem betroffenen Versicherungsvertrag beim Bestehen einer alternativen Versicherung gänzlich aus. Insbesondere die Wirksamkeit der qualifizierten Subsidiaritätsklausel erweckt Skepsis.[75]

58 Im Falle der Kumulation zweier Subsidiaritätsklauseln gleichen Inhalts ist im Wege ergänzender Vertragsauslegung festzustellen, welcher Vertrag in Geltung bleibt. Bei der Kumulation einer einfachen und einer qualifizierten Subsidiaritätsklausel ist der einfach subsidiär haftende Versicherer zur Leistung ausschließlich verpflichtet. Es sei denn, dass man die qualifizierte Subsidiaritätsklausel für AGB-rechtlich unwirksam hält. Dann kommt es zur Haftung jenes Versicherers, der in seinem Vertrag die qualifizierte Subsidiaritätsklausel eingesetzt hat.

59 Sollten beide Verträge mit einfachen Subsidiaritätsklauseln versehen sein, heben sich die beiden Klauseln gegenseitig auf, so dass eine Situation entsteht, als ob die Verträge keine Subsidiaritätsklauseln enthalten würden.

60 In der dritten möglichen Konstellation, in der beide Subsidiaritätsklauseln „qualifiziert" sind, haftet kein Versicherer. Es sei denn, man betrachtet die Klausel als unwirksam. Dann kommen wiederum die gesetzlichen Rechtsfolgen zur Anwendung.

---

siehe dazu *Lange* AG 2005, 460, 468. Dabei sollte man Änderungen in der Nomenklatur berücksichtigen. §§ 77, 78 VVG n.F. traten an die Stelle der §§ 58, 59 VVG a.F., wobei die alte Bezeichnung „Doppelversicherung" durch den Begriff „Mehrfachversicherung" ersetzt wurde; siehe dazu *Schimikowski/Höra* S. 147

[75] VersR-Hdb/*Beckmann* § 28 Rn. 16; P/M/*Armbrüster* § 78 Rn. 31 ff.

Schließlich geht es um die Fälle, in denen die Beteiligten die Versicherungsverträge mit **demselben** Versicherer abgeschlossen haben. Wenn die Verträge keine Kumulklausel beinhalten, kann die versicherte Person ihre Ansprüche aus beiden Verträgen geltend machen, allerdings nur bis zur Haftpflichtsumme, was sich aus dem Bereicherungsverbot bzw. aus analoger Anwendung des § 78 VVG ergibt. Eine Kumulklausel wird i.d.R. die Leistungspflicht des Versicherers auf die höchste in einem der Verträge vorgesehene Summe beschränken. **61**

c) Kontrollerwerb durch den Versicherungsnehmer. Was passiert in Fällen, in denen der VN die Kontrolle über ein anderes Unternehmen erwirbt, das dadurch zu einem Tochterunternehmen des VN wird? Die Bedingungswerke sehen häufig einen Einschlussautomatismus vor, falls bestimmte Größenmerkmale nicht überschritten werden (z.B. bis zu 20% der Bilanzsumme des VN) bzw. bestimmte Risikomerkmale bei der neu erworbenen Gesellschaft nicht vorliegen (z.B. Sitz in den USA, Börsennotierung). Für diese Fälle ist i.d.R. eine gesonderte Einigung über Prämie und Bedingungen innerhalb einer bestimmten Frist vorgesehen.[76] Fast alle D&O-AVB schränken den Versicherungsschutz bezüglich der hinzukommenden Organmitglieder auf **nach** dem Kontrollerwerb begangene Pflichtverletzungen ein.[77] Eine Rückwärtsdeckung[78] mag gegen Zusatzprämie vereinbar sein. Etwa wenn das Management der Tochtergesellschaft nicht ausgewechselt wird und mögliche Pflichtverletzungen im Zusammenhang mit der vor dem Unternehmenskauf durchgeführten *due diligence*-Prüfung mitversichert sein sollen. Zu beachten ist, dass derartige Erweiterungen des Versicherungsschutzes für neu hinzukommende Tochterunternehmen zu einer Verwässerung der Deckung für die Organmitglieder des VN führen und ggf. eine Anpassung der Deckungssumme erforderlich machen können.[79] **62**

Sollte es zum Kontrollwechsel erst nach dem Ablauf des D&O-Vertrages bzw. innerhalb der Nachmeldefrist kommen, hat dieser Erwerb i.d.R. keinen Einfluss auf den Umfang des Versicherungsschutzes. Erstens erlangen die Organmitglieder der übernommenen Gesellschaft gewöhnlich nicht den Status einer versicherten Person. Zweitens umfasst die Nachmeldefrist nur die Schäden wegen während der Versicherungsdauer begangener Pflichtverletzungen. **63**

---

[76] Siehe Beispiel bei *Bastuck/Stelmaszcyk* NZG 2011, 241, 244 (dort Fn. 16).

[77] *Lange* AG 2005, 460, 466, 470.

[78] Siehe Klauselbeispiele bei *Bastuck/Stelmaszcyk* NZG 2011, 241, 244 (dort Fn. 16).

[79] *Lange* AG 2005, 460, 466, 470; *Bastuck/Stelmaszcyk* NZG 2011, 241, 244.

64 **d) Kontrollverlust des Versicherungsnehmers.** Hier geht es um den Fall, dass ein Tochterunternehmen z.B. vom VN verkauft wird und daher aus seinem Konzern ausscheidet. I.d.R. führt der Kontrollverlust des VN zum Verlust des Versicherungsschutzes der Organmitglieder des ausgeschiedenen Unternehmens. Der Verlust des Versicherungsschutzes entfaltet aber keine Rückwirkungen, somit bleibt der Schutz für die vor dem Ausscheiden des Tochterunternehmens begangenen Pflichtverletzungen bestehen.[80] Ein Bedürfnis zur ausdrücklichen Mitversicherung von vor dem Kontrollverlust des VN begangenen Pflichtverletzungen kann sich deshalb ergeben, weil die Organmitglieder des veräußerten Tochterunternehmens gerade nicht als **ehemalige** Organmitglieder einer **versicherten Gesellschaft** weiterhin Versicherungsschutz genießen.[81]

VII. Run-off-Deckungen

1. Begriff

65 Die Bezeichnung *run-off*-Deckung (Auslaufdeckung) wird in der Praxis als Sammelbegriff verwendet. Eine *run-off*-Deckung lässt sich in die Kategorie der sog. *ring fencing*-Techniken einordnen, worin sie die stärkste Form abbildet.[82] Die gemeinhin gängige Phrase, etwas „in den *run-off* zu schicken" bezeichnet genauer die Isolierung eines Risikobereichs, der von anderen Risikofeldern getrennt werden soll. Am häufigsten werden *run-off*-Deckungen im Zuge von Unternehmensübernahmen und -verkäufen installiert.[83]

66 Relativ häufig kommen auch Wechsel des Versicherers in Konsortialprogrammen vor. Dies bedeutet, dass Layerpositionen verschoben, neu vergeben oder neu strukturiert werden, was Nachmeldefristen für die entsprechenden Layer auslöst. Prinzipiell gelten die Regeln für die *run-off*-Deckung auch in den Exzedentenbedingungen, soweit *following form* zum Grundvertrag vereinbart ist. Kumulklauseln sollen möglichen Aggregationsproblemen in puncto Kapazität begegnen. Bei einem Großkonzern mit häufig wechselnden Beteiligungen stößt der einzelne Versi-

[80] *Lange* AG 2005, 460, 472.

[81] Dieser Hinweis zu Recht von *Bastuck/Stelmascyk* NZG 2011, 241, 244.

[82] Einen *ring fencing*-Effekt haben gemeinhin die Schadenumstandsmeldungen *(circumstances notified)*, die Serienschadenklausel sowie die Versicherungsfallmeldung (Schadenmeldung).

[83] Ein weiterer Anwendungsfall der *ring fencing*-Technik ist die IPO-Police, wo Risiken aus einer öffentlichen Kapitalaufnahme pauschal über einen längeren Zeitraum abgedeckt werden sollen.

cherer so schnell an seine Kapazitätsgrenzen. Es ist eine Frage der Risikoallokation und des *underwritings*, inwieweit hier Mehrfachkapazitäten zur Verfügung gestellt werden.[84] Im Lichte einer potenziellen Inhaltskontrolle nach den §§ 305 ff. BGB werden erhöhte Aufklärungspflichten gegenüber dem VN und/oder Tochterunternehmen angelegt werden müssen.

2. Arten

Zu unterscheiden ist die „klassische" Nachmeldefrist als Teil der letzten **67**
Versicherungsperiode eines abgelaufenen Vertrages[85] von einer *run-off*-Deckung, die als selbstständiges Vertragswerk konzipiert wird. Eine Vermischung oder gar identische Verwendung der beiden Begriffe verbietet sich daher.

a) Run-off-Deckung im Sinne einer „klassischen" Nachmeldefrist. **68**
Nachmeldefristen variieren in der Praxis sehr erheblich und reichen von Null[86] bzw. wenigen Monaten bis hin zu zehn Jahren.[87] Die Ausgestaltung ist also sehr unterschiedlich.[88] In Deutschland haben sich das OLG und das LG München I zu diesem Thema geäußert.[89] Die vertragliche Gestaltungsfreiheit des Verwenders von AVB kann demnach insbesondere im Hinblick auf unverhältnismäßig kurze Nachmeldefristen als eingeschränkt gelten.[90] Allen Modellen ist gemeinsam, dass sie das rechtliche Schicksal des Vertrages teilen, an den sie anknüpfen. Ein Einkauf einer fünfjährigen Nachmeldefrist nach Kündigung eines Versicherungsvertrages schützt also nicht davor, dass der Versicherer Gestaltungsrechte wie Rücktritt oder Anfechtung ausübt und den Vertrag so *in toto* zu Fall bringt. Dies kann gerade für erst kürzlich hinzugekommene oder schon länger ausgeschiedene Organmitglieder problematisch sein, insbesondere dann, wenn ihnen eine

[84] Dies ist v.a. eine Frage der Begrenzung des kundenspezifischen Risikos im *underwriting*.

[85] Sog. *extended reporting period* = ERP; siehe § 6 Rn. 141 ff. Denkbar ist auch, dass einzelne Deckungselemente eines Vertrages „in den *run-off* geschickt werden" und der Gesamtvertrag als solches weiterläuft.

[86] *Ihlas*, D&O, S. 384, bezeichnet das Fehlen jeglicher Nachmeldefrist als „unzumutbar".

[87] Siehe die nunmehr zehnjährige Verjährungsfrist im Aktienrecht nach dem Restrukturierungsgesetz v. 14.12. 2010 (BGBl. I S. 1900); dazu *Isenbart/Hofmann* VP 2011, 26; *Randel/Segger* PHi-1/2011, 34.

[88] Vgl. § 6 Rn. 149.

[89] OLG München NZG 2009, 714; LG München I r+s 2009, 11.

[90] Vgl. § 6 Rn. 103 ff.

Anzeigepflichtverletzung im Zuge des ursprünglichen Vertragsabschlusses zugerechnet wird, die sie gar nicht zu vertreten hatten.[91]

69 **b) Run-off-Deckung in Gestalt einer separaten Police.** Wie bereits erwähnt, ist der typische Auslöser für die Installierung einer eigenständigen *run-off*-Police ein Kontroll- oder Leitungswechsel,[92] so etwa bei Ausscheiden eines Tochterunternehmens aus einem Konzernprogramm. Hier genießen die Organmitglieder des ehemaligen Tochterunternehmens weiterhin zeitlich unbegrenzten Versicherungsschutz, so lange der Konzernvertrag weiterläuft und sofern dieser in Ansehung von ausgeschiedenen Tochterunternehmen keine Beschränkungen aufweist.[93] Falls letzteres jedoch zutrifft, kann es im Einzelfall ratsam sein, eine separate *run-off*-Police einzukaufen. Dies muss nicht zwangsläufig bei dem besitzenden Versicherer geschehen, ist aber die Regel.

70 Ein bislang vertragsfremder Versicherer wird allerdings bei einer derartigen Konstellation wohl nicht auf eine aktuelle Erklärung zu Rückwärtsversicherung verzichten können, wodurch es zu einer Kontinuitätsunterbrechung kommt.[94] Auch die Konditionen richten sich dann i.d.R. nicht nach dem bisherigen Bedingungswerk, sondern sind Verhandlungssache. Zur Hereinnahme eines anderen Versicherers kann es auch dann kommen, wenn der Bestandsversicherer ausnahmeweise keine Kapazitäten mehr anbieten kann oder will.

71 Als Neuvertrag unterliegt die *run-off*-Police einem eigenen Vertragsstatut. Gestaltungsrechte des Versicherers ergeben sich folglich nur aus dieser Police und nicht aus dem vorangehenden Vertragsverhältnis. Im Falle eines neuen Versicherers bedarf es zudem der exakten Abgrenzung der beiden Bedingungswerke, insbesondere im Bereich der Meldung von Umständen, die zu einem Schadensfall führen könnten.

---

[91] Vgl. § 9 Rn. 8 ff. und 40 ff.

[92] Vgl. Rn. 45 ff.

[93] Vgl. Rn. 64.

[94] Zudem werden i.d.R. übliche Risikobewertungsunterlagen, wie jüngste Jahresabschlüsse, einzureichen sein.

§ 9. Besondere Verhaltensobliegenheiten[1]

Literatur: *Drexl*, Wissenszurechnung im Konzern, ZHR 161 (1997), 491; *Felsch*, Neuregelung von Obliegenheiten und Gefahrerhöhung, r+s 2007, 485; *Grote/Schneider*, VVG 2008: Auswirkungen für gewerbliche Versicherungen, BB 2007, 2689; *Grunewald*, Wissenszurechnung bei juristischen Personen, FS Beusch, 1993, S. 301; *Kiethe*, Persönliche Haftung von Organen der AG und der GmbH – Risikovermeidung durch D&O-Versicherung?, BB 2003, 537; *Koch*, Aktuelle und zukünftige Entwicklungen in der D&O-Versicherung, WM 2007, 2173; *ders.*, Die Rechtsstellung der Gesellschaft und des Organmitglieds in der D&O-Versicherung (Teil I), GmbHR 2004, 18; (Teil II), GmbHR 2004, 160; (Teil III), GmbHR 2004, 288; *Lange*, Die Haftung des (versicherungsnehmenden) Unternehmens anstelle des D&O-Versicherers, VersR 2010, 162; *ders.*, Die vorvertragliche Anzeigepflicht in der D&O-Versicherung, VersR 2006, 605; *Langheid*, Auf dem Weg zu einem neuen Versicherungsrecht, NJW 2006, 3317; *ders.*, Die Reform des Versicherungsvertragsgesetzes – 1. Teil: Allgemeine Vorschriften, NJW 2007, 3665; *Langheid/Goergen*, Auswirkungen der VVG-Reform auf die D&O-Versicherung, VP 2007, 161; *Langheid/Grote*, Deckungsfragen der D&O-Versicherung, VersR 2005, 1165; *Loacker*, Die Gefahrerhöhung nach der VVG-Reform, VersR 2008, 1285; *Neuhaus*, Die vorvertragliche Anzeigepflichtverletzung im neuen VVG, r+s 2008, 45; *Reusch*, Die vorvertraglichen Anzeigepflichten im neuen VVG 2008, VersR 2007, 1313; *ders.*, Hat der Versicherungsnehmer trotz des Wegfalls der Nachmeldeobliegenheit wegen der Möglichkeit der Arglistanfechtung durch den Versicherer auch nach dem VVG 2008 eine spontane Anzeigepflicht vor und nach Abgabe seiner Vertragserklärung?, VersR 2008, 1179; *Rixecker*, VVG 2008 – Eine Einführung. VII. Verletzung der vorvertraglichen Anzeigeobliegenheit, ZfS 2007, 369; *Schimikowski*, Haftung des Versicherungsnehmers für Verhalten und Kenntnis anderer Personen, VW 1996, 626; *Sieg/Schramm*, OLG Düsseldorf: Zur Anfechtung eines D&O-Versicherungsvertrags durch den Versicherer wegen arglistiger Täuschung, PHi 6/2005, 234; *Thomas*, Unternehmensinterne Informationspflichten bei Verlust der D&O-Deckung, VersR 2010, 281; *Winterling/Harzenetter*, Vorvertragliche Anzeigepflichten in der D&O-Versicherung, VW 2007, 1792.

I. Vorvertragliche Anzeigeobliegenheit

Die vorvertragliche Anzeigeobliegenheit spielt eine besonders wichtige Rolle im Falle der D&O-Versicherung, weil hier standardmäßig eine zeitlich unbegrenzte Rückversicherung für vor Vertragsbeginn liegende Pflichtverletzungen vereinbart wird (siehe näher § 6 Rn. 123 ff.). 1

---

[1] Die folgenden Obliegenheiten werden im Schrifttum häufig auch als „Pflichten" bezeichnet. Wir ziehen den präziseren Begriff „Obliegenheit" vor.

1. Gegenstand

2 Gemäß § 19 Abs. 1 VVG bilden den Gegenstand der vorvertraglichen Anzeigeobliegenheit *„Gefahrumstände, die für den Entschluss des Versicherers den Vertrag mit dem vereinbarten Inhalt zu schließen, erheblich sind [...]"*. Es geht somit um jene Umstände, die zu den unter die Versicherung fallenden Schadensersatzansprüchen führen können. Im Falle der D&O-Versicherung sind dies Pflichtverletzungen, die Schadensersatzansprüche gegen eine versicherte Person und somit die Deckungspflicht des Versicherers auslösen können.[2]

3 Der erfragte Umstand muss objektiv gefahrerheblich[3] sein, damit er eine Anzeigeobliegenheitsverletzung begründen kann. Falschangaben bei gefahr**un**erheblichen Umständen können daher nicht zu einer Anzeigeobliegenheitsverletzung führen.[4]

4 Als erheblich gelten lediglich jene Umstände, nach denen der Versicherer in Textform gefragt hat (§ 30 VVG).[5] Der VN muss also nur noch in Textform (§ 126b BGB) gestellte Fragen beantworten. Damit wurde die spontane Anzeigeobliegenheit des VN beseitigt.[6] Das Risiko einer Fehleinschätzung bezüglich der Gefahrenrelevanz wurde vom VN auf den Versicherer verlagert.[7]

5 Zu Recht wird auf die Schwierigkeiten der richtigen Frageformulierung hingewiesen, die sich aus der Mannigfaltigkeit der möglichen Sachverhalte ergibt, welche zur Haftpflicht eines Versicherten und damit zur Deckungspflicht des Versicherers führen können.[8] Die Fragen sind eindeutig zu formulieren und so zu gestalten, „dass der die Frage beantwortende Antragssteller sie richtig einschätzen und entsprechend beantworten kann".[9] Der Inhalt der Antragsfragen ist durch objektive Auslegung zu ermitteln. Als Maßstab dient hier das Verständnis eines verständigen, durchschnittlichen VN ohne versicherungsrechtliche Spezialkenntnisse.[10]

---

[2] *Koch* WM 2007, 2173, 2180; *Langheid/Goergen* VP 2007, 161.

[3] Begr. zum RegE, BT-Drucks. 16/3945 S. 163. Ausführlich zum Begriff „Gefahrumstände" siehe *Neuhaus* r+s 2008, 45, 47.

[4] *Marlow/Spuhl* Rn. 163.

[5] *Marlow/Spuhl* Rn. 157 ff.; *Meixner/Steinbeck* § 1 Rn. 235; Terbille/*Terbille* § 2 Rn. 88.

[6] Ausführlich zu dieser Frage *Reusch* VersR 2008, 1179. Er kommt allerdings zum Schluss, dass auch im neuen VVG im Bereich der vorvertraglichen Anzeigepflichten eine spontane Anzeigepflicht des VN besteht.

[7] Begr. zum RegE, BT-Drucks. 16/3945 S. 162.

[8] *Langheid/Grote* VersR 2005, 1165, 1166.

[9] *Langheid/Grote* VersR 2005, 1165, 1166.

[10] Terbille/*Terbille* § 2 Rn. 90; BGHZ 123, 83, 85.

2. Erfüllungszeitpunkt

§ 19 Abs. 1 VVG stellt fest, dass der VN seine vorvertragliche Anzeigeobliegenheit bis zur Abgabe seiner Vertragserklärung zu erfüllen hat.[11] § 19 Abs. 1 Satz 2 VVG verleiht allerdings dem Versicherer das Recht, **nach** der Vertragserklärung des VN, aber **vor** Vertragsannahme weitere Fragen (ebenfalls schriftlich) zu stellen, zu deren Beantwortung der VN verpflichtet ist. 6

3. Adressat

Nach § 19 Abs. 1 VVG trifft die Anzeigeobliegenheit ausdrücklich nur den VN. Die D&O-Versicherung ist eine Fremdversicherung; § 47 VVG findet Anwendung.[12] Dies führt zur Zurechnung der Kenntnisse und des Verhaltens des Versicherten zum VN. Es stellt sich die Frage, ob § 47 VVG eine selbstständige Anzeigeobliegenheit des Versicherten statuiert. Die Meinungen zu diesem Thema sind breit gefächert.[13] Von Bedeutung war in dieser Diskussion das Urteil des BGH, wonach es dem Versicherten gemäß § 16 VVG a.F. (= § 19 Abs. 1 VVG n.F.) obliege, dafür „zu sorgen, dass Kenntnis von diesen Gefahrumständen entweder unmittelbar durch ihn oder über den VN an den künftigen Versicherer gelange".[14] 7

4. Rechtsfolgen einer Verletzung der vorvertraglichen Anzeigeobliegenheit

Eine Anzeigeobliegenheitsverletzung besteht in der Unterlassung und/oder Abgabe einer unrichtigen oder unvollständigen Anzeige.[15] Das Gesetz sieht ein abgestuftes System von Rechtsfolgen für eine Verletzung dieser Obliegenheit vor: Vertragsrücktritt (§ 19 Abs. 2 VVG), Vertragskündigung (§ 19 Abs. 3 VVG) und Vertragsanpassung (§ 19 Abs. 4 VVG). Der Eintritt einer der möglichen Rechtsfolgen hängt vom Verschuldens- 8

[11] Diese Regelung unterscheidet sich wesentlich von § 16 Abs. 1 VVG a.F., wonach diese Obliegenheit des VN bis zum Vertragsschluss dauerte. Die neue Norm verkürzt somit die Dauer der vertraglichen Anzeigepflicht.

[12] BGH r+s 2003, 186, 187; OLG Köln VersR 1998, 184, 185; P/M/*Prölss/Klimke* § 47 Rn. 4; *Koch* WM 2007, 2173, 2180.

[13] *Lange* VersR 2006, 605, 606, vertritt die Meinung, dass das Gesetz zur vorvertraglichen Anzeigepflicht ausschließlich den VN verpflichtet; eine ähnliche Stellung bezieht BK/*Voit* § 16 Rn. 59; P/M/*Prölss/Klimke* § 47 Rn. 6 sind hingegen der Ansicht, dass sich aus § 47 VVG n.F. (§ 79 VVG a.F.) eigene Anzeigepflichten seitens des Versicherten ergeben.

[14] BGH r+s 1991, 423, 424.

[15] *Marlow/Spuhl* Rn. 152 ff.

grad des VN bzw. des Versicherten sowie von der Tatsache ab, welcher Umstand verletzt worden ist: ein vertragshindernder oder ein vertragsändernder.[16]

9 Als vertragshindernd wird ein Umstand bezeichnet, bei dessen Kenntnis der Versicherer den Vertrag überhaupt nicht abgeschlossen hätte, während ein vertragsändernder Umstand vorliegt, wenn der Versicherer bei dessen Kenntnis den Vertrag zwar abgeschlossen hätte, allerdings zu anderen Bedingungen, d.h. zu einer höheren Prämie oder mit einer Ausschlussklausel.[17]

10 **a) Rücktritt.**[18] Bei einer Verletzung der vorvertraglichen Anzeigeobliegenheit besteht ein uneingeschränktes Rücktrittsrecht des Versicherers nur bei Vorsatz des VN (bzw. im Falle der D&O-Versicherung der VN oder der versicherten Person). Im Gegensatz dazu ist das Rücktrittsrecht bei grober Fahrlässigkeit des VN zugunsten der Vertragsanpassung eingeschränkt (§ 19 Abs. 4 VVG – siehe Rn. 15).[19] Die Vertragsanpassung ist aber ihrerseits auf vertragsändernde Umstände beschränkt. Daraus ergibt sich, dass der Versicherer bei grober Fahrlässigkeit des VN (bzw. des Versicherten) nur dann vom Vertrag zurücktreten kann, wenn die Verletzung der vorvertraglichen Anzeigeobliegenheit einen vertragshindernden Umstand zum Gegenstand hatte.

11 Die Anknüpfung des Rücktrittsrechts an den Vorsatz bzw. die grobe Fahrlässigkeit des VN birgt eine Gefahr für den Versicherer in sich: Sollte nämlich im Laufe des Verfahrens der Beweis des Vorsatzes nicht erbracht werden können bzw. sollte es dem VN gelingen, sich vom Vorwurf grober Fahrlässigkeit zu entlasten, kann dies zur Unwirksamkeit der Rücktrittserklärung führen. Deshalb wird im Schrifttum empfohlen, den Rücktritt mit einer vorsorglichen Kündigung zu verbinden, damit diese hilfsweise für den Fall greift, dass keine grobe Fahrlässigkeit bzw. Vorsatz vorliegt.[20]

12 **b) Kündigung.**[21] Gemäß § 19 Abs. 3 VVG steht das Kündigungsrecht dem Versicherer in jenen Situationen zu, in denen der VN bzw. die versicherte Person weder vorsätzlich noch grob fahrlässig gehandelt haben, weshalb das Rücktrittsrecht des Versicherers ausgeschlossen ist. Der Versicherer kann den Vertrag bei einfacher Fahrlässigkeit oder bei fehlen-

---

[16] Terminologie im Anschluss an *Reusch* VersR 2007, 1313, 1314.

[17] *Marlow/Spuhl* Rn. 176.

[18] Zum Rücktritt siehe § 8 Rn. 4 ff.

[19] Die Begriffe des uneingeschränkten und des eingeschränkten Rücktrittsrechts stammen von *Marlow/Spuhl* Rn. 175, 176.

[20] *Langheid/Goergen* VP 2007, 161, 164; *Langheid* NJW 2006, 3317, 3318.

[21] Zur Kündigung siehe § 8 Rn. 34.

dem Verschulden des VN bzw. der versicherten Person kündigen. Die Kündigung kann nur unter Einhaltung einer Frist von einem Monat erfolgen und entfaltet Auswirkungen nur für die Zukunft, d.h. der Versicherer bleibt für die vor dem Wirksamwerden der Kündigung eingetretenen Versicherungsfälle deckungspflichtig. Das Kündigungsrecht des Versicherers auch bei fehlendem Verschulden wird damit begründet, dass selbst eine schuldlose Anzeigepflichtverletzung das Synallagma des Vertrages zu Lasten des Versicherers verändert, weil er ihm vorher nicht bekannte Risikoumstände tragen müsste.[22]

Gemäß § 39 Abs. 1 Satz 1 VVG steht dem Versicherer nur der Teil der Prämie zu, der dem Zeitraum entspricht, in dem Versicherungsschutz bestanden hat. **13**

Nach § 19 Abs. 4 VVG kann der Versicherer den Vertrag nur dann kündigen, wenn Gegenstand der Anzeigeobliegenheitsverletzung ein vertragshindernder Umstand ist (siehe Rn. 15). **14**

c) **Vertragsanpassung.** Gemäß § 19 Abs. 4 VVG sind das Rücktrittsrecht des Versicherers wegen grob fahrlässiger Anzeigeobliegenheitsverletzung sowie sein Kündigungsrecht ausgeschlossen, sofern es sich um einen lediglich vertragsändernden Umstand handelt, d.h. der Versicherer bei Kenntnis der nicht angezeigten Umstände, wenngleich zu anderen Bedingungen, den Vertrag trotzdem geschlossen hätte. Daraus ergibt sich, dass die Vertragsanpassung gesetzlichen Vorrang vor der Vertragsauflösung hat.[23] Durch die Vertragsanpassung soll die von Anfang an gestörte Äquivalenz des Vertrages ausgeglichen werden.[24] **15**

Das Gesetz sieht zwei Formen der Vertragsanpassung vor: Die Prämienerhöhung und der Ausschluss des nicht oder nicht richtig angegebenen Risikos (§ 19 Abs. 6 Satz 1 Halbs. 1 VVG). **16**

Die Vertragsanpassung kann nur bei Fahrlässigkeit oder bei fehlendem Verschulden des VN bzw. des Versicherten stattfinden; sie ist bei Vorsatz ausgeschlossen. Der Verschuldensgrad des VN wirkt sich auf die Gestaltung dieser Rechtsfolge im konkreten Fall aus. Bei einfach oder grob fahrlässiger Pflichtverletzung kann der Versicherer eine rückwirkende Prämienerhöhung verlangen. Sollte die Pflichtverletzung schuldlos erfolgt sein, kann der Versicherer die erhöhte Prämie erst ab Beginn der laufenden Versicherungsperiode fordern (§ 19 Abs. 4 Satz 2 VVG). **17**

---

[22] Die Interessen des VN werden dadurch geschützt, dass er einen Monat Frist gewährt bekommt, um sich nach der Kündigung einen neuen Versicherer zu suchen.

[23] *Meixner/Steinbeck* § 1 Rn. 249.

[24] *Marlow/Spuhl* Rn. 183.

18 Die Kündigung wirkt sich (anders als der Rücktritt) nicht auf die Deckungspflicht des Versicherers für **bereits eingetretene Schäden** aus, d.h. sie führt zu keiner Leistungsfreiheit des Versicherers. Die Vertragsänderung in Form des rückwirkenden Risikoausschlusses kann jedoch u.U. eine solche Leistungsfreiheit „durch die Hintertür" mit sich bringen.[25] Dies wäre inkonsequent, weil damit eine Obliegenheitsverletzung geringeren Gewichts mit einer schwerer wiegenden Sanktion versehen wäre. Ein Lösungsvorschlag führt zur teleologischen Reduktion des § 19 Abs. 4 Satz 2 VVG, was das Verbot des rückwirkenden[26] Risikoausschlusses im Falle des ausgeschlossenen Kündigungsrechts zur Konsequenz hat.[27] Umgekehrt wird darauf hingewiesen, dass die Aufrechterhaltung des Versicherungsvertrages, sogar um den Preis seiner rückwirkenden Änderung, immer den Interessen des VN diene. Daher würden die Einschränkung des Rechts des Versicherers in Bezug auf den rückwirkenden Risikoausschluss und die Auferlegung der Deckungspflicht für einen Versicherungsfall, der bei Kenntnis aller Umstände nicht versichert gewesen wäre, die Interessen des Versicherers in unannehmbarem Ausmaße verletzen.[28]

19 Eine befriedigende Lösung muss sich an der Interessenlage beider Parteien orientieren. Die Annahme, dass das Hauptinteresse des VN in der Aufrechterhaltung des Versicherungsvertrages, sogar um den Preis des rückwirkenden Risikoausschlusses besteht, der u.U. zur Leistungsfreiheit des Versicherers führen kann, dürfte dabei nicht zutreffen. Im Falle der Vertragskündigung kann der VN innerhalb der Kündigungsfrist von einem Monat einen neuen Versicherer finden. Andererseits hat er die Sicherheit, dass der durch den Versicherungsfall verursachte Schaden i.R.d. bisher versicherten Risikos gedeckt sein wird. Die Aufrechterhaltung des Versicherungsvertrages für die Zukunft kann den Verlust der Deckung für den bereits eingetretenen Versicherungsfall infolge des rückwirkenden Risikoausschlusses nicht ausgleichen. Daher klingt der Vorschlag, § 19 Abs. 4 Satz 2 VVG teleologisch zu reduzieren, viel überzeugender.[29]

20 Infolge der Vertragsänderung kann es zu beträchtlichen Verschlechterungen der Vertragsbedingungen für den VN kommen. Unter diesen Umständen kann das weitere Festhalten am Vertrag für den VN nicht mehr

---

[25] *Meixner/Steinbeck* § 1 Rn. 261; P/M/*Prölss* § 19 Rn. 56.

[26] Gemäß § 19 Abs. 4 Satz 2 VVG entfaltet die Vertragsanpassung Rückwirkung bei einer vom VN zu vertretenden Pflichtverletzung; es geht hier somit um Fälle einfacher Fahrlässigkeit des VN, da bei grober Fahrlässigkeit der Versicherer das Recht auf Rücktritt hat (§ 19 Abs. 2 VVG).

[27] P/M/*Prölss* § 19 Rn. 56; *Marlow/Spuhl* Rn. 183 f.

[28] *Meixner/Steinbeck* § 1 Rn. 261; P/M/*Prölss* § 19 Rn. 56.

[29] *Marlow/Spuhl* Rn. 187.

zumutbar sein.[30] Aus diesem Grund gewährt das Gesetz dem VN ein fristloses Gegenkündigungsrecht, das dem VN im Falle einer Prämienerhöhung um mehr als 10% oder eines Risikoausschlusses zusteht (§ 19 Abs. 6 Satz 1 VVG). Es ist zu berücksichtigen, dass das Gegenkündigungsrecht des VN seine Wirkung nur für die Zukunft entfaltet (§ 19 Abs. 6 Satz 1 VVG), während die Vertragsanpassung bei Verschulden des VN auf Verlangen des Versicherers rückwirkend erfolgen kann (§ 19 Abs. 4 Satz 1 VVG). Aus diesem Grund ist auch in diesem Fall die Gefahr relevant, auf die *Loacker*[31] bei entsprechender Regelung der Gefahrerhöhung hinweist. Der VN hat keine Möglichkeit, die Erhöhungswirkung vollständig zu beseitigen. Daher wird man auch die Wirkung des Gegenkündigungsrechts auf den Zeitpunkt der Wirksamkeit der Prämienerhöhung beziehen müssen.

5. Ausübung der Gestaltungsrechte des Versicherers

a) Belehrungspflicht des Versicherers. Gemäß § 19 Abs. 5 VVG stehen dem Versicherer die in § 19 Abs. 2–4 VVG normierten Rechte nur dann zu, wenn er den VN auf die Folgen einer Anzeigeobliegenheitsverletzung hingewiesen hat. Diese Belehrung ist also Wirksamkeitsvoraussetzung für die Rechte des Versicherers. **21**

Die Warnung muss so rechtzeitig vor Vertragsschluss erfolgen, dass der VN seine Anzeigeobliegenheit noch erfüllen kann.[32] Was ihre Form betrifft, muss diese gemäß § 19 Abs. 5 VVG eine „gesonderte Mitteilung in Textform" sein, wobei eine deutliche räumliche Abgrenzung von den gestellten Fragen durchaus ausreicht.[33] Die Belehrung muss inhaltlich richtig, vollständig, gleichzeitig aber klar im Einklang mit dem Transparenzgebot formuliert sein.[34] **22**

b) Ausschluss bei anfänglicher Kenntnis des Versicherers. Gemäß § 19 Abs. 5 Satz 2 VVG sind die Rechte des Versicherers wegen einer Anzeigeobliegenheitsverletzung dann ausgeschlossen, wenn der Versicherer den nicht angezeigten Umstand oder die Unrichtigkeit der Anzeige ohnehin kannte. **23**

c) Ausübungsfrist und Schriftform. Der Versicherer hat seine Gestaltungsrechte schriftlich auszuüben (§ 21 VVG). Sie müssen innerhalb eines **24**

---

[30] Begr. zum RegE, BT-Drucks. 16/3945 S. 166.

[31] *Loacker* VersR 2008, 1285, 1288.

[32] Begr. zum RegE, BT-Drucks. 16/3945 S. 166.

[33] *Marlow/Spuhl* Rn. 198 (dort Fn. 95); Terbille/*Terbille* § 2 Rn. 113; *Grote/Schneider* BB 2007, 2689, 2692.

[34] Siehe ausführlich dazu *Marlow/Spuhl* Rn. 199; krit. P/M/*Prölss* § 19 Rn. 75.

Monats ab Kenntniserlangung des Versicherers geltend gemacht werden. Erforderlich ist eine zuverlässige Kenntnis des Versicherers vom objektiven Tatbestand der Obliegenheitsverletzung.[35]

25 **d) Begründungserfordernis.** § 21 Abs. 1 VVG verpflichtet den Versicherer bei der Geltendmachung eines seiner Gestaltungsrechte aufgrund einer Verletzung der vorvertraglichen Anzeigeobliegenheiten, dies zu begründen. Er muss also die Umstände angeben, auf die er seine Erklärung stützt.[36] Sowohl das Schriftlichkeitsgebot als auch die Begründungspflicht zielen darauf ab, dem VN Rechtsklarheit zu verschaffen,[37] um ihm die Überprüfung der Berechtigung des Gestaltungsrechtes zu ermöglichen. Somit muss die Begründung die dazu nötigen Informationen beinhalten.[38] Die eventuelle Unrichtigkeit der Begründung hat keinen Einfluss auf die formelle Erfüllung dieser Voraussetzung, sie kann allerdings zur Unwirksamkeit der Geltendmachung führen.[39]

26 **e) Erlöschen durch Zeitablauf.** § 21 Abs. 3 VVG sieht Höchstfristen vor, nach deren Ablauf die Gestaltungsrechte des Versicherers erlöschen. Die allgemeine Ausschlussfrist beträgt fünf Jahre ab Vertragsschluss. Aus Gründen der Missbrauchsprävention gilt diese Frist nicht bei vor Fristablauf eingetretenen Versicherungsfällen.[40] Im Falle einer vorsätzlichen oder arglistigen Obliegenheitsverletzung wird die Höchstfrist auf zehn Jahre verlängert.

6. Beweislastverteilung

27 § 69 Abs. 3 Satz 2 VVG regelt nunmehr ausdrücklich, dass der Versicherer die Beweislast für die Anzeigeobliegenheitsverletzung sowie für die Verletzung einer Obliegenheit trägt. Wegen des Ausnahmecharakters

---

[35] *Marlow/Spuhl* Rn. 208; Terbille/*Terbille* § 2 Rn. 116; *Langheid* NJW 2007, 3665, 3668.

[36] Auf diese Art und Weise löste der Gesetzgeber das Problem, das aufgrund der alten Rechtslage zu vielen Kontroversen führte, siehe dazu Terbille/*Terbille* § 2 Rn. 122; P/M/*Prölss* § 21 Rn. 10.

[37] Begr. zum RegE, BT-Drucks. 16/3945 S. 167; Terbille/*Terbille* § 2 Rn. 122; P/M/*Prölss* § 21 Rn. 10.

[38] *Marlow/Spuhl* Rn. 213; P/M/*Prölss* § 21 Rn. 10.

[39] *Marlow/Spuhl* Rn. 212; P/M/*Prölss* § 21 Rn. 9; *Grote/Schneider* BB 2007, 2689, 2692; *Rixecker* ZfS 2007, 369, 370.

[40] Auf diese Weise möchte der Gesetzgeber solchen Situationen vorbeugen, in denen der VN mit der Anzeige eines Versicherungsfalles abwartet; siehe dazu *Marlow/Spuhl* Rn. 220 (dort Fn. 127).

des § 19 Abs. 3 Satz 1 VVG wird allerdings der Vorsatz des VN vermutet. Der VN muss somit beweisen, dass ihn ein geringeres oder gar kein Verschulden trifft.[41]

II. Gefahrerhöhung

1. Begriff der Gefahrerhöhung und seine Änderung im Zuge der VVG-Reform

Das VVG definiert den Begriff der Gefahrerhöhung nicht und grenzt lediglich die unerhebliche Gefahrerhöhung in § 27 VVG aus.[42] Im Schrifttum wird die Gefahrerhöhung als „nachträgliche Änderung der bei Vertragsschluss tatsächlich vorhandenen gefahrerheblichen Umstände [definiert], die den Eintritt eines Versicherungsfalles oder eine Vergrößerung des Schadens wahrscheinlicher machen".[43] Strittig ist, ob das Kriterium der Dauerhaftigkeit ein konstitutives Merkmal der Gefahrerhöhung darstellt.[44] Gegenwärtig dürfte die Ansicht überwiegen, dass die Dauerhaftigkeit nur als Indiz für eine Gefahrerhöhung gesehen werden kann.[45] Dabei ist zwischen einer einmaligen oder ganz kurzzeitigen Erhöhung des Gefahreintritts, die eine vom Vertrag gedeckte Risikoänderung darstellt, im Gegensatz zu einer Gefahrerhöhung, die typischerweise eine längerfristige Risikoverschiebung darstellt, zu unterscheiden.[46] **28**

2. Gefahrerhöhende anzeigepflichtige Umstände

Zu den gefahrerhöhenden anzeigepflichtigen Umständen in der D&O-Versicherung gehören u.a.: Börsennotierung, Änderung des Gesellschaftszwecks bzw. der Satzung, wesentliche Erweiterung oder Änderung des Geschäftsbereichs, Änderung der Gesellschafterstruktur und der Stimmrechtsverhältnisse von mehr als 10% (teilweise auch 25%), freiwillige Liquidation oder Eröffnung des Insolvenzverfahrens über das Vermögen der VN oder eines Tochterunternehmens.[47] Einen beispielhaften Katalog der gefahrerhöhenden Umstände, bezüglich deren eine Anzeigeobliegenheit **29**

---

[41] *Marlow/Spuhl* Rn. 211; P/M/*Prölss* § 21 Rn. 28; *Meixner/Steinbeck* § 1 Rn. 255; *Schimikowski/Höra* S. 125.

[42] *Schimikowski/Höra* S. 126; P/M/*Prölss* § 27 Rn. 2 f.

[43] VersR-Hdb/*Hahn* § 20 Rn. 3; P/M/*Prölss* § 23 Rn. 8 ff.

[44] VersR-Hdb/*Hahn* § 20 Rn. 4; P/M/*Prölss* § 23 Rn. 18.

[45] VersR-Hdb/*Hahn* § 20 Rn. 4; BK/*Harrer* § 23 Rn. 5; P/M/*Prölss* § 23 Rn. 12.

[46] Siehe dazu VersR-Hdb/*Hahn* § 20 Rn. 4; BK/*Harrer* § 23 Rn. 5; P/M/*Prölss* § 23 Rn. 20.

[47] Van Bühren/*Lenz* § 27 Rn. 128; VersR-Hdb/*Beckmann* § 28 Rn. 147.

bestand, enthielt noch Ziff. 7.2.1 AVB-AVG 2005, während seit den AVB-AVG 2007 wegen der Neufassung des VVG auf diese Aufzählung verzichtet wurde.

30 Zusätzlich verpflichten viele D&O-Versicherungsverträge den VN, den konsolidierten Geschäftsbericht innerhalb von sechs Monaten nach Abschluss des Geschäftsjahres vorzulegen. Eine Einsicht in dieses Dokument sollte dem Versicherer eine Feststellung ermöglichen, ob erhebliche, die Gefahrlage wesentlich ändernde Umstände mittlerweile tatsächlich eingetreten sind.[48]

3. Arten

31 **a) Gesetzliche Regelung.** Die mit der Gefahrerhöhung verbundenen Obliegenheiten sind in §§ 23–27 VVG geregelt. Ihr gemäß § 32 VVG halbzwingender Charakter erklärt, warum diese Vorschriften in Ziff. 7.2 AVB-AVG nur mit geringen inhaltlichen Änderungen übernommen wurden. Im Folgenden werden die gesetzliche Regelung und die in den Musterbedingungen vorgeschlagenen Lösungen dargestellt.

32 § 23 VVG regelt drei Arten der Gefahrerhöhung:[49] subjektiv verschuldete Gefahrerhöhung (§ 23 Abs. 1 VVG), subjektiv unverschuldete Gefahrerhöhung (§ 23 Abs. 2 VVG) und die objektiv unverschuldete Gefahrerhöhung (§ 23 Abs. 3 VVG). § 23 Abs. 1 VVG enthält ein Verbot der Gefahrerhöhung, wohingegen die §§ 23 Abs. 2 und 3 VVG die Anzeigeobliegenheiten hinsichtlich einer Gefahrerhöhung regeln.

33 § 23 Abs. 1 VVG bezieht sich also auf sog. subjektiv verschuldete Gefahrerhöhungen und verbietet dem VN ohne Einwilligung des Versicherers eine Gefahrerhöhung selbst vorzunehmen oder durch einen Dritten zuzulassen.

34 § 23 Abs. 2 VVG regelt die schuldlose subjektive Gefahrerhöhung, indem sie den VN verpflichtet, die Gefahrerhöhung unverzüglich anzuzeigen, sollte er nachträglich erkennen, dass er gegen das Verbot des § 23 Abs. 1 VVG verstoßen hat. Es geht hier somit um Fälle, in denen der VN die Tatsachen, die der Gefahrerhöhung zugrunde liegen, kennt,[50] wobei er deren gefahrerhöhenden Charakter zunächst nicht erkannt hat.[51]

35 Die dritte Art der Gefahrerhöhung bildet die objektiv unverschuldete Gefahrerhöhung (§ 23 Abs. 3 VVG), die unabhängig vom Willen des VN eintritt. Auch in diesem Fall verpflichtet das Gesetz den VN zur unverzüglichen Anzeige.

---

[48] Van Bühren/*Lenz* § 27 Rn. 129.
[49] Siehe ausführlich dazu *Felsch* r+s 2007, 485, 487.
[50] P/M/*Prölss* § 23 Rn. 45.
[51] *Marlow/Spuhl* Rn. 249.

Im Zusammenhang mit § 23 VVG ist § 27 VVG zu beachten: Die §§ 23–26 VVG finden dann keine Anwendung, wenn nur eine unerhebliche Gefahrerhöhung vorliegt oder wenn nach den Umständen des Falles als vereinbart anzusehen ist, dass diese Gefahrerhöhung mitversichert sein soll.[52] **36**

b) Regelung in den AVB-AVG. Die Frage der Gefahrerhöhung wurde in Ziff. 7.2 AVB-AVG, welche die gesetzliche Regelung in zweierlei Hinsicht eingeschränkt hat, geregelt. **37**

aa) Keine subjektiv verschuldete Gefahrerhöhung. Erstens wurde § 23 Abs. 1 VVG, der die subjektiv verschuldete Gefahrerhöhung regelt, nicht in die Musterbedingungen übernommen, was allerdings „bewusst" geschah.[53] Die in den AVB-AVG enthaltene Regelung hat abschließenden Charakter,[54] wodurch ein Rückgriff auf die gesetzliche Regelung unmöglich ist. **38**

bb) Einschränkung der Anzeigeobliegenheiten im Falle der Gefahrerhöhung. Den zweiten wichtigen Unterschied zwischen § 23 VVG und Ziff. 7.2.1 AVB-AVG bildet der Umstand, dass die Anzeigeobliegenheiten sowohl bei subjektiv unverschuldeter, als auch bei objektiv unverschuldeter Gefahrerhöhung lediglich „auf Befragen" bestehen. Die Erläuterungen zu den Musterbedingungen erklären, dass diese Lösung aufgrund der Fristenregelungen der Ziff. 7.2.2–7.2.4 AVB-AVG, die ansonsten für den Versicherer nachteilig sein könnten, aufgenommen wurde.[55] Tatsächlich dürfte der Grund für die Regelung in § 8 Ziff. II 1 AVB-Vermögen liegen, die erst nach Erhalt einer Aufforderung des Versicherers den VN verpflichtet, ihm Änderungen (ab Vertragsschluss) im versicherten Risiko mitzuteilen. Dies dient der Prämienanpassung.[56] Eine solche Prämienanpassungsklausel fehlt jedoch in den AVB-AVG, weshalb die Wendung „auf Befragen" sinnlos wird; zu Recht wird daher ihre ersatzlose Streichung empfohlen.[57] **39**

---

52 Vgl. VersR-Hdb/*Hahn* § 20 Rn. 20.

53 Erläuterungen zu Ziff. 7.2.1 Abs. 2 AVB-AVG.

54 *Koch* GmbHR 2004, 288, 296.

55 Es geht hier somit um die Fristgebundenheit der Gestaltungsrechte des Versicherers, die innerhalb eines Monats ab Kenntniserlangung durch den Versicherer geltend gemacht werden müssen.

56 *Koch* GmbHR 2004, 288, 296.

57 So schon für eine frühere Version der AVB-AVG *Koch* GmbHR 2004, 288, 296.

4. Rechtsfolgen einer Verletzung der Obliegenheiten

40 Das VVG differenziert die Sanktionen je nachdem, ob das Gefahrerhöhungsverbot (§ 23 Abs. 1 VVG) oder aber die Anzeigeobliegenheiten (§ 23 Abs. 2 und 3 VVG) verletzt wurden. Allgemein sieht das VVG *drei* Rechtsfolgen einer Verletzung der Gefahrerhöhungsobliegenheiten vor: das Kündigungsrecht (§ 24 VVG), die Vertragsanpassung (§ 25 VVG) und die Leistungsfreiheit des Versicherers (§ 26 VVG).

41 **a) Gefahrerhöhungsverbot. aa) Kündigungsrecht des Versicherers wegen eines Verstoßes gegen das Gefahrerhöhungsverbot.** Sollte der VN (im Falle der D&O-Versicherung der VN bzw. eine versicherte Person) eine Gefahrerhöhung vornehmen bzw. gestatten, kann der Versicherer den Vertrag kündigen (§ 24 Abs. 1 VVG). Die Bedingungen dieser Kündigung hängen vom Verschuldensgrad des VN bzw. der versicherten Person ab. Bei Vorsatz oder grober Fahrlässigkeit kann die Kündigung sogar fristlos erfolgen. Der einfach fahrlässige Verstoß berechtigt den Versicherer zur Kündigung unter Einhaltung einer Ein-Monats-Frist.[58]

42 **bb) Vertragsanpassungsrecht wegen eines Verstoßes gegen das Gefahrerhöhungsverbot.** Eine der wichtigsten Änderungen des neuen VVG ist die Abwendung vom bisher vertretenen Konzept der statischen Gefahrauffassung zugunsten eines dynamischen Modells, wodurch für den Versicherer die Möglichkeit der Vertragsanpassung neben dem Kündigungsrecht eröffnet wurde (§ 25 VVG). Die Wahl zwischen Kündigung und Vertragsanpassung wurde dem Versicherer überlassen. Anders als bei der vorvertraglichen Anzeigeobliegenheit (siehe Rn. 15) kommt der Vertragsanpassung hier kein Vorrang zu.[59]

43 Das VVG unterscheidet zwei Formen der Vertragsanpassung: die Prämienerhöhung und den Gefahrausschluss. Die Voraussetzungen der Vertragsanpassung knüpfen an die Bedingungen des Kündigungsrechts an. Es ist zu berücksichtigen, dass die Vertragsanpassung ab dem Zeitpunkt der Gefahrerhöhung erfolgt, weshalb sich dieses Rechtsinstrument rückwirkend bis zum Zeitpunkt des Gefahrerhöhungseintritts auswirkt (§ 25 Abs. 1 Satz 1 VVG).[60]

---

[58] An dieser Stelle ist der Gesetzgeber von dem im VVG allgemein geltenden Grundsatz abgewichen, wonach leicht fahrlässige Verstöße des VN nicht sanktioniert werden sollen. Die Gefahrerhöhung stellt jedoch einen besonderen Fall dar, da die Erhöhung des dem Vertrag zugrunde liegenden Risikos nicht nur einmalige Folgen zeitigt, sondern für den Versicherer auch in Zukunft belastende Auswirkungen entfaltet. Siehe dazu *Meixner/Steinbeck* § 1 Rn. 279.

[59] Begr. zum RegE, BT-Drucks. 16/3945 S. 172; *Loacker* VersR 2008, 1285, 1287.

[60] *Marlow/Spuhl* Rn. 259.

44 Das VVG verpflichtet den Versicherer bei der Ausübung seines Rechts auf Prämienerhöhung seine eigenen Geschäftsgrundsätze zu berücksichtigen. Diese Einschränkung sollte auf den Gefahrausschluss erstreckt werden, so dass dieser nur dann zulässig ist, wenn dies die Geschäftsgrundsätze des konkret betroffenen Versicherers zulassen.[61]

45 Die im VVG verwendete Formulierung ist unklar und suggeriert den Schluss, dass der Versicherer zwischen beiden Formen der Vertragsänderung frei wählen kann. Zu Recht wird darauf hingewiesen, dass ein nachträglicher Risikoausschluss eine sehr problematische Form der Vertragsänderung darstellt. Ausschlaggebend sollten die Geschäftsgrundsätze des Versicherers im Zeitpunkt des Vertragsschlusses sein. Sein Wissen über spätere Entwicklungen, insbesondere über den eingetretenen Versicherungsfall, darf nicht mitberücksichtigt werden, da dies zur ungerechtfertigten Bevorzugung des Versicherers führen würde.[62] Daraus ergibt sich, dass nachträgliche Risikoausschlüsse für Umstände, die zu einem Versicherungsfall geführt haben, nicht erlaubt sind, weil damit die Anwendung des § 26 VVG (Leistungsfreiheit) unterlaufen würde.[63]

46 Sollte der Versicherer aufgrund des ihm zustehenden Rechtes gemäß § 25 Abs. 1 VVG wesentliche Vertragsänderungen[64] durchgeführt haben, steht dem VN ein Gegenkündigungsrecht zu (§ 25 Abs. 2 VVG). Dieses Kündigungsrecht ist fristgebunden, es muss innerhalb eines Monats nach Zugang der Mitteilung des Versicherers ausgeübt werden. Der Versicherer ist verpflichtet, den VN über sein Kündigungsrecht zu belehren. Das VVG regelt die Folgen des Unterlassens des Hinweises auf das Gegenkündigungsrecht des VN nicht. Das Kündigungsrecht des VN besteht dennoch, auch Schadensersatzansprüche gemäß § 280 Abs. 1 BGB sind möglich.[65]

---

[61] *Loacker* VersR 2008, 1285, 1291.

[62] *Loacker* VersR 2008, 1285, 1291.

[63] Die Leistungsfreiheit (§ 26 VVG) knüpft an viel strengere Bedingungen als der nachträgliche Risikoausschluss an, insbesondere an das Verschulden (völlige Leistungsfreiheit nur bei Vorsatz, Leistungskürzung bei grober Fahrlässigkeit) und an das Kausalitätserfordernis, was dazu führen würde, dass der Versicherer kein Interesse mehr hätte, sich auf die Leistungsfreiheit zu berufen, wodurch diese Regelung voraussichtlich kaum mehr Anwendung finden würde, was nach Ansicht der Lehre keinesfalls die Absicht des Gesetzgebers war. Siehe ausführlich dazu *Loacker* VersR 2008, 1285, 1290 f.

[64] Das Gesetz sieht hier zwei Fälle vor, wenn die Prämie um mehr als 10% erhöht oder die Absicherung der höheren Gefahr ausgeschlossen wurde.

[65] *Marlow/Spuhl* Rn. 261; *Schimikowski/Höra* S. 127; Terbille/*Terbille* § 2 Rn. 146.

47 Aus der Gestaltung des Gegenkündigungsrechts ergibt sich eine dem VN drohende Gefahr.[66] Wie erwähnt, entfaltet die Vertragsanpassung ihre Auswirkungen ab dem Eintritt der Gefahrerhöhung, während das Kündigungsrecht des VN nur für die Zukunft wirksam ist. Daher kann der VN die Erhöhungswirkung nicht vollständig beseitigen. Er muss die erhöhte Prämie ab der Gefahrerhöhung bis zum Wirksamwerden seiner Kündigung bezahlen, was u. U. zu hohen Summen führen kann.[67] Um diese Gefahr zu beseitigen, wird vorgeschlagen, dass das Kündigungsrecht, zumindest im Falle von Prämienerhöhungen über 10%, bereits zum Zeitpunkt des Eintritts der Prämienerhöhung seine Wirkung entfalten soll.[68]

48 **cc) Leistungsfreiheit des Versicherers wegen eines Verstoßes gegen das Gefahrerhöhungsverbot.** Die dritte mögliche Sanktion eines Verstoßes gegen das Gefahrerhöhungsverbot ist die Leistungsfreiheit des Versicherers (§ 26 Abs. 1 VVG). Sollte der Versicherungsfall nach einer Gefahrerhöhung eintreten, differenziert das Gesetz zwei Situationen je nach dem Verschuldensgrad des VN. Liegt Vorsatz vor, ist der Versicherer gänzlich leistungsfrei, während bei grober Fahrlässigkeit eine Leistungsquotelung stattfindet, d.h. die Leistung des Versicherers wird „in einem der Schwere des Verschuldens des VN entsprechenden Verhältnis" gekürzt (§ 26 Abs. 1 Satz 2 VVG).

49 Für die Leistungsfreiheit des Versicherers müssen zwei weitere Bedingungen erfüllt sein (§ 26 Abs. 3 VVG): das Kausalitätserfordernis (§ 26 Abs. 3 Nr. 1 VVG) sowie die Bedingung, dass „zur Zeit des Eintritts des Versicherungsfalles die Frist für die Kündigung noch nicht abgelaufen ist, ohne dass eine Kündigung erfolgt ist" (§ 26 Abs. 3 Nr. 2 VVG).

50 **dd) Beweislastverteilung.** Gemäß § 69 Abs. 3 Satz 2 VVG trifft die Beweislast für das Vorliegen einer Gefahrerhöhung den Versicherer. Der VN muss sich dagegen von vermutetem Vorsatz oder grober Fahrlässigkeit entlasten, was sich aus dem Ausnahmecharakter des § 24 Abs. 1 Satz 1 VVG ergibt.[69]

51 Anders dagegen ist die Beweislast bei Leistungsfreiheit infolge subjektiver Gefahrerhöhung geregelt (§ 26 Abs. 1 VVG). In diesem Fall muss der Versicherer den Vorsatz des VN beweisen. Die grobe Fahrlässigkeit des VN wird dagegen vermutet.[70]

---

[66] *Loacker* VersR 2008, 1285, 1288.
[67] *Loacker* VersR 2008, 1285, 1288.
[68] *Loacker* VersR 2008, 1285, 1288.
[69] *Marlow/Spuhl* Rn. 266; *Meixner/Steinbeck* § 1 Rn. 282; *Schimikowski/Höra* S. 127.
[70] *Schimikowski/Höra* S. 127; Terbille/*Terbille* § 2 Rn. 147.

b) Rechtsfolgen einer Verletzung der Anzeigeobliegenheit. 52
aa) Rechtsfolgen. Die Rechtsfolgen einer Verletzung der Anzeigeobliegenheiten im Falle der subjektiv verschuldeten Gefahrerhöhung und der objektiv unverschuldeten Gefahrerhöhung wurden gemeinsam geregelt. Auch hier sind drei mögliche Sanktionen vorgesehen: die Kündigung (§ 24 Abs. 2 VVG), die Vertragsanpassung (§ 25 VVG) und die Leistungsfreiheit des Versicherers (§ 26 Abs. 2 VVG). Im Vergleich zum Gefahrerhöhungsverbot bestehen folgende Unterschiede: (1.) Der Versicherer kann im Falle der Anzeigeobliegenheitsverletzung den Vertrag unabhängig vom Verschuldensgrad des VN nur unter Einhaltung einer Ein-Monat-Frist kündigen. (2.) Der Versicherer wird nur dann leistungsfrei, wenn der Versicherungsfall später als einen Monat nach dem Zeitpunkt eintritt, bis zu dem die Anzeige dem Versicherer hätte zugegangen sein müssen (§ 26 Abs. 2 VVG).

bb) Beweislastverteilung. Die Anzeigeobliegenheitsverletzung muss 53
gemäß § 69 Abs. 3 Satz 2 VVG vom Versicherer bewiesen werden.

cc) Rechtsfolgen in den AVB-AVG. Rechtsfolgen einer Verletzung der 54
Obliegenheiten im Falle einer Gefahrerhöhung wurden in Ziff. 7.2.2 (Kündigung), Ziff. 7.2.3 (Prämienerhöhung) und Ziff. 7.2.4 (Leistungsfreiheit) der AVB-AVG geregelt. Die Klauseln beschränken sich auf eine Wiederholung des Gesetzestextes. Den einzigen bedeutenden Unterschied zwischen dem VVG und den Musterbedingungen bildet die Erweiterung des Anwendungsbereichs des Kündigungsrechts des Versicherers auch auf Fälle, in denen die Voraussetzungen für die Kündigung nur bei einem Teil der versicherten Personen oder Tochterunternehmen erfüllt sind (Ziff. 7.2.2 Abs. 1 AVB-AVG). Diese Bestimmung spielt eine sehr wichtige Rolle in D&O-Versicherungsverträgen, da Situationen, in denen die Kündigungsvoraussetzungen nur bezüglich eines Teils der versicherten Personen erfüllt sind und dem Versicherer somit nur ein Teilkündigungsrecht (§ 29 VVG) zusteht, eine beträchtliche Gefahr für die Interessen des Versicherers darstellen können. Es geht somit um das Prinzip der Gesamtverantwortung des Vorstands bzw. der Geschäftsführer. Daher kann der Versicherer sogar nach einem Teilrücktritt weiterhin deckungspflichtig sein, weil gutgläubige versicherte Personen mit bösgläubigen gesamtschuldnerisch haften.

III. Weitere Obliegenheiten

1. Obliegenheiten vor Eintritt des Versicherungsfalles

55 In den AVB-AVG 2011 ist die Obliegenheit des VN (und gemäß Ziff. 8.3 AVB-AVG der versicherten Personen) normiert, auf Verlangen des Versicherers innerhalb angemessener Frist besonders gefahrdrohende Umstände zu beseitigen (Ziff. 7.3.1 AVB-AVG). Diese Obliegenheit besteht nur insoweit, als die Beseitigung unter Abwägung der beiderseitigen Interessen dem VN zumutbar ist (Ziff. 7.3.1 Satz 2 AVB-AVG). Ein Umstand, der bereits zu einem Schaden geführt hat, gilt demnach als besonders gefahrdrohend.

2. Obliegenheiten nach Eintritt des Versicherungsfalles

56 Nach Eintritt des Versicherungsfalles können zwei Gruppen von Obliegenheiten unterschieden werden: Anzeige- und Auskunftsobliegenheiten des VN bzw. versicherter Personen, sowie die Obliegenheit zur Abwendung und Minderung des Schadens, die im Falle der D&O-Versicherung gewöhnlich die Form einer Unterstützungsobliegenheit einnimmt.[71]

57 **a) Anzeigeobliegenheit.** Die Anzeigeobliegenheit hinsichtlich des Versicherungsfalles ergibt sich bereits aus § 104 VVG (Anzeigepflicht des VN in der Haftpflichtversicherung): Nach § 104 Abs. 1 VVG obliegt es dem VN, innerhalb **einer Woche** die Tatsache anzuzeigen, die zu seiner Haftpflicht gegenüber einem Dritten führen kann. Diese Frist von einer Woche gilt auch im Falle der Geltendmachung der Ansprüche gegen den VN durch einen Dritten.

58 § 104 Abs. 2 VVG zählt hingegen solche Fälle auf, in denen der VN zur **unverzüglichen** Anzeige verpflichtet ist. Dazu gehören: eine gerichtliche Geltendmachung der Ansprüche, eine Beantragung der Prozesskostenhilfe und eine Streitverkündung.

59 Diese gesetzliche Regelung wird in den D&O-Bedingungswerken weiter entwickelt. Nach Ziff. 7.3.2.1 AVB-AVG ist jeder Versicherungsfall dem Versicherer unverzüglich anzuzeigen. Gleichzeitig führt Ziff. 7.3.2.1 das Erfordernis der Textform ein. Dies steht im Einklang mit § 32 VVG. Weiters zählen Ziff. 7.3.2.1 Abs. 2 und 3 AVB-AVG prozessuale Schritte auf, deren Einleitung der VN oder die versicherte Person dem VN unverzüglich anzuzeigen hat. Dazu gehören: die Einleitung eines Ermittlungsverfahrens, die Anordnung eines selbstständigen Beweisverfahrens, das Ergehen eines Strafbefehls oder Bescheides, der den Ersatz eines Vermö-

[71] BK/*Beckmann* § 62 Rn. 22.

gensschadens zum Gegenstand hat oder zur Folge haben könnte. In diesen Fällen besteht die Anzeigeobliegenheit sogar dann, wenn der Versicherungsfall selbst bereits angezeigt wurde. Gemäß Ziff. 7.3.2.1 Abs. 2 AVB-AVG bilden weitere anzeigepflichtige prozessuale Schritte: die gerichtliche Geltendmachung eines Anspruchs, die Beantragung einer Prozesskostenhilfe, die Streitverkündung sowie der Fall eines Arrests oder einer einstweiligen Verfügung.

Nicht in den Musterbedingungen enthalten sind Anzeigeobliegenheiten hinsichtlich jener Rechtsgeschäfte zwischen dem VN und einer der versicherten Personen, welche die Enthaftung der versicherten Person dem VN gegenüber bezwecken und durch die bei Schadensersatzansprüchen des VN eine Manipulationsgefahr im Hinblick auf den Versicherungsvertrag entstehen kann. Gerade diese Anzeigeobliegenheiten wären aber für den Versicherer von großer Bedeutung.[72] Zu den genannten Rechtsgeschäften zählen insbesondere: Die Abgabe einer Freistellungs- oder Verzichtserklärung durch den VN gegenüber der versicherten Person, die Erteilung einer Entlastung bezüglich des Versicherungsfalles und der Abschluss eines Vergleichs. Die Manipulationsgefahr entsteht in diesen Fällen dadurch, dass infolge der Enthaftung der Abwehrwille der versicherten Person nachlassen kann.[73] 60

b) Rettungsobliegenheit. aa) Ausgestaltung. I.d.R. enthalten D&O-Versicherungsverträge die sich bereits aus § 82 VVG ergebende Obliegenheit, für die Abwendung und Minderung des Schadens zu sorgen. Schon im VVG ist diese Obliegenheit dadurch eingeschränkt, dass sie erstens nur „nach Möglichkeit“ besteht und zweitens der VN bei ihrer Erfüllung verpflichtet ist, den Weisungen des Versicherers zu folgen und solche sogar einzuholen, soweit es für ihn zumutbar ist. Allerdings gehören die Prüfung der Haftpflichtfrage und die Abwehr unberechtigter Ansprüche zu den Aufgaben des Versicherers.[74] Daher ist die Obliegenheit des VN (und in der D&O-Versicherung des VN und der versicherten Personen) zur Abwendung und Minderung des Schadens in der Haftpflichtversicherung und somit auch in der D&O-Versicherung auf eine Unterstützungsobliegenheit reduziert, deren genauer Inhalt in D&O-Bedingungswerken festgelegt ist. 61

Deshalb werden dem VN und den versicherten Personen insbesondere umfassende Aufklärungs- und Berichtsobliegenheiten bezüglich des Versicherungsfalles auferlegt. So verpflichtet Ziff. 7.3.2.2 Satz 3 AVB-AVG 62

[72] VersR-Hdb/*Beckmann* § 28 Rn. 151; vgl. *Plück/Lattwein* S. 192; *Ihlas*, Organhaftung, S. 300.

[73] VersR-Hdb/*Beckmann* § 28 Rn. 151; *Ihlas*, Organhaftung, S. 300 f.

[74] VersR-Hdb/*Beckmann* § 28 Rn. 158.

den VN und die versicherten Personen, dem Versicherer ausführliche und wahrheitsgemäße Schadensberichte zu erstellen und ihn bei der Schadensermittlung und -regulierung zu unterstützen. Eine weitere Obliegenheit bildet die Übersendung angeforderter Informationen in Textform.

63 **bb) Geltungszeitpunkt.** Nach § 82 VVG entsteht die Rettungsobliegenheit „bei Eintritt des Versicherungsfalles". In diesem Zusammenhang ist jedoch auf die besondere Gestaltung des Versicherungsfalles in der D&O-Versicherung Rücksicht zu nehmen, der sich auf das Anspruchserhebungsprinzip stützt (siehe dazu § 6 Rn. 93 ff.). Daraus ergibt sich, dass bei D&O-Versicherungsverträgen die Obliegenheit zur Abwendung und Minderung des Schadens sehr spät, konkret erst bei Geltendmachung von Schadensersatzansprüchen, entsteht, zu einem Zeitpunkt also, zu dem sich in dieser Hinsicht „nichts mehr machen lässt".[75] Daher ist es wohl sinnvoll, diese Obliegenheit in D&O-Versicherungsverträgen nicht auf den Versicherungsfall, sondern auf den Moment des Schadenseintritts abzustellen.[76]

3. Mitwirkungsobliegenheiten des Versicherungsnehmers im Schadensfall und unternehmensinterne Informationspflichten bei Verlust oder Einschränkung der D&O-Deckung

64 Bei der D&O-Versicherung als Fremdversicherung können sich durch das Auseinanderfallen der Rolle des VN als Vertragspartner des Versicherungsvertrags und den versicherten Personen als den Begünstigten des Vertrags weitere Probleme ergeben. Dabei soll zwischen den folgenden Fallgestaltungen unterschieden werden, die im Anschluss näher untersucht werden:

- So könnte der VN als Inhaber des formellen Verfügungsrechts über den Versicherungsanspruch die Durchsetzung des bei den versicherten Personen liegenden materiellen Versicherungsanspruchs verhindern, indem er den Versicherungsschein der in Anspruch genommenen versicherten Person nicht aushändigt oder der Ausübung der Verfügungsrechte durch die versicherte Person nicht zustimmt (§ 44 Abs. 2 VVG).
- Zeigt der VN nach Eintritt eines Versicherungsfalles diesen nicht oder nicht rechtzeitig an (§ 30 Abs. 1 VVG), verletzt er seine Auskunftspflicht nach § 31 Abs. 1 VVG oder verstößt er gegen sonstige Obliegenheiten, kann das bei der betroffenen versicherten Person ebenfalls bis hin zum vollständigen Rechtsverlust (§ 28 Abs. 2 VVG) führen.

---

[75] Van Bühren/*Lenz* § 27 Rn. 135.

[76] Van Bühren/*Lenz* § 27 Rn. 135; VersR-Hdb/*Beckmann* § 28 Rn. 154.

– Schließlich kann der VN die versicherten Personen bereits vor Eintritt eines Versicherungsfalles dadurch benachteiligen, dass er die bestehende D&O-Deckung nicht fortführt oder (wesentlich) einschränkt, ohne diese hierüber zu informieren.

a) Vereitelung des Deckungsanspruchs der versicherten Person durch Verhalten des Versicherungsnehmers. aa) Nichtzustimmung des Versicherungsnehmers zur Ausübung der Verfügungsrechte durch die versicherte Person. Zwar stehen den versicherten Personen die Rechte aus dem Versicherungsvertrag zu (§ 44 Abs. 1 Satz 1 VVG), sie benötigen zur Aktivlegitimation gegenüber dem Versicherer hierzu jedoch den Besitz des Versicherungsscheins (§ 44 Abs. 2 VVG), der im Regelfall ausschließlich dem VN vorliegt und nicht an die versicherten Personen weitergereicht wird.[77] Enthalten die D&O-AVB keine – in der Praxis zwar mittlerweile weit verbreitete, aber nicht standardmäßig vorhandene – Regelung, wonach in Abweichung von § 44 Abs. 2 VVG zur Ausübung der Rechte aus dem Versicherungsvertrag der *Besitz des Versicherungsscheins nicht erforderlich* bzw. eine *Zustimmung des VN nicht notwendig* ist,[78] so kann der VN die Durchsetzung des Anspruchs der versicherten Person gegen den Versicherer durch Verweigerung der Herausgabe der Police grundsätzlich verhindern.[79] 65

Insbesondere bei Innenhaftungsansprüchen erscheint eine solche Vorgehensweise des VN (Verzicht auf den von der Versicherung bereit gestellten Haftungsfonds) mit Blick auf sein Kompensationsinteresse zwar als wenig 66

[77] Vgl. § 2 Rn. 12.

[78] § 44 Abs. 2 VVG ist dispositiv, vgl. P/M/*Prölss/Klimke* § 44 Rn. 21; VersR-Hdb/*Beckmann* § 28 Rn. 159, wonach die meisten D&O-AVB heute eine entsprechend einschränkende Regelung enthalten: z.B. Chubb AVB OLA 2008 Prime-Line: „*Jede versicherte Person kann ihre Rechte gegenüber dem Versicherer auch ohne Zustimmung der Versicherungsnehmerin gerichtlich und außergerichtlich auch dann geltend machen, wenn sie nicht im Besitz des Versicherungsscheins ist*"; § 14 Nr. 1 AVB-VOV (Anspruchsberechtigte): „*Die sich aus dem Versicherungsvertrag gegen die VOV ergebenden Ansprüche und das Recht zu deren Geltendmachung stehen – unabhängig vom Besitz des Versicherungsscheins – ausschließlich den versicherten Personen zu*"; die AVB-AVG 2008 des GDV wiederholen in Ziff. 10.1 hingegen ausschließlich § 44 Abs. 1 Satz 1 VVG: „*Die Ausübung der Rechte aus dem Versicherungsvertrag steht ausschließlich den versicherten Personen zu; dies gilt nicht in den Fällen der Ziff. 1.2. [company reimbursement; Anm. des Verf.]*". Die D&O-AVB AVBDO 01/2011 der DUAL Deutschland GmbH enthalten keine Regelung zur Rechtsstellung der versicherten Person. Es gilt also das VVG.

[79] Dies gibt dem VN auch ein Druckmittel gegenüber den versicherten Personen an die Hand, vgl. MünchKomm-VVG/*Dageförde* § 44 Rn. 6.

naheliegend. Andererseits mag es durchaus Fälle geben, in denen der VN aufgrund einer massiven Zerrüttung des Vertrauensverhältnisses die bereits aus dem Unternehmen ausgeschiedene versicherte Person nicht mehr in den Genuss des Versicherungsschutzes kommen bzw. mit ihrem persönlichen Vermögen haften lassen will. Ebenso denkbar sind Konstellationen, bei denen der VN durch die Zustimmung zur Gewährung von Versicherungsschutz eine negative Öffentlichkeitswirkung befürchtet, z.B. weil der versicherten Person – wie es häufig der Fall ist – eine Vorsatztat oder zumindest vorsätzliches Handeln vorgeworfen wird.[80] Außerdem kann als Motiv der Wunsch nach Bewahrung des Deckungslimits für andere, noch aktive Organmitglieder eine Rolle spielen. Bei einem bereits schadenbelasteten Vertrag mag der VN schließlich befürchten, dass im Falle einer weiteren Schadensmeldung eine Kündigung der Versicherung oder zumindest eine erhebliche Verschlechterung der Konditionen bei der Vertragsverlängerung droht.[81]

67 Macht die betroffene versicherte Person den Versicherungsanspruch dennoch geltend, so kann sich eine Berufung des Versicherers auf dessen fehlende Aktivlegitimation u.U. als rechtsmissbräuchlich erweisen, falls diesem die versicherte Person aus dem Vertragsverhältnis bekannt ist (z.B. als das Organmitglied, das den Risikofragebogen unterschrieben hat).[82] Dies ergibt sich aus dem Regelungszweck des § 44 Abs. 2 VVG, wonach der Versicherer vor einer Auseinandersetzung mit ihm unbekannten Personen geschützt werden soll.[83] Bei der D&O-Versicherung als Gruppenpolice, welcher im Hinblick auf den weiten Kreis der versicherten Personen ein Pauschalansatz zugrunde liegt, also auf eine individuelle Benennung der versicherten Personen verzichtet, wird das namentliche Bekanntsein allerdings den Ausnahmefall darstellen. Davon ausgehend stellt sich die Frage nach den Grenzen der Verfügungsmacht des VN über den Deckungsanspruch der versicherten Personen. Diese lässt sich nicht ohne Bestimmung der Art des Rechtsverhältnisses zwischen VN und versicherten Personen beantworten.

---

[80] Der VN vermeidet durch die Vorstreckung von Abwehrkosten i.R.d. Ausschlusses wissentlicher bzw. vorsätzlicher Pflichtverletzungen (siehe § 7 Rn. 72 ff.) die Gratwanderung zwischen der negativen Publizität durch die Unterstützung eines potenziellen Vorsatztäters und dem Vorwurf nicht einmal betriebsintern an der Unschuldsvermutung festzuhalten. In der Industrie-Strafrechtsschutzversicherung ist für diese Fälle häufig ein ausdrückliches Widerspruchsrecht des VN vereinbart, vgl. MünchKomm-VVG/*Ihlas*, Bd. 2, D&O, Rn. 388. Zur Frage, warum der Vorsatzvorwurf häufig erhoben wird, vgl. *Ihlas*, D&O, S. 455 ff.

[81] *Lange* VersR 2010, 162, 166.

[82] MünchKomm-VVG/*Dageförde* § 44 Rn. 7.

[83] MünchKomm-VVG/*Dageförde* § 44 Rn. 5.

Seit der Grundsatz-Entscheidung des BGH vom 7.5. 1975[84] wird das Valutaverhältnis zwischen VN und Versicherten im gesamten Anwendungsbereich der Versicherung für fremde Rechnung als eine „Art gesetzliches Treuhandverhältnis" in dem Sinne angesehen, dass dem VN das in § 45 Abs. 1 VVG normierte Verfügungsrecht über den Versicherungsanspruch nur zu „treuen Händen" überlassen ist.[85] Dieses bestehe auch ohne einen speziellen Vertrag zwischen VN und den Versicherten, sei also von dem die Grundlage der Fremdversicherung bildenden Privatrechtsverhältnis (hier: organschaftliches bzw. arbeitsvertragliches Verhältnis) unabhängig. Vor dem Eintritt des Versicherungsfalles kann der VN jedoch grundsätzlich frei über das Versicherungsverhältnis verfügen. Dies ergibt sich schon aus § 45 Abs. 1 VVG und wird vom BGH bestätigt.[86] Soweit im Schrifttum davon die Rede ist, das im Außenverhältnis zum Versicherer grundsätzlich uneingeschränkte formelle Verfügungsrecht des VN sei durch die Verpflichtungen des VN gegenüber den Versicherten im Innenverhältnis begrenzt und letzterer vor unberechtigten Verfügungen des Treuhänders i.S. einer Ausübung seiner „überschießenden Rechtsmacht" zu schützen,[87] lässt dies allerdings offen, ob ein solcher Schutz auch schon vor Eintritt des Versicherungsfalles denkbar ist.[88] **68**

Wenn das Treuhandverhältnis vom BGH mit der Einziehungs- und Auskehrungspflicht des VN im Hinblick auf die den Versicherten zustehende Versicherungsleistung begründet wird,[89] so wie es der Vorstellung einer „typischen" Haftpflichtversicherung für fremde Rechnung (z.B. Gruppenunfallversicherung) entspricht, trägt diese Begründung für das Innenverhältnis der D&O-Versicherung insofern nicht, als hier ja der VN Empfänger der Entschädigungsleistung ist und nicht „Zahlstelle" für die versicherte Person.[90] Für diesen Fall ist das Treuhandinteresse der versicherten Person jedoch dahin gehend zu präzisieren, dass der VN durch sein Verhalten die Rechtsschutzfunktion der Deckung und – bei erfolglo- **69**

[84] BGHZ 64, 260, 265 = NJW 1975, 1273, zum Rechtsverhältnis zwischen VN und Versicherten bei einer Insassenunfallversicherung. Siehe dazu auch § 5 Rn. 46 ff.

[85] P/M/*Prölss/Klimke* § 45 Rn. 6 m.w.N., § 46 Rn. 1; BK/*Hübsch* § 77 Rn. 1 m.w.N.; R/L/*Römer* § 77 Rn. 4.

[86] BGHZ 64, 260, 264 = NJW 1975, 1273, wonach „die Stellung als Treuhänder den Versicherungsnehmer nicht daran hindere, bis zum Eintritt des Versicherungsfalles frei über das Versicherungsverhältnis zu verfügen".

[87] *Nießen* S. 147 f.

[88] Dazu eingehender Rn. 77 ff.

[89] P/M/*Prölss/Klimke* § 46 Rn. 1.

[90] U.a. wegen dieser Besonderheit wird die D&O-Versicherung auch als „atypische" Versicherung für fremde Rechnung bezeichnet. Die Atypizität ergebe sich daraus, dass neben dem eigenen Wagnis des VN ein identitätsfremdes Wagnis der versicherten Personen abgesichert wird, vgl. *Späte* § 7 Rn. 11.

ser Anspruchsabwehr – die Erbringung der Entschädigungsleistung durch den Versicherer nicht gefährdet. Es ist nicht ersichtlich, warum die versicherte Person einer D&O-Versicherung im Falle eines Innenhaftungsanspruchs weniger schützenswert sein sollte als ein sonstiger Versicherter bei einer „typischen" Fremdversicherung.[91] In diesem Sinne äußert sich jetzt auch *Thomas*,[92] wonach die Treuhänderstellung des VN aus dem Umstand resultiere, dass ihm das Verfügungsrecht über den Deckungsanspruch der versicherten Person zusteht.

70 Gegen die Annahme einer Treuhandschaft im Innenverhältnis der D&O-Versicherung spricht auch nicht, dass der VN mit der Geltendmachung des Anspruchs gegenüber der versicherten Person ein Eigeninteresse verfolgt, da dieses ein rein wirtschaftliches Interesse des VN darstellt und durch dessen Wahrnehmung nicht zum versicherten Interesse wird.[93] Dieses verbleibt auch in einem Innenhaftungsfall vorbehaltlos bei der versicherten Person, wobei eine gewisse eigennützige Komponente der Treuhand im Übrigen nicht fremd ist. Soweit schließlich im Schrifttum ein Treuhandverhältnis zwischen VN und versicherten Personen in der D&O-Versicherung abgelehnt wurde, dann nur deshalb, um mit diesem Argument einen auf § 44 Abs. 2, § 45 Abs. 1 VVG gestützten direkten Zahlungsanspruch des VN gegen den Versicherer in einem Innenhaftungsfall zu begründen.[94]

71 Ein Verstoß gegen die treuhänderischen Pflichten des VN könnte jedoch dann zu verneinen sein, wenn er für die Vereitelung des Anspruchs der versicherten Person auf Versicherungsschutz durch Verweigerung seiner Mitwirkungshandlungen eigene, anerkennenswerte Interessen bzw. billigenswerte Gründe ins Feld führen kann.[95] Ob etwa der Wunsch nach Vermeidung negativer Publizität im Zusammenhang mit der Gewährung von Rechtskosten durch eine Versicherung für einen vermeintlichen Vorsatztäter ein in diesem Sinne anerkennenswertes Interesse begründet, muss zwar im Einzelfall beantwortet werden, wird i.d.R. aber wohl zu verneinen sein.

---

[91] A.A. *Koch* GmbHR 2004, 160, 163, der „gute Gründe" dafür sieht, ein solches Treuhandverhältnis in der D&O-Versicherung zu verneinen.

[92] *Thomas* VersR 2010, 281, 289.

[93] Vgl. § 2 Rn. 17 ff.

[94] *Koch* GmbHR 2004, 160, 163. Danach könne eine Treuhänderstellung des VN bei der Versicherung für fremde Rechnung immer nur eine Stärkung der Rechtsposition der versicherten Person begründen, nicht aber deren Schwächung. Eine Schwächung der Rechtsposition der versicherten Person wäre durch Zuerkennung eines „Direktanspruchs" wegen der damit möglicherweise einhergehenden Verschlechterung ihrer Abwehrposition jedoch nicht auszuschließen.

[95] *Nießen* S. 155 m.w.N.

bb) Nichtanzeige des Versicherungsfalles, Verweigerung der Auskunftspflicht und sonstige Obliegenheitsverletzungen des Versicherungsnehmers. Zeigt der VN nach Inanspruchnahme einer versicherten Person den Versicherungsfall nicht oder nicht rechtzeitig an, wird der Versicherer i.d.R. nach § 28 Abs. 2 Satz 1 VVG leistungsfrei. Zumindest aber verletzt ein so handelnder VN seine Anzeigeobliegenheit grob fahrlässig mit der Folge der teilweisen Leistungsfreiheit des Versicherers (§ 28 Abs. 2 Satz 2 VVG).[96] Der VN kann den Deckungsanspruch der versicherten Personen auch durch einen Verstoß gegen sonstige Anzeigepflichten bzw. Obliegenheiten verwirken,[97] z.B. durch die Nichtanzeige anzeigepflichtiger Gefahrerhöhungen oder die fehlende Beibringung von zur Vertragsverlängerung erforderlichen Risikoinformationen.[98] Gleichermaßen kann eine Verweigerung der Auskunftspflicht gemäß § 31 Abs. 1 VVG durch den VN, welcher nach Eintritt des Versicherungsfalles gestellte Fragen trotz vorhandener Kenntnis nicht beantwortet,[99] als Obliegenheitsverletzung[100] zu einem Rechtsverlust der versicherten Person führen. Zwar trifft diese Pflicht auch die versicherten Personen.[101] Fragen zum Schadenssachverhalt und zur Schadenshöhe kann im Falle der Innenhaftung allerdings ausschließlich der VN als Anspruchsteller beantworten. Im Übrigen gilt für die Auskunftspflicht des VN, wie schon bei der Geltendmachung des Versicherungsanspruchs,[102] dass einer Verweigerung anerkennenswerte Interessen oder billigenswerte Gründe gegenüber stehen müssen. 72

Generell ist der VN Primärschuldner der vertraglichen Pflichten aus der Versicherung, während die versicherten Personen diese *auch*, wenngleich nicht ausschließlich zu erfüllen haben.[103] Sind die versicherten Personen allerdings über die Existenz einer D&O-Versicherung, wie häufig, nicht informiert bzw. kennen sie die entsprechenden Details des Vertrages nicht, dann kann sie denknotwendig auch keine schuldhafte Anzeigepflichtverletzung treffen.[104] Die Rechtsfolgen solcher Obliegenheitsverletzungen 73

[96] *Lange* VersR 2010, 162, 166.

[97] P/M/*Prölss/Klimke* § 46 Rn. 5.

[98] Vgl. Übersicht bei *Koch* GmbHR 2004, 160, 161.

[99] MünchKomm-VVG/*Wandt* § 31 Rn. 77.

[100] P/M/*Prölss* § 31 Rn. 2.

[101] P/M/*Prölss/Klimke* § 47 Rn. 2.

[102] Vgl. Rn. 71.

[103] P/M/*Prölss/Klimke* § 47 Rn. 4. Beiderseitige Anzeigepflicht meist auch vertraglich vereinbart, z.B. Ziff. 5.1 Allianz Protect D&O (DOW-ICB-D20100701): *„Der Eintritt eines Versicherungsfalles ist dem Versicherer von den Versicherten und/oder der Versicherungsnehmerin unverzüglich in Textform anzuzeigen"*.

[104] *Lange* VersR 2010, 162, 166.

wirken grundsätzlich auch gegenüber den Versicherten, es sei denn, es wurde eine abweichende vertragliche Vereinbarung getroffen.[105] Dies ist nach der deutschen Vertragspraxis jedoch unüblich.

74 **cc) Rechtsfolgen.** Nach st. Rspr. des BGH[106] macht sich der VN einer Fremdversicherung gegenüber dem Versicherten schadensersatzpflichtig, wenn er unter Verstoß gegen das dem Treuhandverhältnis dem Versicherer gegenüber auf die Geltendmachung des Versicherungsanspruchs verzichtet. Führt der VN eine Leistungskürzung oder die Verwirkung des Leistungsanspruchs des Versicherers durch Nichtanzeige oder verspätete Anzeige des Versicherungsfalles, durch Verweigerung der Auskunftspflicht oder durch sonstige Anzeigepflicht- bzw. Obliegenheitsverletzungen bewusst und willkürlich herbei, ohne dass dem ein anerkennens- oder billigenswertes Interesse gegenüber steht, so kann dies ebenfalls eine schadensersatzbewehrte schuldhafte Verletzung des Treuhandverhältnisses zwischen VN und versicherter Person begründen.[107] Dabei sind Schadensersatzansprüche auch insofern am naheliegendsten, als eine rechtliche Erzwingung der Mitwirkung des VN an der Aufklärung des Versicherungsfalles bzw. an dessen Anzeige nicht praktikabel erscheint.[108]

75 Der Schadensersatzanspruch richtet sich nach § 280 Abs. 1 BGB[109] und kann gegen den oder die Ansprüche der Gesellschaft aufgerechnet werden. Das Verschulden der Gesellschaft wird dabei vermutet (§ 280 Abs. 1 Satz 2 BGB). I.R.d. Schadensausgleichs ist das betroffene Organmitglied so zu stellen, als wenn der VN seine zur Ausübung der Rechte aus dem Versicherungsvertrag notwendige Mitwirkung nicht pflicht- bzw. treuwidrig verweigert hätte. Der Umfang des Schadensersatzes orientiert sich am Leistungsumfang des zur Abdeckung des konkreten Schadensfalles bestehenden Versicherungsschutzes.[110]

76 Zu denken ist auch an einen Schadensersatzanspruch aus § 826 BGB. Dieser erfordert einen sittenwidrigen vorsätzlichen Eingriff in die Rechte der versicherten Person. Dazu genügt es nicht, dass der VN gegen vertragliche oder gesetzliche Pflichten verstößt. Hinzutreten muss nach der Rspr.

---

[105] Anders als etwa bei der gesetzlichen Zurechnungsregelung des § 47 VVG geht es hier darum, unter welchen Voraussetzungen das Verhalten (bzw. Wissen) des VN einer versicherten Person zugerechnet werden kann.

[106] BGH VersR 1963, 521; R/H/Sch/*Muschner* § 46 Rn. 4.

[107] *Nießen* S. 175.

[108] Vgl. auch P/M/*Prölss* § 31 Rn. 22; VersR-Hdb/*Armbrüster* § 6 Rn. 116.

[109] § 280 BGB umfasst sowohl vertragliche als auch gesetzliche Schuldverhältnisse, also auch gesetzliche Treuhandverhältnisse, vgl. Palandt/*Grüneberg* § 280 Rn. 9.

[110] *Koch* GmbHR 2004, 160, 167.

eine besondere Verwerflichkeit des Verhaltens, die sich aus dem verfolgten Ziel oder den eingetretenen Folgen ergeben kann.[111] Beispiel wäre eine existenzbedrohende Schadenhöhe im Verhältnis zum Privatvermögen der betroffenen versicherten Person.

b) Informationspflichten des Versicherungsnehmers über Existenz und Umfang des Versicherungsschutzes. aa) Informationspflichten aus dem versicherungsrechtlichen Treuhandverhältnis. Zur Sicherung ihres Versicherungsanspruchs kann der betroffenen versicherten Person zunächst ein Anspruch auf Auskunft über Existenz und Inhalt der D&O-Versicherung nach § 241 Abs. 2 BGB zustehen. Der BGH[112] bejaht eine solche Auskunftspflicht, soweit die Auskunft der Sicherung des Herausgabeanspruchs der versicherten Person dient.[113] Damit ist die Frage aufgeworfen, ob bereits die Möglichkeit einer sog. Umstandsmeldung, wie sie gängige D&O-AVB zur Sicherung der Vertragsbedingungen einer laufenden Versicherungsperiode vorsehen,[114] soweit diese als bloße Option und nicht i. S. einer – eine Schadensanzeigepflicht nach § 30 VVG auslösende – erweiterten Versicherungsfalldefinition ausgestaltet ist,[115] entsprechende Auskunftspflichten des VN begründen kann. Dies könnte in Anlehnung an die Rspr. des BGH zumindest dann anzunehmen sein, wenn – für den VN eindeutig – zu erwarten ist, dass sich die Vertragskonditionen zukünftig verschlechtern. In Bezug auf die unterlassene Geltendmachung sog. vorbeugender Rechtskosten, soweit deren Inanspruchnahme ebenfalls nur eine Option des VN darstellt („[…] kann geltend machen […]"), wird man ein Auskunftsrecht des betroffenen Organmitglieds jedenfalls ablehnen müssen. 77

Gleichzeitig wird eine allgemeine Auskunftspflicht verneint, nach der der VN die versicherte Person ohne Vorliegen eines Versicherungsfalles über den Wegfall (oder eine wesentliche Einschränkung) bzw. die fortlau- 78

---

[111] Palandt/*Sprau* § 826 Rn. 4.

[112] BGH VersR 1994, 1101.

[113] Vgl. § 5 Rn. 46 ff.

[114] Vgl. § 6 155 ff.

[115] So etwa in Ziff. 2.4. Allianz Protect 2010: *„Ein Anspruch gilt bereits dann als erhoben, wenn (i) die Hauptversammlung nach § 147 Abs. 1 AktG […] beschlossen hat, dass Ansprüche einer versicherten Gesellschaft gegen eine versicherte Person geltend gemacht werden müssen; (ii) die Hauptversammlung nach § 147 Abs. 2 AktG […] besondere Vertreter zur Geltendmachung von Ansprüchen gegen eine versicherte Person bestellt hat; (iii) Aktionäre ein Klagezulassungsverfahren nach § 148 Abs. 1 AktG […] wegen Ansprüchen gegen versicherte Personen beantragt haben; (iv) Aktionäre eine Gesellschaft schriftlich auffordern, einen Anspruch gegen eine versicherte Person geltend zu machen; (v) ein Sonderprüfer nach § 142 AktG […] bestellt worden ist"*.

fende Existenz des D&O-Versicherungsschutzes zu informieren hätte.[116] Sie wäre wegen der i. d. R. zahlreichen versicherten Personen zudem nicht nur unpraktikabel, sondern widerspräche auch der Handhabung zahlreicher Unternehmen, welche die D&O-Police als „Tresorpolice" behandeln, deren Existenz sie den versicherten Personen vorenthalten.

79 **bb) Informationspflichten infolge vertraglich zugesicherten D&O-Versicherungsschutzes.** Anders stellt sich die Situation dar, wenn sich die Gesellschaft gegenüber den Organmitgliedern zur Bereitstellung von D&O-Versicherungsschutz arbeitsvertraglich (oder qua Satzungsregelung)[117] verpflichtet hat.[118] Bei einer Versicherungsverschaffungsklausel im Anstellungsvertrag ist die Auskunftspflicht als eine zur Sicherung der Hauptleistung (Verschaffung von D&O-Versicherungsschutz) dienende vertragliche Nebenleistungspflicht zu qualifizieren.[119] Da Innenhaftungsansprüche häufig gegen bereits ausgeschiedene Organmitglieder geltend gemacht werden, stellt sich insofern die Frage, ob die Informationspflichten auch nach Beendigung des Anstellungsverhältnisses noch bestehen. Dies ist zu bejahen. Nach der Rspr. des BGH erlöschen Nebenpflichten, anders als Hauptpflichten, grundsätzlich nicht mit dem Vertragsende.[120] Eine nachvertragliche Auskunftspflicht wird hier insbesondere deswegen in Betracht kommen, weil für das Organmitglied trotz Beendigung des Anstellungsverhältnisses der Versicherungsschutz fortbesteht und ein entsprechendes Informationsinteresse daher weiterhin existiert.

80 **cc) Informationspflichten bei vertraglich nicht zugesichertem D&O-Versicherungsschutz.** Weit weniger eindeutig sind Fälle, in denen sich die Gesellschaft zur Bereitstellung einer D&O-Versicherung nicht vertraglich verpflichtet hat. I. R. d. bei § 241 Abs. 2 BGB[121] vorzunehmenden Interessensabwägung wird man insoweit eine Schutzbedürftigkeit der Auskunft suchenden versicherten Person nur dann annehmen können, wenn ein durch die Gesellschaft gesetzter und ihr zurechenbarer Rechtsschein für die Existenz einer D&O-Versicherung geschaffen wurde und fortbesteht, etwa indem sie gegenüber einem Organmitglied das Vorhan-

---

[116] *Koch* GmbHR 2004, 160, 163 (dort Fn. 29); *Thomas* VersR 2010, 281, 289.

[117] Zur Frage, ob ein Fremdgeschäftsführer als außen stehender Dritter aus einer Satzungsbestimmung Leistungspflichten der Gesellschaft ableiten kann, vgl. *Koch* GmbHR 2004, 160, 167 (dort Fn. 65).

[118] Vgl. § 5 Rn. 41 ff.

[119] So auch *Koch* GmbHR 2004, 160, 166.

[120] BGH WM 1990, 815, 817.

[121] Die für jede Vertragspartei (Anstellungsvertrag) bestehenden Rücksichtspflichten können auch Informations- und Aufklärungspflichten beinhalten, vgl. Staudinger/*Olzen* § 241 Rn. 427.

densein einer solchen Deckung bestätigt hat, weshalb dieses Organmitglied das Besorgen eigenen Versicherungsschutzes unterlassen hat.[122]

Im Übrigen trifft die Gesellschaft nach ganz überwiegender Ansicht keine allgemeine Pflicht zum Abschluss einer D&O-Versicherung zu Gunsten ihrer Organmitglieder,[123] mit der eine Pflicht zur Information über die Beendigung oder (wesentliche) Einschränkung der Deckung korrespondieren könnte. Wenn schon der Nichtabschluss einer D&O-Versicherung keine Pflichtverletzung darstellt, kann auch der durch die Gesellschaft verursachte Verlust der Ansprüche aus einer freiwillig abgeschlossenen Versicherung nicht anders bewertet werden,[124] etwa indem durch diesen Umstand besondere Informationspflichten der Gesellschaft gegenüber den versicherten Personen begründet werden. **81**

dd) Rechtsfolgen. Die Nichterfüllung einer in den Fällen der Rn. 77 und 80 geschuldeten Auskunfts- bzw. Informationspflichten kann wiederum Schadensersatzansprüche des betroffenen Organmitglieds gegen die Gesellschaft nach § 280 Abs. 1 BGB auslösen. Dabei hat das Organmitglied nachzuweisen, dass ihm der Schaden nicht entstanden wäre, wenn man es rechtzeitig über den Fortfall bzw. die Kürzung der D&O-Deckung informiert hätte bzw. zu erwarten gewesen wäre, dass es bei rechtzeitiger Kenntnis der weggefallenen oder verkürzten D&O-Deckung selbst für ausreichenden Versicherungsschutz gesorgt hätte.[125] Dieser Nachweis wird dadurch erschwert, dass adäquate D&O-Individualpolicen am Markt nur schwer erhältlich sind,[126] wiewohl ihre Verbreitung mit der Einführung des D&O-Pflichtselbstbehalts in § 93 Abs. 2 Satz 3 AktG zweifellos zugenommen hat.[127] **82**

---

[122] *Thomas* VersR 2010, 281, 283; *Lange* VersR 2010, 162, 165.

[123] Und zwar weder aus § 618 BGB (Mindestgrenze dienstlicher Fürsorgeaufwendungen), aus § 91 Abs. 2 AktG (Treffen geeigneter Maßnahmen zur Risikoerkennung) noch aus den §§ 76, 93 AktG (angemessene Reaktion auf Risiken); vgl. dazu und zu den Nachw. *Thomas* VersR 2010, 281, 284; so auch BGH NJW 2009, 2454, wonach die Gesellschaft ihren Aufsichtsratsmitgliedern gegenüber – ohne eine entsprechende Satzungsbestimmung – nicht verpflichtet ist, eine (Manager-) Haftpflichtversicherung abzuschließen; außerdem Gesetzesbegründung zum VorstAG, BT-Drs. 16/13433 S. 17: *„Die Anfügung des Satzes 3 an § 93 Abs. 2 AktG begründet nunmehr ausdrücklich eine Pflicht zur Vereinbarung eines Selbstbehalts für den Fall des Abschlusses einer D&O-Versicherung für Vorstände. Eine generelle Pflicht zum Abschluss einer D&O-Versicherung ist damit nicht verbunden“*; vgl. im Übrigen § 5 Rn. 36.

[124] *Koch* GmbHR 2004, 160, 169; *Lange* VersR 2010, 162, 167.

[125] *Thomas* VersR 2010, 286, mit Verweis auf die Rspr. des IX. Zivilsenats zur Steuerberaterhaftung.

[126] *Ihlas*, D&O, S. 334 ff.

[127] Siehe § 2 Rn. 7, § 6 Rn. 46 ff.

83 Im Fall der Rn. 79, also bei Vorhandensein einer D&O-Versicherungsverschaffungsklausel, ist Grundlage des Schadensersatzanspruchs eine Verletzung des Arbeitsvertrages.[128] Der Umfang des Schadensersatzanspruchs ist durch die Zusage der Gesellschaft auf Versicherungsschutz in bestimmter Höhe begrenzt. Wurde eine „Mindestdeckungssumme“ nicht vereinbart, wird man darauf abstellen müssen, was für ein Unternehmen der fraglichen Größe, Branche etc. in etwa marktüblich ist. Das wird auch für den sonstigen Umfang des Versicherungsschutzes gelten, falls die Zusicherung auch diesbezüglich keine konkreten Vorgaben enthält.

84 Gegen den Schadensersatzanspruch der Gesellschaft kann dem Organmitglied ein Zurückbehaltungsrecht gemäß § 273 Abs. 1 BGB zustehen, bis die geschuldete Auskunft erteilt ist.[129] Ebenso kommt gegen den Anspruch der Einwand der unzulässigen Rechtsausübung (§ 242 BGB) in Frage.

4. Rechtsfolgen einer Verletzung weiterer Obliegenheiten

85 Die Sanktionen einer Verletzung einer vertraglichen Obliegenheit bilden das Kündigungsrecht des Versicherers, seine Leistungsfreiheit bzw. die Leistungsquotelung (§ 28 VVG). All diese Rechtsfolgen setzen zumindest grobe Fahrlässigkeit seitens des VN, und im Falle der D&O-Versicherung seitens des VN bzw. der versicherten Person, voraus.

86 **a) Kündigungsrecht des Versicherers wegen Verletzung einer vertraglichen Obliegenheit vor Eintritt des Versicherungsfalles.** § 28 Abs. 1 VVG regelt jenes Kündigungsrecht, das nur mehr als Sanktion für die Verletzung einer vertraglichen Obliegenheit noch vor Eintritt des Versicherungsfalles möglich ist. Das Kündigungsrecht soll es dem Versicherer ermöglichen, sich von einem unzuverlässigen VN zu trennen, wenn dieser das Vertrauen des Versicherers in ein vertragsgerechtes Verhalten enttäuscht hat.[130] Der Versicherer muss keine Kündigungsfrist einhalten, er kann seine Befugnis allerdings nur innerhalb eines Monats ab Kenntnis der Obliegenheitsverletzung ausüben. Das Kündigungsrecht steht dem Versicherer nur im Falle eines Verschuldens des VN (Vorsatz oder grobe Fahrlässigkeit) zu. Diese Regelung wurde ohne inhaltliche Änderungen in Ziff. 8.1 AVB-AVG übernommen.

---

[128] Terbille/*Sieg* § 17 Rn. 64; *Lange* VersR 2010, 162, 164.

[129] Verneinend *Koch* GmbHR 2004, 160, 165.

[130] Begr. zum RegE, BT-Drucks. 16/3945 S. 172; zur Reform P/M/*Prölss* § 28 Rn. 1.

b) Leistungsfreiheit des Versicherers bzw. Leistungskürzung wegen Verletzung einer vertraglichen Obliegenheit. § 28 Abs. 2–4 VVG enthält eine Rahmenregelung zur Leistungsfreiheit des Versicherers infolge der Verletzung einer vertraglichen Obliegenheit und schränkt somit die diesbezügliche Vertragsfreiheit der Parteien ein. Nur bei vorsätzlicher Verletzung einer vertraglichen Obliegenheit kann der Vertrag die Leistungsfreiheit des Versicherers vorsehen. Bei grober Fahrlässigkeit des VN kann es zur Leistungskürzung entsprechend der Schwere des Verschuldens des VN kommen. Diese Befugnis des Versicherers ergibt sich bereits aus dem Gesetz, wohingegen die völlige Leistungsfreiheit weiterhin eine wirksame Vereinbarung erfordert.[131] **87**

Gemäß § 28 Abs. 3 VVG ist das Recht des Versicherers auf die Leistungsfreiheit durch das Kausalitätserfordernis beschränkt, es sei denn, dass der VN arglistig gehandelt hat. **88**

§ 28 Abs. 4 VVG führt eine zusätzliche Einschränkung der Leistungsfreiheit des Versicherers infolge einer Verletzung einer Auskunfts- oder Aufklärungsobliegenheit nach dem Eintritt des Versicherungsfalles an. Um sich auf Leistungsfreiheit berufen zu können, muss der Versicherer den VN darauf hingewiesen haben. **89**

§ 28 Abs. 5 VVG schließt das Rücktrittsrecht des Versicherers aus dem Katalog möglicher Rechtsfolgen einer Verletzung einer vertraglichen Obliegenheit aus. Eine solche Vereinbarung wäre demnach unwirksam. **90**

Ziff. 8.2 AVB-AVG wiederholt die Bestimmungen des § 28 Abs. 2 und 3 VVG ohne inhaltliche Änderungen. Zusätzlich stellt Ziff. 8.2 Abs. 3 AVB-AVG klar, dass die Ausübung des Kündigungsrechts, anders als bisher, keine Voraussetzung für die Leistungsfreiheit mehr bildet. **91**

c) Beweislastverteilung. Gemäß § 69 Abs. 3 Satz 2 VVG obliegt die Beweislast für die Verletzung einer Obliegenheit dem Versicherer. Nach dem Wortlaut des § 28 Abs. 1 VVG trifft den VN der Entlastungsbeweis: Er muss also beweisen, dass ihn nur ein geringerer oder gar kein Verschuldensvorwurf trifft.[132] Anders ist die Beweislastverteilung dagegen bei der Leistungsfreiheit gemäß § 28 Abs. 3 VVG geregelt, wo nur grobe Fahrlässigkeit des VN vermutet wird, während sein Vorsatz vom Versicherer bewiesen werden muss.[133] **92**

---

[131] *Marlow/Spuhl* Rn. 310; P/M/*Prölss* § 28 Rn. 106.
[132] Terbille/*Terbille* § 2 Rn. 218.
[133] *Marlow/Spuhl* Rn. 315.

IV. Wissenszurechnung

1. Grundlagen

93 Soweit die Kenntnis und das Verhalten des VN von rechtlicher Bedeutung sind, sind bei der Versicherung für fremde Rechnung auch die Kenntnis und das Verhalten des Versicherten zu berücksichtigen (§ 47 VVG). § 47 VVG regelt somit die Zurechnung von Obliegenheiten sowie von subjektiven Ausschlusstatbeständen.[134] Das gilt überall dort, wo an die Kenntnis oder das Verhalten des VN Rechtsfolgen geknüpft werden.[135]

94 § 47 VVG hat zwei Ziele: Erstens den Versicherer vor der Rollenspaltung, die im Falle einer Versicherung für fremde Rechnung bei seinem Versicherungspartner stattfindet, zu schützen.[136] Zweitens geht es darum, eventuellen Kommunikationsstörungen zwischen dem VN und den versicherten Personen vorzubeugen. Die weite Zurechnung in § 47 Abs. 1 VVG wird auch als ein Beleg dafür gesehen, dass der Gesetzgeber bei der Schaffung der Norm davon ausgegangen ist, dass eine Versicherung für fremde Rechnung grundsätzlich mit Wissen und im Auftrag der versicherten Person(en) abgeschlossen wird.[137]

95 Nach § 47 Abs. 2 Satz 1 Alt. 1 VVG soll es auf die Kenntnis des Versicherten ausnahmsweise dann nicht ankommen, wenn der Vertrag ohne sein Wissen geschlossen wurde. Gerade bei der D&O-Versicherung insbesondere in Großunternehmen wird dies auf einen nicht unbedeutenden Teil des versicherten Personenkreises zutreffen.[138] Unterstellt wird das Wissen der versicherten Personen vom Abschluss einer Fremdversicherung im Übrigen nur dann, wenn eine im betreffenden Wirtschaftskreis allgemein bekannte gesetzliche Versicherungspflicht besteht,[139] was auf die D&O-Versicherung jedoch nicht zutrifft.

96 Die Ausnahme des § 47 Abs. 2 Satz 1 Alt. 1 VVG gilt i.S.d. Gegenausnahme des § 47 Abs. 2 Satz 2 VVG wiederum dann nicht, wenn der VN den Vertrag ohne Auftrag der versicherten Personen abgeschlossen und der VN dem Versicherer die fehlende Beauftragung nicht mitgeteilt hat. Zwar wird es nach der hier vertretenen Auffassung v.a. bei Großunterneh-

---

[134] Siehe dazu VersR-Hdb/*Armbrüster* § 6 Rn. 99.

[135] P/M/*Prölss/Klimke* § 47 Rn. 3.

[136] Vgl. etwa B/M/*Brand* § 47 Rn. 3.

[137] So z.B. *Langheid/Grote* VersR 2005, 1165, 1167.

[138] A.A. offenbar *Koch* WM 2007, 2173, 2182, der davon ausgeht, dass „im Hinblick auf die Bedeutung der D&O-Versicherung für die Gewinnung von Führungskräften […] die meisten Mitglieder von Geschäftsleitungsorganen mittlerweile Kenntnis von dem Abschluss einer (Konzern-)D&O-Versicherung haben […]".

[139] Vgl. BK/*Hübsch* § 79 Rn. 23 m.w.N.

men oder Konzernen an einer Beauftragung durch sämtliche Organmitglieder fehlen. Es sei denn, dass Versicherungsverschaffungsklauseln in den Arbeitsverträgen einzelner Organmitglieder bestehen.[140] Eine entsprechende Mitteilung auftragslosen Handelns der VN an den Versicherer unterbleibt in der Praxis jedoch in aller Regel, wodurch es i.E. bei der generellen Kenntniszurechnung nach § 47 Abs. 1 VVG bleibt.

Eine weitere Ausnahme von der Kenntniszurechnung greift ein, wenn die rechtzeitige Mitteilung der Kenntnis einer versicherten Person an den VN nicht „tunlich" war (§ 47 Abs. 2 Satz 1 Alt. 2 VVG). „Untunlichkeit" ist anzunehmen, wenn dem/den Versicherten eine rechtzeitige Benachrichtigung des VN nicht möglich oder nicht zumutbar war bzw. die Mitteilung nicht ohne Anwendung außergewöhnlicher Maßnahmen erstattet werden konnte.[141] Doch auch bei einer großen Anzahl versicherter Personen wird man grundsätzlich davon ausgehen können, dass die Abfrage entsprechender Kenntnisse bei den versicherten Personen für den VN kein Ergreifen von i.d.S. außergewöhnlichen Maßnahmen erforderlich machen sollte. Dabei gilt: Je größer das Unternehmen und je größer die Anzahl an Tochterunternehmen bzw. potenziell versicherter Personen ist, desto höher sind die Anforderungen an das Unternehmen, entsprechende Vorkehrungen dafür zu treffen, dass relevantes Wissen bei allen Betroffenen abgefragt bzw. dessen Mitteilung an das Unternehmen gewährleistet wird. Prinzipiell ist also auch bei Großunternehmen bzw. Konzernen nicht von einer Untunlichkeit der Kenntnisweitergabe aller versicherten Personen an den VN auszugehen. 97

2. Einschränkung der Anwendbarkeit des § 47 VVG aufgrund der Besonderheiten der D&O-Versicherung

Nach § 47 Abs. 2 Satz 2 VVG hat der VN zur Unterdrückung der Kenntniszurechnung nach § 47 Abs. 2 Satz 1 VVG die fehlende Beauftragung seitens der versicherten Personen dem Versicherer mitzuteilen. Es wird diskutiert, ob die Besonderheiten der D&O-Versicherung nicht eine Abbedingung dieser Bestimmung erforderlich mache.[142] Dem kann nicht zugestimmt werden. Zwar mag es zutreffen, dass der Versicherer Kenntnis davon hat, dass der Abschluss der Versicherung in der Praxis häufig ohne die Beauftragung durch eine Vielzahl von versicherten Personen erfolgt. Einen Wegfall der Schutzwürdigkeit des Versicherers wird man mit diesem Umstand allein jedoch insoweit nicht begründen können, als sich dessen Erkundigung nach gefahrerheblichen Umständen bei Vertragsab- 98

[140] Siehe dazu § 5 Rn. 41 ff.
[141] P/M/*Prölss* § 47 Rn. 21.
[142] *Langheid/Grote* VersR 2005, 1165, 1167 (zu § 79 VVG a.F.).

schluss regelmäßig auf *alle* Versicherten bezieht.[143] Entsprechend der Beobachtung, dass die Versicherung ohne den Auftrag einer Vielzahl versicherter Personen abgeschlossen wird, ist es auch nicht vertragliche Praxis, dass die Versicherer bei Abschluss einer Konzernpolice jeder in den Versicherungsvertrag einzubeziehenden Tochtergesellschaft einen eigenen Fragebogen vorlegen.[144] Dies müsste der VN jedoch tun, wenn er seiner vorvertraglichen Anzeigeobliegenheit gegenüber dem Versicherer in dem von § 47 Abs. 1 VVG gebotenen Umfang nachkommen wollte.[145] Unter solchen Umständen erscheint eine Abbedingung des § 47 Abs. 2 Satz 2 VVG i.R.d. D&O-Versicherung als nicht gerechtfertigt.

99 Eine pauschale Mitteilung des VN, wonach nicht jede versicherte Person vom beabsichtigten Vertragsschluss weiß, genügt zur Begründung einer ausnahmsweisen Nichtzurechnung von deren Kenntnis gemäß § 47 Abs. 2 Satz 2 VVG nicht. Aufgrund einer solchen Pauschalanzeige ist es dem Versicherer nicht möglich festzustellen, hinsichtlich welcher versicherten Personen sich der VN mit Erfolg auf das Zurechnungsprivileg des § 47 Abs. 2 Satz 1 VVG berufen kann und hinsichtlich welcher nicht.[146] Der Versicherer muss ausreichend konkrete Angaben über eine fehlende Beauftragung haben, um die Einhaltung der Mitteilungspflichten eventuell sicherzustellen.

100 Die eingeschränkte Anwendung des § 47 VVG auf eine Fremdversicherung mit einer großen Anzahl von Versicherten könnte mittels der Annahme einer gesetzlichen Regelungslücke begründet werden. Dabei ist nicht zu bestreiten, dass der Gesetzgeber bei der Schaffung des § 79 VVG a.F. (= § 47 VVG n.F.) andere Konstellationen als eine Vermögensschaden-Haftpflichtversicherung für Großkonzerne im Blick hatte. So etwa eine von einem Unternehmen für einen bestimmten Kreis von Mitarbeitern abgeschlossene Lebens-, Kranken- oder Unfallversicherung oder eine andere Gruppenversicherung. Bei diesen Versicherungen haben die Versicherten Kenntnis vom Abschluss der Versicherung zu ihren Gunsten bzw. erfolgt der Abschluss der Versicherung sogar in deren Auftrag. Dies ist bei einer Konzern-D&O-Versicherung typisch nicht der Fall. Der Zweck des § 47 VVG ist jedoch auch im Schutz des Versicherers vor einer Rollenspaltung zwischen VN und Versicherten zu sehen. Grundsätzlich kann

[143] Z.B. Erklärung zur Rückwärtsversicherung, Chubb AVB OLA 2001: *„Den Versicherten [= versicherte Unternehmen und versicherte Personen; Anm. d. Verf.] sind, nach angemessener Erkundigung […] keine Umstände bekannt, die zu einem Versicherungsfall unter der D&O-Versicherung führen können. Folgende Umstände können zu einem Versicherungsfall führen […]"*.

[144] So aber die Auffassung von *Lange* VersR 2006, 605, 607.

[145] Vgl. auch *Lange* VersR 2006, 605, 607.

[146] Vgl. auch *Lange* VersR 2006, 605, 608.

jede Art von Umstandswissen, egal welcher versicherten Person es im Einzelfall zuzuordnen ist, Grundlage eines späteren Versicherungsfalles sein und die Nichtweiterleitung solchen Wissens dem Versicherer somit zum Nachteil gereichen. Aus diesem Grund ist eine gesetzliche Regelungslücke abzulehnen.

Auch eine teleologische Reduktion des Anwendungsbereichs des § 47 VVG im Rahmen einer Firmen-D&O-Versicherung kommt nicht in Betracht. Dies würde nämlich voraussetzen, dass eine nach ihrem eindeutigen Wortsinn zu weit gefasste Regel auf den ihr nach dem Regelungszweck oder dem Sinnzusammenhang des Gesetzes zukommenden Anwendungsbereich zurückgeführt werden muss. Wegen der prinzipiellen Gefahrerheblichkeit des Wissens aller versicherten Personen ist dies jedoch abzulehnen. **101**

I.E. rechtfertigen die zweifellos vorhandenen Besonderheiten der D&O-Versicherung als Versicherung für fremde Rechnung somit keine eingeschränkte Anwendung des § 47 VVG.[147] **102**

3. Einschränkung der Anwendbarkeit des § 47 VVG durch andere Wissenszurechnungsnormen

Für die Klärung der Frage, wessen Kenntnisse bzw. Verhalten sich der VN im Rahmen seiner vorvertraglichen Anzeigeobliegenheiten gemäß § 19 Abs. 1 VVG zurechnen lassen muss, kommen neben § 47 VVG eine Vielzahl anderer versicherungsvertragsrechtlicher und zivilrechtlicher Zurechnungsnormen in Betracht.[148] **103**

a) Wissenszurechnung des Organwalters, Repräsentanten, Wissenserklärungs- und Wissensvertreters. Adressat der vorvertraglichen Anzeigeobliegenheit gemäß § 19 Abs. 1 VVG ist als Vertragspartner des Versicherers zunächst der VN.[149] Die Zurechnung des Wissens des am Ab- **104**

---

[147] So auch L/P/*Haehling v. Lanzenauer* Anh. C Rn. 64; B/M/*Brand* § 47 Rn. 27; a.A. P/M/*Prölss/Klimke* § 47 Rn. 17 f.: Auch wenn man § 47 VVG als Kenntniszurechnungsnorm zum VN versteht, folge daraus nicht, dass die Leistungsfreiheit bzw. die Rücktrittswirkungen vermittelt über den VN auch andere Versicherte treffen müssen. Die Norm solle lediglich sicher stellen, dass einen Versicherten, der bösgläubig ist oder der eine Obliegenheit verletzt, die dafür im Gesetz vorgesehenen Rechtsfolgen treffen. Eine Wirkung zum Nachteil eines anderen Versicherten lasse sich daher nur rechtfertigen, wenn ein besonderer Grund für eine Kenntnis- oder Verhaltenszurechnung zu diesem vorliegt.

[148] Einen guten Überblick hierüber gibt *Schimikowski* VW 1996, 626 ff.

[149] Daran ändert nichts, dass bei der Versicherung für fremde Rechnung auch die Versicherten Adressaten von Anzeigepflichten sind, vgl. BK/*Hübsch* § 79 Rn. 3.

schluss des Rechtsgeschäfts beteiligten Organmitglieds erfolgt über § 166 BGB. Für die Zurechnung des Wissens eines am Rechtsgeschäft nicht beteiligten Organmitglieds wurde zum Teil § 166 BGB als dogmatische Zurechnungsbasis, zum Teil § 31 BGB analog herangezogen.[150] Später hat der BGH eigene Kriterien für die Wissenszurechnung in arbeitsteiligen Organisationen entwickelt.[151]

105 Im Versicherungsvertragsrecht kommt zunächst eine Wissenszurechnung der **Repräsentanten** des VN in Betracht.[152] Im Zusammenhang mit der vorvertraglichen Anzeigeobliegenheit nach § 19 VVG soll sich der VN nach h.M. auch das Wissen seiner sog. Wissenserklärungsvertreter,[153] insbesondere des Leiters der Rechtsabteilung bzw. der Versicherungsabteilung (sog. *risk manager*),[154] zurechnen lassen müssen. Die Haftung des VN für den Wissenserklärungsvertreter wird unterschiedlich mit einer Analogie zu § 166 Abs. 1 BGB[155] oder mit § 278 BGB begründet.[156]

106 Schließlich muss sich der VN auch Erklärungen seiner sog. Wissensvertreter[157] zurechnen lassen, was mit der analogen Anwendung von § 166 BGB begründet wird.[158] Für die Wissenszurechnung bei am konkreten Verkehrsgeschäft nicht beteiligten Wissensträgern wird ebenfalls auf den in den §§ 166 und 278 BGB zum Ausdruck kommenden allgemeinen Rechtsgedanken des Verkehrsschutzes zurückgegriffen.[159]

---

[150] Zum Streitstand vgl. *Koch* WM 2007, 2173, 2184 (dort Fn. 67).

[151] Siehe Rn. 107.

[152] Im Kontext des § 28 VVG gilt als Repräsentant, „wer in dem Geschäftsbereich, zu dem das versicherte Risiko gehört, auf Grund eines Vertretungs- oder eines ähnlichen Verhältnisses an die Stelle des VN getreten ist“, vgl. P/M/*Prölss* § 28 Rn. 65 m.w.N.

[153] Es handelt es sich um Personen, die der VN mit der Erstattung von Auskünften gegenüber dem Versicherer betraut hat, ohne dass diese Personen die Eigenschaft als Repräsentant des VN besitzen müssen, vgl. P/M/*Prölss* § 19 Rn. 32; R/L/*Römer* § 6 Rn. 166.

[154] Ein Wissenserklärungsvertreter muss nicht den Status einer versicherten Person haben, auch wenn ein solcher häufig zumindest zum Kreis der leitenden Angestellten zählen dürfte.

[155] So etwa *Schimikowski* VW 1996, 626.

[156] Vgl. dazu P/M/*Prölss* § 6 Rn. 52.

[157] Nach der – in Ermangelung einer allgemein gültigen Begriffsbestimmung durch den BGH – bevorzugt herangezogenen Definition von R/L/*Römer* § 6 Rn. 167, ist Wissensvertreter, „wer in nicht ganz untergeordneter Stelle vom VN zumindest in einem Teilbereich damit betraut ist, an dessen Stelle für das Versicherungsverhältnis rechtserhebliche Tatsachen zur Kenntnis zu nehmen“.

[158] BGHZ 117, 104, 106.

[159] MünchKomm-BGB/*Schramm* § 166 Rn. 25 a.E.

b) Grundsätze der Wissenszurechnung innerhalb von Unternehmen. aa) Vom BGH entwickelte Grundsätze der Wissenszurechnung in arbeitsteiligen Organisationen. Lange Zeit wurde vom BGH die Auffassung vertreten, dass das Wissen eines vertretungsberechtigten Organmitglieds automatisch und ohne Anwendung des § 166 BGB als Wissen der juristischen Person anzusehen ist. Die Zurechnung erfolgte unabhängig davon, ob das Kenntnis habende Organmitglied am Abschluss des maßgeblichen Rechtsgeschäfts beteiligt war oder auch nur davon gewusst hat (sog. Organtheorie oder absolute Wissenstheorie).[160] Diese Ansicht stieß im Schrifttum verbreitet auf Kritik.[161] Auch der BGH ist schließlich davon abgegangen und hat die Wissenszurechnung am Gedanken des Verkehrsschutzes und der Pflicht zur ordnungsgemäßen Organisation der gesellschaftsinternen Kommunikation orientiert.[162] 107

So verlangte der BGH von der am Rechtsverkehr teilnehmenden Organisation, *„so organisiert [zu] sein, dass Informationen, deren Relevanz für andere Personen innerhalb dieser Organisation bei den konkret Wissenden erkennbar ist, tatsächlich an jene Personen weitergegeben werden (Informationsweiterleitungspflicht als Problem der Wissenszurechnung), während umgekehrt sichergestellt sein müsse, dass ggf. nach erkennbar anderswo innerhalb der Organisation vorhandenen und für den eigenen Bereich wesentlichen Informationen nachgefragt werde (Informationsabfragepflicht als Problem des Wissens)“*.[163] Relevant seien insofern solche Informationen bzw. Kenntnisse, die „typischerweise aktenmäßig festgehalten werden“,[164] was eine gewisse inhaltliche Bedeutung des Wissens voraussetzt.[165] Komme die juristische Person ihrer Informationsabfrage- und -weitergabepflicht nicht nach, müsse sie sich materiell-rechtlich so behandeln lassen, als habe sie von der Information Kenntnis.[166] Ziel sei dabei, den Vertragspartner einer arbeitsteilig organisierten juristischen Person mit „aufgespaltetem“ Wissen nicht schlechter, aber auch nicht besser zu stellen als den einer natürlichen Person (sog. Gleichstellungsargument).[167] Ob das betreffende Organmitglied nach Kenntniserlangung aus dem Unternehmen ausgeschieden ist, soll bei der Bewertung keine Rolle 108

[160] Vgl. MünchKomm-BGB/*Schramm* § 166 Rn. 20.

[161] Vgl. etwa *Schimikowski* VW 1996, 626, 628 f.

[162] BGH AG 1996, 220 f.; vgl. dazu auch MünchKomm-BGB/*Schramm* § 166 Rn. 20.

[163] BGH AG 1996, 220.

[164] BGH AG 1996, 220.

[165] Vgl. MünchKomm-BGB/*Schramm* § 166 Rn. 20, wonach Wissen „wegen seiner inhaltlichen Bedeutung“ zuzurechnen sei.

[166] BGH AG 1996, 220.

[167] BGH AG 1996, 220.

spielen.[168] Geht es schließlich um das Wissen desjenigen Vertreters, der das Rechtsgeschäft selbst abgeschlossen hat, dann ist § 166 Abs. 1 BGB ohne weiteres direkt anwendbar.[169]

109 **bb) Besondere Grundsätze der Wissenszurechnung im Konzern.** Bei der Wissenszurechnung in einem Konzern sind einige zusätzliche Aspekte zu beachten. Zu Recht stellt *Drexl*[170] auf das Kriterium der Beherrschbarkeit der Wissensorganisation im anderen Konzernunternehmen ab. Diese sei von verschiedenen, wertend zu betrachtenden Faktoren abhängig, die wiederum den Maßstab dessen bestimmen sollen, was als „ordnungsgemäße Organisation der gesellschaftsinternen Kommunikation"[171] anzusehen ist.[172] Dazu zählten u.a. die Zurechnungsrichtung, das Kriterium der unternehmerischen Arbeitsteilung im Konzern, die Gesellschaftsform sowie die konkrete Konzernierungsform.[173]

110 Was die Bedeutung der Konzernierungsform angeht, soll eine bloße Abhängigkeit bzw. ein beherrschender Einfluss i.S.v. § 17 AktG für die Wissenszurechnung nicht genügen. Diese seien lediglich Grundvoraussetzung dafür, dass die Organisation des Informationsaustausches unternehmensübergreifend vom herrschenden Unternehmen auch dann gestaltet werden kann, wenn ein Beherrschungsvertrag nicht abgeschlossen wurde.[174]

111 Fehlt es in diesem Sinne an einer Beherrschbarkeit des Wissens in der abhängigen Konzerngesellschaft, dann sollen die Interessen des Konzerns an einer Nichtzurechnung des Wissens das Verkehrsschutzinteresse des Dritten überwiegen. Ist eine entsprechende Beherrschbarkeit jedoch anzunehmen, dann führe die Nichtbeachtung der sich daran anknüpfenden Organisationspflichten zur Wissenszurechnung.[175]

112 **c) Verhältnis von § 47 VVG zu anderen Wissenszurechnungsregeln.** Im Schrifttum wird § 47 VVG überwiegend als lex specialis gesehen, die zur allgemeinen Norm des § 166 BGB durchaus im Widerspruch stehen könne.[176]

---

[168] MünchKomm-BGB/*Schramm* § 166 Rn. 20.

[169] OLG Düsseldorf VersR 2006, 785, 786; MünchKomm-BGB/*Schramm* § 166 Rn. 23.

[170] *Drexl* ZHR 161 (1997), 491 ff.

[171] So das Kriterium des BGH für die Wissenszurechnung in arbeitsteiligen Organisationen, siehe BGH AG 1996, 221.

[172] *Drexl* ZHR 161 (1997), 491, 512; *Grunewald*, FS Beusch, S. 301, 321.

[173] *Drexl* ZHR 161 (1997), 491, 512 ff.

[174] *Drexl* ZHR 161 (1997), 491, 513.

[175] *Drexl* ZHR 161 (1997), 491, 514.

[176] MünchKomm-BGB/*Schramm* § 166 Rn. 18, wonach es sich bei von § 166 BGB abweichenden versicherungsvertragsrechtlichen Regelungen zur Zurech-

Die Spezialität des § 47 VVG gegenüber den zivilrechtlichen Zurechnungsregeln erscheint freilich als nicht ganz so eindeutig. Im Falle einer Normenkonkurrenz ist die speziellere Vorschrift regelmäßig die, die einen engeren Anwendungsbereich hat als die konkurrierende generelle Norm.[177] Hier hat § 47 VVG als die vermeintlich speziellere Norm jedoch den deutlich weiteren Anwendungsbereich als etwa § 166 BGB. Allerdings gibt es auch eine Vermutung dahingehend, dass die speziellere Norm diejenige ist, die eine „größere Sachnähe" aufweist bzw. jene, die den Willen des Gesetzgebers deutlicher und konkreter zum Ausdruck bringt.[178] Dies trifft für die Wissenszurechnung gemäß § 47 VVG aus den genannten Gründen (Überwindung der Rollenspaltung auf Seiten des VN sowie möglicher Kommunikationsdefizite zwischen VN und versicherten Personen) zu, da die übrigen Wissenszurechnungsnormen zur Schaffung eines angemessenen Ausgleichs für die vorhandene Informationsasymmetrie beim Vertragsabschluss nicht in der Lage wären. Bereits die größere Sachnähe spricht also dafür, dass **§ 47 VVG** für die Frage der Kenntniszurechnung im Rahmen einer D&O-Versicherung den sonstigen Zurechnungsregeln, im Besonderen auch § 166 BGB **vorgeht**. **113**

4. Lösungsansätze für eine Begrenzung der Folgen des § 47 VVG im Rahmen einer D&O-Versicherung

Die Zurechnung des Wissens versicherter Personen kann zu gravierenden Konsequenzen sowohl für andere versicherte Personen als auch für den VN führen. Aus diesem Grund werden vereinzelt Lösungsansätze zur Begrenzung der Rechtsfolgen der Wissenszurechnung bzw. des Rücktritts oder einer Anfechtung auf diejenigen versicherten Personen diskutiert, die vom Rücktritt- bzw. Anfechtungsgrund keine Kenntnis hatten und deren Anspruch auf die Versicherungsleistung aufgrund der Gesamtunwirksamkeit bzw. Gesamtnichtigkeit des Vertrages dennoch mit untergegangen ist.[179] **114**

a) ComRoad-Entscheidung des OLG Düsseldorf als Ausgangspunkt. Ausgangspunkt der Diskussion war ein Urteil des OLG Düsseldorf **115**

---

nung fremder Kenntnisse und fremden Verschuldens um „spezialgesetzliche Bestimmungen" handle; ebenso Staudinger/*Schilken* § 166 Rn. 7, wenngleich dieser fälschlicherweise davon ausgeht, § 79 VVG a.F. regle „einen weiteren Fall der Wissensvertretung". Vgl. auch *Koch* WM 2007, 2173, 2181; *Winterling/Harzenetter* VW 2007, 1792, 1794, wonach die Spezialität von § 79 VVG a.F. (= § 47 VVG n.F.) „nicht ernsthaft in Frage zu stellen sein" soll.

[177] *Kramer* S. 107 f.

[178] *Kramer* S. 109.

[179] Vgl. die Beispiele bei *Koch* WM 2007, 2173, 2182 f.

(sog. *ComRoad*-Urteil).[180] Der Entscheidung lag folgender Sachverhalt zugrunde: Der Vorstandsvorsitzende der ComRoad AG, eines an der Börse notierten Unternehmens hatte für sein Unternehmen eine D&O-Versicherung abgeschlossen, wobei er den Versicherungsantrag selbst unterzeichnete. Die Frage nach bekannten Umständen, die zu einem Versicherungsfall führen könnten, beantwortete er mit „Nein".[181] Später stellte sich heraus, dass das Unternehmen vor Abschluss des Versicherungsvertrags über Jahre hinweg seine Bilanzen gefälscht hatte. Der Aufsichtsratsvorsitzende als Kläger hatte von den Bilanzfälschungen zunächst keine Kenntnis, machte aber unmittelbar nach Kenntniserlangung Mitteilung an den Versicherer. Der Versicherer erklärte daraufhin seinen Rücktritt vom Vertrag gemäß den §§ 16, 17 i.V.m. 20, 21 VVG a.F. (= §§ 19, 21 Abs. 1, § 21 Abs. 2 VVG n.F.) bzw. focht den Vertrag wegen arglistiger Täuschung nach § 22 VVG a.F. (= § 22 VVG n.F.), § 123 BGB an. Die AVB des Versicherers enthielten eine Regelung, wonach bei der Prüfung, ob Versicherungsschutz besteht, die bei einer versicherten Person vorhandenen Kenntnisse (bzw. gegebene Tatsachen) einer anderen versicherten Person des Unternehmens nicht zugerechnet werden. Der Aufsichtsratsvorsitzende klagte auf Feststellung, dass der D&O-Versicherer ihm gegenüber zur Gewährung von Versicherungsschutz verpflichtet sei.

116 Das LG Düsseldorf entschied erstinstanzlich zunächst zu Gunsten des Klägers. Das OLG Düsseldorf hob dieses Urteil auf und wies die Klage des Aufsichtsratsvorsitzenden ab. Es bejahte eine wirksame Anfechtung wegen arglistiger Täuschung (§ 22 VVG a.F. [= § 22 VVG n.F.], § 123 BGB) durch den Vorstandsvorsitzenden der AG über einen gefahrerheblichen Umstand. Das Gericht sah die Täuschung in der Vorlage einer gefälschten Bilanz i.S. einer bewussten Falschangabe von Umständen, die für die Übernahme der Gefahr durch den Versicherer erheblich waren (§ 16 Abs. 1 Satz 1 VVG a.F. [= § 19 Abs. 1 Satz 1 VVG n.F.]).[182] Das Handeln und Wissen des Vorstandsvorsitzenden müsse sich die AG nach § 164 Abs. 1 BGB bzw. nach § 166 Abs. 1 BGB zurechnen lassen. Zudem sah das Gericht die AVB-vertragliche Zurechnungsregelung für den vorliegenden Fall gar für nicht einschlägig an, da diese nach ihrem Wortlaut nur das Verhältnis der versicherten Personen untereinander, nicht aber das Verhältnis der versicherten Personen zum VN regle. Auch durch Ausle-

[180] OLG Düsseldorf VersR 2006, 785 ff.

[181] Frage 15 des Fragebogens des D&O-Versicherers lautete: *„Ist jemals gegen die Versicherungsnehmerin oder Tochterunternehmen oder eine zu versichernde Person ein Anspruch geltend gemacht worden, der unter die Deckung dieser Versicherung fallen könnte, oder sind Umstände bekannt, die zu einem solchen Anspruch führen könnten?"*, vgl. VersR 2006, 785.

[182] OLG Düsseldorf VersR 2006, 786.

gung ergebe sich keine Erstreckung der Wirkung der Zurechnungsregelung auf den VN. Denn ansonsten hätte die AG bei Vertragsschluss überhaupt nicht wirksam von ihrem Vorstandsvorsitzenden vertreten werden können, was ersichtlich nicht dem Willen der Parteien entsprochen hätte.

Der *ComRoad*-Fall hat im Schrifttum zum Teil heftige Kritik hervorgerufen,[183] hauptsächlich mit der Begründung, dass der Wegfall des Versicherungsschutzes für den offenbar völlig arglosen Aufsichtsratsvorsitzenden eine nicht hinnehmbare Härte darstellen würde. Jedoch ist dem Berufungsurteil sowohl i.E. als auch in seiner Begründung durchwegs zuzustimmen,[184] denn jedes andere Ergebnis hätte noch weniger überzeugt: Denn wie wäre es dem Versicherer oder der Gemeinschaft der Versicherten, die aufgrund der Signalwirkung eines stattgebenden Urteils mit u.U. deutlich erhöhten Prämien in der D&O-Versicherung hätten rechnen müssen, zu vermitteln gewesen, dass aus einem Vertrag, der durch eine Betrugshandlung zustande gekommen ist und deshalb wegen arglistiger Täuschung als anfechtbar angesehen wurde, Rechtswirkungen zu Gunsten einer – wenn auch mit Blick auf den betroffenen Aufsichtsratsvorsitzenden – möglicherweise gutgläubigen versicherten Person entfalten könnte? **117**

Zu Recht wird allerdings die unzureichende Auseinandersetzung des Gerichts mit der Natur der D&O-Versicherung als Versicherung für fremde Rechnung bemängelt, da sich für den Kläger „ein Risiko verwirklicht [hat], das der Versicherung für fremde Rechnung eigentümlich ist". So müsse eine versicherte Person „jederzeit damit rechnen, dass es zur Beendigung des Versicherungsvertrages durch eine Willenserklärung des VN oder des Versicherers kommt", was unmissverständlich aus § 76 Abs. 1 VVG a.F. (= § 45 Abs. 1 VVG n.F.) folge.[185] Verletzt also der VN seine Pflichten oder Obliegenheiten, treffen die Folgen auch die Versicherten, und zwar unabhängig davon, ob die Vertragsverletzung mit deren Wissen oder Willen begangen worden ist oder nicht.[186] Dies mache deutlich, dass durch den Abschluss eines D&O-Versicherungsvertrages den versicherten Personen „allenfalls ein Rechtsreflex, jedoch keine endgültige Rechtsposition" gewährt werde.[187] **118**

b) Möglichkeit eines Teilrücktritts bzw. einer Teilanfechtung. Nach § 29 VVG soll ein Teilrücktritt möglich sein, wenn die Voraussetzungen, unter denen der Versicherer zum Rücktritt berechtigt ist, nur in Ansehung **119**

[183] So sprechen etwa *Winterling/Harzenetter* VW 2007, 1792, 1794 von einem „Schreckbeispiel".
[184] Ebenso *Sieg/Schramm* PHi 6/2005, 234, 235; *Koch* WM 2007, 2173, 2181 f.
[185] *Sieg/Schramm* PHi 6/2005, 234, 235.
[186] R/L/*Römer* §§ 75, 76 Rn. 3.
[187] *Sieg/Schramm* PHi 6/2005, 234, 235.

eines Teils der Gegenstände oder Personen, auf welche sich die Versicherung bezieht, anzunehmen ist. § 29 VVG ist nach seinem Wortlaut auf die Fälle des Rücktritts und der Kündigung gemäß §§ 19, 21 Abs. 1, § 21 Abs. 2 VVG unstreitig anwendbar. Die Anwendbarkeit des § 29 VVG auf die Fälle der Anfechtung wegen arglistiger Täuschung nach §§ 22 VVG, 123 BGB ist dagegen strittig. Das OLG Düsseldorf hat die Anwendung des § 30 VVG a.F. (= § 29 VVG n.F.) auf die Anfechtung wegen arglistiger Täuschung abgelehnt,[188] was auch der herrschenden Auffassung in der Lit. entspricht.[189] Damit soll für die Fälle der Anfechtung nicht § 29 VVG, sondern § 139 BGB anzuwenden sein, wonach im Zweifel von einer Gesamtnichtigkeit des Vertrages auszugehen ist.[190] Keine Probleme sollten sich wiederum bei der grundsätzlichen Anwendbarkeit des § 29 VVG auf die Versicherung für fremde Rechnung ergeben.[191]

120 Was die konkrete Anwendbarkeit des § 29 VVG auf die D&O-Versicherung angeht, könnte nach dem Wortlaut der Norm ein Teilrücktritt in ausschließlicher Ansehung derjenigen Personen möglich sein, die gefahrerhebliche Umstände nicht oder unrichtig angezeigt haben oder von einer solchen Anzeigeobliegenheitsverletzung Kenntnis hatten. Für die „gutgläubigen" versicherten Personen würde der Vertrag entsprechend fortbestehen. Dem steht jedoch der Grundsatz der gesamtschuldnerischen Haftung als Regelfall der Verantwortlichkeit eines Kollegialorgans entgegen.[192] Wurde also die Anzeigeobliegenheitsverletzung vom entsprechend ressortverantwortlichen Vorstand selbst begangen, so steht aufgrund des Prinzips der Gesamtverantwortung und Allzuständigkeit der Geschäftsführung für die übrigen Vorstandsmitglieder ein Informations-, Überwachungs-, Auswahl- oder Organisationsmitverschulden im Raum.[193] So kann etwa die verschwiegene Bilanzfälschung regelmäßig nicht auf den Finanzvorstand haftungsrechtlich „isoliert" werden und es droht dementsprechend auch den übrigen Organmitgliedern eine Inanspruchnahme.

121 Auch wenn durch eine Versicherung mehrere Personen versichert sind, sind diese also nicht automatisch voneinander unabhängig. Vielmehr ist zu prüfen, ob nicht eine innere Beziehung zwischen den Personen vorliegt,

---

188 OLG Düsseldorf VersR 2006, 787.

189 Vgl. P/M/*Prölss* § 29 Rn. 9; B/M/*Heiss* § 29 Rn. 14.

190 B/M/*Heiss* § 29 Rn. 14.

191 A.A. *Langheid/Grote* VersR 2005, 1165, 1168, wonach § 79 VVG a.F. als *lex specialis* gegenüber § 30 VVG a.F. anzusehen sei; zu Recht widersprochen von *Lange* VersR 2006, 605, 611 (dort insbesondere Fn. 68), wonach mangels konkurrierender Regelungsbereiche gar keine Spezialität bestehen könne; für den Fall des Rücktritts bestätigt durch OLG Düsseldorf VersR 2006, 785, 787.

192 Vgl. *Ihlas*, D&O, S. 209.

193 *Ihlas*, D&O, S. 209 f.

welche die Anwendung des § 29 VVG ausschließt.[194] Der Grundsatz der gesamtschuldnerischen Haftung der Organmitglieder erzeugt eine solche „innere Beziehung" der versicherten Personen.[195] I.E. würde sich für den Versicherer durch einen Teilrücktritt in Ansehung der „bösgläubigen" versicherten Person das Risiko kaum verringern. Aus Sicht des Versicherers stellt die Gemeinschaft der versicherten Personen damit ein Risikokollektiv dar und keine voneinander abtrennbaren individuellen Risiken bzw. Einzelrisiken.

Koch schließt aus dem für die Rückwärtsversicherung statuierten Ausschluss gemäß § 2 Abs. 2 VVG, dass einzelne Pflichtverletzungen als „abspaltbarer Bestandteil eines einheitlichen Vertrags" behandelt werden könnten und dass sowohl VN als auch D&O-Versicherer den Vertrag fortsetzen wollten, „wenn einzelne Organmitglieder (fahrlässige Un-)Kenntnis von vorvertraglichen Pflichtverletzungen hatten".[196] Überzeugender erscheint es demgegenüber aufgrund des erwähnten Prinzips der gesamtschuldnerischen Haftung, den Willen des D&O-Versicherers dahingehend auszulegen, dass er in Ansehung des gesamten Vertrages von der Verpflichtung zur Leistung frei wird.[197] **122**

Da auf die Anfechtung wegen arglistiger Täuschung (§ 22 VVG, § 123 BGB) § 29 VVG nicht anwendbar ist, spricht § 139 BGB für eine Gesamtnichtigkeit des D&O-Vertrages. Dafür muss sich aus den Erklärungen der Parteien unter Berücksichtigung der Interessenlage und der Verkehrssitte (§§ 133, 157 BGB) der Wille ergeben, dass die möglicherweise äußerlich getrennten Rechtsgeschäfte miteinander stehen und fallen sollen, wofür der Einheitlichkeitswille einer Partei genügt.[198] Die o.g. Argumente für eine „Unteilbarkeit" bzw. „Nichtisolierbarkeit" des Risikos einzelner versicherter Personen i.R.d. § 29 VVG (= § 30 VVG a.F.) können auch für § 139 BGB aktiviert werden. Denn wegen der Geltung der gesamtschuldnerischen Haftung ist nicht anzunehmen, dass der Versicherer den D&O-Vertrag auch unter Ausschluss der arglistig täuschenden versicherten Person vom Versicherungsschutz i.d.S. „teilweise", d.h. auch ohne den nich- **123**

---

[194] BK/*Harrer* § 30 Rn. 1; *Kiethe* BB 2003, 537, 542, der für die Wissenszurechnung bei einer D&O-Versicherung danach unterscheidet, ob es sich für die einzelnen versicherten Personen um verschiedene, voneinander unabhängige Interessen, oder aber um ein gemeinschaftliches Interesse handelt.

[195] A.A. *Kiethe* BB 2003, 537, 542, der in der Anspruchsabwehr der versicherten Personen als Gesamtschuldner gerade kein gemeinschaftliches Interesse der versicherten Personen erblickt, da jeder Gesamtschuldner versuchen würde, den gegen ihn geltend gemachten Anspruch abzuwehren, und zwar v.a. auch zu Lasten der übrigen in Anspruch genommenen Versicherten.

[196] *Koch* WM 2007, 2173, 2183.

[197] So auch *Langheid/Grote* VersR 2005, 1165, 1168.

[198] Palandt/*Ellenberger* § 139 Rn. 5.

tigen Teil, abgeschlossen hätte.[199] Nach allem kommt ein Teilrücktritt bzw. eine Teilanfechtung in Ansehung der „bösgläubigen" versicherten Personen nicht in Betracht.

5. Vertragliche Lösungen zur Einschränkung des § 47 Abs. 1 VVG bzw. der Wirkungen von Rücktritt und Anfechtung

124 **a) Zurechnungsklausel (severability clause).** Ein weit verbreiteter Standard sind heute sog. Zurechnungsklauseln oder *severability clauses*.[200] Diese bestimmen, dass einer versicherten Person die Kenntnis oder das Verhalten einer anderen versicherten Person grundsätzlich nicht zugerechnet wird.

125 Die von den Versicherern verwendeten Klauseln unterscheiden sich i.d.R. inhaltlich nicht wesentlich voneinander.[201] Ihrer Position innerhalb der Versicherungsbedingungen kommt allerdings eine umso größere Bedeutung zu, da diese Einfluss auf die inhaltliche Reichweite der Klausel hat. So beziehen sich zahlreiche Zurechnungsklauseln lediglich auf den Vorsatz-/Wissentlichkeitsausschluss.[202] Häufig übersehen wird die rein klarstellende Natur einer solchen Regelung, da auch in deren Abwesenheit eine Zurechnung des Wissens bzw. des Handelns einer versicherten Person an andere versicherte Personen im Rahmen eines rein subjektiven Ausschlusses nicht stattfindet.

126 Eine Beschränkung der Zurechnungswirkung im Hinblick auf die Kenntnis von anzeigepflichtigen Umständen oder Erklärungen im Fragebogen lässt sich somit nur mit weitergehenden Zurechnungsklauseln erreichen. Diese sind in der Praxis deutlich seltener anzutreffen.[203] Sie zeichnen sich dadurch aus, dass sie im Bedingungswerk als eigenständige Regelung ohne konkreten inhaltlichen Bezug platziert sind. Eine solche „allgemeine

---

[199] Vgl. B/M/*Heiss* § 29 Rn. 14.

[200] *Ihlas*, Organhaftung, S. 298, spricht von einer weltweit in modernen D&O-AVB üblichen Regelung. Diese Aussage ist auch heute noch zutreffend.

[201] Vgl. die Beispiele bei *Lange* VersR 2006, 605, 609 (dort Fn. 36).

[202] Ziff. III 1 AIG BusinessGuard D&O 2009 MM: *„Einer versicherten Person wird die vorsätzliche Begehung von Pflichtverletzungen nicht angelastet, die ohne ihr Wissen von anderen versicherten oder nicht versicherten Personen […] begangen wurden"*; § 6.1 ACE ProElite DOMESTIC 2006: *„Einer versicherten Person werden Pflichtverletzungen nicht zugerechnet, die ohne ihr Wissen von einer anderen versicherten Person oder nicht versicherten Person und/oder den versicherten Unternehmen vorsätzlich begangen wurden"*; § 4.3 CNA SOLO (D&O) 2005: *„Einer versicherten Person wird eine vorsätzliche Pflichtverletzung nicht zugerechnet, welche ohne ihr Wissen von anderen versicherten Personen begangen wurde"*.

[203] Beispiele finden sich bei *Lange* VersR 2006, 605, 608 (dort Fn. 35).

Zurechnungsklausel" bezieht sich grundsätzlich auf alle Anzeigeobliegenheiten und vertraglichen Obliegenheiten, auf den zentralen Ausschluss „Vorsatz/Wissentlichkeit", wie auch auf eventuell vereinbarte subjektive Ausschlusstatbestände sowie auf sämtliche Angaben im Fragebogen (zum Vertragsabschluss oder ggf. zur Vertragsverlängerung).

Damit der Rücktritt oder die Anfechtung i.R.d. Zurechnungsklausel ge- **127**
genüber „bösgläubigen" und „gutgläubigen" versicherten Personen überhaupt unterschiedliche Wirkungen dergestalt entfalten können,[204] müsste die Klausel eine Zurechnung des Verhaltens der „bösgläubigen" versicherten Personen gegenüber dem VN als der alleinigen Vertragspartnerin des Versicherers ermöglichen. Zu dieser Wirkung einer allgemeinen Zurechnungsklausel im Verhältnis versicherte Person/VN hat das OLG Düsseldorf im oben dargestellten *ComRoad*-Fall ausführlich Stellung genommen.[205] Allerdings hat das Gericht die Zurechnungsregelung schon ihrem Wortlaut nach für nicht anwendbar erklärt, da die Vorschrift nur das Verhältnis von versicherter Person zu versicherter Person, nicht aber das Verhältnis von versicherter Person zum VN regle.[206]

Obwohl im *ComRoad*-Fall eine arglistige Täuschung durch den Vor- **128**
standsvorsitzenden vorlag, greift die Argumentation des Gerichts in gleicher Weise bei einem nur zum Rücktritt berechtigenden Verschweigen bzw. einer unrichtigen Darstellung von gefahrerheblichen Umständen ohne arglistige Täuschungsabsicht. Für die Kenntniszurechnung im Verhältnis versicherte Person/VN bleibt damit – ggf. neben den zivilrechtlichen Zurechnungsregeln (z.B. §§ 164, 166 BGB) – insbesondere § 47 VVG einschlägig. Dem Auslegungsergebnis des OLG Düsseldorf wird im Schrifttum zugestimmt.[207] I.E. können Klauseln, die eine privilegierte Zurechnung von Tatsachen und Kenntnissen versicherter Personen untereinander vorsehen, die Frage nach der Gesamtwirksamkeit des Versicherungsvertrags nicht lösen.

b) Repräsentantenklausel. Die sog. Repräsentantenklausel erklärt nur **129**
das Wissen bestimmter versicherter Personen für als i.S.v. § 47 VVG

---

[204] So dass die „Bösgläubigen" den Versicherungsschutz verlieren, während er für die „Gutgläubigen" erhalten bleibt.

[205] Siehe Rn. 115.

[206] OLG Düsseldorf VersR 2006, 785, 786.

[207] Etwa *Winterling/Harzenetter* VW 2007, 1792, 1795, wonach „auch bei einer Full-Severability-Regelung (volle Zurechnung) das Problem der Wissenszurechnung, also wessen Kenntnis die Bösgläubigkeit der VN hervorruft, nicht gelöst [werde]"; *Sieg/Schramm* PHi 6/2005, 234, 235; *Lange* VersR 2006, 605, 608 f., der von einer „Trennung der Sphären der Versicherten" spricht, die „das Verhältnis zwischen Versicherten und Versicherer aber unberührt lassen".

(= § 79 VVG a. F.) relevant.[208] Repräsentanten sind dabei regelmäßig solche Personen, die eine herausragende Stellung innerhalb des Unternehmens innehaben und denen deswegen als potenzielle Wissens- bzw. Kenntnisträger eine besondere Bedeutung zukommt. Zu ihnen zählen i. d. R. der Vorstandsvorsitzende, der Aufsichtsratsvorsitzende, der Finanzvorstand (bzw. Organe mit vergleichbaren Positionen bei der GmbH) oder auch der Leiter der Rechts- oder Versicherungsabteilung *(risk manager)*.

130 Zugrunde liegt die Idealvorstellung, dass bei dem ausgewählten Kreis ranghoher Führungskräfte die Wahrscheinlichkeit am höchsten ist, dass alle bedeutsamen Informationen, auch solche aus untergeordneten Einheiten, einschließlich der Beteiligungsgesellschaften, zusammenlaufen, so dass im Endeffekt irgendwo im Unternehmenskreis vorhandenes risikorelevantes Wissen dorthin kanalisiert wird.

131 Der Risikofragebogen inkl. der für das Rücktritts- bzw. Anfechtungsrecht des Versicherers bedeutsamen Erklärung zur Rückwärtsversicherung ist daher i. d. R. von mindestens einem der benannten Repräsentanten zu unterzeichnen.[209] Kann der Versicherer nachweisen, dass trotz gegenteiliger Angaben in der Erklärung zur Rückwärtsversicherung gefahrerhebliche Umstände verschwiegen oder unrichtig dargestellt wurden, hebt ein sich darauf gründender Rücktritt bzw. eine sich darauf gründende Anfechtung den gesamten Versicherungsvertrag auf. Dies gilt dann auch gegenüber den „gutgläubigen" versicherten Personen. Das gleiche gilt, wenn dem Versicherer der Nachweis gelingt, dass anderswo im Kreis der Repräsentanten ein solch gefahrerhebliches Wissen vorlag.[210] Gleichzeitig wird bei sonstigen versicherten Personen potenziell vorhandenes Umstandswissen des VN als irrelevantes Wissen nicht zugerechnet.

---

[208] Beispiele: (1.) *„[Erklärung zur Rückwärtsversicherung] Dem(n) Unterzeichner(n) und, soweit mit diesem nicht identisch, folgende Personen der Antragstellerin: Vorstandsvorsitzender, Vorsitzender der Geschäftsführung, Leiter Finanzen, Aufsichtsratsvorsitzender, Leiter der (Konzern-)Rechtsabteilung und Leiter der Versicherungsabteilung sind keine (potentiellen) Pflichtverletzungen bekannt, die zu einem Versicherungsfall unter der beantragten Versicherung führen können"*, zum Fragebogen der OLA 08 PrimeLine Edition der Chubb; (2.) *„In Abweichung von § 79 VVG [a. F.; Anm. d. Verf.] wird der Versicherungsnehmerin ausschließlich die Kenntnis, das Verhalten oder das Verschulden folgender Personen zugerechnet: Vorsitzender des Vorstandes/der Geschäftsführung, Vorsitzender des Aufsichtsrates, Finanzvorstand (CFO), Leiter Rechtsabteilung der Versicherungsnehmerin"* (Quelle: Marsh GmbH).

[209] Beispiel: Hinweis auf dem Fragebogen zur OLA 2008 PrimeLine Edition der Chubb: *„Dieser Fragebogen ist vom Vorsitzenden des Vorstands oder der Geschäftsführung oder zwei anderen Mitgliedern des Vorstands bzw. zwei Geschäftsführern zu unterzeichnen (sofern nicht lediglich ein Organmitglied existiert)"*.

[210] Siehe auch *Winterling/Harzenetter* VW 2007, 1792, 1795.

Die Repräsentantenklausel führt so – je nach dem zahlenmäßigen Verhältnis zwischen Repräsentanten und versicherten Personen insgesamt – zu einer u. U. erheblichen Einschränkung der Zurechnungsnorm des § 47 VVG. Gleichzeitig stellt sie sicher, dass nicht jede Sorgfaltswidrigkeit im Bereich der unternehmens- und konzerninternen Kommunikation deckungsschädlich ist.[211] Andererseits erscheint die Klausel deswegen problematisch, weil den Repräsentanten nicht einmal solches Wissen zugerechnet wird, das nach Maßgabe der höchstrichterlichen Rspr. zur Wissenszurechnung in arbeitsteiligen Organisationen hätte aktenmäßig festgehalten und an die zuständigen Stellen weitergeleitet werden müssen.[212] Es ist daher zu betonen, dass die Repräsentantenklausel Unternehmen begünstigt, die entgegen den vom BGH festgelegten Grundsätzen die Speicherung und Kommunikation von Wissen innerhalb der Unternehmensorganisation nicht mit der gebotenen Sorgfalt vornehmen. Aber auch diese Klausel garantiert „gutgläubigen" versicherten Personen keinen lückenlosen Schutz, da weiterhin das Risiko bleibt, dass im Repräsentantenkreis vorhandenes deckungsschädliches Wissen, von dem sie selbst keine Kenntnis hatten, zum Verlust des Versicherungsschutzes zu ihren Lasten führt. 132

c) Verzicht auf das Rücktritts- und Anfechtungsrecht. aa) Darstellung der einschlägigen Klauseln. Für die Versicherten auf den ersten Blick sehr günstig erscheinen solche Regelungen, bei denen der Versicherer auf die Ausübung seiner Rechte zum Rücktritt bzw. zur Anfechtung des Vertrags nach §§ 19, 21 Abs. 1, § 21 Abs. 2 bzw. § 22 VVG verzichtet. Die Reichweite des Verzichts kann dabei unterschiedlich geregelt sein. Zwei in der Praxis verwendete Modelle sollen im Folgenden kurz dargestellt werden. 133

„Modell 1"[213] erklärt den Rücktrittsverzicht nur für den Fall einer fahrlässigen Verletzung von Obliegenheiten gegenüber dem Versicherer, wo- 134

---

[211] *Winterling/Harzenetter* VW 2007, 1792, 1795.

[212] BGH AG 1996, 220 f; siehe Rn. 107.

[213] Angelehnt an eine den Verfassern aus der Praxis bekannte Individualvereinbarung: *„Der Versicherer verzichtet auf sein Recht zum Rücktritt wegen der fahrlässigen Verletzung von Pflichten und Obliegenheiten gegenüber dem Versicherer. Im Falle der Verletzung einer solchen Anzeigepflicht, welche den Versicherer ohne den Verzicht zum Rücktritt berechtigen würde, besteht jedoch für versicherte Personen kein Versicherungsschutz, welche die zum Rücktritt führenden Umstände kannten oder in deren Person sie selbst vorliegen. Die Frist gemäß § 21 Abs. 1 VVG (§ 20 VVG a. F.) ist hierbei unbeachtlich. Sofern zum Zeitpunkt der Kenntniserlangung des Versicherers von der fahrlässigen Verletzung der Anzeigepflicht ein Versicherungsfall bereits eingetreten ist und der Versicherer einer (versicherten) Person Versicherungsschutz gewährt hat, entfällt dieser rückwirkend, es sei denn,*

bei jene versicherten Personen ausgenommen sind, die den Rücktrittsgrund selbst ausgelöst haben oder aber Kenntnis vom Rücktrittsgrund hatten. Da der Rücktrittsverzicht offenbar auch Fälle grob fahrlässigen Verhaltens mit einschließt, geht die Regelung insoweit über § 19 Abs. 3 VVG hinaus. Denn dort bleibt dem Versicherer das Rücktrittsrecht in den Fällen einer grob fahrlässigen Anzeigeobliegenheitsverletzung durch den VN erhalten. Das Recht zur Anfechtung und zum Rücktritt wegen einer wissentlichen Verletzung von Anzeigeobliegenheiten behält sich der Versicherer jedoch zur Gänze vor.

135 **„Modell 2"**[214] beinhaltet hingegen einen Verzicht sowohl auf das Rücktritts- als auch das Anfechtungsrecht. Der Verzicht erstreckt sich hinsichtlich des Rücktrittsrechts dabei grundsätzlich auch auf solche Fälle, in denen Anzeigeobliegenheiten wissentlich bzw. vorsätzlich verletzt werden. Damit gewährleistet „Modell 2" einen besseren Schutz der „gutgläubigen" versicherten Personen, da für sie der Versicherungsschutz grundsätzlich auch bei einer wissentlichen oder vorsätzlichen Anzeigeobliegenheitsver-

---

der Umstand, in Ansehung dessen die Anzeigepflicht verletzt ist, hatte keinen Einfluss auf den Eintritt des Versicherungsfalles oder den Umfang der Leistung des Versicherers. Der Versicherungsschutz für gutgläubige versicherte Personen ist von diesem Wegfall nicht berührt. Das Recht zur Anfechtung und zum Rücktritt wegen der wissentlichen Verletzung von Anzeigepflichten bleibt von dieser Bestimmung unberührt".

[214] Angelehnt an eine entsprechende Regelung in den Chubb AVB OLA 2008 PrimeLine Classic bzw. Allianz Protect 2008 MM: *„1. Der Versicherer verzichtet im Versicherungsfall auf die Ausübung des Rechts*

a) zur Anfechtung des Versicherungsvertrages aufgrund arglistiger Täuschung und

b) zum Rücktritt vom Versicherungsvertrag wegen Anzeigepflichtverletzung, welche bei Vertragsschluss oder einer Vertragsverlängerung begangen wurden.

2. Vom Versicherungsschutz ausgeschlossen sind Versicherungsfälle wegen Inanspruchnahmen oder Verfahren, die auf dem Gefahrumstand beruhen, in Ansehung dessen die das Anfechtungs- oder Rücktrittsrecht begründende Täuschung oder Anzeigepflichtverletzung begangen wurde. Dies gilt nur, insoweit eine Inanspruchnahme oder ein Verfahren gegen eine versicherte Person gerichtet ist, die selbst die zur Anfechtung oder zum Rücktritt berechtigende Täuschungshandlung oder Anzeigepflichtverletzung begangen hat.

3. Bei arglistiger Täuschung sind auch sämtliche andere Versicherungsfälle wegen Inanspruchnahmen oder Verfahren, die gegen die versicherte Person gerichtet sind, welche selbst die Täuschungshandlung vorgenommen hat, vom Versicherungsschutz ausgeschlossen.

4. Bei arglistiger Täuschung sind außerdem sämtliche Versicherungsfälle wegen Inanspruchnahmen oder Verfahren, die gegen versicherte Personen gerichtet sind, die Kenntnis von der arglistigen Täuschung hatten, vom Versicherungsschutz ausgeschlossen, es sei denn, sie haben den Gefahrumstand, über den getäuscht wurde, unverzüglich nach Kenntniserlangung angezeigt".

letzung und auch bei einer arglistigen Täuschung erhalten bleibt. Lediglich die „bösgläubigen" versicherten Personen als diejenigen, die die Anzeigeobliegenheit selbst verletzt bzw. die Täuschungshandlung selbst vorgenommen haben bzw. Kenntnis von der Anzeigeobliegenheitsverletzung bzw. Täuschungshandlung hatten, werden vom Versicherungsschutz ausgenommen. Ein Vorteil von „Modell 2" ist auch darin zu sehen, dass die Voraussetzungen von Rücktritt und Anfechtung häufig gleichzeitig vorliegen und in der Schadenspraxis die Anfechtung des Versicherungsvertrags zumindest eine ebenso große Rolle wie der Rücktritt zu spielen scheint.

Für den Versicherer empfiehlt es sich bei Verwendung einer solchen Re- **136**
gelung, auf eine „hohe Unterschrift" möglichst eines oder mehrerer Leitungsorgane auf dem Fragebogen zu bestehen, da das dort angesiedelte „Umstandswissen" mutmaßlich am größten ist. Zudem wird der Nachweis der arglistigen Täuschung für den Versicherer demjenigen gegenüber am einfachsten sein, der die falsche Erklärung zur Rückwärtsversicherung selbst abgegeben hat. Dieser Nachweis würde hingegen zweifellos erschwert, wenn etwa der in Täuschungsabsicht den Versicherungsvertrag anbahnende Vorstandsvorsitzende die Erklärung zur Rückwärtsversicherung nicht selbst unterschreibt, sondern zu deren Unterzeichnung eine mit Einzelvertretungsberechtigung ausgestattete Person „vorschickt", damit diese die Erklärung zur Rückwärtsversicherung gutgläubig mit „Nein" beantwortet. Schließlich ist der Wegfall des Versicherungsschutzes einem hohen Repräsentanten des VN gegenüber wegen dessen mutmaßlich überproportionalen Verschuldensanteils tendenziell am weitreichendsten.[215]

bb) Möglichkeit der Vereinbarung eines wirksamen Verzichts auf **137**
das Recht zur Anfechtung wegen arglistiger Täuschung. Zu klären ist, ob und wieweit der Versicherer auf sein Recht zum Rücktritt vom Versicherungsvertrag bzw. zu dessen Anfechtung überhaupt wirksam verzichten kann. §§ 19, 22 VVG sind zugunsten des VN halbzwingend (§ 32 VVG).[216] Während dem Versicherer der Verzicht auf das Rücktrittsrecht in diesem Sinne unstreitig möglich ist, wurde die Dispositivität des Anfechtungsrechts in § 22 VVG, gestützt auf ein Urteil des BGH vom 17.1. 2007,[217] in Frage gestellt.[218] Nach dieser Entscheidung soll ein Ausschluss

---

[215] So wäre es auch im *ComRoad*-Fall, wo der Vorstandsvorsitzende als arglistig Täuschender und Hauptadressat möglicher Schadensersatzansprüche auch den Fragebogen bzw. die Erklärung zur Rückwärtsversicherung unterzeichnet hat.

[216] Vgl. BK/*Voit* § 16 Rn. 108 und § 22 Rn. 51; P/M/*Prölss* § 19 Rn. 76, § 22 Rn. 27.

[217] BGH NJW 2007, 1058.

[218] *Winterling/Harzenetter* VW 2007, 1792, 1794.

der Anfechtung wegen arglistiger Täuschung unwirksam sein, wenn die Täuschung von dem Geschäftspartner selbst oder von einer Person, die nicht Dritter i. S. d. § 123 Abs. 2 BGB ist, verübt wurde. Denn damit würde sich der den Anfechtungsverzicht Erklärende der Willkür seines Vertragspartners ausliefern und seine – durch § 123 BGB geschützte – freie Selbstbestimmung[219] vollständig aufgeben. Zudem werde es dem Täuschenden ermöglicht, Vorteile aus seiner Täuschung zu ziehen, ohne eine Rückabwicklung des Vertrages befürchten zu müssen, was mit der Rechtsordnung nicht vereinbar sei.[220]

138 Der dem Urteil zugrunde liegende Sachverhalt[221] ist zwar mit dem hier in Rede stehenden nicht vergleichbar. Dennoch ließe sich die eben skizzierte Begründung des BGH für die Unzulässigkeit eines vorweggenommenen Verzichts auf das Anfechtungsrecht dann auf eine entsprechende versicherungsvertragliche Vereinbarung übertragen, wenn infolge des Anfechtungsverzichts dem arglistig Täuschenden der Versicherungsschutz tatsächlich erhalten bliebe. Nach den vorgestellten Regelungen soll der Rechtsverzicht jedoch gerade nicht demjenigen gegenüber wirken, der die arglistige Täuschung selbst vorgenommen hat[222] bzw. von der arglistigen Täuschung Kenntnis hatte.[223] Damit kann in keinem Fall der arglistig Täuschende selbst aus der Täuschungshandlung einen direkten Vorteil für sich ziehen. Höchstens indirekt kann sich für den Täuschenden ein Vorteil aus der Wirksamkeit des D&O-Vertrages ergeben. Ist der Täuschende am Kapital der versicherungsnehmenden Gesellschaft beteiligt, so gewinnt er i. R. d. Innenhaftung mit dem D&O-Versicherer einen zusätzlichen Haftungsschuldner.

139 **d) Regelung eines Teilrücktritts bzw. einer Teilanfechtung.** Hinsichtlich der „bösgläubigen" versicherten Personen kommt weder ein Teilrücktritt nach § 29 VVG noch eine Teilanfechtung gemäß § 22 VVG, § 123 BGB i. V. m. § 139 BGB in Betracht.[224] Jedoch können sowohl § 29 VVG[225] als auch § 139 BGB[226] abbedungen werden. Damit könnte eine vertragliche Regelung zum Teilrücktritt bzw. zur Teilanfechtung folgendermaßen aussehen: *„Macht der Versicherer von seinem Recht auf Anfech-*

---

[219] Vgl. dazu nur MünchKomm-BGB/*Kramer* § 123 Rn. 1.

[220] BGH NJW 2007, 1058, 1059.

[221] Anfechtung des Erwerbs eines Geschäftsanteils einer GmbH zwischen zwei Parteien.

[222] Siehe oben „Modell 1", letzter Satz; „Modell 2" Pkt. 3 – Rn. 134 f.

[223] Siehe oben „Modell 2" Pkt. 4 – Rn. 135.

[224] Siehe Rn. 119 ff.

[225] R/L/*Langheid* § 30 Rn. 9; mit Einschränkungen zust. P/M/*Prölss* § 29 Rn. 7.

[226] Palandt/*Ellenberger* § 139 Rn. 17.

tung oder Rücktritt Gebrauch, gelten die Rechtsfolgen des jeweiligen Gestaltungsrechts nicht gegenüber solchen versicherten Personen, die den Anfechtungs- oder Rücktrittsgrund nicht verursacht haben oder hiervon keine Kenntnis hatten".[227]

Nach dieser Regelung wirkt der Rücktritt bzw. die Anfechtung nur gegenüber den „bösgläubigen" versicherten Personen, während der Versicherungsvertrag gegenüber den „gutgläubigen" versicherten Personen wirksam bleiben soll. Der VN bleibt damit Vertragspartner des Versicherers, in die Systematik der Versicherung für fremde Rechnung muss nicht eingegriffen werden. Probleme können sich allerdings wieder vor dem Hintergrund des Prinzips der gesamtschuldnerischen Haftung von Organmitgliedern ergeben. Daher kann sich die Aufnahme eines zusätzlichen Passus empfehlen, wonach sich der Versicherungsschutz der in Anspruch genommenen versicherten Person nach der Verpflichtung der Organmitglieder untereinander richtet bzw. die Versicherung auf den dieser Person zufallenden Innenhaftungsanteil begrenzt ist. 140

e) Konzept des „Schattenvertrages". Ein bislang ebenfalls kaum verbreitetes Konzept zum Erhalt des Versicherungsschutzes für die „gutgläubigen" versicherten Personen ist das des sog. Schattenvertrages. Eine entsprechende Regelung verpflichtet den Versicherer zur Gewährung des Versicherungsschutzes im Rahmen eines neuen Vertragsverhältnisses, sofern er von seinem Recht zur Anfechtung oder zum Rücktritt hinsichtlich des ersten Vertrages Gebrauch gemacht hat.[228] 141

Dieses Konzept birgt jedoch eine Reihe von Unsicherheiten in sich. Ein Kernproblem besteht darin, dass mit dem Wegfall des Hauptvertrages auch der VN als eigentlicher Vertragspartner wegfällt. Der nach wirksamer Be- 142

---

[227] Referenz ist eine den Verfassern aus der Praxis bekannte Individualvereinbarung.

[228] Referenz ist eine den Verfassern aus der Praxis bekannte Individualvereinbarung: *„Sofern der Versicherer bei einem Versicherungsvertrag von seinem Recht zur Anfechtung oder zum Rücktritt Gebrauch gemacht hat und hierdurch der Versicherungsvertrag beseitigt wurde, wird der Versicherer Versicherungsschutz im Rahmen eines neuen Vertragsverhältnisses wie folgt gewähren: Der Versicherungsschutz besteht auf Grundlage der ursprünglich vereinbarten Versicherungsbedingungen ausschließlich für versicherte Personen des beseitigten Versicherungsvertrages, die bis zum Zeitpunkt der Erklärung des Rücktritts bzw. der Anfechtung von den Umständen, welche den Rücktritt bzw. die Anfechtung begründen, keine Kenntnis hatten. Der Versicherungsschutz endet automatisch zum ursprünglichen Ablauf der letzten Versicherungsperiode des beseitigten Versicherungsvertrages, ohne dass es einer Kündigung bedarf (ggf. Beschränkung des Versicherungsschutzes auf die Abwehr von Schadensersatzansprüchen, Einführung eines Sublimits bzw. einer Schadenuntergrenze)".*

seitigung des Versicherungsvertrags in Kraft tretende „Schattenvertrag" kommt daher mit der/den kenntnislosen versicherten Person/en direkt zustande. Da das gesamte Vertragskonzept der D&O-Versicherung jedoch auf eine Versicherung für fremde Rechnung und nicht auf eine Einzelversicherung zugeschnitten ist, müssten zahlreiche vertragliche Anpassungen vorgenommen werden.[229] Der genaue Inhalt des Vertrages bzw. der exakte Deckungsumfang zugunsten der „gutgläubigen" versicherten Person/en wird sich somit ohne eine Reihe ergänzender Regelungen nur schwer feststellen lassen, was Zweifel daran aufkommen lässt, ob eine solche Klausel dem Bestimmtheitsgrundsatz genügt. Schon aufgrund dieser Bedenken erscheint das Konzept des „Schattenvertrages" für die Lösung der Zurechnungsproblematik ungeeignet.

---

[229] Man denke nur an die Firmenenthaftungsregelung oder die Pflicht zur Prämienzahlung.

§ 10. Verfügungen über den Versicherungsanspruch

Literatur: *Bank*, D&O-Versicherer: Neue Situation durch Subprime-Krise und VVG-Reform, VW 2008, 730; *Koch*, Aktuelle und zukünftige Entwicklungen in der D&O-Versicherung, WM 2007, 2173; *ders.*, VVG-Reform: Zu den Folgen der Untersagung des Anerkenntnis- und Abtretungsverbots in der Haftpflichtversicherung, FS Winter, 2007, S. 345; *Lange*, Das Anerkenntnisverbot vor und nach der VVG-Reform, VersR 2006, 1313; *ders.*, Das Zusammenspiel von Anerkenntnis und Abtretung in der Haftpflichtversicherung nach der VVG-Reform, r+s 2007, 401; *Langheid*, Ausweg aus der Anerkenntnis- und Abtretungsfalle, FS Winter, 2007, S. 367; *ders.*, Tücken in §§ 100 ff. VVG-RegE, VersR 2007, 865; *Langheid/Goergen*, Auswirkungen der VVG-Reform auf die D&O-Versicherung, VP 2007, 161; *Roesch*, Zur Zulässigkeit einer unmittelbaren Leistungsklage des Geschädigten gegen den KVO-Versicherer, VersR 1977, 891; *Schirmer*, Die Haftpflichtversicherung nach der VVG-Reform, ZVersWiss Supplement Jahrestagung 2006, 427; *Schramm*, Grenzen der Abtretung bei der D&O-Versicherung im Licht des neuen VVG, PHi 2008, 24; *Thalmair*, Die Haftpflichtversicherung nach der VVG-Reform, ZVersWiss Supplement Jahrestagung 2006, 459.

I. Folgen des Wegfalls des Abtretungsverbots für das Innenverhältnis der D&O-Versicherung

1. Grundsätzliche Anwendbarkeit des § 108 Abs. 2 VVG auf die Innenverhältnisdeckung der D&O-Versicherung

Nach § 108 Abs. 2 VVG kann die Abtretung des Freistellungsanspruchs 1
an den Dritten nicht durch Allgemeine Versicherungsbedingungen ausgeschlossen werden. Die Anwendung von § 108 Abs. 2 VVG ist im Hinblick auf Außenhaftungsansprüche in der D&O-Versicherung („an den Dritten") unstreitig, aber auch ohne praktische Bedeutung. In Bezug auf die Innenhaftung stellt sich zunächst die Frage, ob eine Abtretung des Freistellungsanspruchs von der versicherten Person an den einen Anspruch gegen sie richtenden VN als potenziell Geschädigten ebenfalls möglich ist. Dies ist zu bejahen. Denn die D&O-Versicherung ist insgesamt, d.h. auch im Bereich der Innenverhältnisdeckung, als Haftpflichtversicherung i.S.v. § 100 VVG (= § 149 VVG a.F.) konzipiert. Daher ist der VN auch insoweit als „Dritter" i.S.v. § 108 Abs. 2 VVG zu qualifizieren.[1] Entsprechend

[1] Vgl. § 2 Rn. 17 ff. Ausdrücklich bejahend im Zusammenhang mit § 108 Abs. 2 VVG: *Langheid/Goergen* VP 2007, 161, 166; *Koch* WM 2007, 2173, 2177; *ders.*, FS Winter, S. 345, 346.

sehen auch die aktuellen, das reformierte VVG bereits berücksichtigenden D&O-Musterbedingungen der AVB-AVG vor, dass „eine Abtretung an den geschädigten Dritten zulässig ist", ohne eine Einschränkung hinsichtlich einer Abtretung an den VN vorzunehmen.[2] Soweit im Schrifttum unter Bezugnahme auf die neue Rechtslage Bedenken gegen diese Auffassung anklingen,[3] ist diesen entgegenzuhalten, dass auch nach altem Recht eine Abtretung an den VN unter bestimmten Voraussetzungen möglich war und der VN insoweit als „Dritter" i.S.d. Gesetzes angesehen wurde.[4]

2. Generelle Unzulässigkeit der Vereinbarung eines Abtretungsverbots gemäß § 108 Abs. 2 VVG

2 Die Vereinbarung eines Abtretungsverbots ist gemäß § 108 Abs. 2 VVG in **AVB** unzulässig. Hierzu zählen auch vorformulierte Klauseln außerhalb von Standard-AVB, selbst wenn der Versicherer diese nur im Einzelfall und nur für bestimmte Risiken verwendet.[5] Den Versicherer trifft die Beweislast dafür, dass es sich bei einer Klausel tatsächlich um eine individuell zwischen den Vertragsparteien ausgehandelte Vereinbarung handelt, von der nicht in der Absicht der Mehrfachverwendung eines vorformulierten Textes Gebrauch gemacht werden sollte.[6]

3 **a) Ausnahme vom Grundsatz der Unwirksamkeit von Abtretungsverboten bei Großrisiken gemäß § 210 VVG.** Nach § 210 VVG besteht die Möglichkeit, im VVG vorgesehene Beschränkungen der Vertragsfreiheit für Großrisiken gemäß Art. 10 Abs. 1 Satz 2 EGVVG nicht anzuwenden. Diese Ausnahmeregelung erfasst alle relativ und absolut zwingenden Bestimmungen des VVG.[7] § 108 Abs. 2 VVG ist absolut zwingende Vorschrift.[8] Ein Großrisiko liegt gemäß § 210 VVG i. V.m. Art. 10 Abs. 1 Satz 2 Nr. 3 EGVVG vor, wenn *zwei* der folgenden drei Risikomerkmale über-

---

[2] Ziff. 10.2 Satz 2 AVB-AVG; vgl. *Koch* WM 2007, 2173, 2177.

[3] *Schramm* PHi 2008, 24, 25, wonach „überlegt werden [könne], ob der Versicherungsnehmer einer D&O-Versicherung, welcher im Einzelfall auch als Anspruchsteller auftritt, überhaupt „Dritter" i.S.d. § 108 Abs. 2 VVG ist".

[4] Vgl. *Langheid/Goergen* VP 2007, 161, 166. Für den Fall einer Kfz-Haftpflichtversicherung für fremde Rechnung: BGH VersR 1986, 1010; ebenso OLG Hamm VersR 1994, 301; vgl. auch *Langheid* VersR 1986, 15, 16.

[5] Auch Regelungen innerhalb von Einzelklauseln oder Besonderen Bedingungen gelten als Allgemeine Geschäftsbedingungen, soweit es sich um „für eine Vielzahl von Verträgen vorformulierte Vertragsbedingungen" i.S.v. § 305 Abs. 1 BGB handelt, vgl. Staudinger/*Schlosser* § 305 Rn. 52.

[6] Staudinger/*Schlosser* § 305 Rn. 52.

[7] P/M/*Klimke* § 210 Rn. 7.

[8] Vgl. auch P/M/*Lücke* § 108 Rn. 34.

schritten sind: (1.) 6,2 Mio. € Bilanzsumme, (2.) 12,8 Mio. € Nettoumsatzerlöse, (3.) im Durchschnitt des Wirtschaftsjahres 250 Arbeitnehmer. Bei der D&O-Versicherung ist dabei regelmäßig auf die konsolidierten Jahreswerte der versicherten Unternehmen abzustellen. Angesichts der relativ niedrigen Schwellenwerte ist davon auszugehen, dass eine große Zahl bestehender und zukünftiger D&O-Verträge unter den Ausnahmetatbestand des § 210 VVG fällt.[9] Damit erhält der Versicherer die Möglichkeit, § 108 Abs. 2 VVG als Beschränkung seiner Vertragsfreiheit in Form der Untersagung der Vereinbarung eines Abtretungsverbots abzubedingen.

Koch hält allerdings eine solche Vereinbarung gemäß § 307 Abs. 2 Nr. 1 BGB für unwirksam.[10] Dabei geht er zunächst mit der h.M.[11] davon aus, dass derartige AVB-Klauseln der AGB-Inhaltskontrolle unterliegen und sich daher u.a. gemäß § 307 Abs. 2 Nr. 1 BGB am Kerngehalt der abbedungenen Vorschrift messen lassen müssen. Lege man diesen Prüfungsmaßstab an, dürften „keine Zweifel daran bestehen", dass „angesichts der vom Gesetzgeber gegebenen Begründung für die Untersagung des Anerkenntnis- und Abtretungsverbots und der Tatsache, dass er hieran trotz der im Hinblick auf die Missbrauchsgefahr nicht ganz unberechtigten Kritik aus der Versicherungswirtschaft festgehalten hat, [...] formularmäßige Abweichungen [vom Abtretungsverbot; Anm. d. Verf.] auch im Großrisikobereich einer Inhaltskontrolle nicht standhalten werden".[12] 4

Dafür müsste aber dem absolut zwingenden § 108 Abs. 2 VVG und der darin untersagten Vereinbarung eines Abtretungsverbots eine gesetzliche Leitbildfunktion i.S.v. § 307 Abs. 2 Nr. 1 BGB zukommen, die zur Unwirksamkeit einer abweichenden Vereinbarung führt.[13] Für die Frage, ob Normen des VVG Leitbildfunktion haben, soll es auf ihren Kerngehalt ankommen.[14] Dies hat der BGH etwa für das in § 6 VVG a.F. (= § 28 VVG n.F.) zum Ausdruck kommende Verschuldensprinzip als ein „das ganze Rechtsleben beherrschender Grundsatz, der auch außerhalb des VVG seine Geltung hat"[15] oder für die Regeln über die Sittenwidrigkeit gemäß § 138 BGB[16] angenommen. 5

Die in § 108 Abs. 2 VVG verankerte Freiheit des VN, seinen Freistellungsanspruch an den geschädigten Dritten abtreten zu können, müsste 6

[9] So auch *Schramm* PHi 2008, 24, 25.
[10] *Koch* WM 2007, 2173, 2177.
[11] Vgl. statt aller P/M/*Klimke* § 210 Rn. 15.
[12] *Koch* WM 2007, 2173, 2177.
[13] Vgl. dazu MünchKomm-BGB/*Kieninger* § 307 Rn. 60 f.; Staudinger/*Coester* § 307 Rn. 229.
[14] BK/*Schwintowski* § 187 Rn. 8.
[15] BGHZ 120, 291, 295.
[16] Vgl. BK/*Schwintowski* § 187 Rn. 5 m.w.N.

sich also auf ein in diesem Sinne grundlegendes und übergeordnetes gesetzliches Leitbild zurückführen lassen können. Dies erscheint jedoch als zweifelhaft. So sieht § 399 Alt. 2 BGB die Möglichkeit der vertraglichen Vereinbarung eines Abtretungsverbots sogar ausdrücklich vor, und vor dem Inkrafttreten des neuen VVG entsprach das generelle Abtretungsverbot in § 7 Ziff. 3 AHB geradezu dem gesetzlichen Leitbild in der Haftpflichtversicherung. Zudem ist in Bezug auf § 7 Ziff. 3 AHB von der Rspr. in zahlreichen Fällen festgestellt worden, dass die Berufung des Versicherers auf das Abtretungsverbot nur dann als Verstoß gegen Treu und Glauben zu beurteilen sei, wenn es nicht durch ein berechtigtes Interesse des Versicherers gedeckt ist.[17]

7 Es ist davon auszugehen, dass sich der Gesetzgeber bei der Schaffung des § 108 Abs. 2 VVG von dieser Rspr. zur Wirksamkeit eines Abtretungsverbots mit hat leiten lassen.[18] Ein berechtigtes Interesse des Versicherers an dessen Aufrechterhaltung in der Innenverhältnisdeckung der D&O-Versicherung ließe sich wohl wegen des ausgeprägten Manipulationsrisikos gut begründen. Das gilt auch im Hinblick auf die besondere Schutzbedürftigkeit der versicherten Personen, die als originär Begünstigte des Versicherungsvertrages und Träger des versicherten Interesses vor übereilten Abtretungen ihres Freistellungsanspruchs an den VN – infolge einer Art vorauseilenden Gehorsams gegenüber ihrem Arbeitgeber angesichts möglicherweise existierender wirtschaftlicher oder gesellschaftlicher Abhängigkeiten – bewahrt werden sollen. Dies korrespondiert mit dem im Regelfall überragenden Interesse der versicherten Personen an einer erfolgreichen Abwehr der gegen sie gerichteten unbegründeten Ansprüche. Unter diesen Voraussetzungen wurde die Berufung eines D&O-Versicherers auf das Abtretungsverbot auch nicht als rechtsmissbräuchlich angesehen.[19]

8 Trotz des neu geschaffenen § 108 Abs. 2 VVG und dem darin zum Ausdruck gebrachten Willen des Gesetzgebers, Abtretungen des Freistellungsanspruchs generell zuzulassen, kann von einer gesetzlichen Leitbildfunktion der generellen Untersagung des Abtretungsverbots also nicht gesprochen werden, so dass abweichende Vereinbarungen im Bereich von Großrisiken (§ 210 VVG) auch nicht als i. S. v. § 307 Abs. 2 Nr. 1 BGB unwirksam angesehen werden können.

9 **b) Zulässigkeit der Vereinbarung von Abtretungsverboten durch Individualvereinbarungen.** § 108 Abs. 2 VVG lässt – im Gegensatz etwa zum Anerkenntnis- und Befriedigungsverbot (siehe Rn. 39 ff.) – Raum für

[17] Vgl. nur P/M/*Lücke* Ziff. 28 AHB Rn. 4.
[18] So *Niederleithinger* Teil B § 108 Rn. 2.
[19] Vgl. *Bank* VW 2008, 730, 732.

individuell vereinbarte Abtretungsverbote. Dies wird unter anderem damit begründet, dass es dem Versicherer – z.B. nach Eintritt eines komplizierten Versicherungsfalles – möglich sein soll, eine entsprechend abweichende Einzelvereinbarung mit dem VN zu Gunsten eines Abtretungsverbots treffen zu können.[20] Darüber hinaus ist zumindest nicht auszuschließen, dass der Gesetzgeber durch diese Möglichkeit auch möglichen Bedenken gegen eine absolute und zwingende Geltung des § 108 Abs. 2 VVG in besonders „missbrauchsgeneigten" Haftpflichtsparten oder Risikosegmenten Rechnung tragen wollte.

Der Bedarf für individuell vereinbarte Abtretungsverbote wird in der Praxis freilich relativ gering sein, da solche Vereinbarungen bei einer überwiegenden Zahl von Verträgen, die gemäß § 210 VVG i.V.m. Art. 10 Abs. 1 Satz 2 Nr. 3 EGVVG als Großrisiken einzustufen sind, auch in AVB oder Standardklauseln generell möglich sind (siehe Rn. 3 ff.). **10**

II. Inhalt des nach § 108 Abs. 2 VVG abtretbaren Freistellungsanspruchs

Der Wegfall des Abtretungsverbots wird vermutlich – zumindest in bestimmten Risikosegmenten – zu vermehrten Abtretungen des Freistellungsanspruchs von der versicherten Person an den VN im Rahmen von Innenhaftungsfällen führen. Daher besteht Bedarf an der Klärung der Zulässigkeitsvoraussetzungen einer solchen Abtretung, ihrer Rechtsfolgen sowie deren mögliche Auswirkungen auf die Manipulationsgefahr im Bereich der Innenverhältnisdeckung. **11**

Zunächst stellt sich die Frage, ob mit dem Freistellungsanspruch gleichzeitig ein direkter Zahlungsanspruch gegen den Versicherer übertragen wird. Dafür muss zunächst der Inhalt des abgetretenen Freistellungsanspruchs bestimmt werden. Mit dem Wort „Freistellungsanspruch" nimmt § 108 Abs. 2 VVG Bezug auf § 100 VVG. § 100 VVG spricht davon, dass der Versicherer verpflichtet sei, „den Versicherungsnehmer von Ansprüchen *freizustellen*, die von einem Dritten aufgrund der Verantwortlichkeit des Versicherungsnehmers für eine während der Versicherungszeit eintretende Tatsache geltend gemacht werden, und unbegründete Ansprüche *abzuwehren*". Damit werden die verschiedenen inhaltlichen Komponenten des Versicherungs- bzw. Deckungsanspruchs deutlicher zum Ausdruck gebracht und der insofern etwas missverständliche Wortlaut des § 149 VVG a.F. in diesem Sinne korrigiert.[21] Die Pflicht des Versicherers zur Abwehr **12**

[20] P/M/*Lücke* § 108 Rn. 23.
[21] *Meixner/Steinbeck* § 3 Rn. 3.

unbegründeter Ansprüche einschließlich der Pflicht zur Prüfung der Haftpflichtfrage in Anlehnung an § 3 Abs. 2 Nr. 1 AHB wird präzisiert.[22] Darüber hinaus heißt es in der Regierungsbegründung zu § 108 Abs. 1 VVG, der Verfügungen des VN über den „Freistellungsanspruch" gegen den Versicherer Dritten gegenüber für unwirksam erklärt: *„Abweichend vom bisherigen § 156 Abs. 1 VVG a. F., der nur die Entschädigungsforderung erfasst, wird das Verfügungsverbot im Sinn des § 135 BGB nunmehr auf den Freistellungsanspruch insgesamt erstreckt; damit wird dem neuen § 100 VVG-E Rechnung getragen".*[23] Das bis zum 1. 1. 2008 geltende Abtretungsverbot knüpfte also offenbar an einen einheitlichen Deckungs- oder Freistellungsanspruch an und nicht lediglich an den Befreiungsanspruch als einen seiner Bestandteile. Es ist nicht erkennbar, warum die in § 108 Abs. 2 VVG normierte Untersagung der Vereinbarung eines Abtretungsverbots einen insofern anderen Bezugspunkt haben sollte. Die Abtretung erfasst also den einheitlichen Deckungsanspruch.

III. Rechtsstellung des Versicherungsnehmers als Zessionar des Freistellungsanspruchs

1. Direkter Zahlungsanspruch des Versicherungsnehmers nach Abtretung des Freistellungsanspruchs

13 Unter welchen Voraussetzungen kann eine Umwandlung des Freistellungs- in einen direkten Zahlungsanspruch gegen den Versicherer angenommen werden, wenn im Zeitpunkt der Abtretung eine rechtskräftige Feststellung der Haftpflichtforderung, etwa durch Urteil, Anerkenntnis oder Vergleich (§ 106 Satz 1 VVG), noch nicht stattgefunden hat? Manche gehen davon aus, dass dem Dritten nach erfolgreicher Abtretung des Freistellungsanspruchs ein „Direktanspruch" gegen den Versicherer zufalle. Der Befreiungsanspruch bzw. Freistellungsanspruch verwandle sich – analog zur bisherigen Situation bei Pfändung und Überweisung des Versicherungsanspruchs[24] – in einen direkten Zahlungsanspruch gegen den Versicherer.[25] Mit dem Ausschluss des Abtretungsverbots sollte i. S. einer besseren Wahrung der Interessen des Geschädigten auch in der allgemeinen Haftpflichtversicherung „ein kleiner Schritt in Richtung Pflichthaftpflichtversicherung" gemacht werden. Der Ausschluss des Abtretungsverbots

[22] *Niederleithinger* Teil B § 100 Rn. 1.
[23] BT-Drucks 16/3945 S. 86. § 100 VVG-E entspricht nunmehr § 108 VVG.
[24] Vgl. P/M/*Voit/Knappmann*, 27. Aufl. 2004, § 149 Rn. 3.
[25] *Schirmer* ZVersWiss Supplement Jahrestagung 2006, 427, 437; *Niederleithinger* Teil B § 108 Rn. 5.

komme einer „minderen Form eines durch Abtretung entstandenen Direktanspruchs“ gleich.[26]

Worin besteht aber die tatsächliche Rechtsstellung des VN nach Abtretung des Freistellungsanspruchs? Zunächst ist festzuhalten, dass der VN infolge der Abtretung nicht nur Inhaber des Freistellungsanspruchs wird, sondern auch Inhaber der Schadensersatzforderung bleibt, für die Freistellung verlangt werden soll. Die damit einhergehende Verbindung von Haftungs- und Deckungsanspruch in der Person des Geschädigten führt zu einer Umwandlung des Freistellungsanspruchs in einen Zahlungsanspruch, in dessen Rahmen inzident zu prüfen sei, ob und ggf. in welcher Höhe ein Haftungsanspruch gegen die versicherte Person begründet ist.[27] **14**

Zum Beleg dieser Ansicht verweist *Langheid*[28] im Übrigen auf den entsprechenden Willen und das erklärte Ziel des Kommissionsvorschlags als auch des Regierungsentwurfs zu § 108 Abs. 2 VVG, wonach der geschädigte Dritte durch die Abtretung in die Lage versetzt werden müsse, „den Versicherer direkt in Anspruch zu nehmen“, wozu nicht nur die Inanspruchnahme aus dem Deckungsverhältnis, sondern auch die aus dem Haftpflichtverhältnis gehöre. Zudem ist nach § 106 Satz 1 VVG die Leistungspflicht des Versicherers erst zwei Wochen von dem Zeitpunkt an fällig, zu dem der Anspruch des Dritten mit bindender Wirkung gegenüber dem Versicherer durch rechtskräftiges Urteil, Anerkenntnis oder Vergleich festgestellt ist. Daraus folgt, dass die Fälligkeit des Freistellungsanspruchs von der vorausgehenden endgültigen Klärung der Haftpflichtfrage abhängt.[29] **15**

Damit wird der direkte Zahlungsanspruch des Zessionars des Freistellungsanspruchs begrifflich wie inhaltlich in die Nähe eines gesetzlichen Direktanspruchs des Pflichtversicherungsrechts gerückt. Es ist daher eine **16**

---

[26] *Schirmer* ZVersWiss Supplement Jahrestagung 2006, 427, 435.

[27] Vgl. *Langheid/Goergen* VP 2007, 161, 166 m.w.N., wonach durch die inzidente Prüfung der Haftpflichtfrage das Ziel des Gesetzgebers in § 108 Abs. 2 VVG mittelbar erreicht werde, da der Versicherer durch die Abtretung des Freistellungsanspruchs nicht Anspruchsgegner des Haftungsanspruchs werden könne.

[28] *Langheid* VersR 2007, 865, 866 m.w.N. An anderer Stelle seines Beitrags sieht der Autor im Hinblick auf die Frage, ob mit Abtretung des Freistellungsanspruchs eine Passivlegitimation des Versicherers in Bezug auf den Haftpflichtanspruch einhergeht, d.h. der Geschädigte den originären Haftpflichtanspruch auch gegen den Haftpflichtversicherer prozessual geltend machen kann, allerdings keine „eindeutige Antwort“, vgl. *Langheid* a.a.O., 867, li. Sp. oben. Zwar bejaht *Langheid* i.E. die Umwandlung des Freistellungsanspruchs in einen unmittelbaren Zahlungsanspruch gegen den Versicherer, lässt aber gleichzeitig offen, „ob in dem Direktprozess zwischen dem Dritten und dem Versicherer auch die Frage der Haftung geklärt wird“, vgl. *Langheid* a.a.O., 867.

[29] So auch *Schramm* PHi 2008, 24, 25; *Bank* VW 2008, 730, 733.

exakte begriffliche Abgrenzung zwischen einem solchen gesetzlichen Direktanspruch im Pflichtversicherungsrecht und einem durch Rechtsgeschäft (Abtretung) erworbenen „Direktanspruch" angezeigt. Dabei ist zunächst festzuhalten, dass die Einführung eines allgemeinen Direktanspruchs in der Haftpflichtversicherung außerhalb der Pflichtversicherung vom Gesetzgeber gerade nicht beabsichtigt war, sonst hätte er diese Möglichkeit in § 115 VVG nicht auf den Pflichtversicherungsbereich beschränkt.[30]

17 Die Unterschiede zwischen einem gesetzlichen „Direktanspruch" in der Pflichtversicherung und dem durch Rechtsgeschäft erworbenen „direkten Zahlungsanspruch" des Zessionars des Freistellungsanspruchs sind erheblich. Daher sollte der Begriff „Direktanspruch" zur Vermeidung von Missverständnissen der Pflichthaftpflichtversicherung vorbehalten bleiben, während es sich im Falle eines abgetretenen Freistellungsanspruchs empfiehlt, von einem „direkten Zahlungsanspruch" oder einem „Deckungsanspruch" zu sprechen.

18 Der Direktanspruch im Pflichtversicherungsrecht reicht nach den – weitgehend an den bisherigen § 3 PflVG angelehnten – §§ 115 ff. VVG aufgrund der als höher erachteten Schutzbedürftigkeit des geschädigten Dritten[31] deutlich weiter. So wird bei einem gesetzlichen Direktanspruch dem Geschädigten mit dem Versicherer ein weiterer Schuldner zur Seite gestellt, wobei beide zusammen dem Geschädigten gegenüber gesamtschuldnerisch haften (vgl. § 115 Abs. 1 Satz 4 i. V. m. § 116 Abs. 1 VVG). Dagegen tritt bei der Abtretung ein neuer Gläubiger (Geschädigter) an die Stelle des alten (VN) (vgl. § 398 Satz 1 BGB). Zum anderen ist im Rahmen eines gesetzlichen Direktanspruchs der Versicherer gegenüber dem Geschädigten grundsätzlich unabhängig von seiner Einstandspflicht aus dem Versicherungsvertrag leistungspflichtig (§ 117 Abs. 1 VVG). Daher muss sich der Geschädigte in diesem Fall keine Einwendungen aus dem Versicherungsverhältnis entgegenhalten lassen. Hingegen ist dem komplett in die Rechtsstellung des VN eintretenden Zessionar des Freistellungsanspruchs deckungsschädliches Verhalten des VN – bis hin zur völligen Leistungsfreiheit des Versicherers – voll zuzurechnen. Dies unterstreicht, dass der Drittgeschädigte im Bereich der Pflichthaftpflichtversicherung keinen versicherungsvertraglichen Anspruch geltend macht, sondern vielmehr einen ihm gegen den Schadensverursacher zustehenden deliktsrechtlichen Anspruch direkt gegen den Versicherer richtet.[32]

---

[30] *Schramm* PHi 2008, 24, 25; *Lange* r+s 2007, 401, 403; so i. E. auch *Bank* VW 2008, 730, 733.

[31] Vgl. nur P/M/*Knappmann* § 115 Rn. 1.

[32] P/M/*Knappmann* § 115 Rn. 11.

2. Mögliche Einwendungen des Versicherers gegen einen direkten Zahlungsanspruch des Versicherungsnehmers

Nach § 404 BGB kann der Schuldner dem neuen Gläubiger die Einwendungen entgegensetzen, die zur Zeit der Abtretung der Forderung gegen den bisherigen Gläubiger begründet waren. Der Normzweck des § 404 BGB besteht darin, den Schuldner durch den ohne seine Mitwirkung vollzogenen Gläubigerwechsel nicht zu benachteiligen. Dies ergibt sich aus dem Grundsatz, wonach niemand mehr und besseres Recht übertragen können soll, als er selbst hat.[33] 19

Grundsätzlich kann der Versicherer frei entscheiden, wie er seine Leistungspflicht gegenüber dem VN erfüllt: Abwehr des Anspruchs, Prüfung der Haftungsfrage oder Freistellung vom Haftpflichtanspruch.[34] Welche Variante des Haftpflichtversicherungsschutzes der Versicherer wählt, soll ihm der VN prinzipiell nicht vorschreiben können.[35] Vor diesem Hintergrund wird im Schrifttum diskutiert, ob der Versicherer dem Zessionar den mit der Abtretung einhergehenden Wegfall seiner Auswahloption „Abwehr des Haftpflichtanspruchs“ nicht als Einwendung gemäß §§ 398, 404 BGB entgegenhalten kann.[36] 20

Somit wäre zu prüfen, ob der Versicherer dem direkten Zahlungsanspruch des VN (Zessionar) nicht jene Einwendung entgegenhalten könnte, die ihm nach § 100 VVG auch gegenüber der versicherten Person zugestanden hatte: Er wolle seine Leistungspflicht durch Abwehr des Zahlungsanspruchs i.R.d. ihm zustehenden Wahlrechts erfüllen.[37] Zweifellos verändert sich für den Versicherer durch den Wegfall der Anspruchsabwehroption in Folge der Abtretung der Inhalt der Forderung und damit auch dessen relative Rechtsposition gegenüber der versicherten Person als ehemaliger Gläubigerin des Deckungsanspruchs.[38] Dies widerspricht dem Normzweck des § 404 BGB, den Schuldner des Deckungsanspruchs durch die Abtretung nicht zu benachteiligen. 21

a) Mögliche Verweisung des Zessionars des Freistellungsanspruchs auf eine Feststellungs- statt Leistungsklage – Bedeutung des Trennungsprinzips. *Lange* vertritt die Auffassung, der Versicherer könne sich gegenüber dem Zessionar des Freistellungsanspruchs gemäß §§ 398, 404 22

[33] MünchKomm-BGB/*Roth* § 404 Rn. 1.

[34] Vgl. dazu VersR-Hdb/*Schneider* § 24 Rn. 20; P/M/*Lücke* Ziff. 5 AHB Rn. 2.

[35] VersR-Hdb/*Schneider* § 24 Rn. 20; BK/*Baumann* § 149 Rn. 8; *Späte* § 3 Rn. 65.

[36] *Schramm* PHi 2008, 24, 25; *Lange* r+s 2007, 401, 403.

[37] *Lange* r+s 2001, 401, 403; *Schramm* Phi 2008, 24, 25, nur für den Fall der Gewährung von Rechtsschutzdeckung durch den Versicherer vor der Abtretung.

[38] Vgl. MünchKomm-BGB/*Roth* § 404 Rn. 1.

BGB solange mit dem Einwand verteidigen, seine Leistungspflicht durch Abwehr des Zahlungsanspruchs erfüllen zu wollen, bis der Haftpflichtanspruch endgültig festgestellt ist. Bis dahin sei eine Zahlungsklage des Zessionars „schon deshalb unbegründet“[39] und zwar „ohne dass es auf die Beantwortung der Haftpflichtfrage ankommt“.[40] Nach dieser Ansicht bliebe der VN vor der endgültigen Klärung der Haftpflichtfrage also lediglich der Weg über eine Feststellungsklage.

23 **aa) Meinungsstand in der Rechtsprechung.** Obwohl von ihm selbst nicht als Referenz herangezogen, findet *Lange* für die von ihm vertretene Ansicht Unterstützung in einem Urteil des OLG Düsseldorf aus dem Jahr 1957.[41] Es betraf § 38 Abs. 3 KVO, in dessen Rahmen – insofern vergleichbar mit der jetzigen Rechtslage nach § 108 Abs. 2 VVG – die Abtretung der Versicherungsansprüche an den geschädigten Dritten bereits vor rechtskräftiger Feststellung des Haftpflichtanspruchs zulässig war. Es handelt sich bei der KVO um eine echte Haftpflichtversicherung.[42] Das OLG Düsseldorf stellt fest, dass der Drittgeschädigte wie bei jeder Abtretung nur in die Rechtsstellung des VN – als der ursprüngliche Gläubiger des Deckungsanspruchs – eintreten könne.[43] Solange der Haftpflichtanspruch zwischen dem Dritten und dem VN nicht endgültig festgestellt worden sei (oder der VN den Geschädigten befriedigt hat), habe der Drittgeschädigte keinen direkten Zahlungsanspruch, sondern lediglich einen generellen Anspruch auf Versicherungsschutz. Er könne den Versicherer mithin allenfalls auf Feststellung klagen, dass Versicherungsschutz besteht, nicht aber auf Leistung oder Befreiung.[44]

24 Demgegenüber vertrat der IV. Zivilsenat des BGH in einer ebenfalls zu § 38 Abs. 3 KVO ergangenen Entscheidung aus dem Jahre 1975 die Auffassung, dass der VN (= Unternehmer) nach § 38 Abs. 3 KVO berechtigt und – auf Verlangen des nach dem Beförderungsvertrag Verfügungsberechtigten (= Geschädigten) – sogar verpflichtet sei, die ihm aus dem Versicherungsvertrag zustehenden Rechte an den Verfügungsberechtigten abzutreten, so dass sich Haftpflichtansprüche und Deckungsansprüche in einer Person vereinigten.[45] Die Norm eröffne so die Möglichkeit, „dass sich Haftpflichtgläubiger und Versicherer als Gläubiger und Schuldner im Deckungsverhältnis selbst gegenübertreten, ohne dass dagegen von den

[39] *Lange* r+s 2007, 401, 403.
[40] *Lange* r+s 2007, 401, 404.
[41] OLG Düsseldorf VersR 1957, 579 f.
[42] Vgl. *Roesch* VersR 1977, 891.
[43] OLG Düsseldorf VersR 1957, 580.
[44] OLG Düsseldorf VersR 1957, 580.
[45] BGH VersR 1975, 655, 657.

Beteiligten, einschließlich des VN, sachliche oder zeitliche Schranken aufgerichtet werden könnten".[46] Der unmittelbare Zahlungsanspruch des Haftpflichtgläubigers nach Abtretung des Deckungsanspruchs ergebe sich im Übrigen aus dem Zweck des § 38 Abs. 3 KVO.[47]

Zum möglichen Einwand eines Verstoßes gegen das Trennungsprinzip argumentierte der BGH, dass durch die Verdrängung des Abtretungsverbots in § 7 Ziff. 3 AHB eine der wesentlichen Stützen des Trennungsprinzips beseitigt werde, soweit es zugunsten des Versicherers besteht. Deshalb erlange der Drittgeschädigte mit der Abtretung des Deckungsanspruchs nicht nur das Recht, gegen den Versicherer auf Feststellung des Versicherungsschutzes zu klagen. Dieses Recht würde der Drittgeschädigte – bei Vorliegen eines entsprechenden Feststellungsinteresses (§ 256 ZPO) – auch schon vor der Abtretung besitzen. *„Es ist nicht einzusehen, warum der Haftpflichtgläubiger, dem nach der Abtretung beide Ansprüche zustehen, den Versicherer nicht unmittelbar auf Zahlung sollte in Anspruch nehmen und in einem etwa notwendigen Deckungsprozess die Haftpflichtfrage zur Vorfrage machen dürfen"*.[48] Bestätigt wird diese Auffassung durch eine weitere Entscheidung des BGH aus dem Jahre 1980, wonach das sog. Trennungsprinzip einer gemeinsamen Verhandlung und Entscheidung über die Haftpflicht- und Deckungsfrage dann nicht entgegenstehe, wenn der Deckungsanspruch an den Geschädigten abgetreten worden ist und die maßgeblichen Versicherungsbedingungen kein Verbot einer derartigen Abtretung enthalten.[49] **25**

bb) Meinungsstand im Schrifttum. *Johannsen*[50] stimmt dieser Rspr. zu. Der Einwand eines Verstoßes gegen das Trennungsprinzip sei eine „unangebrachte Formalargumentation". Es sei zu bedenken, „dass dieses Trennungsprinzip kein aus der Natur der Sache folgendes, begriffsnotwendiges Wesensmerkmal der Haftpflichtversicherung darstellt". Entsprechend sind gemäß *Baumann*[51] als Ausnahme vom Trennungsprinzip vertragliche Konstruktionen denkbar, die es ermöglichen, dass der Versicherer vom Dritten unmittelbar in Anspruch genommen wird. **26**

Ausdrücklich im Zusammenhang mit § 108 Abs. 2 VVG stellen *Langheid/Goergen*[52] fest, dass der Geschädigte, der den Deckungsanspruch in Händen hält, nicht auf eine Feststellungsklage verwiesen werden könne. **27**

---

[46] BGH VersR 1975, 657.
[47] BGH VersR 1975, 657.
[48] BGH VersR 1975, 657.
[49] BGH VersR 1980, 522, 523; vgl. auch *Lange* r+s 2007, 401, 404 (dort Fn. 45).
[50] B/M/J/*Johannsen* Anm. B 53 m.w.N.
[51] BK/*Baumann* § 149 Rn. 127, 139 und § 156 Rn. 6.
[52] *Langheid/Goergen* VP 2007, 161, 166.

Koch[53] sieht für den Fall einer zulässigen Abtretung Trennungsprinzip und Bindungswirkung insoweit aufgehoben, als im Rechtsstreit Geschädigter gegen Versicherer über den Haftpflichtanspruch gegen den VN und gleichzeitig über die Einstandspflicht des Versicherers nur im Verhältnis zum Geschädigten und dessen Grenzen entschieden werde, denn schließlich sei der VN „nicht gezwungen, den Freistellungsanspruch abzutreten".

28 **cc) Kritische Würdigung.** Tatsächlich gilt die allgemeine Regel, wonach i.R.d. § 256 ZPO eine Feststellungsklage auch hinsichtlich des Bestehens eines Rechtsverhältnisses zwischen dritten Personen erhoben werden kann.[54] Das hierfür erforderliche Feststellungsinteresse wäre etwa dann zu bejahen, wenn dem geschädigten Dritten der Deckungsanspruch als Befriedigungsobjekt entzogen zu werden droht, etwa durch Verjährung (§ 15 VVG), die durch Klage des Drittgeschädigten gewahrt würde.[55] Auch in dem Fall, wo der Versicherer eine Deckungsablehnung ausgesprochen hat und der VN dagegen nicht gerichtlich vorgeht, kann es im Interesse des Dritten liegen, die Deckungspflicht des Versicherers gerichtlich feststellen zu lassen.[56] Gerade wegen der Möglichkeit der Anspruchssicherung ist die Feststellungsklage für diesen also auch ohne Abtretung des Versicherungsanspruchs keinesfalls unpraktikabel oder gar wertlos, wenngleich sie gegenüber der insofern vorrangigen Leistungsklage zweifellos das deutlich schwächere Instrumentarium darstellt.

29 I.E. eröffnet die nach § 108 Abs. 2 VVG zulässige Abtretung des Freistellungsanspruchs dem VN die Möglichkeit, gegen den Versicherer eine Leistungsklage bzw. direkte Zahlungsklage zu führen, ohne auf die Erhebung einer bloßen Feststellungsklage verwiesen zu werden. Ein striktes Festhalten am – gesetzlich nicht normierten – Trennungsprinzip verbietet sich spätestens dort, wo der Gesetzgeber ausdrücklich eine Abtretung des Versicherungsanspruchs für zulässig erachtet hat, da der Zweck der Untersagung des Abtretungsverbots ansonsten weitgehend vereitelt würde.

30 **b) Rechtslage bei Abtretung des Freistellungsanspruchs nach Beginn der Rechtsschutzgewährung durch den Versicherer.** *Schramm*[57] kommt zum Ergebnis, dass nach Beginn der Rechtsschutzgewährung zu Gunsten der in Anspruch genommenen versicherten Person der VN als Zessionar des Freistellungsanspruchs den Versicherer mangels Fälligkeit

[53] *Koch*, FS Winter, S. 345, 350.
[54] Vgl. *Späte* § 1 Rn. 199.
[55] Etwa P/M/*Voit/Knappmann*, 27. Aufl. 2004, § 156 Rn. 2; *Späte* § 1 Rn. 199.
[56] R/L/*Langheid* § 156 Rn. 1.
[57] *Schramm* PHi 2008, 24, 25.

nicht direkt auf Zahlung in Anspruch nehmen kann. Die Haftungsfrage sei weiterhin im Verhältnis VN/versicherte Person und nicht im Verhältnis VN/Versicherer zu klären.

Dem ist zuzustimmen: Auszugehen ist von der überragenden Bedeutung der Rechtsschutzfunktion in der D&O-Versicherung. Nun kann es sein, dass sich der Versicherer bereits zur Anspruchsabwehr im Haftpflichtverhältnis auf Seiten der versicherten Person entschieden hat. Dann wäre die hierauf folgende Abtretung des Freistellungsanspruchs durch die versicherte Person an den VN ein unzulässiger Eingriff in die Prozessführungsbefugnis des Versicherers. Näheren Aufschluss in dieser Frage könnte zunächst ein Blick in die Entstehungsgeschichte versprechen. Wie gezeigt, sollte mit der Einführung des § 108 Abs. 2 VVG u.a. der st. Rspr. zum Abtretungsverbot in § 7 Ziff. 3 AHB Rechnung getragen werden.[58] Demnach sollte sich der Versicherer auf das Abtretungsverbot ohne Vorhandensein eines beachtlichen, im Zweckbereich der Bestimmung liegenden Interesses nicht berufen können.[59] Ein solches schutzwürdiges Eigeninteresse des Versicherers wurde bereits dann verneint, wenn diesem ein gleichberechtigtes Interesse des VN und/oder des Geschädigten entgegenstand.[60] **31**

Dies hieße im Umkehrschluss, dass eine Berufung des Versicherers auf das Abtretungsverbot im Falle des Vorliegens eines beachtlichen, im Zweckbereich der Bestimmung liegenden Interesses ausnahmsweise zulässig sein könnte. Das beachtliche Interesse des Versicherers an der ausnahmsweisen Geltung des Abtretungsverbots liegt hier darin, dass eine Abtretung nach bereits begonnener Anspruchsabwehr im Haftpflichtverhältnis wie nach alter Rechtslage solange nicht zulässig sein soll, bis die Haftpflichtfrage im Haftpflichtverhältnis endgültig festgestellt ist. Das Interesse des Versicherers an der Fortführung bereits begonnener Abwehrhandlungen ist höher zu bewerten als das Interesse des VN an einer Abtretung des Freistellungsanspruchs nach Übernahme der Abwehrdeckung durch den Versicherer zu seinen Gunsten. **32**

Unter dem Gesichtspunkt des unerlaubten Eingriffs in die Prozessführungsmacht des Versicherer i.S. einer Obliegenheitsverletzung gemäß § 5 Ziff. 4 AHB diskutiert *Koch*[61] die Abtretung des Freistellungsanspruchs während eines laufenden Haftpflichtverfahrens. Dafür setzt er jedoch die gerichtliche Geltendmachung des Anspruchs voraus, da sich § 5 Ziff. 4 AHB nicht auf rein außergerichtliche Abwehrhandlungen bezieht.[62] Auch **33**

---

[58] Vgl. *Niederleithinger* Teil B § 108 Rn. 2.
[59] P/M/*Lücke* Ziff. 28 AHB Rn. 4.
[60] *Langheid*, FS Winter, S. 367, 370.
[61] *Koch*, FS Winter, S. 345, 355.
[62] P/M/*Voit/Knappmann*, 27. Aufl. 2004, § 5 AHB Rn. 9.

wenn die Norm auf außergerichtliche Verfahren nicht anwendbar ist, so lässt sich doch zumindest die in § 5 Ziff. 4 AHB zum Ausdruck kommende Anerkennung der **Prozessführungsautonomie des Versicherers**, wie sie sich für die gesamte – also auch außergerichtliche – Prozessführung im Übrigen in § 3 Ziff. 2 Abs. 3 AHB niederschlägt,[63] für die gegenständliche Argumentation fruchtbar machen. Denn letztlich ist es nicht entscheidend, ob der Versicherer die Abwehrhandlungen im Rahmen einer gerichtlichen oder außergerichtlichen Auseinandersetzung vornimmt: Mit seiner Entscheidung, den gegen die versicherte Person gerichteten Anspruch abzuwehren, macht er von der ihm zustehenden Befugnis zur Prozessführung Gebrauch und verleiht seiner Prozessführungsmacht damit nach außen hin Ausdruck. Es ist nicht ersichtlich, warum die versicherte Person in diese vom Versicherer so geschaffene Rechtsposition durch eine Abtretung des Freistellungsanspruchs ohne weiteres eingreifen können sollte. Zumal zur Überlassung der Prozessführung auch gehört, dass der VN die Prozessführung nicht durchkreuzt oder vereitelt.[64]

34 Nach *Koch*[65] liegt keine Obliegenheitsverletzung vor, da der Anspruch des VN auf Rechtsschutz durch die Abtretung des Freistellungsanspruchs nicht berührt werde, insoweit der Versicherer im Grundsatz zur Prozessführung berechtigt bleibe. Das überzeugt nicht. Denn es kann für den Versicherer durchaus einen Unterschied machen, ob er den Anspruch an der Seite der versicherten Person im eigentlichen Haftpflichtverhältnis abwehrt oder aber auf eine lediglich gutachterliche Prüfung der Haftpflichtfrage i.R.d. mit dem VN zu klärenden Deckungsanspruchs verwiesen ist.

35 Zuzustimmen ist *Koch*[66] in Folgendem: Die Abtretung des Freistellungsanspruchs während eines laufenden Haftpflichtverfahrens, wenn und soweit nur die Haftung streitig ist, stellt einen Verstoß gegen das gesetzliche Rücksichtnahmegebot nach § 241 Abs. 2 BGB dar. Nehme – so *Koch* – der Geschädigte den Versicherer vor Abschluss des Haftpflichtverfahrens in Anspruch, drohe diesem eine Doppelung der Prozesskosten, wenn der Haftpflichtanspruch sich als begründet erweise und kein Deckungsausschluss eingreife. Das aus dem versicherungsvertraglichen Schuldverhältnis zwischen VN und Versicherer folgende Rücksichtnahmegebot verpflichte den VN daher, den Freistellungsanspruch nicht mehr nach Rechtshängigkeit und noch vor rechtskräftigem Abschluss des Haftpflichtverfahrens an den Geschädigten abzutreten.[67]

---

[63] Danach führt der Versicherer den Rechtsstreit über den Anspruch zwischen dem VN und dem Geschädigten im Namen des VN auf seine Kosten.

[64] P/M/*Lücke* Ziff. 25 AHB Rn. 33.

[65] *Koch*, FS Winter, S. 345, 355.

[66] *Koch*, FS Winter, S. 356.

[67] *Koch*, FS Winter, S. 356.

Beschränkungen der Möglichkeit der versicherten Person zur Abtretung des Freistellungsanspruchs nach Inanspruchnahme der Abwehrfunktion der Deckung können sich schließlich auch unter dem Aspekt der unzulässigen Rechtsausübung i.S.v. § 242 BGB *(venire contra factum proprium)* ergeben. Zwar setzt § 242 BGB seinem Wortlaut nach ein schuldrechtliches Verhältnis voraus. Dieses besteht in Gestalt des Versicherungsvertrags nur zwischen dem Versicherer und dem VN, nicht aber mit der versicherten Person. Jedoch existiert zwischen dem Versicherer und der versicherten Person als Begünstigter aus dem Versicherungsvertrag zumindest eine, für die Anwendung des § 242 BGB als ausreichend erachtete, rechtliche Sonderverbindung.[68] Als unzulässig ist eine Rechtsausübung anzusehen, wenn der Rechtsinhaber das Vertrauen darauf erweckt hat, dass er seine Rechte nicht ausüben werde,[69] oder das frühere Verhalten der versicherten Person (hier: das Einlassen auf die Anspruchsabwehr durch den Versicherer) mit dem späteren Verhalten (hier: Abtretung des Freistellungsanspruchs) sachlich in dem Sinne unvereinbar ist, dass es mit „diesem in unlösbarem Widerspruch steht".[70] 36

Mit der Inanspruchnahme der vom Versicherer gewährten Abwehrdeckung hat die versicherte Person einen solchen Vertrauenstatbestand beim Versicherer geschaffen, nämlich den Freistellungsanspruch nicht mehr ohne dessen Zustimmung an den VN abzutreten. Das zunächst schutzwürdigere Vertrauen der versicherten Person in die von § 108 Abs. 2 VVG geschaffene Möglichkeit, ihren Freistellungsanspruch an den VN abtreten zu können, tritt nach Annahme der gewährten Rechtsschutzdeckung als nachrangig hinter das Vertrauen des Versicherers zurück, dass ohne seine Zustimmung eine Abtretung des Freistellungsanspruchs nicht mehr erfolgt. Eine Abtretung des Freistellungsanspruchs steht zu einer bereits erfolgten Inanspruchnahme der vom Versicherer angebotenen Anspruchsabwehr auch insofern in unlösbarem Widerspruch, weil dadurch der Versicherer zu einer Verteidigung der versicherten Person in ihrer Rolle als Partei des Haftpflichtprozesses nicht mehr in der Lage ist. Eine solche Vorgehensweise ist mithin auch wegen Verstoßes gegen Treu und Glauben (§ 242 BGB) als unwirksam anzusehen. 37

Unabhängig vom Zeitpunkt der Abtretung sollte der VN aufgrund der beide Parteien des Versicherungsvertrages treffenden Pflicht zur gegenseitigen Rücksichtnahme verpflichtet sein, dem Versicherer eine beabsichtigte Abtretung anzuzeigen.[71] 38

---

[68] MünchKomm-BGB/*Roth* § 242 Rn. 71 f.

[69] MünchKomm-BGB/*Roth* § 242 Rn. 264.

[70] Vgl. MünchKomm-BGB/*Roth* § 242 Rn. 287 m.w.N.

[71] Etwa *Koch*, FS Winter, S. 364, der von einer Anzeigepflicht bis zu einer eventuellen Leistungsablehnung des Versicherers mangels Haftung und/oder Deckung ausgeht.

IV. Auswirkungen des Wegfalls des Anerkenntnisverbots

39 Nach § 105 VVG ist eine Vereinbarung, nach welcher der Versicherer nicht zur Leistung verpflichtet ist, wenn ohne seine Einwilligung der VN den Dritten befriedigt oder dessen Anspruch anerkennt, unwirksam. Das gilt – im Gegensatz zum Abtretungsverbot nach § 108 Abs. 2 VVG (siehe Rn. 2, 11 ff.) – sowohl für AGB-rechtliche als auch individualvertragliche Vereinbarungen. Unter „Anerkenntnis“ versteht man nach st. Rspr. (ausdrückliche) deklaratorische Anerkenntnisse sowie jedes Verhalten des VN gegenüber dem Geschädigten, aus welchem sein Bewusstsein vom Bestehen des Anspruchs unzweideutig abgeleitet werden kann.[72]

40 Damit entfällt das bisher in § 154 Abs. 2 VVG a.F. bzw. § 5 Ziff. 5 Satz 1 AHB normierte Anerkenntnis- und Befriedigungsverbot, welches es dem Versicherer zur Absicherung seiner Verfahrenshoheit erlaubte, Leistungsfreiheit für den Fall vorzusehen, dass der VN den anspruchsberechtigten Dritten befriedigt oder dessen Anspruch anerkennt. Nach neuer Rechtslage soll ein erlaubtes Anerkenntnis den Versicherer nur noch in dem Umfang zur Freistellung verpflichten, in dem ihn die Verpflichtung auch ohne das Anerkenntnis treffen würde. Der VN wird also nach einem erlaubten Anerkenntnis i.E. so behandelt, wie bisher nach einem grob fahrlässigen verbotenen Anerkenntnis (vgl. § 6 Abs. 3 Satz 2 VVG a.F.).[73] Bestätigung findet dieses Auslegungsergebnis in § 106 VVG, wonach Voraussetzung für die Fälligkeit des Freistellungsanspruchs ist, dass der Anspruch des Dritten u.a. durch ein Anerkenntnis mit bindender Wirkung für den Versicherer festgestellt worden ist.[74] Eine solche bindende Feststellung kann erst dann eintreten, wenn der Versicherer das Anerkenntnis geprüft und akzeptiert hat oder im Deckungsprozess gegen den Versicherer rechtskräftig festgestellt wird, ob und inwieweit die anerkannte Forderung tatsächlich begründet ist.[75]

41 Im Übrigen begründet ein konstitutives Anerkenntnis i.S. eines abstrakten Schuldanerkenntnisses gemäß § 781 BGB bzw. ein – den Regelfall darstellendes[76] – deklaratorisches Schuldanerkenntnis, das regelmäßig ebenfalls eine konstitutive Wirkung entfaltet,[77] zwar eine vom Schuldgrund unabhängige, selbstständige und neue Forderung. Das Anerkenntnis wirkt jedoch als privatrechtlicher Vertrag grundsätzlich nur *inter*

---

[72] *Schirmer* ZVersWiss Supplement Jahrestagung 2006, 427, 432; P/M/*Lücke* § 105 Rn. 12.

[73] *Meixner/Steinbeck* § 3 Rn. 12; *Niederleithinger* Teil B § 105 Rn. 2.

[74] Vgl. *Schirmer* ZVersWiss Supplement Jahrestagung 2006, 427, 434.

[75] Vgl. auch *Lange* VersR 2006, 1313, 1315 (dort Fn. 31).

[76] So *Späte* § 5 Rn. 48.

[77] *Koch*, FS Winter, S. 360 m.w.N.

partes,[78] hier also zwischen VN und versicherter Person. Eine Erstreckung der Bindungswirkung des im Haftungsverhältnis erklärten Anerkenntnisses auf den Versicherer ist damit also gerade nicht impliziert. Daher steht eine Überprüfung der Wirksamkeit des Anerkenntnisses im Deckungsprozess nicht im Widerspruch zu § 781 BGB. Ebenso wenig setzt ein prozessuales Anerkenntnis gemäß § 307 ZPO voraus, dass die anerkannte Rechtsfolge mit dem materiellen Recht übereinstimmt.[79] Deshalb ist mit Abgabe des Anerkenntnisses eine Entscheidung über das Bestehen oder Nichtbestehen des zugrundeliegenden Haftungsanspruchs nicht getroffen.[80]

V. Vergrößerung des Manipulationsrisikos?

Schon mit dem Bekanntwerden der entsprechenden Pläne des Gesetzgebers wurde im Schrifttum und in der Versicherungswirtschaft die mögliche Brisanz der Kombination aus dem Wegfall des Anerkenntnis- und Befriedigungsverbots und der Untersagung des Abtretungsverbots gerade für die D&O-Versicherung mit ihrer weiten Ausgestaltung der Innenverhältnisdeckung diskutiert.[81] **42**

Koch[82] erwartet im Zusammenhang mit der Untersagung des Abtretungsverbots, dass allgemein *„die Inanspruchnahmen der D&O-Versicherung auf Zahlung der Entschädigung durch die VN erheblich ansteigen werden"*. *Schramm*[83] gibt im Zusammenhang mit der möglichen Zuerkennung eines direkten Zahlungsanspruchs infolge des weggefallenen Abtretungsverbots zu bedenken, *„dass die Gefahr des kollusiven Zusammenwirkens zwischen dem Dritten und dem Versicherten bei der D&O-Versicherung größer ist als in vielen anderen Haftpflichtversicherungssparten"*. Andere sehen besonders bei Sachverhalten, bei denen der Schädiger wirtschaftlich vom Geschädigten abhängig sein kann, so wie es für das Organmitglied im Verhältnis zu seinem Anstellungsunternehmen grundsätzlich anzunehmen ist, *„die Gefahr des Zusammenwirkens von* **43**

[78] Staudinger/*Marburger* § 781 Rn. 1, 16.

[79] Thomas/Putzo/*Reichold* § 307 Rn. 6.

[80] Vgl. *Langheid*, FS Winter, S. 367, 376.

[81] Vgl. etwa *Langheid* VersR 2007, 865, 869; *Koch* WM 2007, 2173, 2177; *Meixner/Steinbeck* § 3 Rn. 16; *Niederleithinger* Teil B § 108 Rn. 5; *Schirmer* ZVersWiss Supplement Jahrestagung 2006, 427, 437; *Langheid/Goergen* VP 2007, 161, 166; *Thalmair* ZVersWiss Supplement Jahrestagung 2006, 459, 463; *Schramm* PHi 2008, 24, 25.

[82] *Koch* WM 2007, 2173, 2177.

[83] *Schramm* PHi 2008, 24, 25.

Schädiger und Geschädigtem".[84] Entsprechend wird erwartet, dass *„zukünftig die Fälle des kollusiven Zusammenwirkens von Anspruchsteller und Versicherungsnehmer zulasten der Versichertengemeinschaft deutlich zunehmen werden"*, wobei eine *„erhebliche Gefahr des Rechtsmissbrauchs bzw. Versicherungsbetrugs bei Wegfall des Anerkenntnis- und Befriedigungsverbotes und gleichzeitiger Einführung der Abtretbarkeit des Freistellungsanspruchs"* bestehe.[85] Es werde *„mit einem erheblichen Anstieg der Schadensfälle sowie der Inanspruchnahmen der Versicherer zu rechnen sein"*, wobei abzuwarten bleibe, *„ob infolge der Unklarheiten Versicherer den Umfang des Deckungsschutzes für Innenhaftungsansprüche überdenken werden".*[86] Manipulationen wären *„Tür und Tor geöffnet"*, die Beweissituation des Versicherers würde sich deutlich verschlechtern.[87] Auch die Kritik der Assekuranz an der Neuregelung ist entsprechend harsch ausgefallen: Die Berechtigung des VN, den Schadensersatzanspruch des geschädigten Dritten anzuerkennen und ihm zugleich den Deckungsanspruch gegen den Haftpflichtversicherer abzutreten, sei *„ersichtlich geeignet, Manipulation und Kollusion weit über das bisher schon erkannte und erduldete Maß hinaus zu fördern".*[88]

44 Unterdessen wendet *Schirmer*[89] gegen solche Kritik ein, die VVG-Reformkommission[90] hätte ihrerseits keine durchgreifenden Bedenken hinsichtlich der Ausweitung des Direktanspruchs auf die gesamte Pflichthaftpflichtversicherung gehabt. Dies gelte auch für die Vermögensschadenhaftpflichtversicherung, wo ebenfalls vertragliche Beziehungen zwischen VN (als Schädiger) und Geschädigtem entstehen können und damit eine erhöhte Gefahr kollusiven Zusammenwirkens durchaus evident sei.[91] Im Übrigen könne ein *„derartiges Interesse des Versicherungsnehmers/ Schädigers an einer kulanten, streitvermeidenden, vielleicht sogar bevor-*

---

[84] Vgl. *Schirmer* ZVersWiss Supplement Jahrestagung 2006, 427, 436.

[85] *Thalmair* ZVersWiss Supplement Jahrestagung 2006, 459, 464.

[86] *Bank* VW 2008, 730, 733.

[87] *Langheid*, FS Winter, S. 367, 372.

[88] *Langheid*, FS Winter, S. 367, der allerdings keine bestimmte Quelle für diese Aussage nennt; ebenso *Bank* VW 2008, 730, 731, wonach die Untersagung des Abtretungsverbots wie kaum eine Gesetzesänderung zuvor Widerspruch in der Versicherungsbranche hervorgerufen hätte.

[89] *Schirmer* ZVersWiss Supplement Jahrestagung 2006, 427, 435 ff.

[90] *Schirmer* war selbst Mitglied der Gesetzgebungskommission zur Reform des VVG.

[91] Zu denken wäre etwa an die Berufshaftpflichtversicherung für Architekten, Steuerberater oder Rechtsanwälte, wo zwischen dem VN und seinen Kunden bzw. Mandanten gerade im Falle langjähriger Geschäftsbeziehungen durchaus enge, auch über die rein vertragliche Ebene herausreichende, geschäftliche und private Beziehungen entstehen können.

zugten Behandlung des Geschädigten auch bei Fortbestand des Abtretungsverbots nicht ausgeschlossen werden […]“.[92] Zumindest erkennt *Schirmer*[93] prinzipiell ein erhöhtes Kollusionsrisiko im Falle eines – wie auch immer gearteten – Näheverhältnisses zwischen VN und Geschädigtem an. Dieses Risiko sei jedoch kontrollierbar, denn schließlich bestünde *„keine Pflicht des Versicherungsnehmers, seinen Freistellungsanspruch an den Schädiger abzutreten“* und auch die Einführung des Direktanspruchs in der Kfz-Haftpflichtversicherung hätte nicht zu *„Unzuträglichkeiten“* geführt und sei jedenfalls kein Grund für die *„Problematik der gestellten Unfälle“.*[94]

VI. Vertragliche Einräumung eines Direktanspruchs

Schon kurz vor Inkrafttreten des neuen VVG sind einzelne Versicherer – offenbar im Vorgriff auf die zu erwartenden gesetzlichen Änderungen – dazu übergegangen, dem VN einer D&O-Versicherung die Möglichkeit eines „Direktanspruchs“ gegen den Versicherer vertraglich einzuräumen. Ein vertraglich vereinbarter „Direktanspruch“ gleicht seinem Inhalt nach einem abgetretenen Freistellungsanspruch in den Händen des Zessionars bzw. des VN. **45**

Beispiel:[95] **46**

„In Abänderung der […] geltenden Allgemeinen Bedingungen für die Vermögensschaden-Haftpflichtversicherung von Unternehmensleitern (D&O-Versicherung) […] gilt bei Vereinbarung des Zusatzbausteins „Direktanspruch“ folgendes:

1. Ein Eigenschaden der Versicherungsnehmerin oder einer versicherten Tochtergesellschaft, der durch eine versicherte Pflichtverletzung verursacht wurde, kann von dem Organ der Versicherungsnehmerin bzw. der Tochtergesellschaft, das gesellschaftsrechtlich den Schadensersatzanspruch gegenüber der versicherten Person geltend machen muss, unmittelbar gegenüber dem Versicherer geltend gemacht werden (Direktanspruch).
2. Der Versicherer ersetzt den Eigenschaden, wenn dieser dem Grunde und der Höhe nach von der betroffenen versicherten Person und dem Versicherer anerkannt oder gerichtlich festgestellt worden ist und keine versicherungsrechtlichen Einwendungen bestehen, die im Falle einer gerichtlichen Auseinandersetzung nur hilfsweise geltend gemacht werden dürfen. Darüber hinaus kann sich der Versicherer bei Geltendmachung eines Direktanspruchs gegenüber der Versicherungsnehmerin bzw. der Tochtergesellschaft auf den Ausschluss Vorsätzliche Pflichtverletzung gemäß […] berufen, ohne dass es erforderlich ist, dass der

[92] *Schirmer* ZVersWiss Supplement Jahrestagung 2006, 427, 436 f.
[93] *Schirmer* ZVersWiss Supplement Jahrestagung 2006, 427, 437.
[94] *Schirmer* ZVersWiss Supplement Jahrestagung 2006, 427, 436.
[95] Quelle: AIG Europe (Titel der Klausel: „Direktanspruch“).

Vorsatz zuvor durch gerichtliche oder behördliche Entscheidung festgestellt worden ist.

3. Soweit der Versicherer Zahlungen leistet, verzichtet er unwiderruflich auf Regressansprüche gegen haftende versicherte Personen, wenn und soweit die versicherte Person
   a) eine gerichtliche Entscheidung über den Direktanspruch im Verhältnis zum Versicherer als verbindlich anerkennt,
   b) gegenüber Haftpflichtansprüchen der Versicherungsnehmerin oder der Tochtergesellschaft auf die Einrede der Verjährung bis sechs Monate nach rechtskräftiger gerichtlicher Entscheidung über den Direktanspruch verzichtet,
   c) vom Versicherer schriftlich erbetene Auskünfte unverzüglich erteilt,
   d) auf Verlangen des Versicherers i.R.d. Zumutbaren an der Aufklärung des Schadensersatzanspruchs bezüglich des Grundes und der Höhe mitwirkt und vom Versicherer angeforderte Unterlagen nach schriftlicher Anforderung vorlegt.
4. Die Versicherungsnehmerin bzw. die Tochtergesellschaft hat
   a) die versicherte Person schriftlich über die Geltendmachung des Direktanspruchs zu informieren und
   b) die Verfolgung ihres Schadensersatzanspruchs solange gegenüber der versicherten Person zu unterlassen, bis über den Direktanspruch eine rechtskräftige Entscheidung vorliegt. Sofern die versicherte Person keine Erklärung im Sinne von Ziff. 3. b) abgibt, kann die Versicherungsnehmerin bzw. die Tochtergesellschaft ihr im Prozess über den Direktanspruch den Streit verkünden.
5. Im Falle einer gerichtlichen Auseinandersetzung über den Direktanspruch ist der versicherten Person Gelegenheit zu geben, dem Rechtstreit auf Kosten des Versicherers als Nebenintervenient beizutreten.
6. Mit Geltendmachung des Direktanspruchs erlischt der Versicherungsschutz der versicherten Person(en) gemäß […] für die Pflichtverletzung, die Gegenstand des Direktanspruchs ist."

47 Eine solche Klausel wirft diverse Probleme und Fragen auf, insbesondere was die zu befürchtende Schlechterstellung der versicherten Person anbelangt. Im Unterschied zu der für die versicherte Person neu geschaffenen Möglichkeit, den Freistellungsanspruch an den VN im Zuge eines rechtsgeschäftlichen Aktes abzutreten, kommt es im Rahmen eines vertraglich eingeräumten „Direktanspruchs" im Falle einer Organpflichtverletzung grundsätzlich zu einem direkten Zahlungsanspruch des VN gegen den Versicherer. Das Organmitglied verliert dadurch – u.U. auch gegen seinen ausdrücklichen Willen – die Möglichkeit, sich in einem Haftpflichtverfahren als Prozesspartei aktiv gegen die vom VN gegen ihn erhobenen Vorwürfe zur Wehr zu setzen.

48 In Pkt. 5 der Klausel wird dem Organmitglied die Gelegenheit eingeräumt, dem Rechtsstreit auf Kosten des Versicherers als Nebenintervenient beizutreten. Das kann den Verlust der Rolle als Prozesspartei wie gezeigt nur sehr begrenzt kompensieren, da der Nebenintervenient einer Partei jeweils nur zum Zweck ihrer Unterstützung beitreten kann (vgl. § 66 Abs. 1 ZPO). Ein Beitritt auf Seiten der Klägerin kommt daher schon deswegen nicht in Frage, weil diese eine Pflichtverletzung des Organmitglieds darlegen und beweisen muss, um ihrerseits den Deckungsanspruch gegen den Versicherer durchsetzen zu können. Auch ein Beitritt auf Beklagtenseite erscheint nur solange sinnvoll, wie sich der Versicherer zur Abwehr des Deckungsanspruchs nicht – wie in der Regulierungspraxis nicht selten – auf das deckungsausschließende Vorliegen einer wissentlichen oder vorsätzlichen Pflichtverletzung durch die versicherte Person beruft.

Beruft das Gericht i.R.d. Prüfung der Haftpflichtfrage die versicherte Person als Zeugin, so ist diese insoweit zu einer wahrheitsgemäßen Aussage verpflichtet (vgl. §§ 153, 154 StGB), während die versicherte Person als Prozesspartei sie selbst belastende Tatsachen nicht vorzubringen braucht.[96] Als Prozesspartei kommt der versicherten Person damit eine privilegierte Stellung zu, die sie als bloße Nebenintervenientin oder Zeugin nicht hat. **49**

Nachteilig kann die Einräumung eines „Direktanspruchs“ für die versicherte Person auch deshalb sein, weil sich der VN im Falle des Scheiterns mit seinem Direktanspruch aufgrund von Deckungseinwendungen veranlasst sehen könnte, den Schadensersatzanspruch gegenüber der versicherten Person selbst geltend zu machen, obwohl er die Anspruchsverfolgung ohne den ihm eingeräumten Direktanspruch u.U. gar nicht betrieben hätte (Stichwort: „Deckung schafft Haftung“). Brisant dürften dabei v.a. diejenigen Fälle sein, in denen das Gericht die Deckung wegen einer vorsätzlichen oder wissentlichen Pflichtverletzung des Vorstands ablehnt, da sich nach den Grundsätzen der *ARAG/Garmenbeck*-Entscheidung[97] das Ermessen des Aufsichtsrats zur Anspruchsverfolgung bei dergestalt massiven Pflichtverstößen regelmäßig auf Null reduzieren wird. **50**

Hinzutreten könnten mögliche aktienrechtliche Probleme insofern, als die AG nach außen grundsätzlich durch den Vorstand vertreten wird (vgl. § 78 Abs. 1 AktG). Dagegen ist zur Verfolgung von Schadensersatzansprüchen gegenüber Vorstandsmitgliedern nach der zwingenden Norm des § 112 AktG[98] grundsätzlich der Aufsichtsrat vertretungsbefugt. Auch wenn der Anspruch nicht direkt gegen den betroffenen Vorstand gerichtet ist, wird dem Aufsichtsrat auch die Vertretungskompetenz für die Verfolgung des „Direktanspruchs“ gegen den Versicherer zufallen. Denn der Regelungszweck des § 112 AktG besteht darin, bei der Vertretung der Ge- **51**

---

[96] Sog. Verhandlungs- oder Beibringungsgrundsatz. Danach können allein die Parteien darüber entscheiden, welchen Tatsachenstoff sie dem Gericht unterbreiten bzw. was sie behaupten, bestreiten oder zugestehen wollen, vgl. B/L/A/H/*Hartmann* § 128 Rn. 21, 22; Thomas/Putzo/*Reichold* Einl. I Rn. 1–4.

[97] BGHZ 135, 244 = NJW 1997, 1926.

[98] MünchKomm-AktG/*Semler* § 112 Rn. 3.

sellschaft gegenüber dem Vorstand eine unbefangene Wahrung der Gesellschaftsbelange zu gewährleisten.[99] Dem liegt die Besorgnis zugrunde, dass der Vorstand als gesetzliches Vertretungsorgan die erforderliche Unbefangenheit nicht aufbringt, wenn einzelne seiner Mitglieder an dem fraglichen Rechtsverhältnis selbst beteiligt sind,[100] wobei bereits eine abstrakte Gefährdung von Gesellschaftsinteressen genügen soll.[101]

52 Dies ist für den vorliegenden Fall zu bejahen: Die erforderliche Unbefangenheit des Vorstands wäre nicht gewährleistet, wenn und soweit der Direktprozess die Frage der eigenen Haftung bzw. die anderer Vorstandsmitglieder zum Gegenstand hat, mag dieser auch bereits zuvor gerichtlich festgestellt worden sein. Denn schließlich geht es um die Kompensation eines Schadens durch den Versicherer, den der Vorstand der Gesellschaft zugefügt haben soll. Zur Vermeidung unlösbarer Interessenskonflikte muss die Gesellschaft in solchen Fällen daher vom Aufsichtsrat vertreten werden.[102]

53 Entsprechendes gilt bei der GmbH: Bei der mitbestimmten GmbH entspricht die Rechtslage dem Aktienrecht (Kompetenzzuweisung an den Aufsichtsrat gemäß § 25 MitbestG i.V.m. § 112 AktG). Bei der nicht mitbestimmten GmbH, in der nicht per Satzung ein beschließender Beirat mit entsprechenden Kompetenzen eingerichtet wurde, steht es im Ermessen der Gesellschafter, wem sie die Vertretung der Gesellschaft im Prozess mit dem Geschäftsführer übertragen wollen: einem Gesellschafter, einem anderen Geschäftsführer oder einem gesellschaftsfremden Dritten als Prozessvertreter.[103]

54 Ein anderes Problem könnte sich für den Aufsichtsrat wiederum mit Blick auf die *ARAG/Garmenbeck*-Entscheidung des BGH[104] stellen: Es erscheint durchaus zweifelhaft, ob der Aufsichtsrat mit der Geltendmachung eines Direktanspruchs gegen den Versicherer, in welchem die den Vorstand betreffende Haftpflichtfrage lediglich inzident geprüft wird,[105] seiner Pflicht zur Anspruchsverfolgung gegenüber dem Vorstand tatsächlich in dem gebotenen Umfang nachkommt. Denn eine direkte Inanspruchnahme des Vorstands unterbleibt ja.

---

[99] MünchKomm-AktG/*Semler* § 112 Rn. 2.

[100] *Hüffer* § 112 Rn. 1 m.w.N.

[101] KölnKomm-AktG/*Mertens* § 112 Rn. 2 m.w.N.; *Hüffer* § 112 Rn. 1.

[102] Dies gilt auch im Falle eines Direktprozesses in Folge einer Abtretung des Freistellungsanspruchs.

[103] L/H/*Bayer* § 46 Rn. 45; R/Sch-L/*Koppensteiner* § 46 Rn. 45.

[104] BGHZ 135, 244 = NJW 1997, 1926.

[105] In Abweichung von Pkt. 2 der hier untersuchten Klausel, wonach eine gerichtliche Feststellung des „Eigenschadens" und damit der Haftpflichtfrage Zulässigkeitsvoraussetzung für den Direktanspruch ist.

Bedenken gegen einen Direktanspruch könnten sich schließlich auch im Hinblick auf § 93 Abs. 4 Satz 3 sowie § 93 Abs. 2 AktG unter dem Aspekt des unzulässigen Verzichts auf die Geltendmachung von Ersatzansprüchen bzw. einer unrechtmäßigen Unterminierung des Sanktions- bzw. Präventionszwecks der Organhaftung ergeben. **55**

Schlussendlich steht im Falle der Einräumung eines „Direktanspruchs" auch eine mögliche Verletzung von Treue- bzw. Rücksichtnahmepflichten des Versicherers gegenüber den versicherten Personen als die eigentlich rechtlich Begünstigten der D&O-Versicherung im Raum. **56**

Die als Beispiel gewählte Klausel erscheint auch im Detail problematisch. Dies gilt etwa für Pkt. 2. Demnach ist der „Eigenschaden" der Gesellschaft nur zu ersetzen, wenn dieser dem Grunde und der Höhe nach von der betroffenen versicherten Person und dem Versicherer anerkannt worden ist. Angesichts der Komplexität von Organhaftungsfällen und des Verdachts, den ein vorschnelles Anerkenntnis der betroffenen Person im Hinblick auf eine mögliche Manipulationsabsicht beim Versicherer erregen wird, dürfte ein solches Anerkenntnis vom Versicherer in der Praxis nur unter erschwerten Bedingungen zu erhalten sein. **57**

Es bleibt die Alternative der gerichtlichen Feststellung des „Eigenschadens". Dazu ist zu bedenken, dass bereits nach alter Rechtslage eine Abtretung des Freistellungsanspruchs nach endgültiger Feststellung des Haftpflichtanspruchs möglich war.[106] Daher bringt die Klausel für den VN nur den Vorteil, sich den Deckungsanspruch nicht von der betroffenen versicherten Person abtreten lassen zu müssen. Dafür hätte es jedoch einer solch komplizierten Vereinbarung nicht bedurft. Überdies könnte man in einer solchen Regelung einen Verstoß gegen § 108 Abs. 2 VVG und dem dort normierten generellen Wegfall des Abtretungsverbots bzw. ein Abweichen von den wesentlichen Grundgedanken dieser gesetzlichen Regelung gemäß § 307 Abs. 2 Nr. 1 BGB sehen. **58**

Der Versicherer soll sich auf den Ausschluss „vorsätzliche Pflichtverletzung" berufen können, ohne dass der Vorsatz zuvor durch gerichtliche oder behördliche Entscheidung, Vergleich oder Anerkenntnis festgestellt worden ist. Auch hierin wird man eine unangemessene Benachteiligung des VN i.S.v. § 307 Abs. 1 Satz 1 BGB oder aber eine überraschende Klausel i.S.v. § 305c Abs. 1 BGB erkennen können. **59**

---

[106] Vgl. P/M/*Lücke* Ziff. 28 AHB Rn. 6.

§ 11. D&O-Versicherung und Strafrechtsschutzversicherung

Literatur: *Hendricks*, Die Erweiterte Straf-Rechtsschutz-Versicherung, VW 1992, 1105; *Küpper*, Die Industrie-Straf-Rechtsschutzversicherung, VP 1982, 193.

I. Deckung der Strafverteidigungskosten durch die D&O-Versicherung

Dort, wo ein zum Schadensersatz verpflichtendes Verhalten einer versi- 1
cherten Person auch strafrechtlich relevant oder zumindest das Ordnungswidrigkeitsrecht tangiert ist bzw. ein Strafverfahren einem Haftpflichtprozess vorgelagert ist, kommt es zu Wechselwirkungen zwischen D&O-Versicherung und Strafrechtsschutzversicherung (siehe dazu Rn. 13 ff.).[1] Nach § 101 Abs. 1 Satz 2 VVG kann auch der Haftpflichtversicherer selbst die Kosten der Verteidigung in einem Strafverfahren übernehmen, welches die Verantwortlichkeit des VN gegenüber einem Dritten zur Folge haben kann. Für einen D&O-Versicherungsvertrag kann folgende Regelung als beispielhaft gelten:

„Wird gegen eine versicherte Person während des versicherten Zeit- 2
raums wegen einer Pflichtverletzung, welche einen versicherten Anspruch zur Folge haben kann, ein Straf- oder Ordnungswidrigkeitsverfahren [...] eingeleitet, übernimmt der Versicherer die Abwehrkosten für die versicherten Personen zum Zwecke der Verteidigung."[2]

Teilweise werden die Kosten der Verteidigung in einem Straf- oder Ord- 3
nungswidrigkeitsverfahren vom D&O-Versicherer auch **unabhängig davon** übernommen, ob ein solches Verfahren einen unter die D&O-Versicherung fallenden Schadensersatzanspruch zur Folge haben kann.[3]

Unterschiede gibt es in der Frage der Prozessführung zu beachten. Die 4
Abwehr unberechtigter Ansprüche bildet die Hauptleistungspflicht des Haftpflichtversicherers,[4] der auch zur Prozessführung bevollmächtigt ist[5]

---

[1] Ausführlich *Ihlas*, D&O, S. 70 ff.

[2] Ziff. 2.6 lit. a Allianz Protect 2008 MM.

[3] Ziff. 1.1.2 Chubb AVB OLA 2011 PrimeLine.

[4] P/M/*Lücke* § 101 Rn. 2.

[5] VersR-Hdb/*Schneider* § 24 Rn. 14 ff.

und den Haftpflichtprozess auf eigene Kosten zu führen hat. Er beauftragt somit den von ihm ausgewählten Rechtsanwalt.[6] Diese Regel gilt allerdings **nicht** für die Prozessführung im **Strafverfahren**. Das gegen den VN bzw. den Versicherten geführte Strafverfahren stellt grundsätzlich dessen persönliche Angelegenheit dar.[7] Dies gilt selbst dann, wenn das Ergebnis des Strafverfahrens sich negativ auf die Haftpflichtfrage und somit auf die Deckungsfrage auswirken kann.[8] Während Gegenstand einer Haftpflichtversicherung der Schutz der versicherten Person vor Schadensersatzansprüchen Dritter aufgrund gesetzlicher Haftpflichtbestimmungen privatrechtlichen Inhalts ist, ist die Rechtsgrundlage der gegen den Schädiger eventuell verhängten Strafe eine Norm des öffentlichen Rechts. Daraus wird der Schluss gezogen, dass die in § 101 Abs. 1 Satz 2 VVG geregelte Deckung der Verteidigungskosten in einem Strafverfahren lediglich Ausnahmecharakter hat.[9]

1. Voraussetzungen der Übernahme der Verteidigungskosten vom Haftpflichtversicherer

5 § 101 Abs. 1 Satz 2 VVG sieht zwei Voraussetzungen einer solchen Deckung vor. Erstens müssen diese Kosten auf Weisung des Versicherers aufgewendet werden und zweitens muss das Strafverfahren wegen einer Tat eingeleitet werden, welche die Verantwortlichkeit des VN bzw. des Versicherten gegenüber einem Dritten zur Folge haben könnte.

6 Die erste dieser Voraussetzungen wird in Ziff. 5.3 AHB 2007[10] präzisiert: Demnach trägt der Versicherer die Kosten eines Strafverteidigers, wenn dessen Bestellung vom Versicherer entweder gewünscht oder genehmigt wurde. Dafür reicht eine Empfehlung oder Anregung des Versicherers aus, es sei denn, er trägt gleichzeitig ausdrücklich vor, er wolle die dadurch entstehenden Kosten nicht übernehmen. Die Kostenübernahme kann allerdings auch nachträglich geschehen, wenn der Versicherer etwa erst nach der Bestellung davon erfährt und sie billigt.[11]

7 Die zweite Voraussetzung des § 101 Abs. 1 Satz 2 VVG bezieht sich auf die Tat, die das Strafverfahren ausgelöst hat. Dieser muss ein Schadensereignis zugrunde liegen, das einen unter den Versicherungsschutz fallenden Haftpflichtanspruch zur Folge haben kann.[12]

---

[6] BGH VersR 2007, 1116.
[7] BK/*Baumann* § 150 Rn. 15; *Littbarski* § 3 Rn. 95.
[8] *Littbarski* § 3 Rn. 95.
[9] BK/*Baumann* § 150 Rn. 15; P/M/*Lücke* § 101 Rn. 8.
[10] Ziff. 5.3 AHB 2007 entspricht § 3 III Ziff. 1 Abs. 2 AHB 1999.
[11] *Littbarski* § 3 Rn. 92.
[12] BK/*Baumann* § 150 Rn. 14; P/M/*Lücke* § 101 Rn. 11.

2. Kein Anspruch des Versicherten bzw. des Versicherungsnehmers auf die Kostenübernahme durch den Versicherer

Dem VN bzw. dem Versicherten steht kein Anspruch auf die Übernahme der Verteidigungskosten in einem Strafverfahren zu.[13] Diese Entscheidung liegt gänzlich im Ermessen des Versicherers. Dieser gewährt den Versicherungsschutz i.d.R. nur dann, wenn er dadurch einen Vorteil für sich erwartet, und zwar „eine Minderung der ihn treffenden Schadenssumme".[14] **8**

Nach h.M. besteht ein Zahlungsanspruch des VN bzw. des Versicherten nur in drei Situationen: Erstens im Falle der Anweisung des Versicherers an den Versicherten, sich im Strafverfahren zu verteidigen, zweitens, wenn der Versicherer die Kostenübernahme zugesagt hat und drittens, wenn der zivilrechtliche Anspruch i.R.d. Strafverfahrens geltend gemacht wurde.[15] **9**

3. Umfang der übernommenen Kosten

Der Umfang der Kosten im Strafverfahren, welche vom Versicherer übernommen werden können, ist bescheiden. § 101 Abs. 1 Satz 2 VVG bedient sich des Ausdrucks „Kosten der Verteidigung in einem Strafverfahren", die sich jedoch nur auf die Kosten des Verteidigers beschränken.[16] Dieser an sich schon begrenzte Umfang wird noch weiter eingeschränkt, als die Honorarforderungen des Strafverteidigers nur in Höhe der gesetzlichen Rahmengebühren[17] gedeckt werden, was insbesondere bei Wirtschaftsstrafsachen nicht annähernd ausreichend ist.[18] **10**

Macht der Geschädigte die aus der Tat folgenden zivilrechtlichen Ansprüche im Adhäsionsverfahren gemäß §§ 403 ff. StPO geltend, sind sowohl die Anwaltskosten (die dem Dritten dadurch entstehenden Kosten sowie die zusätzlichen Anwaltskosten der Verteidigung), als auch die durch das Adhäsionsverfahren verursachten Gerichtskosten vom Versicherer zu übernehmen.[19] **11**

---

[13] BK/*Baumann* § 150 Rn. 17; P/M/*Lücke* § 101 Rn. 11; *Eidam* Rn. 0.1.13. Vgl. zu § 3 III Ziff. 1 Abs. 2 AHB 1999 *Littbarski* § 3 Rn. 93 f.

[14] *Eidam* Rn. 0.1.7.

[15] P/M/*Lücke* § 101 Rn. 8; *Eidam* Rn. 0.1.13.

[16] Amtliche Begründung, Motive S. 639; BGHZ 26, 261, 266 f.; BK/*Baumann* § 150 Rn. 14;¸ P/M/*Lücke* § 101 Rn. 8.

[17] Siehe das RVG.

[18] Siehe dazu Rn. 38 ff.

[19] BK/*Baumann* § 150 Rn. 30; P/M/*Lücke* § 101 Rn. 11.

4. Überschreiten der Deckungssumme

12 Wurde im Versicherungsvertrag eine Versicherungssumme vereinbart, was bei D&O-Versicherungsverträgen der Regelfall ist, sind die auf Weisung des Versicherers entstandenen Verteidigungskosten von ihm sogar dann zu tragen, wenn „sie zusammen mit den Aufwendungen des Versicherers zur Freistellung des VN die Versicherungssumme übersteigen" (§ 101 Abs. 2 Satz 1 VVG).[20]

II. Spezial-Strafrechtsschutzversicherung

1. Einführung

13 Die Aufgabe der Spezial-Strafrechtsschutzversicherung[21] besteht darin, die mit der Verteidigung und mit dem Verfahren verbundenen Kosten für den Fall zu decken, dass dem versicherten Manager die Verletzung einer strafrechtlichen oder einer ordnungswidrigkeitsrechtlichen Norm vorgeworfen wird.

14 Die Spezial-Strafrechtsschutzversicherung hat sich aus der Firmen-Rechtsschutzversicherung entwickelt. Zunächst bestand sie aus einer einzigen Klausel zu § 24 Abs. 2 ARB,[22] die es zuließ, interessierten Unternehmen nur Strafrechtsschutz als Ausschnittsdeckung des Firmen-Rechtsschutzes zu gewähren. Aufgrund der erheblichen Schadenshäufigkeit in dieser Sparte entwickelten sich die Prämien ins Unkalkulierbare und Versicherer waren gezwungen, die Firmen-Rechtsschutzversicherung völlig vom Versicherungsmarkt zurückzunehmen.[23] Dazu wurde die strafrechtliche Verantwortlichkeit im Wirtschaftsrecht, insbesondere im Umweltrecht wesentlich verschärft, wodurch der Bedarf nach Strafrechtsschutzversicherung deutlich anstieg.[24]

15 In den letzten dreißig Jahren entwickelte sich diese Versicherung, die außerhalb Deutschlands und Österreichs weitgehend unbekannt ist,[25] sehr dynamisch, was v.a. die Erweiterung des Leistungsumfangs, die Über-

---

[20] R/H/Sch/*Schimikowski* § 101 Rn. 4.

[21] Die Bezeichnung „Spezial-Strafrechtsschutzversicherung" betont den besonders breiten Leistungsumfang, den diese Versicherung im Vergleich mit einer regulären Strafrechtsschutzversicherung gewährt. Insbesondere geht es hier um die teilweise Ausweitung des Rechtsschutzes auf vorsätzlich begangene Straftaten bzw. Verbrechen, vgl. VersR-Hdb/*Obarowski* § 37 Rn. 90 f.

[22] GDV-Musterbedingungen (Stand: September 2010).

[23] VersR-Hdb/*Obarowski* § 37 Rn. 109 f.

[24] Vgl. *Ihlas*, D&O, S. 72 f.

[25] *Ihlas*, D&O, S. 67.

nahme von Kosten im Rahmen von Honorarvereinbarungen und die Erstreckung des Versicherungsschutzes auf Fälle, in denen dem VN bzw. dem Versicherten das vorsätzliche Begehen einer Straftat vorgeworfen wird, betraf (vgl. Rn. 53 ff.). Infolge dieser Änderungen ist eine Versicherung mit einem ungewöhnlich breiten Leistungsumfang entstanden, die einen sehr effizienten Versicherungsschutz gewährt.

In der Praxis werden Führungskräften oft Versicherungen angeboten, 16
die neben dem Rechtsschutz gegen strafrechtliche Verantwortlichkeit auch den Vermögensschaden-[26] und Anstellungsvertrags-Rechtsschutz[27] umfassen (sog. Manager-Deckungen oder Top-Manager-Rechtsschutz).

Gemäß § 8a VAG muss der Haftpflichtversicherer, der auch eine 17
Rechtsschutzversicherung betreibt, die Schadensbearbeitung dieses Bereichs in ein eigenständiges, unabhängiges Unternehmen in der Rechtsform einer Kapitalgesellschaft ausgliedern. Diese aufsichtsrechtliche Verpflichtung soll insbesondere potenziellen Interessenskonflikten bei der Schadensbearbeitung in beiden Sparten vorbeugen helfen.

2. Rechtsnatur und Rechtsgrundlagen

a) Rechtsnatur. Die Strafrechtsschutzversicherung ist eine Schadens- 18
versicherung. Sie ist eine Passivversicherung, da sie die Abwehr im Falle eines strafrechtlichen oder ordnungswidrigkeitsrechtlichen Vorwurfs bietet.[28]

Ähnlich wie die D&O-Versicherung wird auch die Spezial-Strafrechts- 19
schutzversicherung zwischen einem Unternehmen als VN und einem Versicherer abgeschlossen. Begünstigte aus dem Versicherungsvertrag als versicherte Personen sind in erster Linie die Organmitglieder bzw. sonstigen Mitarbeiter. Spezial-Strafrechtsschutzversicherungsverträge sind also i.d.R. als Versicherungen für fremde Rechnung (§§ 43 ff. VVG) konzipiert.

b) Rechtsgrundlagen. Neben den allgemeinen Vorschriften des VVG 20
(§§ 1–73 VVG) sind hier auch die Vorschriften zur Schadensversicherung (§§ 74–87 VVG) anwendbar. Des Weiteren gelten die speziellen Regelungen der Rechtsschutzversicherung nach §§ 125–128 VVG.

---

[26] Der Vermögensschadenrechtsschutz zielt auf die Wahrnehmung der rechtlichen Interessen der versicherten Person ab, wenn diese aufgrund gesetzlicher Haftpflichtbestimmungen zum Ersatz von Vermögensschäden in Anspruch genommen wird. Siehe dazu § 2 Abs. 1 lit. a USRB und *Hendricks* VW 1992, 1105, 1105.

[27] Der Anstellungsvertrags-Rechtsschutz nimmt die rechtlichen Interessen aus dem der versicherten Eigenschaft zugrunde liegenden Anstellungsverhältnis wahr.

[28] *Eidam* Rn. 1.2.4.

21 In der Sparte der Spezial-Strafrechtsschutzversicherung gibt es eine große Vielfalt von verwendeten AVB. Im Jahre 1983 wurden Sonderbedingungen für die Industrie-Strafrechtsschutzversicherung (ISRS)[29] vom BAV genehmigt.[30] Diese AVB bildeten eine gewisse Ergänzung und Entwicklung zu den ARB. Allerdings berufen sich die ISRS auf die Bestimmungen der ARB[31] und sehen deren Anwendung auch in ihrem Rahmen vor.[32] Daraus ergibt sich, dass in Verträgen, denen die ISRS zugrunde gelegt wurden, unmittelbar auch die ARB Anwendung finden.

22 Im Jahre 1989 wurden die Sonderbedingungen zu § 24 ARB – Spezial-Strafrechtsschutz für Unternehmen (SSR) – eingeführt. Deren Aufgabe war es, die zunächst nur für industrielle Großunternehmen konzipierten Leistungen auf den Bedarf von Kleinunternehmen und Selbstständigen anzupassen.[33]

23 Schließlich sind die im Jahre 2000 vom GDV herausgegebenen und unverbindlich empfohlenen Spezial-Rechtsschutzbedingungen für Unternehmensleiter (USRB) zu erwähnen. Diese Musterbedingungen entsprechen dem Konzept des Top-Manager-Rechtsschutzes.

3. Aufgaben

24 Die Spezial-Strafrechtsschutzversicherung ist eine Rechtskostenversicherung. Sie gewährt Versicherungsschutz für den Fall der Vermögensbelastung des VN bzw. des Versicherten mit notwendigen Rechtskosten.[34] § 1 Abs. 1 USRB enthält eine sehr allgemeine Beschreibung der Aufgaben der Rechtsschutzversicherung, die § 1 ARB 1994/2000 wiederholt und § 125 VVG stark ähnelt. Gemäß dieser Bestimmung „sorgt der Versicherer dafür, dass der versicherte Unternehmensleiter seine rechtlichen Interessen wahrnehmen kann und trägt die für die Interessenwahrnehmung erforderlichen Kosten“. Den Hauptbegriff dieser Generalklausel[35] stellt der Ausdruck „Wahrnehmung der rechtlichen Interessen“ dar, was der BGH als Verfolgung oder Abwehr von Ansprüchen versteht.[36] Die

---

[29] Diese Bedingungen wurden von der HRV Hannover Rechtsschutz Versicherungs-Aktiengesellschaft, einer Tochtergesellschaft des HDI Haftpflichtverband der deutschen Industrie V. a. G., entwickelt.

[30] Siehe ausführlich dazu *Eidam* Rn. 0.2.0. ff.

[31] § 1 Abs. 1 ISRS beruft sich auf § 24 Abs. 2 lit. c ARB.

[32] Gemäß § 9 ISRS finden die §§ 1–20 ARB auch i. R. d. ISRS Anwendung, soweit nichts anderes bestimmt ist.

[33] VersR-Hdb/*Obarowski* § 37 Rn. 90.

[34] Buschbell/Hering/*Buschbell* § 5 Rn. 3; Harbauer/*Stahl* Vor § 21 ARB 75 Rn. 1.

[35] Harbauer/*Bauer* § 1 ARB 2000 Rn. 1.

[36] BGH r+s 1992, 127 = VersR 1992, 487 = ZfS 1992, 173.

Wahrnehmung der rechtlichen Interessen umfasst grundsätzlich *„jede Art außergerichtlicher und gerichtlicher rechtsberatender und rechtsvertretender Tätigkeit in dem Umfang [...], in dem sie durch den Eintritt eines Versicherungsfalles notwendig wird“*.[37]

a) Hauptleistung und Sorgeleistungen des Rechtsschutzversicherers. Gemäß § 1 USRB „sorgt“[38] der Versicherer für die Wahrnehmung der rechtlichen Interessen. Dieser Ausdruck erzeugt gewisse Bedenken, da er irreführend wirken kann.[39] Man könnte nämlich annehmen, dass der Rechtsschutzversicherer selbst die Rechtsbesorgung vornimmt, was ihm allerdings vom BGH untersagt wurde.[40] Hier überzeugt die von *Bauer*[41] vorgeschlagene Auslegung, wonach das verwendete Wort „sorgt“ keineswegs bedeutet, dass der Versicherer die zur Wahrnehmung der rechtlichen Interessen notwendigen Dienstleistungen selbst erbringt. Der Versicherer steht lediglich dafür ein, dass diese erbracht werden. **25**

Die Hauptleistung des Versicherers besteht in der Übernahme jener Kosten, die bei der Wahrnehmung der rechtlichen Interessen des VN bzw. des Versicherten entstehen.[42] Daneben bestehen Sorgeleistungen des Versicherers,[43] wie insbesondere die Auswahl und/oder Beauftragung eines Rechtsanwalts (sollte der VN bzw. der Versicherte dies selbst nicht gemacht haben),[44] die Erteilung einer Deckungsbestätigung,[45] die Sorge für die Übersetzung von Unterlagen,[46] die Sorge für die Zahlung eines Kautionsdarlehens[47] oder auch das Schadensmanagement. Nach der Rspr. sind **26**

---

[37] Harbauer/*Bauer* § 1 ARB 2000 Rn. 7.

[38] Dieses Verb wurde ebenfalls in den ARB 1994/2000 verwendet; in den ARB 2008 wurde darauf verzichtet. § 1 ARB 2008 bestimmt stattdessen, dass *„der Versicherer die für die Wahrnehmung der rechtlichen Interessen des Versicherungsnehmers oder des Versicherten erforderlichen* ***Leistungen*** *im vereinbarten Umfang* ***erbringt****“*.

[39] Ausführlich dazu van Bühren/Plote/*van Bühren* § 1 Rn. 9 ff.

[40] BGH VersR 1961, 433 = NJW 1961, 1113.

[41] Harbauer/*Bauer* § 1 ARB 2000 Rn. 15 ff.

[42] Van Bühren/Plote/*van Bühren* § 1 Rn. 11; Harbauer/*Bauer* § 7 ARB 2000 Rn. 16.

[43] Buschbell/Hering/*Buschbell* § 10 Rn. 5; van Bühren/Plote/*van Bühren* § 1 Rn. 12; Harbauer/*Cornelius-Winkler* § 1 ARB 75 Rn. 12 und § 1 ARB 2000 Rn. 27 ff.

[44] § 17 Abs. 1 und 2 USRB, § 17 Abs. 1 und 2 ARB 1994/2000/2008, § 17 Abs. 4 ARB 2010.

[45] § 17 Abs. 4 USRB, § 17 Abs. 4 ARB 1994/2000/2008, § 17 Abs. 2 ARB 2010.

[46] § 5 Abs. 5 lit. a USRB, § 5 Abs. 5 lit. a ARB 1994/2000/2008/2010.

[47] § 5 Abs. 5 lit. b USRB, § 5 Abs. 5 lit. b ARB 1994/2000/2008/2010.

diese Sorgeleistungen des Rechtsschutzversicherers untergeordnete Nebenpflichten.[48]

27 **b) Deckung der erforderlichen Kosten.** Gedeckt sind nur die erforderlichen Kosten, d.h. die objektiv notwendigen Kosten. Diese Bedingung beugt einer schrankenlosen Inanspruchnahme des Versicherers vor und schützt somit gleichzeitig die Gemeinschaft der Versicherten vor einem unnötigen Ansteigen der Versicherungsprämien.[49]

28 Die Kosten sind vom Versicherungsschutz dann ausgeschlossen, wenn der Kostenaufwand in einem groben Missverhältnis zum angestrebten Erfolg steht oder wenn keine hinreichende Aussicht auf Erfolg besteht (§ 18 Abs. 1 USRB).

4. Versichertes Wagnis

29 **a) Versicherungsnehmer und versicherte Personen. aa) Versicherungsnehmer.** Nach deutschem Recht ist notwendige Voraussetzung der Strafbarkeit eines Verhaltens, neben der Tatbestandsverwirklichung und der Rechtswidrigkeit, auch die Schuld des Täters. Da juristische im Unterschied zu natürlichen Personen nicht fähig sind, Schuld zu tragen, können sie sich auch nicht strafbar machen.[50] Daher schließt i.d.R. ein Unternehmen als VN eine Spezial-Strafrechtsschutzversicherung zugunsten seiner Führungskräfte bzw. sonstigen Mitarbeiter als versicherte Personen ab (Versicherung für fremde Rechnung). In Ausnahmefällen, in denen auch das Unternehmen in Anbetracht seiner Organisationsform strafrechtlich in die Pflicht genommen werden kann, kann es auch vom Versicherungsschutz umfasst sein.[51] So wird gemäß § 1 ISRS Versicherungsschutz auch für das versicherungsnehmende Unternehmen gewährt und in den AVB der Spezial-Strafrechtsschutzversicherer findet sich häufig ein entsprechender Einschluss.[52]

---

[48] BGH VersR 1999, 700.

[49] VersR-Hdb/*Obarowski* § 37 Rn. 440; van Bühren/Plote/*van Bühren* § 1 Rn. 37 ff.; Harbauer/*Bauer* § 1 ARB 2000 Rn. 37.

[50] *Küpper* VP 1982, 193, 193.

[51] In Österreich z.B. nach dem Verbandsverantwortlichkeitsgesetz (VbVG); in Deutschland gibt es hingegen kein Unternehmensstrafrecht in diesem Sinne. Jedoch kann nach § 30 OWiG gegen eine juristische Person eine Geldbuße bis zu einer maximalen Höhe von 1 Mio. € im Falle einer vorsätzlichen Straftat verhängt werden.

[52] Beispielsweise Ziff. 2 der HDI-Gerling Bedingungen zur Strafrechtsschutzversicherung (Stand: 10/2010): *„Versicherte sind die Versicherungsnehmerin, die mitversicherten Unternehmen sowie die versicherten Personen“*; § 1 Nr. 15 Chubb ISRS 2009 Iurexx Plus A: *„[…] die Verteidigung eines in der Republik Österreich angesiedelten versicherten Unternehmens in Verfahren nach dem österreichischen VbVG aufgrund Fehlverhalten versicherter Personen […]“.*

Neben dem VN können auch seine rechtlich selbstständigen Tochter- und Beteiligungsunternehmen, selbst solche im Ausland,[53] mitversichert werden.[54] Teilweise wird der Versicherungsschutz auf unselbstständige Zweigniederlassungen erstreckt.[55] 30

bb) Versicherte Personen. (1) Kreis versicherter Personen. Der Kreis der versicherten Personen kann unterschiedlich gestaltet sein. Zwei Konzepte lassen sich unterscheiden. Im ersten steht der Versicherungsschutz lediglich den Führungskräften zu. Diese Konstellation ist für sog. Manager- oder Top-Manager-Rechtsschutz-Deckungen[56] charakteristisch. V.a. Führungskräfte der mittleren Ebene sind einem besonders großen Risiko ausgesetzt, strafrechtlich in die Pflicht genommen zu werden.[57] 31

Nach dem zweiten praxisrelevanten Modell umfasst der Versicherungsschutz alle Mitarbeiter des Unternehmens, d.h. nicht nur ehemalige, gegenwärtige und zukünftige Organmitglieder und leitende Angestellte (was dem versicherten Personenkreis der D&O-Versicherung entspricht), sondern auch sonstige Betriebsangehörige und sogar Praktikanten, Studenten und Leiharbeitnehmer.[58] Bei diesem Modell ist eine Differenzierung des gewährten Leistungsumfangs je nach Funktion der Dienstnehmer im Betrieb möglich. Beispielsweise kann dem VN das Recht auf Widerspruch zustehen, wenn eine andere Person als ein Organmitglied Rechtsschutz verlangt.[59] § 15 Abs. 2 USRB sieht vor, dass der Versicherungsschutz für Vergehen, die nur vorsätzlich begangen werden können, mitversicherten Personen erst nach der Zustimmung des VN gewährt wird. 32

(2) Rechtsstellung versicherter Personen. Die Frage nach der Rechtsstellung der versicherten Personen und deren Legitimation, Ansprüche aus dem Versicherungsvertrag geltend zu machen, ist in § 44 Abs. 2 VVG geregelt, wonach eine versicherte Person ohne Zustimmung des VN nur dann über ihre Rechte verfügen kann, wenn sie im Besitz des Versicherungs- 33

---

[53] Vgl. Rn. 41 f.

[54] Beispielsweise: § 1 Abs. 2 ISRS, § 1 Abs. 2 SSR.

[55] § 3 Abs. 1 Roland USRB-MGU 2008: *„[Mitversicherte Unternehmen] Niederlassungen im In- und Ausland sind mitversichert, soweit sie nicht rechtlich selbstständig sind“.*

[56] Beispielsweise § 1 Abs. 2 USRB.

[57] Ca. 50% der unter den Versicherungsschutz fallenden Schadensfälle sind gegen Manager dieser Gruppe gerichtet; ca. 25% Fälle gegen das Unternehmen selbst, während die verbleibenden 25% gegen Arbeitnehmer mit ausführender Funktion geführt wird. Siehe ausführlich dazu *Eidam* Rn. 1.4.23.

[58] Einen solchen breiten persönlichen Anwendungsbereich sieht u.a. § 1 ISRS vor.

[59] Ein Beispiel dazu bietet § 15 Abs. 2 ARB 1994/2000/2008/2010.

scheins ist. Diese Norm ist jedoch auch i.R.d. Spezial-Strafrechtsschutzversicherung abänderbar.[60] Noch die ARB 1975 sahen vor, dass *„die Ausübung der Rechte des Versicherungsnehmers und der mitversicherten Personen aus dem Versicherungsvertrag, sofern nicht etwas anderes vereinbart ist, ausschließlich dem VN zusteht [...]"*. Diese Bestimmung wurde allerdings in die ARB 1994 nicht übernommen und durch die Regelung ersetzt, wonach *„für mitversicherte Personen die den Versicherungsnehmer betreffenden Bestimmungen sinngemäß gelten"*. Daraus lässt sich der Schluss ziehen, dass mitversicherte Personen zur selbstständigen Geltendmachung der ihnen zustehenden Ansprüche berechtigt sind.[61] § 15 Abs. 1 Satz 2 USRB enthält insofern eine für mitversicherte Personen günstige Regelung, als das Recht zur Geltendmachung des Versicherungsschutzes ausschließlich ihnen zusteht.

34 **b) Zusammenhang mit der betrieblichen Tätigkeit.** Im Falle der Spezial-Strafrechtsschutzversicherung muss das Verhalten des Versicherten im engen Zusammenhang mit dem Betriebsgeschehen stehen.[62] Die private Sphäre des Versicherten ist aus dem Versicherungsschutz ausgeschlossen.[63]

35 **c) Form des gewährten Versicherungsschutzes.** Die Leistung des Versicherers besteht in der Rechtsschutzversicherung aus zwei Elementen, der Kostentragungspflicht (Hauptleistungspflicht) und der Pflicht zu Sorgeleistungen (Nebenpflichten). Die Pflicht zur Übernahme der Kosten der Interessenwahrnehmung erfolgt i.d.R. durch Schuldbefreiung.[64] Der Versicherer übernimmt die Anwaltsgebühren und die Gerichtskosten der Interessenwahrnehmung, allerdings aufgrund des passiven Charakters des Strafrechtsschutzes nur i.R.d. Verteidigung. Diese Regel gilt gleichermaßen für die Nebenklage und die Privatklage,[65] weshalb die Kosten einer vom Versicherten bzw. vom VN selbst erhobenen Neben- oder Privatklage vom Versicherer nicht gedeckt werden, da es sich insofern um kein Verteidigungs-, sondern um ein Angriffsmittel handelt.[66]

---

[60] Buschbell/Hering/*Buschbell* § 6 Rn. 119.

[61] Harbauer/*Cornelius-Winkler* § 15 ARB 2000 Rn. 18.

[62] § 1 Abs. 1 ISRS, der den Versicherungsschutz sämtlichen Betriebsangehörigen gewährt, verwendet hier den Ausdruck *„in Ausübung ihrer dienstlichen Tätigkeit für den Versicherungsnehmer"*.

[63] *Eidam* Rn. 1.4.32.

[64] Van Bühren/Plote/*van Bühren* § 1 Rn. 86; Harbauer/*Cornelius-Winkler* § 1 ARB 75 Rn. 7.

[65] VersR-Hdb/*Obarowski* § 37 Rn. 80.

[66] Harbauer/*Stahl* Vor § 21 ARB 75 Rn. 79.

5. Leistungsarten

§ 2 Abs. 1 lit. c USRB beschreibt den Schutz im Straf-, Ordnungswidrigkeits-, Disziplinar- und Standesrechtsverfahren und damit den Hauptumfang des Versicherungsschutzes, der kraft besonderer Vereinbarung der Parteien erweitert werden kann (§ 2 Abs. 1 lit. c USRB). Zusätzliche Leistungsarten, die von der Versicherung mit umfasst werden können, sind insbesondere: Beistand im Verwaltungsrecht (§ 2 Abs. 1 lit. aa USRB), Zeugenbeistand (§ 2 Abs. 1 lit. bb USRB), Firmen-Stellungnahme (§ 2 Abs. 1 lit. cc USRB) und erweiterter Zeugenbeistand (§ 2 Abs. 1 lit. dd USRB). **36**

Diese zusätzlichen Leistungsarten können die Effizienz der Verteidigung insbesondere in zwei Fällen verbessern. Erstens, wenn das Ermittlungsverfahren gegen das Unternehmen selbst, aber noch nicht gegen eine bestimmte natürliche Person geführt wird. Zu dieser Zeit ist der Behörde der strafrechtlich relevante Vorfall bereits bekannt, sie muss aber die verantwortliche Person feststellen, um das Verfahren gegen sie offiziell eröffnen zu können. Gerade zu dieser Zeit besteht die große Gefahr, dass Verteidigungspositionen aufgegeben oder zumindest geschwächt werden können.[67] Zweitens, wenn ein in einem Ermittlungsverfahren später Beschuldigter zunächst als Zeuge verhört wird, da es hier leicht zur Selbstbelastung kommen kann.[68] **37**

6. Umfang des Versicherungsschutzes

a) Sachlicher Umfang. § 5 USRB präzisiert den Umfang der vom Versicherer getragenen Kosten, die Teil der Verteidigungs- oder Gerichtskosten sind. Gemäß § 5 Abs. 1 lit. c USRB umfassen die Gerichtskosten auch die Entschädigung für Zeugen und Sachverständige, die vom Gericht herangezogen werden, sowie die Kosten des Gerichtsvollziehers. Im Falle eines Schieds- oder Schlichtungsverfahrens werden lediglich Kosten bis zur Höhe der Gebühren gedeckt, die im Falle der Anrufung eines zuständigen staatlichen Gerichts erster Instanz entstehen würden (§ 5 Abs. 1 lit. d USRB). Darüber hinaus regelt § 5 Abs. 1 USRB die Deckung der Reisekosten des Versicherten zu einem ausländischen Gericht (§ 5 Abs. 1 lit. e USRB), der Kosten der Gegenseite (§ 5 Abs. 1 lit. f USRB), sowie der Kosten der Sachverständigengutachten (§ 5 Abs. 1 lit. g USRB). **38**

§ 5 Abs. 2 USRB ermöglicht die Übernahme der über den gesetzlichen Rahmen hinausgehenden Anwaltskosten (sog. Honorarvereinbarungen). **39**

---

[67] *Hendricks* VW 1992, 1105, 1107 f.

[68] *Hendricks* VW 1992, 1105, 1109.

Eine solche Vereinbarung kann auf einzelne Leistungsarten beschränkt werden. Die Ausweitung der Deckung auch auf die Übernahme von Kosten im Rahmen von Honorarvereinbarungen bildet einen der wichtigsten Schritte in der Entwicklung der Spezial-Strafrechtsschutzversicherung. Denn erst dadurch wird eine effiziente Verteidigung i.R.d. Strafrechtsschutzversicherung ermöglicht.

40 § 5 Abs. 4 USRB regelt die Versicherungssumme, die pro Versicherungsfall vereinbart wird. Zusammengerechnet werden Zahlungen für mehrere Personen, die von ein und demselben Versicherungsfall ausgelöst wurden. Diese Regel gilt ebenfalls für Zahlungen aufgrund mehrerer Rechtsschutzfälle, die zeitlich und ursächlich im Zusammenhang stehen.

41 **b) Räumlicher Umfang.** § 3 Abs. 1 ISRS gewährt Versicherungsschutz innerhalb Europas.[69] Nach Abs. 2 besteht die Möglichkeit, den Versicherungsschutz auf das Gebiet der Bundesrepublik Deutschland einzuschränken, Abs. 3 lässt die Ausweitung des Schutzes auf Versicherungsfälle außerhalb Europas zu. Versicherungskonzepte mit weltweitem Geltungsbereich können heutzutage als Standard gelten.

42 In Anbetracht der Querverbindungen zwischen den einzelnen Konzerngesellschaften auch innerhalb eines Verfahrens erscheint das Interesse des VN an Policen mit weltweiter Geltung verständlich. Ein eingeschränkter örtlicher Geltungsbereich könnte leicht zu einer Ungleichbehandlung der Konzernangehörigen führen.[70] Allerdings können die Verteidigungskosten im Ausland – insbesondere in den USA – deutlich höher sein, was wiederum das Risiko des Versicherers erhöht und bei der Bestimmung der Versicherungssumme in Betracht zu ziehen ist.[71]

43 **c) Zeitlicher Umfang.** § 4 Abs. 1 lit. c USRB definiert den Versicherungsfall, der in der Rechtsschutzversicherung Rechtsschutzfall genannt wird, als Einleitung eines strafrechtlichen Ermittlungsverfahrens, eines ordnungswidrigkeitsrechtlichen Ermittlungsverfahrens sowie eines Disziplinar- oder Standesverfahrens.

44 § 4 Abs. 1 lit. c USRB bestimmt: *„Anspruch auf Rechtsschutz besteht nach Eintritt eines Rechtsschutzfalles […] von dem Zeitpunkt an, in dem der Versicherungsnehmer oder ein anderer einen Verstoß gegen Rechtspflichten oder Rechtsvorschriften begangen hat oder begangen haben soll“*. Als Versicherungsfall gilt somit der Moment, in dem der Verstoß ge-

[69] § 3 ISRS bestimmt: *„Abweichend von § 3 ARB wird Versicherungsschutz gewährt für Versicherungsfälle, die in Europa eintreten“*.

[70] Siehe ausführlich dazu *Eidam* Rn. 3.0.4.

[71] *Eidam* Rn. 3.0.6.

gen Rechtspflichten oder Rechtsvorschriften begangen wurde (Verstoßprinzip).

45 Damit Deckung gewährt wird, muss der Rechtsschutzfall nach Beginn des Versicherungsvertrags und vor dessen Beendigung eingetreten sein (§ 4 Abs. 1 Satz 2 USRB). Gemäß § 7 USRB beginnt der Versicherungsschutz, wenn der VN die erste oder einmalige Prämie bezahlt hat. Die Parteien können auch eine abweichende Vereinbarung treffen. Die Spezial-Strafrechtsschutzversicherung wird für eine im Versicherungsschein genannte Dauer abgeschlossen (§ 8 USRB). Da sie oft zusammen mit einer D&O-Versicherung geschlossen wird, laufen beide Verträge gewöhnlich für die gleiche Zeit.[72] § 4 Abs. 4 USRB lässt die Vereinbarung sowohl einer Rückwärtsversicherung, als auch einer Nachhaftung zu.

7. Deckungseinschränkungen

46 **a) Ohne Rechtspflicht übernommene Kosten.** In § 5 Abs. 3 lit. a USRB sind die Kosten angesprochen, die ohne Rechtsgrund vom Versicherten bzw. vom VN übernommen wurden. Dazu zählen auch jene Kosten, zu deren Ersatz er bereits aufgrund des materiellen Rechts verpflichtet ist,[73] zumal diese nicht infolge der Wahrnehmung der rechtlichen Interessen des Versicherten bzw. des VN entstehen.[74]

47 **b) Einverständliche Erledigung.** Die zweite Ausnahme bilden „Kosten, die im Zusammenhang mit einer einverständlichen Erledigung entstanden sind, soweit sie nicht dem Verhältnis des vom Versicherten angestrebten Ergebnisses zum erzielten Ergebnis entsprechen" (§ 5 Abs. 3 lit. b USRB).[75] In erster Linie ist hier der außergerichtliche oder gerichtliche Vergleich gemeint.[76] Ziel dieses Deckungsausschlusses ist es zu verhindern, dass unnötige Zugeständnisse zu Lasten der Rechtsschutzversicherung gemacht werden.[77] Bei der Beurteilung des Verhältnisses des vom Versicherten angestrebten Ergebnisses zum erzielten Ergebnis sollte auf objektive Merkmale abgestellt werden.[78] Um das objektive Wertverhältnis

---

[72] Regelmäßig beträgt die Vertragsdauer ein Jahr.

[73] Buschbell/Hering/*Buschbell* § 10 Rn. 171; Harbauer/*Cornelius-Winkler* § 2 ARB 75 Rn. 171.

[74] Van Bühren/Plote/*van Bühren* § 5 Rn. 141.

[75] Ebenso § 5 Abs. 3 lit. b ARB 1994/2000/2008.

[76] Buschbell/Hering/*Buschbell* § 10 Rn. 189; Harbauer/*Bauer* § 5 ARB 2000 Rn. 194.

[77] Van Bühren/Plote/*van Bühren* § 5 Rn. 147; Buschbell/Hering/*Buschbell* § 10 Rn. 189.

[78] LG Köln r+s 1995, 22 = VersR 1995, 458.

festzustellen, wird das ursprüngliche Anspruchsbegehren mit dem erzielten Ergebnis, insbesondere hinsichtlich seiner Wirtschaftlichkeit verglichen.[79]

48 **c) Selbstbeteiligung.** Es fällt auf, dass § 5 Abs. 3 lit. c USRB, anders als die korrespondierende Bestimmung des § 5 Abs. 3 lit. c ARB 1994/2000/2008/2010, den Abzug der Selbstbeteiligung nicht pro Leistungsart, sondern pro Rechtsschutzfall vorsieht. Wenn aufgrund desselben Schadensfalles die Interessenwahrnehmung auf verschiedenen Rechtsgebieten notwendig ist, wird die Selbstbeteiligung nur einmal abgezogen, was für den Versicherten bzw. den VN eine viel günstigere Lösung darstellt als diejenige, die in den ARB vorgesehen ist.[80]

49 **d) Kosten der Zwangsvollstreckungsmaßnahmen.** Aus der Versicherungsdeckung sind jene Kosten ausgeschlossen, die aufgrund der vierten und jeder weiteren Zwangsvollstreckungsmaßnahme je Vollstreckungstitel entstehen.[81] Das bedeutet aber, dass die Gebühren und Kosten für die ersten drei Zwangsvollstreckungsmaßnahmen vom Rechtsschutzversicherer übernommen werden.[82] Die Rechtsschutzversicherung deckt sämtliche Kosten der Zwangsvollstreckung, d.h. Rechtsanwalts-, Gerichts-, Gerichtsvollzieher oder Verwaltungskosten.[83]

50 § 5 Abs. 3 lit. e USRB[84] schränkt ein, dass eine Vollstreckungsmaßnahme, die über fünf Jahre zurückliegt, nicht mehr vom Rechtsschutzversicherer übernommen wird; und zwar auch dann nicht, wenn das Limit der drei ersten Vollstreckungsmaßnahmen noch nicht ausgeschöpft wurde.[85]

51 **e) Antrittsgelder.** § 5 Abs. 3 lit. g USRB[86] stellt klar, dass die Rechtsschutzversicherung nur Kosten deckt, die konkrete Anwaltsleistungen abgelten. Insbesondere Antrittsgelder, d.h. die pauschale Vergütung für die bloße Mandatsübernahme, werden vom Versicherer nicht getragen.

---

[79] LG Berlin r+s 2002, 332 = NVersZ 2002, 330; P/M/*Armbrüster* § 5 ARB 2008/II Rn. 53; van Bühren/Plote/*van Bühren* § 5 Rn. 149; Buschbell/Hering/*Buschbell* § 10 Rn. 190.

[80] Vgl. van Bühren/Plote/*van Bühren* § 5 Rn. 169.

[81] Dieser Deckungseinschränkung entspricht § 5 Abs. 3 lit. d ARB 1994/2000/2008/2010.

[82] Buschbell/Hering/*Buschbell* § 10 Rn. 206.

[83] Van Bühren/Plote/*van Bühren* § 5 Rn. 177.

[84] § 5 Abs. 3 lit. e ARB 1994/2000/2008/2010.

[85] Buschbell/Hering/*Buschbell* § 10 Rn. 206.

[86] Die in § 5 Abs. 3 lit. f USRB geregelte Deckungseinschränkung, die sich auf die Kosten einer negativen Feststellungsklage, eines Streitbeitritts oder einer Streitverkündigung des Versicherten bezieht, hat kaum Relevanz für die Strafrechtsschutzversicherung, weshalb sie hier außer Beracht gelassen wird.

f) Kosten, zu deren Übernahme Dritte verpflichtet sind. Als letzte in § 5 Abs. 3 lit. h USRB geregelte Ausnahme[87] sind Kosten umfasst, die ein Dritter zu übernehmen hätte, wenn keine Rechtsschutzversicherung bestünde. 52

8. Risikoausschlüsse

a) Vorsätzlich begangene Straftaten. Der erste und gleichzeitig auch umstrittenste Ausschluss subjektiver Natur hat die Verteidigung vorsätzlich begangener Straftaten zum Gegenstand (§ 3 lit. a USRB). Der Versicherungsschutz entfällt rückwirkend erst nach rechtskräftiger Verurteilung wegen einer vorsätzlich begangenen Straftat.[88] In einem solchen Fall hat der Versicherte die gezahlten Kosten dem Versicherer zurückzuerstatten. Bis zur Rechtskraft des auf Vorsatz lautenden Urteils kann der VN also den Versicherungsschutz in Anspruch nehmen. Dieser erweiterte Schutzumfang wird seit einiger Zeit auf dem deutschen Versicherungsmarkt zugelassen und sorgt weiterhin für einige Diskussion.[89] 53

b) Verbrechen. Dieser Risikoausschluss betrifft die Verteidigung aufgrund des Vorwurfs eines Verbrechens (§ 3 lit. b USRB), also wegen einer rechtswidrigen und ausschließlich mit Vorsatz begehbaren Tat, welche als Mindestmaß mit Freiheitsstrafe von einem Jahr oder darüber bedroht ist. Aufgrund des sehr hohen Unrechtgehalts schließen die USRB, so wie die ARB (§ 2 lit. i bb), solche Fälle aus dem Versicherungsschutz aus. 54

Allerdings ist darauf hinzuweisen, dass eine wachsende Zahl von Versicherern den Versicherungsschutz auf die Verteidigung wegen des Vorwurfs der Begehung eines Verbrechens erweitert.[90] Insbesondere in diesem Fall gilt die Rückerstattungspflicht der gedeckten Kosten, nachdem das entsprechende Urteil rechtskräftig geworden ist. Zu Recht weist *Obarowski*[91] auf die Bedingung der Rückerstattungspflicht als äußerste Grenze des Versicherungsschutzes hin, da die Gewährung von Versicherungsschutz auch nach der rechtskräftigen Verurteilung wegen eines Verbrechens sittenwidrig wäre, was wohl entsprechend für „nur" vorsätzlich begangene Straftaten gilt. 55

---

87 § 5 Abs. 3 lit. g ARB 1994/2000/2008/2010.

88 Vgl. zur entsprechenden Regelung in der D&O-V § 7 Rn. 72 ff.

89 Vgl. VersR-Hdb/*Obarowski* § 37 Rn. 91; *Eidam* Rn. 4.1.0 ff.

90 Z.B. § 5 Chubb ISRS 2009; „Verbrechen" i.R.d. Vorsorgedeckung für Vorsatztaten nicht ausgeschlossen in § 11.1 Roland USRB-MGU 2008 sowie in § 13.1 Allianz Allgemeine Bedingungen zum Straf-Rechtsschutz für Unternehmen (AB-StU) (Fassung: 10/2010).

91 VersR-Hdb/*Obarowski* § 37 Rn. 91.

56 **c) Verkehrsstraftaten.** § 3 lit. c USRB schließt aus dem Versicherungsschutz die Verteidigung gegen den Vorwurf der Verletzung einer verkehrsrechtlichen Vorschrift des Straf- oder Ordnungswidrigkeitenrechts als Fahrer eines Motorfahrzeuges aus. Diese Einschränkung entspricht der in § 2 lit. i ARB 1994/2000/2008/2010 begründeten Systematik des Strafrechtsschutzes, die aufgrund des unterschiedlichen Unrechtgehalts beider Bereiche vorgenommen wurde.

57 **d) Kartellverfahren.** Dieser Risikoausschluss ist in den USRB sowie in § 3 Abs. 2 lit. e ARB 1994/2000/2008/2010 vorgesehen. In den ARB wird er damit begründet, dass solche Verfahren nur selten vorkommen, wodurch das daraus resultierende Risiko sehr schwer berechenbar und eine diesbezügliche Belastung der Versichertengemeinschaft nicht zumutbar sei.[92] Im Kontext der allgemeinen Strafrechtsschutzversicherung im Nicht-Verkehrs-Bereich trifft diese Argumentation durchaus zu. Die Übernahme dieses Ausschlusses in die Spezial-Strafrechtsschutzversicherung ist jedoch insofern verwunderlich, als das Risiko der strafrechtlichen Verantwortlichkeit im Wettbewerbsrecht zu den Kernrisiken gehört, vor denen Führungskräfte geschützt sein möchten. Eine diesbezügliche Änderung sowie der Einschluss des Wettbewerbsrechts in den Versicherungsschutz sind daher durchaus überlegungswert und finden in der Praxis auch statt.[93]

58 **e) Steuerstraftaten aufgrund einer Selbstanzeige.** § 3 lit. g USRB schließt aus dem Versicherungsschutz die *„Verteidigung gegen den Vorwurf einer Steuerstraftat aus, wenn das Ermittlungsverfahren durch Selbstanzeige ausgelöst wird“*.

9. Obliegenheiten des Versicherungsnehmers bzw. des Versicherten

59 **a) Meldeobliegenheit.** § 11 Abs. 3 USRB regelt die Meldepflicht des VN bezüglich der zur Beitragsberechnung erforderlichen Angaben. Diese Norm wiederholt § 11 Abs. 3 ARB 1994/2000.[94] Die neuen Regelungen zur Gefahrerhöhung in §§ 23–27 VVG mit halbzwingendem Charakter führten zur entsprechenden Anpassung des § 11 Abs. 3 ARB 2008/2010.

---

[92] Buschbell/Hering/*Buschbell* § 7 Rn. 1.

[93] § 3 (i) Chubb ISRS 2009. *„[Kartellrecht/GWB] (Kosten für) Rechtsschutzfälle aus dem Kartellrecht oder im Zusammenhang mit Verfahren aus dem Kartellrecht bis zu einem Sublimit von € 250.000,00 pro Rechtsschutzfall und insgesamt pro Versicherungsperiode“.*

[94] Mit der Ausnahme des Satzes 3 des § 11 Abs. 3 ARB 1994/2000 über die Unterlassung der erforderlichen Meldung eines zusätzlichen Gegenstandes der Versicherung durch den VN, was zu entsprechendem Ausschluss des Versicherungsschutzes für diesen Gegenstand führt.

§ 11 Abs. 3 USRB entspricht noch der alten Regelung; die Musterbedingungen stammen aus Juli 2000.

§ 11 Abs. 3 USRB normiert für den VN die Pflicht, *„innerhalb eines Monats nach Zugang einer Aufforderung die zur Beitragsberechnung erforderlichen Angaben zu machen“*. Diese Pflicht des VN entsteht erst, nachdem der Versicherer ihn zur Meldung aufgefordert hat. Die Nichteinhaltung dieser Pflicht wird mit proportionaler Leistungskürzung sanktioniert. Der VN kann sich dagegen wehren, indem er beweist, dass er für die Unrichtigkeit oder das Unterbleiben der Angaben kein Verschulden trägt.[95] Diese Norm gestaltet, ähnlich wie § 9 ARB 1975 und § 11 ARB 1994/2000, die Meldepflicht des VN als echte (d.h. einklagbare) Rechtspflicht, die der Beitragspflicht als Nebenpflicht zugeordnet ist.[96] **60**

In § 11 Abs. 3 ARB 2008 wurde die Meldepflicht zur vertraglichen Obliegenheit erhoben.[97] § 11 Abs. 3 Satz 1 ARB 2008/2010 erhält die Meldepflicht des VN aufrecht und verändert insbesondere die Sanktionen ihrer Nichteinhaltung. So führt § 11 Abs. 3 Satz 2 ARB 2008/2010 das Recht des Versicherers ein, den Vertrag unter Einhaltung einer Frist von einem Monat zu kündigen. Bei grober Fahrlässigkeit des VN wird die Leistung des Versicherers je nach Schwere des Verschuldens des VN gekürzt. Sinngemäß gelten hier die Voraussetzungen bezüglich fehlender Kausalität und unterlassener Kündigung durch den Versicherer (§ 26 Abs. 3 Nrn. 1 und 2 VVG) sowie die Regeln über unerhebliche Gefahrerhöhungen.[98] Eine Anpassung der USRB sollte erfolgen. **61**

b) Obliegenheiten im Versicherungsfall. Die Obliegenheiten im Versicherungsfall sind in § 17 Abs. 3 und 5 USRB geregelt. Es handelt sich um **62**

- Informationsobliegenheiten (§ 17 Abs. 3, § 17 Abs. 5 lit. a und b USRB),
- Zustimmungsobliegenheiten (§ 17 Abs. 5 lit. c aa USRB),
- Warteobliegenheiten (§ 17 Abs. 5 lit. c bb USRB) sowie um die
- Kostenminderungspflicht (§ 17 Abs. 5 lit. c cc USRB).

aa) Informationsobliegenheiten. § 17 Abs. 3 USRB[99] regelt die Informationsobliegenheit des VN/Versicherten. Diese bilden die Hauptob- **63**

[95] § 11 Abs. 3 Satz 3 USRB.

[96] Van Bühren/Plote/*Plote* § 11 Rn. 9; Harbauer/*Maier* § 11 ARB 2000 Rn. 15.

[97] VersR-Hdb/*Obarowski* § 37 Rn. 465.

[98] Vgl. § 11 Abs. 4 ARB 2008/2010 und § 27 VVG.

[99] Diese Bestimmung wiederholt § 17 Abs. 3 ARB 1994/2000/2008/2010 mit dem Unterschied, dass die ARB vom VN sprechen, die USRB dagegen vom Versicherten.

liegenheit des VN/Versicherten nach Eintritt des Rechtsschutzfalles.[100] Die Obliegenheit ist sehr umfassend gestaltet, so dass der Versicherer eine Möglichkeit erhält, von allen Details des Falles Kenntnis zu erlagen. Drei Elemente dieser Obliegenheit können unterschieden werden: Erstens muss der Versicherte „den Versicherer vollständig und wahrheitsgemäß über sämtliche Umstände des Rechtsschutzfalles unterrichten", zweitens ist er verpflichtet, Beweismittel anzugeben und drittens muss er Unterlagen auf Verlangen zur Verfügung stellen.

64 Diese gegenüber dem Versicherer bestehende Obliegenheit gilt nicht nur für den VN bzw. den Versicherten, sondern sinngemäß auch für den von ihm beauftragten Rechtsanwalt.[101] Nach § 17 Abs. 5 lit. a USRB trifft den Versicherten die gleiche Informationspflicht gegenüber dem beauftragten Rechtsanwalt.

65 Gleichzeitig modifiziert § 17 Abs. 3 USRB die gesetzliche Obliegenheit des § 30 VVG zur unverzüglichen Anzeige eines Versicherungsfalles.[102] Der Versicherte muss somit den Versicherer erst dann informieren, wenn er den Rechtsschutzanspruch geltend macht, d.h. „sobald der Rechtsfall so konkret geworden ist, dass der VN einen Anwalt beauftragt oder ein Gerichts- oder Behördenverfahren in Gang kommt, wodurch Kosten entstehen können, für die er die Versicherungsleistung in Anspruch nehmen will".[103]

66 **bb) Abstimmungsobliegenheit.** § 17 Abs. 5 lit. c aa USRB verpflichtet den Versicherten, die Zustimmung des Versicherers einzuholen, bevor er Klage erhebt oder ein Rechtsmittel einlegt. Diese Obliegenheit besteht, soweit die Interessen des Versicherten nicht unbillig beeinträchtigt werden. Als Rechtsmittel sind hier jene Rechtsbehelfe zu verstehen, die darauf abzielen, dass ein höheres Gericht die angefochtene Entscheidung nachprüft.[104]

67 **cc) Warteobliegenheit.** Gemäß § 17 Abs. 5 lit. c bb USRB muss der Versicherte *„vor Klageerhebung die Rechtskraft eines anderen gerichtlichen Verfahrens, das tatsächliche oder rechtliche Bedeutung für den beabsichtigten Rechtsstreit haben kann […] abwarten"*. Auch diese Obliegenheit besteht nur insoweit sie die Interessen des Versicherten nicht unbillig beeinträchtigt. Das abzuwartende Verfahren muss sich nicht auf den gleichen Versicherungsfall beziehen. Entscheidend ist vielmehr, ob es als

[100] Van Bühren/Plote/*Plote* § 17 Rn. 10.
[101] Terbille/*Bultmann* § 27 Rn. 312.
[102] Terbille/*Bultmann* § 27 Rn. 320; van Bühren/Plote/*Plote* § 17 Rn. 10.
[103] Terbille/*Bultmann* § 27 Rn. 316; vgl. VersR-Hdb/*Obarowski* § 37 Rn. 418.
[104] Van Bühren/Plote/*Plote* § 17 Rn. 19.

Musterprozess in rechtlicher oder tatsächlicher Hinsicht für das beabsichtigte Verfahren von Bedeutung sein kann.[105]

dd) Vermeidung unnötiger Kosten. Gemäß § 17 Abs. 5 lit. c cc USRB hat der Versicherte „alles zu vermeiden, was eine unnötige Erhöhung der Kosten oder eine Erschwerung ihrer Erstattung durch die Gegenseite verursachen kann“. Auf diese Weise wird der Versicherte verpflichtet, den Prozess möglichst effektiv und kostengünstig zu führen, was mit der Schadenminderungsobliegenheit des § 82 VVG korrespondiert.[106] **68**

ee) Rechtsfolgen einer Verletzung vertraglicher Obliegenheiten. **69**
§ 17 Abs. 6 USRB regelt die Rechtsfolgen einer Verletzung der in den Absätzen 3 oder 5 geregelten Obliegenheiten. Eine vorsätzliche oder grob fahrlässige Verletzung führt zum Verlust des Versicherungsschutzes. Bei grober Fahrlässigkeit des Versicherten gilt die Kausalitätsbedingung, d.h. *„der Versicherte behält insoweit seinen Versicherungsschutz, als die Obliegenheitsverletzung weder Einfluss auf die Feststellung des Versicherungsfalles noch auf die Bemessung der Leistung gehabt hat“*. Auch kann sich der Versicherte exkulpieren, *„wenn die Verletzung nicht geeignet war, die Interessen des Versicherers ernsthaft zu beeinträchtigen, oder den Versicherten kein erhebliches Verschulden trifft“*.

Ähnlich wie bei der Regelung der Meldepflicht wurde auch diese Vorschrift des USRB an das neue VVG noch nicht angepasst. Dagegen ist § 17 Abs. 6 ARB 2008/2010 bereits an § 28 VVG adaptiert. Demnach kann nur eine vorsätzliche Verletzung einer vertraglichen Obliegenheit zum gänzlichen Verlust des Versicherungsschutzes führen, während grobe Fahrlässigkeit sich lediglich in einer Leistungskürzung je nach Schwere des Verschuldens auswirkt.[107] Darüber hinaus führt § 17 Abs. 6 Satz 3 ARB 2008/2010 eine Hinweispflicht des Versicherers bezüglich der Rechtsfolgen einer Verletzung der bestehenden Auskunfts- oder Aufklärungsobliegenheit ein.[108] Der VN kann sich exkulpieren, indem er seine fehlende grobe Fahrlässigkeit nachweist. Auch hier gilt die Kausalitätsvoraussetzung, es sei denn, es liegt Arglist vor.[109] Diese Änderungen sollten auch in den USRB durchgeführt werden. **70**

---

[105] VersR-Hdb/*Obarowski* § 37 Rn. 423; van Bühren/Plote/*Plote* § 17 Rn. 20.
[106] Ausführlich dazu Terbille/*Bultmann* § 27 Rn. 334 ff.; VersR-Hdb/*Obarowski* § 37 Rn. 421 ff.; van Bühren/Plote/*Plote* § 17 Rn. 22 ff.
[107] Vgl. § 28 Abs. 2 VVG.
[108] Vgl. § 28 Abs. 4 VVG.
[109] Vgl. § 28 Abs. 3 VVG.

§ 12. Internationale Aspekte

Literatur: *Armbrüster*, Geltung ausländischen zwingenden Rechts für deutschem Recht unterliegende Versicherungsverträge, VersR 2006, 1; *ders.*, Versicherung des Finanzinteresses in internationalen Versicherungsprogrammen, VersR 2008, 853; *Bähr/Püttgen*, Financial Interest Cover, VW 2008, 1078; *Basedow/Drasch*, Das neue internationale Versicherungsvertragsrecht, NJW 1991, 785; *Donald/Tor*, Climate Change And The D&O Pollution Exclusion, Tort Trial & Insurance Practice Law Journal, Summer 2006, 1033; *Engert*, Rechtsfragen der Korrespondenzversicherung, VP 1970, 49; *Fallon*, The John Liner Review, New Source of Non-indemnifiable Claims Against Directors and Officers, Vol. 20, Nr. 1, Spring 2006, 1; *Freitag*, Die kollisionsrechtliche Behandlung ausländischer Eingriffsnormen nach Art. 9 Abs. 3 Rom I-VO, IPRax 2009, 109; *Fricke*, Das IPR der Versicherungsverträge außerhalb des Anwendungsbereichs d. EGVVG – Eine Einführung, VersR 1994, 773; *Friedman*, Road Map For Insurance Coverage: In today's regulatory world, what is the safest course?, New York Law Journal v. 20.12. 2007, 1; *Gillian/Torano*, Securities Claims Coverage Under Your Company's Director's And Officer's Policy - Less Than Meets The Eye?, MEALEY's Emerging Insurance Disputes, Vol. 11, No. 23, December 1 2006; *Heße*, Leserbrief zu Strnad und Mazenauer (VW 2008, 15 ff. sowie 19 ff.), VW 2008, 327; *Koch*, Kollisions- und versicherungsvertragliche Probleme bei internationalen D&O-Haftungsfällen, VersR 2009, 141; *Langheid/Grote*, Droht die „Rote Karte“? Internationale Versicherungsprogramme und die Versicherung des finanziellen Interesses – Mit strukturierten Argumenten eine in doppelter Hinsicht problematische Entwicklung hinterfragen, VW 2008, 630; *dies.*, Nach dem Spiel ist vor dem Spiel – Die „Versicherung des finanziellen Interesses“ in internationalen Versicherungsprogrammen – Nicht das „Ob“, sondern das „Wie“ ist hier die Frage, VW 2008, 1510; *Latham & Watkins*, Client Alert, No. 732, July 29, 2008, 1; *Laupichler*, Corporate Manslaughter – doch ein Thema für D&O-Versicherer?, VW 2008, 411; *Laupichler/Post*, Chancen verwerten statt Eigentore zu schießen!, VW 2008, 914; *Leffler*, Compliance internationaler Versicherungslösungen am Beispiel der D&O-Versicherung, CCZ 2008, 221; *Lübbert/Vogl*, Grenzüberschreitende Versicherungsverträge (II), r+s 2000, 311; *Mahnke*, Internationale Anforderungen an die D&O-Versicherung, Handelsblatt Newsletter 3/2008, 8; *Malone/Freund*, Does Your D&O Policy Cover What it Says It Covers?, Policyholder Advisor, Vol. 16, No. 4, July/ August 2007, 1; *Mankowski*, Die Rom I-Verordnung – Änderung im europäischen IPR für Schuldverträge, IHR 2008, 133; *Mazenauer*, Globalisierung beflügelt internationale Programme, VW 2008, 19; *Miller*, Non-U.S. directors warned to play safe, Business Insurance Europe v. 11.9. 2006, 8; *Möller*, Die Rechtsstellung des deutschen Versicherungsmaklers speziell in der internationalen Wirtschaft, VW 1970, 1004; *Rauscher*, Internationales Bereicherungsrecht bei Unklagbarkeit gemäß Art. III Abs. 2 (b) IWF-Abkommen (Bretton-Woods), FS Lorenz, 1991, S. 471; *Rieger-Goroncy*, Rechtsentwicklungen in den USA und Großbritannien und ihr Einfluß auf die Unternehmensleiterhaftpflichtversicherung (D&O) in

Deutschland, NVersZ 1999, 247; *Schneider*, Corporate Manslaughter und Corporate Compliance, EuZW 2007, 553; *Sieg/Schramm*, D&O/Berufshaftpflicht, PHi 2007, 58; *Steinkühler/Kassing*, Das Claims-Made-Prinzip in der D&O-Versicherung und die Auslegung der Begriffe Anspruchs- und Klageerhebung, VersR 2009, 607; *Stern/Cohen*, Pleading A Sarbanes-Oxley Act Whistleblower Claim: What Is Required To Survive?, The Labor Lawyer, Vol. 23, No. 2, Fall 2007, 191; *Strnad*, Klassenbester oder Spielverderber? Neue Wege in der Ausgestaltung internationaler Industrieversicherungsprogramme, VW 2008, 15; *ders*., Neue Ausgestaltungen internationaler Versicherungsprogramme, HAVE/REAS 2007, 345; *Triebel/Balthasar*, Auslegung englischer Vertragstexte unter deutschem Vertragsstatut – Fallstricke des Art. 32 I Nr. 1 EGBGB, NJW 2004, 2189; *Weiss/Bentz*, Dedicated Limit D&O Insurance, The Metropolitan Corporate Councel, Vol. 15, No. 7 July 2007, 1.

I. Einleitung

1. Zielsetzung

1 Die hier behandelten Aspekte sollen v. a. dem Versicherungspraktiker einen ersten Einstieg zu Fragestellungen im Zusammenhang mit der Erfassung von ausländischen Risiken bieten. D&O-Versicherungsverträge weltweit agierender Unternehmen beinhalten eine Reihe von Begriffen aus Ländern des *common law*, deren Inhalte sich nicht auf den ersten Blick erschließen. Aufgrund der Mannigfaltigkeit von Fragestellungen im internationalen Kontext kann in der hier gebotenen Kürze freilich keinerlei Anspruch auf Vollständigkeit erhoben werden. Vielmehr ist beabsichtigt, die am häufigsten auftretenden internationalen Fragen der D&O-Versicherung kurz zu skizzieren.

2 Das persönliche Haftungsrisiko für Manager wird in den Ländern des *common law* gemeinhin deutlich höher eingeschätzt als in Kontinentaleuropa. Insbesondere in den USA haben Dritte vielfältige Anspruchsgrundlagen zur direkten Inanspruchnahme von Organmitgliedern,[1] v. a. aber ist dort die Anspruchsmentalität anerkanntermaßen ausgeprägter als hierzulande.[2] Zahlreiche Publikationen befassen sich mit Haftungsfragen von

---

[1] Insbesondere *shareholder class actions* sowie die Einzelaktionärsklage auf Zahlung an sich selbst, vgl. dazu *Ihlas*, D&O, S. 258 ff.

[2] Aufgrund der rudimentären staatlichen Rentenversicherung in den USA hängt das Ruhestandseinkommen amerikanischer Pensionäre zu einem nicht unerheblichen Teil von zusätzlichen Einkünften am Kapitalmarkt ab. Wiewohl nur ein kleiner Bruchteil der Schäden am Kapitalmarkt über *class action settlements* wieder ausgeglichen wird, ist das Klagerisiko ungleich höher, zumal nach der *american rule* der unterlegene Kläger dem Beklagten die Verteidigungskosten nicht zu ersetzen braucht und sich Anwälte einen Teil des erstrittenen Anspruchs als Honorar-

Unternehmensleitern im Ausland. Die Rspr. zur D&O-Haftung und Versicherung ist insbesondere in den Ländern des *common law* sehr umfangreich. Deren detaillierte Darstellung soll den dafür gewidmeten Publikationen vorbehalten bleiben.[3]

Bei vielen ausländischen Managern gilt die Vereinbarung von Regelungen zur arbeitgeberseitigen Freistellung *(corporate indemnification)* bei einer persönlichen Inanspruchnahme als Voraussetzung zur Annahme einer höheren Leitungsposition (etwa in *common-law*-Ländern). Dasselbe gilt für den Abschluss einer D&O-Versicherung durch das Unternehmen. Fehlt ein solcher Schutz, kann sich die Rekrutierung qualifizierten Führungspersonals deutlich schwieriger gestalten. Zumal eine Enthaftung des Managements durch versicherte Unternehmen zwar im Prinzip möglich ist. Sie kann jedoch je nach Jurisdiktion bzw. Art der Pflichtverletzung auf rechtliche Grenzen stoßen oder eventuell insolvenzbedingt wirtschaftlich unmöglich sein. Damit ist für international tätige Unternehmen das Vorhalten einer adäquaten Versicherung ein Differenzierungskriterium im Wettbewerb um die besten Führungskräfte. **3**

Hinzu treten Fragen der aufsichtsrechtlichen Zulässigkeit der Absicherung von ausländischen Risiken einer zentral in Deutschland eingerichteten Gruppenpolice mit weltweiter Geltung. Die Einbeziehung der D&O-Versicherung in die Diskussion um die Notwendigkeit bzw. die Ausgestaltung von internationalen Versicherungsprogrammen ist die jüngste bemerkenswerte Entwicklung in der vergleichsweise kurzen Historie dieser Versicherungssparte in Deutschland.[4] Dies ist nicht nur für weltweit agierende Konzerne, sondern auch für viele mittelständische Unternehmen von Bedeutung, unterhalten diese doch häufig entweder Betriebstät- **4**

---

zusagen lassen dürfen, vgl. *Alyeska Pipeline Service Co. vs. Wilderness Society*, 421 U.S. 240 (1975). Zudem können die Abwehrkosten erheblich sein, vgl. *Rieger-Goroncy* NVersZ 1999, 247, 250.

[3] Stellvertretend für viele Publikationen siehe *Youngman*, Directors' and officers' liability insurance; Willis, D&O Global Liability Guide 2005: www.insurancejournal.com/news/international/2005/11/09/61723.htm; Zurich Financial Group: A global guide to Directors' and Officers' issues around the world 2009: http://zdownload.zurich.com/main/reports/globaguideissues2009.pdf; *Smerdon*, Liability and Indemnification – A Global Guide, 2007. Vgl. auch die aktuelle Diskussion um die *Responsible Corporate Officer Doctrine*, welche eine der Gefährdungshaftung ähnliche Haftungssituation für US-Manager schafft, www.dandodiary.com, Artikel v. 19.1. 2010. Zudem verfolgt das *US Department of Justice* weltweit Verstöße gegen den *Foreign Corrupt Practices Act* (FCPA), vgl. *Latham & Watkins* Client Alert, No. 960, July 29, 2008, 1, 1 ff., wo es um die Ankündigung des *US Department of Justice* geht, speziell die pharmazeutische Industrie auf Verstöße gegen den FCPA unter die Lupe zu nehmen.

[4] Etwa *Mahnke* Handelsblatt Newsletter 3/2008, 8.

ten oder Tochtergesellschaften im Ausland.[5] Aus der Perspektive des deutschen Versicherungseinkäufers stellt sich somit die zentrale Frage, ob eine in Deutschland platzierte D&O-Deckung denselben Deckungsstandard gewährleisten kann wie eine vor Ort im Ausland eingekaufte Versicherung.[6] Bestimmte ausländische Deckungselemente wiederum bergen die Gefahr einer möglichen Aufweichung der Deckung – *dilution of cover* – für die oberste Konzernspitze. In diese Kategorie fallen die Erweiterungen der Deckung auf *employed lawyers* sowie Arbeitsschutz- oder *Compliance*-Beauftragte, deren Haftung dogmatisch anders einzuordnen ist, so dass deren Mitversicherung „verwässernd" wirkt.

2. Einfluss ausländischer Policenformate

5 Die Idee einer Versicherung der persönlichen Haftung von Unternehmensleitern bzw. Mandatsträgern hat sich v. a. in den USA etabliert.[7] Wenn von der Internationalisierung deutscher Bedingungswerke die Rede ist, liegt dies am nicht unerheblichen Einfluss angloamerikanischer *wordings* und Deckungselemente auf deutsche D&O-Versicherungsbedingungen.[8] Es überrascht daher nicht, dass sich die ersten deutschsprachigen Konzepte zunächst an angloamerikanischen Mustern orientierten.[9] Insbesondere geht es dabei um die Adressierung spezifischer ausländischer Haftungstatbestände in einer deutschen D&O-Police.

[5] Laut FTD-Dossier v. 11.9. 2008 ist dies bei etwa 12.000 Unternehmen in Deutschland der Fall.

[6] Zu denken ist beispielsweise an den *UK Extradition Act*, www.homeoffice.gov.uk/publications/police/operational-policing/extradition-act-2003, welcher Auslieferungen in die USA auf Basis eines verkürzten Verfahrens gestattet. Das Auslieferungsbegehren führt bei der betroffenen versicherten Person zunächst zu einem erheblichen Kostenaufwand, welcher nach herkömmlichem Deckungsstandard nur ansatzweise gedeckt ist.

[7] *Ihlas*, D&O, S. 91 ff.; *Scheifele* S. 3.

[8] Waren die in den 1980er- und 1990er-Jahren dominierenden deutschsprachigen D&O-Versicherungsbedingungen konzeptionell zuweilen noch stark an amerikanische Vorbilder angelehnt, gehen die aktuellen Formate stärker auf die spezifischen Erfordernisse des deutschen Marktes ein.

[9] Vgl. nur die AVB OLA 93 der Chubb Insurance Company of Europe S. A., ausführlich erläutert von *Ihlas*, Organhaftung, S. 187 ff., sowie die D&O-Versicherungsproduktreihe der damaligen AIG Europe S. A. (nunmehr Chartis Insurance Europe S. A.) unter dem Markennamen *Business Guard*.

II. Die länderübergreifende D&O-Versicherung

1. Ausgangslage

D&O-Versicherungsverträge erfassen i.d.R. die Gesamtheit von versicherten Personen in einer Unternehmensgruppe. Nur höchst selten beschränken Verträge ihren örtlichen Geltungsbereich auf jenes Land, in dem die Versicherung genommen wird bzw. nehmen bestimmte Länder von der Deckung aus.[10] Üblicherweise gilt folglich der Versicherungsschutz weltweit für alle versicherten Personen der versicherten Unternehmen und zwar sowohl auf der Ebene der mitversicherten ausländischen (Tochter-)Gesellschaften als auch im Falle von ins Ausland in externe Unternehmen in dortige Mandate entsandten Personen für diese externen Mandate. Dabei ist die persönliche Haftpflicht der versicherten Person regelmäßig nach dem jeweiligen Recht des Landes zu beurteilen, welchem ein Versicherungsfall zuzuordnen ist.[11] 6

Vielfach enthalten deutsche Versicherungsverträge Bestimmungen, welche die Deckung der Police in den USA oder in den Ländern des *common law*-Rechtskreises regeln. Hingegen können Policen rein deutschen Zuschnitts vom Deckungsumfang angloamerikanischer Policen erheblich abweichen. Es gibt eine Reihe von Ländern außerhalb des *common law*-Rechtskreises, die in der Sparte der D&O-Versicherung spezifische Eigenheiten entwickelt haben.[12] Dennoch sind exakt darauf abgestellte Regelungen in deutschen Policen selten oder nur partiell anzutreffen. Eine in Deutschland zwar mit weltweitem Geltungsbereich besorgte Deckung bleibt somit vielfach eine auf deutsche Verhältnisse zugeschnittene De- 7

---

[10] Die Beschränkungen im örtlichen Geltungsbereich betreffen v.a. die USA. So erstrecken die Musterbedingungen des GDV in § 5.5 AVB AVG die Deckung örtlich auf die EU-Mitgliedsstaaten. Siehe § 6 Rn. 88.

[11] Siehe die entsprechenden Verweise in den D&O-AVB, z.B. § 9 Abs. 1 AVB OLA 98, wonach die Rechte aus dem Vertrag den versicherten Personen zustehen. Die Haftung richtet sich gemäß internationalem Normenkollisionsrecht nach dem Recht des Landes, zu dem die stärksten Anknüpfungspunkte bestehen; vgl. *Rauscher* § 2 Rn. 157 ff. und § 10 Rn. 1042 ff.

[12] Als Beispiele dienen Belgien, Frankreich, Italien und Portugal. In Belgien und Frankreich treten auch juristische Personen als Mandatsträger in externen Unternehmen auf und gelten deren Manager als versicherte Personen. Frankreich verlangt generell eine fünfjährige Nachmeldefrist bei *claims made*-Policen (Art. 80 Loi de Sécurité Financière), in Italien gelten bestimmte Sicherheitsbeauftragte als versicherte Personen unter einem D&O-Versicherungsvertrag, in Portugal hat für jeden Vorstand einer gelisteten Aktiengesellschaft mindestens 250.000 € an eigener Deckungssumme zur Verfügung zu stehen, vgl. zu Letzterem *The International Comparative Legal Guide to Corporate Governance 2009*, Chapter 24, 139 (http://www.iclg.co.uk/khadmin/Publications/pdf/2951.pdf).

ckung. Dies wird insbesondere bei der Definition des Versicherungsfalles deutlich.[13] Eine Reihe von in angloamerikanischen Policen gängigen Deckungsbausteinen findet sich in deutschen Policen – wenn überhaupt – nur in Ansätzen.[14] Dies ist darauf zurückzuführen, dass die Entwicklung lokaler Versicherungsprodukte primär durch Veränderungen im lokalen Haftungsrecht vorangetrieben wird. Überall dort, wo im Ausland lokale Deckungselemente einen weitergehenden Schutz als die deutsche Police vorsehen, entsteht potenziell eine Deckungslücke.

8 In der Praxis unterliegt ein D&O-Versicherungsvertrag deutschem Recht bei gleichzeitiger Vereinbarung eines deutschen Gerichtsstands.[15] Aus deutscher Sicht entscheidend für die Qualität einer im Inland besorgten Police ist deren Reichweite auch für die ausländischen Aktivitäten des VN bzw. seiner Tochtergesellschaften. Bei der Konzeption eines sich über mehrere Länder erstreckenden D&O-Deckungsschutzes treten zumeist noch unternehmensspezifische Überlegungen hinzu, welche die Konfiguration der Deckung beeinflussen. So mag vornehmlich die optimale Absicherung der deutschen Konzernspitze im Blick stehen oder aber aufgrund der Risikostruktur den ausländischen Operationen nur eine untergeordnete Bedeutung beigemessen werden. Es ist zu beobachten, dass sich innerhalb einer Unternehmensgruppe mit zunehmender Größe Tendenzen zur Verselbstständigung einzelner Teilorganisationen verstärken. Dies kann sich z.B. dadurch äußern, dass ausländische Tochterunternehmen einen eigenen D&O-Versicherungsschutz vor Ort einrichten, Mitspracherechte bei der Gestaltung der Versicherung geltend machen oder zumindest eine Abschrift bzw. englische Übersetzung der zentral besorgten Police einfordern. Ein solches Vorgehen dient nicht nur der Befriedigung des Informationsbedürfnisses einer Tochtergesellschaft hinsichtlich Art und Höhe der Deckung, sondern letztlich auch der Sicherstellung der Einhaltung etwaiger Obliegenheiten bzw. Meldepflichten gegenüber dem Versicherer.

---

[13] Unterschieden wird zwischen einer „engen" und einer „weiten" Definition des Versicherungsfalles. Ersteres bezieht sich typischerweise auf die Geltendmachung des Schadensersatzanspruchs gegen eine versicherte Person; Letzteres erfasst darüber hinausgehend noch eine Reihe weiterer Tatbestände, wie z.B. die Einleitung eines Strafverfahrens, einer sonstigen behördlichen Untersuchung oder die Erhebung einer Widerklage. Siehe ausführlich dazu § 6 Rn. 93 ff.

[14] Dazu zählen z.B. US-Deckungsbausteine *„crisis management"*, *„delisting crisis management"* oder *„entity cover"* für kleinere mittelständisch geprägte Unternehmen auch außerhalb von Wertpapierschadensersatzansprüchen.

[15] Praktisch alle AVB enthalten entsprechende Bestimmungen zur Begründung eines deutschen Vertragsstatuts. Prinzipiell möglich ist jedoch eine Rechtswahl gemäß Art. 3 i.V.m. Art. 7 Rom I-VO. Bei Großrisiken gemäß § 210 VVG besteht völlig freie Rechtswahl, so dass dort die Wahl eines ausländischen Vertragsstatuts möglich ist, auch wenn dies in der Praxis kaum vorkommt.

2. Lösungsansätze zur Erfassung lokalen Haftungsrechts bei weltweitem Geltungsbereich der Police

a) Globalisierungsklauseln. Zur Schließung von Deckungslücken in deutschen D&O-Versicherungsverträgen kommt zuweilen ein pauschaler und auf den ersten Blick vertragstechnisch einfach umzusetzender Ansatz zum Tragen, nämlich die Vereinbarung sog. Globalisierungsklauseln.[16] Deren Aufgabe besteht darin, mit Hilfe eines Automatismus länderspezifische Deckungsbausteine in ausländischen Policen als Erweiterungen in die deutsche Police zu importieren, ohne diese Deckungsbausteine **expressis verbis** auch im deutschen Policentext aufführen zu müssen. Aus Sicht des Versicherers drohen hier unerwünschte Ergebnisse. Pauschale Erweiterungsklauseln können eine einmal gewählte Versicherungsstrategie unterlaufen und so den Versicherten wie auch den Versicherungseinkäufern die vertragsindividuelle Gestaltungsmacht aus der Hand nehmen. 9

Zumeist wird dabei auf das D&O-Standardbedingungswerk der ausländischen Gruppengesellschaft des jeweiligen Versicherers der deutschen Police in dem betreffenden Land Bezug genommen. Dessen Deckungsumfang soll zur Anwendung kommen, wenn nach der deutschen Police kein oder nur eingeschränkter Versicherungsschutz besteht (*difference in condition*/DIC-Funktion). 10

Globalisierungsklauseln unterliegen häufig Beschränkungen hinsichtlich ihres örtlichen Geltungsbereichs oder sehen auch spezielle Limitierungen der in ihrem sachlichen Geltungsbereich zur Anwendung kommenden Versicherungssumme vor. Eine positive Kenntnis des Versicherers oder des VN bzw. mitversicherter Tochterunternehmen von Existenz und Inhalt der solcherart „importierten" Versicherungsklauseln ist nach dieser Konstruktion nicht erforderlich. Dies kann mit Blick auf den Bestimmtheitsgrundsatz des § 10 Abs. 1 VAG bedenklich sein, weil bei Vertragsabschluss der Versicherungsumfang letztlich nicht komplett feststeht und sich ohne Zutun bzw. Kenntnis der Vertragsparteien jederzeit ändern kann. 11

Zudem kann es vorkommen, dass der theoretisch im Ausland verfügbare Versicherungsschutz nur partiell im lokalen Standardbedingungswerk des ausländischen Gruppenversicherers abgebildet wird, weil eine Reihe 12

---

[16] Beispiel für eine Globalisierungsklausel: „*Werden Versicherungsfälle wegen einer im Ausland begangenen Pflichtverletzung gegen versicherte Personen bei ausländischen Tochtergesellschaften oder mitversicherten ausländischen Gesellschaften betrieben und der Versicherer dieser Police betreibt in diesem ausländischen Staat die Sparte D&O-Versicherung, gilt das dortige Standardbedingungswerk des Versicherers in seiner letztgültigen Fassung, wenn dieses für die versicherte Person im Einzelfall den weitergehenden Deckungsumfang darstellt*".

von Deckungselementen häufig über gesondert vereinbarte „Besondere Bedingungen“ geregelt wird.[17]

13 Schließlich kann das ausländische Bedingungswerk aber auch Deckungselemente enthalten, die für den VN ungewollte Effekte haben. So kann etwa eine Haftung der mitversicherten Unternehmen selbst mitversichert werden, die den Kernbereich der D&O-Deckung verlässt. Dadurch kann der Versicherungsschutz für die zentrale Unternehmensführung in Deutschland verwässert werden. Zudem kann eine hohe Schadensfrequenz entstehen, welche die Erneuerungsverhandlungen zu einem Vertrag negativ beeinflussen kann.

14 Zusammenfassend gilt, dass Globalisierungsklauseln in ihrer Wirkung begrenzt bzw. insgesamt fragwürdig sind. Sie stellen keinen geeigneten Ersatz für ein auf internationale Deckungserfordernisse zugeschnittenes Bedingungswerk dar. Zudem bergen sie die evidente Gefahr der Schaffung unklarer Meldeverhältnisse in Ansehung von bestehenden Anzeigepflichten oder Obliegenheiten, da der Inhalt der so erlangten Deckung dem zentralen Risikomanagement bzw. Versicherungseinkauf wegen sich laufend verändernder ausländischer Standardbedingungen nicht in allen Details bekannt sein kann.

15 **b) Integration ausländischer Formulierungen in die deutsche Police.** Englischsprachige Textpassagen werden in der Praxis unterschiedlich häufig in deutsche Policen integriert. Die Bandbreite reicht von einigen wenigen Begriffen wie z.B. *company reimbursement* und Ausschlüssen z.B. betreffend die *employment practices claims* (EPL) oder ERISA claims *(Employee Retirement Income Security Act of 1974)* über ausformulierte Deckungsbausteine[18] bis hin zu kompletten Bedingungswerken, dem sog. *split wording* (siehe Rn. 21). Die Mehrzahl der verwendeten englischsprachigen Begriffe und Konzepte stammt aus den USA. Die Vertragsparteien bedienen sich hier zumeist englischer Originaltexte aus Bedingungswerken oder Klauselsammlungen von D&O-Versicherern mit häufig US-amerikanischem Hintergrund. Die Vereinbarungen im vertrauten Gewand der Sprache des der Regelung entstammenden Landes sollen das gemeinsame Verständnis über den Deckungsinhalt ausdrücken. So finden denn vielfach bei US-amerikanischen Deckungsbausteinen keine oder nur rudimentäre Detailverhandlungen statt und es wird der dortige Standard mehr oder weniger unreflektiert in die deutschen Bedingungswerke übernommen.

---

[17] Zudem können sich Beweisschwierigkeiten ergeben, wenn in verschiedenen Geschäftskategorien unterschiedliche Bedingungswerke zum Einsatz kommen, z.B. für Großkunden, mittelständische Unternehmen oder nach Branchen.

[18] Z.B. *wrongful termination extension, SEC-entity coverage extension.*

Die Umsetzung erfolgt etwa per *side letter* oder durch entsprechende direkte Adressierung der ausländischen Haftungsbesonderheiten in den jeweiligen Versicherungsbedingungen. Letzteres kann auch in Form von fremdsprachigen Anhängen zur deutschen Police erfolgen. Verbreitet sind Versicherungsverträge, die entweder einen integrierten *common law*-Teil im Policentext selbst oder aber spezielle „Besondere Bedingungen" aufweisen, sei es auch lediglich in Form eines englischsprachigen Ausschlusskatalogs. In der Tat lassen sich gewisse Deckungselemente zwar so am besten abbilden, soll doch gerade die Verwendung der „Originalformulierung" die Schadensabwicklung in *common law*-Ländern entscheidend erleichtern. **16**

Ein besonders kritischer Punkt sind die Definition des Eintritts des Versicherungsfalles und daran anknüpfend die damit verbundenen Rechtsfolgen und Obliegenheiten. So wird bei deutschem Vertragsstatut ein in den USA eingereichter Schadensersatzanspruch gegen eine versicherte Person als *claim* nach den üblichen deutschen Bedingungen erst dann zu einem Versicherungsfall, wenn dieser Schadensersatzanspruch auch wirksam zugegangen ist.[19] **17**

Erstreckt sich der Versicherungsschutz auf Großbritannien und die USA und existieren in diesen Ländern jeweils mitversicherte Tochtergesell- **18**

---

[19] Da der Versicherungsfall in den angloamerikanischen Policen i.d.R. deutlich weiter gesponnen ist und etliche Tatbestände erfasst, die in deutschen Policen vielfach lediglich eine Leistungsoption darstellen, aber eben keinen Versicherungsfall auslösen, kommt bei Verwendung von englischsprachigen Bedingungen der exakten Abstimmung zwischen dem deutschen Vertragstext und dem amerikanischen Rechtsverständnis zentrale Bedeutung zu.

Mangels besonderer Vereinbarung darüber, wann ein Anspruch als erhoben gilt, kommt es nach deutschen Rechtsverständnis auf den Zugang desselben bei der versicherten Person an; vgl. dazu *Steinkühler/Kassing* VersR 2009, 607, 608; demnach ist die Anspruchserhebung als eine geschäftsähnliche Handlung zu qualifizieren, die bei dem Anspruchsgegner Rechtsfolgen auszulösen beabsichtigt, weswegen sie den Regeln der empfangsbedürftigen Willenserklärungen unterliegt. Ein *claim* i.S.d. Erhebung eines Schadensersatzanspruchs bedarf deshalb der Zustellung an die versicherte (auch juristische) Person, um nach deutschen Maßstäben die Definition des Versicherungsfalles zu erfüllen.

Für die Klageerhebung ist das Erfordernis der Zustellung ohnehin unstreitig. In der Praxis wird häufig die schriftliche Inanspruchnahme bzw. eine solche in Textform (z.B. per E-Mail) als Versicherungsfall definiert.

Vgl. zur Zustellung US-amerikanischer Klageschriften *Sieg/Schramm* PHi 2007, 58, 58. Im dortigen Anlassfall wurde von einer deutschen beklagten Gesellschaft moniert, dass eine EPL-Klage auf *punitive damages* dann nicht über das Haager Zustellungsübereinkommen zugestellt werden könne, wenn das mit der US-Klage verfolgte Ziel offensichtlich gegen unverzichtbare Grundsätze eines freiheitlichen Rechtsstaats verstoße.

schaften des VN, so ist für die Interpretation der englischsprachigen Klausel das Rechtsverständnis derjenigen Rechtsordnung zugrunde zu legen, die zur jeweiligen Klausel das größte Naheverhältnis aufweist.[20] Gerade in diesen Konstellationen geht es typischerweise um Fälle, in denen der Versicherungsschutz auf bestimmte Rechtsräume erstreckt werden soll. Daher haben die Vertragsparteien auch mit der Anwendung des dortigen Rechtsverständnisses zu rechnen.[21] Dies wird bei der D&O-Versicherung als erheblich angloamerikanisch beeinflusster Sparte anzunehmen sein.

19 Fraglich ist, welche Auslegungsmaximen bei gewollter Zweisprachigkeit des Vertragswerks gelten. Zunächst ist festzustellen, welche Rechtswahl die Vertragsparteien explizit oder konkludent vorgenommen haben, etwa durch die Verwendung ausländischer AVB.[22] Da jedoch praktisch fast allen in Deutschland abgeschlossenen D&O-Versicherungsverträgen explizit deutsches Recht zugrunde liegt, gelten folglich deutsche Auslegungsprinzipien.

20 Die Rspr. gibt dem ausländischen Rechtsverständnis in der Auslegung breiten Raum. Sie tendiert jedoch stark zur grundsätzlichen Berücksichtigung eines englischen Rechtsverständnisses, selbst bei deutschem Vertragsstatut.[23] Dies mag daran liegen, dass die englische Sprache viele internationale Handelsbegriffe besetzt hat, v.a. im internationalen Transportwesen.[24] In der Lit. gibt es in der Frage der ausschließlichen Anwendung deutschen Rechtsverständnisses hingegen verschiedene Meinungen. Umstritten ist, ob nur bei entsprechender Rechtswahl ein ausländisches Rechtsverständnis zur Anwendung kommen soll.[25] Dem ist entgegen der Rspr. zuzustimmen.

21 **c) Split wording.** Der Begriff *split wording* bezieht sich auf eine „geteilte Policenstruktur". Dabei zerfällt das Bedingungswerk in einen deutschen Teil und in einen *common law*-Teil. Diese Struktur ist vielfach angetrieben vom Wunsch des VN über ein zweisprachiges Bedingungswerk zu verfügen. So kann dem Management in den USA oder in anderen Ländern des *common law* ein Bedingungstext im vertrauten Policenformat in engli-

---

[20] So z.B. für die Fälle des *Corporate Manslaughter Act* das Recht Großbritanniens, für ERISA oder *employed lawyers* nach dem Sarbanes-Oxley-Act das entsprechende US-Recht.

[21] Dieser Gedanke drängt sich bei einem *split wording* geradezu auf, zumal das Erfordernis einer englischen Übersetzung ja nicht vorhanden ist.

[22] *Steinkühler/Kassing* VersR 2009, 607, 609; *Fricke* VersR 1994, 773, 776; P/M/*Armbrüster* Vor Art. 7 EGVVG Rn. 16; VersR-Hdb/*Roth* § 4 Rn. 48.

[23] BGH VersR 1992, 595, 597; 1996, 229, 230.

[24] Z.B. *incoterms.*

[25] So *Steinkühler/Kassing* VersR 2009, 607, 609; a.A. *Triebel/Balthasar* NJW 2004, 2189, 2192.

scher Sprache zur Verfügung gestellt werden. Der Vertrag wird dabei i.d.R. mit einem in Deutschland ansässigen D&O-Versicherer geschlossen, der eine einzige Police für den VN ausstellt, bestehend aus einem deutschsprachigen und einem englischsprachigen Abschnitt.

Der deutschsprachige Abschnitt soll dabei für alle Versicherungsfälle greifen, die in seinen örtlichen Anwendungsbereich fallen. Erfasst sind demnach i.d.R. auch in Ländern außerhalb des *common law* eintretende Schadensfälle. Welche Länder dann als *common law*-Länder gelten, ist im Detail wiederum Vereinbarungssache und wird zumeist in einem eigenen Definitionsteil bestimmt.[26] Dem englischsprachigen Abschnitt liegt i.d.R. ein im betreffenden *common law*-Land verwendetes vollständiges Bedingungswerk zugrunde.[27] Dieses soll als Basis für die Abwicklung von Schadensfällen in seinem festgelegten örtlichen Geltungsbereich dienen. 22

Als Anknüpfungspunkte für die Anwendung des englischsprachigen Abschnitts kommen dabei die Berufung des Anspruchstellers auf eine Verletzung des *common law* oder die Anrufung eines Gerichts in einem *common law*-Land in Betracht.[28] In der Praxis bestimmt demnach in einem ersten Schritt der Anspruchsteller, nach welchem Policenabschnitt die Deckung ausgelöst wird.[29] 23

Die beiden Policenteile werden über eine wechselseitige Anrechnungsklausel bzw. eine sog. *tie-in of limits clause* verbunden. Damit soll gewährleistet werden, dass die einheitliche Versicherungssumme zwar für jeden Policenteil in voller Höhe zur Verfügung steht, bei mehreren Schäden in derselben Versicherungsperiode insgesamt jedoch nur einmal zur Auszahlung kommt.[30] 24

---

[26] Umfasst sind die USA, Großbritannien und Kanada als klassische *common law*-Länder, häufig auch Südafrika, Indien, Singapur sowie Länder des Commonwealth, in denen englisches Recht Vorbildfunktion für das nationale Recht hatte.

[27] Es handelt sich nicht um eine bloße Übersetzung der deutschen Police. I.d.R. wird das Standard *D&O-wording* des Versicherers der Gruppe für die USA oder Großbritannien verwendet.

[28] Die Definitionen sind durch die Bezugnahme auf die Zuständigkeit eines *common law*-Gerichts meist etwas unscharf und wohl extensiv auszulegen, so dass auch bei Verfahren vor Schiedsgerichten, Ermittlungsverfahren und sonstigen Verfahren in *common law*-Ländern die Einordnung unter den entsprechenden Abschnitt anzunehmen ist.

[29] Ergibt sich, dass ein Anspruch nicht genügend Anknüpfungspunkte an eine bestimmte Rechtsordnung hat, dann kann der Anspruch unter einem anderen Policenteil weiter betrieben werden.

[30] Es handelt sich nicht um eine DIL-Regelung (Fn. 50). Zudem wird in einem *split wording* i.d.R. keine DIC-Regelung (Fn. 50) getroffen, was sich gerade in Ansehung eines möglicherweise weitergehenden deutschen Policenumfangs in Teilbereichen deckungseinschränkend auswirken kann. Zu denken ist etwa an den

25 Zu beachten ist, dass dem englischsprachigen Policenteil kein rechtliches Eigenleben zukommt. So sind z.B. von der Ausübung von Gestaltungsrechten[31] beide Teile gleichermaßen betroffen. Auch weltweit geltende Ausschlüsse werden in beide Teile integriert, was einer präzisen sprachlichen Abstimmung der jeweiligen Vertragstexte bedarf.

26 Zuweilen wird die Harmonisierung zentraler Bedingungsbereiche wie etwa Obliegenheiten oder Meldepflichten vernachlässigt.[32] Dies gilt gerade dann, wenn sich im *common law*-Text eine dort häufig anzutreffende sog. *condition precedent language* findet, welche eine Deckungsvoraussetzung umschreibt, somit i.E. bei jedweder Obliegenheitsverletzung zum vollständigen Deckungsverlust für den VN bzw. die versicherte Person führt.[33]

27 **d) Vom Einsatz mehrerer Policen zum internationalen Versicherungsprogramm.** Zuweilen herrscht in einer Unternehmensgruppe ein Wildwuchs von D&O-Policen, die unkoordiniert nebeneinander stehen. Es kann sein, dass selbst dem zentralen Konzernmanagement unbekannt ist, welche Konzerngesellschaften überhaupt eine eigene Deckung unterhalten. Als Resultat bleibt ein schlichtes Nebeneinander von verschiedenen D&O-Policen.[34] Ein solches Sammelsurium führt jedoch nicht nur zu höheren Gesamtkosten im Vergleich zu einem abgestimmten Versicherungsprogramm, sondern möglicherweise auch zu einer global gesehen insgesamt niedrigeren Gesamtdeckungssumme, als dies die schlichte Addition aller eingekauften Deckungssummen vermuten lassen würde. Dies liegt an

---

Fall, dass in englischen Bedingungswerken die Definition von *loss* i.d.R. keine Steuern erfasst. Hingegen sind nicht abgeführte Steuern in einem Schadensfall insbesondere nach § 69 AO nach deutschen Bedingungen vom Begriff des Vermögensschadens umfasst bzw. gelten diese als Gegenstand eines Schadensersatzanspruchs.

[31] Z.B. Kündigung, Vertragsrücktritt, Anfechtung oder Kündigungsfristverkürzungen.

[32] Auch ist der Begriff des Versicherungsfalles in angloamerikanischen Verträgen zumeist deutlich weiter gefasst als in deutschen Bedingungswerken. Verbreitet wird in deutschen Policen der Versicherungsfall lediglich als die schriftliche Geltendmachung (bzw. in Textform) von Schadensersatzansprüchen gegen die versicherte Person definiert, während der Begriff des *claim* i.d.R. wesentlich mehr Ereignisse umfasst, etwa *written demand against any insured person, any criminal or admistrative or regulatory proceeeding, inquiry or service of a subpoena or request to waive any statute of limitation.*

[33] Im Vergleich dazu führt nach § 28 VVG die Verletzung von Obliegenheiten je nach Grad des Verschuldens im Einzelfall zum (teilweisen) Verlust der Deckung.

[34] Besonders zu beachten sind jedenfalls die jeweils unter jedem individuellen Versicherungsvertrag geltenden Meldepflichten und Obliegenheiten, da keinerlei Abgleich oder strukturelle Verbindung zwischen den Deckungen vorgesehen ist.

den weithin verwendeten Kumulklauseln global tätiger Versicherer. Diese begrenzen die Leistungspflicht des Versicherers bei einem als ein einziger Versicherungsfall geltenden Schadensereignis auf die summenmäßig höchste Versicherungssumme aller betroffenen Versicherungsverträge, wenn Risikoträger derselbe Versicherer oder ein zu seiner Gruppe gehörender Versicherer ist.[35] Obwohl standardmäßig verwendet, ist fraglich, ob derartige Klauseln einer AGB-rechtlichen Prüfung nach §§ 305 ff. BGB standhalten würden, wenn für alle betroffenen Versicherungsverträge bzw. Versicherungskapazitäten separate Prämien entrichtet werden.[36]

Das Verhältnis nebeneinander stehender Versicherungsverträge richtet **28**
sich in erster Linie nach den jeweils vereinbarten Subsidiaritätsklauseln. Dies führt i.d.R. zum Einspringen derjenigen Police, die entweder das größte Naheverhältnis zum Sachverhalt aufweist oder unter welcher der Schaden zunächst gemeldet wird.[37] Vielfach bestimmen D&O-Policen, dass eine anderweitige bzw. eine spezifischere Deckung vorgeht.[38] Im Zweifel oder bei wechselseitigen Verweisen auf die Eintrittspflicht der jeweils anderen Police gelten die allgemeinen Regeln zur Kollision von Versicherungsverträgen. Verneinen beide Policen bei Existenz der jeweils anderen die Leistungspflicht, dann ist grundsätzlich von einer Schadensteilung auszugehen (§ 78 Abs. 2 VVG).[39]

---

[35] Die Kumulklausel lautet meist wie folgt: *„Sind in einem Versicherungsfall mehrere D&O-Verträge eines Versicherers derselben Unternehmensgruppe betroffen, so ist die Leistung des Versicherers insgesamt auf die höchste seiner summenmäßigen Beteiligungen je Versicherungsfall und Versicherungsperiode begrenzt.“* Für die Beurteilung des Vorliegens eines Versicherungsfalles wird auf die Serienschadendefinition zurückgegriffen.

[36] Wenn ein Versicherungsfall mehrere Policen in einem Konzern auslöst, jedoch nur eine Versicherungssumme zur Auszahlung kommt, obwohl es sich um nicht integrierte Policen handelt, dann hat der VN bzw. die versicherte Unternehmensgruppe relativ gesehen eine deutliche Mehrprämie für eine beschränkte Kapazität entrichtet.

[37] Ein Nebeneinander verschiedener Policen mit sachlichen Anknüpfungspunkten jeweils auch zur Managerabsicherung kann historisch aufgrund spezifischer Haftungssituationen gewachsen sein, z.B. eine sog. Auslaufdeckung *(run-off)* neben einer *public offering of securities insurance* (POSI), *employment practices liability insurance* (EPL), *pension trust liability insurance* (PTL) neben der klassischen D&O-Deckung. So geht z.B. bei einem Prospekthaftungsanspruch eine vorhandene *POSI* als sachlich nähere Deckung regelmäßig einer bestehenden D&O-Versicherung vor.

[38] Möglich ist, dass die Konzernpolice eine Leistung *in excess* der anderweitigen Deckung oder der „anderweitig geleisteten Zahlung“ vorsieht.

[39] § 78 Abs. 2 VVG: *„Die Versicherer sind im Verhältnis zueinander zu Anteilen nach Maßgabe der Beträge verpflichtet, die sie dem Versicherungsnehmer nach dem jeweiligen Vertrag zu zahlen haben“.*

29 D&O-Versicherungen sind bislang zum weitaus überwiegenden Teil als einheitliches Deckungskonzept mit weltweitem Geltungsbereich ausgestaltet. Zwar sind internationale Versicherungsprogramme schon seit Jahrzehnten in anderen Versicherungssparten wie der Produkthaftpflicht- oder Sachversicherung üblich. In der Sparte D&O-Versicherung hat die diesbezügliche Diskussion jedoch erst vergleichsweise spät, nämlich im Jahre 2007, an Fahrt gewonnen.[40] Die bisherige Praxis hat das Thema sog. lokaler Policen bei D&O-Versicherungen entweder gänzlich ausgeblendet oder verkürzt behandelt. Zwar leugnet niemand die Notwendigkeit gesetzes- bzw. aufsichtsrechtskonformen Handelns, doch haben vornehmlich praktische Erwägungen für Zurückhaltung bei der Einrichtung internationaler D&O-Versicherungsprogramme gesorgt. Hier kommen verschiedene Gründe ins Spiel, z. B. das Bestreben, den Abschluss dieser Versicherung im Konzern geheim zu halten oder aber diese primär der zentralen Unternehmensführung in Deutschland zu Gute kommen zu lassen.

30 Indes sehen sich international agierende Unternehmen gegenwärtig mit einem erheblich sensibilisierten Umfeld konfrontiert.[41] Die im Zuge einer Reihe von Unternehmenskrisen und Skandalen verstärkte Aufmerksamkeit für die Belange der *compliance* hat den Blick von Regierungen und Behörden für Gesetzeskonformität weltweit geschärft.[42] Grenzüberschreitend tätige Unternehmensgruppen sind demnach gehalten, auch bei ihrem zumeist international geltenden Versicherungsschutz diesen veränderten Anforderungen an die Gesetzestreue zu entsprechen.[43]

31 Das ideale, weltumspannende Versicherungsprogramm steht im Einklang mit allen einschlägigen aufsichtsrechtlichen Bestimmungen und begegnet zugleich sämtlichen denkbaren Haftungssituationen im Ausland. Es bietet einen abgestimmten Versicherungsschutz über alle Ländergren-

---

[40] FTD-Dossier, Beil. zur FTD v. 11.9. 2008, S. 4. Urheber der Diskussion ist die Zurich Financial Group.

[41] Ausführlich dazu *Mazenauer* VW 2008, 19, 20, wonach die Zahl der ausländischen Beschäftigten und die Höhe der im Ausland erzielten Umsätze in den letzten Jahren eminent zugenommen habe. Zudem sei die Verschärfung gesetzlicher Haftungsstandards ein weltweiter Trend.

[42] *Compliance* im hier verstandenen Sinn zielt auf die Einhaltung von aufsichtsrechtlichen Gesetzesnormen, die sich auf die Einrichtung von Versicherungsschutz in denjenigen Staaten bzw. Territorien, in welcher dieser Versicherungsschutz gelten soll, beziehen.

[43] Als besonders kritisch gelten Brasilien, China, Japan, Russland, Türkei, Malaysia, Mexiko, Indien, Südkorea und die Schweiz, vgl. z.B. *Armbrüster* VersR 2008, 853; *Bähr/Püttgen* VW 2008, 1078: Diese Staaten verlangen grundsätzlich, dass lokale Risiken lokal abgesichert und eventuell darauf entfallende Steuern lokal abgeführt werden.

zen hinweg. Eine derartige perfekte Lösung ist allerdings bislang nicht realisiert worden.[44] Vielmehr ist ein teils heftiger Streit über die Art und Weise der besten Annäherung an dieses Idealziel entbrannt.[45]

3. Weltweite Police als Anknüpfungspunkt ausländischer aufsichtsrechtlicher Regelungsinteressen

Eine deutsche Police, welche Risiken durch ihre weltweite Geltung außerhalb des EWR absichert, muss sich zwangsläufig mit aufsichtsrechtlichen Fragen auseinandersetzen. Zwar ist denkbar, dass ein Versicherer geneigt ist, den weltweiten Geltungsbereich mittels Zusatz „soweit zulässig" zu versehen. Damit könnte er von vorne herein den örtlichen Geltungsbereich einschränken und der aufsichtsrechtlichen Problematik der Zulässigkeit der Versicherungstätigkeit aus dem Weg gehen. Ansonsten stellt sich die Frage, welche rechtlichen und faktischen Konsequenzen ausländisches Aufsichtsrecht auf die Abwicklung und Funktionsweisen eines hierzulande besorgten weltweiten D&O-Versicherungsschutzes hat. **32**

Zuweilen wird behauptet, dass ein deutscher D&O-Versicherungsvertrag mit weltweiter Geltung in einem *non-admitted*-Verbotsland schlicht „nicht funktioniere". Dies soll darauf hinauslaufen, dass der Versicherer im Schadensfall entweder nicht zu bezahlen braucht oder aber zumindest der Begünstigte nicht in den Genuss der Versicherungsleistung kommt. Hier bedarf es einer differenzierten Betrachtung. Jedenfalls kann sich der Versicherer bei Einrichtung eines D&O-Versicherungsvertrages mit weltweiter Geltung ohne gleichzeitiger Ausstellung von Lokalpolicen nicht darauf verlassen, dass er die in einem *non-admitted*-Verbotsland belegenen Risiken im Zuge der Risikobewertung bzw. Prämienkalkulation gar nicht zu berücksichtigen brauche, da sie ohnehin nicht versichert werden könnten. Ist die weltweit geltende Police nach dem lokalen Recht des betroffenen Tochterunternehmens in einem *non-admitted*-Verbotsland (Rn. 35) nichtig, können aus dieser legal keine Leistungen erbracht werden. Folglich darf der Versicherer nicht einmal die Abwehrkosten für die versicherte Person tragen. Bei der üblicherweise vereinbarten weltweiten Geltung des Versicherungsschutzes wird sich der Versicherer aber grund- **33**

---

[44] Vgl. z.B. FACE OF ACE Report Ausgabe 1/2010, ACE Deutschland, 17, 18, wonach es primär darum gehe, eine bestmögliche Annäherung an Rechtssicherheit zu erreichen.

[45] Hier vertreten v.a. die Zurich Financial Group einerseits sowie die Allianz Global Corporate & Specialty (AGCS) andererseits als zwei große international tätige Versicherer unterschiedlicher Positionen; siehe Handelsblatt v. 29.4. 2008, S. 28: „Assekuranz im Clinch: Die unklare Rechtslage bei Rahmenverträgen entzweit die Versicherer".

sätzlich an seinem Leistungsversprechen messen lassen müssen. Es wäre daher unangebracht, den Versicherer in solchen Fällen prinzipiell als leistungsfrei zu betrachten. Wird dieser aber durch besagte ausländische aufsichtsrechtliche Verbotsgesetze von seiner privatrechtlichen Leistungspflicht gänzlich befreit? Oder anders gefragt: Gelangt das ausländische Aufsichtsrecht selbst bei deutschem Vertragsstatut immer zum Durchbruch? Diese Frage lässt sich nicht ohne weiteres pauschal bejahen oder verneinen.

34 **a) Begründung des Vertragsstatuts der Police.** In deutschen D&O-Versicherungsverträgen werden regelmäßig die Anwendung deutschen Rechts und ein deutscher Gerichtsstand vereinbart.[46] Sollte ausnahmsweise keine Rechtswahl getroffen worden sein, unterliegt der Vertrag gemäß Art. 7 Abs. 2 Rom I-VO[47] dem Recht des Staates, in dem der Versicherer seinen gewöhnlichen Aufenthalt hat, bei einem Versicherer mit Sitz in Deutschland also deutschem Recht.[48]

---

[46] Bei Versicherungsplatzierungen im Londoner Versicherungsmarkt wird in seltenen Fällen das Recht des US-Bundesstaats New York vereinbart. Vertragstechnisch wird bei Vorhandensein eines deutschen Versicherungsvertrages eine US-amerikanische Police errichtet. Das Recht des US-Bundesstaates New York kann auf eine jahrzehntelange Rspr. zur D&O-Versicherung zurückblicken und gilt als versicherungsnehmerfreundlich. Ficht z.B. ein D&O-Versicherer einen D&O-Versicherungsvertrag wegen der Verletzung vorvertraglicher Anzeigepflichten an, dann muss er gegen jede einzelne unter dem Vertrag versicherte Person seine Anfechtung geltend machen und bis zu seinem Obsiegen die zwischenzeitlich anfallenden Abwehrkosten übernehmen, siehe z.B. *Brown. AIG, Inc., et al.*, (Oct. 19, 2004) mit Anmerkungen von *Passannante* in riskvue, The Webzine for Risk Management Professions, http://www.riskvue.com/articles/dw/dw0601.htm.

[47] Rom I-VO (EG) Nr. 593/2008 des Europäischen Parlaments und des Rates v. 17.6. 2008; sie ersetzt das Römische Übereinkommen über das auf vertragliche Schuldverhältnisse anzuwendende Recht v. 19.6. 1980 (EVÜ; 80/934/EWG; ABl. L 266 S. 1).

[48] D&O-Exzedentenverträge bei größeren D&O-Versicherungsprogrammen sind zuweilen im Londoner Versicherungsmarkt platziert. Fraglich ist, ob die alleinige Vereinbarung von *following form* auch das anwendbare Recht oder den Gerichtsstand im englischen Exzedentenvertrag repliziert. Da der Exzedentenvertrag ein unabhängiger Vertrag ist und i.d.R. zwischen einem deutschen VN und einem in England ansässigen Versicherer abgeschlossen wird, spricht dies vor dem Hintergrund des Art. 7 Abs. 2 Rom I-VO für die Anwendbarkeit englischen Rechts. Zusätzlicher Regelungsbedarf mit englischen Versicherern kann sich bei Abwesenheit einer Rechtswahlklausel seit dem VVG 2008 durch unterschiedliche Anzeigepflichtvorschriften ergeben.

b) Einzelstaatliches ausländisches Aufsichtsrecht. Die Aufsichtsrechte derjenigen Länder, die den Betrieb des Versicherungsgeschäfts unter Erlaubnisvorbehalt stellen, die sog. *non-admitted*-Verbotsländer,[49] sehen für internationale Versicherungsprogramme regelmäßig keine Ausnahmebestimmungen vor. Daher unterliegen diese prinzipiell denselben Bestimmungen wie eine vor Ort eingekaufte einzelne Industriepolice und gar ein Verbrauchervertrag. Bislang haben sich DIC-/DIL-Konzepte[50] bei internationalen Versicherungsprogrammen bewährt. Dennoch stellt jede Form der bewilligungslosen Versicherungstätigkeit per se einen potenziellen Konflikt mit dem jeweils einschlägigen Aufsichtsrecht dar. Auch das Vorhandensein einer lokalen Police ändert diese Situation grundsätzlich nicht, wenngleich es aus Sicht des VN inakzeptabel erscheinen mag, wenn für ein lokales Risiko die lokalen Versicherungsmöglichkeiten unzureichend sind. Gerade die beiden Funktionen DIC/DIL sind in den *non-admitted*-Verbotsländern kritisch zu betrachten. Falls Deckung aus der Masterpolice gewährt wird, kann dies trotz Bestehens einer lokalen Police nach strengen Prüfkriterien des lokalen Aufsichtsrechts bedenklich sein. **35**

So ist z.B. in Brasilien die Deckung vor Ort zu besorgen, das *underwriting* hat individuell stattzufinden, dabei ist ein örtlicher Makler einzuschalten.[51] Wird in Brasilien ein Schadensersatzanspruch gegen ein Organmitglied einer Gesellschaft erhoben, dann wird dessen Vermögen sofort eingefroren, wenn keine D&O-Versicherung besteht.[52] In Südafrika gibt es ein internetbasiertes Andienungsprozedere von inländischen Risiken, die von einem ausländischen Versicherer übernommen werden sollen.[53] **36**

---

[49] *Bähr/Püttgen* VW 2008, 1078, 1079: Das sind diejenigen Länder, deren aufsichtsrechtliche Gesetze die Erbringung von Versicherungstätigkeiten vom Ausland aus ohne entsprechende Erlaubnis versagen. Derzeit soll es ca. 140 solcher Länder geben. Innerhalb des EWR ist lediglich das Anmeldeverfahren zum Dienstleistungsverkehr zu beachten, vgl. § 13c VAG.

[50] Das DIC-/DIL-Konzept knüpft an eine anderweitige Deckung an und meint die Deckung aus einer Police heraus, welche in Ansehung dieser anderweitigen Deckung eine weitergehende Deckung anbietet, entweder in Bezug auf den sachlichen Gegenstand der Deckung oder die Höhe der Versicherungssumme. Die Abkürzung DIL bedeutet *difference in limits* bzw. Summendifferenzdeckung. Die Abkürzung DIC steht für *difference in conditions*, mit anderen Worten: Konditionendifferenzdeckung.

[51] Brasilien gilt als Tarifmarkt mit der Pflicht zur Involvierung „staatlicher Stellen", vgl. *Mai*, FTD-Dossier v. 11.9. 2008, S. 11. In Brasilien ist die Einschaltung eines staatlichen Rückversicherers vorgesehen (Andienung).

[52] *Leffler* CCZ 2008, 221, 223.

[53] Vgl. http://www.osip.co.za/. Südafrikanische Tochtergesellschaften von ausländischen Unternehmen sind allerdings von der Andienungspflicht ausgenommen, wenn sie verpflichtet sind, unter einem ausländischen Masterprogramm versichert zu sein und darüber einen entsprechenden Nachweis erbringen.

37 Im Fall eines Anspruchs gegen eine versicherte Person/Gesellschaft in einem *non-admitted*-Verbotsland darf der Versicherer aus Gründen des lokalen Aufsichtsrechts des Sitzstaats der mitversicherten Tochtergesellschaft i.d.R. keine Versicherungsleistungen vor Ort erbringen.[54] Dem Versicherer steht im Schadensfall zwar das Wahlrecht zwischen Befriedigung und Schadensabwehr offen. Jedoch handelt es sich in einem ersten Schritt praktisch immer um die Tragung von Abwehrkosten im Gefolge der Festlegung der Abwehrmaßnahmen gegen den erhobenen Anspruch bzw. das eingeleitete Verfahren.[55] Für die versicherte natürliche Person wird dies aber erst dann kritisch, wenn weder die Tochtergesellschaft noch eine andere versicherte Gesellschaft oder ein sonstiger Dritter eine Enthaftung vornimmt bzw. vornehmen kann. Dies kann wegen der rechtlichen Unzulässigkeit oder aus wirtschaftlichen Gründen geschehen, etwa wegen Zahlungsunfähigkeit des zur Enthaftung Verpflichteten, oder aber weil einer solchen Verpflichtung faktisch nicht nachgekommen wird.[56] Ist der Tochtergesellschaft vor Ort eine Enthaftung möglich, kann die versicherte Person von einer unmittelbaren persönlichen Zahlungspflicht befreit werden. Der Versicherer ist in einem solchen Fall verpflichtet, dem enthaftenden versicherten Unternehmen bei Vereinbarung einer entsprechenden *company reimbursement*-Regelung[57] die Aufwendungen für diese Freistellung zu erstatten. In den *non-admitted*-Verbotsländern ist jedoch grundsätzlich auch die Erstattung einer gewährten Enthaftung in Form der Versicherungsleistung als verbotene Versicherungstätigkeit einzustufen.

38 Diffiziler ist die Lage bei Innenverhältnisansprüchen, also bei Ansprüchen der versicherten Gesellschaft(en) gegen versicherte Personen in den *non-admitted*-Verbotsländern. Angenommen, der Manager eines internationalen Konzerns ist bei der ausländischen Tochtergesellschaft in der Position des Geschäftsführers tätig. Dabei unterläuft ihm in dieser Eigenschaft ein Fehler, so dass der Tochtergesellschaft ein Vermögensschaden entsteht. Die Vertretung der Muttergesellschaft beschließt in der Gesellschaf-

[54] Anders nur in Ländern, die DIC-/DIL-Leistungen aus internationalen Versicherungsprogrammen zulassen.

[55] Anknüpfungspunkt für die Leistungspflicht des Versicherers ist ein in der Police definiertes Ereignis, wobei auch hier die Besonderheiten des Versicherungsfalles zu berücksichtigen sind („weite" oder „enge" Definition des Versicherungsfalles).

[56] Neben der lokalen Tochtergesellschaft vor Ort kommt als freistellende Gesellschaft ein entsendendes Unternehmen in Betracht, hauptsächlich bei ODL (Mandate in externen Unternehmen).

[57] Firmenenthaftungsversicherung oder *company reimbursement*, Klausel bzw. „Versicherungsgegenstand 2" oder auch *„Side B"* genannt. Siehe auch § 4 Rn. 12.

terversammlung des Tochterunternehmens, gegen den Geschäftsführer vor Ort Schadensersatzansprüche geltend zu machen.[58]

Der VN wird vom Versicherer zunächst eine Regulierung ohne die Anrufung lokaler Gerichte bzw. ohne die Einschaltung einer alternativen Streitbeilegung erwarten. Im Innenverhältnis könnte theoretisch sogar ein größerer Schaden reguliert werden, ohne dass örtliche Aufsichtsbehörden davon Kenntnis erlangen. Der Versicherer kann dabei leicht in eine Zwickmühle geraten: Bei einem Innenverhältnisschaden ist das den Anspruch stellende Unternehmen an einer möglichst zügigen Regulierung ohne größeres Aufsehen interessiert. Umgekehrt läuft der Versicherer bei Ausübung seines Wahlrechts zu Gunsten einer Abwehr des Schadensersatzanspruchs Gefahr, in eine gerichtliche Auseinandersetzung verwickelt zu werden. Erst im Zuge dieser Auseinandersetzung wird die lokale Aufsichtsbehörde Kenntnis vom Verstoß gegen das *non-admitted*-Verbot erlangen und diesen dann auch faktisch sanktionieren.[59] **39**

Bei Versicherungsfällen, die über den Versicherungsgegenstand des *company reimbursement (Side B)* abgewickelt werden, ist das mitversicherte Tochterunternehmen Empfänger der Erstattungsleistungen des Versicherers. Je höher die hierbei getätigten Aufwendungen für die Freistellung einer versicherten Person ausfallen, desto auffälliger ist der Sachverhalt gegenüber lokalen Behörden. Analog gilt dies auch für Versicherungsfälle nach *Side C (Entity*-Deckung*)*. **40**

Von *Langheid/Grote*[60] stammt der Gedanke der grundsätzlich vollen Ausschöpfung des lokalen Versicherungsmarktes in puncto Versicherungskapazitäten und Bedingungen im Zuge der Einrichtung lokaler Policen. In einem solchen Fall würden die Schutzzwecke des lokalen Aufsichtsrechts erfüllt. Diese bestünden i.d.R. im Schutz des lokalen **41**

[58] Es soll ferner angenommen werden, dass der Manager versicherte Person einer D&O-Police mit weltweiter Geltung ist und sich sein Fehlverhalten ausschließlich auf die Ebene des Tochterunternehmens bezieht, somit kein haftungsrelevantes Überwachungsverschulden auf Konzernleitungsebene und auch kein ebensolches Überwachungsverschulden eines übergeordneten Konzernmanagers vorliegt; eine Umweginanspruchnahme findet somit nicht statt.

[59] Im Ausland können Schadensersatzzahlungen aufgrund der relativ hohen D&O-Versicherungssummen größere Aufmerksamkeit erregen. Zudem gilt latent stets der Grundsatz, dass Deckung Haftung erzeugt, weshalb bei Vorhandensein einer Versicherung ein ausländischer Richter eher geneigt sein kann, die Haftung zu bejahen. Die tatsächliche Verfolgung einer Schadensabwicklung durch eine ausländische Behörde hängt jedoch immer von der jeweiligen Aufstellung und faktischen Organisation lokaler Behörden ab.

[60] *Langheid/Grote* VW 2008, 630, 632; krit. dazu *Laupichler/Post* VW 2008, 914 f., die von einer lokalen Standardversicherungssumme und Minimaldeckung sprechen.

Versicherungsmarktes, der Absicherung einer Einnahmequelle für staatlich getragene Versicherungsunternehmen und dem Schutz des lokal mitversicherten Unternehmens. Schließe sich erst daran die DIC-/DIL-Funktion einer Masterdeckung an, werde der Gesetzeszweck des lokalen Aufsichtsrechts nicht verletzt.[61] Indessen haben nur vergleichsweise wenige Staaten das DIL/DIC-Konzept in ihrer Gesetzgebung oder Praxis anerkannt.[62] Somit ändert das Vorhandensein einer lokalen Police nichts an der Tatsache, dass ein nicht zugelassener Versicherer für bestimmte Deckungsstrecken entweder als Exzedent zum lokal vorhandenen Limit oder über seine im gegebenen Fall unmittelbar anwendbaren Bedingungen der Masterpolice nicht bewilligte Versicherungsleistungen anbietet.[63]

---

[61] Zudem sei die reine Korrespondenzversicherung nach dem *Code de Liberalisation* der OECD zulässig; dies gelte auch für den dort verankerten Grundsatz des sog. Versicherungsnotstands (d.h. eine Deckung ist vor Ort nicht erhältlich, zuweilen auch nicht zu annehmbaren Konditionen); vgl. *Langheid/Grote* VW 2008, 630, 633. A.A. *Bähr/Püttgen* VW 2008, 1078, 1079, wonach der OECD-Kodex zwar die Korrespondenzversicherung im Grundsatz aufsichtsfrei stelle, jedoch gelte dieser nur in 30 Ländern und sei in den meisten *non-admitted*-Ländern unbekannt. Zudem fehlten die Voraussetzungen dafür, weil die Verträge nicht „durch Korrespondenz" einer Person, die im Inland ihren gewöhnlichen Aufenthalt hat, und einem Versicherer im Ausland zustande kommen, vgl. Prölss/*Kollhosser* § 105 Rn. 8.

[62] Z.B. laut Zurich Financial Group in Indonesien; vgl. *Strnad* HAVE/REAS 2007, 345, 347: Der Autor weist darauf hin, dass die DIC-/DIL-Versicherung in vielen Ländern genauso der Aufsicht unterliege, wie wenn keine lokale Police vorhanden wäre. Er führt als Beispiel das Schweizer Versicherungsaufsichtsrecht an, wo die Bewilligungspflicht schon dann eingreift, wenn die Versicherungstätigkeit mit Bezug auf eine in der Schweiz versicherte natürliche oder juristische Person erfolgt. Dieses Verständnis liege auch den Aufsichtsgesetzgebungen in vielen anderen Ländern zugrunde und lasse keinen Raum für eine Argumentation, die Versicherertätigkeit sei oberhalb eines gewissen Schwellenwerts bewilligungsfrei zulässig. Hauptzweck der Bewilligungspflicht sei die Sicherstellung eines leistungsfähigen Versicherungsschutzes durch einen potenten Versicherer, wobei der Schweizer Gesetzgeber in reziproker Anwendung dieses Grundsatzes allen der Schweizer Aufsicht unterstellten Versicherern bei einer Tätigkeit im Ausland die Bewilligung der zuständigen ausländischen Aufsichtsbehörde oder eine gleichwertige Bescheinigung im Geschäftsplan aufweisen muss, vgl. dazu Art. 4 Abs. 2 lit. c i.V.m. Art. 5 Abs. 2 Schweizer VAG. Es überrascht daher keinesfalls, dass die Zürich Gruppe die weltweite Diskussion um die Notwendigkeit internationaler Versicherungsprogramme auch in der langen Zeit diesbezüglich unbeachteten Sparte D&O-Versicherung initiiert hat. Der Ansatz der Zürich wird unter dem *brand* „MIP" *(multinational insurance proposition)* international angeboten.

[63] *Bähr/Püttgen* VW 2008, 1078, 1079, illustrieren die Reichweite der aufsichtsrechtlichen Vorbehalte in Japan und in der Schweiz und schließen daraus, dass selbst die bloße „Mitversicherung" von Risiken unter die erlaubnispflichtigen Tä-

c) Ausländische Eingriffsnormen. aa) Grundlagen. Art. 9 Abs. 1 Rom I-VO definiert Eingriffsnormen als diejenigen zwingenden Normen, deren Einhaltung von einem Staat als so entscheidend für die Wahrung seines öffentlichen Interesses angesehen wird, insbesondere seiner politischen, sozialen und wirtschaftlichen Organisation, dass sie ungeachtet des nach Maßgabe der Rom I-VO anzuwendenden Rechts auf alle Sachverhalte anzuwenden sind, die in ihren Anwendungsbereich fallen.[64] Unter den Voraussetzungen des Art. 9 Abs. 3 Rom I-VO steht es bei deutschem Vertragsstatut im Ermessen eines deutschen Gerichts, ob es den aufsichtsrechtlichen Normen des ausländischen Staats, in dem der Versicherungsvertrag erfüllt worden ist oder werden soll, und die gleichzeitig diese Vertragserfüllung für unwirksam erklären, Wirkung verschafft oder nicht. 42

Auf das lokale Aufsichtsrecht umgelegt bedeutet dies: Entweder das Gericht verbietet die Schadenszahlung im *non-admitted*-Verbotsland. Oder es verbietet dem Versicherer die Leistungsverweigerung. Durch die Anordnung einer Leistungspflicht wird allerdings das Risiko geschaffen, dass der ausländische Staat eine Beschlagnahme derjenigen Konten vornimmt, auf welche die Schadenszahlung bzw. Kostenerstattung der Rechtsverteidigung des nicht zugelassenen Versicherers geflossen ist. Der ausländische Staat könnte auch sonstige drakonische Strafen gegen den Versicherer oder die Versicherten vor Ort verhängen.[65] Gerade im Lichte drohender Kontenbeschlagnahme ist es oft wichtig, dass der Versicherer Anwaltskosten bzw. anderweitige Verteidigungskosten der versicherten Person vor Ort direkt begleicht. Damit braucht die versicherte Person die Abwehrkosten und Schadensersatzzahlungen nicht aus eigenen Mitteln vorzustrecken. 43

Hinsichtlich der Beachtlichkeit ausländischer Eingriffsnormen ergibt sich ein breites Meinungsspektrum im Schrifttum. Die Bandbreite reicht von der direkten Anwendung der ausländischen Eingriffsnorm im Wege einer „kollisionsrechtlichen Sonderanknüpfung" über eine „gesonderte 44

---

tigkeiten fallen. Ähnlich streng *Strnad* HAVE/REAS 2007, 345, 347. A.A. *Langheid/Grote* VW 2008, 630, die bei Erschöpfung lokal verfügbaren Versicherungsschutzes bzw. Kapazitäten den Zweck der Aufsichtsrechte erfüllt sehen und aus diesem Grund die herkömmlichen DIC-/DIL-Konzepte als unbedenklich einordnen; anders und auch in diesen Fällen eine lokale Bewilligungspflicht in vielen *non-admitted*-Verbotsländern bejahend *Strnad* VW 2008, 15: Andernfalls drohe ein nichtiger, illegaler oder angreifbarer Versicherungsschutz.

[64] *Freitag* IPRax 2009, 109, 111; *Mankowski* IHR 2008, 133 ff., 146 f.

[65] Wie würde ein deutsches Gericht wohl entscheiden, wenn die versicherte Person vor Ort in Millionenhöhe haftet, die zu erwartende Strafe für den Versicherer wegen der Regulierung des Schadensersatzanspruchs sich aber lediglich im Promillebereich der Schadenshöhe bewegt?

Anknüpfung“ bis hin zur Berücksichtigung als Tatbestand bei der materiell-rechtlichen Beurteilung.[66] I.E. scheint es jedoch zwischen diesen beiden generellen Ansätzen keine wesentlichen Rechtsfolgenabweichungen zu geben. Aus diesem Grund bietet es sich an, die vorgebrachten Argumente für die Berücksichtigung der ausländischen Eingriffsnorm einer näheren Betrachtung zu unterziehen. Es handelt sich dabei um Aufsichtsrecht, also um Eingriffsnormen öffentlich-rechtlichen Charakters von Staaten außerhalb des EWR. Der enge Sachverhaltsbezug zum *non-admitted*-Verbotsland wird über die Grundsätze der Risikobelegenheit hergestellt.

45 **bb) Anwendung durch direkte Sonderanknüpfung oder indirekte materiell-rechtliche Berücksichtigung.** Bei deutschem Vertragsstatut kann ausländischen Eingriffsnormen prinzipiell auf zweierlei Art und Weise zum Durchbruch verholfen werden: Einerseits über eine sonderkollisionsrechtliche Anknüpfung, falls (inter-)nationale Normen die Anwendung der ausländischen Eingriffsnormen direkt anordnen und sie dadurch unmittelbar zur Anwendung kommen.[67] Oder eine Rechtsordnung kann diesen Verbotsnormen auch rein materiell-rechtlich als Tatbestand bei der Beurteilung des Sachrechts des Vertragsstatuts Geltung verschaffen, wobei die Normen dann allerdings den Filter einer Interessen- und Wertegleichklangsprüfung mit dem nationalen Recht des Vertragsstatuts zu durchlaufen haben.[68] Die deutsche Rspr. und nunmehr auch die Rom I-VO gehen diesen zweiten Weg der materiell-rechtlichen Anknüpfung.

46 D&O-Versicherungsverträge, die nach dem 18.12. 2009 abgeschlossen worden sind, unterliegen der Rom I-VO. Mit dieser in ihrem Geltungsbereich unmittelbar anwendbaren Verordnung wurde die Zweiteilung des deutschen internationalen Versicherungsvertragsrechts beendet.[69] Für Großrisiken[70] deckende Versicherungsverträge besteht nach Art. 7 Abs. 2

---

[66] *Rauscher*, FS Lorenz, S. 471, 479 ff. m.w.N.

[67] *Rauscher*, FS Lorenz, S. 471, 480.

[68] *Bähr/Püttgen* VW 2008, 1078, 1081; *Koch* VersR 2009, 141, 143 ff.; *Armbrüster* VersR 2008, 853, 856 f.; VersR-Hdb/*Heiss* § 38 Rn. 32.

[69] Vor dem Inkrafttreten der Rom I-VO kam es für die Frage, welches nationale Normenkollisionsrecht anwendbar ist, auf die Risikobelegenheit innerhalb oder außerhalb der EU an, also entweder auf die Art. 8–14 EGVVG oder aber gemäß Art. 37 Nr. 4 EGBGB auf die Art. 27–36 EGBGB. Gemäß Art. 15 EGVVG finden die Art. 27–36 EGBGB „im Übrigen“ Anwendung, soweit sie nicht im Widerspruch zu den Regeln des EGVVG stehen. Die alte Rechtslage wird aufgrund der Verbreitung von sog. *run-off-* oder Auslaufpolicen (dazu § 8 Rn. 65 ff.) auch in der Sparte D&O-Versicherung noch für mehrere Jahre einschlägig sein.

[70] § 210 VVG.

i.V.m. Art. 3 Rom I-VO die freie Rechtswahl, für Nicht-Großrisiken die Rechtswahl nach Art. 7 Abs. 3 Rom I-VO.

Der internationale Geltungswille bezüglich ausländischer Eingriffsnormen auch für das deutsche Recht obliegt damit dem Sitzstaat der ausländischen Tochtergesellschaft. Dies bedeutet, dass sich der Ermessensprozess des deutschen Gerichts auf die rechtsfolgenseitige Ebene der ausländischen Eingriffsnormen des *non-admitted*-Landes konzentriert.[71] I.R.d. gerichtlichen Prüfung ist die Verträglichkeit der jeweiligen Norm anhand eines Interessen- und Werteabgleichs mit den Grundwertungen der deutschen Rechtsordnung durchzuführen. Führt dieser Abgleich zum Ergebnis, dass den ausländischen Vorschriften Wirkung verliehen werden kann, so geschieht dies materiell-rechtlich durch deren Berücksichtigung als tatsächlicher Umstand bei der Anwendung deutschen Rechts als Vertragsstatut und nicht durch kollisionsrechtliche Sonderanknüpfung.[72] 47

cc) Berücksichtigungskriterien. Im Zuge des Werteabgleichs darf die praktische Frage aufgeworfen werden, ob das *non-admitted*-Verbotsland als Sitzstaat des Tochterunternehmens tatsächlich den strikten Willen hat, Schadenszahlungen von zahlungswilligen Versicherern aus nach deutschem Recht gültigen Verträgen wirklich zu unterbinden.[73] Das Versicherungsaufsichtsrecht dient als Teil des Wirtschaftsaufsichtsrechts bzw. gewerbepolizeilichen Rechts schließlich im Kern dem Schutz der Versichertengemeinschaft vor fragwürdigen Versicherungsgesellschaften, welche die Versicherungskunden bei fehlendem staatlichen Schutz möglicherweise übervorteilen und ihren langfristigen Zahlungsverpflichtungen nicht nachkommen könnten. 48

Gerade im kritischen Fall einer persönlichen Haftung der versicherten Person vor Ort, bei der keine Enthaftung durch ein versichertes Unternehmen oder einen Dritten erfolgen kann, ist zu fragen, ob der *non-admitted*-Staat bei Vorhandensein eines zahlungswilligen ausländischen Versicherers ernsthaft die Regulierung des Schadens zugunsten der versicherten Person zu unterbinden sucht, indem er die Geldüberweisung des ausländischen Versicherers entweder verbietet, zurückweist oder gar beschlagnahmt. Ein solches Vorgehen wäre besonders deshalb fraglich, da der *non-admitted*-Staat damit rechnen muss, dass der Geschädigte möglicherweise 49

[71] Mit anderen Worten: Je untätiger der Sitzstaat den Aktivitäten ausländischer Versicherer in seinem Territorium zusieht, desto höher ist die Wahrscheinlichkeit, dass ein deutscher Richter den zwingenden Eingriffsnormen dieses Staates keine Wirkung auf den deutschen D&O-Versicherungsvertrag zubilligt bzw. die aufsichtsrechtlichen Vorschriften nicht als Eingriffsnormen qualifiziert.

[72] *Koch* VersR 2009, 141, 143.

[73] *Rauscher*, FS Lorenz, S. 471, 479.

ein schützenswerter Dritter im Sitzstaat ist, der auf die versicherungsrechtliche Gestaltung des Deckungsschutzes des Schädigers keinerlei Einfluss hatte und damit Unbeteiligter ist. Auch die versicherte Person im *non-admitted*-Verbotsland hat i. d. R. keinerlei Einfluss auf den Einkauf der D&O-Versicherung bzw. deren Ausgestaltung. Es wäre mit einer erheblichen Härte verbunden und somit unverhältnismäßig, der versicherten Person das Einkaufsverhalten des VN oder des Tochterunternehmens vor Ort zuzurechnen. Der *non-admitted*-Staat würde bei Setzung verschärfter Maßnahmen zur Unterbindung der Zahlung eines finanzkräftigen ausländischen Versicherers dem Gedanken des Schutzes des Versicherten bzw. des Geschädigten im eigenen Land also widersprechen.[74]

50 Derart wirkungsvolle Maßnahmen des *non-admitted*-Staates würden freilich der sog. „Machttheorie" genüge tun, denn nach ihr dürfen Eingriffsnormen nicht bloß als leere rechtliche Hülse stehen bleiben. Die Vorschriften müssen demnach vom Recht setzenden Staat auch tatsächlich exekutiert werden bzw. der Staat muss Mechanismen vorhalten, um die Normen auch sachgerecht umsetzen zu können.[75]

51 Liegt ein solcher Gedanke Art. 9 Abs. 3 Rom I-VO zugrunde? Dann würde dies das deutsche Gericht zur Entscheidung führen, nur die Eingriffsnormen derjenigen Staaten für beachtlich zu erklären, welche die Vertragserfüllung vor Ort tatsächlich verhindern oder erschweren.[76] Angesichts der Unwägbarkeiten dieses Kriteriums ist zu bezweifeln, dass damit den Normen des *non-admitted*-Landes Geltung verschafft werden soll. Ansonsten würde jede Prüfung eines Wertegleichklangs sinnlos werden, wenn es für die Anerkennung von Eingriffsnormen nur auf die effektive Umsetzung der Normen durch den jeweiligen Staat ankäme. Eine Beurteilung in dieser Hinsicht wäre aber eine unangemessene, wenn nicht unüberwindbare Bürde für die deutsche Gerichtsbarkeit, weswegen die Machttheorie keinen Einfluss auf den Prozess der Anerkennung ausländischer Eingriffsnormen nach Art. 9 Abs. 3 Rom I-VO bei der Beurteilung der weltweiten Geltung von D&O-Versicherungsverträgen ausüben sollte.

---

[74] Wiewohl der *non-admitted*-Staat freilich straf- oder ordnungswidrigkeitsrechtliche Sanktionen verhängen kann.

[75] Nach *Strnad* HAVE/REAS 2007, 345, 347, werden in vielen Ländern, welche die Versicherungstätigkeit an eine Bewilligungspflicht knüpfen, erhebliche Konsequenzen an deren Nichtbeachtung geknüpft: „Gewisse Jurisdiktionen sehen strafrechtliche Konsequenzen bis zur Androhung von Gefängnis vor. Ferner drohen Vertragsnichtigkeiten ex tunc sowie entsprechende Rückabwicklungspflichten". Daneben seien die lokalen Gesetze über die Versicherungsteuer einzuhalten, deren Verletzung wiederum sanktioniert ist.

[76] Stellte man auf den rein faktischen Erfüllungsort der Verträge ab, dann läge die Annahme nahe, § 9 Abs. 3 Rom I-VO basiere auf der Machttheorie, vgl. *Mankowski* IHR 2008, 133, 148.

52 **d) Abstellen auf den faktischen Erfüllungsort.** Art. 9 Abs. 3 Rom I-VO stellt auf den Staat ab, in dem die Vertragspflichten erfüllt werden sollen und erfüllt worden sind. Art. 9 Abs. 3 Rom I-VO formuliert den Erfüllungsort analog Art. 5a Nr. 1 EuGVVO,[77] wobei sich dieser **bis zur** Erfüllung nach der **lex causae** bestimmt, **nach** diesem Zeitpunkt auf den **faktischen Erfüllungsort**.

53 Angesichts des fast ausnahmslos vereinbarten deutschen Rechts für internationale D&O-Versicherungsverträge i.V.m. der herrschenden Schadensabwicklungspraxis ist ein Abstellen auf den faktischen Erfüllungsort angezeigt. Daher ist prinzipiell eine kollisionsrechtliche Anknüpfung über Art. 9 Abs. 3 Rom I-VO vorzunehmen.

54 Durch die Begleichung von Anwaltsrechnungen und die Zahlung geschuldeter Geldsummen im Gefolge einer schadensersatzrechtlichen Auseinandersetzung findet die faktische Vertragserfüllung durch den Versicherer jedoch nicht in allen Fällen in dem *non-admitted*-Verbotsland statt. Dies ist beispielsweise dann nicht der Fall, wenn die Verteidigung der versicherten Person seitens eines außerhalb des *non-admitted*-Landes befindlichen Verteidigers erfolgt oder sich der Geschädigte gar nicht in dem *non-admitted*-Verbotsland befindet.[78] Der Umfang der Haftung der versicherten Person beurteilt sich nicht nach dem Recht des Vertragsstatuts, sondern nach dem Recht des Staates, welchem der Sachverhalt zuzuordnen ist und dessen Haftungsregime er unterliegt.[79] Denkbar ist zudem, dass die Versicherungsleistungen an einen außerhalb des *non-admitted*-Landes ansässigen Geschädigten erbracht werden. Dann läge nur eine rechtliche Erfüllungspflicht bei Vereinbarung einer direkten Begünstigung der versicherte Person vor. Aber es würde keine faktische Erfüllung in dem *non-admitted*-Verbotsland erfolgen. Folglich wäre die Anwendbarkeit von Art. 9 Abs. 3 Rom I-VO fraglich. Zu beachten ist überdies auch, dass Art. 9 Abs. 3 Rom I-VO vorsieht, dass die Eingriffsnormen die Vertragserfüllung im *non-admitted*-Verbotsland unrechtmäßig werden lassen müssen. Der hierbei durchzuführende Werteabgleich führt zu dem Ergebnis, dass das vom *non-admitted*-Verbotsland verfolgte Ziel, nämlich der Schutz des VN, hier in Gestalt des Tochterunternehmens vor Ort, durch die EWR-Vorschriften bereits in großem Umfang erreicht wird. Darüber hinausgehende Ziele wie der Schutz lokaler

---

[77] Dies ist der Ort, an dem „erfüllt worden ist oder an dem zu erfüllen wäre".

[78] Denkbar z.B. bei konzernrechtlichen Haftungstatbeständen.

[79] Viele D&O-Bedingungswerke weisen in ihrer Sektion „Anwendbares Recht" gesondert darauf hin, dass sich die Rechtswahl nicht auf die Bestimmung des Umfangs der Haftpflicht der versicherten Person richtet. Für letztere Frage gelten die Regeln des Kollisionsrechts für Haftpflichtansprüche, vgl. *Rauscher* § 2 Rn. 157 ff. und § 10 Rn. 1042 ff.

Versicherer vor ausländischer Konkurrenz finden im EWR keinen Widerklang. Derartige Schutzmaßnahmen laufen sogar den hier anerkannten Freiheiten zuwider.[80]

4. Rechtsfolgen der Verletzung ausländischer Zulassungsvorschriften

55 Die rechtlichen Konsequenzen einer Verletzung aufsichtsrechtlicher Zulassungsbestimmungen sind höchst unterschiedlich und können nur von Land zu Land individuell beurteilt werden. Manchen Ländern fehlt es an rechtsstaatlichen Strukturen im hier verstandenen Sinne, so dass die rechtlichen Konsequenzen der unlizenzierten Erbringung von Versicherungsleistungen dort kaum einschätzbar sind. In anderen Ländern umfassen die Konsequenzen u.a. die Verhängung von Bußgeldern bzw. Strafzahlungen gegen den Versicherer, den VN, die Versicherten oder gegen den beauftragten Versicherungsmakler bis hin zur Nichtigkeit des Versicherungsschutzes oder Kontenbeschlagnahme. In einigen Fällen wird sogar von der Verhängung von Arrest berichtet.[81] Zivilrechtlich droht zuweilen die (Teil-) Nichtigkeit des Versicherungsvertrages, wobei dies bei Grund- und Exzedentenverträgen unterschiedlich zu bewerten sein kann.

56 **a) Verbot der Vertragserfüllung?** § 134 BGB normiert die Nichtigkeit von Rechtsgeschäften, die gegen ein gesetzliches Verbot verstoßen. Allerdings gilt dies nach h.M. nicht für ausländische Vorschriften.[82]

57 Prüfenswert ist zudem, ob nach Art. 3 Abs. 3 der Rom I-VO eine mittelbare Geltung der Verbotsgesetze des *non-admitted*-Landes angenommen werden kann.[83] Dies ist nach dem Befund von *Koch* zu der ähnlichen Vorgängerbestimmung des Art. 27 Abs. 3 EGBGB abzulehnen, weil die Leistungen aus dem D&O-Versicherungsvertrag regelmäßig nach § 269 BGB zu bewirken sind und daher stets auch eine Verbindung zu Deutschland besteht.[84]

58 Fraglich ist, inwieweit die Eingriffsnormen eines *non-admitted*-Landes die Schadensabwicklung in Deutschland auf Basis des „*Financial Interest*

---

[80] *Armbrüster* VersR 2008, 853, 857.

[81] *Leffler* CCZ 2008, 221.

[82] BGHZ 59, 82, 85; diff. Staudinger/*Sack* § 134 Rn. 47 f.; MünchKomm-BGB/*Armbrüster* § 134 Rn. 40.

[83] Art. 3 Abs. 3 Rom I-VO nimmt Bezug auf „alle anderen Elemente des Sachverhalts zum Zeitpunkt der Rechtswahl", die in einem anderen Staat gelegen sind. Die Vorschrift greift nach ihrem Wortlaut allerdings dann nicht, wenn das Tochterunternehmen im *non-admitted*-Sitzstaat erst nach Abschluss des Vertrages hinzugekommen ist.

[84] *Koch* VersR 2009, 141, 146.

Cover-Konzepts" (FinC-Konzept – dazu Rn. 128 ff.) unterbinden könnten. Dies wird bei einer entsprechenden Vertragsgestaltung i.V.m. faktischen Anknüpfungspunkten an das *non-admitted*-Land zu befürchten sein. Das FinC-Konzept dient i.E. einer Absicherung des Konzerninteresses, führt jedoch auch zu teils verzerrten Ergebnissen. Solche Verzerrungen ergeben sich in erster Linie aus abwicklungstechnischen Gesichtspunkten, der Schadensberechnung sowie steuerrechtlichen Auswirkungen. Es könnte sein, dass die Versicherung des finanziellen Interesses als Verstoß gegen Verbotsgesetze nach § 134 BGB qualifiziert wird[85] bzw. gemäß § 138 BGB sittenwidrig ist.

b) Sittenwidrigkeit der Erfüllung nach § 138 BGB. aa) Grundlagen. Die Prüfung der Frage, ob Sittenwidrigkeit vorliegt, orientiert sich nach deutschen Wertungsmaßstäben; insoweit wird die ausländische Vorschrift nicht nach den guten Sitten in ihrem Ursprungsland bewertet, so dass nur diejenigen Ziele als schützenswert angesehen werden, die auch einen Schutz nach der deutschen Rechtsordnung genießen. Eine naheliegende Annahme wäre, dass der Verstoß gegen das Aufsichtsrecht des *non-admitted*-Landes selbst als sittenwidrig angesehen werden könnte. *Langheid*[86] nimmt hier eine Parallelwertung zur Pflicht-Haftpflichtversicherung in Deutschland vor und kommt zu dem Ergebnis, dass die Verletzung gleichzeitig einen Verstoß gegen allgemein anerkannte rechtliche Erwägungen im Inland darstellen müsse. Dieses Argument *Langheids* ist auch für die D&O-Versicherung als freiwillige Versicherung nicht von der Hand zu weisen, da dem normsetzenden ausländischen Staat wohl nicht immer unterstellt werden kann, dass er vornehmlich die nach EWR-Recht nicht schutzwürdigen Abschottungsziele seines Binnenmarktes verfolgt. 59

Festzuhalten ist in diesem Zusammenhang jedoch, dass nach deutschem Recht die mangelnde Zulassung eines in Deutschland tätigen Versicherers nicht per se zur Nichtigkeit des Versicherungsvertrages führt. Zwar verstößt das unerlaubte Betreiben des Versicherungsgewerbes gegen die als gewerbepolizeiliche Vorschrift zu wertende Bestimmung des § 5 Abs. 1 VAG und ist folglich durch § 140 VAG strafrechtlich sanktionsbewehrt. Allerdings gebietet die Berücksichtigung des übergeordneten Zwecks dieser Vorschriften nicht die Sanktionierung des Versicherungsvertrages mit Nichtigkeit.[87] Dem VN bzw. der versicherten Person als Gläubiger des vertraglichen Erfüllungsanspruchs würde die Befriedi- 60

[85] *Langheid/Grote* VW 2008, 630, 633.

[86] *Langheid/Grote* VW 2008, 630, 633. Der Verstoß müsse dann allgemein anerkannte rechtliche Erwägungen im Inland darstellen.

[87] *Koch* VersR 2009, 141, 144 m.w.N.

gung aus dem Versicherungsvertrag verwehrt. Damit würde der Schutzzweck der deutschen Versicherungsaufsichtsnormen in sein Gegenteil verkehrt.[88]

61 Verstößt die Verletzung der ausländischen Eingriffsnormen gegen die deutschen guten Sitten (§ 138 BGB)?[89]

62 Gemeinhin gilt als Voraussetzung für die Sittenwidrigkeit auch nach deutschem Recht, dass das ausländische Verbotsgesetz Ziele verfolgt, die auch in Deutschland als schützenswert anerkannt sind.[90] Dem deutschen Versicherungsaufsichtsrecht oder vergleichbaren Vorschriften in der EU kann als Normzweck nicht entnommen werden, inländische oder im Inland zugelassene Versicherer vor ausländischer Konkurrenz zu schützen.[91]

63 Den Kreis der als sittenwidrig befundenen Versicherungsverträge zieht die deutsche Rspr. allerdings sehr eng. Sie hat bislang nur solche Verträge für sittenwidrig erklärt, die Embargo-Verstöße fördern oder die die Ausplünderung von schützenswertem nationalem Kulturgut durch ausländische Kunstliebhaber versichern.[92] Die Sittenwidrigkeit war bislang nur in diesen krassen Fällen indiziert. § 138 BGB wird im Gefüge der D&O-Versicherung bei Beibehaltung der bisherigen Rspr. wohl in keinem praktischen Fall zur Anerkennung der ausländischen aufsichtsrechtlichen Verbotsgesetze und damit zur privatrechtlichen Vertragsnichtigkeit bei deutschem Vertragsstatut führen können.[93]

64 Die Gegenansicht[94] nimmt an, die alleinige Betrachtung der Sittenwidrigkeit sei zu restriktiv. Sie propagiert deshalb die Berücksichtigung ausländischer Eingriffsnormen unter den Voraussetzungen, dass der Sachverhalt eine enge Verbindung zu der dortigen Rechtsordnung aufweist, die einschlägige ausländische Norm tatbestandlich erfüllt ist, das geschützte

---

[88] Der Versicherer könnte sich aufgrund der privatrechtlichen Gültigkeit des Versicherungsanspruchs wohl kaum auf eine Regelung *matters not insurable under applicable law* berufen und so die Regulierung ablehnen, falls der Vermögensschadensbegriff eine solche Einschränkung beinhaltet. Das anwendbare Recht wäre dann das lokale Recht, welches eine Absicherung von lokalen Risiken verbietet. Allerdings zielt dieser Ausschluss auf den *ordre public*-Gedanken ab, wobei bei der Nichtversicherbarkeit primär die Verhinderung von Strafvereitelung im Vordergrund steht. Zudem steht der Normzweckvorbehalt in § 134 BGB der Anwendung dieses Verbotsgesetzes entgegen.

[89] MünchKomm-BGB/*Armbrüster* § 134 Rn. 40.

[90] *Bähr/Püttgen* VW 2008, 1078, 1081.

[91] *Fahr/Kaulbach/Bähr* § 105 Rn. 23.

[92] BGH NJW 1962, 1436, 1437 = VersR 1962, 659, 660.

[93] Beim Abschluss einer D&O-Versicherung werden die Tatbestandmerkmale eines sittenwidrigen Vertrages nach § 138 BGB i.d.R. nicht vorliegen.

[94] *Armbrüster* VersR 2006, 1, 4 ff.

Interesse nicht bereits durch die Wertungen der Regelanknüpfung gewahrt ist und dass die Verbotsnorm einer Überprüfung anhand grundlegender Wertungen des deutschen Rechts standhält.

bb) Strafrechtliche Sanktionierung. Die Mitversicherung eines in einem *non-admitted*-Verbotsland belegenen Risikos kann einen Straftatbestand verwirklichen. Man denke an den Fall, dass der VN positive Kenntnis davon hat, dass er mit Abschluss eines weltweit gültigen Versicherungsvertrages ggf. eine Straftat in einem *non-admitted*-Verbotsland fördert.[95] Zu hinterfragen ist, ob ein derartiges Bewusstsein den Parteien eines D&O-Versicherungsvertrages grundsätzlich unterstellt werden kann. Die zunehmende Präsenz dieser Frage in den verschiedensten Publikationen und Veranstaltungsforen trägt zwar zu einer erhöhten Bewusstseinsbildung bei. In der Praxis steht jedoch bei Vertragsabschluss regelmäßig zunächst das persönliche Haftungsrisiko des Vorstands bzw. der zentralen Geschäftsführung auf Konzernebene in Deutschland als das abzusichernde Kernrisiko im Blickpunkt der Betrachtung. Auch die im Zuge der Risikoerhebung durch den Versicherer gestellten Fragen konzentrieren sich v.a. auf die höchste Führungsebene.[96] Zwar mag noch eine Mehrzahl der Versicherungseinkäufer bei Abschluss eines D&O-Versicherungsvertrages die Tochterunternehmen in den übrigen EWR-Ländern im Blick haben.[97] Außerhalb dieses Raums sind aber gerade die aufsichtsrechtlichen Verhältnisse so unübersichtlich, dass nicht per se unterstellt werden kann, dass im Zeitpunkt der (erstmaligen) Besorgung der Versicherung eine positive Kenntnis der Strafbarkeit des Handelns nach dem Recht des betroffenen *non-admitted*-Landes vorlag. Hinzu kommt die Tatsache, dass bei weitläufig international tätigen Unternehmen laufend ausländische Tochterunternehmen hinzukommen bzw. wegfallen. 65

Koch weist für das deutsche Recht darauf hin, dass selbst die Anstiftung nach § 26 StGB zum Vertragsabschluss mit einem nicht nach § 105 Abs. 1 VAG zugelassenen Versicherer nicht zwingend zur Rechtswidrigkeit und damit zur Strafbarkeit nach § 140 VAG führen muss. Dies soll nicht der 66

[95] Nach § 138 Abs. 1 BGB gelten auch rechtlich indifferente Verträge als sittenwidrig, wenn die Parteien in strafrechtlicher Mittäterschaft oder Teilnahme ein Verhalten fördern wollen, dessen Strafbarkeit sie kennen.

[96] Die Fragen beziehen sich v.a. auf die Gesellschafterstruktur, die Stimmrechtsanteile in der Gesellschafterversammlung, das Vorhandensein von Börsennotierungen an welchen Börsenplätzen, laufende Kapitalmarktmaßnahmen, vergangene und geplante sowie laufende Aktivitäten im Bereich *mergers & acquisitions*, Vorhandensein und Größe von US-Tochterunternehmen bzw. dort vorhandene Minderheitsgesellschafter.

[97] Innerhalb derer Dienstleistungsfreiheit besteht (FOS-Länder; *freedom of services*).

Fall sein, wenn ein sog. versicherungsrechtlicher Notstand und damit ein Rechtfertigungsgrund vorliegt, der eine Verfolgung nach § 140 Abs. 1 Nr. 1 VAG ausschließt.[98] Ein solcher gewohnheitsrechtlich entwickelter Versicherungsnotstand liegt vor, wenn ein Risiko von keinem für die Direktversicherung zugelassenen Versicherer im inländischen Markt gezeichnet wird. Zuweilen wird die Ansicht vertreten, auch bei nur unverhältnismäßig ungünstig beschaffbarem Versicherungsschutz liege schon ein solcher Notstand vor.[99]

67 Die deutsche Rspr. erklärt an sich indifferente (Versicherungs-)Verträge, deren Abschluss oder Durchführung eine Ordnungswidrigkeit oder eine Straftat darstellt, nur dann für sittenwidrig, wenn dadurch ein krasser Widerspruch zum Gemeinwohl bewirkt wird oder wenn Dritte gefährdet oder geschädigt werden.[100] Aus diesen Grundsätzen und vor dem Hintergrund des gewerbepolizeilichen Charakters des § 5 VAG zur Sicherstellung der Geschäftstätigkeit von leistungsfähigen Versicherern lässt sich aus der deutschen Rechtsordnung keine Sittenwidrigkeit durch den Abschluss eines D&O-Versicherungsvertrages mit einem nicht zugelassenen Versicherer annehmen. Die Anordnung der Nichtigkeit durch den Sitzstaat wegen Förderung einer Straftat oder Ordnungswidrigkeit findet somit keinen Interessen- und Wertegleichklang in der deutschen Rechtsordnung.

68 **cc) Steuerrechtliche Sanktionierung.** Auch die Verletzung von Steuergesetzen führt nach deutschem Recht nur dann zur Sittenwidrigkeit nach den §§ 134, 138 Abs. 1 BGB, wenn der alleinige oder hauptsächliche Zweck des D&O-Versicherungsvertrages die Steuerhinterziehung oder -verkürzung wäre. Eine solche Annahme wäre praxisfern. Obwohl darauf hinzuweisen ist, dass nach den Grundsätzen der Risikobelegenheit eine steuerrechtliche Prämienallokation[101] angezeigt ist.

69 **c) Leistungsbefreiung.** *Koch*[102] ist der Frage der Leistungsbefreiung des im *non-admitted*-Verbotsland nicht zugelassenen Versicherers wegen des Verstoßes gegen lokales Versicherungsaufsichtsrecht aus spezifischer

---

[98] *Koch* VersR 2009, 141, 144.

[99] *Möller* VW 1970, 1004, 1006; *Engert* VP 1970, 49, 52.

[100] BGH NJW 2005, 1490, 1491.

[101] Die Steuer kann lokal aber auch nur für die dort erhobene Prämie abgeführt werden. Hier können sich Verzerrungen ergeben, etwa wenn der lokale Versicherer nur ein unverhältnismäßig niedriges Limit zeichnen bzw. fronten darf. Darüber hinaus über einen Hauptvertrag zur Verfügung stehende Versicherungssummen und darauf allokationsfähige Versicherungsprämien bleiben auf lokaler Ebene unberücksichtigt.

[102] *Koch* VersR 2009, 141 ff.

Sicht der D&O-Versicherungssparte erstmals vertieft nachgegangen. Eine pauschale Antwort auf die aufgeworfene Frage lässt sich auch nach seinen Schlussfolgerungen nicht geben, zumal stets die Umstände des Einzelfalles zu bewerten sind.

d) Deckungsablehnung wegen matters not insurable under law? 70
Aus deckungsrechtlicher Sicht könnte der Versicherer geneigt sein, die in einem *non-admitted*-Verbotsland entstandenen Schäden unter die zuweilen explizit in Vermögensschadendefinitionen ausgeklammerten *losses not insurable under law*[103] zu subsumieren. Folglich könnte er eine Deckungsablehnung aussprechen. Einer solchen Ablehnung des Versicherers könnte im Lichte des deutschen Vertragsstatus widersprochen werden. Der VN könnte Vertragserfüllung nach § 269 BGB verlangen. Denn schließlich besteht bei einem deutschen Vertrag für fremde Rechnung auch wegen der Erfüllungspflicht am Versicherersitz immer eine Verbindung zu Deutschland. Der Versicherer könnte aber je nach den für ihn zu erwartenden Sanktionen im *non-admitted*-Verbotsland den Einwand der Unzumutbarkeit der Vertragserfüllung erheben.

e) AVB-Modifikation zur Vermeidung von Teilnichtigkeit? Bei der 71
D&O-Versicherung als einem Vertrag für fremde Rechnung könnte der VN nach den §§ 43 ff. VVG im Versicherungsfall auch Zahlung an sich selbst verlangen. Dem steht allerdings regelmäßig die Bestimmung in den AVB entgegen, dass den unter dem Vertrag Begünstigten – hier also den versicherten Personen – die Rechte aus dem Vertrag direkt zustehen. Zwar wird i.d.R. beim Versicherer die Organisation der Schadensregulierung, also die Schadens- bzw. Anspruchsabwehr im jeweils betreffenden Verbotsland von zentraler Stelle, bei einem deutschen Versicherungsvertrag also i.d.R. von Deutschland aus koordiniert. Vor Ort geschieht dies entweder über das eigene Netzwerk des Versicherers, seinen lokalen Kooperationspartner oder über ein internationales Anwaltsnetzwerk. Dabei gilt es zu berücksichtigen, dass weder eine Vorstreckung der Abwehr- oder Gutachterkosten, noch die Bestreitung der Schadensersatzzahlung seitens der versicherten Person aus eigenen Mitteln üblich ist. Die versicherte Person ist bei Versicherungsfällen nach *Side A* nicht im Nachhinein gehalten, sich an den Versicherer zwecks Freistellung von bzw. Erstattung dieser Aufwendungen zu wenden. Somit werden Anwaltshonorare, Gutachterkosten und Schadensersatzleistungen direkt vom Versicherer übernommen bzw. an den Geschädigten oder den Anspruchssteller gezahlt, so dass es zu einer

[103] Üblicherweise werden darunter *punitive damages*, Strafzahlungen und Bußen fallen, so dass Strafvereitelung vermieden wird (Gedanke des *ordre public*).

Überweisung auf das private Konto der versicherten Person vor Ort überhaupt nicht kommt. Bei einem Schadensfall im Innenverhältnis der Gesellschaft kommt es aber ggf. zu einer Schadenszahlung auf das Konto der den Anspruch erhebenden ausländischen Tochtergesellschaft.

72 Fraglich ist, ob für die versicherten Personen etwas gewonnen wäre, wenn die in den AVB zumeist vorhandene Bestimmung, welche die Rechte aus dem Versicherungsvertrag direkt der versicherten Person zukommen lässt, in der weltweit geltenden Police für alle *non-admitted*-Länder gestrichen würde. Wie würde demnach die Schadensregulierung aufgrund eines Versicherungsfalles in einem *non-admitted*-Verbotsland erfolgen, wenn dort nicht mehr der versicherten Person, sondern nach dem gesetzlichen Leitbild dem VN die Rechte aus dem Vertrag zustehen würden? Was wären die Konsequenzen, wenn der D&O-Versicherer die Regulierung ungeachtet des Verbots vornimmt?

73 Diese AVB-Modifikation könnte zumindest für jene *non-admitted*-Länder geschehen, in denen die Erfüllung des Vertrages unzumutbar ist oder deren Eingriffsrechte nach Art. 9 Abs. 3 Rom I-VO Anerkennung finden. Dann wäre der VN einzugsberechtigt, müsste also die Versicherungsleistung einziehen und hätte das Erlangte entsprechend an den aus der Versicherung Berechtigten auszukehren. Es würde die Versicherungsleistung zwar nicht mehr an die versicherte Person im *non-admitted*-Verbotsland fließen. Aber auf der Ebene des VN würde diese erbracht werden müssen, weil die Leistung dann in Deutschland fällig wäre. Somit wäre die wirtschaftliche Abschöpfung der Versicherungssumme aus Sicht des VN gesichert. Wenn die versicherte Person in dem *non-admitted*-Verbotsland nicht mehr direkt berechtigt ist, läge zwar trotzdem eine nach lokalem Recht verbotene Versicherungstätigkeit vor. Ein möglicher Schadensersatzanspruch der versicherten Person gegenüber dem Versicherer würde sich in einen solchen gegen den VN umwandeln. Möglicherweise käme es zu einem Schuldbeitritt des VN zum Versicherer als Treuhänder der ausgekehrten Versicherungsleistung, ausgenommen für den Fall, dass die Deckung nicht weltweit für alle Tochtergesellschaften gewährt werden würde, wie dies unter dem FinC-Konzept der Fall ist.

74 Durch eine solche Änderung scheint folglich auf Seiten der Versicherten nichts gewonnen; der VN würde sogar seine Position verschlechtern, da er das Risiko des Geldtransfers übernehmen müsste.

75 Die Bezahlung der Versicherungsleistung vor Ort oder die Befriedigung der versicherten Person kann auch zu einem lokalen Steueranspruch gegen die versicherte Person führen. Denkbar ist hier v. a. eine Lohnsteuerpflicht im *non-admitted*-Verbotsland.[104]

---

[104] Vgl. *Leffler* CCZ 2008, 221, 222.

f) Unmöglichkeit der Vertragserfüllung nach § 275 BGB. Ist vereinbart, dass die Rechte aus dem Vertrag den versicherten Personen unmittelbar zustehen, so fragt sich, ob der Versicherer gegenüber der begünstigten versicherten Person die Einrede der Unmöglichkeit der Leistungserbringung im *non-admitted*-Verbotsland erheben und damit die Leistung nach § 275 Abs. 1 BGB verweigern kann. Faktische Unmöglichkeit wäre dann anzunehmen, wenn ernsthaft damit zu rechnen ist, dass die Schadenszahlung des Versicherers von Behörden des *non-admitted*-Verbotslandes unterbunden werden wird, beispielsweise mittels einer Beschlagnahme von Bankkonten der versicherten Person. Fraglich ist dabei die Effektivität einer solchen Maßnahme, weil die Zahlungen von Abwehrkosten bzw. die Entschädigungsleistung in der Praxis oft direkt an die Rechtsverteidiger bzw. den Geschädigten geleistet werden. Eine Beschlagnahmegefahr wird daher in vielen Ländern nicht unmittelbar angenommen werden können. **76**

Zudem werden nicht Sachen, sondern neben der Schadensabwehr für die versicherte Person v.a. Geld geschuldet, so dass § 275 Abs. 1 BGB nach h.M. gar nicht anwendbar wäre.[105] Die Grenzen des Einstehens für Geldschulden ergeben sich bekanntlich aus den insolvenz- und vollstreckungsrechtlichen Vorschriften und nicht aus § 275 Abs. 1 BGB. Bei der hier in Rede stehenden rechtlichen Unmöglichkeit wird § 275 Abs. 1 BGB allerdings grundsätzlich als anwendbar angesehen.[106] **77**

§ 275 Abs. 1 BGB stellt für die Feststellung des Vorliegens von Unmöglichkeit darauf ab, ob die Leistungserbringung für „jedermann" unmöglich ist. Aufgrund der gebotenen engen Auslegung der Unmöglichkeit der Erbringung von geschuldeten Versichererleistungen in einem *non-admitted*-Verbotsland ist der Versicherer gehalten, nach den Grundsätzen des § 275 Abs. 2 BGB alle zumutbaren Versuche zu unternehmen, die Leistung an die berechtigte Person zu erbringen. Der Inhalt des Schuldverhältnisses ist nicht dergestalt, dass es insbesondere einem etablierten D&O-Versicherer nach dem Gebot von Treu und Glauben unzumutbar wäre, eine Schadenszahlung aus dem Versicherungsvertrag aufgrund eines Versicherungsfalles in einem *non-admitted*-Verbotsland zu bewerkstelligen. Schließlich handelt es sich auch nicht um eine höchstpersönlich zu erbringende Leistung des Versicherers gemäß § 275 Abs. 3 BGB. Ein grobes Missverhältnis zu dem Leistungsinteresse des Gläubigers kann ebenso wenig erblickt werden, zumal es sich bei den versicherten Personen um natürliche Personen handelt, die durch eine Leistungsverweigerung des Versicherers leicht ruiniert werden können. Den im internationalen D&O-Geschäft agierenden **78**

[105] MünchKomm-BGB/*Ernst* § 275 Rn. 13; Bamberger/Roth/*Unberath* § 275 Rn. 18 und § 276 Rn. 39.

[106] So *Koch* VersR 2009, 141, 146.

Versicherer können erhöhte Anstrengungen zugemutet werden, das Leistungsinteresse der Gläubiger des Versicherungsanspruchs durch alle möglichen und legalen Maßnahmen zu befriedigen, zumal letztere die Unmöglichkeit nicht zu vertreten haben. Eine Berufung auf § 275 BGB wird dem Versicherer daher in aller Regel versagt sein.

79 **g) Schadensersatzanspruch wegen Nichterfüllung des Versicherungsvertrages.** Der Versicherer ist innerhalb von sehr weit zu ziehenden Grenzen des Zumutbaren verpflichtet, sein Leistungsversprechen aus dem D&O-Versicherungsvertrag weitestgehend umzusetzen. Aufgrund der Zeitintensität bei der Abwicklung von D&O-Versicherungsfällen wird dem Versicherer die Gelegenheit gegeben, bei Eintritt eines Schadensfalles in einem *non-admitted*-Verbotsland unverzüglich alle zumutbaren Möglichkeiten auszuschöpfen, um die Erfüllung seines vertraglichen Leistungsversprechens zu bewirken. Dies wird im Kern darin bestehen, dass er sich zwecks Schadensregulierung um seine Zulassung in dem betroffenen Land bemüht oder durch die Einschaltung von anderen vor Ort zugelassenen Versicherer eine rechtmäßige Regulierung organisiert.[107]

80 Die Grenze des Möglichen ist erst dann erreicht, wenn der Sitzstaat der Tochtergesellschaft entweder den zahlungswilligen ausländischen Versicherern die Zulassung verweigert oder die Zahlung verbietet. Oder es scheitern auch alle anderen Bemühungen, eine Zahlung über bereits zugelassene Partnerversicherer zu bewirken, an hoheitlichen Maßnahmen des *non-admitted*-Landes. Unmöglichkeit tritt somit erst dann ein, wenn der Sitzstaat jeder denkbaren Variante einer direkten oder indirekten Zahlungsbewirkung die Erlaubnis versagt. Nur in diesem Fall ist der Versicherer von seiner primären Erfüllungspflicht frei. Allerdings ist die Unmöglichkeit in seiner Sphäre eingetreten, da er das Risiko der Leistungsbewirkung trägt und ihm somit schuldhaftes Handeln zur Last fällt. Daraus können Schadensersatzansprüche entstehen.

81 Folgenden Parteien in einem *non-admitted*-Verbotsland können Schadensersatzansprüche gegen den Versicherer zustehen:

1. der versicherten natürlichen Person, wenn in der Masterpolice vereinbart ist, dass ihr die Rechte aus dem Vertrag direkt zustehen. Nach § 45 VVG genügt auch die Zustimmung des Versicherers, wenn der versicherten Person die Police nicht vorliegt;

---

[107] Vgl. dazu *Strnad* HAVE/REAS 2007, 345, 351: So kann es sein, dass der Sitzstaat zwischen der Tragung des Risikos einerseits und der Regulierung des Schadensfalles andererseits unterscheidet und dann eine Zulassung zwar für die Schadenbearbeitung vorschreibt, nicht jedoch für die Risikotragung selbst.

2. dem Tochterunternehmen im Falle des *company reimbursement* oder im Zuge einer ggf. vereinbarten *Entity*-Deckung für das Tochterunternehmen;
3. dem VN als Inhaber des Schadensersatzanspruchs, falls den versicherten Personen ausnahmsweise die Rechte aus dem Vertrag im *non-admitted*-Verbotsland nicht direkt zustehen und somit der VN in Ansehung der Versicherungsleistung selbst einzugsberechtigt und einzugsverpflichtet ist.

Die Anspruchsgrundlage für derartige Schadensersatzansprüche ergibt sich bei anfänglicher Unmöglichkeit aus § 311a Abs. 2 BGB. Ist dies nicht der Fall, bildet nach Ausschöpfung aller Möglichkeiten der Leistungserbringung § 283 i. V. m. § 328 BGB die Anspruchsgrundlage. Ob in weiterer Folge diese Schadensersatzleistung selbst wiederum Beschränkungen bzw. gesonderten Steuern und Abgaben unterliegt, ist im Einzelfall nach den jeweiligen landesspezifischen Vorschriften zu beurteilen. **82**

Konsequenterweise ist zu fragen, wie mit dem aus dem Schadensersatzanspruch Erlangten weiter zu verfahren ist. Möglich ist, dass dies dem VN zufällt; denkbar ist aber auch die Verpflichtung zur Einrichtung eines Treuhandkontos. Eine Leistung an den VN oder ein Tochterunternehmen ohne Verpflichtung zur Weiterleitung an die versicherten Personen führt jedenfalls zu einer ungerechtfertigten Bereicherung dieser Leistungsempfänger. Zu unterscheiden ist hier zwischen einem Innenverhältnis- und einem Drittanspruch, da letzterer sich nicht einmal indirekt über eine Konsolidierung der Ergebnisse des Tochterunternehmens auf den VN auswirkt. **83**

5. Konflikt zwischen dem Versicherungsvertragsrecht des Vertragsstatuts mit demjenigen des Staates der Risikobelegenheit

Bei Großrisiken (§ 210 VVG) besteht nach Art. 7 Abs. 1 Rom I-VO unabhängig von der Risikobelegenheit freie Rechtswahl. Für alle anderen Risiken ist die Rechtswahl auf das Recht derjenigen EWR-Mitgliedstaaten beschränkt, in denen die Risiken belegen sind oder in denen der VN seinen gewöhnlichen Aufenthalt hat. Fällt die Wahl explizit oder konkludent auf deutsches Recht, gelten grundsätzlich deutsches Versicherungsvertragsrecht und deutsche Auslegungsprinzipien. **84**

Für Streitigkeiten aus dem Versicherungsvertragsverhältnis ist bei deutscher Rechtswahl und deutschem Gerichtsstand zunächst ein deutsches Gericht zuständig. Konflikte können sich etwa dann ergeben, wenn die Sparte D&O-Versicherung in einem anderen EWR-Staat als Pflichtversicherung ausgestaltet ist und dieser andere Staat die Anwendung seines **85**

Rechts anordnet.[108] Deckt der Vertrag in einer solchen Situation Risiken in mehreren Mitgliedstaaten ab, ist dieser nach Art. 7 Abs. 5 Rom I-VO so zu behandeln, als existiere er für jeden Mitgliedstaat gesondert. Für Direktoren von Aktiengesellschaften hat der EWR-Staat Rumänien eine D&O-Pflichtversicherung eingeführt. Schriebe rumänisches Recht die Anwendung von rumänischem Versicherungsvertragsrecht vor, dann würde für eine rumänische Tochtergesellschaft bzw. sonstige dort mitversicherte Gesellschaften sowie für die versicherten Personen das dortige Recht zur Anwendung kommen. Der Vertrag wäre i.E. in einen deutschen und in einen rumänischen Teil gespalten. Falls das Beispiel Rumänien Schule macht, wäre eine erhebliche Rechtszersplitterung innerhalb eines an sich einheitlichen Vertragswerks zu erwarten.[109]

86 Unsicherheiten entstehen auch, wenn das anwendbare lokale Recht einen Direktanspruch des Geschädigten gegen den Versicherer vorsieht, was in vielen EWR-Ländern bei obligatorischen Versicherungen der Fall ist.[110] Nach Art. 9 Abs. 1 lit. b EuGVVO kann der Versicherer mit Sitz in der EU von den mitversicherten Tochtergesellschaften oder versicherten Personen auch am Sitzgericht des Begünstigten verklagt werden. Art. 10 EuGVVO lässt bei Haftpflichtansprüchen eine gerichtliche Geltendmachung auch bei dem Gericht zu, in dessen Zuständigkeitsbereich die schädigende Handlung gesetzt wurde. Bei D&O-Haftungsfällen ist dies i.d.R. dort, wo die versicherte Person tätig ist.[111]

87 Die Vereinbarung eines deutschen Gerichtsstands stößt bei Großrisiken auf keine Bedenken.[112] Liegt allerdings ein Innenverhältnisanspruch einer ausländischen EU-Tochtergesellschaft vor, dann kann diese in ihrer Eigenschaft als Geschädigte den Versicherer nach Art. 11 Abs. 2 i.V.m. Art. 9 Abs. 1 lit. b EuGVVO klagen, wenn eine solche unmittelbare Klage nach den Kollisionsnormen des angerufenen Gerichts zulässig ist.[113] Die geschädigte Tochtergesellschaft leitet somit ihr Recht auf Direktinanspruchnahme nicht aus dem Versicherungsvertrag her, sondern aus dem lokalen Recht.

---

[108] Gemäß Art. 7 Abs. 4 Rom I-VO. In der versicherungsrechtlichen Lit. gibt es Stimmen, dies analog auf Nicht-EWR-Staaten auszuweiten, vgl. dazu *Basedow/Drasch* NJW 1991, 785, 794; *Lübbert/Vogl* r+s 2000, 311, 313.

[109] *Koch* VersR 2009, 141, 149.

[110] *Koch* VersR 2009, 141, 149 m.w.N.

[111] Vgl. Staudinger/*v. Hoffmann* Art. 40 EGBGB Rn. 282 m.w.N.

[112] Art. 23 Abs. 5 i.V.m. Art. 13 Nr. 5 und Art. 14 Nr. 5 EuGVVO. Bei Nicht-Großrisiken ist die Lage differenzierter. Hier bedarf es der ausdrücklichen Zustimmung der ausländischen Tochtergesellschaft zur Gerichtsstandsvereinbarung, die prinzipiell erst nach Entstehen der Streitigkeit getroffen werden kann; siehe näher dazu *Koch* VersR 2009, 141, 149.

[113] *Wördemann* S. 212; *Hub* S. 197.

Fraglich ist, ob so zwingenden ausländischen versicherungsvertragsrechtlichen Bestimmungen zur Wirkung verholfen werden kann. Dies ist wiederum nach Art. 9 Abs. 3 Rom I-VO zu beurteilen, wonach die erste Hürde deren Qualifikation als Eingriffsnorm ist und diese Normen darüber hinaus die Erfüllung des Vertrages unrechtmäßig werden lassen müssen. Auch hier bedarf es wiederum des Wertegleichklangs mit der deutschen Rechtsordnung. Diese schützt mit ihren verbraucherrechtlichen Vorschriften das Interesse des VN als typisch schwächeren Vertragspartner bei einem Versicherungsgeschäft. Dies gilt allerdings bei einer einmal erfolgten Rechtswahl nur dann, wenn es sich um ein Verbrauchergeschäft handelt. Diese Grundwertung schlägt auch auf die Anwendung der Rom I-VO durch, so dass eine Sonderanknüpfung ausländischen Versicherungsvertragsrechts außerhalb der für die Pflichtversicherung geltenden Normen nicht in Betracht kommt.[114] 88

D&O-Versicherungsverträge werden praktisch ausnahmslos als Unternehmensverträge für fremde Rechnung zwischen zwei Vollkaufleuten geschlossen. Die zwingenden versicherungsvertraglichen Regelungen eines EWR-Landes finden nur dann Anerkennung, wenn es sich um Verbrauchergeschäfte handelt, was hier nicht der Fall ist.[115] 89

6. Konsequenzen der Konstruktion der D&O-Versicherung als Vertrag für fremde Rechnung

a) Grundlagen. Grundsätzlich besteht bei Versicherungsverträgen die Pflicht zur Leistungserfüllung nach § 269 BGB an dem Ort, an dem der Versicherer seine gewerbliche Niederlassung hat. Aufgrund der regelmäßigen Anwendbarkeit deutschen Rechts mit deutschem Gerichtsstand werden die Leistungen aus dem D&O-Versicherungsvertrag daher prinzipiell in Deutschland fällig. Die Zahlungen werden allerdings faktisch meist am Ort des Schadens erbracht. Zumal in den Verträgen regelmäßig vereinbart wird, dass die Rechte aus dem Vertrag den versicherten Personen direkt zustehen und diese nicht im Besitz des Versicherungsscheins zu sein brau- 90

[114] Klassisch ist der Konflikt zu den langen französischen Nachmeldefristen bei auf dem *claims made*-Prinzip beruhenden Haftpflichtpolicen gemäß Art. 80 LSF, wo für bei Vertragsabschluss unbekannte Schäden zeitlich unbegrenzte Rückwärtsversicherung und bei Vertragsbeendigung eine mindestens fünfjährige Nachmeldefrist bestehen muss. Dass ein nach Art. 11 Abs. 2 i.V.m. Art. 9 Abs. 1 lit. b EuGVVO angerufenes französisches Gericht Art. 80 LSF als Eingriffsnorm bewerten würde, ist nicht auszuschließen.

[115] Anderes würde gelten, wenn die einzelne versicherte Person im EWR-Ausland einen D&O-Versicherungsvertrag nur für sich selbst abschließt, dann würden die zwingenden Regeln des lokalen Rechts auch auf diesen Vertrag trotz anderweitiger Rechtswahl anwendbar sein.

chen, um ihre Rechte geltend zu machen. Andernfalls kann der Versicherer die Versicherungsleistung an den VN mit leistungsbefreiender Wirkung erbringen.

91 **b) Erfüllungspflicht des Versicherers.** Diesbezügliche Umsetzungsmaßnahmen des Versicherers bzw. des VN sind in etlichen Konstellationen denkbar, etwa in Form der Beantragung und Erreichung der Zulassung des Versicherers in dem jeweiligen Verbotsland, v.a. aber durch die Einschaltung eines im betroffenen *non-admitted*-Verbotsland bereits zugelassenen Versicherers. Dieser übernimmt dann als sog. *fronting partner* in weiterer Folge die Schadensregulierung.

92 **c) Verschaffungspflicht des Versicherungsnehmers als Treuhänder des Versicherungsanspruchs der einer versicherten Person zustehenden Rechte.** Anerkannt ist die Entstehung eines gesetzlichen Treuhandverhältnisses zwischen dem VN und den versicherten Personen, dessen Kern die Einziehung der Versicherungsleistung und deren Auskehrung an den Begünstigten darstellt.[116] Überall dort, wo der Versicherer gegenüber dem VN in Deutschland bzw. einem *admitted*-Land einem Tochterunternehmen gegenüber leistungsbefreiend Versicherungsschutz gewähren kann, verbleibt nach solcherart erfolgtem Einzug der Versichererleistung die Verpflichtung zu deren Auskehrung an die jeweils berechtigte versicherte Person. Dabei ist es prinzipiell gleichgültig, wo sich die berechtigte versicherte Person befindet. Falls der VN dieser Verpflichtung im Einzelfall aufgrund zu berücksichtigender Eingriffsnormen eines *non-admitted*-Landes nicht nachkommen kann, wegen Unzumutbarkeit der Auskehrung der Versichererleistung an die versicherte Person selbst oder wegen tatsächlich zu befürchtender rechtlicher Sanktionen, verletzt er damit grundsätzlich die ihm aus dem Treuhandverhältnis auferlegten Pflichten. Zudem kann daraus abgeleitet werden, dass der VN bei der Ausgestaltung des Versicherungsschutzes und im Zuge der Auskehrung der Versicherungsleistung gehalten ist, alle rechtlichen Maßgaben zu ergreifen, die eine reibungslose Abwicklung eines Versicherungsfalles gewährleisten.[117] Unterbleibt dies, macht er sich gegenüber der versicherten Person gemäß § 280 Abs. 1 BGB schadensersatzpflichtig. Unterstützung

---

[116] Siehe dazu schon § 2 Rn. 13.

[117] Freilich kann kein Organmitglied den Abschluss der Versicherung in einer ganz konkreten Art und Weise rechtlich einfordern, da die Gestaltungshoheit beim VN liegt. Ist der Versicherungsfall aber einmal eingetreten, dann darf der VN die daraus erlangte Rechtsposition der versicherten Person nicht gefährden. Allerdings könnte der VN bestimmte Länder oder Personen vom Versicherungsschutz zur folgenden Vertragsfälligkeit herausnehmen.

erfährt dieses Ergebnis durch den dem Versicherungszweck innewohnenden Fürsorgegedanken, nämlich den Schutz der versicherten Person durch den VN zu gewährleisten.[118]

Bei der Lösung dieser Aufgabe kommen dem leistungsverpflichteten Versicherer bzw. dem auskehrungspflichtigen VN dabei zunächst zeitliche Komponenten zu Hilfe. Schadensfälle in der Sparte D&O-Versicherung zeichnen sich nämlich durch vergleichsweise sehr lange Regulierungszeiträume aus. Nach Beobachtungen führender D&O-Versicherer dauert die Regulierung eines D&O-Schadensfalles zwischen einem und sieben Jahren. Ferner ist typisch, dass zwischen erstmaliger Ankündigung eines Schadensersatzanspruchs bzw. der Verständigung über die Einleitung eines Ermittlungsverfahrens und der faktischen Durchführung einer Schadensabwehr ein nicht unerheblicher Zeitraum liegt. Tritt ein Schadensfall in einem *non-admitted*-Verbotsland ein und sind gleichzeitig die Voraussetzungen für das Wirksamwerden einer ausländischen Eingriffsnorm erfüllt oder ist alternativ Unzumutbarkeit der Schadensregulierung bzw. Auskehrung der Versichererleistung gegeben, dann ist der VN bzw. der Versicherer verpflichtet unverzüglich Maßnahmen zu ergreifen, die es der versicherten Person erlauben, in rechtlich zulässiger Weise Zugang zu den Versicherungsleistungen zu erhalten. 93

III. Internationale D&O-Versicherungsprogramme

1. Allgemeines

In den klassischen Sparten Haftpflicht- und Sachversicherung wird für eine Unternehmensgruppe häufig ein internationales Versicherungsprogramm in koordinierter oder integrierter Form eingerichtet.[119] Beim integrierten Programm setzt der Versicherer in einem auftragsähnlichen Verhältnis die internationale Programmstruktur um, während ein koordiniertes Programm einen „loseren" Zusammenschluss bzw. lediglich die Abstimmung mehrerer internationaler Policen darstellt. Dabei besorgt die Muttergesellschaft in Deutschland eine sog. Masterpolice mit weltweiter Geltung, mit welcher die lokalen Policen für mitversicherte Tochtergesell- 94

[118] Zumindest bei Drittansprüchen wird der VN gehalten sein, die rechtlichen Interessen der versicherten Person zu schützen, wenn letztere bei ihren Handlungen für die versicherte Gesellschaft keine gegenüber der Gesellschaft bestehenden Pflichten verletzt hat; vgl. dazu *Ihlas*, D&O, S. 310 f.

[119] *Strnad* HAVE/REAS 2007, 345, 346; *Mazenauer* VW 2008, 19: Integrierte Programmlösungen hätten sich in den letzten Jahrzehnten als bevorzugte Lösung für multinationale Konzerne etabliert.

schaften im Ausland verbunden bzw. integriert werden.[120] So soll ein möglichst einheitlicher Versicherungsschutz geschaffen werden. Die Kombination einer Masterpolice mit lokalen Policen im Ausland schafft ein „Internationales Versicherungsprogramm".

2. Einrichtung eines internationalen D&O-Versicherungsprogramms

95 **a) Einkaufsphilosophie.** Der Einrichtung eines internationalen Versicherungsprogramms sollte eine genaue Bedarfsanalyse in allen *non-admitted*-Verbotsländern vorgeschaltet werden. So ist denkbar, dass sich ein Konzern gegenüber einem Manager verpflichtet hat, eine entsprechende Deckung vorzuhalten. Zudem sollte die generelle „Einkaufsphilosophie" des D&O-Versicherungsschutzes festgelegt werden. Die D&O-Versicherung ist Teil einer Gesamtabsicherungsstrategie des Managements. Jede Breitfächerung der Versicherung über mehrere Policen bringt eine zunehmend komplizierte Handhabung mit sich. Steht bei der Besorgung lokaler Policen die *compliance*, also die Gesetzeskonformität, im Mittelpunkt oder sind demgegenüber risikotechnische Erwägungen die hauptsächliche Motivation?[121] Mannigfaltige Gesichtspunkte kommen hier ins Spiel, allen voran auch steuerliche Gesetzeskonformität, denn das Vorhandensein lokaler Policen schafft erst die Voraussetzung für die Erfüllung abgabenrechtlicher Pflichten in dem jeweiligen *non-admitted*-Verbotsland. Internationale Konzerne stehen somit in einem regelmäßigen Prozess der Abwägung bei der Einrichtung derartiger Policen.

96 Die einheitliche und damit „schlanke" Police mit weltweiter Geltung unter gleichzeitiger Vornahme einer Steuerallokation in den EWR-Ländern stellt die Variante mit den niedrigsten Gesamtkosten dar. Außerhalb des EWR gelten ähnliche steuerliche Allokationsvorschriften, allerdings käme die Abführung von lokalen Steuern und anderen Fiskalabgaben bei

---

[120] Z.B. *Langheid/Grote* VW 2008, 630; *Leffler* CCZ 2008, 221, 223; *Laupichler/Post* VW 2008, 914; *Bähr/Püttgen* VW 2008, 1078. Die Versicherungssumme der deutschen Hauptpolice beträgt i.d.R. ein Vielfaches der Limits in den lokalen Policen, schließlich dient erstere v.a. der Abdeckung von nur sehr selten auftretenden Spitzenrisiken. Hinsichtlich der Gestaltung der lokalen Versicherungssummen in den ausländischen Tochtergesellschaften gibt es unterschiedliche Ansätze, die primär von der generellen Einkaufsmotivation des Konzerns bestimmt sind und unterschiedliche Spielarten aufweisen können, z.B. auch in Form einer *international wrap policy.*

[121] Daneben kommen beispielsweise auch lokal vorhandene Kapazitäten, verfügbare lokale Deckungselemente, Schadensregulierungsaspekte, aber auch unternehmensspezifische Elemente, wie das Bestreben des lokalen Managements nach Vorhalten einer eigenen Police in der jeweiligen Landessprache, in Betracht.

gleichzeitigem Fehlen von lokalen Policen in *non-admitted*-Verbotsländern einer Selbstanzeige gleich.

Zunächst erfolgt die Erfassung aller rechtlich selbstständigen Einheiten[122] in Ländern außerhalb des EWR. In einem nächsten Schritt sind die rechtlichen Möglichkeiten einer Haftungsfreistellung für Außenverhältnisansprüche des vor Ort befindlichen *directors* oder *officers* zu prüfen. Das Ergebnis dieser Prüfung richtet sich nach den länderspezifischen Rechtsvorschriften.[123] Ist demnach eine Enthaftung durch versicherte Unternehmen möglich, ist es zweckmäßig, dies auch zwischen dem VN und den versicherten Personen zu regeln. Dies gilt besonders, da manche Versicherungsbedingungen im Schadensfall eine nach Gesetz, Satzung, Vertrag oder sonstigen unternehmensinternen Vorschriften möglichst weitgehende Enthaftung unterstellen und sich die Schadensregulierung an einer derartigen Enthaftung orientiert.[124] Im Innenverhältnis ist eine Inanspruchnahme mit gleichzeitiger Enthaftung technisch vom Versicherungsschutz nicht explizit ausgeschlossen. **97**

Aus den Nicht-EWR-Ländern sind diejenigen *non-admitted*-Länder zu filtern, für welche keine Ausnahmeregeln fruchtbar gemacht werden können. Aus praktischen Erwägungen kann somit trotz aufsichtsrechtlicher Vorgaben der Einkauf lokaler Deckungen wohl unterbleiben, etwa wenn in dem betreffenden Verbotsland kein entsprechender D&O-Versicherungsmarkt existiert. **98**

Wird eine lokale Police eingerichtet, sollte mit dem Versicherer genau geklärt werden, welche Unterlagen zur lokalen Risikobewertung erforderlich sind.[125] Ist die Integration der lokalen Police in die Masterpolice nach dem Recht des Sitzstaates der ausländischen Tochtergesellschaft zulässig, stellt dies die preisgünstigste Variante dar. **99**

---

[122] Ein feinerer Filter sollte auch mitversicherte *joint ventures* und Mandate in externen Unternehmen *(outside directorship liability – ODL)* erfassen.

[123] Vgl. z.B. Zurich Financial Group: A global guide to Directors' and Officers' issues around the world 2009: http://zdownload.zurich.com/main/reports/globaguideissues2009.pdf.

[124] Das Konzept der *presumptive indemnification* wirkt sich i.d.R. durch die Anwendung eines höheren Selbstbehalts für die versicherten Unternehmen aus. Ist eine Enthaftung gegenüber der versicherten Person aufgrund interner Richtlinien nur in einem engeren Umfang möglich, dehnt die Vereinbarung der *presumptive indemnification* diese unvollständig vorgenommene Freistellung fiktiv auf das rechtlich weitestgehende zulässige Maß aus, um dann den höheren Unternehmensselbstbehalt zur Anwendung zu bringen.

[125] Klärungsbedürftig ist auch, wer beim VN, bei einem eventuell eingeschalteten Makler und beim Versicherer welche Informations- bzw. Koordinationsfunktionen übernimmt.

100 **b) Risikobelegenheit.** Zur Bestimmung der Risikobelegenheit kann prinzipiell zwischen dem Sitz des VN und der Situierung des Risikos selbst unterschieden werden. Nach den meisten Rechtsordnungen knüpft die Anwendbarkeit des lokalen Rechts an die Belegenheit des Risikos an,[126] so auch Art. 7 Abs. 2 Rom I-VO, der auf die Zweite Schadensrichtlinie[127] aus 1988 verweist. Ist der VN eine juristische Person, dann ist das Risiko in dem Staat belegen, in dem sich die Niederlassung der juristischen Person befindet, auf die sich der Vertrag bezieht.[128] Danach kommt es in der D&O-Versicherung auf den Sitz der mitversicherten (Tochter-)Gesellschaft an. Unerheblich ist dabei, wo die versicherte Person dieser mitversicherten Gesellschaft die Pflichtverletzung begangen hat oder ob sie zugleich Organmitglied der übergeordneten Gesellschaft ist.[129]

101 **c) Entscheidungskriterien für die Einrichtung lokaler Policen.** Das Aufsichtsrecht des jeweiligen Sitzstaats beantwortet die Frage, ob und wie lokaler Versicherungsschutz durch eine nicht im Sitzstaat der mitversicherten Tochtergesellschaft, des *joint ventures* oder sonstiger unter dem D&O-Mastervertrag mitversicherten Organisationen zugelassene Versicherungsgesellschaft gestellt werden darf. Primärer Adressat der jeweiligen Aufsichtsnorm ist dabei der Versicherer. Dutzende Länder gelten als *non-admitted*-Verbotsländer,[130] d.h., eine Absicherung lokaler Risiken durch einen ausländischen Versicherer ist nicht erlaubt, wobei allerdings die Vorgaben und Rechtsfolgen sehr unterschiedlich sind.[131]

---

[126] VersR-Hdb/*Roth* § 4 Rn. 39; P/M/*Armbrüster* Vor Art. 7 EGVVG Rn. 7 ff.

[127] Zweite Richtlinie des Rates vom 22. Juni 1988 zur Koordinierung der Rechts- und Verwaltungsvorschriften für die Direktversicherung (mit Ausnahme der Lebensversicherung) und zur Erleichterung der tatsächlichen Ausübung des freien Dienstleistungsverkehrs sowie zur Änderung der Richtlinie 73/239/EWG (88/357/EWG) (ABl. L 172 S. 1).

[128] Vgl. Art. 2 lit. d Zweite Schadens-RL (siehe Fn. 127).

[129] *Koch* VersR 2009, 141, 142; a.A. *Leffler* CCZ 2008, 221, 222.

[130] *Non-admitted*-Verbotsländer sind diejenigen Länder, deren Rechtsordnung vorsieht, dass Versicherer, welche in dem betreffenden Territorium Versicherungsdienstleistungen erbringen, aufgrund des Prinzips der Risikobelegenheit einer entsprechenden Genehmigung für die diese Tätigkeit bedürfen, vgl. z.B. *Armbrüster* VersR 2008, 853.

[131] Vgl. *Leffler* CCZ 2008, 221, 222. Innerhalb der Europäischen Union kann die Versicherung in jedem Mitgliedsstaat genommen werden; *freedom of services (FOS)* bzw. Dienstleistungsfreiheit. Vgl. dazu die Richtlinien des Rates zur Koordinierung der Rechts- und Verwaltungsvorschriften für die Direktversicherung Nr. 73/239/EWG, 88/357/EWG und 92/49/EWG (Erste, Zweite und Dritte Schadens-RL).

Im Zuge der Installierung von lokalen D&O-Policen sind die folgenden Punkte beachtenswert (die Liste ist nicht abschließend): 102

- Zulässigkeit einer DIC/DIL Funktion über die deutsche Masterpolice, d.h. direkte Zahlung an eine versicherte Person aus dem Master im *non-admitted*-Land
- Verfügbarkeit der D&O-Versicherung im Produktangebot lokaler Versicherer[132]
- Pflicht zum Einkauf der Deckung bei einem lokalen Versicherer mit oder ohne eigenständiger lokaler Risikokalkulation des vor Ort belegenen Risikos
- Pflicht zur Einschaltung eines lokalen Maklers
- Anknüpfungspunkt der Versicherung: Entweder an den Sitz des VN oder an die Risikobelegenheit[133]
- Pflicht zur Versteuerung der auf die lokale Police entfallenden Versicherungsprämie durch die einzelne versicherte Person
- Anknüpfungspunkt der aufsichtsrechtlichen Zulassungspflicht an die bloße Risikotragung oder auch an die Vornahme der Schadensregulierung vor Ort
- Pflicht zur Einschaltung einer lokalen Rückversicherung mit Einbindung staatlicher (Rück-)Versicherungsgesellschaften
- D&O-Versicherung als Pflichtversicherung
- Möglichkeit der Weiterverrechnung bzw. Weiterleitung einer zentral bezahlten Prämie an ein ausländisches Tochterunternehmen
- Möglichkeit der Weiterverrechnung bzw. Weiterleitung einer zentral erbrachten Versichererleistung an ein ausländisches Tochterunternehmen
- Möglichkeit lokaler Prämienentrichtung[134]

---

[132] Als „lokaler Versicherer" im hier verstandenen Sinn sind alle im jeweiligen Land zugelassenen – auch ausländischen – Versicherer zu betrachten. In manchen Ländern, v.a. in Afrika, ist die D&O-Versicherung gänzlich unbekannt. Lokale Kapazitäten sind überhaupt nicht verfügbar. Dies gilt umso mehr für speziellere Produkte, wie kombinierte D&O/E&O-Versicherungen. Auch existiert teilweise noch keine Rspr. zur Organhaftung.

[133] *Leffler* CCZ 2008, 221, 222. Da regelmäßig die deutsche Muttergesellschaft als VN und nicht die einzelnen versicherten Personen als Vertragspartner des Versicherers auftreten, könnte argumentiert werden, dass bei Anknüpfung des lokalen Aufsichtsrechts an den VN formal die Versicherung zulässig ist, wobei allerdings zu beachten ist, dass insbesondere nach dem *common law* die versicherte Person als Vertragspartei gewertet werden könnte.

[134] Diese Frage ist wichtig für sog. *cash before cover*-Länder, in denen der Versicherungsschutz erst mit der Zahlung der Prämie gewährt werden darf; dazu gehört z.B. Japan.

- Möglichkeit der Weiterleitung der Schadenszahlung an das ausländische Tochterunternehmen
- Geldwäschekriterien: Schadenszahlung an Dritte.

103 **d) Rechtliche Eigenständigkeit lokaler Policen.** Die lokale Police unterliegt i.d.R. dem jeweiligen nationalen Recht. Es wird also eine Vielzahl unterschiedlicher Vertragsstatute geschaffen. Selbst bei einer Wahl deutschen Rechts würde sich die Rechtsordnung des Sitzstaats der Tochtergesellschaft oder mitversicherten Gesellschaft nicht gänzlich ausblenden lassen. Jedenfalls den zwingenden Normen des lokalen Rechts ist Geltung zu verschaffen.[135] Während im deutschen Recht grundlegende Themen wie Anzeigepflichten bei Vertragsabschluss, Anfechtung und Rücktritt, Obliegenheiten während der Vertragslaufzeit sowie im Schadensfall, Abtretung des Versicherungsanspruchs, Verfahren bei Kontrollwechsel etc. durch das VVG, die AVB sowie allenfalls durch ergänzende „Besondere Bedingungen" weitgehend gesichert sind, können sich im Ausland diesbezüglich erhebliche Regelungslücken bzw. Unsicherheiten ergeben. So kann bereits die Frage, ob im Zuge der Erneuerung eines D&O-Versicherungsvertrages ein Vertragsneuabschluss oder eine Vertragsverlängerung anzunehmen ist, zu sehr unterschiedlichen Ergebnissen führen.

104 Da die Lokalpolice ein eigenständiges rechtliches Dasein hat, stellt sich die Frage, wie zu verfahren ist, wenn der lokale Versicherer oder der die Police ausstellende *fronting partne*r die Police kündigt. Dies kann z.B. bei einem Zahlungsverzug mit dem aus der weltweiten Gesamtprämie zugeordneten und gesondert in Rechnung gestellten Prämienanteil oder mit der ggf. nach lokalen Vorschriften gesondert kalkulierten Prämie geschehen. Zudem könnte der lokale Versicherer unabhängig vom Hauptvertrag sonstige Gestaltungsrechte wie Anfechtung oder Rücktritt ausüben,[136] den Versicherungsschutz aufgrund einer Obliegenheitsverletzung ablehnen oder in einem Versicherungsfall unberechtigterweise eine Deckungsablehnung aussprechen. Ist dabei Gefahr im Verzug, weil Verteidigungsmaßnahmen für die versicherte Person unmittelbar und zeitnah zu setzen sind und ist gleichzeitig im Hauptvertrag eine entsprechende Vereinbarung hinsicht-

---

[135] Vgl. dazu die Bestimmung des inzwischen aufgehobenen § 34 EGBGB, der als einseitige Kollisionsnorm deutschen Eingriffsnormen (zwingenden Bestimmungen) selbst bei ausländischem Vertragsstatut zur Geltung verhalf, vgl. *Armbrüster* VersR 2008, 853, 856. Siehe auch Art. 3 Abs. 3 i.V.m. Art. 2 Rom I-VO, der dem zwingenden Recht des Risikobelegenheitsstaates selbst bei Vereinbarung deutschen Rechts als anwendbarem Recht Geltung verschafft. Bei Großrisiken gemäß § 210 VVG gilt völlig freie Rechtswahl. Zur Anknüpfung international zwingender Normen siehe z.B. VersR-Hdb/*Roth* § 4 Rn. 77.

[136] Erinnert sei an die eventuell zum Einsatz kommenden lokalen Fragebögen und die rechtlichen Fallstricke, die sich daraus ergeben können.

lich derartiger unmittelbarer Leistungen ohne vorherige Genehmigungspflicht des Versicherer getroffen, dann kommt in solchen Fällen der Versicherungsschutz des Hauptvertrages direkt zur Anwendung.

105 **e) Bestimmung lokaler Versicherungssummen.** Bedeutsam ist zudem die Festsetzung der Höhe der Versicherungssumme (Limit) in dem jeweiligen *non-admitted*-Verbotsland. Während für die etablierten D&O-Versicherungsmärkte *benchmarks* hinsichtlich der in gewissen Risikoklassen gewählten Limits verfügbar sind, befindet sich die Sparte D&O-Versicherung in vielen anderen Ländern erst in einem frühen Entwicklungsstadium, so dass diesbezüglich gesicherte Informationen zumeist gar nicht oder lediglich rudimentär vorhanden sind.

106 Fällt die Entscheidung zu Gunsten vergleichsweise niedriger Limits in den Lokalpolicen, stellt sich nach wie vor aus aufsichtsrechtlicher Sicht die Zulässigkeitsfrage der DIL-Lösung. Denn die Bestimmungen zum Hauptvertrag sehen i.d.R. vor, dass dessen Gesamtlimit über das Limit der lokalen Police im Anschluss zur Verfügung gestellt wird.[137] Mit der Installation lokaler Policen ist zwar der Erfüllungsleistung des Versicherers die Tür einen Spalt weit geöffnet, jedoch das *non-admitted*-Problem vielfach nur teilweise gelöst.

107 Nicht nur, aber insbesondere in dem Fall, dass das lokale Bedingungswerk einer Genehmigungspflicht durch die jeweilige Aufsichtsbehörde unterliegt und bestimmte Deckungsinhalte aufzuweisen hat oder nicht beinhalten darf, stellt sich zudem die DIC-Zulässigkeitsfrage im Zusammenhang mit dem deutschen Hauptvertrag. Bei weitergehenden Bedingungen des Hauptvertrages besteht immerhin i.d.R. unmittelbarer Versicherungsschutz in dessen Rahmen auch im Verbotsland.[138]

108 **f) DIC-/DIL-Konzepte.** Der Vorteil der Einrichtung lokaler Policen mit darüber gehender Masterpolice liegt darin, dass der nicht zugelassene

---

[137] So kann es leicht sein, dass die Zeichnungskapazität des lokalen Versicherers nicht einmal entfernt an das Limit des Hauptvertrages heranreicht. In der Praxis weisen viele Lokalpolicen nur ein Limit von 1 Mio. € bzw. 1 Mio. US$ auf. Auch eine Rückversicherungslösung über den Hauptversicherer mag daran scheitern, dass der lokale Versicherer das lokal gewünschte Limit gar nicht in dieser Höhe fronten darf oder aufsichtsrechtliche Gründe dagegen sprechen, insbesondere wenn eine unabhängige Schadensregulierung nicht gewährleistet ist.

[138] Erst eine genaue Prüfung vor Ort seitens einer prüfenden Behörde würde eine derartig unmittelbare Geltung der Bedingungen des Hauptvertrages ans Licht bringen. Wie bei der DIL-Vereinbarung führt möglicherweise auch die DIC-Regelung wiederum zu einem potenziellen Konflikt mit lokalen aufsichtsrechtlichen Vorschriften, abhängig jedoch vom Einzelfall, da es Länder gibt, die DIL- und/oder DIC-Lösungen gestatten.

Versicherer im Schadensfall die über den lokalen Deckungsumfang überschreitende Regulierungssumme dem lokalen Risikoträger als Beauftragtem übertragen könnte und somit von der bereits bestehenden Regulierungserfahrung profitieren kann. Kritisch dabei bleibt aus aufsichtsrechtlicher Sicht jeweils, ob die lokale Regulierungsstelle an Weisungen des Auftraggebers gebunden ist. Hinzu kommt, dass die lokale Aufsichtsbehörde i.d.R. keinen Einblick in die finanzielle Ausstattung des ausländischen Risikoträgers hat und so die Frage berechtigt erscheint, wie dem Aufsichtsgedanken in Ansehung der permanenten Bewertung der finanziellen Solidität eines Risikoträges Rechnung getragen werden kann.

109 **g) Praktische Erfahrungen. aa) Verbreitungsgrad lokaler Policen.** Angesichts der großen Aufmerksamkeit für die *non-admitted*-Problematik verwundert es, dass bislang über Sanktionen durch die Aufsichtsbehörden in den klassischen *non-admitted*-Verbotsländern kaum etwas bekannt geworden ist. Der ausufernde Umfang der Diskussion steht in einem krassen Missverhältnis zu dem Fehlen von Sanktionsbeispielen aus der Praxis. Diese auffällige Informationslücke und Ruhe mag sich aus dem Zusammentreffen einer Reihe von Gründen heraus erklären.

110 Zunächst ist daran zu erinnern, dass die überwiegende Zahl der D&O-Schadensfälle außergerichtlich erledigt wird. Diskretion und Verschwiegenheit stehen nach wie vor für die Kernkompetenzen der D&O-Versicherer in der Schadensregulierungspraxis.[139] Gerade die gerichtliche Geltendmachung von Schadensersatzansprüchen bzw. die Einleitung eines behördlichen Ermittlungsverfahrens gegen eine versicherte Person sind die Auslöser für das Aufmerksamwerden ausländischer Aufsichtsbehörden.

111 Als weiterer Grund ist die gelebte Praxis der Schadensregulierung beim D&O-Versicherer ins Feld zu führen. Zwar ist der Versicherungsfall zentral an die den Vertrag führende Niederlassung des Versicherers in Deutschland zu melden. Danach übernimmt die deutsche Schadensabtei-

[139] FTD-Dossier v. 11.9. 2008, S. 10: In der extrem verschwiegenen Branche wollten einkaufende Unternehmen nicht über ihren D&O-Versicherungsschutz sprechen, Versicherer nicht über ihre Kunden.

Ein mit seinen Schadensfällen „hausieren gehender" D&O-Versicherer ist bislang noch nicht aufgetreten. Ein solches Geschäftsgebaren hätte auch nur kurzen Bestand. Lediglich auf Ebene der Rückversicherer wird regelmäßig von Schadensfällen berichtet, die aber zumeist allesamt der Tagespresse entnommen sind und die in vielen Fällen wiederum einen gerichtlichen Hintergrund haben. Vgl. dazu z.B. die entsprechenden Publikationen der General Cologne Re, die Loss & Litigation Reports: http://www.genre.com/page/0"ref=PublicationsPHiCurrentIssue-de,00.html.

lung aber nur die zentrale Koordination der Abwicklung, während die jeweils lokale Niederlassung des Versicherers in dem betroffenen Verbotsland oder eine zwischengeschaltete länderübergreifende Zentrale die Schadensbearbeitung vor Ort leistet. Da eine Reihe von etablierten D&O-Versicherern über relativ dicht gesponnene internationale Netzwerke verfügen, bedürfte es einer erhöhten Aufmerksamkeit von lokalen Aufsichtsbehörden, um aufsichtsrechtswidriges Verhalten überhaupt zu entdecken. Dies wird von Land zu Land sehr unterschiedlich sein, da die D&O-Versicherung dort häufig eine relativ junge Versicherungssparte ist, abgesehen von der Ausnahme Rumänien keine Pflichtversicherung darstellt und – vielleicht der gewichtigste Gesichtspunkt – keine klassische Schadensfrequenzsparte ist.

bb) Herausforderungen und Schwierigkeiten. Manche Rechtsordnungen sehen umfassende Anzeigepflichten bei Eingehung des Vertrages oder bei jeder Vertragsverlängerung vor. Dann ist der VN einer lokalen Police gehalten, Umstände, die zu einem Versicherungsfall führen könnten, anlässlich jeder Vertragsverlängerung für jede neue Versicherungsperiode mittels einer sog. *laundry list* anzuzeigen.[140] Zu hinterfragen sind die deckungsrechtlichen Konsequenzen, wenn derartige Meldungen von Schadensumständen *(circumstances)* unterbleiben, ein darauf zurück- **112**

[140] So ist dies beispielsweise nach englischem Recht der Fall. Jüngst ist ein Reformversuch zur Erleichterung bei den Anzeigepflichten gescheitert, vgl. dazu European Insurance & Risk Management News, Artikel v. 14.4. 2010, abrufbar unter http://www.commercialriskeurope.com/cre/125/56/U-K-insurance-buyers-face-disappointment-over-contract-law-reform/.

Die englischen *disclosure requirements* sehen vor, dass nicht nur bei Neuverträgen, sondern auch bei jeder Vertragsverlängerung dem Versicherer sämtliche Umstände anzuzeigen sind, die zu einem Schadensfall führen bzw. welche einem *prudent insurer* relevant erscheinen könnten. Ein Verstoß dagegen berechtigt den Versicherer, die Police als nicht existent zu betrachten. Die Pflicht zur Anzeige von Schadenumständen ist per se als für den VN nicht grundsätzlich nachteilig zu betrachten, kann er sich doch einerseits durch Meldung die Schadensumstände für eine bestimmte Versicherungsperiode sichern lassen und auf diesem Weg die Versicherungssumme derselben Periode für die Zukunft sichern, so dass ihm für zukünftige, neu auftretende Schadensfälle zukünftige Versicherungssummen ungeschmälert zur Verfügung stehen; andererseits gewinnt auch der Versicherer einen tieferen Einblick in das Risiko bzw. in das wahre Schadenpotenzial eines VN, so dass er auch entsprechend seine Reserven setzen und eventuell die Prämie bei entsprechender Nichtrealisierung des angezeigten Schadenpotenzials *(circumstances notified)* ermäßigen kann. Zudem wird auch die Flexibilität im Hinblick auf einen Versichererwechsel erhöht und somit die faktische Bindungswirkung an einen Versicherer oder an dessen Gruppe erheblich reduziert und damit der Spielraum beim Versicherungseinkauf erhalten.

führbarer Versicherungsfall später eintritt und der Versicherer nach dessen Meldung die Schadensregulierung ablehnt, weil z.B. der lokale Versicherer auf die Versäumung der jährlichen Pflicht zur Umstandsmeldung nach lokal anwendbaren Versicherungsnormen verweist. Ist als Konsequenz dessen ein Schadensersatzanspruch der versicherten Person gegen den VN in Deutschland oder gegen die im Sitzstaat befindliche Tochtergesellschaft wegen Verletzung der Pflichten aus dem gesetzlichen Treuhandverhältnis zwischen dem VN und der versicherten Person denkbar? Gehört zum Pflichtenkreis des VN als Treuhänder auch die laufende Sicherung möglicher Leistungsansprüche der versicherten Person aus Umstandsmeldungen bei lokal eingerichteten Policen und – bejahendenfalls – wie sieht diese Pflicht im Detail aus? Die Liste der Fragen ließe sich beliebig fortsetzen, mangels Rspr. gibt es dazu aber keine gesicherten Erkenntnisse.

113 Hält man sich angesichts dieser potenziellen Zersplitterung zudem die sehr unterschiedlichen Versicherungsfalldefinitionen und die damit verbundenen Anzeigepflichten nach dem jeweiligen nationalen Recht vor Augen, dann wird die Dimension der Probleme des Praktikers verdeutlicht. Wie ist zu verfahren, wenn ein Vorkommnis nach den Bedingungen einer Lokalpolice bereits als Versicherungsfall gilt, jedoch nicht nach dem deutschen Hauptvertrag? Führt die versehentlich unterlassene Anzeige des Versicherungsfalles unter der lokalen Police zum Verlust jeglichen Schutzes nach dem deutschen Hauptvertrag mit enger Versicherungsfalldefinition wegen dort eventuell verspäteter Schadensanzeige, falls sich das lokale Ereignis auch zum Versicherungsfall nach der Masterpolice weiterentwickeln sollte?[141] Können derartige lokale Versicherungsfälle unter dem deutschen Vertrag im Wege der Anzeige von Umständen gesichert werden und, falls ja, welcher Versicherungsperiode würden sie dann zugeordnet? Wie ist zu verfahren, wenn bei unterbliebener Anzeige zur Masterpolice die Deckungssumme der lokalen Police in einem Versicherungsfall nicht ausreicht und sich dies erst mit erheblicher zeitlicher Verzögerung herausstellt? Gleichfalls regelungsbedürftig erscheint die Frage, in welcher Weise eine ausgeschöpfte lokale Police bei einem weiteren Schadensfall in demselben Land in derselben Versicherungsperiode reagieren soll.

114 Hinzu tritt, dass sich das die Versicherung vor Ort nehmende Tochterunternehmen im Zuge der Installierung von lokalen Policen mit umfangreichen Fragebögen konfrontiert sehen kann, deren Beantwortung das Potenzial zu nachteiligen Auswirkungen auf die gesamte Konzerndeckung

[141] Hierzu bedarf es einer passenden Regelung für das Gesamtprogramm. Analog stellt sich diese Frage bei größeren Versicherungsprogrammen für nachfolgende Exzedentenversicherer.

haben kann. Möglich erscheint dies, wenn etwa spezifische Risikofragen gestellt werden, die den *underwriter* der Masterpolice zu weiteren Nachfragen oder zur Aufnahme von zusätzlichen Ausschlüssen veranlassen könnten. Schlimmstenfalls können sich aus den Antworten in den lokalen Fragebögen Anfechtungs- und Rücktrittsgründe für den weltweiten Vertrag ergeben.

h) Verhältnis von Masterpolice zu lokaler Police. Ist der Deckungsumfang der lokalen Police weiter als jener der Masterpolice, so gilt dieser nur auf der lokalen Ebene.[142] Wenn die Deckungssumme einer lokalen Police im Schadensfall nicht ausreicht, wird bei entsprechender DIL-Vereinbarung die Deckungssumme aus der Masterpolice angezapft. Zudem gilt eine DIC-Regelung. Ist folglich der Deckungsumfang der Masterpolice weiter als derjenige der lokalen Deckung, wird Deckung unmittelbar nach den Bedingungen der Masterpolice gewährt. Dadurch lassen sich Unzulänglichkeiten der lokalen Police korrigieren. Dies beschränkt sich nicht auf den materiell-rechtlichen Deckungsumfang der Police, sondern erstreckt sich auch auf Deckungsausfälle, die auf die Ausübung von Gestaltungsrechten zurückzuführen sind. Ficht beispielsweise der lokale Versicherer seinen Vertrag an oder tritt er davon zurück, besteht grundsätzlich weiterhin Deckung über die Masterpolice. 115

i) Entschädigungshöchstgrenze. aa) Kumulrisiko. Die Höchstleistung des Versicherers bzw. einer Versicherungsgruppe wird durch die Versicherungssumme in der Masterdeckung bestimmt. Hier werden alle in eine bestimmte Versicherungsperiode gehörenden Versicherungsfälle zusammengezählt, gleichgültig ob es sich um Abwehrkosten bzw. Schadenszahlungen im In- oder Ausland handelt. Dabei sollte darauf Bedacht genommen werden, dass die Anrechnung der Leistungen aus der Masterpolice und den lokalen Policen auf Basis tatsächlich geleisteter Zahlungen erfolgt.[143] 116

Soweit die Versicherungssumme durch Zahlungen aus der Masterpolice in einer Versicherungsperiode verbraucht ist, besteht grundsätzlich keine 117

---

[142] I.d.R. wird keine „*reverse DIC*-Deckung" vereinbart. Dies würde zu einem Import des weiteren Deckungsumfangs der lokalen Police in die Masterpolice führen.

[143] Hat der lokale Versicherer z.B. eine beträchtliche Schadensreserve gesetzt, werden für die betroffene Versicherungsperiode nur die tatsächlich geleisteten Abwehrkosten bzw. Schadenszahlungen angerechnet. Falls in den Folgeperioden dann eine Schadensreserve durch Leistungserbringung aufgelöst wird, kommt es zu einem Überzahlungsfall. Eine Abrechnung der Zahlung aus einer lokalen Police erfolgt nicht, wenn vereinbart wird, dass die Versicherungssumme lokal wieder aufgefüllt wird.

Zahlungspflicht unter der lokalen Police mehr. Außer es handelt sich dabei um ein separates Limit oder etwa ein Gericht im Sitzstaat des ausländischen Tochterunternehmens verweigert der Aggregationsklausel im lokalen Vertrag die Anerkennung. Werden innerhalb der betroffenen Versicherungsperiode übersteigende Zahlungen aus lokalen Policen geleistet, dann hat der VN dem Versicherer die überschießenden Zahlungen zu erstatten. Falls die Konzernobergesellschaft als VN nicht über Exzedentenversicherungen zusätzliche Versicherungssummenkapazität besorgt, trägt sie wirtschaftlich betrachtet i.E. das Risiko einerseits selbst und setzt andererseits möglicherweise einen Umgehungstatbestand von Freistellungsverboten in Ansehung der Haftung versicherter Personen auf der Ebene der Tochterunternehmen.

118 Stellt der Versicherer in allen *non-admitted*-Ländern Policen mit dem Limit des Hauptvertrages aus, wächst das dadurch entstehende Kumulproblem für den Versicherer erheblich.[144] Sämtliche Policen werden typischerweise über ein Klauselwerk, das ein „Internationales Versicherungsprogramm" schafft, miteinander verbunden und mit einer wechselseitigen Anrechnungs- bzw. Aggregationsklausel versehen. Dabei stellt sich allerdings die Frage, wie bei Erschöpfung des Programmlimits vorzugehen ist, wenn in mehr als einem Land in derselben Versicherungsperiode das Limit ebenfalls (teilweise) verbraucht ist.[145] Eine Verweigerung der Regulierung gegenüber der versicherten Person oder dem Enthaftung gewährenden Tochterunternehmen im Sitzstaat der Tochtergesellschaft wäre entweder untunlich oder rechtlich unzulässig. Auf diese Weise würden die aufsichtsrechtlichen Ziele des *non-admitted*-Verbotslandes unterlaufen: Der auf Regulierung drängenden versicherten Person oder dem Tochterunternehmen würde eine Aggregationsklausel entgegen gehalten werden. Das aufsichtsrechtliche Ziel der Sicherstellung der Schadenszahlung durch einen finanziell zahlungskräftigen Versicherer wäre mithin verfehlt. Es ist zu vermuten, dass ein Gericht im *non-admitted*-Verbotsland hier wohl geneigt sein würde, den Einwand der Limiterschöpfung für unbeachtlich zu erklären und die lokale Police als unabhängig von etwaig bestehenden anderweitigen Deckungen außerhalb des Landes zu erachten. Insbesondere wird diese Interpretation für Länder virulent, welche vor Ort ein spezifisches Underwriting und eine gesonderte, nach der jeweiligen Risikosituation im betroffenen Land kalkulierte Versicherungsprämie vorschreiben. Der Versicherer wird folglich versuchen, sich

[144] Laut *Strnad* VW 2008, 15, handelt es sich um eine ökonomische Unmöglichkeit, die sich v.a. dann realisiert, wenn gleich gelagerte Risiken sich gleichzeitig verwirklichen.

[145] Eine Anrechnung kann ausnahmsweise unterbleiben, wenn ein lokales Limit durch Entrichtung einer Zusatzprämie wieder aufgefüllt wird.

in einem solchen Fall der Überzahlung die über das vereinbarte Gesamtlimit überschießenden Zahlungen von seinem Vertragspartner wieder zurück zu holen. Dies setzt eine Vereinbarung über die Rückzahlung des das Gesamtlimit übersteigenden Schadens voraus. Da sein unmittelbarer Vertragspartner nur der VN in Deutschland ist, wird dieser verpflichtet, dem Versicherer in solchen Fällen Erstattung zu leisten.[146]

Andererseits sind extreme Fälle denkbar, in denen der Versicherer gezwungen ist, ein Mehrfaches des vereinbarten Gesamtlimits eines internationalen Versicherungsprogramms auszuzahlen. Dies kann geschehen, wenn über das Vermögen des VN das Insolvenzverfahren eröffnet wird und in weiterer Folge auch die Tochtergesellschaften ihrerseits zur Insolvenzanmeldung gezwungen werden. Darin würde sich das größte Risiko des D&O-Versicherers, nämlich der weltweite finanzielle Zusammenbruch einer Unternehmensgruppe bei gleichzeitigem Vorhandensein einer Vielzahl von lokalen Policen, realisieren. Dem Versicherer droht hier ein durchschlagender Kumulschaden. 119

bb) Abstimmungsfragen mit Exzedentenversicherern. Eine bedeutende Anzahl von D&O-Versicherungsprogrammen involviert mehrere Versicherer, welche als Exzedentenversicherer über die sog. Grunddeckung hinaus weitere Versicherungsverträge abschließen. Auch hier ist festzulegen, auf Basis welchen Bedingungswerks diese Exzedentenversicherer die Regulierung vorzunehmen haben, wenn in einem *non-admitted*-Verbotsland ein so hoher Schaden eintritt, dass er die Exzedentenversicherungssumme erreicht. 120

Derartiges ist sowohl für den VN als auch für den Exzedentenversicherer nicht gänzlich unproblematisch, weil letzterer eigene versicherungsvertragsrechtliche Einwendungen aus seinem eigenständigen Exzedentenvertrag haben könnte, die ihn zur Ausübung von Gestaltungsrechten berechtigen. Denkbar ist aber auch, dass der Exzedentenversicherer einen Ausschluss geltend macht oder die Zahlung verweigert, weil möglicherweise das Limit des Hauptvertrages des VN in Deutschland nicht vollständig ausbezahlt wurde. Hierin besteht üblicherweise der eigentliche Auslöser für eine Zahlung aus einem Exzedentenversicherungsvertrag. 121

Zudem könnte der Exzedentenversicherer aufgrund eines im *non-admitted*-Verbotsland entstandenen Schadensfalles eventuell verpflichtet sein, auf Basis der Bedingungen der Lokalpolice den Schaden zu regulieren, obwohl ihm diese Bedingungen im Vorfeld möglicherweise nicht zur 122

[146] Hierzu bedarf es ggf. auch einer entsprechenden Anpassung in den Exzedentenvertragsbedingungen.

Kenntnis gebracht worden sind.[147] In einem solchen Fall würde der Exzedentenversicherer auf eine Regelung drängen, die ihm die Schadensregulierung auf Basis des ihm bekannten Bedingungswerks der deutschen VN erlaubt, d.h. gemäß der üblichen Vereinbarung *following form.*[148]

123 **j) Ergebnis.** Eine lokal eingerichtete Police hat den Vorteil, einen subjektiven „Wohlfühlfaktor" beim Management der ausländischen Tochtergesellschaften zusätzlich zu der zentral besorgten weltweiten D&O-Deckung herzustellen. Sie fungiert zugleich als erster „Anker vor Ort" und damit als primärer Ansatzpunkt für die Schadensregulierung, die zunächst in der Schadensabwehrorganisation besteht.

124 Ob die Art und Weise der Einrichtung einer lokalen Police stets *compliant* ist, kann nur im Einzelfall anhand der Prüfung länderspezifischer aufsichtsrechtlicher Anforderungen beurteilt werden. Das schlichte Vorhalten einer lokalen Police ist prima facie lediglich Indiz, aber eben keine Garantie für ein aufsichtsrechtlich konformes Verhalten.[149]

125 Der international tätige Versicherer ist gehalten, die VN in Deutschland über das drohende aufsichtsrechtliche Ungemach zu informieren. Im Schadensfall hat er unverzüglich geeignete Maßnahmen zu ergreifen, um die Auswirkungen hoheitlicher Eingriffe des *non-admitted*-Staates zu mitigieren.

126 Im Kern realisiert sich nach den hier gewonnenen Erkenntnissen das *non-admitted*-Problem schwerpunktmäßig auf der Ebene des Versicherers,

---

[147] Das Vollständigkeitsgebot nach § 10 Abs. 1 VAG wird in der Praxis kaum einschlägig sein, denn die hier besprochene Fallkonstellation taucht de facto nur bei Großrisiken auf, so dass § 10 Abs. 3 VAG einschlägig ist.

[148] Anderenfalls könnte er sich mit einer Regulierung des im *non-admitted*-Verbotsland zugelassenen Grundversicherers oder eines zu dessen Gruppe gehörenden Versicherers bzw. dessen beauftragten *fronting partners* konfrontiert sehen, auf welche er potenziell keinen Einfluss hat oder die er ggf. aufgrund restriktiver aufsichtsrechtlicher Bestimmungen im *non-admitted*-Verbotsland auch gar nicht maßgebend beeinflussen darf. Der Exzedentenversicherer läuft zudem Gefahr, dass ein Grundversicherer, der bereits im Zuge von weiteren gedeckten Schadensfällen im Rahmen des internationalen Programms sein Gesamtlimit ausgekehrt hat, für eine effiziente Schadensabwehr gar nicht mehr allzu motiviert ist und damit Gefahr läuft, nach Gutdünken des lokalen Grundversicherers bzw. *fronting partners* zur Kasse gebeten zu werden. Er müsste also faktisch einen Blankoscheck für die Schadensregulierung ausstellen, ohne selbst in das Regulierungsgeschehen maßgeblich eingreifen zu können. Fraglich ist, auf welcher Rechtsgrundlage der Exzedentenversicherer die Mitsprache in einem solchen Schadensfall begehren könnte. Hierzu bedarf es einer entsprechenden Vereinbarung im Exzedentenbedingungswerk.

[149] Es sind keine Abstufungen denkbar. Entweder die lokale Police ist nach lokalem Recht gesetzmäßig oder nicht.

welcher der primär Berufene für dessen Lösung ist. Somit verwundert es nicht, dass so mancher D&O-Versicherer auf die Ausstellung lokaler Policen pocht. Zuweilen wird bei Angebotslegung schon eine Liste von Ländern beifügt, in denen derartige lokale Policen ausgestellt werden müssen.[150]

Hinzu kommt, dass für deren Ausstellung nicht unerhebliche Prämien- **127**
zuschläge und Gebühren an den Versicherer bzw. die Versicherergruppe zu entrichten sind. Gleichzeitig erreicht der Versicherer durch die Errichtung eines komplexen Versicherungsgeflechts eine erhöhte faktische Bindung des VN. In der Folge mag eine mögliche Umdeckung des Programms nicht mehr so reibungslos funktionieren, wie wenn nur eine einzige konzernweite Police existiert. An dieser Stelle gilt es auch zu fragen, wie sich ein neuer Versicherer in puncto Gewährung der üblicherweise zeitlich unbegrenzten Rückwärtsversicherung verhält, wenn bei einem weltweiten Programm mehrere Schäden unter lokalen Policen bereits gemeldet worden sind. Würde der neue Versicherer einen Ausschluss in seiner Police ins Feld führen, wonach bereits die unter einer anderen Police angezeigten Versicherungsfälle bzw. Schadensumstände nicht versichert sind? Derartiges wäre wohl in vielen Fällen zu erwarten, folglich könnten sich erhebliche Deckungseinschränkungen ergeben. Dies wiederum fördert den Verbleib bei den bisherigen Versicherern.

3. Konzept der Deckung des „finanziellen Interesses“ als Alternative zur herkömmlichen DIC-/DIL-Deckung?

a) Entwicklung und Zielsetzung. Etliche Länder haben lokale Versi- **128**
cherungspflichten vornehmlich zum Schutz ihrer nationalen Versicherungsmärkte und der dortigen Arbeitsplätze in der Versicherungswirtschaft erlassen.[151] Überall dort, wo eine grenzüberschreitende Versicherung auf der Ebene eines ausländischen Staats bzw. Territoriums auf aufsichtsrechtliche Schranken stößt, entsteht das Bestreben, einen Risikotransfer außerhalb des *non-admitted*-Verbotslandes für diejenigen Schäden zu bewerkstelligen, die sich auf die oberste Konzerngesellschaft auswirken. Somit

---

[150] Hinzu treten aufsichtsrechtliche Bestimmungen des Sitzstaates des Versicherers, welche die Einhaltung ausländischer Zulassungsvorschriften zur Ausübung der Versicherungstätigkeit anmahnen, siehe etwa Art. 4 Abs. 2 lit. c i.V.m. Art. 5 Abs. 2 Schweizer VAG.

[151] Diese Vermutung liegt z.B. bei Brasilien nahe. Lokal berechnete Prämien für das brasilianische Tochterunternehmen eines internationalen Konzerns erreichen zuweilen beinahe das gesamte Konzernniveau, dies trotz eines zumindest subjektiv signifikant gegenüber anderen Ländern verminderten Haftungsrisikos für Manager.

wird das Konzerninteresse zum Mittelpunkt des Absicherungsinteresses erhoben. Dem Konzept des „finanziellen Interesses" – *financial interest cover* bzw. FinC-Konzept[152] – liegt der Gedanke zugrunde, dass Schäden der Tochtergesellschaft im ausländischen Sitzstaat als mittelbarer Vermögensschaden der Muttergesellschaft und somit des VN klassifiziert werden.[153] Abgestellt wird dabei auf die Realisierung des Wertverlusts der Beteiligung an einer Tochtergesellschaft bzw. an einer sonstigen Beteiligungsgesellschaft. Die Regulierung des Versicherungsfalles soll dann zu einem Vermögensausgleich innerhalb der Unternehmensgruppe führen.[154]

129 Der dem DIC-/DIL-Konzept innewohnende Gedanke der „Fernversicherung" über eine Masterpolice wird in die Deckung des finanziellen Interesses transformiert und zum Versicherungsgegenstand erhoben. Kernpunkt ist somit die Änderung des Versicherungsgegenstands in der Konzernmasterpolice oder in der Police einer als VN auftretenden Gesellschaft: Nicht mehr das in einem *non-admitted*-Verbotsland vor Ort belegene Risiko soll abgesichert werden, sondern das Interesse des VN, an diesen Werten im Ausland keine finanziellen Einbußen durch aufsichtsrechtliche Versicherungsrestriktionen zu erleiden. Es liegt eine Eigenversi-

---

[152] Urheber des *financial interest concepts* ist die Zurich Financial Group. Die Frage, ob es sich hierbei überhaupt um ein einer Versicherungslösung zugängliches Absicherungsinteresse handelt, kann nach überwiegender Ansicht bejaht werden; bejahend *Bähr/Püttgen* VW 2008, 1078, 1080, weil die Beteiligung an einem Tochterunternehmen grundsätzlich veräußerlich, übertragbar und daher handelbar ist. Abl. *Langheid/Grote* VW 2008, 630, 633, weil kein versicherungsfähiges Interesse vorliege. Dieser Wert ist objektiv nachvollziehbar und messbar. Jede Beeinträchtigung erfordert einen Aufwand zur Wiederherstellung des vorherigen Zustandes, so dass die Versicherung der Gefahr der Tätigkeit solcher Aufwendungen wirtschaftlich sinnvoll und Gegenstand einer Gefahrverwirklichung sein kann. Es reicht aus, wenn die Aufwendungen notwendig sind. Sie brauchen nicht tatsächlich getätigt zu werden; der VN kann mit dem aus der Versicherung Erlangtem auch anderweitig verfügen.

[153] *Bähr/Püttgen* VW 2008, 1078, 1081. Bis auf den Maßstab der Schadensberechnung haben bei Zugrundelegung deutschen Rechts alle wesentlichen Parameter einen Bezug zu Deutschland. Dies sind der Sitz des VN und i.d.R. auch des Versicherers, anwendbares Recht, Versicherungsgegenstand, Erfüllungsort, Prämienzahlungspflicht und der Ort der Gefahrverwirklichung. Einzig die Schadensberechnung hat als Bezugspunkt den ausländischen Schaden.

Gibt es bei der Tochtergesellschaft einen weiteren (Minderheits-)Gesellschafter, dann müsste der Betrag entsprechend zu kürzen sein. Gleiches gilt, wenn das versicherte Unternehmen im Sitzstaat lediglich ein *joint venture* oder ein Beteiligungsunternehmen ist.

[154] *Armbrüster* VersR 2008, 853, 854. Außer Streit zu stellen ist in einem solchen Fall jedoch, dass der VN durch den Schaden bei der Tochtergesellschaft gleichzeitig einen Verlust erleidet, der objektiv nachvollziehbar ist.

cherung vor.[155] Auch der Grundsatz der konkreten Bedarfsdeckung in der Schadensversicherung scheint nicht verletzt zu sein, denn das finanzielle Interesse ist objektiv bewertbar.[156]

Es wird die Ansicht vertreten, dass das FinC-Konzept für die meisten unter einem D&O-Versicherungsvertrag versicherten Risiken keine Anwendung finden könne, weil aus Sicht der deutschen Muttergesellschaft die auf der Ebene der ausländischen Tochterunternehmen bestehenden D&O-Risiken wohl nicht – zumindest nicht alle – geeignet sind, auf die Bilanz der deutschen Muttergesellschaft Einfluss zu haben. Somit wird die Frage nach Eignung des FinC-Konzepts für die D&O-Versicherung tendenziell verneint.[157] Diese Ablehnung mag auf den ersten Blick vielleicht etwas verwundern, wurde doch die D&O-Versicherung im Vertrieb lange Zeit als „Bilanzschutzkonzept" beworben.[158] Einer wirtschaftlichen Betrachtungsweise folgend ist sie dies auch. Mit der Versicherungssumme als Haftungsfonds bei Innenverhältnisansprüchen werden die Aussichten eines wirtschaftlich erfolgreichen Regresses gegenüber den eigenen Organmitgliedern wesentlich erhöht, in vielen Fällen sogar erst entscheidend eröffnet. Der originäre Zweck und Kern des Versicherungsschutzes ist allerdings die Absicherung der persönlichen Haftung der versicherten Person *(Side A non-indemnifiable loss)*. 130

b) Versicherungsgegenstand, versichertes Interesse und Regelungstechnik. Die Befürworter legen dem FinC-Konzept die anerkannte Prämisse zugrunde, dass alle vermögenswerten objektiv einer Bewertung zugänglichen Interessen rechtlich schutzwürdig und somit versicherbar 131

---

[155] *Armbrüster* VersR 2008, 853, 854: Eigenversicherung ist demnach möglich, wiewohl der Eintritt des Versicherungsfalles als auch die Höhe des Schadens von einem Schaden bei der nicht mitversicherten Tochtergesellschaft abhängen soll. Diese Verbindung legt eine Fremdversicherung nahe, durch entsprechende vertragliche Vereinbarung kann die Eigenversicherung jedoch sichergestellt werden. Das VVG sehe in § 48 die Eigenversicherung sogar als Regelfall an.

[156] *Armbrüster* VersR 2008, 853, 854.

[157] So *Mahnke* in FTD-Dossier v. 11.8. 2009; *Leffler* CCZ 2008, 221, 223, betont, dass bei der D&O-Versicherung das versicherte Interesse die Abwehr von unberechtigten und die Befriedigung von berechtigten Schadensersatzansprüchen gegen die Individualpersonen sei. Die Versicherung des finanziellen Interesses könne ein internationales Versicherungsprogramm nicht ersetzen. Der Schutz der versicherten Person werde bei dieser Konstruktion nicht mehr sichergestellt und ad absurdum geführt, wenn der Anspruch des VN mit dem Interesse der versicherten Person gleichgesetzt wird. Dies würde sogar so weit führen, dass bei Geltendmachung eines Schadensersatzanspruchs seitens einer versicherten Gesellschaft der VN die Kosten der Verteidigung der Versicherung ersetzt bekäme.

[158] *Ihlas*, D&O, S. 475, 482 ff.

sind.[159] Festzuhalten ist, dass das Konzept als Subsidiäransatz verstanden wird, wenn andere Lösungen ausscheiden und auch DIC-/DIL-Lösungen unter den Erlaubnisvorbehalt fallen.[160]

132 Der bisherige Wille der Parteien des Versicherungsvertrages, nämlich die bewilligungslose bzw. unlizenzierte Versicherungstätigkeit[161] in Gestalt der DIC-/DIL-Funktion der Masterpolice in den jeweiligen *non-admitted*-Jurisdiktionen soll sich nun nicht mehr darauf, sondern vielmehr auf die Absicherung des Wertverlustes an den ausländischen Tochterunternehmen infolge unzureichender lokaler Deckung beziehen.

133 Die entsprechenden *financial interest cover endorsements* wurden seit der Entwicklung des Konzepts wiederholt verändert. Im Kern wird vereinbart, dass überall dort, wo eine lokale Versicherung im Rahmen eines internationalen Masterprogramms nicht zulässig ist, die dortigen Tochtergesellschaften vom Versicherungsschutz ausgeschlossen sind. Allein das finanzielle Interesse der Muttergesellschaft wird zum Versicherungsgegenstand, wobei der VN den Vertrag auf eigene und nicht für fremde Rechnung abschließt.

134 Mit dem FinC-Konzept soll nicht nur dem Kumulproblem begegnet werden, sondern auch anderen, sich aus den örtlichen Gegebenheiten ergebenden Unzulänglichkeiten in der Qualität des lokalen Versicherungsschutzes. Die Änderung des Versicherungsgegenstandes führt dazu, dass die Tochtergesellschaften bzw. mitversicherten Unternehmen keine eigenen Ansprüche gegen den Versicherer erheben können.

---

[159] *Strnad* HAVE/REAS 2007, 345, 350; P/M/*Armbrüster* Vor § 74 Rn. 29 und § 55 Rn. 5; *Bähr/Püttgen* VW 2008, 1078, 1080; *Laupichler/Post* VW 2008, 914; *Armbrüster* VersR 2008, 853, 854 f., ortet keine Absicherung unternehmerischen Risikos durch Abheben auf eine allgemeine Ertragsentwicklung bei der Tochtergesellschaft; auch der Grundsatz der konkreten Bedarfsdeckung in der Vermögensschadenversicherung werde nicht verletzt, da die Muttergesellschaft ein eigenes vermögenswertes und objektiv bewertbares Interesse habe. Unzulässig wäre die Vereinbarung des Versicherungsfalles dahingehend, dass ein mit dem VN wirtschaftlich nicht verbundener Unternehmensträger einen Schaden erleidet, da dies eine Wette darstellen würde. Das FinC-Konzept könnte aus diesem Grund z.B. keine Deckung für Mandate in externen Unternehmen darstellen, da bei ODL-Mandaten das eine Enthaftung gewährende externe Unternehmen vielfach nicht wirtschaftlich mit dem VN verbunden ist, die ODL-Deckung aber ohnehin zumeist *double* oder *triple excess* bietet.

[160] *Bähr/Püttgen* VW 2008, 1078, 1079: Unter diese anderen Lösungen fallen Staatsverträge, der OECD-Kodex der unsichtbaren Geschäfte oder sonstige Ausnahmeprinzipien für grenzüberschreitende Versicherungstätigkeit.

[161] Der Begriff der Versicherungstätigkeit kann weit verstanden werden: Er erfasst u.a. die Abdeckung von lokalen Risiken, die Schadensregulierung, Vertragsverhandlungen, Prämieninkasso, Ausstellung von Versicherungszertifikaten etc.

Der Umfang der Versicherungsleistung wird mittels Vereinbarung nach § 76 VVG festgelegt.[162] Wenn allerdings die Höhe der Versicherungsleistung an die hypothetische Regulierung des direkten Schadens bei nicht mitversicherten Tochtergesellschaften geknüpft wird, treten häufig Verzerrungen durch steuerliche, zeitliche und andere Umstände hinsichtlich des tatsächlichen Schadens auf. Im Zuge der Vereinbarung einer Taxe steht es dem Versicherer zur Begrenzung des subjektiven Risikos der Mehrfachversicherung frei, eine sachgerechte Risikoprüfung zu vereinbaren.[163] **135**

Der Ort der Erfüllung ist Deutschland bzw. ein Land innerhalb des EWR, weswegen die Verträge grundsätzlich nicht dem ausländischen Aufsichtsrecht unterliegen, jedoch bei entsprechenden dortigen Berührungspunkten als Umgehungstatbestand gewertet werden könnten. Fraglich ist, ob eine Weitergabe der Prämienlast oder die Weiterleitung der Versicherungsleistung eine unerlaubte Versicherungstätigkeit der Muttergesellschaft nach § 5 VAG darstellt.[164] Handelt es sich um eine rein interne Verteilung von Gemeinkosten, ohne dass die Tochtergesellschaften zu einer Gegenleistung berechtigt sind, erscheint dies unbedenklich. Werden allerdings die Prämien vorgeschrieben und mit einer Leistungsberechtigung im Schadensfall verknüpft, liegt eine unerlaubte Versicherungstätigkeit nach § 5 VAG nahe. **136**

Hat nun der Versicherer an den VN in Deutschland aufgrund der Haftung der versicherten Person in einem *non-admitted*-Verbotsland die Versicherungsleistung erbracht, drängt sich die Frage auf wie, bzw. aus welchem Titel diese Leistung an die versicherte Person in diesem *non-admitted*-Verbotsland legal weitergereicht werden kann.[165] Zunächst interessiert dabei die Frage, ob diese Art der Leistungserbringung durch den **137**

[162] *Koch* VersR 2009, 141. Dieser Wertverlust könne als Taxe i.S.v. § 76 VVG angesehen werden. Die Tochtergesellschaften werden dabei ähnlich einer Gefahrperson angesehen. Vgl. auch das FinC-*Endorsement* der Zurich Versicherung AG Deutschland (Stand: 9/2009).

[163] Denkbar ist, dass sich in bestimmten Konstellationen steuerliche, zeitliche und andere Effekte ausgleichen, etwa wenn die unversicherte Tochtergesellschaft einen steuermindernden Verlust erleidet und gleichzeitig der VN außerordentliche Ertragsteuern zu entrichten hat.

[164] *Mazenauer* VW 2008, 19, 21, vertritt die Auffassung, dass eine von der Muttergesellschaft an das Tochterunternehmen zurückgeführte Schadenszahlung in den Büchern der letzteren nicht als Schadenszahlung geführt werden kann, denn für diese bestünde kein Versicherungsschutz. Im Idealfall egalisierten sich die gruppeninternen Steuereffekte. Wenn *Mazenauer* allerdings dann festhält, das nicht versicherte Unternehmen könne einen tatsächlichen finanziellen Verlust geltend machen, bleibt offen, wem gegenüber und aus welchem Titel.

[165] Durch die Zahlung des Versicherers wird der VN bereichert. Dadurch können außerordentliche Ertragsteuern fällig werden.

Versicherer in Deutschland als Umgehung sitzstaatsrechtlicher Eingriffsnormen zu werten ist. Hier gilt es zunächst zu erkennen, dass die versicherungsaufsichtsrechtlichen Normen zumeist gewerbepolizeilichen Charakter aufweisen und die Gemeinschaft der Versicherten in dem jeweiligen Land vor nicht dauerhaft leistungsfähigen Versicherer schützen sollen. Hinzu treten ggf. wirtschaftspolitische Zielsetzungen, vordergründig solche um den Erhalt und den Schutz der lokalen Versicherungswirtschaft, die teils durch detaillierte Regelungen gewährleistet wird. Es wird also im Regelfall keine Umgehung der Eingriffsnormen des Sitzstaates vorliegen. Sobald Schadenszahlungen tatsächlich im *non-admitted*-Verbotsland auch ankommen, obliegt es allein der Sichtweise des betroffenen Staats, ob er einen Umgehungstatbestand wahrnimmt. Hierzu lassen sich schwerlich belastbare Aussagen über die Reaktion der jeweils zuständigen ausländischen Behörden tätigen. Mit einer Zahlung an den VN in Deutschland ist jedenfalls das Transferproblem hinsichtlich der Weiterleitung der Versichererleistung an die jeweils begünstigte Person auf den VN abgewälzt.

138 **c) Räumlicher Anwendungsbereich.** Der räumliche Anwendungsbereich des FinC-Konzepts erstreckt sich auf alle Jurisdiktionen, die selbst eine DIC-/DIL-Versicherung für ihren Geltungsbereich auf grenzüberschreitender und unlizenzierter Basis nicht zulassen.[166]

139 Nach gängiger Praxis ist jedoch für die Anwendung des FinC-Konzepts eine lokale Police nicht Voraussetzung, auch wenn eine solche aus verschiedenen Gründen zweckmäßig erscheinen mag.[167] Technisch kann der FinC an die lokale Police anknüpfen und die Deckung ähnlich einer DIC-/DIL-Funktion gewähren. Alternativ kann er aber auch von *ground up* Deckung gewähren.[168]

140 **d) Prämienzahlungspflicht des Versicherungsnehmers.** Die Prämienzahlungspflicht trifft nur den VN des Mastervertrages. Eine interne Prämienweiterverrechnung findet keine überzeugende Begründung. Damit fällt auch bei einem deutschen VN die deutsche Versicherungsteuer in Höhe

---

166 *Strnad* HAVE/REAS 2007, 345, 350; nach *Langheid/Grote* VW 2008, 1510, kommt das Konzept dann zum Tragen, wenn Zweifel über die aufsichtsrechtliche Zulässigkeit einer Versicherung bestehen. Allerdings sei ein solcher Zweifel unbegründet, wenn die lokalen Versicherungsverträge die vor Ort verfügbaren Versicherungskapazitäten bestmöglich ausschöpfen und das lokale Risiko ex ante betrachtet ausreichend abdecken, demnach kein nur symbolhafter lokaler Versicherungsschutz eingerichtet wurde. Folglich bleiben die herkömmlichen DIC-/DIL-Konzepte in den *non-admitted*-Ländern unangetastet.

167 *Laupichler/Post* VW 2008, 914.

168 *Mazenauer* VW 2008, 19, 21. Von *ground up*: Deckung besteht also vom ersten Schadeneuro an.

von derzeit 19% für die Deckung des Finanzinteresses an ausländischen Beteiligungen an. Theoretisch könnten auch alle in den Ländern des EWR belegenen Holdinggesellschaften Versicherte werden, die einen indirekten Bilanzschaden durch Verluste in *non-admitted*-Verbotsländern erleiden.

Versicherungstechnisch wird die Tochtergesellschaft im *non-admitted*-Sitzstaat nicht mehr als „mitversicherte Gesellschaft" angeführt, sondern nunmehr explizit vom Versicherungsschutz ausgeschlossen und höchstens als Gefahrperson angesehen. **141**

e) Begriff des „relevanten Vermögensschadens". aa) Auslöser für die Leistungspflicht des Versicherers. Der Versicherer leistet unter dem FinC-*endorsement* prinzipiell an den VN. Damit beschränkt sich der Geldfluss auf das Inland bzw. den EWR. Das finanzielle Interesse des VN wird i.d.R. als derjenige Vermögensschaden[169] definiert, welcher der Tochtergesellschaft aufgrund eines Versicherungsfalles – bezogen auf dessen Definition in der Masterpolice – entsteht, der aber mangels Versicherungsschutz nicht direkt reguliert wird. **142**

Ein *Side B*-Schaden der Tochtergesellschaft resultiert daraus, dass sie verpflichtet ist, einem Organmitglied oder leitenden Angestellten einen Schaden zu ersetzen, den sie allerdings nicht aus dem Versicherungsverhältnis ersetzt bekommt. Zudem entsteht der Schaden des Tochterunternehmens dadurch, dass bei Innenverhältnisansprüchen gegen derartige Personen die Ansprüche zwar bestehen, aufgrund ihrer Höhe wirtschaftlich aber mangels persönlichen Vermögens vielfach nicht durchsetzbar sein mögen. Wenn im Kontext des FinC-Konzepts vom Ausschluss von Ansprüchen der Tochtergesellschaften die Rede ist, heißt dies nicht, dass deren D&O-Schadensersatzansprüche gegen die Muttergesellschaft unversichert sind. Vielmehr können die Tochterunternehmen keine direkten Ansprüche aus dem Versicherungsverhältnis ableiten. **143**

(1) Enthaftung, Side B, Dritte als Anspruchsteller. Die Tochtergesellschaft stellt im Zuge eines Drittanspruchs ein Organmitglied von seiner Haftung frei und hätte bei Mitversicherung unter der Masterpolice einen Erstattungsanspruch in Höhe der effektiv geleisteten Zahlungen gegenüber dem Versicherer. Es kommt vor, dass festgelegt wird, wie genau ein „finanzielles Interesse" begründet wird, nämlich durch die tatsächliche **144**

[169] Das FinC-*Endorsement* der Zurich Versicherung AG Deutschland (Stand: 9/2009), spricht von „reinen Vermögensschäden" des VN. Damit soll erreicht werden, dass keine Personen- oder Sachschäden auf der Ebene des Tochterunternehmens nach „oben" durchgereicht werden und somit indirekt über die Masterpolice reguliert werden. Das *endorsement* zielt auf die Erfassung des wirtschaftlichen Werts der Beteiligung an der Tochtergesellschaft im *non-admitted*-Verbotsland.

Freistellung von einem Vermögensschaden eines Versicherten des internationalen Versicherungsprogramms oder einer entsprechenden Verpflichtung hierzu. Eine derartige Konstruktion bedingt, dass sich die Bezeichnung „Versicherte" auf alle unter dem gesamten internationalen Programm einbezogenen natürlichen und juristischen Personen bezieht, also in der Kombination der Masterpolice mit den lokalen Policen in den *non-admitted*-Verbotsländern. Bei Fehlen einer lokalen Police in einem *non-admitted*-Verbotsland könnte sich ansonsten das finanzielle Interesse im Lichte der Vertragskonstruktion nur in Ausnahmefällen dann ergeben, wenn Tochtergesellschaften und damit deren Organmitglieder in *non-admitted*-Verbotsländern ausgeschlossen und damit keine Versicherten sind. Somit erschließt sich der Begriff der „Versicherten" nur im Kontext der Gesamtbetrachtung eines internationalen Versicherungsprogramms, bestehend aus der Masterpolice und den lokalen Policen, wobei als „Versicherte" jeweils die sowohl unter den Master- als auch unter den jeweiligen Lokalpolicen erfassten versicherten Gesellschaften, deren Organmitglieder und sonstigen versicherten Personen gelten.

145 **(2) Side C-Deckung der entity.** Hierbei sind vornehmlich drei praktische Fälle denkbar:

1. Die Tochtergesellschaft wird von Minderheitsaktionären geklagt und es entstehen Kosten der Rechtsverteidigung bzw. Aufwendungen zur Erledigung des Schadensersatzanspruchs.
2. In sehr seltenen Fällen wird auch ein EPL-Anspruch zu versicherten Vermögensschäden führen können. Dies setzt die Vereinbarung einer sublimitierten EPL-*Entity*-Deckung im D&O-Vertrag voraus.
3. Es könnte sich eine derartige Deckung über eine sog. *preset allocation clause* für Abwehrkosten ergeben.

146 **(3) Side A, Versicherungsgegenstand 1. (a) Ansprüche Dritter.** Für *Side A*-Fälle (keine Enthaftung möglich) bedarf es jedenfalls einer lokalen Versicherungssumme in dem *non-admitted*-Verbotsland, um der versicherten Person im Schadensfall einen Versicherungsschutz angedeihen zu lassen. Allerdings ist es zumeist nicht möglich, *Side A*-Deckung aus der Masterpolice vor Ort zu gewähren.[170]

[170] Lediglich in einer DIC-Funktion sehen die Vertragswerke vor, dass der Deckungsumfang der Masterpolice auch in den lokalen Policen abgebildet wird, ausgenommen davon sind i.d.R. jedoch lokale Ausschlüsse bzw. Sachverhalte, die per Nachtrag gesondert in der Lokalpolice geregelt sind. Jedoch kann eine Zahlung nach dem FinC-Konzept auch bei Side A-Fällen an den VN in Deutschland erfolgen, wobei allerdings einheitlich das Transferproblem bezüglich der Versicherungsleistung beim VN verbleibt.

Je höher und zahlreicher jedoch die Limits in den einzelnen *non-admitted*-Ländern, desto größer könnte das Kumulproblem des Versicherers werden. Zwar werden die einzelnen Policen vertragstechnisch miteinander verbunden, doch droht im Insolvenzfall einer Unternehmensgruppe dem Versicherer aufgrund aufsichtsrechtlicher Vorschriften bei mehreren unabhängig voneinander eintretenden Schadensfällen das Szenario, mehr als die vereinbarte Höchstversicherungssumme begleichen zu müssen. **147**

(b) Innenverhältnisansprüche. Fraglich ist, ob und inwieweit dieses FinC-Konzept für die Zwecke der D&O-Versicherung fruchtbar gemacht werden kann. Bei der klassischen *Side A non-indemnifiable loss*-Deckung hilft bei Schadensfällen im „lokal zu erwartenden Umfang" dieser Ansatz auf den ersten Blick bei der Lösung des *non-admitted*-Problems nicht entscheidend weiter. Aus diesem Grund enden die gängigen FinC-Konzepte mit dem Limit des lokalen Vertrages. *Side A* ist also sowohl bei Außenverhältnis- als auch bei Innenverhältnisansprüchen auf die Höhe der lokalen Deckungssumme begrenzt. Zur Überwindung dieses Mankos wäre denkbar, in all jenen Ländern lokale Policen mit adäquaten Limits und Bedingungen auszustellen, die zumindest diejenigen Fälle abdecken, in denen das FinC-Konzept scheitert.[171] **148**

Wie könnte das FinC-Konzept bei einem *Side A*-Versicherungsfall stärker ins Spiel gebracht werden? Bei der Mehrzahl „lokaler Policen" in einem internationalen Versicherungsprogramm in *non-admitted*-Ländern liegt das Limit zumeist nur bei 1 Mio. € bzw. 1 Mio. US$. Hinzu treten örtliche Kapazitäts- oder Deckungsbeschränkungen. Daher kann in den Nicht-EWR-Ländern kein der Qualität der Masterpolice vergleichbarer Versicherungsschutz abgebildet werden. So kommt es vor, dass die Höhe der Versicherungssumme der Hauptpolice mangels Zeichnungskapazitäten der Versicherer in dem betreffenden Land gar nicht erreicht oder aber der Umfang der Deckung lokal gar nicht abgebildet werden kann, sei es, weil die örtlichen Marktusancen entweder bestimmte Deckungsinhalte nicht vorsehen oder diese die zuständige lokale Aufsichtsbehörde nicht zulässt. **149**

[171] Das Konzept des Finanzinteresses könnte im Falle der Firmenhaftungsversicherung erst ab einer gewissen Höhe der Versicherungssumme eingreifen, allerdings wäre die Höhe mit Augenmaß zu wählen, da ansonsten eine Umgehung der Bewilligungspflicht für Versicherungstätigkeiten gegeben wäre, vgl. *Strnad* HAVE/REAS 2007, 345, 349. Gleiches gilt für die *Side C*. Bei der Deckung von Mandaten in externen Unternehmen *(outside directorship liability – ODL)*, zuweilen auch als *Side D* bezeichnet, kommt es darauf an, ob die in die externe Organisation entsandte Person bei einem ODL-Schadensfall einen Enthaftungsanspruch gegen das entsendende Unternehmen hat, was bei Vorliegen einer Weisung zumeist angenommen werden kann.

150 Einer wirtschaftlichen Betrachtung folgend bleibt als Ergebnis festzuhalten, dass ein über die aufgezeigten Grenzen hinausgehender Schaden aufgrund der beschriebenen eingeschränkten Höhe des Versicherungsschutzes aufgrund nicht erhältlicher lokaler Limits bzw. mangels Versicherbarkeit des Sachverhalts vor Ort ohnehin wirtschaftlich nicht ausgleichbar wäre. Folglich wäre ein Innenverhältnisanspruch der geschädigten Tochtergesellschaft gegen die versicherte Person wirtschaftlich nicht durchsetzbar.

151 Diese Gegebenheiten bilden den Ausgangspunkt für die These, dass die in dem jeweiligen *non-admitted*-Verbotsland auftretenden **typischen** Schadensfälle das lokal erhältliche bzw. das üblicherweise besorgte Limit nicht überschreiten können. Hinzu kommt, dass bestimmte Sachverhalte über eine lokale Versicherungslösung v.a. wegen Verstoßes gegen den *ordre public* gar nicht abgesichert werden können.

152 Damit wäre für die geschädigte Tochtergesellschaft bei einem solchen Innenverhältnisschaden eine Wiedergutmachung wirtschaftlich nicht zu erlangen und somit von ihr zu tragen. Sie würde letztendlich auf dem Schaden „sitzen bleiben“ und im Wege der Konzernkonsolidierung ein Loch in die Bilanz des Mutterunternehmens reißen.[172] Wenn der Versicherer die Leistung in Deutschland erbringt, könnte er dies mit Bezug auf *Side A* tun. Das Transferrisiko läge dann allerdings beim VN. In diesem Fall bleiben der geschädigten Tochtergesellschaft aber der Schaden und der Titel gegen die versicherte Person vor Ort. Wie das Geld dann zu der Tochtergesellschaft gelangt, ist weiterhin ungeklärt. Alles in allem kommt dies einer Problemverlagerung vom Versicherer zum VN gleich.

153 **(4) Rein bilanzielle Verluste ohne Ausgleichspflicht bzw. Enthaftung.** Eine Ausgleichspflicht der Muttergesellschaft gegenüber der Tochtergesellschaft wird im Gefolge von D&O-Schadensfällen i.d.R. nicht vorgesehen sein. Sie begründet jedoch nach überwiegender Auffassung ein versicherbares Interesse. Allerdings setzt sich die Muttergesellschaft im Zuge eines Schadensausgleichs mit der Tochtergesellschaft der Gefahr aus, dass lokale Aufsichtsbehörden eine unerlaubte Versicherungstätigkeit annehmen.[173] Wohl primär aus diesem Grund stellt das FinC-Konzept auf das Entstehen eines wirtschaftlichen Bedürfnisses des VN ab, aus seinem Vermögen Aufwendungen zu tätigen, welche die Tochtergesellschaft wirtschaftlich wieder in eine vor dem Schadenseintritt vergleichbare Lage ver-

---

[172] Unterstützung erfährt dieses Ergebnis durch die Tatsache, dass die Zürich Versicherung als primäre Proponentin des MIP-Ansatzes in ihrer Rolle als Konsorte in einem gelayerten D&O-Versicherungsprogramm ab einem gewissen *attachment point* auf die Ausstellung lokaler Policen erfahrungsgemäß verzichtet.

[173] *Laupichler/Post* VW 2008, 914 f.

setzt. Auf einen tatsächlichen Vermögenstransfer in Richtung der geschädigten Tochtergesellschaft kommt es nicht weiter an, die Verwendung der Versicherungsleistung wird in das unternehmerische Ermessen des VN gestellt.[174] Schwierigkeiten bereitet dabei die genaue Bemessung des Schadens, da der Umfang der wirtschaftlichen Aufwendungen seitens der Muttergesellschaft zur Wiederherstellung des vorherigen Zustands einer Vielzahl von Einflussfaktoren unterliegt, zu denen z.B. auch steuerliche Gesichtspunkte zählen. Die Zahlung an den VN führt im Inland zu einem außerordentlichen Ertrag, der wiederum mit Steueraufwendungen verbunden sein kann.[175]

bb) Quantifizierung des relevanten Vermögensschadens der Muttergesellschaft. Heikelster Punkt ist die Berechnung des Schadens der Muttergesellschaft. Ziel ist der Ersatz der Fremdversicherung der Tochtergesellschaft durch die Eigenversicherung des VN. Im Verhältnis zum Versicherer lässt sich der wirtschaftliche Zweck nur dann erreichen, wenn die Höhe der Leistungspflicht des Versicherers von der hypothetischen Leistungspflicht im Falle der Fremdversicherung der Tochtergesellschaft abhängig gemacht wird. Dabei gilt der Grundsatz der Bedarfsdeckung in der Schadensversicherung, wobei der BGH bei Überschreitung tendenziell eine liberale Haltung verfolgt. Darüber hinaus ist das subjektive Risiko zu begrenzen, was durch die Vereinbarung von Obliegenheiten des VN im Falle eines Schadens bei der Tochtergesellschaft zu erreichen versucht wird. Falls die Konstruktion eine gleichzeitige Versicherung der Mutter- und der Tochtergesellschaft aufgrund ein und desselben Schadensfalles vorsieht, dann wäre wohl der Grundsatz der konkreten Bedarfsdeckung verletzt.[176] Gleiches gilt, wenn die Muttergesellschaft nur über eine Minderheitsbeteiligung an der Tochtergesellschaft verfügt und trotzdem für die Zwecke der Schadensregulierung eine 100%-ige Beteiligung fingiert wird.[177] 154

---

[174] Nach deutschem Recht wäre an gesellschafts- bzw. konzernrechtliche Schranken zu denken, etwa das Verbot der Einlagenrückgewähr.

[175] Im Idealfall übernimmt der Versicherer i.R.d. FinC-Deckung auch steuerliche Mehraufwendungen des VN aus dem außerordentlichen Ertrag. Allerdings besagt das FinC-*Endorsement* der Zurich Versicherung AG Deutschland, dass auch bei Beteiligungen unter 100% der volle Wert ersetzt wird. Die Leistungen unter dem FinC-*Endorsement* werden auf die Gesamtleistung des internationalen Versicherungsprogramms angerechnet.

[176] *Armbrüster* VersR 2008, 853, 857.

[177] Das FinC-*Endorsement* der Zurich Versicherung AG Deutschland (Stand: 9/2009), sagt hingegen dazu: Für die Bemessung der Versicherungsleistung ist es unerheblich, ob der VN an einer Tochtergesellschaft weniger als 100% der Anteile hält.

155 Die Minderung des Beteiligungswerts für die Muttergesellschaft ist nicht unbedingt identisch mit dem Vermögensverlust, den die Tochtergesellschaft vor Ort erleidet.[178] Ist Berechnungsmaßstab für diesen Schaden der Verlust der Tochtergesellschaft im *non-admitted*-Verbotsland, dann blieben dabei sämtliche andere, etwa durch die Konsolidierung[179] entstehende oder steuerliche Aspekte[180] unberücksichtigt, die den Eigenschaden der Muttergesellschaft von dem direkten Schaden der Tochtergesellschaft unterscheiden. Zudem würde i.E. die Verschiebung der Risikobelegenheit in das Land der Muttergesellschaft gefährdet und nach den Regeln des Art. 7 Rom I-VO doch wiederum im Ausland liegen. Dies gilt es bei allen zur Diskussion stehenden Lösungen zu vermeiden.

156 Bei der gesellschaftsrechtlichen Lösung ist der Anknüpfungspunkt die Beeinträchtigung des abgeführten Gewinns der Tochtergesellschaft im Rahmen eines Gewinnabführungsvertrages. Bei einem D&O-Schadensfall können sich erhebliche zeitliche Verzerrungen ergeben, weil er sich üblicherweise über mehrere Jahre hinzieht, verbunden mit nicht unerheblichen Rechtsverfolgungskosten bei Innenverhältnisschäden.

157 *Armbrüster* geht der Frage nach, inwieweit die Vereinbarung einer Taxe im Zuge des FinC-Konzepts mit dem Grundsatz der konkreten Bedarfsdeckung vereinbar ist.[181] Zwar bietet eine solche Vereinbarung Rechtssicherheit, jedoch gelten auch hier Erheblichkeitsgrenzen, wenn der Wert des versicherten Interesses vom vereinbarten Wert deutlich abweicht, wobei es hier keine starre Abweichungsgrenze gebe.

158 In der D&O-Versicherung ist die Bemessung des Schadens der Tochtergesellschaft im Rahmen von *Side B*- oder *Side C*-Versicherungsfällen vergleichsweise einfacher, geht es doch um die Versicherung von Vermögenseinbußen, im konkreten Fall die Höhe der geleisteten Freistellung gegenüber einer ansonsten versicherten Person. Kernfrage ist die Zulässigkeit der Taxenvereinbarung im Lichte der konkreten Bedarfsdeckung in der Schadensversicherung unter Geltung von Erheblichkeits-

---

[178] Vgl. *Armbrüster* VersR 2008, 853, 855, der als Schaden die Differenz zwischen zwei hypothetischen Verkaufserlösen definiert, einmal mit und einmal ohne Berücksichtigung des Schadenereignisses. Jener Differenzbetrag wird allerdings i.d.R. vom originären Schaden der Tochtergesellschaft abweichen.

[179] Z.B. werden bestimmte Gesellschaften *at equity* konsolidiert oder ein Konsolidierungswahlrecht wird wegen Geringfügigkeit nicht ausgeübt.

[180] Ein Schaden führt i.d.R. auch zu einer geringeren körperschaftsteuerlichen Belastung der Tochtergesellschaft, so dass der auf die Bilanz des Mutterunternehmens durchschlagende Verlust nicht identisch, sondern ein Derivat, wenn nicht gar ein **aliud** sein wird. Vgl. auch *Langheid/Grote* VW 2008, 1510, 1511.

[181] *Armbrüster* VersR 2008, 853, 855.

grenzen.[182] Diese Frage ist nach dem Zweck dieser Grenzen, nämlich der Abgrenzung zum Wettgeschäft und zur Beherrschbarkeit des subjektiven Risikos, zu beurteilen. Streitig ist nicht die Tatsache eines Schadenseintritts für den VN. Schwierig und umstritten ist aber dessen Bemessung. Zu bedenken ist, dass die Bewertung des Versicherungsinteresses die Vertragsparteien vor erhebliche Schwierigkeiten stellen kann, so z.B. bei einer rein bilanziellen Betrachtung, in deren Rahmen nicht nur steuerliche Faktoren eine Rolle spielen.[183] Wenn also in der Praxis daher auf das Instrument der Taxe zurückgegriffen wird, welche gangbare Alternative gäbe es? Aufgrund mannigfaltiger Einflussfaktoren auf die tatsächliche Schadenshöhe sind bei anderen Berechnungsmethoden Differenzen zwischen den Vertragsparteien vorprogrammiert.[184] Eine vereinfachte Methode bestünde darin, dass der Muttergesellschaft der nachsteuerliche Schaden ersetzt wird und gleichzeitig der Tochtergesellschaft gegenüber eine steuerliche Schadloshaltung für den Fall außerordentlicher Ertragsteuern zugesichert wird.

Schließlich gilt es zu bedenken, dass zum Teil bei einem D&O-Scha- **159**
densersatzanspruch ganz erhebliche Kosten entstehen können, die bei einem *Side A*-Fall nicht der Tochtergesellschaft, sondern der versicherten Person entstehen. Verliert die versicherte Person den Haftpflichtstreit bei einem Drittanspruchssteller, entsteht der Tochtergesellschaft dadurch kein Schaden.

Anders verhält es sich im Falle des *company reimbursements*, also bei **160**
Side B, wo der Enthaftung gewährenden Tochtergesellschaft die dafür getätigten Aufwendungen vom Versicherer erstattet werden. Im *non-admitted*-Verbotsland darf der Versicherer seine Leistung nicht direkt an die Tochtergesellschaft erbringen, weswegen dieser ein Aufwand entsteht, welcher sich auf die lokale Bilanz i.R.d. Gewinn- und Verlustrechnung auswirkt.

cc) Kritikpunkte „Risikobelegenheit“ und „Schadensbemessung“. **161**
Der Widerstand gegen das FinC-Konzept seitens der Befürworter der etablierten DIC-/DIL-Konstruktionen in internationalen Versicherungsprogrammen ist zum Teil erheblich, zumal sich die herkömmlichen Kon-

[182] Die Rspr. geht zumeist von einer Erheblichkeitsgrenze von 10% aus, in Einzelfällen liegt die Grenze auch deutlich darüber, vgl. BGH VersR 2001, 749, 750; *Armbrüster* VersR 2008, 853, 855.

[183] Bei Sachversicherungen kann die Zahl der internen wie externen Einflussfaktoren höher angesetzt werden, da der Wert einer Sache auch von aktuellen Marktverhältnissen, Bilanzregeln oder zeitlichen Faktoren etc. abhängen kann.

[184] Denkbar ist, dass der Streit über Sachverständigengutachten ausgefochten wird, die den Vertragsparteien erhebliche Kosten verursachen können.

zepte in der Praxis jahrzehntelang bewährt und eingespielt haben.[185] Zudem sei die Idee der Versicherung des finanziellen Interesses nicht neu, sondern lediglich eine Umetikettierung eines allen internationalen Programmen ohnehin inhärenten Gedankens der Abdeckung des Finanzinteresses einer Muttergesellschaft.[186] Auf den Kern reduziert tue der Versicherer so, als wäre das im *non-admitted*-Verbotsland belegene Risiko mitversichert gewesen, was per se zum Konflikt mit ausländischen Aufsichtsbehörden führen muss.

162 Die Kritik setzt vornehmlich an der Bemessungsmethode des Schadens des VN an. Wenn der Schaden sozusagen eins zu eins von der Tochtergesellschaft zum VN „durchgereicht" wird, dann handle es sich in Wirklichkeit um eine Versicherung des vor Ort belegenen Risikos. I.E. führt das Fehlen eines Filters zur direkten faktischen Anknüpfung an den lokalen Schaden, was einen Umgehungstatbestand indiziere.[187]

163 Die Argumente von *Langheid/Grote* gehen in Richtung einer optimalen summen- und bedingungsseitigen Ausschöpfung des lokalen Marktes. Damit werde der Zweck des lokalen Aufsichtsrechts gewahrt, weswegen DIC/DIL zulässig sei. Regulativ sei der ordre public. Für *Bähr/Püttgen*[188] ist das ein faktisches, aber kein rechtliches Argument. In der Praxis werden häufig nur geringe lokale Deckungen besorgt, um mit dem sog. *good local standard* und einer niedrigen Deckungssumme ein gewisses Mindestmaß zu erreichen.

164 Versicherbar wären laut *Langheid/Grote*[189] höchstens eine Ausgleichspflicht oder der Ausfall einer Gewinnabführungsvereinbarung aufgrund des eingetretenen Schadens. Hingegen sei eine Formulierung, dass „dasjenige, was der Tochter bei einer entsprechenden Versicherung zu leisten gewesen wäre", zu ersetzen ist, zu unbestimmt und daher unwirksam.

165 Ungeklärt bleibt nach einer Schadensregulierung an die Muttergesellschaft der Schadensausgleich an die Tochtergesellschaft. Auf welcher Basis bzw. aus welchem Titel würde dann eine später erfolgende und die insolvente Tochtergesellschaft vor der Liquidation oder Zerschlagung rettende Finanzspritze dieser Obergesellschaft erfolgen? Das Vorliegen eines Umgehungsgeschäfts seitens der lokalen Aufsichtsbehörden könnte als nahe liegend betrachtet werden.[190]

---

[185] Vgl. nur *Langheid/Grote* VW 2008, 630 ff.; krit. auch *Leffler* CCZ 2008, 221, 222.

[186] *Heße* VW 2008, 327, 327.

[187] *Langheid/Grote* VW 2008, 630, 632.

[188] *Bähr/Püttgen* VW 2008, 1078, 1079.

[189] *Langheid/Grote* VW 2008, 630, 633.

[190] Weniger auffällige Ausgleichsgeschäfte bzw. -zahlungen zwischen Mutter- und Tochtergesellschaft sind zwar denkbar, könnten jedoch in weiterer Folge steuerliche Probleme aufwerfen.

f) Funktion lokaler Policen. Wenn allerdings wie in der Praxis üblich in den jeweiligen lokalen Policen pro Land nur ca. 1 Mio. € bzw. 1 Mio. US$ an Deckungssumme vereinbart werden, stellt sich die Frage, ob lokal wirklich ein versicherungswürdiges Risiko verbleibt und nicht besser entsprechende Selbstbehalte zu vereinbaren oder *captive*-Lösungen ins Spiel zu bringen wären. Prüfenswert wären derartige Lösungen bei der D&O-Versicherung für *Side B* und *Side C*. Die Höhe der lokalen Versicherungssumme ist regelmäßig das Ergebnis eines Abwägungsprozesses, wobei prinzipiell verschiedene Grundabsichten im Vordergrund stehen können. 166

Steht *compliance* im Vordergrund der Betrachtung, dann ist die Wahl einer Standard-Versicherungssumme für alle *non-admitted*-Länder von 1 Mio. € bzw. 1 Mio. US$ ein wenn auch nur erster konsistenter Ansatz.[191] Mit dieser Summe bleibt i.d.R. einerseits das Kumulproblem des Versicherers beherrschbar. Andererseits wird die Schadensabwicklung durch das Vorhandensein der lokalen Police faktisch wesentlich erleichtert. Denn es liegt schon in der Anfangsphase eines Versicherungsfalles eine lokale Police vor und damit können zumindest die zunächst entstandenen Abwehrkosten beglichen werden. Die Aufmerksamkeit örtlicher (Aufsichts-)Behörden würde möglicherweise erst im Falle weitergehender Leistungen aus einer DIL/DIC-Funktion der Masterpolice erregt werden. Dies wäre dann wohl nur eher selten der Fall, da schätzungsweise mehr als zwei Drittel aller D&O-Schadensmeldungen über das Abwehrkostenstadium nicht hinauskommen. 167

Steht hingegen die Betrachtung der individuellen Risikosituation in dem jeweiligen Land im Zentrum der Betrachtung, dann sind auch individuelle Versicherungssummen die logische Konsequenz. 168

Das Defizit einer vergleichsweise niedrigen lokalen Deckungssumme tritt in dem wohl sehr selten vorkommenden Ereignis eines Innenverhältnisschadens zu Tage, welcher eine Tochtergesellschaft in einem *non-admitted*-Verbotsland wirtschaftlich ruiniert und damit in die Insolvenz treibt. Der dadurch ausgelöste Versicherungsfall kann gegenüber der Konzernobergesellschaft nicht reguliert werden. Denkbar wäre ausnahmsweise eine Zahlung an den VN. 169

g) Kooperationspflichten im Schadensfall und subjektives Risiko. 170
Wird das inländische Vermögen der Muttergesellschaft durch die Notwendigkeit solcher finanzieller Aufwendungen geschmälert, wird der Ver-

[191] Nach *Langheid/Grote* VW 2008, 630 ff., genüge ein nur symbolhafter lokaler Versicherungsvertrag nicht, um die Bedenken bezüglich eines Verstoßes gegen lokales Aufsichtsrecht zu zerstreuen.

sicherungsfall ausgelöst. Für die Zwecke der Regulierung bedarf es jedoch einer Verknüpfung der Versicherungsleistung zur Muttergesellschaft mit den nach deren Versicherungsvertrag geltenden Bedingungen und Obliegenheiten.[192] Die Herausforderung besteht darin, einen Schadensfall sozusagen aus der Ferne hypothetisch abzuwickeln. Die Regulierung erfordert ein gewisses Maß der Mitwirkung bzw. Kooperation des Tochterunternehmens sowie der belangten natürlichen Person. Beide stehen aber in keinerlei vertraglichen Beziehung zum Versicherer.

171 Bei einem nicht enthaftungsfähigen Drittanspruch erleidet die Tochtergesellschaft keinen Vermögensnachteil, so dass es folglich auch keine Leistungsverpflichtung des Versicherers aus einem *financial interest cover* geben kann. Bei einem Innenanspruch ist aus dem Blickwinkel der belangten natürlichen Person kein vernünftiger Grund ersichtlich, warum sie sich indirekt den Weisungen einer ihr unbekannten Versicherungsgesellschaft fügen sollte. Bei einem Anspruch der Tochtergesellschaft hat diese selbst Interesse, ihren Schadensersatzanspruch gegen die belangte Person möglichst durchzusetzen. Das Ziel ist demnach die Erlangung eines möglichst starken Titels. Erst wenn dieser nicht vollstreckt werden kann, erleidet die Tochtergesellschaft einen Schaden, der sich über die Konsolidierung auch auf der Ebene des VN auswirkt.

172 Wird die belangte natürliche Person direkt vom Versicherer bei der Abwehr des Schadensersatzanspruchs beraten, bestimmen eine abgestimmte Auswahl der Rechtsverteidigung, die Festlegung der Verteidigungsstrategie und die Erledigung des Falles durch einen Vergleich den weiteren Ablauf.[193] All dies unterbleibt bei der alleinigen Deckung des Finanzinteresses der Muttergesellschaft. Gerade der üblicherweise auf diese Kernbereiche abzielende Zustimmungsvorbehalt in den Versicherungsbedingungen dient der Steuerung der Schadensabwicklung und bildet das Rückgrat der vom Versicherer üblicherweise zu organisierenden Schadensabwehr der belangten Person. Sind diese Weisungsbefugnisse bzw. der effektive Einfluss auf eine abstrakte Mitwirkungsmöglichkeit bei der Schadensregulierung beschränkt, dann eröffnet sich im Verhältnis zwischen dem Tochterunternehmen und der von ihr belangten natür-

---

[192] Die Auferlegung von Obliegenheiten für den VN soll einer indifferenten Haltung vorbeugen, d.h. schadenstiftendem Verhalten des VN und damit mittelbar der Tochtergesellschaften vorbeugen. Eine indirekte Einflussnahme des VN ist jedoch nur auf Tochtergesellschaften zu erwarten, nicht jedoch bei *joint ventures* oder anderen Beteiligungen ohne Tochterunternehmenseigenschaft (die Mitversicherung der Verluste letzterer über das FinC-Konzept scheitert mangels wirtschaftlicher Verknüpfung wohl an der fehlenden konkreten Bedarfsdeckung).

[193] Etwa 90% aller D&O-Haftungsfälle werden erfahrungsgemäß durch Vergleich entschieden.

lichen Person ein Spielraum, welcher die Gefahr einer Manipulation begründen kann.

Denkbar ist, dass der Verteidigungswille der belangten Person gegen den Schadensersatzanspruch des Tochterunternehmens gering ist, der Anspruch ohne umfassende Prüfung der Rechts- und Sachlage anerkannt wird und dem Versicherer ein wirtschaftlich nicht durchsetzbarer Titel präsentiert wird. Aus diesem Grund wäre eigentlich Widerstand seitens der Versicherer des Finanzinteresses gegen eine Erweiterung des Konzepts auch in Richtung auf die *Side A*-Innenverhältnisansprüche zu erwarten. Dennoch werden in der Praxis Schadenszahlungen an die Muttergesellschaft zugesagt und dieser somit der Bilanzschaden ersetzt. Dies setzt jedoch voraus, dass die Ausgestaltung des lokalen Versicherungsschutzes das Ergebnis eines juristischen Evaluierungsprozesses des lokal gegebenen D&O-Risikos und dessen Absicherung mittels lokaler Police ist. **173**

Allerdings würde eine solche Lösung erhebliche Unwägbarkeiten für die haftende versicherte Person auf der Ebene des ausländischen Tochterunternehmens zeitigen. Entweder sieht sich die versicherte Person Regressansprüchen des Versicherers ausgesetzt, der den Schaden beglichen hat. Oder sie wird mit dem formell weiter bestehenden, weil unbefriedigten Schadensersatzanspruch der geschädigten Tochtergesellschaft konfrontiert. **174**

Zudem könnte die zuständige Aufsichtsbehörde im jeweiligen Sitzstaat den Vorgang als Umgehungstatbestand werten. Dies liegt insbesondere dann nahe, wenn die vom Versicherer entschädigte Muttergesellschaft dem Tochterunternehmen nachfolgend eine Transferleistung zukommen lässt. **175**

Die Bezugspunkte zum lokal im *non-admitted*-Verbotsland eingetretenen Schaden sind jedoch nicht zu übersehen.[194] Sie reichen von der Schadensberechnung bis hin zu Kooperationspflichten. Auch bei der Schadensregulierung selbst wird der Versicherer so weit eingebunden, wie es für die Erfassung und Bewertung des Schadens zweckmäßig ist.[195] Falls der Versicherer Empfehlungen im Zuge der Schadensabwehr, bei der Auswahl des Rechtsvertreters oder Direktiven mit dem Ziel einer vergleichsweisen Erledigung eines Schadens abgibt, könnte dies aufsichtsrechtlich als verbotene Versicherungstätigkeit gewertet werden. Durch derart faktische Tä- **176**

---

[194] A. A. offenbar *Bähr/Püttgen* VW 2008, 1078, 1081.

[195] Vgl. FinC-*Endorsement* der Zurich Versicherung AG Deutschland (Stand: 9/2009). Demgemäß hat der VN die Kooperationspflichten soweit „zumutbar" einzuhalten, um für den Versicherer eine angemessene Schadensregulierung zu ermöglichen.

tigkeit läuft der Versicherer Gefahr, die Aufmerksamkeit örtlicher Aufsichtsbehörden zu erregen.[196]

177 Zwar ist es möglich dem VN bestimmte Pflichten im Schadensfall aufzuerlegen, die quasi indirekt von der nicht versicherten Tochtergesellschaft zu erfüllen sind, jedoch kann sich dies bei der D&O-Versicherung nur auf *Side B* und *Side C* auswirken. In einem *Side A*-Fall wird keine solche Kooperation erwartet werden können.

178 Dies kann sowohl für den Versicherer als auch für den VN zu unbeabsichtigten Ergebnissen führen. Viele D&O-Bedingungswerke sehen vor, dass die unter dem Vertrag mitversicherten Gesellschaften bestimmte Meldepflichten, z.B. bei Gefahrerhöhungen, treffen.[197] Ähnlich verhält es sich bei Schadensfällen, die vor Ort eintreten. Versicherungsfälle lösen bestimmte Mitwirkungs- und Kooperationspflichten der Versicherten aus. Die jeweiligen Tochtergesellschaften mit ihren Organmitgliedern im *non-admitted*-Verbotsland sind allerdings keine Versicherten unter dem D&O-Vertrag. Hier sind Fallkonstellationen denkbar, in denen Schadensfälle ohne die Mitwirkung des Versicherers oder anderweitig erfahrene Begleitung erledigt werden.[198] Machbar ist zwar eine faktische Konsultation durch den Versicherer, doch wird sich auch hier in besonders restriktiven Jurisdiktionen die Frage einer Umgehung der Bewilligungspflicht zum Betrieb des Versicherungsgeschäfts stellen.[199]

179 Außerhalb der *Side A*-Deckung kommt das FinC-Konzept im Wege des *company reimbursement* – Firmenenthaftungserstattung *(Side B)* – oder über die *entity coverage (Side C)* zum Einsatz. Wenn nun aber ausschließlich das finanzielle Interesse der Muttergesellschaft am wirtschaftlichen Wert auf der Ebene der Tochter bzw. Beteiligungsgesellschaft über den Hauptvertrag abgesichert werden soll, dann könnte eine lokale Aufsichtsbehörde hier ebenfalls einen Umgehungstatbestand erblicken.

---

[196] Die bisherige Schadenserfahrung zeigt, dass aufgrund der geringen Schadensfrequenz außerhalb der OECD-Länder das Einschreiten von ausländischen Aufsichtsbehörden über Einzelfälle noch nicht hinausgekommen ist.

[197] Zu denken ist z.B. an Kapitalmarktmaßnahmen, wie Börsengänge. Gelten bestimmte Tochtergesellschaften nicht mehr als versicherte Gesellschaften, dann gibt es wohl auch keine entsprechenden Meldepflichten mehr.

[198] Zwar könnte der Versicherer die Mitversicherung der Beeinträchtigung des finanziellen Interesses an gewisse Voraussetzungen knüpfen. Dies erscheint jedoch in der Sparte Sachversicherung einfacher als in der Schadensabwicklung diffiziler D&O-Fälle, insbesondere bei den dort im Fokus stehenden Innenverhältnisansprüchen.

[199] Die Versicherungsschadensregulierung bzw. das *claims adjustment* zählt i.d.R. zu den bewilligungspflichtigen Tätigkeiten. *Strnad* HAVE/REAS 2007, 345 352, verweist auf das *courtesy*-Verfahren, wo die Zahlungen an eine andere Konzerngesellschaft fließen.

Dies kann beispielsweise bei außergewöhnlichen Schadensfällen evident werden. Die finanziell bereits angeschlagene Tochtergesellschaft erleidet über einen Versicherungsfall der *Side B (company reimbursement)* oder *Side C (entity coverage)* vor Ort einen außergewöhnlich hohen Schaden und kann ohne Kapitalzufuhr von außen nicht überleben. Die Muttergesellschaft kann den Schaden jedoch über die Versicherung des finanziellen Interesses auf der Ebene ihrer Bilanz durch die Versicherungsleistung egalisieren. Erfolgt anschließend eine Finanzspritze in Form einer Kapitalerhöhung seitens der Muttergesellschaft oder einer Kreditgewährung zu nicht marktgerechten Konditionen, dann würde sich ein Anknüpfungspunkt für die Annahme der Umgehung aufsichtsrechtlicher Normen ergeben. **180**

Zudem ist die Ausgestaltung des Innenverhältnisses ausschlaggebend für eine Gesamtwürdigung. Im Falle der Auskehrung der Versicherungsleistung an die geschädigte Tochtergesellschaft würde dies materiell einer Fremdversicherung gleichkommen, da lediglich der Zahlungsweg anders als bei der klassischen Fremdversicherung geregelt wäre. Dies spricht Kernfragen der Deckung überhaupt an: Wessen Interesse soll letztendlich versichert werden bzw. wem soll die Versicherungsleistung letztlich zugute kommen? Betriebswirtschaftlich kann es durchaus vertretbar sein, wenn die Muttergesellschaft in den Genuss der Versicherungsleistung kommt, falls gleichzeitig die Tochtergesellschaft den Schaden relativ leicht verschmerzen kann. **181**

In der Gesamtbetrachtung hat der Versicherer bei Vorliegen von verzweigten Konzernstrukturen auf Seiten des VN sein Kumulproblem[200] deutlich verringert, indem die Versicherungssumme im FinC-*Endorsement* nur einmal zur Verfügung steht. Relevanz kann dies z.B. bei Flächenschäden entfalten, die mehrere Länder betreffen, wobei die Insolvenz mehrerer Tochterunternehmen häufig als Beispiel herangezogen wird. Zum anderen ist das Problem des Mitteltransfers in das *non-admitted*-Land vom Versicherer zum VN gewandert. Das Versprechen des Versicherers richtet sich nun nicht mehr auf weltweiten Schutz, sondern nur mehr auf Zahlung innerhalb der Zulassungsgrenzen des Versicherers. Dies ist ebenfalls ein Umstand, der in der Sphäre des Versicherers liegt. Der Versicherer kann oder will das globale Netz von Gesellschaften auf Seiten des VN nicht abbilden, da er Gefahr läuft, aufgrund aufsichtsrechtlicher Bestimmungen die weltweite Versicherungssumme mehrfach leisten zu müssen, wobei sein Erstattungsanspruch möglicherweise wirtschaftlich ins Leere läuft. **182**

[200] *Strnad* VW 2008, 15.

183 Zudem wird es dem VN schwerer fallen, seine möglicherweise gegenüber seinen Managern abgegebenen Zusagen, weltweiten Versicherungsschutz zu gewährleisten, einzuhalten. Betroffen sind davon in erster Linie Doppel- oder Mehrfach-Organstellungen bzw. Manager, die sich für mehrere Jahre für einen Standort in einem *non-admitted*-Verbotsland verpflichtet haben.

184 Schadenskooperationspflichten wirken sich nur bei Versicherungsfällen nach *Side B* und *Side C* aus. Dort wird dem VN nur indirekt auf die Freistellung gewährende Tochtergesellschaft einwirken können. Inwieweit ein solches Einwirken versicherungsaufsichtsrechtlich relevant ist, kann nicht näher beurteilt werden, da dies von Land zu Land verschieden sein kann und sich zudem nach den konkreten Umständen des Einzelfalles richtet. Abstimmungen zur Einhaltung der nach FinC für den VN normierten Obliegenheiten zur Begrenzung des subjektiven Risikos wie Rechtsanwaltswahl, Verteidigungsstrategie, Vergleiche oder Anerkenntnisse stoßen wahrscheinlich auf nicht unerhebliche praktische Schwierigkeiten.

185 **h) Zusammenfassung und Bewertung.** Als Fazit bleibt festzuhalten, dass die Umstände des Einzelfalles die ausschlaggebende Grundlage für die Anwendbarkeit des FinC-Konzepts sind. Das FinC-Konzept kann als Teillösung betrachtet werden. Seine Schwachstellen werden bei einer differenzierten Betrachtung offenbar.[201] Insbesondere findet bei einer schuldbefreienden Zahlung im Inland ein Risikotransfer vom Versicherer auf den VN statt, weil diese einem möglichen Transfer der Versicherungsleistung in das *non-admitted*-Verbotsland zu bewerkstelligen hat.

186 Da eine Zahlung an ein Organmitglied einer unter der lokalen Police versicherten Tochtergesellschaft über die Masterpolice mangels Anerkennung des DIC-/DIL-Konzepts häufig nicht in Frage kommt, wirkt sich die DIL-Funktion des FinC-*Endorsements* nur für Versicherungsfälle nach *Side B* und *Side C* aus, da nur dort eine Enthaftung einer ansonsten hypothetisch versicherten Person stattfinden bzw. ein Vermögensschaden einer lokal versicherten Gesellschaft unter *Side C* eintreten kann, der das Limit der lokalen Police übersteigt.

187 Die im Zuge der Deckung des Finanzinteresses nicht versicherten Tochtergesellschaften und deren Organmitglieder haben keinerlei Leistungsansprüche gegen den Versicherer des Masterprogramms. Bei einer rein auf die Muttergesellschaft beschränkten Zahlung des Versicherers ist für die örtlichen Aufsichtsbehörden keine Versicherung sichtbar: Weder wird im

[201] Krit. dazu auch *Sigulla*, FTD-Dossier v. 11.9. 2008, S. 7. Als Vorsitzender des DVS – Deutscher Versicherungs-Schutzverband e.V. erinnert er daran, dass Produkte bewerbende Versicherer u.a. dafür einzustehen hätten, dass diese auch tatsächlich funktionieren.

Schadensfall von einem örtlich zugelassenen Versicherer eine Zahlung geleistet, noch findet automatisch ein Zahlungsfluss nach erfolgter Regulierung über den Master an die Tochtergesellschaft statt. Besteht eine lokale Police, so erschöpft sich diese in der Zahlung des lokalen Limits. Erst im Falle eines konzerninternen Zahlungstransfers entstehen nachvollziehbare Zahlungsflüsse, welche von lokalen Behörden als Versicherungsleistung qualifiziert werden könnten.

I.E. besteht zumeist für *Side A* Deckungsschutz ausschließlich über die **188**
lokale Police, außer aufsichtsrechtliche Vorschriften lassen DIC-/DIL-Deckungen aus einer Masterpolice zu. Für Versicherungsfälle nach *Side B* und *Side C* sind über FinC Leistungen dann zu erbringen, wenn die Muttergesellschaft zur Freistellung der Tochtergesellschaft verpflichtet ist. Jüngere Varianten des FinC-Konzepts sehen allerdings eine Leistungspflicht allein dann vor, wenn sich der Wert einer ausländischen Beteiligung in einem *non-admitted*-Verbotsland im Gefolge eines Schadensfalles mindert, der von einer in das Versicherungsprogramm integrierten lokalen Police nicht oder nicht ausreichend gedeckt ist und der die Voraussetzungen für einen gedeckten D&O-Schaden i.S.d. Mastervertrages erfüllen würde. Das dadurch entstehende Bedürfnis einer wirtschaftlichen Aufwendung seitens der Muttergesellschaft an die Tochtergesellschaft führt zum Ausgleich der Wertminderung. Gleichgültig ist dabei, ob die Muttergesellschaft die Aufwendungen tatsächlich tätigt oder überhaupt eine lokale Police eingerichtet ist.

I.E. haben die ausländischen Verbotsnormen keine Auswirkungen, so- **189**
lange die Vertragsabwicklung ausschließlich innerhalb Deutschlands ohne Anknüpfung an das *non-admitted*-Verbotsland erfolgt. Anknüpfungspunkte könnten sich somit über die Risikobelegenheit bei einem Transfer der Schadenszahlung ergeben. Bei Bestehen einer lokalen Police mit DIC-/DIL-Funktion des Masters ergeben sich Berührungspunkte allenfalls bei einer Überprüfung der Einhaltung aufsichtsrechtlicher Vorschriften durch örtliche Behörden, die möglicherweise zu dem Ergebnis kommen, dass entweder der lokale Markt nicht ausgeschöpft wurde oder aber eine erfolgte Schadensregulierung über die DIC-/DIL-Funktion aufsichtsrechtswidrig ist.

4. Versicherungsteuerliche Fragen

Innerhalb der EU ist nach der *Kvaerner*-Entscheidung des EuGH vom **190**
Grundsatz der Risikobelegenheit als Basis für die Ermittlung der Steuerpflicht auszugehen.[202] Gleiches gilt in unterschiedlicher Ausprägung auch

[202] EuGH NVersZ 2001, 376 ff.

für außerhalb der EU belegene Risiken.[203] Bei Sach- und Betriebshaftpflichtprogrammen lässt sich anhand der Bezugsgrößen „Sachwerte" und „Jahresumsätze" die Steuerberechnungsgrundlage eruieren. Die Risikobelegenheit ist zunächst Anknüpfungspunkt für die Berechnung abzuführender Versicherungsteuern in jeder Jurisdiktion. Eine einfache und auch häufig verwendete Formel in der Sparte D&O-Versicherung ist die Bestimmung der Allokation nach jährlichen Umsatzzahlen oder Mitarbeiterzahlen in den jeweiligen Ländern, in denen der VN Tochterunternehmen hat.

191 Die tatsächliche Risikobewertung des D&O-Versicherers spiegelt sich bei einer auf Umsatz oder Bilanzsumme basierenden Berechnung jedoch kaum wider. Die Prämienkalkulation erfolgt beim Versicherer zumeist nach spartenrelevanten Kriterien wie Börsennotierung in den jeweiligen Ländern, Unternehmensfinanzkennzahlen, Qualität des Risikomanagements, Gesellschafterstruktur oder rechtliches Umfeld.

192 Angenommen, die Aktien des VN als Konzernmutter werden an verschiedenen Börsenplätzen bei breit gestreuter Aktionärsstruktur gehandelt. Gleichzeitig wurden Anteilsscheine auf diese Aktien an einer amerikanischen Wertpapierbörse begeben (sog. *american depository receipts*). Die Versicherungsbedingungen sehen vor, dass die Konzerndeckung neben dem Deckungsbaustein *company reimbursement* auch eine Deckung der Gesellschaft selbst – *Side C-entity coverage* – enthält. Die bedeutendsten Tochtergesellschaften des VN finden sich vornehmlich in den EWR-Ländern. Zudem gibt es größere Produktionsgesellschaften in den BRIC-Staaten,[204] wo allerdings die Umsatzzahlen im Vergleich zu den hohen Mitarbeiterzahlen vergleichsweise niedrig sind.

193 Risikobewertungstechnische Erwägungen gebieten, das Hauptrisiko zunächst bei der Unternehmensspitze anzusiedeln, kommt dem obersten Konzernvorstand doch eine zentrale Leitungsfunktion zu und trifft ihn daher die größte Verantwortung. Auch die Überwachungsfunktion des Aufsichtsrats der Muttergesellschaft ist als Spitzenrisiko zu qualifizieren. Die Versicherer veranschlagen für Kapitalmarktrisiken aus Börsennotierungen zumeist nicht unerhebliche Zuschläge, insbesondere bei einem Aktienhandel in den USA. Werden Aktien der Muttergesellschaft in den USA gehandelt, so trifft die Gesellschaft selbst auch ein beachtliches Klagerisiko.

---

[203] In manchen Ländern gelten die von Unternehmen aufgewendeten D&O-Versicherungsprämien auf der Ebene der versicherten Personen als geldwerter Vorteil, weshalb es zu dessen Berechnung einer individuellen Allokation bedarf. Ein rein konzerninternes *cross charging* der Prämie wird diesem Anspruch nicht gerecht und würde bei Offenlegung gegenüber der lokalen Finanzbehörden einer Selbstbezichtigung von nicht gesetzeskonformem Verhalten gleichkommen, vgl. *Leffler* CCZ 2008, 221, 222.

[204] Brasilien, Russland, Indien, China.

Es erscheint in solchen Situationen angemessen, auch die Steuerallokation gemäß dieser Risikoevaluierung des Versicherers zu gewichten und keine reine Allokation nach Umsatz- oder Mitarbeiterzahlen als primäre Steuerberechnungsbasis zu wählen.[205] Entscheidender Faktor für die steuerbehördliche Anerkennung ist die Vorlage eines schlüssigen Konzepts der Risiko- und Steuerallokation. Generell ist die Orientierung der Versicherungsteuerallokation an der Risikobewertung des Versicherers ein wohl gangbarer Weg.[206] **194**

In der Praxis wird häufig folgende Vorgangsweise angewandt: Soweit sich der Vertrag auf im Ausland belegene Risiken bezieht, verpflichtet sich der VN, die zur Berechnung und ggf. zur Kürzung der deutschen Versicherungsteuer und erforderlichenfalls die zur Berechnung und Abführung der ausländischen Versicherungsteuer relevanten Informationen oder Schätzungen für jede Prämienberechnung zur Verfügung zu stellen. **195**

Wird von der Steuerbehörde die Berechnungsgrundlage angezweifelt oder abweichend bewertet und deshalb der Versicherer für die Abführung der Versicherungsteuer oder sonstiger Abgaben in Anspruch genommen, stellt der VN die Berechnungsgrundlage zur Verfügung und erstattet dem Versicherer eventuell nach zu entrichtende Versicherungsteuer oder sonstige Abgaben. Dies soll insbesondere auch dann gelten, wenn lokal abweichend oder entgegen der bisherigen Praxis der Versicherer anstelle des VN als haftend angesehen werden sollte. **196**

Im Falle der Risikobelegenheit innerhalb der EU bzw. des EWR wird die Versicherungsteuer entsprechend den nationalen Bestimmungen vom Versicherer erhoben und abgeführt, soweit dieser zur Abführung verpflichtet ist. Im Falle der Risikobelegenheit außerhalb der EU bzw. des EWR hat der VN in eigener Verantwortung zu prüfen, ob und inwieweit nach nationalen Vorschriften Versicherungsteuer oder sonstige Abgaben anfallen. Zumeist wird vertraglich vereinbart, dass die Abführung der Versicherungsteuer bzw. sonstiger Abgaben dem VN obliegt. **197**

Aus der steuerlichen *compliance* heraus können sich erhebliche Einsparungen bei der deutschen Versicherungsteuer ergeben, welche die IVP- **198**

---

[205] Denkbar wäre die Anwendung eines erhöhten Prozentsatzes auf die Konzernspitze (Holding) mit gesonderter Berücksichtigung der *Entity*-Deckung oder Börsennotierung in den USA mit einem fest bestimmten Prozentsatz von der Gesamtprämie und die Allokation der danach verbleibenden Prämie nach den Umsätzen in den jeweiligen Ländern oder nach der Zahl der dort versicherten Personen.

Sigulla, FTD-Dossier v. 11.9. 2008, S. 7, verweist auf die Gefahr einer möglichen Gewinnverschiebung, sollte die Prämienverteilung nicht markt- und risikoangemessen sein. Die Allokation habe zudem den jeweiligen nationalen aufsichts- und steuerrechtlichen Vorschriften standzuhalten.

[206] Zuweilen erteilen die Versicherer Auskünfte zu den Prämiengewichtungen bei einer Gesamtprämie, so dass diese für Dritte nachvollziehbar sind.

Kosten verringern. Während die Versicherungsteuer in Deutschland 19% beträgt, liegt sie im Ausland oft darunter, z.B. in Österreich bei 11% und in den Niederlanden bei 7,5%. In der Schweiz kommen 5% Stempelsteuer zur Anwendung. Eine Reihe von Ländern außerhalb der EU kennt überhaupt keine Versicherungsteuer. Somit ist eine Allokation der Prämien auf die einzelnen Länder zwar aufwändig, gleichzeitig reduziert sie jedoch die auf die Prämie für die weltweite Police in Deutschland erhobene Versicherungsteuer i.H.v. 19%.

5. Charakteristika von D&O-Policen in den Ländern des common law

199 Elemente angloamerikanischer Policenformate werden zumeist über Globalisierungsklauseln, *common law*-Sektionen, *split wordings*, internationale Versicherungsprogramme oder sonstige Deckungsbausteine in deutsche Versicherungsvertragskonzepte importiert. Folgendes fällt dabei besonders ins Auge.

200 **a) Definition des „Versicherungsfalles“.** Die Mehrzahl der D&O-Versicherungsverträge in den *common law*-Ländern weist eine vergleichsweise weite Versicherungsfalldefinition auf. Über die Erhebung oder Androhung eines Schadensersatzanspruchs gegen eine versicherte Person hinaus gilt ein Versicherungsfall auch dann als eingetreten, wenn eine dazu befugte Behörde eine Untersuchung einleitet, eine versicherte Person zu einer Anhörung vorlädt oder ein Verfahren einleitet. Derart weite Definitionen sind teils Konsequenz einer auf die Abwehr von Außenansprüchen zugeschnittenen Deckung, die bereits im Vorfeld eines Schadensersatzanspruchs die Abwehrkosten erfassen soll. Teilweise dienen sie auch der Abdeckung von Verfahrenskosten, die in Deutschland und Österreich typischerweise unter den Leistungskatalog von Rechtsschutzversicherungen fallen und aus Gründen der Spartentrennung und des Aufsichtsrechts aus dem D&O-Versicherungsschutz ausgeklammert werden.[207] Üblicherweise übernimmt der Haftpflichtversicherer die Kosten eines Strafverteidigers nur dann, wenn im konkreten Fall auch mit einem nachfolgenden, gedeckten Schadensersatzanspruch gerechnet werden kann.[208]

---

[207] Vgl. auch § 8 VAG, wonach ein Versicherer, der das Haftpflichtgeschäft und das Rechtsschutzgeschäft betreibt, eine separate Schadensabwicklung in der Rechtsschutzsparte vorzuhalten hat. Diese Funktionsausgliederung soll Interessenkonflikte verhindern.

[208] So z.B. geregelt in § 101 Abs. 1 Satz 2 VVG. In Deutschland hat sich hier die Strafrechtsschutzversicherung etabliert, siehe § 11 Rn. 1 ff. In den *common law*-Ländern ist eine solche Versicherung weitgehend unüblich. Die *legal expense insurance* ist im UK erst im Aufbau begriffen.

Im UK und in den USA kommt es hingegen vielfach nur darauf an, dass eine versicherte Person zu einer Anhörung vorgeladen wird *(subpoena)*, ohne dass dies automatisch gleichzeitig mit dem Vorwurf eines persönlichen Fehlverhaltens verbunden wird. Es genügt, wenn sich das zivil- oder strafrechtliche Verfahren auf die Angelegenheiten des versicherten Unternehmens bezieht und die versicherte Person dazu befragt wird. Dabei kommt es entscheidend auf die Formulierungen im Bedingungswerk im Zusammenspiel der Definitionen *claim*, *wrongful act* und *investigation cost cover* an. Eine *subpoena* steht für eine Vorladung zur Anhörung einer Person in einer *investigation.* Ob in deren Gefolge Kosten versicherter Personen ersetzt werden, hängt von der Natur der Anhörung sowie vom genauen Policenwortlaut ab. Anhörungen können sehr unterschiedliche Zielsetzungen haben. In angloamerikanischen Policen findet sich vielfach eine *subpoena* im Definitionsteil von *claim.*[209] Systematische Gründe sprechen allerdings nur dann für eine Kostenübernahme im Rahmen einer D&O-Versicherung, wenn die Anhörung mit dem Vorwurf eines *wrongful acts* seitens einer versicherten Person verbunden ist. 201

Als Konsequenz der weiten Definition des Versicherungsfalles gilt es, umfassendere Melde- bzw. Kooperationspflichten zu beachten, welche die Versicherten schon in einem wesentlich früheren Stadium zur Abstimmung mit dem Versicherer verpflichten. In inländischen Policen werden diese Pflichten regelmäßig als Obliegenheiten ausgestaltet, bei denen die Rechtsfolgen von Obliegenheitsverletzungen vom Grad und den Umständen der jeweiligen Verletzung abhängen. Demgegenüber ist die Erfüllung von Vertragspflichten bzw. Obliegenheiten in Bedingungswerken nach angloamerikanischem Zuschnitt eine Deckungsvoraussetzung. Ein Verstoß gegen derartige *conditions precedent* lässt den Anspruch auf Deckung daher gar nicht erst entstehen. Auf die Erheblichkeit der Verletzung kommt es nicht weiter an.[210] 202

Besonders kritisch ist eine Verletzung der Schadensmeldepflicht, z.B. im folgenden Fall: Es ist ein relativ hoher Selbstbehalt *(self insured retention)* vereinbart. Die Versicherten nehmen in der Frühphase eines Versicherungsfalles, etwa einer behördlichen Untersuchung bzw. Ermittlung an, der Fall werde nur unbedeutende Abwehrkosten i.R.d. vereinbarten 203

[209] Im Gegensatz dazu erfahren Vorladungen bzw. Anhörungen zu behördlichen Untersuchungen in deutschen D&O-Bedingungswerken eine sehr unterschiedliche Behandlung. Diese können einen Versicherungsfall auslösen, zuweilen aber auch nur einen optionalen Kostenbaustein.

[210] Typische Fälle sind die Meldefristen bei Versicherungsfällen oder Mitwirkungs- und Kooperationspflichten im Schadensfall. Soweit möglich, sollte eine sog. *condition precedent language* vermieden werden, welche die Erfüllung solcher Pflichten zur Deckungsvoraussetzung erhebt.

Selbstbehaltes verursachen. Nach einiger Zeit wendet sich das Blatt und der Fall erreicht unerwartet größere Dimensionen. Der Versicherer kann bei einer verspäteten Meldung bei Vereinbarung einer *condition precedent language* ohne weiteres die Deckung ablehnen.

204 **b) Deckung der Gesellschaft selbst (Side C).** Häufig wird in Policen angloamerikanischen Formats auch eine sog. *Side C*-Deckung vereinbart, allerdings beschränkt auf sog. Wertpapierschadensersatzansprüche *(securities claims)*. Dabei ist es vielfach nicht erforderlich, dass die Haftung der *entity* auf ein konkretes und individualisierbares Verhalten einer versicherten Person zurückzuführen ist.

205 Angesichts der Zielrichtung der D&O-Versicherung, die persönliche Haftung natürlicher Personen abzusichern, verwundert das häufige Antreffen der *entity* Deckung. Sie ist jedoch aus der amerikanischen Rspr. erklärbar, die bei Wertpapieransprüchen eine Haftung der *entity* neben jene der versicherten natürlichen Personen gestellt hat.

206 **c) Indemnification.** *Indemnification* bedeutet Enthaftung, Freistellung, aber auch Schadloshaltung i.S.v. (Geld-)Ersatz. Allgemein gilt, dass *indemnification* für die versicherte Person entweder durch das versicherte Unternehmen erfolgt oder mittels der Abwehr- und Leistungsfunktion der D&O-Police. Nach den meisten gliedstaatlichen Vorschriften in den USA erfolgt eine *indemnification* der versicherten Person durch das Unternehmen nach erfolgreicher Anspruchsabwehr. In der Zwischenzeit geht es jedoch zunächst praktisch immer um die Vermeidung von Abwehrkosten für die versicherte Person. Am günstigsten für die versicherte Person sind diejenigen internen Enthaftungsbestimmungen, die im Klagefall eine verpflichtende Vorstreckung von Rechtskosten der versicherten Person durch das Unternehmen vorsehen. Dies bedeutet, dass in Fällen, in denen die versicherte Person einen Enthaftungsanspruch hat, sie nicht zu warten braucht, bis über die Klage entschieden ist, so dass sie erst im Nachhinein ihren Kostenersatz einfordern könnte.[211] Überlegenswert für die versicherte Person ist die Vereinbarung einer Einzelregelung in Ergänzung zu den *by-laws*, um eventuell dortige Lücken auszugleichen.[212]

[211] Diese *advancement of defence costs* ist in der zeitlichen Abfolge vorgeschaltet. Diese Normen finden sich in gliedstaatlichen Regeln, Satzungen oder Individualvereinbarungen und gewähren die Übernahme von Verteidigungskosten.

[212] Zusätzlich kann eine *exculpation provision* in die *by-laws* aufgenommen werden, die selbst im Falle von *gross negligence* einem Aktionär *money damages* verwehrt, vgl. Section 102 (b) (7) Delaware Corporation Law.

Bei der häufig in US-/UK-Policen auftauchenden *presumptive indemnification* wird vermutet, dass die *entity* die versicherte Person von ihrer persönlichen Haftung freistellt, und zwar im rechtlich weitest möglichen Ausmaß, d.h. in allen Fällen, wo Gesetz oder Satzung dieses nicht verbieten. Die Formulierung „Gesetz oder Satzung" sollte tunlichst vermieden werden, da die *articles of incorporation* über die Jahre hin unverändert bleiben können, während sich gesetzliche Regelungen zur Enthaftung als für die versicherte Person günstiger erweisen können. Zudem ist die Regelung hinsichtlich *permissive* oder *mandatory indemnification* von Bedeutung, da dem Unternehmen bei Ersterem im konkreten Fall ein Ermessen in der Enthaftungsfrage zukommt, welches sich an der Natur der Pflichtverletzung orientiert. Bei der *mandatory indemnification* hat das Unternehmen angemessene Verteidigungskosten ohne weitere Prüfung zu übernehmen. Bei der Formulierung ist darauf zu achten, dass die *indemnification* in Form der Abwehrkosten direkt an die Rechtsverteidiger bzw. an den empfangsberechtigten Anspruchsteller geleistet wird. **207**

Die Frage der Enthaftung entscheidet demnach darüber, ob ein Versicherungsfall über *Side A* oder *Side B* abgewickelt wird. Dies hat praktische Konsequenzen bei der Bestimmung des anwendbaren Selbstbehalts und im Kontext der *order of payments clause*.[213] **208**

Besonderes Augenmerk gilt zudem *Section* 1103 des *Sarbanes-Oxley-Acts of 2002*, welcher der SEC das Recht gibt, belangten versicherten Personen für die Dauer einer *investigation* den Zugang zu Gesellschaftsmitteln zu verwehren.[214] Damit wäre die D&O-Versicherung die einzige Quelle für die Übernahme von Abwehrkosten, allerdings zumeist unter Anwendung des Selbstbehalts der versicherten Unternehmen, da nach den Bedingungen der Selbstbehalt lediglich bei Nichtleistung wegen Insolvenz entfällt und nicht bereits bei einer behördlichen Anordnung. **209**

d) Side A only-Policen. *Side A only*-Policen beziehen sich ausschließlich auf die persönliche Haftung einer versicherten Person ohne gleichzeitiges Vorliegen einer Freistellungsmöglichkeit. Derartige Policen werden am häufigsten für Unternehmen mit Sitz in den USA abgeschlossen. Sie werden jedoch auch in Europa angeboten. Fast alle im angloamerikanischen Raum etablierten D&O-Versicherer vertreiben *Side A*-Policen. Kennzeichnendes Merkmal einer *Side A*-Police ist ihr *DIC drop down feature* für den Fall, dass aus einem bestehenden D&O-Versicherungsprogramm keine Leistung für die versicherten natürlichen Personen erlangt werden kann. Konstruktionstechnisch setzt eine *Side A*-Police auf das be- **210**

[213] Die Selbstbehalte sind i.d.R. bei *company reimbursement* höher; die *order of payments clause* sieht vor, dass zunächst Zahlungen unter *Side A* geleistet werden.
[214] Vertiefend *Fallon* The John Liner Review, Vol. 20, No. 1, Spring 2006, 1 ff.

stehende Programm auf und sieht einen *drop down* nur für die Fälle einer Leistungsverweigerung oder eines Ausfalls der zugrundeliegenden Deckungen vor. Die *drop down*-Funktion greift in verschiedenen Situationen ein: In Fällen ungerechtfertigter Leistungsverweigerung durch einen unterliegenden Versicherer, im Anfechtungs- oder Rücktrittsfall, bei Vorliegen einer Deckungslücke wegen Ausschlusses oder sonstiger Restriktionen und auch bei Insolvenz eines Versicherers.

211 Der Einkauf einer speziellen *Side A*-Deckung ist unterschiedlich motiviert. So häufen sich in wirtschaftlich angespannten Zeiten die Fälle, in denen die Gesellschaft den Manager im Schadensfall aufgrund ihrer Insolvenz nicht (mehr) oder nur teilweise enthaften kann. Zudem existieren Versicherungsprogramme, die zugleich auch eine *Side C*-Deckung für die versicherten Gesellschaften selbst aufweisen, was dazu führt, dass die Gesellschaft im Schadensfall die Deckungssumme selbst aufzehren kann und der natürlichen Person keinerlei Versicherungssumme mehr verbleibt.[215] Auch die Prämienhöhe spielt eine bedeutende Rolle, da *Side B* und *Side C* nicht unerhebliche Prämienkalkulationsfaktoren sind und aus diesem Grund die Versicherungsprämien unattraktiv erscheinen lassen können. Der Preis dieser letztgenannten *Entity*-Bausteine hängt von der allgemeinen Schadensentwicklung ab und kann sehr volatil sein.

212 Zudem haben *Side A*-Policen den Vorteil, dass sie i.d.R. deutlich kürzere Ausschlusskataloge als Policen mit *Entity*-Deckungselementen aufweisen.

213 *Side A*-Policen werden schon seit längerer Zeit als unanfechtbare bzw. rücktrittsfeste Policen angeboten.

214 Diese Faktoren tragen dazu bei, dass v.a. ausländische Manager bei international tätigen Konzernen zuweilen nach einer solcherart spezifischen Zusatzdeckung fragen.

215 In deutschen Policen ist der Versicherungsgegenstand zumeist zweistufig, bestehend aus *Side A* und *Side B*. Hierzulande haben sich *Side A only*-Policen bislang nicht etablieren können. Dies ist hauptsächlich auf die Einkaufspolitik der Unternehmen zurückzuführen, da es in Deutschland bislang nicht zu nennenswerten Enthaftungsfällen gekommen ist, in deren Zuge die Versicherer unter dem Versicherungsgegenstand *Side B* das Un-

---

[215] Eine besondere Unterart davon ist die *stand-alone „Retired Director Insurance Policy"*, die dem ausschließlichen Schutz von pensionierten versicherten Personen gewidmet ist. Angefeuert wurde der Vertrieb derartiger Policen u.a. durch eine Entscheidung des *Delaware Chancery Court* aus März 2008, wonach eine Delaware Gesellschaft die Rechte auf Vorleistung von Abwehrkosten nachträglich beschneiden kann; *Schoon vs. Troy Corporation*, 948. A.2d 1157 (Del. Ch. 2008).

ternehmen von der Enthaftungsverpflichtung freigestellt hat. Dies erklärt sich daraus, dass in Deutschland eine Drittklagenkultur eigentlich nur im Bereich des Insolvenzrisikos existiert. Dort findet dann aber auch keine Enthaftung mehr statt. Zudem sind Enthaftungen nur unter sehr eingeschränkten Voraussetzungen zulässig, wie insbesondere das Beispiel des § 93 Abs. 3 Satz 4 AktG zeigt. Im Gegensatz dazu werden in den USA erfahrungsgemäß zwei Drittel aller D&O-Versicherungsfälle über die *Side B* abgewickelt.

e) Gewichtung der Versicherungsgegenstände Side A, Side B und Side C untereinander. Viele Versicherungsprogramme weisen gleich hohe Versicherungssummen für diese drei Versicherungsgegenstände aus.[216] Dies stellt die teuerste Variante dar, setzt aber das Ziel des Bilanzschutzes bestmöglich um.[217] Zugleich ist jedoch die den natürlichen Personen zur Verfügung stehende Versicherungssumme in Gefahr, da gerade im Insolvenzfall der Insolvenzverwalter Zugriff auf die D&O-Police nehmen kann, um mit deren Erlösen die Masse zu stärken.[218] **216**

Ebenfalls verbreitet sind gerade in den USA Programme, wo die Versicherungssumme für *Side A* höher ausfällt. Allerdings verbleiben damit die oben genannten Gesichtspunkte, wenngleich in je nach Höhe des Unterschieds und Konstellation deutlich schwächerer Ausprägung. Eine weitere Variante stellt die erweiterte *Side A*-Deckung auf einer sog. *broad form DIC* mit einem nochmals weiter reduzierten Ausschlusskatalog dar. I.E. steht dem Manager damit selbst bei Anwendbarkeit eines Ausschlusstatbestands unter der *Side B* oder *Side C* eine erweiterte Deckung zur Verfügung, allerdings handelt es sich nicht um eine rechtlich selbstständige Police, sondern lediglich um einen Policenbestandteil. Eine zusätzliche Einkaufsmotivation liegt in der Tatsache, dass Insolvenzverwalter die D&O-Police wiederholt als Teil der *corporate assets* (der Masse) betrachtet haben und die *proceeds* aus der Police für die Gläubiger reservieren.[219] **217**

Die Frage der Gewichtung der *Sides A, B* und *C* erlangt besondere Bedeutung bei unzureichenden Versicherungssummen und bei der Geltend- **218**

---

[216] Lediglich vorbeugende Rechtskosten und andere Zusatzbausteine sind regelmäßig mit Sublimits versehen.

[217] Es ist jedenfalls nicht zu erwarten, dass *Side B* oder *Side C* höhere Summen aufweisen, da ansonsten die D&O-Versicherung als persönliche Deckung zu sehr „zweckentfremdet" werden würde.

[218] So ist denkbar, dass der Insolenzverwalter zur Befriedigung von Anleihegläubigern auf *Side C* zugreifen und so die Mittel zur Abdeckung von derartigen Masseverbindlichkeiten reservieren will.

[219] *Weiss/Bentz* The Metropolitan Corporate Councel, Vol. 15, No. 7, July 2007, 1.

machung von Schadensersatzansprüchen durch Insolvenzverwalter: Der Insolvenzverwalter strebt tendenziell zu leicht durchsetzbaren Ansprüchen, wodurch die Versicherungssumme durch Zahlungen von nicht zu *Side A* gehörenden Versicherungsgegenständen schneller ausgeschöpft werden kann. Aus diesem Grund haben sich *Side A only-policies* verstärkt etabliert.[220]

219 **f) Duty to defend.** Standardmäßig wird in inländischen Policen, welche die Deckung in den USA regeln, eine sog. *no duty to defend*-Regelung aufgenommen. Der Versicherer bestimmt darin, dass ihn bei Versicherungsfällen in den USA oder nach dem Recht der USA keine Verpflichtung zum Rechtsstreit trifft.[221] Dies rührt hauptsächlich aus dem Umstand her, dass die versicherte Person ihre Rechtsverteidigung selbst zu organisieren und der Versicherer zunächst deren angemessenen Kosten zu übernehmen hat. Die Gefahr, als zur Verteidigung verpflichteter Versicherer von einer versicherten Person wegen Schlechtverteidigung verklagt zu werden, ist ein wesentlicher Grund für diese Rollenverteilung.

220 **g) Allocation: „best efforts" vs. „relative legal exposure" language.** Hinsichtlich der Aufteilung von Abwehrkosten und Vermögensschäden hat sich die Formulierung *relative legal exposure* weitgehend etabliert.[222] Damit ist eine Allokationsmethode festgelegt, die über den reinen *best efforts*-Ansatz hinaus geht, der aber mangels Spezifizierung der Methode zur Findung des versicherten Anteils einen hohen Unbestimmtheitsgrad aufweist.

221 **h) Häufige Klauseln. aa) Extradition cover.** Hierbei handelt es sich um einen Baustein, welcher angemessene Abwehrkosten für ein Auslieferungsverfahren bietet. Gedeckt werden auch die Kosten der Rechtsmittel

---

220 Sog. *order of payment clauses* sollen gewährleisten, dass fällige Zahlungen aus der Police zunächst auf *Side A*-Fälle geleistet werden, danach auf *Side B* und erst zuletzt auf *Side C*.

221 Üblicherweise hat er auch kein Recht auf Führung des Rechtsstreits im Namen der versicherten Person.

222 *Clifford Chance Ltd Liab Partnership vs. Indian Harbor Insurance Company 2006*, WL 3821841 (N.Y. Supreme Court December 27, 2006). Die D&O-Police beinhaltete die Bestimmung, dass versicherte und nicht versicherte Parteien eines Rechtsstreits ihre *best efforts* unternehmen werden, um ihren Vermögensschaden bei einem gegen diese Parteien gerichteten Schadensersatzanspruch und vorab v.a. die Abwehrkosten gerecht aufzuteilen, und zwar nach *„relativ legal und financial exposures and relative benefits obtained in connection with the defence and/or settlement of the claim by the insured and others"*.

zur Bekämpfung der Ausführung einer Auslieferung. Dieser Rechtskostenbaustein geht zurück auf den UK *Extradition Act 2003*.[223] Dieses Gesetz gibt US-Behörden bei Straftatbeständen weitgehende Rechte hinsichtlich einer von ihnen begehrten Auslieferung an die USA. Ursprünglich als Instrument der Terrorbekämpfung gedacht, können Strafverdächtige aus UK in einem verkürzten Verfahren an die USA ausgeliefert werden.

Da auch Unternehmensleiter leicht in strafrechtliche Untersuchungen in den USA verwickelt werden können, haben die D&O-Versicherer mit speziellen Deckungselementen reagiert und leisten v.a. die Versicherung der entsprechenden Rechts- und Verteidigungskosten. Erlangt durch Auslieferung ein anderer Staat Steuerhoheit als jener, der über die versicherte Person am Tag vor der erfolgten Auslieferung die Steuerhoheit hatte, trägt der Versicherer auch die angemessenen Kosten eines Steuerberaters zur Neuevaluierung der persönlichen Steuerverhältnisse der versicherten Person. Der Versicherer erstattet die angemessenen Kosten eines externen Public Relations-Beraters, den die versicherte Person in Abstimmung mit dem Versicherer in Ansehung eines gegen sie eingeleiteten Auslieferungsverfahrens beauftragt hat. Ebenfalls enthalten sind Versandkosten für Medikamente, ggf. Verpflegungs- und Unterbringungskosten der versicherten Person, die Kosten der Benachrichtigung naher Angehöriger sowie die i.R.d. Einschaltung von Behörden (insbesondere Botschaften und Konsulate) anfallenden Kosten. 222

bb) Corporate manslaugther extension. Der *Corporate Manslaughter Act and Corporate Homocide Act 2007* hat einen neuen Straftatbestand für Unternehmen im UK eingeführt.[224] Besonders gefährdet sind damit Unternehmen, die Betriebstätten mit körperlichem Gefährdungspotenzial unterhalten.[225] Nach dem Gesetz kann eine Strafe ausgesprochen werden, wenn die Organisation oder Durchführung der Geschäftsführung durch das obere Management ein wesentliches Element der Schutzpflichtverletzung ist, die den Personenschaden verursacht hat.[226] 223

Aus deckungsrechtlicher Sicht sind v.a. zwei Gesichtspunkte zu betrachten. Zum einen handelt es sich im Kern um Personenschäden, die unter einer D&O-Versicherung grundsätzlich als nicht versichert gelten. Zum anderen geht es i.E. um eine Geldstrafe, die gegenüber einem Unterneh- 224

---

[223] *Miller* Business Insurance Europe v. 11.9.2006, S. 8. Am bekanntesten ist der Fall von drei NatWest-Bankmanagern, die an die USA ausgeliefert wurden.

[224] *H. Schneider* EuZW 2007, 553.

[225] Z.B. Fluglinien, Bahngesellschaften, aber auch Fahrzeugflotten unterhaltende Gesellschaften.

[226] *Laupichler* VW 2008, 411.

men ausgesprochen wird. Geldstrafen und Bußen stellen einen klassischen Ausschluss dar, zudem wäre die Abwälzung der Geldstrafe auf einen Versicherer ein Tatbestand der Strafvereitelung.

225 Im Zuge der Sachverhaltsermittlung werden allerdings Vertreter des Managements einer Gesellschaft Befragungen unterzogen, für die sie rechtlichen Beistand hinzuziehen sollten, um sich möglicherweise nicht selbst zu belasten. Der Versicherer übernimmt aufgrund einer Besonderen Bedingung die Kosten der Rechtsvertretung und -beratung versicherter Personen zur Vermeidung eigener rechtlicher Nachteile bei der Einbeziehung in gegen versicherte Unternehmen gerichtete Verfahren im United Kingdom oder Irland wegen *involuntary corporate manslaughter* nach dem *Corporate Manslaughter and Corporate Homicide Act 2007* auch dann, wenn eine Geltendmachung von Ansprüchen gegen die versicherte Person noch nicht erfolgt ist. Die 100%-Allokation, wonach der Versicherer im Falle einer gemeinsamen Verteidigung versicherter Personen und versicherter Unternehmen die gesamten Abwehrkosten trägt, findet dabei keine Anwendung.

226 Versichert sind zudem Regressansprüche versicherter Unternehmen gegen versicherte Personen wegen einer Inanspruchnahme eines versicherten Unternehmens im Rahmen eines Verfahrens im UK oder in Irland wegen *involuntary corporate manslaughter* nach dem *Corporate Manslaughter and Corporate Homicide Act 2007.*

227 **cc) Employed lawyers.** Die Anforderungen an die Rechtsabteilungen in den Unternehmen sind in den letzten Jahren kontinuierlich gewachsen und haben mit den umfangreichen Verpflichtungen im Bereich der *compliance* einen vorläufigen Höhepunkt erreicht.[227] Rechtsabteilungen sind zumeist mit Mitarbeitern besetzt, die zugleich niedergelassene Rechtsanwälte sind. Einen *employed lawyer* bzw. *inhouse councel* treffen vielfältige Aufgaben, bei deren Verletzung er persönlich Dritten oder dem eigenen Unternehmen gegenüber haften kann. Soweit sie unter den Begriff eines *officers* fallen, sind sie als versicherte Person gedeckt, allerdings eben nur in der Funktion und in ihrer Tätigkeit als *officer* der Gesellschaft. Vielfach ist jedoch ein solcher Status nicht gegeben. Folglich bleibt die Reichweite des D&O-Versicherungsschutzes für *employed lawyers* in einem Graubereich. Gerade wegen der Sorge für die Einhaltung der Bestimmungen des *Sarbanes-Oxley Act 2002* (siehe Rn. 230) zeigen *employed*

[227] *Friedman* New York Law Journal v. 20.12. 2007, S. 1 ff.: *Backdating of stock options, discovery abuses, lying to investors and auditors, violation of securities laws, insider trading, corporate governance violations* sind nur einige Punkte, die zur besonderen Exponiertheit von *inhouse councels* beigetragen haben.

lawyers in der Praxis ein besonderes Interesse an den Details der D&O-Deckung. Teils verlangen sie aufgrund möglicher Interpretationsspielräume bei der Definition versicherter Personen eine namentliche Nennung als versicherte Person im D&O-Versicherungsvertrag.

Ausgangspunkt einer soliden Absicherung des persönlichen Haftungsrisikos für *employed lawyers* ist die Vereinbarung weitgehender Enthaftungsregelungen *(indemnification clauses)* auf betrieblicher Ebene. Darüber hinaus ist in den USA der Abschluss einer eigenständigen *employed lawyers liability insurance* anzuraten.[228] Die D&O-Versicherung ist weder auf die Abdeckung von *legal malpractice* ausgerichtet noch zeigen die übrigen versicherten Personen gesteigertes Interesse, ihr Versicherungslimit mit den *employed lawyers* zu teilen. **228**

Für die Beurteilung der Deckung unter einer D&O-Versicherung kommt es insbesondere auf folgende Parameter an: Wer erhebt den Anspruch? Aus welcher Anspruchsgrundlage heraus? Welches Fehlverhalten wird vorgeworfen? Weswegen richtet sich der Anspruch gegen den *inhouse general counsel?* Es ist nicht zu erwarten, dass D&O-Versicherer *legal malpractice* bzw. rechtliche Fehlberatung abzusichern zu gedenken. Zuweilen wird ein Dienstleistungsausschluss vereinbart, um die Abgrenzung deutlich zu machen. **229**

Virulent wird die Haftung bei der Einhaltung der Art. 307 sowie 404 *Sarbanes Oxley Act*. Den *general councel* treffen hier unternehmensinterne Meldepflichten bei Verstößen gegen die SOX-Vorschriften gegenüber dem eigenen CFO oder dem *board of directors*. Funktionell wird der **230**

[228] *Friedman* New York Law Journal v. 20.12. 2007, S. 1 ff. In einer solchen *stand-alone employed lawyers policy* können auch *independent contractors* (des Unternehmens, bei dem der *employed lawyer* tätig ist) in den Kreis der Versicherten aufgenommen werden. Es handelt sich um nicht anfechtbare *Side A coverages* mit Absicherung aller einschlägigen Aktivitäten der *inhouse legal councels*. Demnach sind auch *pro bono-* und *moonlighting*-Tätigkeiten versichert. Oft nachgefragt und nur auf Einzelfallbasis gewährt wird die Deckung gegenüber dem eigenen Unternehmen. Das ist eine typische *first party liability situation*, die üblicherweise durch die *insured versus insured exclusion* unversichert bleibt. Eine reine Abwehrkostendeckung für diesen Fall ist aber auch über eine hierzulande abgeschlossene D&O-Police darstellbar.

Zu beachten ist, dass die meisten der US-amerikanischen *stand-alone*-Policen subsidiär zu einer aus dem D&O-Versicherungsvertrag erhältlichen Deckung fungieren. Zuweilen wird auch der Deckungsumfang einer *stand-alone*-Police als Zusatzbaustein in die D&O-Versicherung integriert, allerdings mit einem deutlich niedrigeren Sublimit im Vergleich zum Gesamtlimit der D&O-Police. Aber auch bei einer solchen Lösung kommt es zur Vermengung von Interessensphären. Insbesondere bei *securities claims*, die ein erhebliches Schadenspotenzial in sich bergen, ist Vorsicht geboten.

general councel so zum Gehilfen der SEC gemacht. Die direkte Verstrickung von *inhouse legal councels* in Schadensersatzansprüche Dritter oder *investigations* resultiert zum einen aus der Tatsache, dass Dritte die Tätigkeit als solche mit Schutzwirkung zu ihren Gunsten ansehen und deshalb auch ohne direkte vertragliche Beziehung Ansprüche erheben. Zum anderen beziehen staatliche Behörden den *inhouse legal councel* direkt in ihre *investigations* ein.

231 **i) Ausschlüsse bzw. Abgrenzungen mit Wiedereinschlüssen (carve backs). aa) Employment Practices Cover (personal EPL).** Dieser Ausschluss regelt die Abgrenzung zur Sparte *Employment Practices Liability Insurance*.[229] Er enthält daher auch einen materiellen Ausschluss für derartige Klagen. Die häufig anzutreffende Übersetzung als „Anstellungsvertragsschadensersatzansprüche" trifft nicht den eigentlichen Gehalt dieser Art von Ansprüchen. Besser ist der Begriff der Beschäftigungsschutzansprüche, welche ihren Ausgangpunkt in den USA haben und sich allesamt auf die Verletzung von verfassungsgesetzlich geschützten Rechten zurückführen lassen. Die wesentliche Anspruchsgrundlage ist *Title VII* des *Civil Rights Acts* von 1964.[230]

232 Im Zentrum des Klageanspruchs steht als Manifestation der *deep pocket theory* zumeist die Gesellschaft selbst, nicht zuletzt wegen ihrer i.d.R. stärkeren wirtschaftlichen Stellung.[231] Zudem werden der *entity* im Vergleich zu einer versicherten Person deutlich höhere *punitive damages* auferlegt. Trotz der erheblich größeren Exponiertheit der *entity* ist die Mitversicherung des *personal* EPL-Risikos zur Absicherung der Ansprüche gegen versicherte Personen im D&O-Versicherungsvertrag üblich und geboten.

233 Kennzeichnend für eine *personal EPL coverage* ist die Einbeziehung aller Arbeitnehmer und externer Mandatsträger *(ODL-coverage)* des versicherten Unternehmens in den Kreis der versicherten Person. Zusätzlich enthalten diese Klauseln zumeist auch eine Modifikation des Vermögensschadensbegriffs, worunter dann auch *mental anguish* and *emotional dist-*

[229] Siehe § 7 Rn. 38.

[230] Subchapter VI of Chapter 21 of 42 U.S.C. § 2000e.

[231] Neben Arbeitnehmern der versicherten Unternehmen können auch abgelehnte Bewerber sowie Regierungsbehörden, die für Arbeitnehmerfragen zuständig sind, Anspruchsteller sein. Ursache für EPL-Klagen sind tatsächliche oder behauptete rechtswidrige Kündigung, Entlassung oder sonstige Beendigungen eines Arbeitsverhältnisses, Disziplinierung, falsche oder unterlassene Beurteilung, unterlassene Einstellung oder Beförderung, Verletzung der Privatsphäre, Diffamierung, Ausschluss von einer Karrieremöglichkeit oder Verweigerung bei der Gewährung einer Dauerposition *(tenure)*.

ress subsumiert werden, also Schäden, die eigentlich als Personenschaden gelten.[232]

Die Versicherer sehen für EPL-Klagen regelmäßig ein Sublimit und einen Selbstbehalt für den Fall des *company reimbursement* vor. Vereinzelt findet sich die *personal EPL coverage* lediglich in der Deckung von *wrongful termination claims* von versicherten Personen gegen andere versicherte Personen wieder. Standort in der Police ist dann der entsprechende Wiedereinschluss *(carve back)* im USA-Innenverhältnis-Ausschluss.[233] **234**

Wiewohl sich eine *personal EPL coverage* innerhalb der D&O-Versicherung empfiehlt, erscheint nun die Separierung dieser Sparte aus den folgenden Gründen dennoch geboten: **235**

1. Die Deckung der *entity* trifft den eigentlichen Kern des EPL-Risikos.
2. *Punitive damages* werden im Schadensfall viel eher der *entity* auferlegt als der versicherten Person; die Deckung für *punitive damages*, die ver sicherten Personen auferlegt werden, ist schwierig am Versicherungsmarkt zu beschaffen.
3. Der Ausschluss der wissentlichen bzw. vorsätzlichen Pflichtverletzung ist im Kontext einer EPL-Klage deutlich kritischer zu sehen, insbesondere bei Belästigungsklagen.
4. Vereinzelt sind auch *Entity*-Deckungen unter dem D&O-Versicherungsvertrag möglich, allerdings finden sich dann zuweilen Einschränkungen hinsichtlich der Schadensnachmeldefristen.
5. Aufgrund des hohen Schadenspotenzials und der hohen Schadensmeldefrequenz kann der Schadensverlauf des D&O-Versicherungsvertrages beeinträchtigt werden und zu einer negativen Risikobewertung des Versicherers führen.
6. Einige Versicherer bieten in der Sparte EPL einen Beratungsservice durch spezialisierte externe Dienstleister an, deren Kosten der Versicherer bis zu einer bestimmten Höhe, z.B. einem Zehntel einer Jahresprämie pro Versicherungsjahr übernimmt. Diese Möglichkeit gibt es in der Sparte D&O-Versicherung nicht.
7. Die *multiplied portions* von *multiplied damages* gelten über den D&O-Versicherungsvertrag als nicht versicherbar.

---

[232] *Mental anguish* und *emotional distress* sind beides Tatbestandsvoraussetzungen für *sexual harrassment claims* (Klage wegen sexueller Belästigung).

[233] Die Beweislast für das Eintreten des Versicherungsfalles liegt beim VN; für das Vorliegen eines Ausschlusses ist der Versicherer darlegungs- und beweispflichtig. Da es sich bei einem *carve back* materiell um einen Deckungsbaustein handelt, hat also der VN darzutun, dass der Ausnahmetatbestand erfüllt ist.

236 **bb) ERISA/Fiduciary Liability (Pensionsfonds).** Der ERISA-Ausschluss (ERISA = *Employee Retirement Income Security Act* von 1974) gilt als Standard und dient vornehmlich der Spartenabgrenzung. Üblicherweise erstreckt sich die D&O-Deckung auch auf diejenigen Personen der versicherten Unternehmen, welche als Funktionsträger, sei es als Vorstand, Aufsichtsrat oder *trustee* bei von versicherten Unternehmen gehaltenen oder gesponserten Pensionsfonds tätig sind.

237 Vielfach handelt es sich um unter dem D&O-Versicherungsvertrag versicherte Personen, welche zugleich Mandate bei Pensionseinrichtungen bekleiden. Nicht übersehen werden sollte der Interessenkonflikt, der durch solche duale Besetzungen entsteht: Die Interessen des versicherten Unternehmens und des Pensionsfonds sind nicht deckungsgleich. Letztere sind die zusammengefassten Interessen aller Zahlungsberechtigten aus dem Pensionsfonds. Eine Separierung der Sparten erscheint daher angezeigt. Die Absicherung von Risiken aus Pensionskassen wird als *fiduciary liability* oder *pension trust liability* bezeichnet und ist in erster Linie eine *Entity*-Deckung (F/L-Deckung).

238 Kritisch ist der exakte Wortlaut des Ausschlusses. Es sollte lediglich die Tätigkeit als Verwalter *(trustee)* von Treuhandpensionsvermögen ausgeschlossen werden, also die pensionsfondsbezogene Verwaltungstätigkeit. Unter dem D&O-Versicherungsvertrag sollte sämtliche beaufsichtigende Tätigkeit verbleiben.

239 Erhältlich sind auch Kombinationspolicen aus D&O und F/L. Insbesondere Gesellschaften, die Beiträge zu Pensionsplänen in eigene Aktien investieren, haben vom Versicherer in einem solchen Fall Kapazitätsbegrenzungen bei einem *common claim* zu erwarten. Dies begründet sich darin, dass nicht nur die Verletzung von Wertpapiergesetzen sondern auch von Pflichten nach ERISA gleichzeitig vorliegen kann.[234]

240 **cc) Pollution exclusion (global warming).** Zu fragen ist, ob unter den Umweltausschluss in US-Policen auch Schadensersatzansprüche von Aktionären fallen, die wegen nicht erfolgter oder unzureichender Aufklärung über Umweltrisiken und deren mögliche Folgen für das Geschäftsmodell oder sonstige Auswirkungen auf das Unternehmen erhoben werden. Dies lässt sich nur anhand des spezifischen Bedingungswortlauts bestimmen. Unternehmen, deren Aktien an der Börse gehandelt werden, haben Angaben zu Umweltrisiken in ihren Jahresabschlüssen bzw. regelmäßigen Berichten zu erstatten.[235] Systematisch lassen sich *drei* Szenarien unterschei-

[234] Sog. *tag along cases:* http://www.insurancescrawl.com/archives/2005/10/when_erisa_suit.html.

[235] Theoretisch könnten Aktionäre eine *derivative action* mutmaßlich mit dem Vorwurf erheben, die Unternehmensleitung habe Umweltangelegenheiten entwe-

den: (1.) Eine Gesellschaft versäumt eine gesetzlich vorgeschriebene Meldepflicht hinsichtlich ihrer Treibhausemissionen, (2.) eine Gesellschaft weist unzureichend auf Trends und Entwicklungen im Zusammenhang mit Treibhausemissionen hin, (3.) eine Gesellschaft unterlässt den Hinweis auf die Auswirkungen des Klimawandels auf das eigene Geschäftsmodell.[236] Der Markt in den USA bietet seit jüngerer Zeit D&O-Policen mit spezieller Regelung der *global warming risks* an.[237]

dd) Innenverhältnisausschluss (IVI) mit carve backs. Gemeinhin gelten Ansprüche im Innenverhältnis der versicherten Gesellschaften in den USA als unversicherbar.[238] Somit sind Schadensersatzansprüche der versicherten Unternehmen gegen versicherte Personen und Ansprüche der versicherten Personen untereinander, die in den USA oder auf Basis des Rechts der USA geltend gemacht werden, nicht versichert. Es handelt sich dabei um eine Entscheidung der Versicherer, nicht um ein Gesetz oder rechtliche Unmöglichkeit. Bis Anfang der 1980er-Jahre sahen die D&O-Policen keinen Ausschluss vor, erst im Zuge des Schadensfalles *Bank of America* und der *savings and loan* Krise sowie den daraus resultierenden Schadenszahlungen kam es zur Einführung des Innenverhältnisausschlusses.[239] Das wesentliche Bedenken der Versicherer gilt der Versicherung einer freundschaftlichen Inanspruchnahme im Innenverhältnis der Gesellschaft. Der Ausschluss soll eine kollusive Vorgehensweise vermeiden. 241

der unter- oder überpriorisiert im Vergleich zu den allgemeinen Zielsetzungen der Gesellschaft.

[236] *Donald/Tor* Tort Trial & Insurance Practice Law Journal, Summer 2006, 1033, 1041: Selbst bei Vorhandensein eines Umweltausschlusses könne es Fälle geben, in denen es Raum für eine Umweltdeckung gibt.

[237] Insurance Journal, Liberty International Underwriters Creates D&O Coverage to Protect Against Global Warming Litigation, July 31, 2008, www.insurancejournal.com/news/national/2008/07/31/92388.htm. Möglich ist die Vereinbarung von *Side A pollution derivative suit coverage, pollution defence cost coverage, inclusive of entity coverage and global warming protection, private placement protection including defence costs coverage for global warming misrepresentations and defence cost coverage associated with formal administrative or regulatory investigative proceedings against insured persons with respect to global warming.*

[238] FTD-Dossier v. 11.9. 2008, S. 11: Ausgangspunkt ist dabei die deutsche Sichtweise, die von einem Regelfall der Inanspruchnahme eines Managers durch Organe der versicherten Gesellschaft ausgeht. Die häufigsten Fälle sind die Ansprüche des Aufsichtsrats gegen den Vorstand oder Ansprüche eines gegenwärtigen Vorstands bzw. Aufsichtsrats gegen ein ehemaliges Mitglied des Vorstands bzw. des Aufsichtsrats.

[239] *Latham & Watkins* Client Alert, No. 732, July 29, 2008, 1, 1 m.w.N.; Complaint in *Bank of America vs. Powers*, No. C 536–776 (California Supreme Court, filed March 1, 1985).

242 Im Laufe der Zeit haben die Versicherer sog. *carve backs* (Wiedereinschlüsse) in bestimmten Fällen zugestanden. Der Katalog dieser Wiedereinschlüsse hat sich über die Jahre den dynamischen Veränderungen des D&O Marktes anpassen müssen. Übliche *carve backs* sind:

243 **(1) Claim for „recourse" and „contribution".** Eine versicherte Person nimmt als unmittelbare Folge eines versicherten Schadensersatzanspruches Regress oder macht einen Ausgleichsanspruch geltend. Wird demnach einer von mehreren Gesamtschuldnern von einem Dritten in Anspruch genommen, dann kann dieser im Innenverhältnis der Gesamtschuldner einem oder mehreren anderen den Streit verkünden oder aber nach bereits erfolgter Befriedigung des Dritten den Ausgleichsanspruch geltend machen.[240] Der *carve back* erklärt sich aus der Eigenschaft des in Anspruch genommenen Gesamtschuldners als lediglich eine von mehreren haftenden Personen. Innerhalb des Kreises der Gesamtschuldner besteht aber keine Kollusionsgefahr.

244 **(2) Derivative claims (shareholder claims).** Einzelne Aktionäre können mittels *derivative action* im Namen der Gesellschaft Schadensersatzansprüche gegen das Management geltend machen. Die Versicherer gewähren Deckung gemeinhin nur für Fälle, in denen keine *participation*, *solicitation* oder *assistance*[241] seitens einer versicherten Person vorliegt, mit anderen Worten, es muss sich um eine unabhängige (unbeeinflusste) Gesellschafterklage handeln. Der Versicherer will damit Klagen vom Versicherungsschutz ausnehmen, wo eine versicherte Person in irgendeiner Form mitgewirkt hat, sei es durch eine Information an den klagenden Gesellschafter, dass eine bestimmte Pflichtverletzung zu einem Schaden geführt habe, der eingefordert werden solle, oder dass der Gesellschafter von der versicherten Person in sonstiger Weise beeinflusst worden war. Entscheidend ist demnach, von wem der Antrieb bzw. die Initiative zu einem Anspruch ausgeht.

---

[240] Entspricht § 426 BGB.

[241] Häufig übersetzt mit „Weisung, Beteiligung oder Veranlassung", zuweilen auch mit „Empfehlung". In deutschen AGB fand diese Übersetzung erstmals Eingang in die AVB OLA 93 der Chubb Insurance Company of Europe S.A., später auch in die Musterbedingungen der GDV D&O-Arbeitsgruppe: § 7 Rn. 104 ff. Die Wortinterpretation umfasst jedoch auch die Fälle, in denen die Gesellschafter Informationen zu den klagebegründenden Sachverhalten durch die Erfüllung gesetzlicher oder satzungsmäßiger Informationspflichten erhalten. Diesbezüglich findet sich eine entsprechende Klarstellung im Text der Klausel, dass dies unschädlich ist.

245 Als weitere „unbeeinflusste“ Gesellschafterklage gelten Ansprüche Versicherter, die durch einen *whistleblower* ausgelöst werden.[242] *Whistleblower* werden vielfach durch nationale und gliedstaatliche Gesetze besonders geschützt.[243] Mitarbeiter sollen angehalten werden, rechtlich relevante Missstände im Unternehmen in rechtlich geschützter Weise zu melden. Diese Meldungen können zu Ermittlungen von Aufsichtsbehörden oder aber auch zu Klagen von Gesellschaftern führen.

246 **(3) Retaliation.** Technisch wird diese Deckungserweiterung zumeist unter der *personal EPL insurance* eingebaut. Der Begriff *retaliation* ist nicht notwendigerweise mit einer Klage nach *Title VII* des *Civil Rights Acts of 1964* verbunden. Mischformen ergeben sich, wenn durch eine *retaliation* auch geschützte Rechtsgüter nach *Title VII* verletzt werden. Im klassischen Fall maßregelt der Arbeitgeber den Arbeitnehmer für eine bestimmte Verhaltensweise, um den Arbeitnehmer zu einer Verhaltensänderung zu bringen.[244]

247 **(4) Former insured person claims.** Ehemalige Unternehmensleiter bleiben standardmäßig versicherte Personen. Wenn eine ausgeschiedene versicherte Person einen Schadensersatzanspruch betreibt, dann fällt dies technisch unter den Ausschluss von Versicherten untereinander. Die Versicherer gewähren diese Ausnahme, weil das ehemalige operative Organmitglied nach seinem Ausscheiden nicht mehr dieselbe Informationsdichte über die Unternehmensinterna besitzt, wodurch die Gefahr eines „manipulativen“ Anspruchs gemindert wird.[245] In manchen Marktphasen

---

[242] In den USA wird regelmäßig der Bezug auf eine besonders nach der Regel 18 U.S.C. 1514(A)(a) *(whistleblower protection)* des *Sarbanes Oxley Act* oder nach einer ähnlichen Vorschrift geschützte Aktivität einer versicherten Person hergestellt.

[243] Z.B. Section 806 SOX; vgl. dazu *Stern/Cohen* The Labor Lawyer, Vol. 23, No. 2, Fall 2007, 191 ff.

[244] Beispielsweise verletzt sich ein Arbeitnehmer wiederholt bei einer bestimmten Tätigkeit und nimmt in Folge die Lohnfortzahlung im Krankenstand in Anspruch. Der Arbeitgeber beschließt darauf hin, den Arbeitnehmer intern einer anderen Verwendung zuzuführen, bei der derartige Verletzungen nicht mehr vorkommen können, wofür der Arbeitnehmer dann aber schlechter entlohnt werden wird. Klagt der Arbeitnehmer deswegen, kann sich sein Vortrag auf einen Verstoß gegen Title VII oder aber eine andere rechtswidrige Maßregelung stützen. Letzteres umschreibt den Tatbestand einer möglichen *retaliation*. Die Klage des Arbeitnehmers könnte auf Rückversetzung und/oder Schadensersatz gehen.

[245] Besonders praxisrelevante Fälle bilden Streitigkeiten aus arbeitsrechtlichen Zusagen, die ein ehemaliges Organmitglied aus dem Titel der Inanspruchnahme besonderen persönlichen Vertrauens gegenüber einem anderen Organmitglied geltend macht.

haben Versicherer jedoch auf einem Zusatz bestanden, wonach der Unternehmensleiter mindestens zwölf bis 48 Monate ausgeschieden sein musste, um einen unter dem *carve back* versicherten Innenverhältnisanspruch stellen zu können.

248 **(5) Receiver claims.** Im Gefolge steigender Insolvenzzahlen und klagefreudiger Insolvenzverwalter stellte sich zunehmend die Frage, ob *receiver claims* ebenfalls unter den *insured versus insured* Ausschluss fallen.

249 Aus Sicht der Versicherer nimmt der Insolvenzverwalter lediglich die Stelle des VN ein. Er macht den Anspruch im Namen des versicherten Unternehmens zur Stärkung der Masse geltend. Folglich werde die versicherte Person von einem anderen Versicherten in Anspruch genommen, weswegen der Innenverhältnis-Ausschluss vom Wortlaut her eingreifen würde.

250 Dieser Auffassung haben sich die meisten Gerichte aber nicht angeschlossen.[246] Der Insolvenzverwalter stehe gerade nicht in einem Naheverhältnis zur versicherten Person. Zudem löse sich das Verhältnis zwischen dem Unternehmen und der versicherten Person bedingt durch die Insolvenz auf, so dass die versicherte Person zukünftig keine Vorteile vom Unternehmen mehr erwarten kann. Daher haben die Gerichte mit Blick auf den Zweck des Innenverhältnis-Ausschlusses, kollusives Verhalten zu vermeiden, dessen Anwendbarkeit auf die Insolvenzverwalter verneint. Eine freundliche Inanspruchnahme seitens des Insolvenzverwalters gegen die versicherte Person ist de facto nicht zu befürchten.

251 **(6) Punitive damages.** *Punitive damages* sind Entschädigungen mit Strafcharakter, die von US-amerikanischen Gerichten zum Zwecke der Disziplinierung von verwerflichen Handlungen dem Geschädigten zugesprochen werden. Inländische D&O-Policen gehen sehr unterschiedlich mit *punitive damages* um:

(a) *Silent*-Lösung: Schweigen in der Police birgt die Gefahr einer Deckungslücke in sich. Der Versicherer könnte argumentieren, dass es sich um eine Buße handle und daher die Deckung ablehnen.
(b) Es kann bestimmt sein, dass *punitive damages* dort versichert sind, wo sie auch als versicherbar gelten. Diese Lösung dokumentiert, dass die diesbezüglichen Regelungen einer anwendbaren ausländischen Rechtsordnung beachtet werden sollen.

252 Welches Recht anwendbar ist, bestimmt sich nach den Regeln des Internationalen Privatrechts, wonach in jedem Einzelfall zu beurteilen ist, wel-

[246] *Latham & Watkins* Client Alert, No. 732, July 29, 2008, 1, 2.

che konkreten Anknüpfungspunkte in welchem Ausmaß im einzelnen Schadensfall vorhanden sind, um die Anwendung der einen oder anderen Rechtsordnung zu begründen.

ee) SEC (Wertpapieransprüche). Oft finden sich in D&O-Bedingungswerken sog. SEC-Ausschlüsse. Der Ausschluss zielt auf die Nichtversicherung von Schadensersatzansprüchen, die auf einer Verletzung des *SEC-Acts 1933* oder des *SEC-Acts 1934* oder entsprechender bundes- oder gliedstaatlicher Regeln beruhen. Diese Vorschriften dienen dem Schutz von Investoren, sei es bei der erstmaligen Ausgabe von Wertpapieren oder beim Handel im Sekundärmarkt. **253**

Oft akzeptieren VN, deren Aktien oder Anteilsscheine auf Aktien nicht in den USA gehandelt werden, diesen Standardausschluss. Gerade jedoch die zentrale Regel zur Verhinderung von irreführender Rechnungslegung, die Rule 10b-5 des SEC-Acts 1933, ist aber allgemein anwendbar und kann zu Schadensersatzsprüchen führen, die nicht zwingend mit einer Börsennotierung zu tun haben. **254**

ff) Section 11 (SEC-Act 1933) claims: Uninsurable matters (law of enrichment/tort). *Section 11 claims* zielen auf die Rückzahlung von unrechtmäßig Erlangtem ab. Es handelt sich im Kern um bereicherungsrechtliche Rückabwicklungsansprüche, den §§ 812 ff. BGB vergleichbar. Grundsätzlich sind es demnach keine gesetzlichen Haftpflichtbestimmungen bzw. Schadensersatzansprüche i.S.d. typischen Gegenstandes der D&O als Haftpflichtversicherung. **255**

Praktisch relevant wird dieses Thema im Falle von Kapitalaufnahmen von Tochtergesellschaften deutscher Konzerne in den USA und auch bei Börsengängen von Tochtergesellschaften in den USA. Dort hat nach einigen *landmark cases* wie *Level 3 Communications vs. Federal Insurance*[247] und *CNL Hotels and Resorts vs. Houston Casualty Company and Landmark American Insurance Company*[248] eine lebhafte Diskussion um die Versicherbarkeit von Ansprüchen nach Sections 11 und 12 des SEC-Acts von 1933 eingesetzt. Dabei handelt es sich um die Haftung aus unvollständigen oder fehlerhaften Prospekten im Vorfeld von öffentlichen Kapitalaufnahmen, sog. *initial public offerings* (IPO) bzw. *secondary public offerings* (SPO). In Europa werden im Gegensatz zu den USA Kapitalmarktmaßnahmen wie IPOs, SPOs oder Kapitalerhöhungen viel häufiger mittels einer separaten *Public Offering Of Securities Insu-* **256**

---

[247] US Court of Appeals 272 F.3d 908 (7th Cir. 2001).

[248] *Malone/Freund* Policyholder Advisor, Vol. 16, No. 4, July/August 2007, 1 ff.

rance (POSI) gesondert versichert. Aber auch bei einer POSI gelten die Grundsätze des *ordre public* sowie der Ausschluss von *fraudulant acts*. Genereller Ansatz einer IPO-Deckung ist der Anspruch aus Prospekthaftung nach den §§ 44 ff. BörsG oder entsprechenden ausländischen Vorschriften.

257 Im Kern geht es um die Rechtsnatur dieser Ansprüche bzw. deren Klassifizierung als versicherbarer Schaden. Nach den Grundsätzen der Prospekthaftung kann der durch einen fehlerbehafteten Prospekt geschädigte Investor seinen Kapitaleinsatz wieder zurückverlangen, abzüglich des aus dem Investment zwischenzeitlich Erlangtem, wie z.B. Dividenden. Je nach den Umständen des Einzelfalles kommt es zu mehr oder minder schwerwiegenden Vorwürfen gegen den Emittenten eines Wertpapiers. Wenn von Betrug oder sonstiger unrechtmäßiger Erlangung von Vermögen die Rede ist, dann wird der Versicherer geneigt sein, die Schadensregulierung zu verweigern. Unabhängig von den sehr unterschiedlichen Formulierungen in US-amerikanischen D&O-Policen gilt es festzuhalten, dass es im Einzelfall sehr schwierig ist, sog. *ill-gotten gain*, *restitution* oder *disgorgement* auch tatsächlich festzustellen.[249] Es widerspreche dem *ordre public* Gedanken, wenn durch Betrug Erlangtes behalten werden dürfe und die Restitution gegenüber den Geldgebern durch eine Versicherungsleistung erfolge.[250] Da die meisten D&O-Ansprüche ohne genaue Klassifizierung der Anspruchsgrundlagen verglichen werden, ist die deckungsrechtliche Beurteilung eine diffizile Angelegenheit. Dieser Tatsache sind sich die Versicherer jedoch bewusst, so dass eine Regulierungsablehnung einer genauen Begründung im Einzelfall bedarf und nur durch das Vorliegen von gewichtigen Argumenten, die für ein betrügerisches Verhalten sprechen, erfolgen kann.[251]

258 Zu beachten ist, dass sich die Ansprüche i.d.R. vielfach gegen die *entity* richten und die Deckung über *Side C* erlangt wird. Soweit es um die Rückerstattung von *ill-gotten gains* geht, zieht bei Klagen gegen natürliche Personen genau dieses Argument nicht, außer es handelt sich bei den beklag-

[249] Üblicherweise verwendete *specific endorsements* setzen an der Defintion von *loss* an und/oder verbinden die Erhebung dieses Einwands mit einem entsprechenden Anerkenntnis in einem Vergleich oder der Notwendigkeit einer *final adjudication* oder dem Erfordernis, dass eine natürliche versicherte Person beklagte Partei ist.

[250] Vgl. *Gillan/Torano* MEALEY'S Emerging Insurance Disputes, Vol. 11, No. 23, December 1, 2006, 1 ff. Zu beachten ist, dass die Hürden für die Anerkennung des Versichererarguments von *„matters uninsurable"* nach bundesstaatlicher Rspr. unterschiedlich ausfallen und durchaus nicht leicht zu überwinden sind.

[251] Eine Deckungsablehnung würde bei einem Vergleich i.d.R. mangels *final adjudication* oder Schuldanerkenntnis nicht auf den Ausschluss *fraudulant act* gestützt werden, sondern auf den allgemeinen Grundsatz *uninsurable matters*.

ten *directors* oder *officers* selbst um verkaufende Aktionäre *(selling shareholders)*. In solchen Fällen bedarf es i.d.R. eines Allokationsprozesses zwischen *Side B* und *Side C*, falls die Gesellschaft diesen natürlichen Personen Enthaftung gewähren kann.

Im Abwehrkostenbereich lässt sich über eine 100% *preset allocation clause* (Allokationsklausel) hier eine praktikable Lösung über die D&O- **259**
Versicherung erzielen. Diese Klausel muss jedoch so formuliert werden, dass bei *securities claims* sowohl versicherte als auch nicht versicherte Personen und Sachverhalte erfasst werden.

Sachregister

Fette Zahlen verweisen auf Paragraphen, magere auf Randnummern.

Abschlusspflicht 5 36 ff.
Abtretung, Freistellungsanspruch **2** 22; **10** 1, 7 f., 11 ff.
Abtretungsverbot 10 1 ff.
Abwehr unberechtigter Ansprüche 6 1 ff.
Abwehranspruch 6 6 ff.
Abwehrkosten 4 4; **6** 8 ff.
Aggregate limits 6 22 ff.
Allokationsklauseln 6 9
Anerkenntnisverbot 10 39 ff.
Anfechtung 8 22 ff.
Anhängige Rechtssachen 7 40 ff.
– PPL-Ausschluss **7** 40 ff.
Ansprüche des Mehrheitsgesellschafters 7 181 ff.
Anspruchserhebungsprinzip 6 93 ff.
– Anspruchserhebung **6** 113 ff.
– Schadensereignisprinzip **6** 93
– Verstoßprinzip **6** 93
Anzeigeobliegenheit 8 4 ff.; **9** 1 ff., 57 ff.
Asbest 7 37
Aufsichtsrecht 7 99; **11** 17
– ausländisches **12** 4, 32 ff., 35 ff., 42 ff., 98, 101 f., 124 ff., 136 f., 147, 176, 180, 182, 184, 188 f.
Auskunftsanspruch 5 46 ff.
Auslaufdeckung 8 65 ff.
Außenhaftung 1 15, 18 ff.
Außerordentliche Kündigung 8 30 ff.
– nach dem Versicherungsfall **8** 36 ff.
Auswahl des Rechtsanwalts 6 15 ff.

Bekannte Schadensumstände 7 86 ff.
Beleidigung 7 29 ff.
Berufsgeheimnis 7 29 ff.
Bestechung 7 34
Beweislast
– Risikoausschluss **7** 2
– Vorsatz/Wissentlichkeit **7** 59 ff.
Business Judgement Rule 7 103

Change of control 8 45 ff.
Circumstances notified 6 155 ff.
Claims made-Prinzip 6 93 ff.
Company reimbursement *siehe Side B*
Com-Road 9 115 ff.
Corporate manslaughter extension 12 223 ff.

D&O-Versicherung
– Abschlusspflicht **5** 36 ff.
– internationale Versicherungsprogramme **12** 27, 29, 35, 94 ff., 199
– Lokalpolice **12** 33, 104, 106, 113, 122, 144
Darlehen 7 35 f.
Deckung
– der Gesellschaft selbst (Side C) **4** 10 f., 18 ff., 22; **6** 73; **12** 40, 145, 148, 158, 166, 177 f., 180, 184, 186, 188, 192, 204 f., 211, 216 ff., 258
– von Mandaten in externen Unternehmen (Side D) **12** 148
Deckungsanspruch 6 3
Derivative claims 12 244 f.
DIC-Funktion 12 10 ff.
Direktanspruch 2 22 ff.; **10** 16 ff., 45 ff.
– direkter Zahlungsanspruch **10** 13 ff.
Duty to defend 10 33; **12** 219

E&O-Versicherung 7 10
Eigenschadenklausel 6 27 ff.
Eigenschadenversicherung 2 17 ff.
Eingriffsnormen 12 42 ff.

Einvernehmliche Vertragsauflösung 8 1
Einzelpolice 2 7 ff.
Empfehlung 7 110 ff.
Employed lawyers 12 227 ff.
Entity *siehe Side C*
Entschädigungen mit Strafcharakter 7 6, 8
EPLI 7 38 f.
Erfüllungsort 12 52 ff.
ERISA 12 236 ff.
Exemplary damages 7 6, 8
Extradition cover 12 221 f.
Exzedentenversicherer 12 120 ff.

Fehlentscheidung, unternehmerische **7** 99 ff.
Fiduciary liability 12 236 ff.
Financial interest cover 12 128 ff.
Finanzielles Interesse 12 128 ff.
FinC-Konzept 12 128 ff.
Firmenenthaftung (Side B) **1** 10 f.; **4** 12 ff., 22; **9** 65; **12** 37, 40, 143 f., 158, 160, 166, 177, 179 f., 184, 186, 188, 208, 211, 215 ff., 258
– company reimbursement **4** 13
– „Klausel 2" **4** 13
– „Versicherungsgegenstand 2" **4** 15
Firmenpolice 2 10 ff.
Freistellung 1 36; **2** 10, 19, 21; **4** 12, 14, 16
Freistellungsanspruch 2 12, 24; **4** 15; **5** 69; **6** 1 ff.
– Abtretung **2** 22; **10** 1, 7 f., 11 ff.
Freistellungserklärung 9 60
Freistellungsverbot 5 2
Freistellungsverpflichtung 2 13; **4** 17; **5** 12; **6** 5
Führung von Aktivprozessen 6 20 ff.

Gefahrerhöhung 9 28 ff.
Geldbußen 7 6 f.
Geldstrafen 7 6 f.
Gerichtsklausel 7 156 ff.
Gerichtsstand 12 34
Geschäftsschädigung 7 29 ff.
Gesetzliche Haftpflichtbestimmungen 4 5 ff.
Global warming 12 240
Globalisierungsklauseln 12 9 ff.
Großrisiko 10 3 ff.

Haftpflichtbestimmungen, gesetzliche **4** 5 ff.
Haftpflichtversicherung, freiwillige **2** 3

Immaterialgüterrechte 7 29 ff.
Indemnification 12 206 ff.
Informationspflicht 9 64 ff.
Innenhaftung 1 15, 25 ff.
Innenverhältnisausschluss 7 90 ff.
– freundliche Inanspruchnahme **7** 90 ff.
– Versicherungsbetrug **7** 96
Innenverhältnisdeckung, modifizierte **7** 104 ff.
Insich-Prozesse 7 26 ff.
Insolvenz 8 38 ff.
– des Versicherers **8** 38 f.
– des Versicherungsnehmers **8** 4 ff.
Internationale D&O-Versicherungsprogramme 12 27, 29, 35, 94 ff., 199
– Lokalpolice **12** 33, 104, 106, 113, 122, 144

Kenntniszurechnung 9 93 ff.
Kontrollwechsel 8 45 ff.
Konzernausschluss 7 19
Kredite 7 35 f.
Kündigung 8 27 ff.; **9** 12 ff.
– außerordentliche **8** 30 ff.
– ordentliche **8** 27 ff.

Leitende Angestellte 3 21
Lokalpolice *siehe Internationale D&O-Versicherungsprogramme*

Managerschutz (Side A) **1** 10 f.; **4** 1 ff., 21 f.; **12** 71, 130, 146 ff., 152, 159, 173, 188, 210 ff.
Manipulationsrisiko 10 42 ff.
Mehrheitsgesellschafter, Ansprüche **7** 181 ff.
Mitwirkungsobliegenheit 9 64 ff.
Modifizierte Innenverhältnisdeckung 7 104 ff.

Nachhaftung 6 141 ff.
– extended reporting period (ERP) **6** 141
– Nachmeldefrist **6** 141
Non-admitted-Verbotsland 12 33 ff.

Öffentlichkeitsklausel 7 163 ff.
Ordentliche Kündigung 8 27 ff.
Organmitglieder 3 13 ff.
Organwalter 9 104 ff.
Outside directors 3 24

Pensionsfonds 12 236 ff.
Personal EPL coverage 12 231 ff.
Pflicht zum Abschluss einer D&O-Versicherung 5 36 ff.
Pflichtverletzung
– wissentliche **7** 44 ff.
– vorsätzliche **7** 44 ff.
Pflichtversicherung 2 3
Pollution exclusion 12 240
Prämienzahlungsverzug 8 14 ff.
Prozessführungsbefugnis 6 12 ff.
Punitive damages 7 6, 8; **12** 251 f.

Quotenregelung 6 27 ff.

Receiver claims 12 248 ff.
Rechtsanwalt
– Auswahl **6** 15 ff.
– Kosten **6** 11
Rechtssachen, anhängige **7** 40 ff.
Rechtsschutzabdeckung, vorsorgliche **7** 72 ff.
Rechtswahl 12 34
Repräsentant 9 104 ff.
Repräsentantenklausel 9 129 ff.
Retaliation 12 246
Rettungsobliegenheit 9 61 ff.
Risikoausschluss, Beweislast **7** 2
Risikobelegenheit 12 100
Rückabwicklungsansprüche 12 255 ff.
Rücktritt 8 2 ff.; **9** 10 f.
Rückwärtsversicherung 6 98 ff.; 123 ff.
Rückzahlungsansprüche 7 20 f.
Run-off-Deckung 8 65 ff.

Sarbanes Oxley Act 12 209, 230
Schadensereignisprinzip 6 93
Schadensumstände, bekannte **7** 86 ff.
Schattenvertrag 9 141 f.
SEC 12 253 f.
Selbstbehalt 6 40 ff.
Selbstbehaltsversicherung 6 47
Serienschadenklausel 6 84 ff.
Severability clause 9 124 ff.
Shareholder claims 12 244 f.
Side A (Managerschutz) **1** 10 f.; **4** 1 ff., 21 f.; **12** 71, 130, 146 ff., 152, 159, 173, 188
– Side A only-Policen **12** 210 ff.
Side B (Firmenenthaftung) **1** 10 f.; **4** 12 ff., 22; **9** 65; **12** 37, 40, 143 f., 158, 160, 166, 177, 179 f., 184, 186, 188, 208, 211, 215 ff., 258
Side C (Deckung der Gesellschaft selbst) **4** 10 f., 18 ff., 22; **6** 73; **12** 40, 145, 148, 158, 166, 177 f., 180, 184, 186, 188, 192, 204 f., 211, 216 ff., 258
Side D (Deckung von Mandaten in externen Unternehmen) **12** 148
Sittenwidrigkeit 12 59 ff.
Spekulationsgeschäfte 7 22 ff.
Spenden 7 34
Split wording 12 21 ff.
Strafrechtsschutzversicherung 11 1 ff.
Strafverteidigungskosten 11 1 ff.
Sublimit 6 23

Teilrücktritt 8 17 f.
Tochtergesellschaft 3 11 ff.; **7** 123 ff.
Trennungsklausel 7 166 ff.
Trennungsprinzip 2 24 f.
Treuhandverhältnis 2 13

Üble Nachrede 7 29 ff.
Umstandsmeldung 6 155 ff.
Umwelthaftung 7 11 ff.
Uninsurable matters 12 255 ff.
Unlauterer Wettbewerb 7 29 ff.
Unmöglichkeit der Vertragserfüllung 12 76 ff.
Unternehmerische Fehlentscheidung 7 99 ff.

Veranlassung 7 110 ff.
Verfügungsbefugnis des Versicherungsnehmers (Versicherung für fremde Rechnung) **2** 26
Vergütung 5 6 ff.
Vermögensschaden 4 23 ff.
– erweiterter **4** 39 ff.
– Selbstbehalt **5** 1 ff.
– unechter **4** 25 ff.
Vermögensschaden-Haftpflichtversicherung 1 12; **2** 1 ff.
Verschaffungsklausel 5 41 ff.
Versicherte Personen 3 12 ff.
Versicherte Tätigkeit 7 17 f.
Versicherung für fremde Rechnung 1 14; **2** 6 ff.; **12** 90 ff.
– Treuhandverhältnis **12** 92 f.
Versicherungsfall 6 93 ff.; **12** 200 ff.
– common law **12** 200
– investigation **12** 201
– Schadensereignisprinzip **6** 93
– subpoena **12** 201
– Verstoßprinzip **6** 93
Versicherungsnehmer 3 1 ff.
Versicherungsschutz, weltweiter **6** 89 ff.
Versicherungssumme 6 22 ff.
Verstoßprinzip 6 93
Vertragsanpassung 9 15 ff.
Vertragsauflösung, einvernehmliche **8** 1
Vertragsstatut 8 71; **12** 17, 20, 33, 42, 45, 47, 63, 103
Vertragsstrafen 7 6 ff.
– Entschädigungen mit Strafcharakter **7** 6, 8; **12** 251
– Geldbußen **7** 6 f.
– Geldstrafen **7** 6 f.
Vorsatz 7 44 ff.
Vorsätzliche Pflichtverletzung 7 44 ff.
Vorsorgliche Rechtsschutzabdeckung 7 72 ff.

Weisung 7 110 ff.
Weltweiter Versicherungsschutz 6 89 ff.
Wertpapieransprüche 12 253 f.
Widerrufsrecht 8 19 ff.
Wissenserklärungsvertreter 9 104 ff.
Wissensvertreter 9 104 ff.
Wissenszurechnung 9 93 ff.
– im Konzern **9** 109 ff.
– im Unternehmen **9** 107 ff.
Wissentliche Pflichtverletzung 7 44 ff.
Wissentlichkeit 7 51

Zession, Freistellungsanspruch **10** 11 ff.
Zurechnungsklausel 9 124 ff.
Zuständigkeit für den Abschluss 5 5 ff.